DIE SITTEN DES ROKOKO

DIE SITTEN DES ROKOKO

✶

HERAUSGEGEBEN VON

FRANZ BLEI

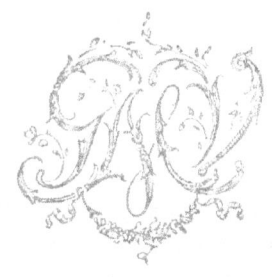

1923

GEORG MÜLLER VERLAG / MÜNCHEN

3. bis 5. Tausend

EINLEITUNG

Das achtzehnte Jahrhundert hat — vielleicht aus einem Überfluß an Dokumenten — in der heutigen Kenntnis unter dem Abgestorbenen und in seiner Zeit Verbrauchten mehr als irgendeine Zeit in der Schätzung zu leiden, so sehr, daß diese Zeit uns ferner erscheint als irgendeine vor ihr. Die Revolution dünkt uns so sehr definitive Endigung des Alten und Ausgang unserer vermeintlich ganz neuen Geschichte zu sein, daß wir ein Besonderes in dem Allgemeinen gar nicht mehr wahrnehmen und in einem bloßen Schlagwort jene Zeit verdichten und erledigen, wo wir uns in allem Wesentlichen noch immer mit den Dingen auseinandersetzen und auf die Fragen Antworten suchen, welche eben dieses achtzehnte Jahrhundert zum ersten Male gestellt hat. Die sichtbaren Wirkungen markieren in der Geschichte keineswegs. Das tun die Ursachen. Die Revolution, von der wir uns so neu datieren, ist früheren Datums als 1789, wovon das heutige Bürgertum Zeuge ist, dessen Geburtsstunde zusammenfällt mit jener von Rousseaus Literatur, deren träumerisch-verlogene Sprache dieses Bürgertum bis auf heute nicht zu seinem Vorteil redet, wenn immer es sich auf der Tribüne äußert. Im Kontor spricht es zu seinem Glücke ja englisch, und auch dieses Englisch bekam seine Faktur im achtzehnten Jahrhundert.

Es gefällt sich unsere Zeit darin, zu der Kultur des ancien régime, der letzten, welche die Menschengeschichte zusammengebracht hat, sich gegensätzlich zu charakterisieren und die sehr mißverstandenen Werte jener mit einem negativen Vorzeichen zu versehen, und das um so mehr, als sie die eigenen dafür einbesorgten oder bloß so behaupteten Werte positiv einstellt. Man vermeint jene Zeit oberflächlich und äußerlich, weil man sich selber tief und intensiv vorkommt: daß diese Tiefe und Intensität sich noch keinerlei Form geschaffen, es zu keinen kulturellen Werten gebracht haben, das läßt die Menschen dieser Zeit nicht etwa an dem Vorhandensein dieser Qualitäten zweifeln, sondern soll sogar ihr ganz außerordentlich starkes Vorhandensein bestätigen. Daß man heute alles auch in seinem polaren Gegensatze denken und meinen kann, daß man von Wahrheiten redet, aber nicht von der Wahrheit, daß keinerlei bindende Lebensformen da sind, das hält man heute für die Form dieser Zeit. Und achtet nicht, daß sie, soweit sie es überhaupt zu einer alle verbindenden Form bringt, bestenfalls nichts sonst tut, als Formen jener alten Zeit unbewußt parodieren, und eben nichts anderes kann als dieses, da ihr eben weder die Tiefe noch die Intensität jener alten Zeit eignet, aus der heraus jene Oberfläche wurde, die wir gesellige Kultur nennen.

Unsere Zeit verbraucht das Erbe des chtzehnten Jahrhunderts und tut es mit wenig Talent, aber mit einem schlechten Gewissen. Deshalb möchte es sich in einem Gegensatz zu dem achtzehnten Jahrhundert gesehen wünschen, dem es aber im Wesentlichen denkerischer und ethischer Einstellungen viel näher ist als etwa dem achtzehnten das siebzehnte Jahrhundert, so daß man eine bestimmt zu charakterisierende Periode von 1730 bis auf heute datieren kann, welcher durchaus gemeinsame Tendenzen eignen und die nur durch den Mangel der formbildenden Kräfte im neunzehnten Jahrhundert voneinander unterschieden sind. Die Formen, die sich das ancien régime noch geben konnte, haben in der neueren Zeit nur mehr in der leblosen Konvention eine diskutierte Existenz, in ihrer toten Nachahmung und Parodie, aber sie sind nicht mehr ein Ganzes bindend und Hintergrund schaffend. Die Leichtigkeit und scheinbare Voraussetzungslosigkeit der Formen des Rokokos — der Zeit von 1740 bis 1790 — gelten heute als Wesen und Gesetz für alle Form, in der man nichts als ein sogenanntes Äußerliches sieht, das man ganz eklektisch wählen könne. Die neue Zeit hat alle Formen kopiert, aber keine aus sich geschaffen, unter Formen gesellschaftliche Bindungen verstanden, nicht nur Formen der Künste. Das Rokoko verbarg Zweck, Konstruktion und Elemente hinter dem Ornament; man hob scheinbar alle statischen Gesetze auf und gefiel sich im Illusionismus; man vermengte Plastik und Architektur so oft, indem man beides malte. Kirchen machte man wie Theater, Schlafzimmer wie Altäre, Bäume und Sträucher schnitt man nach Tierformen, Kaskaden ließ man scheinbar aufwärtsfließen, die Liebe reklamierte man für den Verstand, und den einzigen Zweck der Ehe sah man im Ehebruch. Das Gespräch und der Brief wurden die beliebtesten Ausdrucksformen auch für gelehrteste Dinge, denn man liebte den belebten Reichtum der Oberfläche und die Sinnlichkeit des Geselligen aus einer Tiefe heraus, die sich nicht an sich selbst begnügte: in der Musik hatte das Rokoko sein Genie. Ja, dieses „oberflächliche" Jahrhundert kultivierte, an die Vis superba formae glaubend und sie zu schaffen begabt, seine Oberfläche um so intensiver, je mehr Kräfte von unten sich rührten, welche die Formen dieses Lebens in Zweifel stellten, weil sie dieses Leben selber verwarfen. So stark war die Kraft zur Form und die kulturelle Verpflichtung zur Oberfläche, daß sich die Tiefen und Neuen selber darein begeben mußten: Diderot wie Rousseau, Lessing wie Goethe, Händel wie Mozart, Watteau wie Fragonard: im Besten wie im Schlimmsten lebt das neunzehnte Jahrhundert von diesen größten Energien des Rokokos, was das Griechentum Hölderlins, Beethovens letzte Quartette, die Episode der deutschen Romantik, was Die natürliche Tochter nicht zu ändern vermochten bis auf heute.

Was sich im Komplexe des Gefühls am stärksten gegen seine Zeit stellte — ohne sich aus ihr heraus zu stellen —, wurde unser verzweifeltes Erbe: Rousseau. In Tolstoi verbrauchten wir dieses letzte Stück. Rousseaus lyrischer Sentimentalismus wandelte sich in den Spleen, dieser in den Pessimismus, der in seiner letzten Wandlung einen anarchischen Individualismus und seinen Zwillingsbruder, den protestantischen Sozialismus, zeugte. Dies sind die aus dem Rokoko zu datierenden Etappen im Geiste des neunzehnten Jahrhunderts. Wir sind dabei, uns mit den letzten gebliebenen Resten auseinanderzusetzen. Noch ist nicht ganz deutlich, ob wir eine neue Einstellung haben, die sich jedenfalls durch eine distinkte Form nicht deutlich gemacht hat. Im allgemeinen lebt die heutige Zeit mehr als je in der Vernünftigkeit, der sie in einem angeblichen Wissen um ihre nicht einzige oder gar letzte Bedeutung die engere Determination des Zweckhaften gegeben hat. Die auf Zwecke gerichtete Vernunft ist das ordnende Prinzip heutigen Verhaltens. Gewissermaßen inoffiziell drohen Inundationen von allerlei Mystik an die Biberbaue.

Die Aufklärung inthronisierte die Vernunft — man mußte über den Abgrund Pascal wegspringen — und machte die Welt nach ihrem Bilde vernünftig. Sie entkleidete die Religion, und das Gefühl stand nackt und fror: da wurde es zu der „Ungenauigkeit des Herzens" leidvoller Menschen, wie Gebsattel den Sentimentalismus sehr richtig nennt, und verklagte die vernünftige Welt. Rousseau gab dieser Anklage das eindringlichste Wort, denn in ihm war die Leidenschaft stark genug, daß er das einzelne generalisieren konnte und sagen: „Der denkende Mensch ist ein degeneriertes Tier." Was hundert Jahre später wiederholt heißt: Der Mensch ist ein heraufgekommenes Tier. Rousseau sagte von sich: „Ich bin anders als alle, die ich gesehen habe; ich wage es, zu glauben, daß ich anders bin als irgendeiner." Oder: „Je suis un être à part." Dieser leidenschaftliche Glaube an sich selber, diese Dissoziierung von der Menschheit mußte nur noch stärker werden aus der Einsicht in den Widerspruch zwischen Leben und Predigt dieses ganz unsozial Empfindenden. Er predigte die Liebe als christlich und gab seine fünf Kinder ins Findelhaus; er sprach gegen Rang und Verschwendung und lebte auf Kosten großer Herren; er eiferte für die Demokratie und hing an den Schleppen der Aristokraten; er weinte über den Reizen der Reinheit und bewies sie nur als Ausnahme von der Regel der Nicht-Reinheit. Unsozial stellte er der Gesellschaft das Gesetz, Rückkehr zur Natur verlangte der Unnatürlichste seiner Zeit. Er war ein Schriftsteller, den seine Worte trunken machten; und diese Trunkenheit seiner Worte schuf seinen Zeitgenossen die Erregung, nicht seine Ideen, die keinerlei Bestürzung hervorriefen. Rousseau organisierte die deliranten Worte zu einem Sklavenaufstand des Ungenauen, Undeutlichen: Gefühle zu schwach, um Aktionen zu zeugen. Gedanken, nicht stark genug, um elementare Ereignisse zu sein, zwei Unzulänglichkeiten, die, zusammengetan, ein schwer zu benennendes Drittes bilden, als welches das Ferment ist des Verhaltens bis auf unsere Zeit.

Es ist gewiß nicht schwer, zu beweisen, daß Rousseau nicht hatte, was man Überzeugungen nennt. In seiner Preisschrift war er für die Künste als Förderer der Menschheit. Diderot riet ihm, journalistisch aufgelegt, den entgegengesetzten Standpunkt als den interessanteren, und Rousseau schrieb gegen die Künste als die Verderber der Menschheit. Einer, dem die Erhitztheit nur aus den Vokabeln kommt, der kann so und das Gegenteil. Er war ein journalistisches Genie, das nicht besser als von Marat, Saint-Just und Robespierre zitiert werden konnte. Und war ein Dichter und Literat dazu, aber an der Einsicht, wie er sich mit allen diesen Talenten zu irgend etwas in sich in geheimen Widerspruch setzte, nährte sich die Leidenschaft dieses Mannes und trieb ihn ins Grenzenlose. Er liebte die Menschheit und konnte mit keinem Menschen in einem einfachen Frieden leben; und war ein Selbstgerechter. „Es gibt keinen besseren Menschen als mich", schrieb er — wie oft! Und ist dies nicht sein einziges Thema? Er weinte mit seinen Zuhörerinnen über sich, vor sich, seine Weste hinunter. Ganz Genfer Protestant sagt er: „Ich war ein Sklave in meinen Lastern, aber in meinen Gewissensbissen bin ich ein Freier." Also: das Motiv ist mehr als die Tat — diese Praxis der Quietisten brachte Rousseau in die Literatur, und sie hat davon ihren Charakter bis auf den heutigen Tag, dessen Psychologismus soeben im Sterben liegt. Und diese Praxis bedeutet im Ethischen eine Vereinfachung des moralischen Mittels, welche den

Reichtum der Oberfläche so mindert wie die Lust dazu. Und dies bleibt Versuch und Forderung die ganze Zeit bis auf Tolstoi. Die Umkehrung, die Nietzsche Bifrons, der nach vorwärts und rückwärts Gewandte, zwischen den Zeiten stehende, dem Satze gab: Ich bin frei in meinen Lastern und ein Sklave in meinen Gewissensbissen, diese Umkehrung sagt den Satz Rousseaus noch einmal, denn Rousseaus Erlebnis ist auch das Nietzsches und ist ein Schrei aus persönlicher Not: ob das Wort so ist oder so, ist keine Unterscheidung im wesentlichen. Nietzsche sah nur als erster das Ende einer Zeit, ahnte in Qual und Sehnsucht die neue und suchte doch, ganz in der Gewöhnung der alten vernünftigen Zeit, das Leben zu beweisen, um es zu leben.

Entblößt von aller Form, die es sich im Werden gab, lebte das Geistige der alten Zeit chaotisch in der neuen zu Ende. Im Unverständnis aller Form hielt die neue Zeit die Form für Spiel und Laune, war „Natur", wie sie meinte, und nahm Formen vor wie Masken, lächelnd, ohne Glauben, ganz problematisch. Voll Erschütterungen und Skurrilitäten war diese Zeit, in die noch unsere Jugend fiel. Sie schreibt Zéro, nun da sie die Bilanz zieht. Wie von einem Vergangenen möchte man schon von ihr sprechen und die auflebende neue erinnern, daß wir in den Bildungen des Rokokos stärkere Ressourcen haben für die Haltung, die uns bei Gott nötiger ist als „Stil" und „Geist" und „Fortschritt". Nicht daß man sie, wie es bisher geschieht, weiter kopiert, sondern daß man den Begriff dieser Haltung bekomme: das ist, was dieser auch in ihren Sozialismen bourgeoisen Zeit not tut, wenn anders sie ihren Reichtum äquilibrieren will, wonach doch ihre Sehnsucht steht. Ein aristokratischer Bekannter erzählte: „In dem Städtchen läßt die Frau Bürgermeister, wenn sie ausgeht, ihr Stubenmädchen acht Schritt hinter sich hertraben. Sie hält das für fein. Aber sie will vor allem damit auch vermeiden, daß man ihre Köchin für ihre Schwester hält. Glauben Sie, daß man meinen Chauffeur mit mir verwechselt?" — —

Einleitung XI

Der Titel ‚Rokoko' soll nur eine formale, keine historische Einheit begreifen. Auch eine moralische Abgrenzung ist damit nicht gemeint. Will man die differenten Perioden an dem Musterlande, an Frankreich, aufweisen, so unterscheidet man etwa die Periode von 1715 bis 1723, die Zeit des Regenten, die Zeit der „Singularité effrontée" neubegierig, wild persönlich in allem sittlichen Tun und mit einem intellektuellen Zynismus unsittlich. Da auf die Zeit des Ministeriums Fleury von 1723 bis 1743: ein geschickter Machiavellismus bändigt noch die auseinanderstrebenden Elemente der Zeit, die alsbald nach des Kardinals Tode und nach dem Frieden von Aix-la-Chapelle als Opposition herrschend werden. Mit 1774 beginnt die Periode der Illusionen und Hoffnungen, der verspäteten Reformen und permanenten Aufstände. Das ruinierte Land treibt das städtische kaufmännische Bürgertum in die Revolution. Was diese Kultur auflöste, bildete sie aus sich selber: die öffentliche Meinung, die zur Demokratie tendiert bis auf heute. Sie bestand schon, bevor Voltaire, Diderot und Rousseau ihr ihr mächtiges Wort liehen. Sie bestand in den Chansons, in den Pamphleten, in den Memoiren und Korrespondenzen. Dieser öffentlichen Meinung bediente sich die Philosophia militans, die materialistische wie die spiritualistische, und gab ihr die Macht aus der Zersetzung alles dessen, was bisher Macht war: Königtum, Staat, Kirche, Adel. Eine absolute Monarchie mit allen Formen, doch ohne Prestige und ihre gesetzliche Macht nur zwischen Willkür und Schwäche schwankend äußernd. Ein Adel, den weder Pflicht noch Selbstbewußtsein halten und der aus Spaß zur Opposition geht. Ein Parlament, dessen Widerspruch kein Gedanke fruchtbar macht. Eine Kirche ganz im Weltlichen versunken. Da kein geistiges Gesetz ist und kein für alle gültiges Gebot, hat jeder eine Meinung und ist Richter und Urteiler in allem. Wie ein Barbier um 1760 sagte zu seinem Klienten: „Ich bin ein ganz armseliger Mensch, aber ich glaube nicht so viel an Gott."

Aus dieser Zersetzung der alten Mächte bildete sich eine neue Macht, die einzig herrschende bis auf unsere Zeit: die öffentliche Meinung. Sie ist nicht zu fassen und zur Rechenschaft zu ziehen, sie ist da und verschwunden, starr unbeweglich und immer flüchtig, unfaßbar überall und nirgends, formlos und alle Form zerstörend. Wer sie zu beherrschen meint, der endet als ihr Diener, und wer ihr dienen will, den zermalmt sie oft, denn sie hat Launen, die in kein Kalkül zu bringen sind. An nichts gebunden, verbindet sie sich alles. Ihre Wahrheit von heute nennt sie morgen Lüge, ihre Götter von heute morgen Götzen, ihre verehrten Talente lächerliche Narren. Ihr Kultus veneriert die Untreue, die Unbeständigkeit, den permanenten Verrat; das doppelte Gesicht, das allem eigentümlich ist, was um die Mitte des achtzehnten Jahrhunderts ans Licht kommt, hat es von der öffentlichen Meinung, die sich eine Literatur improvisiert, welche der Vorläufer der Zeitung ist: die geschriebene Konversation, das Pamphlet, die Chronik. Sie bringt in Voltaire, in Diderot diese journalistische Aktivität, in die Gelehrsamkeit den amüsierenden Vortrag, in den Montesquieu des Esprit des lois den Montesquieu der Lettres Persanes. Sie favorisiert den Witz, das Epigramm, die Karikatur. Sie gibt jedem das Recht, von allem zu reden, und erfindet sich aus ihrer Vielhaftigkeit die idealistische Einheit des Homme selon la nature, um sich einen seriösen Fond zu geben, der zu nichts verpflichtet, um ihrer Kritik der Zeit etwas wie einen moralischen Standpunkt außer der Zeit zu geben, um für sich selber die Geste der Entschuldigung zu haben, daß sie eben auch in dieser Zeit lebend ihr erliegen muß und den Homme selon la nature also nicht verwirklichen kann. Jedes Gesicht dieser Zeit hat zwei Profile: ein mit Krampf ernstes und das andere, das sich über den Ernst mokiert; ein gefühlvolles und eines, das darüber zynische Witze macht. Diese Doppeltheit war in einer Form nicht zu halten und daran zerbrach sie endlich. Diese Doppeltheit war nur mit äußerster Anstrengung eine Zeitlang zu halten gewesen, und diese äußerste Anstrengung zur Formbehauptung ist das Rokoko. Ein unbewußter Wille belebt unausgesetzt die glückliche Form, die der Geist unausgesetzt bedroht: das ist die Geschichte des Rokoko.

Die Sitten des Rokokos: man zitiert sie als das offenkundigste Beispiel der Unsittlichkeit. Nun will es uns aber scheinen, als ob sich das Quantum dessen, was, sagen wir im Sittlichen des Liebeskomplexes geschieht, sich in den Zeiten wenig ändert; es wird sich immer oder meistens an der Grenze des gerade noch Möglichen halten. Man tat wohl immer nur, was man konnte, nicht mehr; ich meine, man vernichtete sich nicht, erschöpfte sich kaum. Man hat in der Zeit des ancien régime gewiß nicht unsittlicher gelebt als heute, wenn wir das allein Vergleichbare nach Ort und Milieu vergleichen: Paris mit heutigen großen Städten, die Reichen oder Reichgewordenen von damals mit denen von heute. Was sich geändert hat, ist die Haltung zu dem Phänomen des Sittlichen, das für sich selber ganz gleichgeblieben ist. Das achtzehnte Jahrhundert moralisierte außerordentlich viel mehr, als es unsere Zeit tut, und es moralisierte leichter, mit einem leichteren Gewissen, möchte man sagen. Das heutige Urteil über jene Zeit äußert sich etwa so, daß man sich heute entrüstet darüber und daß man sich damals nicht entrüstete; man ist verblüfft von einer anders sich äußernden Konvenienz; man ist erstaunt, daß damals der Geist sich auf eine andere Weise mit den Dingen abfand, als er es heute zu tun beliebt; man vermißt bei den Sittenrichtern jener Zeit den Ernst eines Standpunktes; man weiß, daß die kleinen Pamphletisten, die über Skandal schrien, allzuoft silberne Löffel stahlen; aber es dürfte an dem ethischen Ideal gelegen haben, das sich jene Zeit aus ihrer Vernünftigkeit konstruierte, daß es zu keinen anderen moralischen Reaktionen führte als solchen, die sich nur rhetorisch äußerten. Der Homme selon la nature war ein Wechselbalg. Und brachte der Zufall eines auf der Landstraße zerbrochenen Wagens die für die einfachen

Sitten des Landvolkes schwärmenden Pariser an das wirkliche Landvolk, dann konnte praktisch von der Schwärmerei nur eine Arabeske übrigbleiben oder ein dichterisches Spiel, an das man nicht glaubte. Man hatte bei den Geistigen, bei den Führern keine „laxe" Anschauung über das „Sittliche", aber wohl allzu vernunfthafte Idealitäten, denen im Leben nichts irgend entsprach. Aber es wäre falsch, den Geist jener Zeit anzuklagen, daß er nicht strenger gewesen sei und so das Sittenlose gefördert hätte. Der eine Rousseau wiegt wohl die hundert Crébillons und Genossen auf, über die Laclos wie ein Strafgericht kam, da die Zeit sich für die Herrschenden ihrem Ende zuneigte. Aber Laclos richtet nicht die sinnliche Entfesselung, sondern die Vergewaltigung des Sinnlichen durch den Verstand. Jene deutschen Jünglinge, die in Rousseau ihren Meister verehrten, waren des Sinnlichen wahrhaft voll und gaben unverstellte Kunde davon wie Glühende vom Gotte, ohne daß sie ihn in Madrigalen variierten wie die vorige Generation, die in ihrer verständigen Eiskühle eine Erwärmung darin fand, daß sie „galant" war. Man kann sagen: Kinderzeugend in den Betten lagen die Burschen, denen später, als sie beim Klange der Sturmtrommel auf die Straße gingen, die Hosen zu eng wurden für ihre Muskeln, daß sie sie auszogen, wenn sie nicht schon, von den durchwühlten Frauen weg, halb nackt auf die Gasse sprangen. Solche Burschen, kleine Offiziere, Handwerker, Nichtstuer, Gaffer, waren die Amants du cœur aller der ausgehaltenen Mädchen, von deren Namen die Berichte voll sind. Die sie aushielten, waren reichgewordene Steuerpächter, die der Ehrgeiz und meist nichts sonst plagte, eine bekannte Mätresse zu haben; alte Generale der Armee, die wenigstens in der Liebe noch Schlachten schlagen wollten; Kleriker, die ihre Messen in den Schlafzimmern lesen mußten, da sie nur Titularkleriker wegen der Einkünfte waren; Tuchhändler mit Geld und einer langweiligen Gattin; Krautjunker vom Lande, die in Paris den verfluchten Kerl spielen wollten — eine Gesellschaft wie die heutige, und ihr entsprach, was ihr heute entspricht: das kleine Heer der Zuhälter und ausgehaltenen hübschen Jungen.

Was das ancien régime dichtete, ist kein Dokument unbedingten Wertes für das, was es lebte. Die Dichtung ist mitnichten „der Spiegel der Zeit". Sie ist auch Übertreibung. Besonders, wenn sie wie im Rokoko nichts als ein Gesellschaftsspiel des Witzes und der Laune ist. Es gab eine Art zerebraler Débauche, die von bravsten Leuten mitgemacht wurde: der Dichter der unanständigsten Liedchen und Operetten, Collé, war der allertreueste Gatte, der Chevalier Boufflers der hingebendste treueste Geliebte, und solche Beispiele scheinbaren Widerspruchs ließen sich Hunderte anführen zur Bestätigung, daß die Zeit nicht unsittlicher gelebt hat als irgendeine andere. Daß sie unsittlicher gedacht hat, das lag daran, daß sie eben nichts sonst als gedacht hat in diesen Angelegenheiten des Sinnlichen, und daß sie mit einer Vernunft gedacht hat, die, schnell erschöpft, zu immer steigenderem Raffinement treibt, um sich zu behaupten. Was dem Liebeskomplexe durch die Vernunft an Blut entzogen wurde, das mußte, zur Wahrung des Bestandes überhaupt, ihm in irgendeiner anderen Materie von wo anders her wieder zugeführt werden. Prompt eignet sich das Vokabular der Liebe alles Neue an und bildet es im Sinne seines galanten Gesamtcharakters um: das Wort Sentiment z. B.

Neben die sittengeschichtlichen Dokumente, die hier folgend das Gesagte illustrieren sollen, stelle man zum Vergleiche das, was heute geschieht und die „Ausschweifung" jener Zeit wird uns sehr armselig vorkommen. Vergleicht man aber die Entrüstung dieser Pamphletäre mit der Entrüstung, die unsere durch die Öffentlichkeit hypokrit gewordene und polizeilich versittlichte Zeit aufbringt, dann ist unsere Zeit jener alten weit überlegen. Die öffentliche Moralität war damals gering, wo man nicht zu repräsentieren brauchte, da man irgendwie war. Die öffentliche Moralität ist heute außerordentlich groß, weil man repräsentiert und nichts als das tut, da man nicht ist. Die Verstaatlichung der Moralität machte den Einzelunternehmer überflüssig oder verdächtig. Von Staats wegen unsittlich ist heute das meiste Sittliche. Je stärker es bei einem nötig ist, daß er seine Sitten heimlich betreibt, desto mehr wird er an dem Bestand der öffentlichen Moral interessiert sein. Je sittlicher es heute einer will und tut, desto gegnerischer wird er sich zur öffentlichen Moral stellen. Dieser Widerspruch, der heute das öffentliche Leben beherrscht, war das auflösende Element des Rokokos; das erste europäische Parlament der Revolution machte ihn definitiv. Ihn aufzuheben, schickt sich die Zeit an. Aber nicht, wie gleich bemerkt sei, in dem Hör- und Sehbaren dieser Zeit, in ihren Revolutionen und Konterrevolutionen, in ihren Kriegen und Pazifismen, in ihren Krämpfen und Fiebern! Oder gar in ihren Gegnerschaften, den vermeinten, der Klassen und Parteien! Alle diese Phänomene leben vom Widerspruch, lieben ihn, weil sie von ihm leben, und haben keinen intensiveren Wunsch, als daß er ihnen erhalten bleibe. Was sich hör- und sehbar heute vollzieht, hat seine Fragestellungen immer noch im ancien régime bekommen und sucht auch im Bannkreise von dessen Geist die Antworten auf diese Fragen so, wie sie jenem Geiste entsprechen mögen. Darüber kann eine beliebte „Wissenschaftlichkeit" nicht täuschen, die ja in dieser sittlichen Kategorie gar nicht in Betracht kommt.

Die den Widerspruch aufzuheben bestimmten Keime liegen tiefer in der Erde als Rousseaus Appell an die Natur oder als Tolstois Aufruf zum evangelischen Christentum: was aus diesen Keimzeilen aufblühte, ist längst schon wieder abgeblüht in der Treibhauswärme ihrer Züchtung, nachdem es als aparter Zimmerschmuck im bourgeoisen Hause seine Stunde gehabt hat. Was aber den Widerspruch aufzuheben und die noch währende Zeit des Rokoko zu beschließen bestimmt ist, das lebt in der tiefsten Katakombe.

FRANZ BLEI

DIE CHRONIQUE SCANDALEUSE

Vestris, der Gott des Tanzes, hat in der Tat das getan, was unsere Weltleute ein Ende machen nennen: das heißt — er hat sich verheiratet. Das Fräulein Heinel[1] trug ihn seit langer Zeit im Herzen. Tat es das, weil er es, vor mehreren Jahren, im Theater vor aller Welt geohrfeigt hatte? Geschah es, weil er sich deshalb verschmäht gesehen hatte? Wie dem auch sei: Vestris konnte das Fräulein nicht in den Armen eines Rivalen liegen sehen. Dieser Rivale war Fierville[2], der zweite französische Tänzer. Er wurde seit geraumer Zeit in London zurückgehalten, und dort haben sein Talent, besonders aber seine exaltierte Art, ihm Ansehen und Reichtum eingebracht. Das Fräulein Heinel, das sich auch nach London begeben hatte, erregte die Bewunderung der Engländer dermaßen, daß mehrere Lords eine Begeisterung zeigten, ihr zwei- bis dreitausend Guinees anzubieten, um mit ihr zu schlafen; das Fräulein wies das Anerbieten geringschätzig zurück. An Stelle der Guinees bot Fierville dieser modernen Lais sein Herz an, und sein Anerbieten wurde angenommen. Aber es war keine einfache Liebschaft: die Heirat wurde vor dem Altar geschlossen. Einige Jahre verfließen und die Übersättigung tritt ein. Vestris kommt nach London und macht seine Beleidigung durch die Unterwürfigkeit seiner Liebe vergessen. Frau Fierville (Fräulein Heinel) trifft ihre Anordnungen in England und kommt nach Paris, um hier mit ihrem neuen Liebhaber sich wieder zu vereinigen; und hier hat sie ihm, im Angesicht unserer Altäre, ihre eheliche Treue geschworen, ohne Zweifel erwartend, daß ein neuer Verführer sie Vestris' Armen entreißen werde. Daß eine Frau treulos und verräterisch ist, habe nichts zu bedeuten, werden unsere Leute von Welt sagen. Aber daß sie eine Rabenmutter ist, was werden sie darauf antworten? Und so liegt der Fall des Fräulein Heinel durch ihre Scheidung von Fierville. Sie hat ein Kind verlassen, die Frucht dieser Ehe, das durch das Mißgeschick dieser Umstände ohne sichere Stellung in der Gesellschaft ist. Es ist gut für dieses Kind und für seinesgleichen, daß eine kluge und wohlwollende Philosophie es in den Augen dieser freien und aufgeklärten Nation für legitim hält. O Frankreich, wann wirst du geruhen, einem so schönen Beispiel zu folgen?

*

Ein entsetzlicher Vorgang hat sich gegen Ende des Jahres 1783 in der rue Michel-le-Comte abgespielt. Eine Art Mönch, aus dem Orden ausgetreten, sucht einen Pförtner seiner Bekanntschaft auf, begleitet von einem jungen Savoyarden, der ihm ein kleines Paket trägt. Er bittet um die Erlaubnis, in irgendeinem Zimmer des Hauses einen Brief schreiben zu dürfen. Man gibt ihm einen Schlüssel, und sein Begleiter folgt ihm. In das Zimmer eingetreten, ist seine erste Sorge, die Tür fest zu verschließen, damit er den abscheulichen Plan ausführen kann, den er ersonnen hatte, um seine Begierde an diesem jungen Manne zu befriedigen. Er findet Widerstand, und seine Erregung wird Wut, Wahnsinn, Raserei; er bringt diesem Unglücklichen mehrere Messerstiche bei und verübt dann noch die empörende Grausamkeit, dieses blutende Opfer zu vergewaltigen. Er tut mehr: um das Maß vollzumachen, begeht er die Ruchlosigkeit, diesem Armen 38 Sous zu stehlen, die er in seiner Tasche fand. Aber solche Missetaten gehen über die menschliche Kraft. Sein Kopf wird unklar, er steigt die Treppe hinab, zu der Pförtnerin, um von seinen Händen das Blut abzuwaschen. Sein verstörtes Aussehen beunruhigt, erschreckt. Er will fliehen, aber er wird festgehalten. Man überführt ihn seiner Verbrechen, seine Strafe folgt dicht darauf. Aber, großer Gott! welche Strafen könnten dem allgemeinen Rechtsempfinden gegen solche Ungeheuer genügen und ihnen genügend Schrecken einflößen?

*

Es ist schwer zu sagen, ob mehr Geist oder Narrheit in dem ist, was der Doktor Graham eben in London ausführt. Jedenfalls: seine geheimnisvolle Art hat die Neugierde angestachelt, und seine Sonderbarkeit hat Lobpreiser unter allen Zeitgenossen gefunden. Man darf daher vermuten, daß dieses Unternehmen ihm ein großes Vermögen sichern wird. Hier ist die Beschreibung seiner Anstalt:

Der Doktor Graham hat mit dem Namen „Tempel der Gesundheit" ein großes Gebäude dekoriert, das in der Pall Mall liegt, neben dem königlichen Palast. Das Gesims ist mit drei Figuren geschmückt: Venus, ihr zu Seiten Minerva und Juno. Darunter liest man die folgenden Inschriften. Der Tempel der Gesundheit, Das Heil der Monarchen, Der Reichtum der Armen. Etwas tiefer bemerkt man eine Statue, die er Äskulap geweiht hat, und endlich liest man über der Tür: Keine Wache wacht an dieser Tür, damit der Reiche wie der Arme eintrete. Trotz dieser Inschrift lassen zwei riesengroße Männer, die mit einer langen Robe bekleidet und mit einem Panzer versehen sind, auf dem geschrieben ist: Tempel der Gesundheit, niemand herein, der nicht sechs Pfund Sterling bezahlt hat.

Kaum hat man den rechten Fuß auf die erste Stufe der Treppe gesetzt, hört man, aus Blasinstrumenten, eine harmonische Musik; sie dringt aus Öffnungen, die in der Treppe verborgen angebracht sind. Die lieblichsten Düfte, die den Geruch aufs angenehmste berühren, steigen auf, bis an den Eingang zu einem prächtigen Empfangszimmer. Es ist für Vorträge bestimmt, in denen der Doktor behauptet, jede Unfruchtbarkeit aufzuheben, obgleich er selbst niemals Kinder haben konnte. Er verschleiert in keiner Weise die Worte in diesem Zweig der Wissenschaft und dennoch strömen die Damen wie die Herren in Menge zu ihm und hören ihm ohne Bedenken zu.

Das Innere der Feenpalaste hat niemals Ausgesuchteres und

Majestätischeres gezeigt. Die Blumengewinde, die Spiegel, die Kristalle, die vergoldeten und versilberten Metalle sind hier im Überfluß angebracht und werfen von allen Seiten ein blendendes Licht zurück.

Musik geht jeder Sitzung voraus, von fünf Uhr bis sieben Uhr; dann stellt sich der Doktor Graham vor, in seiner Robe und in einem gelehrten Ton. Im Augenblick tritt Stille ein, die nur zu Ende der Sitzung durch einen elektrischen Schlag unterbrochen wird, der sich der ganzen Gesellschaft mitteilt (mit Hilfe der Leitungen, die unter den Tüchern, die alle Bänke bedecken, verborgen sind). Während noch die einen über das Erstaunen der anderen spotten, sieht man einen Geist, der durch den Fußboden in den Saal eintritt, erscheinen. Es ist ein magerer und leichenblasser Mann, von riesenhafter Figur, der, ohne ein Wort zu sagen, dem Doktor eine Flasche Likör überreicht. Nachdem der Doktor der Gesellschaft davon angeboten hat, verschwindet er mit dem Geist.

Auf diese seltsame Erscheinung folgt, in der Gestalt der Göttin der Musik, eine hübsche Frau, die, nachdem sie einige Stücke gesungen hat, mit einem Male unsichtbar wird. Der Doktor Graham hat damit seine Sitzung beendet, und die Bezahler ziehen sich zurück, ohne die sechs Guinees, die sie einem so außergewöhnlichen Schauspiel geopfert haben, zu bedauern.

Nach den Sitzungen bietet der Doktor dem Publikum an, die Schwermut und die übermäßige Heiterkeit verschwinden zu machen. Es ist die Elektrizität, die den Ruf des Doktors Graham seit mehreren Jahren begründet. Man kann nicht leugnen, daß er Erfolge gehabt hat.

Aber alle diese Einzelheiten sind nur Nebensachen in seiner Anstalt: eines der prächtigsten Betten, in dunklem Damast, auf vier gewundenen Säulen ruhend, überladen mit Blumengehängen aus vergoldetem Metall, bildet den Hauptbestandteil. Für fünfzig Louis versichert der Doktor Graham den jungen Leuten wie den alten Gatten, daß sie darin einen Nachkommen ihres Namens zuwege bringen werden.

Von welcher Seite man auch in das Bett steigt, das das göttliche Bett genannt wird, immer hört man eine Orgel, die in Verbindung mit drei anderen steht, in einer angenehmen Musik ertönen, deren Melodien die Gatten in die Arme des Morpheus tragen. Während einer Stunde, — so lange dauert dieses Konzert, — bemerkt man in dem Bett Ströme von Licht, die abwechselnd die Säulen erleuchten. Zur Stunde des Erwachens kommt unser Zauberer, um den Puls der Gläubiger zu fühlen, gibt ihnen zu frühstücken und entläßt sie, erfüllt von Hoffnung, indem er ihnen empfiehlt, ihm Anhänger zu werben.[3]

*

Wenn die Leidenschaften die Quelle der Tugenden sind, so haben sie doch noch öfter schreckliche Wirkungen und verderbliche Folgen. Ein reicher Landwirt aus der Umgebung von Meaux gibt davon ein neues und sehr trauriges Beispiel. Nachdem er mehrere Jahre lang in einem besonders zärtlichen Verhältnis zu einer Frau dieser Gegend stand, haben eifersüchtige Regungen in ihm den schwärzesten und rohesten Racheplan entstehen lassen. Eines Tages lockt er die Frau in die Felder; dort bricht er einen scharfen Dornzweig ab, schneidet ihn zurecht und schärft ihn noch für seinen Zweck. Die Einsamkeit, in der er sich mit ihr fand, und die Willfährigkeit, mit der sie seinen verstellten und hinterlistigen Zärtlichkeiten sich hingab, ausnützend, läßt er sie statt der Wonnen der Liebe die Qualen des grausamsten Todes fühlen und spießt sie auf. Dieses unglückliche Geschöpf hat, als man sie vier Stunden später in den letzten Todeszuckungen fand, zu keinem Beweis gegen seinen Mörder verhelfen können; aber man hegte Verdacht gegen ihn. Verhaftet und verhört, bekannte er sein Verbrechen und büßte es auf dem Schafott. Vergebens hat seine Familie große Summen angeboten, um ihn der Strafe zu entziehen; das Geld hat diesesmal weder über die Gesetze noch über das öffentliche Urteil siegen können.

Die Zeitungen von England haben, als sie den ungeheueren Zusammenbruch von Taylor, des Direktors der Oper in London, meldeten, der ziemlich kraftvollen Haltung, die unsere Théodora in dieser Lage gezeigt hat, Erwähnung getan. Sie befand sich bei der Nachricht von diesem unglücklichen Ereignis, das ihr in einem Augenblick jede Frucht ihrer Hoffnungen raubte, in den Kulissen: sie stieß zunächst einige Verwunschungen gegen Taylor aus, dann faßte sie den Entschluß, eine Ansprache an das Publikum zu halten, und schickte sich gerade dazu an. Der König, der anwesend war, fürchtete, daß dieses Benehmen Anlaß zur Unruhe im Publikum geben könne und ließ der Tänzerin befehlen, davon abzulassen. Ihre Antwort war, „daß sie Frankreich nur verlassen habe, um den Befehlen des Königs sich zu entziehen; daß sie aber, in dem Lande der Freiheit, ihre Vorrechte genießen wolle". „Im übrigen", sprach sie weiter zu dem Überbringer des Befehls, „sagen Sie Georg, daß er mich bezahle, und ich verpflichte mich zu schweigen." Dieser Vorschlag wurde nicht angenommen; Théodora konnte zum Publikum reden, und sie bekam, obgleich sie ein sehr schlechtes Englisch sprach, viel Beifall und Zustimmung.

*

Die ernsthaftesten Leute von Rang vergnügen sich in Paris damit, ein Gesellschaftsspiel zu veranstalten, das man Mystifikationen nennt, seitdem Poinsinet[4] unschuldigen Andenkens das Ziel davon gewesen ist. Der Abbé Arnaud von der Akademie hat verbreitet, daß ein junger Mann aus der Provinz, mit dem er in Briefwechsel stehe, nach Paris kommen würde, um hier seine literarischen Kenntnisse zu vervollkommnen; daß er sich demgemäß vornehme, die bedeutendsten Künstler kennen zu lernen, unter anderen den Chevalier de Mouhy, denn er habe von ihm den größten Eindruck bei der Lektüre seiner Romane empfangen. Sie kennen, dem Namen nach, den Chevalier de Mouhy[5]; er ist, nach dem Chevalier Coudray, als Autor das lächerlichste Wesen Der vorgebliche junge Mann habe, um die Bekanntschaft einzuleiten, dem Abbé Arnaud Strophen zum Lobe des Chevaliers geschickt. Sie folgen hier. Der Abbé Arnaud selbst hat sie natürlich verfaßt und sie dem vergötterten Idol vorgelesen.

> Eine der allergrößten Gaben,
> die uns diese Zeit gewährt,
> ist, gelesen zu haben
> die Werke des Herrn Mouhy.

(Hierin findet der Chevalier eine gewisse Leichtigkeit des Ausdrucks.)

> Aus ihm strömet die Noblesse.
> O, wie blendend ist sein Geist!
> Nein, kein Autor flößt Interesse
> ein wie Chevalier Mouhy.

„Ah!" sagt der Chevalier, indem er sich bescheiden in die Brust wirft, „Ihr junger Mann ist sehr, sehr begabt!"

> Man nimmt an, es gäbe keinen,
> der des öfteren nicht log.
> Aber niemals hört man einen
> lügen wie Herrn de Mouhy.

„Wie? Was soll das heißen? Spottet er über mich?" — „Geduld, Herr Chevalier!" — „Nein, Herr Abbé, ich will diese Unverschämtheit nicht weiter anhören."

> Sein Geschmack, und sein Gebahren,
> das ein jedes Wort erfüllt,
> lassen vorziehn selbst dem Wahren
> diese Lügen von Mouhy.

„Was höre ich? Das ist entzückend! Welches ausgesuchte Lob und welche Geschicklichkeit, es auszudrücken! Das Ansehen zu haben, eine Beleidigung zu sagen und ein Kompliment zu machen ... —"

> Land, das mich zuerst gesehen,
> niemals noch verließ ich dich;
> aber jetzt nun muß ich gehen
> zu dem Chevalier Mouhy.

„Ah, er soll sich keine Mühe machen. Er kennt mich von Renommé — das genügt. Ich werde dennoch entzückt sein, diesen jungen Mann kennen zu lernen. Er verspricht zu kommen?"

> Edle Haltung, schlanke Beine,
> Augen glänzend und entzückt!
> So muß aussehen, wie ich meine,
> Der Herr Chevalier Mouhy.

(Hier sagt der Chevalier kein Wort, denn er ist alt, lahm und bucklig.)

> Seine Schönheit macht Alarm
> bei dem Liebsten und dem Gatten.
> Denn wer widersteht dem Charme
> Des Herrn Chevalier Mouhy?

Hier endet die Mystifikation, über die auf Kosten dieses guten Herrn von Mouhy viel gelacht wurde.

*

Der Chevalier Receveur[6] kam im März des Jahres 1783 in London an und glaubte aus dem Geist der Einigkeit, der aller Köpfe an den Ufern der Themse sich bemächtigt hatte, Nutzen ziehen zu können: er wendet sich an einen, den er hatte vor zehn Jahren in Haft nehmen wollen (an den Autor des „Gazetier cuirassé"). „Reichen wir uns die Hand," sagte er zu ihm, „es gibt hier Schlingel von Schreibern, die Ihr Beispiel verlockt hat. Spannen wir unsere Netze gemeinsam aus, damit alle diese sauberen Vögel, die uns jetzt belästigen, sich darin fangen!" „Ich bin gern bereit dazu," antwortet der Gepanzerte, „aber ich muß Ihnen zuvor mitteilen, daß man im Begriff ist, mich zu verhaften, weil ich einem Tapetenhändler sechzig Guinees schuldig bin." „Das soll uns nicht aufhalten," sagt der andere, „gehen wir zu meinem Bankier. Wir werden auf meinen Kreditbrief das nehmen, was diesen Lästigen schweigen macht. Aber vor allem: sagen Sie mir, wer ist der Autor dieser Zoten: ‚Petits soupers im Hause de Bouillon'?' Dieser Kerl hat zwei Briefe nach Paris geschrieben; ich habe diese Briefe gesehen. Man muß sich Schriftstücke verschaffen von allen französischen Verdächtigen hier, um zu vergleichen." Der erste, den man festnahm, war ein Mann namens Mauriçon, der, nachdem er verschiedenen Behörden in Paris Streiche gespielt hatte, nach London gekommen war, um die Leute zu einer Art von komischen Oper zu einer halben Guinee für die Person einzuladen. Der „gepanzerte Zeitungsschreiber", der nicht wußte, wie er es anfangen sollte, seine Handschrift zu bekommen, sagte zu einem gewissen La Fite, einem gewissen Jombert zu sagen, daß es fünf Guinees zu verdienen gäbe für denjenigen, der Antwort zurückbrächte auf einen Brief, den man ihm für Mauriçon geben würde. Jombert erzählt den Fall einem gewissen Dupuis, der es sich in den Kopf setzt, die fünf Guinees zu verdienen und das gewünschte Schriftstück ohne Bedenken selbst anfertigt. Der alte Goudar, der Begleiter Receveurs, argwöhnt den Betrug; als eines Tages der berühmte Philidor, ein Freund Mauriçons, zurückkehrt, schlägt er das Geschäft ihm vor, überzeugt, daß dieser Weg der sicherste sei. „Gern", sagt der Musiker zu ihm, „ich werde Mauriçon suchen; er wird nach meinem Diktat schreiben." — „O nein," erwiderte Goudar, „es ist nicht nötig, daß Mauriçon weiß, worum es sich handelt." „Lassen Sie mich nur machen," sagt Philidor und macht sich im stillen über ihn lustig, „ich werde es Ihnen herbeischaffen." In dieser Zeit verteilte man in den Straßen Londons Blätter und schlug sie überall an, um das Volk auf die besonderen Kennzeichen des Polizeiinspektors von Paris aufmerksam zu machen. Dieses Blatt war so abgefaßt:

‚Gift gegen die französischen Spione und Ankündigung für die Fremden, die nicht gern auf die Bastille gehen wollen, um dort zu verfaulen.

Die tapferen und edlen Briten seien benachrichtigt, daß es hier Inspektoren der Pariser Polizei gibt, die sich in der Stadt festgesetzt haben; einige ihrer Leute sind einquartiert in der Gegend von Saint James. Sie stehen dort Wache, Tag und Nacht, versehen mit Knebeln, Handschellen und Dolchen, in der Absicht, die Autoren und Herausgeber der drei folgenden Werke zu ergreifen und nach Frankreich zu transportieren...

Nachdem einige Zeit erfolglos vorübergegangen war, kam der Graf d'Adhémar nach London und ließ Receveur rufen. „Hast du gefunden, was du suchtest?" fragte ihn der Botschafter. „Nein, Herr Graf." — „Dann sieh zu, daß du übermorgen nicht mehr in London bist!"

*

Der Marschall von Richelieu wohnte einem dieser kleinen Abendessen bei, die jetzt in Paris so häufig sind. Er fängt an laut zu lachen. Die vier Damen, die dabei waren, wollten die Ursache des Gelächters wissen: Der sollte sie erfahren, der sie erraten würde. Man hatte tausend Vermutungen und alle waren falsch. Der Marschall lehnte durchaus ab, sich zu erklären; er habe schon wiederholt erfahren, daß diese Damen ihm die Vertraulichkeit niemals verziehen hätten. Die weibliche Neugier wird um so größer. Der Herzog gibt endlich nach, indem er um Gnade für sich bittet, die die Damen ihm versprechen. — „Also," sagt der Achtzigjährige, „man muß Ihnen gehorchen: die Galantcrie geziemt jedem Alter. Eine entzückende Erinnerung reizte mein Lachen; ich erinnerte, daß ich einstmals die Ehre gehabt habe, von einer jeden von Ihnen im Bett empfangen zu werden. Heute kann ich zu Ihnen nur davon sprechen."

*

Frau Dugazon, Schauspielerin an der Comédie Italienne, war höchstens bei ihrem fünfzehnten oder sechzehnten Liebhaber seit sechs Monaten (so lange lebte sie von ihrem Gatten getrennt), als dieser es sich einfallen ließ, ihr Verhalten unrecht zu finden. Der Graf von *** war an der Reihe bei der Schönen, als Dugazon eintritt. Nach einer kleinen Pause sagt er zu seiner Frau: „Gnädige Frau, wünschen Sie dem Herrn Grafen einen guten Abend. Heute bleibe ich hier." Die Schöne stammelt zitternd dem Grafen einige Worte des Abschieds und winkt ihm zu gehen, um Streitigkeiten auszuweichen. So bleibt der Gatte Sieger auf dem Schlachtfeld, aber der Graf war sehr schlechter Laune. Am nächsten Tag am übernächsten Tag geht er überall herum und erzählt, daß Dugazon ein liederlicher Bursche, ein durchtriebener Kerl sei und daß er ihm die Ohren abschneiden werde. Da die Ohren von Dugazon noch nicht abgeschnitten waren, so wurden sie heiß von allen diesen Dingen, die ihm hinterbracht wurden. Der Zufall wollte es, daß er einige Tage später mit dem Grafen zusammentraf, der dieselben Reden vor ihm wieder anfing. Dugazon, der einer der tapfersten Komödianten dieser Zeit ist, deutet ihm an, daß er solche Beschimpfungen nicht dulden könne. Diese Erklärung zieht eine andere nach sich: der Graf gibt ihm eine tüchtige Ohrfeige, und in der nächsten Sekunde gibt sie ihm der andere aus aller Kraft zurück. Die beiden Gegner brennen darauf, sich zu schlagen; man trennt sie, man bewacht sie. Dugazon wird von der Polizei gemaßregelt, und seiner Frau, mit allen ihren Talenten, wird mit dem Zuchthaus gedroht. Das ist das Ergebnis der Ohrfeigen der beiden Herren. Im Palais-Royal ist man sehr neugierig, die Wendung zu erfahren, die die große Angelegenheit nehmen wird. Man fragt sich im Caveau, wie das enden und was der Graf mit der Ohrfeige tun werde, die er bekommen habe. „Wer weiß," antwortet ein Spaßvogel, „vielleicht wird er sie zu den übrigen legen." Die Prophezeiung hat sich bewahrheitet.[8]

Der Herr Graf von A**, Generalleutnant der Armeen des Königs, ist ins Gefängnis gebracht worden, weil er das Feldgericht beleidigt hat. Des Gefängnisses und der Ordnung, die er beobachten muß, müde, läßt er dem alten Marschall von Richelieu eines Tages sagen, daß er nicht mehr von seiner Frau getrennt leben könne, daß er gefoltert werde von den ungestümen Wünschen, die die Natur in ihm mit einer zu gebieterischen Stimme sprechen lasse, als daß er sie zum Schweigen bringen könne. Mit der entzückenden Heiterkeit, die er sich bewahrt hat, rief der Marschall von Richelieu aus: „Ah, sagen Sie Herrn von A..., daß er nur aus dem Gefängnis herausgelassen würde, nachdem er mich sein geheimes Mittel habe wissen lassen."

*

Einige junge Offiziere hatten einen Streit mit der Wache bei Nicolet. Die Sache wurde bekannt und vor das Gericht der Marschälle gebracht. Der alte Herzog besinnt sich, daß er jung und Soldat gewesen war. Seine ritterliche Art läßt ihn den Übermut der jungen Offiziere billigen, und er tadelt die Leute der Wache. Einer dieser jungen Adligen ruft laut: „Herr Marschall, ein Soldat hat die Unverschämtheit gehabt zu sagen, daß er sich den Teufel um Sie schere!" — „Das mag sein, aber da er Sie, mein Herr, nicht gebeten hat, es mir wiederzusagen, haben Sie die Güte, sich nach dem Gefängnis zurückzubegeben."

*

Der Herzog von *** überraschte eines Tages seine teure Hälfte in den Armen des Erziehers seines Sohnes. Die würdige Gattin sagt zu ihm mit herzoglicher Unverschämtheit: „Warum waren Sie nicht da? Wenn ich meinen Kutscher nicht habe, nehme ich den Arm meines Lakaien."

*

Der Chevalier von *** war zum Souper bei dem Fräulein Théophile. Sie sprachen von den süßen Freuden und waren voll der Hoffnung, sie bald zu genießen. Das Fräulein läßt, inmitten ihres verliebten Rausches, einige Seufzer entfliehen. „Was haben Sie, mein schöner Engel?" „Mein Freund, ich muß dir etwas bekennen, ich brauche zwölf Louis äußerst notwendig." „Göttliche, ich bin in Verzweiflung: ich habe keinen Pfennig, nicht das geringste. Welches Vergnügen würde es mir gewesen sein, dir diese Kleinigkeit zu schenken." „Schenken?! Ah, mein Freund, ich kenne deine Lage. Es war ein einfaches Darlehen, das ich wünschte und nur für wenige Tage. Ich verkaufe meinem guten Freunde meine Gunst nicht." Darauf folgt ein Erguß der zärtlichsten Gefühle. Man setzt sich zu Tisch, und bald wirft man sich in die Arme der Liebe, um für die Härten dieses verwünschten Schicksals sich zu entschädigen. Man hört an die Tür klopfen. Der Chevalier weiß nicht was tun. „Ah, das ist er", sagt das Fräulein erschrocken. „Er" war ein reicher Finanzmann, der die großen Ausgaben des Fräuleins bestritt, indes der Chevalier statt seiner geliebt wurde. Der Chevalier flüchtet in ein Nebenzimmer. Der Finanzmann läuft, mit seinen beiden krummen Beinen, auf seine Geliebte zu: „Endlich, meine Königin, habe ich mich frei gemacht von diesem unglücklichen grünen Tisch, an den ich genagelt war. Verdammt, die Geschäfte gehen ganz und gar nicht. Die Steuerpachten sind des Teufels; es gibt nur dreißig für hundert, und bald gibt es nur noch Wasser zu trinken." „Ah, mein Herr! ich bitte Sie, lassen Sie mich mit Ihren Geschäften. Meine Migräne wird stärker. O, guter Gott, guter Gott! Das sind Schläge auf meinen Kopf! O, o, o!" — „Aber, meine Liebe, das ist ein dummes Kopfweh, ganz außer der Zeit, zum Teufel mit dieser Migräne! Ich komme..." „O, mein Herr, gehen Sie, gehen Sie!" „Ich soll nicht mit dir zu Abend essen? Und hier ist schon ein Gedeck bereit!" — „Ja, ganz richtig — ich wollte gerade etwas essen, als dieses unglückliche Kopfweh mich überraschte. Um Gottes willen, lassen Sie mich, lassen Sie mich, das sind unerhörte Qualen. Ich hoffe, daß die Ruhe mich wieder herstellen wird." — „Ruhe? aber ich? was habe ich für mein Geld?" — „Für mein Geld — hören Sie — haben Sie zwölf Louis, die Sie mir geben können? Ich bin in einer Hundelaune. Es ist für eine Putzmacherin, die mich nicht atmen läßt." — „Was soll das heißen mit deiner ‚Putzmacherin'? Unter uns, meine liebe Freundin, weißt du, wieviel du mich kostest? O, ich kann rechnen!" — „Pfui bezahlt man seine Freuden? Ich muß diese zwölf Louis augenblicklich haben. Bekomme ich sie nicht sofort, kratze ich Ihnen die Augen aus!" — „Zieh' die Krallen ein, meine Katze, kratze nicht — ich sage dir, daß ich kein Geld habe. Morgen." — „In dieser Minute muß ich es haben. Man hat wirklich was an diesen Herren der Steuerpacht — sie sind von einer Knauserei!" — „Willst du mir nicht einen Kuß geben?" — „Ich Sie küssen? Ich würde lieber ... Spaßhafter Herr!" — Während der Finanzmann das Fräulein umarmt, legt er geschickt zwölf Louis auf den Kamin und entschließt sich, seine Lukretia zu verlassen, mit ihrer Migräne, die sie quält. Sie begleitet ihren Krösus bis an die Tür, ohne seine Aufmerksamkeit bemerkt zu haben. Das Fräulein kommt zurück und beklagt sich über den unbeugsamen Geiz dieser Geldleute. „Meine Liebe," sagt der Chevalier zu ihr, „ich gebe dem Verlangen nach, Ihnen zu Diensten zu sein; ich verhehle nicht, daß ich gezaudert habe, aber die Liebe reißt mich hin. Nehmen Sie diese zwölf Louis. Sie sind, meiner Treu, mein ganzes Vermögen." Die Geliebte ist entzückt und verspricht, diese Summe gut anzuwenden. Sie essen in heiterer Laune zu Abend und die Nacht vergeht noch angenehmer. Am nächsten Morgen eilt der Finanzmann zu seiner Treuen; er stirbt vor Verlangen zu erfahren, welche Empfindung sein Angebinde hervorgebracht hat. Er erwartet Dankesbezeugungen, Zärtlichkeiten. Man empfängt ihn mit häßlichen Schimpfworten; man erklärt ihm sogar, daß er seinen Abschied nehmen könne. „Aber", schreit der Finanzmann „meine Kleine, Sie sind undankbar. Habe ich Ihnen gestern nicht diese zwölf Louis gegeben, um die Sie mich in so übler Laune gebeten haben?" — „Sie haben mir diese zwölf Louis gegeben? Sie?" — „Ja, ja, ich selbst. Ich habe sie auf Ihren Kamin gelegt." Streitigkeiten, Vorhaltungen, Weigerungen, dem Herrn zu glauben. Er leistet alle Eide, er schwört bei Plutus. Man läßt sich endlich überreden. „Ich muß annehmen," sagt das Fräulein, „daß ich bestohlen worden bin." Das Geschenk wird noch einmal gemacht. — Kaum hat das Fräulein den Chevalier wieder gesehen, als es lachend zu ihm sagt: „Ich glaube, mein Herr Spitzbube, daß ich Ihnen diese zwölf Louis nicht zurückzugeben brauche. Komm: man verzeiht der Liebe alles. Wir werden zusammen essen, auf die Freigebigkeit dieses Herrn." Der Chevalier bekannte alles, lachte selbst darüber, und die beiden Verliebten waren noch eifriger, den Finanzmann zu betrügen.

*

Liguria trat eines Tages plötzlich in mein Zimmer. Die Unsicherheit ihres Blickes, die Hast ihrer Bewegungen, die Unordnung ihrer Haartracht und ihrer Kleidung, alles kündigte eine Verwirrung und eine außergewöhnliche Erschütterung in ihr an. Ich war noch im Bett. Sie setzte sich zu mir, sie küßte mich, sie wollte sprechen; aber sie war zu bewegt; ihr Mund stieß nur unartikulierte Laute aus. Ich liebe dieses sanfte Kind zärtlich. Ich glaubte, daß sie irgendein Unglück erfahren habe. Ich versuchte, sie durch meine Zärtlichkeiten zu beruhigen; nach und nach kam sie zu sich und, sobald sie den Gebrauch der Worte wieder erlangt hatte, rief sie aus: „Ah, meine liebe Leucosia, was habe ich Ihnen alles zu sagen! Gestern, beim Untergang der Sonne, dünkte mich, sah ich Biblis: sie näherte sich mir mit einer geheimnisvollen Miene; sie hüllte meinen Kopf in einen weißen Schleier und befahl mir, ihr zu folgen. Ich gehorchte ohne Zaudern. Sie wissen, wie ich dieser Frau vertraue. Wir schritten durch die Stadt bis zu der Stelle, wo mein Vormund wohnt;

dann traten wir in eine schmale und abgelegene Straße. Das wenige des Tages, das uns bis dahin geleuchtet hatte, verließ uns gänzlich. Die Stille, die Biblis beobachtete, die Unkenntnis des Ortes, die entsetzliche Nacht, die mich umgab, durchdrangen mich mit einem geheimen Schrecken, dessen ich mich nicht erwehren konnte. ‚O, wohin führen Sie mich, meine liebe Biblis?' fragte ich sie. Sie antwortet mir nicht. Eine Tür öffnet sich, und wir steigen in einen dunklen, unterirdischen Gang hinab, über eine gewundene Treppe.

Stellen Sie sich vor, meine liebe Leucosia, von welchem Schrecken ich erfüllt war. Nachdem mich Biblis einige Zeit in der Dunkelheit geführt hatte, verließ sie mich plötzlich. ‚Sie sind', sagte sie, ‚in dem Tempel eines Gottes! Hüten Sie sich, was immer sich ereigne, die Weihe der Mysterien durch Ihre Rufe zu stören.' Als sie diese Worte beendet hatte, entfernte sie sich.

Die Überraschung machte mich starr. Ich wußte nicht, was ich denken sollte. Von welcher Art sind denn diese Mysterien, die hier feierlich begangen werden, sagte ich zu mir selbst. Warum sie mit einer so dichten Nacht bedecken? Aber die Götter sprechen nicht aus, auf welche Art sie angebetet sein wollen. Es ist nicht an uns, in ihr Geheimnis zu dringen, denn sie hüten es eifersüchtig. Es genügt zu wissen, daß ich in ihrem Tempel bin. Ohne Zweifel achtet man die Unschuld hier, und Biblis liebt mich zu sehr, um mich irgendwelchen Gefahren auszusetzen. Diese kurzen Überlegungen haben mich beruhigt. Ich habe die Hände ausgestreckt, rings um mich her, um mich zu versichern, daß ich keinen Gefährten meines Abenteuers habe, den ich um Aufklärungen bitten könne, und ich habe mit größter Aufmerksamkeit nach jedem Geräusch gehorcht, das dienen könne, meine Schritte zu lenken.

Aus der tiefen Stille, die rings um mich herrschte, entflohen von Zeit zu Zeit Seufzer, aber nicht von jenen schmerzvollen

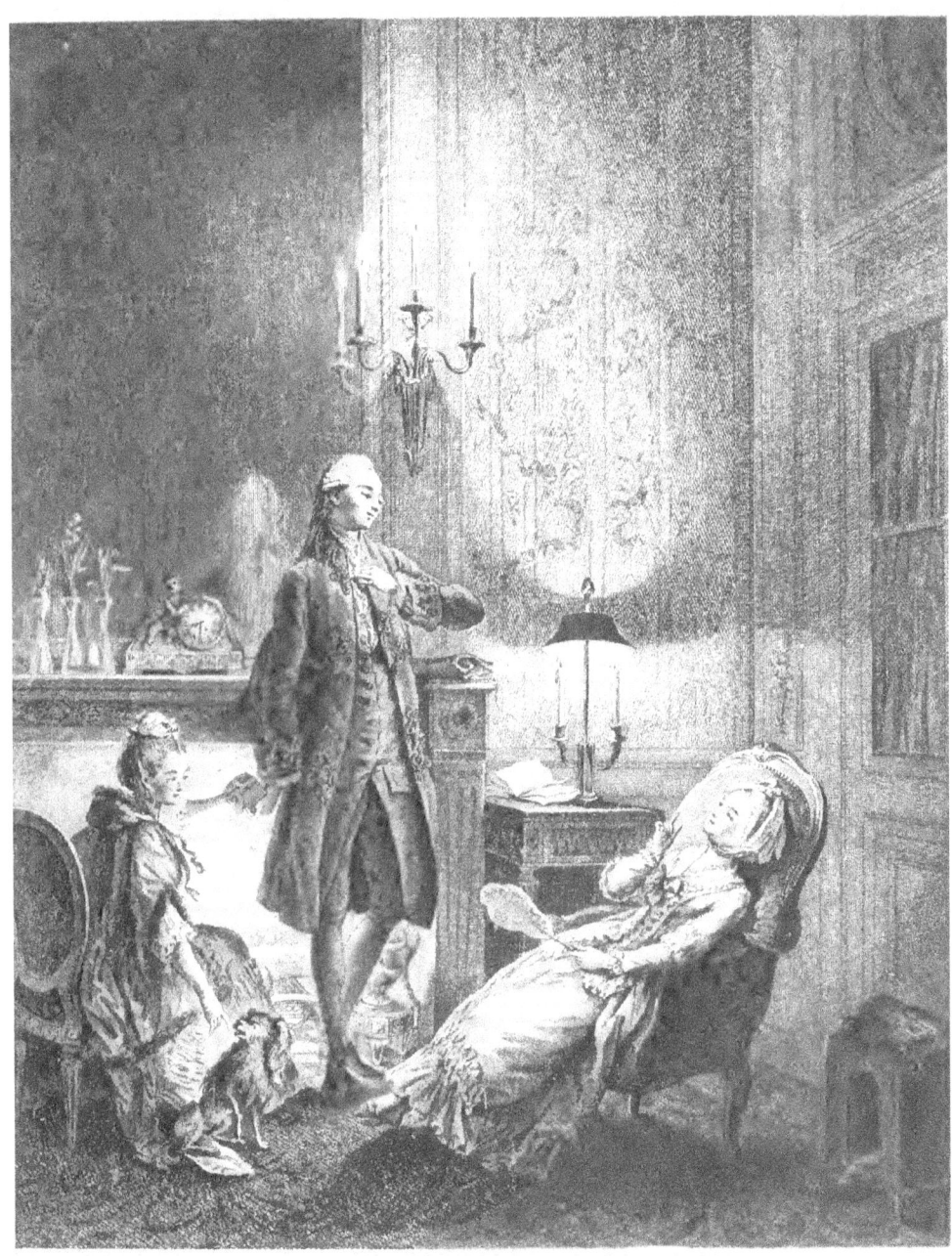

Seufzern, die uns ein quälendes Gefühl entlockt. Sie drangen bis an mein Herz, aber sie erregten dort weniger Mitleid als eine gewisse süße Empfindung, die durch meine Adern ein zartes Feuer rinnen ließ. Ich empfand ein nie gekanntes Gefühl. Ich war außer mir; ich wünschte, ich fürchtete, ohne die Ursache meiner Wünsche und meiner Ängste zu kennen. Ein leises Geräusch, das sich hören ließ, zwang mich, meine Aufmerksamkeit zu verdoppeln. Es war das eines leichten und zögernden Schrittes. Das Geräusch schien sich mir zu nähern: in dem Augenblick ergriff man eine meiner Hände. Sie kennen meine Schüchternheit, meine liebe Leucosia. Allein an einem Ort, an dem alles mir unbegreiflich schien, da habe ich gefühlt, daß eine fremde Hand die meine ergriff — sollte ich nicht aufschreien? — Ich habe Anstrengungen gemacht, um mich zu befreien. ‚Warum fürchten Sie mich, entzückende Liguria?‘ sagte eine tiefe Stimme zu mir, zu stark, um die einer Frau zu sein; aber so wohlklingend, so sanft, so rührend, daß sie nicht die eines Sterblichen sein konnte. ‚Warum ängstigen Sie sich? Warum fürchten Sie meine Zärtlichkeiten und mein Entzücken? Ich bin der Gott, den man an dieser Stätte verehrt. Ach, was nützen mir Weihrauch, die Opfer, die man mir bringt, die Ehren, die mich niederdrücken, wenn ich nur nach dem Glück atme, geliebt zu werden, ohne es erlangen zu können?‘ ‚Sie sind ein Gott?‘ habe ich noch erschreckter geantwortet. ‚Was fordern Sie von mir, außer der Scheu und der Furcht?‘ ‚Wenn sie mir gebühren, so fordere ich sie nicht von Ihnen; von Ihnen, von der mein Glück abhäng; Sie, deren Besitz mich tausendmal glücklicher machen würde als selbst die Unsterblichkeit. Halten Sie die Glückseligkeit eines Gottes fest, liebenswürdige Liguria, verscheuchen Sie sie nicht durch Ihre Kälte. Dieser Gott wird Ihnen nach bestem Vermögen dienen, um Sie glücklich zu machen, wenn Sie der Gegenstand seiner Liebe sein wollen.‘

Stellen Sie sich meine Verwirrung vor, meine liebe Leucosia.

Was konnte ein Mädchen ohne Erfahrung einem mächtigen Gott antworten, der in sie drang? Denn ich zweifele nicht, daß dieser ein Gott war. Es gibt nichts Menschliches in meinem Abenteuer. ‚Glauben Sie denn,' habe ich geantwortet, ‚daß ich mich so über das schwache Vermögen meiner Reize täusche? Sie sind ein Gott, mein Herz sagt es mir. Niemals hat die Nähe eines Sterblichen mir eine solche Bestürzung verursacht, wie ich sie jetzt fühle. Aber Ihre Macht erschreckt mich mehr, als daß sie mich beruhige. Was habe ich zu erwarten, wenn ich mich Ihren Zärtlichkeiten hingebe? Bin ich der Spielball einer vergänglichen Laune, heute die Ursache Ihrer Wünsche, morgen die Ihrer Gleichgültigkeit, vielleicht Ihrer Verachtung, wenn ich einwillige, Ihnen zu gehören? Und wenn sich die Liebe meiner bemächtigt — welcher schrecklichen Verzweiflung werde ich ausgeliefert sein? Weiß ich, wie Götter lieben? Verpflichten ihre Liebesschwüre mehr als die der Menschen?' ‚Ah,' hat mir die Stimme geantwortet, ‚beurteilen Sie meine Gefühle nicht nach denen der anderen. Zwingen Sie mich nicht, die Erhabenheit zu verabscheuen, die mir den Weg zu Ihrem Herzen versperrt. Die Glut, die ich empfinde, meine liebe Liguria, hat niemals ihresgleichen gehabt, weder in den Himmeln noch auf der Erde. Fordern Sie Beweise! Ah, was würde ich nicht tun, um mich Ihres Besitzes zu versichern? Ja, ich schwöre, bei Ihren Reizen, bei dem feurigen und heftigen Verlangen, das mich fortreißt, bei der brennenden Glut, die mich verzehrt: Sie allein können mein Glück ausmachen. Und wenn Ihr Herz meine Empfindungen nur etwas erwidern würde, mein Glück würde keine Grenzen kennen. Aber Sie sind stumm, und meine flammende Liebe selbst vermag nicht, Sie zu rühren. Ah, grausames Geschick, ich sehe mein Unglück nur zu klar. Ich habe bis zu diesem Tag gekämpft, um Ihnen eine vergebliche Neigung nicht zu zeigen; aber meine Leidenschaft erklärte sich endlich besiegt durch ihre ungeheure Stärke. Juno begünstigt mich; sie selbst hat sie in der Erscheinung der Biblis an diesen Ort geführt, der meiner Liebe so günstig schien; an diesen Ort, der für Sie und für mich der Schauplatz der reinsten Freuden sein könnte, und an dem ich nur meine Qualen vergrößert fühle. O, meine Göttin! Sehen Sie den Zustand, dem Sie mein Herz unterworfen haben, und wenn das Ihre der Liebe verschlossen ist, öffnen Sie es wenigstens dem Mitleid.'

Als der Gott zu mir sprach, hielt er mich unmerklich umschlungen; ich dachte nicht, mich zu wehren. Ein Kuß, den er mir gab, riß mich aus meiner Zerstreutheit. Ich wollte seinen Armen entschlüpfen, aber das Feuer seiner glühenden Lippen war schon in meine Seele gedrungen. Ich zwang mich, mich seinen Umarmungen zu entziehen, und ich fand nur die Kraft, sie zu erwidern. Bezaubert durch eine Unruhe, die noch größer wurde durch das Ungestüm seiner Zärtlichkeiten, hat er mir sein Entzücken durch tausend neue Küsse bezeigt, die aus Nektar und Ambrosia gemischt waren. Nein, die Liebe selbst würde sie nicht besser geben können. Ich will es dir nicht verbergen. Wenn das Verlangen meines Liebhabers, mit seinem Erfolg zufrieden, auf meinen Lippen hingeschwunden und nicht größer geworden wäre, meine Arme hätten niemals die Kraft gehabt, um ihn zurückzuhalten. Aber seine unbesonnenen Aufwallungen haben mich bald zu mir selbst gebracht. ‚Grausamer‘, habe ich zu ihm gesagt, zusammenraffend, was mir an Kräften blieb, um mich zu verteidigen und zu ihm zu sprechen, ‚was versuchen Sie zu tun? Sie können ohne Zweifel Schwäche einflößen, wollen Sie daraus Nutzen ziehen, um mich zu verführen? Ich bin unschuldig, Sie sind ein Gott, achten Sie mich, achten Sie sich selbst, lassen Sie mich fliehen...‘ ‚Sie fliehen, — Undankbare,‘ antwortete er mir, ‚da ich die Himmel für Sie verlassen habe! Ist Ihnen dieses Opfer nichts wert? Kann ich größere bringen? Und verdiene ich Ihre zärtlichsten Gefühle nicht? Welche ist, außer Ihnen, die Sterbliche, die sie mir verweigern würde?' ‚Ah,‘ habe ich ausgerufen, ‚lassen Sie sich an meiner Zärtlichkeit genügen!

Welche andere könnte Sie mehr lieben als ich? Ich rufe die Götter, die ich fürchte, zu Zeugen an: ich habe niemals, was ich für Sie empfinde, je gefühlt. Das ist genug, um Ihnen zu sagen, daß in der Verwirrung, in der ich bin, ich keine Kraft mehr habe, um mich zu wehren.' ‚Sie lieben mich, Liguria?' hat mein Liebhaber erwidert. ‚O, Bekenntnis, das mich entzückt. Sie lieben mich, o, sagen Sie es mir noch einmal ... Sie lieben mich? ...' Der Gott, durch das Übermaß seiner Dankbarkeit hingerissen, hat mich mit einer neuen Flut seiner Zärtlichkeiten überschüttet, die meine Vorwürfe zurückgehalten hatten. Ich habe alles getan, was ich konnte, um ihm zu widerstehen, aber endlich: was konnte ich tun? Er ist ein Gott, und ich bin nur eine schwache Sterbliche.

Wie soll ich dir alles schildern, meine liebe Leucosia? Diese brennenden Liebkosungen, diese zärtlichen Bekenntnisse meines Geliebten? ‚Süße Liguria,' sagte er zu mir, ‚ich schwöre es beim Styx, ich werde Sie immer lieben. Aber was soll aus mir werden, wenn ich Sie verlieren müßte? Welche Marter für mich! Schließen Sie auf meine künftige Verzweiflung aus meinem gegenwärtigen Entzücken. Würde ich nicht beklagen, nicht mit Ihnen sterben zu können? Meine Ruhe ist mir genommen. Die Götter werden mir diese Gnade nicht verweigern: Sie werden Ihnen Unsterblichkeit verleihen, denn Ihr Liebreiz hat Sie dessen würdig gemacht.'

‚Wie, ich werde unsterblich sein?' habe ich, außer mir vor Freude, zu ihm gesagt. ‚Ah, mein süßer Geliebter, ich werde Sie doch immer lieben.' — Als ich diese Worte aussprach, ließ sich ein dumpfes Geräusch hören, der Gott entwand sich meinen Armen. ‚Ich verlasse Sie,' sagte er zu mir, ‚aber nur, um Sie bald wiederzusehen und Sie unsterblich zu machen. Ich werde mit Jupiter sprechen.' Und im Augenblick hat er sich zurückgezogen.

Welche Trennung! Was habe ich gelitten, meine teure Leucosia! Alle Freuden haben mich mit meinem Geliebten verlassen. Sie haben in meinem Herzen nur eine schreckliche Leere gelassen. Das Entsetzen der Finsternis, die mich umgab, hat sich verdoppelt, und um meine Verzweiflung aufs äußerste zu steigern, haben Gewissensbisse sich fühlbar gemacht. Denn, obgleich ich schuldlos war, fand ich nichts, um mich von ihnen zu befreien. Zweifellos beklagt die Tugend immer, daß irgendwelche Rücksicht genommen wurde, um sie zu stützen, und die Schamhaftigkeit beunruhigt sich sogar über den Genuß erlaubter Freuden. Wie dem auch sei: jetzt mache ich mir keine Vorwürfe. Wenn ich den Zärtlichkeiten des Gottes mich ergab, so ergab ich mich ihm nur als Gattin; ich habe als Gewähr seiner Treue seine Schwüre, ich kenne seine Aufrichtigkeit und seine Liebe. — Er hatte mich kaum verlassen, als eine unbekannte Stimme mich mit meinem Namen anrief. Ich habe mich nach der Seite vorwärts bewegt, von der sie kam. Man hat meine Hand ergriffen, und ich bin aus dem Tempel durch die Tür hinausgegangen, durch die man mich hereingeführt hatte . . .“

Liguria ist keine andere als ein Fräulein Forestier, eine hübsche Putzmacherin von vierzehn bis fünfzehn Jahren, in die der Herzog D . . . heftig verliebt war. Biblis ist die Dubuisson, eines der geschicktesten Werkzeuge, die die berühmte Gourdan je gehabt hat.[9] Leucosia ist eine gute Freundin der kleinen Forestier. Der Tempel ist nur ein Zimmer des kleinen herzoglichen Hauses. Kaum hatte Liguria, oder, um unverhüllt zu sprechen: Fräulein Forestier, aufgehört zu erzählen, als sie in den Augen ihrer Gefährtin suchte, was jene über dieses erstaunliche Abenteuer denke. Als jene eben anfing, ihr ihre Gedanken darüber mitzuteilen, hörte man wiederholt an die Tür klopfen. Die Gefährtin öffnete zitternd . . . Es war die Dubuisson, die sich selbst durch Händeklatschen und durch schallendes, unbändiges Gelächter ankündigte. Sie flog der jungen Liebhaberin um den Hals. „Ja“, sagt sie zu ihr, „wir haben in Ihnen eine Göttin mehr: jener gewisse Olymp konnte keine bessere Erwerbung machen. Treten Sie ein, entzückender Gott,“ rief sie dem Herzog, der ihr folgte, zu,

„kommen Sie, um Ihrer Göttin neue Versicherungen Ihrer Liebe, die Sie ihr geschworen haben, zu geben und um ihr das Geschenk der Unsterblichkeit zu bestätigen." Der Herzog fällt der getäuschten Schönen zu Füßen, die endlich begreift, daß man sie zum Narren gehalten hat. Die Scham und die Schande bedecken ihre Wangen mit tiefer Röte, und vor Verdruß ist sie in Tränen gebadet. Sie will ihrem Liebhaber sich entziehen, aber ihre Kräfte verlassen sie. „Bestrafen Sie mich! Nehmen Sie mein Leben," sagt der Herzog, sie fest in seinen Armen haltend, „ich bin ein Unverschämter, ich bekenne es. Aber verzeihen Sie: wenn ich Sie für wenige Augenblicke getäuscht habe, so geschah es, um Sie nie mehr zu täuschen. Die Liebe, die mich verzehrt, sei meine einzige Entschuldigung. Kann sie mir Verzeihung erwirken?.." Der Herzog sprach voll Anmut; er ist gut gewachsen, jung, galant. Er seufzte, er vergoß selbst Tränen, die ganz ehrlich schienen. Schließlich war er so, wie man sein muß, um die Frauen zu gewinnen; zudem war seine Schöne verliebt, ohne Erfahrung, und der Zorn dauert in den Herzen der jungen Mädchen nicht lange. Der Herzog benahm sich so gut, daß die Tränen des jungen Mädchens nach und nach versiegten. Sie können sich denken, daß man nicht gezögert hat, die kleine List zu verzeihen und daß man die Vergebung durch so leidenschaftliche Zärtlichkeiten bekräftigt hat, daß die alte Dubuisson, die Zeugin davon war, lebhaft bewegt schien, so abgestumpft sie sonst ist. Seit dieser Zeit hat die junge Putzmacherin einen Wagen, Spitzen, Diamanten und ein hübsches, gut ausgestattetes Haus.

*

Herr de la Blinaye, ein bretagnischer Edelmann, wohnte auf seinem Landgut, und hatte ein gutes Einkommen; es war jedoch zu gering, um davon in der Hauptstadt oder den großen Städten der Provinz zu leben. Derselbe Grund hatte ihn verhindert, sich zu verheiraten. Da er indessen ein hinreichend lebhaftes Temperament besaß, war er genötigt gewesen, sich an seine Bäuerinnen zu halten, die durch sein Bett sich geehrt fühlten; oder an die Frauen einiger Krautjunker, seiner Nachbarn, denen er Hörner aufgesetzt hatte. Er war mehr als sechzig Jahre alt, als er durch beträchtliche, ihm zufallende Erbschaften über eine Rente von hunderttausend Livres verfügen konnte. Der Augenblick, um zu genießen, war gekommen; und da er durch seine Jahre zur Eile sich getrieben fand, begab er sich ungesäumt nach Paris, dem Mittelpunkt der Freuden, und konnte da leicht, infolge ihrer Vielfältigkeit und ihrer ununterbrochenen Dauer, wieder gewinnen, was er notwendigerweise in den Zeiten der Dürre hatte verlieren müssen. Er nimmt ein prächtiges Haus; er stattet es in der vornehmsten Art aus und schwimmt in Wonnen. Er mietet eine Loge für das ganze Jahr in allen Theatern. Am besten gefällt ihm die Oper. Seine Sinne, in dieser Hinsicht unverbraucht, vermitteln ihm beinahe die lebhaften Eindrücke seiner Jugend; er zögert nicht, den Tribut zu zollen, das heißt sich in eine Nymphe dieses bezaubernden Reiches zu verlieben. Seine Liebe traf das Fräulein Beaumesnil. Die Feinheit ihres Gesichtes, das Pikante ihres Spieles, die Leichtigkeit und die Lieblichkeit ihrer Stimme verführten ihn; er fand sich gefangen, ohne es zu bemerken, und konnte die Oper nicht einen Tag entbehren, an dem sie spielte. Wenn sie nicht erschien, war er in äußerster Ungeduld: sie kam ihm immer zu spät auf die Bühne und ging viel zu früh wieder weg. Er hatte genügend Erfahrung, um einzusehen, was das bedeute; glücklicherweise setzte sein Reichtum ihn in die Lage, keine Zurückweisung befürchten zu müssen. Außerdem war der Augenblick günstig: er hörte, daß die Sängerin weder einen, der sie aushalte, noch einen Liebhaber habe; daß sie also ungehemmt seine Mätresse werden könne. Er ergreift die Gelegenheit und sucht sie auf. Er erklärt ihr, daß er ein Provinzler und ein alter plumper Mensch und im Umgang mit Frauen des Theaters ganz linkisch sei; daß er sie indessen, geführt von seinem guten Instinkt, aus hundert anderen herausgefunden und gewählt habe;

daß sie ihm außerordentlich gefalle, daß er in sie vernarrt sei und daß er 50 000 Livres im Jahr mit ihr zu verzehren habe: wofern er so begünstigt sei, daß seine Huldigungen angenehm seien. Hinter diesem groben Ton, der ihr wenig vertraut war, entdeckt das Fräulein Beaumesnil eine Art sehr anziehender Beredsamkeit. Die Originalität dieses Mannes schreckt sie nicht ab, und sie scheint geneigt, seinen Plänen näherzutreten. Man zaudert nicht, über die Vertragsbestimmungen zu beschließen. Die wichtigste war schon angekündigt und mußte alle anderen erleichtern; er gibt ihr als erstes Ehegeschenk tausend Louis und weiterhin tausend Taler monatlich. Er fordert dafür keine Liebe, er weiß, daß diese sich nicht gebieten läßt; sie ist nicht mehr genötigt, ihn zu lieben als er, sie nicht zu lieben; aber er verlangt Rücksichten, Zärtlichkeiten, alles, was ihm Liebe vortäuschen oder ersetzen könnte. Er wünscht, in zweiter Linie, daß sie alle diese Laffen, diese Stutzer, diese vornehmen Herren, deren Schwarm um sie herumflattert, entferne Endlich fordert er die größte Verschwiegenheit: er fürchtet die Lächerlichkeit, die auf ihn durch eine so späte Leidenschaft fallen könnte. Eine einzige vertraute Zofe muß ihn in der Nacht einlassen; während des Tages müssen seine Besuche denen einer Menge anderer ernsthafter Leute, vernünftiger Herren gleichen, die kommen, um sie zu sehen.

Die Schauspielerin hatte sich den Wünschen des Herrn de la Blinaye so genau gefügt, daß er sehr zufrieden war. Ihre Vereinigung währte schon mehrere Monate, und die Dankbarkeit des Fräuleins Beaumesnil war so lebhaft, so eifrig, so glühend, daß sie vor aller Augen den Eindruck einer wahren Leidenschaft erweckt hätte, ohne das Alter des Liebhabers und diese Art der Aushaltung, die beide unverträglich mit Liebe sind. Wie dem auch sei: die weitere Vorsichtsmaßregel, die Herr de la Blinaye ergriffen hatte, um sich des Besitzes dieser verborgenen Schatzkammer zu versichern, widersprach seinen Absichten und verursachte wahrscheinlich das, was ihm seine Ruhe und sein Glück störte.

Er hatte einen Neffen, den Chevalier de la Royerie, einen jungen Gardeoffizier, in sein Haus genommen, den er sehr liebte und den er zu seinem Erben zu machen dachte. Sein Ziel war, ihn eilig zu verheiraten. Bis dahin wachte er mit Aufmerksamkeit über ihn, und dieser junge Soldat wurde nicht im geringsten in die Gründe eingeweiht, die ihn seine Neigung oder vielmehr seine Schwäche für eine Courtisane verborgen halten ließen. Er fühlte richtig, daß seine Reden dann keine Gewalt mehr über sein Mündel haben und daß sein Beispiel jede Wirkung seiner Lehren zerstört haben würde. Um ihn besser bewachen zu können, führte er ihn immer mit sich in die Schauspiele und in die Oper, in die er am meisten ging. Dort, wenn sie zusammen in der Loge waren, verfehlte er nicht, sich über seine Geliebte in Ausdrücken der Bewunderung zu verbreiten, und fesselte so, ohne es zu wollen, die Augen seines Neffen fortwährend an das Fräulein Beaumesnil, und kraft seiner dauernden Auszeichnungen, kraft seiner Lobeserhebungen brachte er es dazu, diesen jungen Mann für sie zu entflammen, der unter den gleichen Umständen für jede andere ebenso sich begeistert hätte. Man beurteile die Verheerungen, die in einem so unerfahrenen Herzen eine Leidenschaft verursachen muß, die durch die Gegenwart der Geliebten täglich emporwächst, die genährt wird von den immerzu wiederholten Lobreden, die sich verschließt, sich zurückhält infolge der Anwesenheit eines strengen Erziehers. Man kann sich leicht denken, bis zu welchem Grad der Unbesonnenheit sie gedeihen mußte. Zunächst mußte der Chevalier, getrieben von dem Bedürfnis, alles, was er fühlte, auszudrücken, sich begnügen, dem Fräulein Beaumesnil einen sehr brünstigen, sehr hitzigen Brief zu schreiben, in dem er ihr, da er sie nach den Frauen ihrer Art einschätzte, vorschlug sie zu bezahlen und ihr ungeheure Summen anbot.

Diese Erklärung blieb unbeantwortet. Die Leidenschaft des jungen Mannes wurde dadurch nur noch heftiger, und erhielt bald den Charakter einer wahrhaften Liebe. Er bereute die Form seines Briefes; da er vor dem Gegenstand seiner Neigung Achtung zu empfinden begann, entschloß er sich zu Vorschlägen, die den ersten ganz entgegengesetzt waren. Eines Tages, nach der Oper, nachdem er seinen Onkel unter irgendeinem Vorwand verlassen hat, läßt er sich bei dem Fräulein Beaumesnil melden; er tritt ein; da er noch unbekannt ist, ist er genötigt, sich durch die Erwähnung seines Briefes einzuführen ... Bei diesen Worten nimmt die Theaterheldin eine würdevolle Miene an und läßt ihn sich nicht weiter erklären; sie fragt ihn, wie er es wagen könne, sie unter einem derartigen Vorwand aufzusuchen; sagt ihm, daß dieser Grund für sie genüge, ihn nicht zu empfangen; sie bitte ihn, sich zurückzuziehen. Verwirrt, durchdrungen von Schmerz, bleibt er und will sich entschuldigen: das Wort erstirbt auf seinen Lippen. Die Schauspielerin, die seinen Widerstand falsch auslegt, ruft ihre Zofe und droht, sich Hilfe kommen zu lassen, wenn er weiter darauf bestehe, sie zu belästigen. Da hält er sich nicht mehr: seine Tränen fließen unaufhaltsam, er schluchzt, er wirft sich der Geliebten in der Haltung der Reue und Verzweiflung zu Füßen und sagt, daß er lieber sterben wolle als ihre Ungnade sich zuziehen in dem Augenblick, in dem er zum ersten Male das Glück habe, sich ihr nähern zu dürfen. Er verwirft die Sprache der Leidenschaft, er schwört ihr die reinste und ehrfurchtsvollste Liebe; er wünscht keine andere Freiheit als die: ihr huldigen zu dürfen, ihre Gunst zu erwerben durch seine Ehrerbietung. Endlich will er (oder vielmehr: sein Herz will) die dauerhafteste und heiligste Verbindung, und er schlägt sie ihr vor; kraft seiner Bemühungen werde er zuversichtlich dahin gelangen, daß man ihn mit günstigeren Augen betrachte. Eine solche Änderung der Gesinnung, so ungewöhnliche und so schlecht hervorgebrachte Anerbietungen hießen das Fräulein Beaumesnil leicht einsehen, daß sie einen vor Liebe verdrehten Menschen vor sich habe. Sie hatte Mitleid mit diesem Unglücklichen; da sie ihm in diesem Augenblick nicht die Erklärung geben kann, die diese unerwartete Szene fordert, wird sie milder; sie sagt ihm, daß er zu einer gelegeneren Zeit eine Unterhaltung, die so viele Einzelheiten habe, wieder aufnehmen könne; daß sie ihn am folgenden Dienstag erwarte, wenn sie nicht spiele; sonst könne sie ihn mit Leichtigkeit während der Vorstellung sprechen. Diese wenigen Worte gaben dem Chevalier das Leben zurück oder vielmehr: er verließ ihr Zimmer als der glücklichste aller Menschen. Sein Gesicht erschien einigen seiner Kameraden, als er zu ihnen zurückkehrte, so strahlend, daß sie ihm Komplimente machten und ihm Glück wünschten zu seinen guten Aussichten. Er war von einer zu großen Verehrung für sein Idol erfüllt, um darüber zu scherzen; er beschäftigte sich unaufhörlich mit ihm bis zu dem Augenblick der Zusammenkunft; er überließ sich allen Trugbildern, die ihm Ereignisse, die in einer gleichen Situation sich abspielen könnten, vortäuschen sollten. Endlich sah er den erwünschten Tag erscheinen. Das Fräulein Beaumesnil hatte alle notwendigen Vorsichtsmaßregeln ergriffen, damit das Zusammensein nicht gestört werde und man die Angelegenheit gründlich besprechen könne.

Herr de la Royerie begann, nachdem er seine Versicherungen der Ehrerbietung, der Zuneigung, der gewaltigen Leidenschaft und alle anderen Gemeinplätze Verliebter erneut hatte, die Reinheit seiner Absichten, die Legitimität der Verbindung, nach der er trachte, umständlich zu beteuern; mit einem Wort: er machte dem Fräulein Beaumesnil einen richtigen Heiratsantrag. Er ging sodann auf die wesentlichen Einzelheiten ein: auf seinen Namen, sein Herkommen, seinen Rang, sein Vermögen, auf die beträchtlichen Hoffnungen, die er in seinen Onkel, Herrn de la Blinaye, setze. Bei diesem Namen wird das Fräulein Beaumesnil betroffen durch die Sonderbarkeit dieser Zusammenhänge; ohne daß er es merkt, fragt sie ihn aus, um sich zu unterrichten, ob dieser Onkel derselbe sei, der sie aushalte. Nachdem sie daran nicht mehr zweifeln kann, läßt sie sich durchaus nichts anmerken und wird nur fester in ihren Beschlüssen; sie läßt ihn den Faden seiner Rede wieder aufnehmen und als er aufgehört hat zu sprechen, antwortet sie ihm:

„Das scheinbar verführende Anerbieten, das Sie mir gemacht haben, mein Herr, würde viele andere blenden. Es gibt zweifellos wenige unter meinen Kolleginnen, welche da widerstehen würden: Ich finde in allem, was Sie mir sagen, nur einen Grund mehr, Sie abzuweisen und Sie zu bekämpfen. Sie sind ein Mann von Stellung, im Dienst; Sie erwarten ein beträchtliches Vermögen eines Onkels, und Sie wollen, durch eine unpassende Heirat, sich in den Fall bringen, aus der Gesellschaft sich ausgeschlossen zu sehen, Ihren Beruf aufgeben zu müssen, enterbt zu werden. Ich weiß, daß Heiraten dieser Art so allgemein werden, daß man vielleicht bald nicht mehr Aufmerksamkeit dafür haben wird als für andere Mißheiraten. Ich sehe alle Tage Offiziere, die dergleichen getan haben und die nichtsdestoweniger bei ihren Regimentern oder in ihrem Rang bleiben. Endlich gibt es zweifellos Wendungen, Mittel, Ihr Vergehen geheim zu halten, es dem guten Mann zu verbergen, um Ihnen die Hoffnung zu lassen, die Erbschaft ungekürzt antreten zu können. Ich habe diese Schwierigkeiten weniger zu fürchten als Sie selbst: Sie sind in der Blüte Ihres Alters, im Feuer der Leidenschaft, Sie brennen vor Liebe, und wenn Sie immer in demselben Rausche bleiben könnten, würde ich Ihr Glück sein, mein Besitz würde Ihnen genügen, Sie würden keinen anderen nötig haben. Aber wenn Ihre Augen sich öffnen, wenn der Schleier fällt, werde ich Ihnen ebenso verhaßt sein wie ich Ihnen lieb gewesen bin, ebenso verächtlich wie ich Ihnen bewundernswert erschien. Sie werden mir Ihre Schädigungen anrechnen; Ihre Torheit, die Wirkung einer unfreiwilligen Verführung meinerseits, werden Sie mir zuschreiben. Ich wäre es gewesen, die die verborgene Schlinge auswarf, um Sie einzufangen! Ich wäre eine treulose, schreckliche, verabscheuungswürdige Frau! Nein, mein Herr, Sie werden mir niemals derartige Vorwürfe machen; ich kann mich Ihrer Anerbietungen nur würdig erweisen, wenn ich Sie zurückweise und stärker bin als Sie, indem ich mich weigere, auf diese sehr ehrenhafte Verbindung einzugehen. Jede weitere Erklärung würde überflüssig sein. Danken Sie mir, daß ich Sie von einem verzweifelten Entschluß abbringe. Dieser ist der erste und letzte Besuch, den Sie mir machen. Und ich werde an meiner Tür die Anweisung geben Sie niemals mehr vor zu lassen."

Dieser Befehl wurde weder widerrufen noch aufgehoben, was auch der Chevalier sagen mochte, um die Drohung rückgängig zu machen; er zog sich zurück. Das Fräulein Beaumesnil bezweifelte, daß er nicht versuchen werde, wiederzukommen; sie traf Vorkehrungen, damit er nicht irgend eine neue Unbesonnenheit begehen könne. Sie hoffte, daß er, abgeschreckt durch ihr Benehmen, seine Huldigungen anderswo anbringen werde, da er zu ihr nicht einzudringen vermochte. Es kam nicht so; denn der Chevalier, nachdem er mehreren Abweisungen sich ausgesetzt hatte, nahm zu einem dieser außergewöhnlichen Mittel seine Zuflucht, die man nur noch in Romanen kennt. Man wird weniger davon überrascht sein, wenn man wissen wird, daß sie seine gewöhnliche Lektüre geworden waren. Diese Art von Büchern, die seiner Lage am ähnlichsten waren, war die einzige, die ihm gefiel. In einer schönen Nacht ließ er eine Leiter an das Fenster seiner Geliebten legen. Unter dem Beistand zweier Lastträger, die die Leiter hielten, nach dem Lichte sich richtend, das er sah, (seine Geliebte war noch nicht eingeschlafen), steigt er hinauf zu ihr und klopft an die Fenster. Glücklicherweise war das Fräulein Beaumesnil allein; sie erwartete Herrn de la Blinaye, der zum Abendessen auf dem Lande war und erst sehr spät zurückkommen wollte. Als sie das Geräusch hört, ist sie zuerst starr vor

Schreck; aber bald läßt sie eine klägliche Stimme erkennen, daß es de la Royerie ist. Sie ist in der größten Ratlosigkeit, was sie tun soll. Sie fürchtet, daß er, wenn sie ihn in dieser Stellung verharren läßt, mit Absicht oder durch Zufall, sich den Hals brechen werde. Andererseits: Welche Szene, wenn der Onkel ihn bei ihr überraschte! Sie sucht der dringendsten Gefahr vorzubeugen: sie öffnet ihm; aber kaum ist er vor ihr auf den Knien, als sie ihre ganze Macht über ihn aufbietet und ihm befiehlt, sich zurückzuziehen. Sie erklärt ihm, daß sie unabänderlich auf ihrem Entschluß bestehe; außerdem erwarte sie jemand, der die Nacht mit ihr verbringen werde; wenn ihr Liebhaber ihn in ihrem Zimmer anträfe, würde das für sie die schrecklichste Katastrophe zur Folge haben. Diese Mitteilung macht mehr Eindruck auf ihn als alle die Vorstellungen, Bitten, Drohungen. Sie ist ein Dolchstich für den unglücklichen Liebhaber. Die Eifersucht gesellt sich zu seinen anderen Qualen, ihn ergreift das Entsetzen, einen glücklicheren Sterblichen, als er es selbst ist, zu sehen; er verzweifelt vollkommen und schießt wie ein Blitzstrahl hinaus. Er hatte gerade den „Grafen de Cominge", diese Tragödie von Herrn d'Arnaud, gelesen; dort spielt die Szene sich auf der Abtei der Trappisten ab. Er sieht nur diesen Ort für geeignet an, um seine Scham und seine Verzweiflung zu begraben. Er geht, unter dem Vorwand, in Versailles Dienst zu haben, reist mit der Extrapost ab und begibt sich in dieses Kloster.

Herr de la Blinaye war inzwischen zurückgekommen und hatte nach seiner Gewohnheit seinen Wagen weggeschickt. Er kommt näher, und sieht von weitem zwei Männer, die eine Leiter entfernen und sie auf ihn zu tragen; er hält sie an, fragt sie aus und vermag nichts aus ihnen herauszulocken, als daß ein junger, liebenswert aussehender Herr ihnen an der Straßenecke begegnet ist, sie gefragt hat, ob sie ihm diese Leiter zu gegebener Stunde bringen wollten; er hat sie im voraus entlohnt und ihnen eine weitere Entschädigung versprochen; daß er durch das Fenster bei einem dort wohnenden Mädchen, das zur Oper gehört, eingestiegen ist; daß er sie gebührend entschädigt hat und daß sie die nun überflüssig gewordene Leiter zurücktragen.

Der Alte, der aus dieser Erzählung unschwer erraten kann, daß der heimliche Galan sich nur bei Mlle Beaumesnil eingeschlichen haben kann, wird von grausamsten Zweifeln erregt und eilt beflügelten Schrittes, Klarheit zu erlangen. Sie ist noch ganz bewegt von dem, was sich mit dem Neffen zugetragen hat, und der Überraschung, sich plötzlich ihrem Herrn gegenüber zu sehen, zu hören, das zu hören, daß er die Leiter und das ganze Einsteigmanöver mit angesehen hat, trägt nur dazu bei, ihre Verwirrung zu steigern. Der Eifersüchtige sieht darin eine Bestätigung und wünscht über dies Abenteuer informiert zu werden. Mlle Beaumesnils Zartgefühl empört sich dagegen; die Wut des Liebhabers verdoppelt sich. Er reizt auf empfindlichste Weise ihr Ehrgefühl, durch beleidigende Vorwürfe, durch verächtliche Ausdrucksweise. Und nun antwortet sie ihm mit der Entschiedenheit der Unschuld und dem Bewußtsein einer guten Tat, die sie selbst verherrlicht, daß sie in diesem Moment gewichtige Gründe habe, um ihn nicht befriedigen zu können; daß er eines Tages bitten solle; daß sie von ihm verlange, daß er deshalb an ihre Ehrlichkeit glaube; daß sie ihm schwöre, daß nichts sich bei diesem Zusammensein ereignet habe, das seine Liebe beunruhigen oder ihm mißfallen könne; daß sie nach dieser Beteuerung jede weitere Frage beleidigen würde, und sie bäte wohlweislich darauf nicht zu bestehen. In den Augen eines beherrschten, menschlich denkenden Beobachters wären diese ihre Worte, die mit Ruhe nach der vorangegangenen Erregung, die sie bewegt hatte, ausgesprochen wurden, ein Beweis von der Wahrheit ihrer Entschuldigungen gewesen; aber der Alte war zu außer sich, um richtige Schlüsse zu ziehen.

Seine Wut entzündet sich daran; und indem er das Fräulein mit Vorwürfen, Beleidigungen und all den Schmähungen, die ein so grausam getäuschter Mann ausspeit, überhäuft, kündigt er ihr den definitiven Bruch an.

Wie ein Rasender geht er von ihr und versteckt sich zu Haus. Nach einer Nacht, in all den Zweifeln verbracht, wie sie jeder Liebhaber empfunden hat, der sich gezwungen sieht, eine noch geliebte Mätresse zu verlassen, verfällt er in tiefe Träumerei; am nächsten Morgen läßt er sein Haus schließen und findet kein anderes Mittel seine Melancholie zu heilen, als die Zurückgezogenheit des Landlebens. Es liegt ihm nichts daran, in seinem jetzigen Zustand seinen Neffen zu sehen und, davon unterrichtet, daß dieser sich in Versailles befindet, befiehlt er nur, daß man ihn, wenn er von der Wache abgelöst werde, von der Abreise seines Onkels und dessen Wunsch, ihm zu folgen, verständige.

Die Besitzung, auf die sich M. de la Blinaye zurückgezogen hatte, lag fast in der Perche, unweit von La Trappe. Eines Tages bestimmt er diese Abtei zum Ziel seines Spazierganges. Die Mönche waren mit Gartenarbeit beschäftigt. Als er sie einen nach dem anderen betrachtet, fällt ihm einer auf, dessen Gestalt ihn frappiert, da er seinem Neffen seltsam ähnlich sieht. Er beschäftigt sich nicht eingehender damit und verläßt das Kloster.

Nach wenigen Tagen empfängt er Briefe aus Paris, die ihm mitteilen, daß Herrn de la Royeries Verbleib unbekannt ist, daß er keineswegs, wie er behauptet hatte, in Versailles sei, daß er verschwunden sei, ohne daß man mit den gewöhnlichen Auskunftsmitteln habe in Erfahrung bringen können, was aus ihm geworden ist.

Nun erinnert er sich des Zusammentreffens mit dem jungen Mönche, dessen Anblick ihn bewegt hat; mit Eilpost begibt er sich nach der Abtei. Er verlangt Auskunft und zweifelt aus Antworten über den Novizen nicht, daß dies sein Neffe sei. Man läßt ihn kommen; beim Anblick seines Onkels wird er bewußtlos; zu sich gekommen, fragt man ihn aus. Fasten und Kastei-

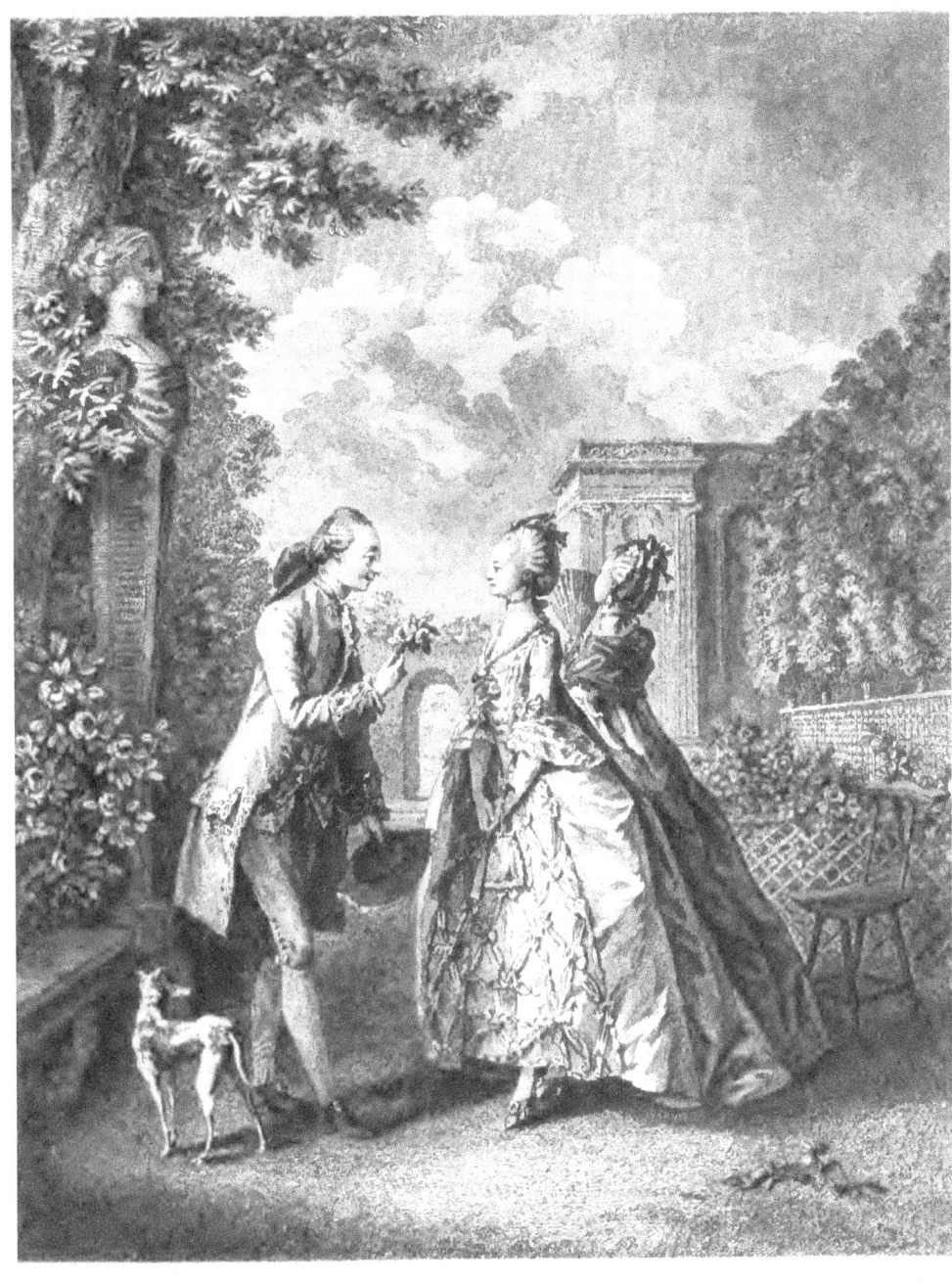

ungen haben die Wallungen seines Blutes beruhigt und die Heftigkeit seiner Leidenschaft gemäßigt. Seine Gedanken haben sich geklärt und da sein Gelübde mehr die Folge von Liebesgram als ein Wunsch nach göttlicher Gnade war, war ihm diese Gelegenheit, seiner Abgeschiedenheit zu entgehen, für die er nicht geschaffen war, nicht unlieb. Er erzählt seine Tollheiten. Bei seiner Erzählung kostet es Herrn de la Blinaye Mühe, an sich zu halten.

Doch ist er so entzückt, seine Mätresse unschuldig zu finden, ihre Vorsicht, ihre Reserve und den Edelmut ihres Vorgehens zu bewundern, daß er dem Chevalier billig vergibt.

Der Abt drängt als erster den Novizen, in die Welt zurückzukehren und seinem Onkel zu folgen, der ihn in Güte wieder aufnehmen würde. Bald finden sich beide wieder in der Stadt.

Nachdem sich Herr de la Blinaye über die Absichten seines Neffen vergewissert und überzeugt hat, daß dieser dank seiner kurzen aber heilsamen Weltflucht von einem Delirium, das in seiner Heftigkeit allein seine schnelle Heilung trug, befreit ist, sagt er ihm, daß er ihn als einzige Strafe verwirrt zu den Füßen seiner Angebeteten zu sehen wünscht; und ohne sie zu benachrichtigen, führt er ihn zu ihr.

Diese Anekdote verwirrt durch ihre Seltsamkeit.

Das Erstaunen der Schauspielerin beim Anblick der versöhnten Rivalen war ungeheuer: „Madame, sagt Herr de la Blinaye, hier sehen Sie zwei reuige Sünder, die desto würdiger ihres Verzeihens sind, weil Liebe ihre Sünde war."

Dann, zu seinem Neffen gewendet: „Ja," fährt er fort, „ich bin es, der Ihnen vorgezogen worden ist; ein siebzigjähriger Greis hat den Sieg über alle Reize der Jugend davongetragen, und ich bin es, der gewagt hat, eine Frau zu verdächtigen, der man Altäre errichten sollte." Darauf ergeht man sich in Erklärungen aller Art über alles, was sich zugetragen hat. Die beiden Liebhaber verlassen sie endlich, nicht ohne ihre Heldin mit Lobesbeteuerungen überschüttet zu haben und ihren Ruhm zu singen und ganz Paris zu erzählen, daß Anstand und Tugend noch leben und sogar in den Foyers der Oper.

*

Zwei Damen von Rang, die von einer Ausländerin gehört hatten, daß sie die Zukunft besser weissagen sollte als die glaubwürdigsten Geschichtschreiber Vergangenes berichten, beschlossen, sie aufzusuchen. Sie kommen auf dem Weg zum Theater in großer Toilette, juwelengeschmückt, zu der Zigeunerin. „Meine Damen," sagt die alte Zauberin, „wenn Sie auf Ihrer Absicht bestehen, so seien Sie mutig auf alles gefaßt. Jeder Mensch wird von seinem verwandten Geist gefolgt, der sich allen seinen Schritten anheftet und sich ihm nicht zu erkennen gibt, es sei denn, daß er durch höhere Macht dazu gezwungen werde. Diese Macht ist mir gegeben, und ich kann einer jeden von Ihnen zu einer Verständigung mit Ihrem verwandten Geist verhelfen; er wird Ihnen alles, was Sie zu wissen wünschen, sei es aus der Vergangenheit, der Gegenwart oder der Zukunft sagen, aber nur unter gewissen Bedingungen kann er sich sichtbar machen..." Was auch diese Bedingungen sein mögen, was tut's, man wird sich ihnen unterwerfen; man wünscht diesen Geist zu sehen, ihn zu sprechen, eine Unzahl von Dingen zu wissen; Gefahr ist nicht vorhanden?

Nein, diese Geister sind wohlgesinnt; ihr Ziel ist, sich mit dem Wesen in Einklang zu bringen, das sie zu behüten bestimmt sind.

„Laß uns unsere Wagen fortschicken, meine Liebe, dies ist bessere Unterhaltung als Kunst, ich will nach Herzenslust mit diesem braven Geist schwatzen, der mir so freundschaftlich zugetan ist, und der mir zweifellos die interessantesten Dinge erzählen wird ... Gute Frau, schnell, was sollen wir tun?"

„Sie müssen sich allen Schmuckes entledigen, der die menschliche Würde verschleiert, der Ansichten und Gedanken materiell-

ster Natur verrät. Als Adam mit den Geistern sprach, war er in völliger Nacktheit; dieser Zustand kommt ihnen näher, er..."
„Wie, nackt? Wir müssen nackt sein wie Adam?" — „Ja, meine Damen, nicht das mindeste fremde Kleid darf Sie entstellen, Sie müssen völlig entblößt von irdischen Dingen sein. Und dann, was fürchten Sie? Niemand als ihr verwandter Geist wird Sie erblicken; hier sind Sie sicher."

Meine schönen Damen entkleiden sich gedankenschwer ob dieser seltsamen Zeremonie. Kleider, Wäsche, Schmuck und Putz werden in einer Kammer aufbewahrt; als sie in einfacher Nacktheit dastehen, führt man jede in ein getrenntes Kabinett, dessen Tür man sorgfältig verschließt... „An mir ist es nun, das übrige zu tun," sagt die Zauberin, „warten Sie nun auf den Erfolg meiner Beschwörungen, Sie werden ihn in kürzester Zeit verspüren." Schon nach Ablauf einer Sekunde hatten die entkleideten Schönen Mühe, ihre Ungeduld zu beherrschen; diese steigerte sich, als nach einer halben Stunde, einer Stunde, endlich zwei Stunden, noch immer dasselbe Schweigen, dieselbe Öde um sie herrschte.

Gleichzeitig, im Moment, wo ihnen beiden der Gedanke kommt, daß sie getäuscht seien könnten, brechen sie aus; mit aller Kraft fangen sie an zu rufen, um endlich vor Angst ohnmächtig zusammenzubrechen. Nachbarn eilen herbei; alles war verschlossen: man mußte einen Kommissar holen; mit seinen Helfern eilt er herbei, man drückt die Türen ein, und man erblickt zwei Frauen, die wohl dem Auge ein recht angenehmes Bild bieten, die aber das Bewußtsein verloren haben.

Schnelle Hilfe bringt sie dazu zurück: aber Beschämung ergreift sie, sich in diesem Zustand zu wissen und den Augen der Menge ausgesetzt zu sein. Bald gesellt sich dazu die Verzweiflung, beraubt und schmählich ausgenutzt worden zu sein.

Die Alte hat, nachdem sie sie eingeschlossen hatte, das möblierte Haus verlassen, in dem sie gewohnt, und nachdem sie ihre Miete unter dem Vorwand einer plötzlichen Abreise bezahlt hat, ohne die geringste Schwierigkeit all den Tand dieser neugierigen Damen mit fortgetragen.

So lernten sie also nicht mehr und nicht weniger, als daß man eher an Schelme denn an Geister und Zauberer glauben soll.

*

Das Haus, das Herr von Cahouet bewohnte, als es ihm noch gut ging, überblickte den Garten der Jakobiner. Dieser Finanzier hatte eine sehr hübsche Nichte, der zwei Kammerfrauen zugeteilt waren, die an Schönheit vor ihrer Herrin in nichts zurückstanden.

Den drei jungen Wesen gefiel es nun, die jugendlichen Jakobiner zu lorgnettieren, die, nicht im Zweifel über die Art dieses Augenspiels, die Mauern überkletterten und durch das Fenster der jungen Dame einstiegen. Drei Tage dauerten die verliebten Orgien. Der Herr des Hauses, der wie alle Reichen ängstlich und mißtrauisch ist, glaubt in der Nacht ein Geräusch zu hören, läßt den Pförtner kommen, wirft ihm seine Nachlässigkeit vor und vertraut ihm seine Befürchtungen an. Man forscht nach und entdeckt alles. Die Nichte wird in ein Kloster eingeschlossen, die Dienerinnen in ein Hospital geschleppt und die Novizen sind nun vielleicht desto würdiger, Mönche zu werden. Ihr Schicksal ist unbekannt.

*

Mademoiselle Duthé[10], die Heldin unserer galanten Mädchen, mußte eines Tages eine Strafe über sich ergehen lassen, die sie nicht wenig demütigte. Eine prächtige Equipage hält vor ihrer Tür; ein junger Herr, von reich gekleideten Dienern umgeben, entsteigt ihr; der junge Herr läßt sich als Fremder von höchster Distinktion bei ihr melden; er wagt ein zärtliches Geständnis und unterstützt es mit einer verführerischen Versprechung. Die Schöne, durch das Ungewohnte des Abenteuers und mehr noch von der Höhe der angebotenen Summe bewegt, schenkt den liebevollen Bitten des Fremden Gehör, der, ehe er sich von ihr trennt, Sorge trägt, eine reich gefüllte Börse auf dem Toilettentisch zu deponieren. Kaum ist er gegangen, öffnet Mlle Duthé die Börse und findet nichts darin als Kupfermünzen.

Am nächsten Morgen erfährt man, daß der angebliche fremde Grandseigneur niemand anders als ein Kammerdiener war, der sich Karosse und Livreen seines Herrn verschafft und seine Kameraden veranlaßt hatte, ihm bei diesem galanten Betrug zu dienen. Mlle Duthé ist über das Abenteuer verzweifelt und schwört, sagt man, nie wieder einen Handel abzuschließen, ohne vorher die Börse zu öffnen und ohne die näher kennen zu lernen, die nach ihren Gunstbezeigungen schmachten.

*

Ein junger Mann begab sich auf die Besitzungen, die ihm kürzlich durch Erbschaft zugefallen waren. Mit sich führte er ein Fräulein der lustigen Sitten; unterwegs wird sein Wagen in der Nähe eines Schlosses schadhaft; er ist gezwungen, sich dort zu melden, um Gastfreundschaft zu erbitten. Als man ihn in den Salon führt, erkennt er mehrere Damen von Rang, mit denen er in der Pariser Gesellschaft verkehrt. Er stellt seine Begleiterin als eine Dame von Stand vor, die ein ihm benachbartes Schloß bewohne, und flüstert ihr ins Ohr, ihre Rolle gut zu spielen. Während der Wagen ausgebessert wird, schlägt man den Reisenden eine Partie Brelan vor. Die vorgebliche Dame hätte ein anderes Spiel lieber gesehen, jedoch entschließt sie sich zum Brelan, das sie schlecht und recht versteht. Gelegentlich eines besonders guten Blattes, das sie hält, schlägt die Schloßdame Brelan. „Ich pfeife darauf," ruft die Dame, „ich habe einen weit besseren." Ihr Ritter wirft ihr einen verweisenden Blick zu. Um das Versehen wieder gutzumachen, sagt sie ohne sich beirren zu lassen: „Ich bitte um Verzeihung, Madame, ich pfeife nicht darauf."

*

Ist ein junges Mädchen nicht stark genug, ihre Natur und eine Leidenschaft, die mitunter nichts Sträfliches birgt, zu bekämpfen, so geschieht es selten, daß sie kein Mittel fände, die Folgen ihrer Schwäche zu zerstören. Ist das Unglück einmal geschehen, sollten vorsichtige und weise Eltern für das Opfer von Liebe und Konvention Partei nehmen: man muß warten, bis der Rausch verflogen ist, ehe man dem Manne Vorhaltungen macht, der sich dem Wein zu sehr ergibt, und da nichts einer Herzensaffäre mehr schadet als Öffentlichkeit, sind zornige und aufbrausende Eltern, die ihr nicht helfen, ihre Schuld zu verheimlichen, viel mehr zu tadeln, als das empfindsame Mädchen, dem es an Erfahrung fehlt.

So denkt auch Mme B., eine ehrenhafte, von ihren Kindern vergötterte Frau, doch ist sie mit einem Manne vereint, dessen Prinzipien weit anders lauten.

Eines Tages kam sie einem Geheimnis auf die Spur, das ihre Tochter ihr vergeblich hatte verstecken wollen; sie empfing ihr Geständnis; ein einfaches, unschuldsvolles Herz vermag einer zärtlichen und geliebten Mutter nichts lange zu verheimlichen.

Mme B. trocknet die Tränen ihrer Tochter und verspricht ihren Beistand, um einem gefürchteten Vater dies Abenteuer zu verbergen. Die unvergleichliche Mutter gibt vor, selbst schwanger zu sein, und der Gewohnheit gemäß, die sie bei sich eingeführt hat, verwehrt sie ihrem Mann ihr Schlafgemach zu all den Stunden, die ihm das Geheimnis hätten enthüllen können; geschickt benutzte Kleidungsstücke, tausend kleine gesundheitliche Sorgen und Bemühungen aller Art lassen die Welt von Mme B.s Schwangerschaft wissen. Der fatale Moment nähert sich; diese bewunderungswürdige Mutter findet es wünschenswert, daß ihre Tochter Zeugin der Entbindung sei, gleichsam, um ihr eine nützliche Lektion zu geben; der Chirurg ist Mitwisser. Als der Vater eintreten darf, sieht er ohne Erstaunen im Bett neben der vermeintlichen Wöchnerin seine Tochter, die angibt, durch das aufregende Schauspiel, dem sie beigewohnt hat, krank geworden zu sein; er erweist seinem Enkelkind, das er für sein eigenes hält, tausend Zärtlichkeiten; seine wirkliche Mutter erfreut sich wenigstens des Trostes, ihr Kind als ihren Bruder herzen zu dürfen.

Heute darf sie es betrachten, ohne erröten zu müssen, da sie mit dem vereint ist, der ihm das Leben gab. Sie ist tugendhaft geblieben, obschon sie ein Verbrechen gegen die Tugend begangen hat. Wie schrecklich hätten aber die Folgen einer in so mancher Hinsicht entschuldbaren Torheit werden können, wenn sie eine andere, weniger nachsichtige Mutter gehabt hätte!

*

Mademoiselle Quincy, eine recht hübsche Kurtisane, gibt eines Tages, sei es aus Malice, sei es aus Leichtsinn, drei verschiedenen Männern ein abendliches Rendezvous. Die drei Galane treffen sich; im Moment, in dem sie sich besprechen und über die Großmut der Schönen, die so viele auf einmal beglücken wolle, beklagen, erscheint ein vierter, der sie an der Hand führt, und sagt den anderen ganz lustig:

„Meine Herren, ich bin der wahre Amphitryon; in zwei Stunden werde ich Ihnen Mademoiselle wieder zuführen können. Unterdessen empfehle ich Ihnen, über das Bizarre der Situation und über die Treue der Frauen zu meditieren."

Es genügt zu bemerken, daß der Unglücklichen einer ein Abbé war, der andere ein Kammerherr, und der dritte ein Finanzier; der, der so kühn sprach, war ein breitschultriger Offizier von 22 Jahren, der nichts Besseres wünschte, als die Verwirrung dieser Herren zu erhöhen.

*

Um die Ungläubigen zu überzeugen, die meinen, daß unsere galanten Damen nicht die Macht der Gefühle kennen, sei folgende kleine Anekdote berichtet.

Eine dieser Damen, die in Ansehen stand, hatte einen schönen Papagei, der ihr teurer als ihr Leben war. Für diesen geliebten

Vogel hätte sie all ihre Anbeter hergegeben; da fliegt er ihr eines Tages davon. Ein Schöngeist, der aus der Situation Nutzen ziehen wollte, würde behaupten, daß dies von böser Vorbedeutung für die Dame sei, und daß es ihr ankündige, wie die Liebe mit dem Papagei entfliegen könne. Wie dem auch sei: diese neue Lesbia weint und rauft sich das Haar, und in ihrem Schmerz ruft sie aus: „Ach, mein armer Papagei, was würde ich nicht alles geben, um dich wieder zu haben; meiner Treu, der ihn mir zurückbrächte, sollte bei mir schlafen."

So verspricht Venus einen Kuß dem, der den Sohn zurückbringt.

Am Morgen nach diesem Gelübde erscheint ein großer, muskulöser Wasserträger, der den Papagei auf der Hand trägt.

„Mademoiselle, ich war gestern in Ihrer Küche, ich habe Ihr Versprechen gehört, das hat mir das Herz in den Bauch getrieben, kurz, hier ist Ihr Vogel, den ich wiedergefunden habe. Sie sind ein zu ehrliches Fräulein, um mich um meine Belohnung zu bringen." Wer aber ein wenig verwirrt wurde, war die Herrin des Papageis. Wie, ein Wasserträger sollte das Lager besudeln, auf dem man den Herrn Herzog, den Herrn Bischof, den Herrn Präsidenten zu empfangen gewohnt war? Sie bot als Entschädigung eine ziemlich gewichtige Summe.

„Aber Mademoiselle, ich will gar kein Geld, sondern die Ehre haben, mit einer so hübschen Frau, wie Sie es sind, zu schlafen; ich bin kein vornehmer Herr, aber, glauben Sie mir, Jacques vermag als Liebhaber sich mit jedem zu messen." Die Demoiselle, die ihren Stolz darein setzt, groß zu handeln, besiegt mit einem langen Seufzer den Widerstreit ihrer ehrgeizigen Gefühle, und gewährt ohne Einschränkungen dem Wasserträger die versprochene Belohnung.

Scherzend sagt sie, als sie Entschädigung gewährt hat: „Es tut mir nicht leid, Jacques ist ein Mann wie jeder andere", und läuft, bei ihrem Papagei zu vergessen, was er sie gekostet hat.

*

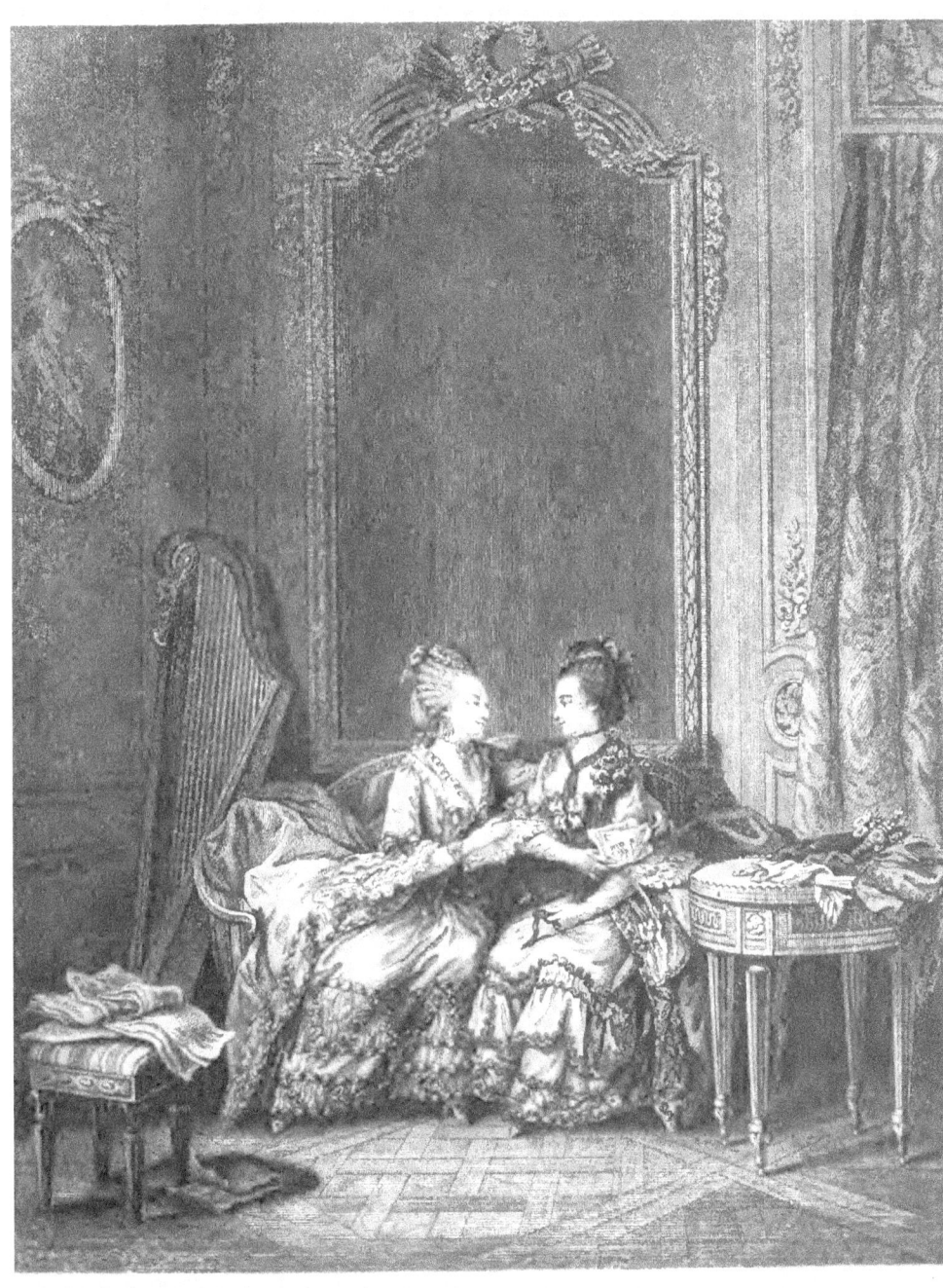

Ein Generalpächter liebte seine Frau und glaubte sich von ihr angebetet. Es war ihm grausame, beispiellose Lust, über andere Frauen Böses zu schwatzen. Er insultierte die Opfer ihrer Galanterien, und nach seinen vielen Schimpfreden gegen beide Geschlechter, pflegte er sein eigenes Schicksal zu rühmen: „Ich, für meinen Teil," sagte er, „daß mir das Glück aller anderen zufällt, ich liebe meine Frau sehr und sie ist aus Liebe zu mir ganz toll." Unser Finanzier schlief ganz friedvoll über diesem glücklichen Gedanken. Da empfängt er ein Billett, das diese Worte enthält:

„Sie sind ein Frechling mit ihrem ewigen Glück, das Sie uns unter die Nase reiben, mein Freund. Sie sind ein Hahnrei, wie jeder andere auch, und wenn Sie sich morgen früh mit eigenen Augen davon überzeugen wollen, so steigen Sie gegen neun Uhr auf Ihren Boden, und Sie werden Madame in einer unzweideutigen Situation treffen."

Der Finanzier zerreißt das Billett in Fetzen und bleibt fest davon überzeugt, daß diese Nachricht nichts weiter als eine ihm zugedachte Beleidigung sei. Dennoch entschließt er sich, das Abenteuer zu wagen. Am nächsten Morgen steigt er zur angegebenen Stunde zum Boden herauf, und noch ehe er sieht, hört er sehr deutlich diese Worte: „O, Guillaume, laß doch deine Pferde und kuriere mich lieber, denn ich habe es mehr als nötig. Dieser Tölpel, mein Mann ..."

Der wütende Gatte läßt sie nicht vollenden, und stürzt sich nach der Richtung, aus der diese galante Unterhaltung tönt. Seine Frau erblickt ihn und zieht sich majestätisch zurück; er will sie schlagen; sie darauf wie ein neuer Themistokles: „Schlage, aber höre mich an; ich habe eine tolle Lust danach gehabt, und dein Kutscher erschien mir ein unbedeutender Mensch; glaube mir, ich liebte dich deshalb nicht weniger; wir wollen uns über solche Bagatellen des Temperaments nicht erzürnen, mein Freund, das Herz allein ist alles." Der Finanzier war vor Staunen

unbeweglich und verblüfft; diese Kühnheit seiner Frau hatte er nicht erwartet. Zwar nahm er dieses Geständnis nicht als einen Scherz, aber er war dumm genug, seine Geschichte zu verbreiten; man schließe daraus, wie sehr er blamiert war. Er handelte keineswegs wie jener vernünftige Gatte, dem seine Frau nach seiner Rückkehr aus Amerika sechs hübsche Kinder präsentierte; er fragt sie gelassen: „Wer sind diese Liebesgötter?" — „Nun, dies sind unsere Kinder", antwortet ernsthaft die ehrbare Dame. — „Ich dachte nicht, eine so liebenswerte Familie vorzufinden." Und einen Moment später: „O nein, meine Liebe, wir werden keine anderen mehr machen, wir haben hier genug, nicht wahr?" — „Wie Du willst, mein Freund."
Dies war der wahre Held von einem französischen Gatten.

*

Der selige M. Duclos, Sekretär der Akademie, badete in der Seine, nahe bei dem Schiff, das Poictevin eingerichtet hatte, damit sich die Schönen erfrischen könnten. Es erscheint eine reizende Dame in lustiger Equipage; der Kutscher übersieht beim Wenden ein Loch im Weg, das Rad vergräbt sich darin, der Wagen stürzt um und auf der einen Seite liegt im Schmutz die reizende kleine Dame, auf der anderen die Lakaien.

Duclos springt ganz nackt aus dem Wasser und läuft auf sie zu. Die junge Dame ist leicht erstaunt über das seltsame Aussehen des pflichteifrigen Kavaliers. — „Ich bitte tausendmal um Verzeihung," sagte er, ohne sich zu verwirren und ihr die Hand bietend, „verzeihen Sie meine Unkorrektheit, entschuldigen Sie, daß ich ohne Handschuhe bin."

*

Ein Königsgardist, der hinter einer Dame von hohem Rang die Treppe zu Versailles heraufsteigt, wagt, seine Hand unter ihren Rock zu führen. Die Dame ist erzürnt, aber der Schuldige sagt, ohne sich beirren zu lassen: „O, Madame, wenn Ihr Herz ebenso hart ist wie Ihr Hinterteil, bin ich ein verlorener

Mann." Die Beleidigte konnte nicht umhin, über diesen Scherz zu lachen, und verzieh die Indiskretion dem Kompliment zuliebe.

*

Herr von B., ehemaliger Königsgardist und Schwager des Marquis von P., befand sich mit seiner Frau bei einem Souper. Jemand erzählte Diebsgeschichten. Herr von B. ergreift das Wort und sagt, daß dies ein weit verbreiteteres Laster sei als man meinen möge, und daß man Beispiele hätte, daß selbst junge Leute von Stand sich dazu verführen ließen.

Bei diesen Worten versucht Frau von B. ihren Mann zum Schweigen zu bringen. Irgend jemand in der Gesellschaft ersucht, zweifellos um die Dame zu erzürnen, ihren Gatten, fortzufahren. Er ließ sich nicht lange bitten und sprach weiter· „Im Anfang meiner Ehe schlief ich keineswegs bei meiner Frau. Als sie eines Abends zu Bett ging, wollte ich ihr gute Nacht wünschen, als ich plötzlich ein Geräusch in ihrem Ankleidezimmer wahrnehme; ich ergreife ein Licht, trete ein und sehe jemanden, der sich unter einem Gewand zu verbergen sucht; ich ziehe es fort und erblicke den denkbar schönsten jungen Mann. Ich frage ihn, was er da sucht. Mein junger Mann antwortet mir mit bebender Stimme: ‚Verzeihen Sie, ich schäme mich, Ihnen einzugestehen, daß meine Absicht war, Ihnen ein Kleinod zu rauben, das Sie zu sehr vernachlässigten.'

Aber, sage ich ihm, schämen Sie sich nicht, ein so verächtliches Metier auszuüben? Sie verdienten, daß ich Sie festnehmen ließe. Seine Schönheit entwaffnete mich, und ich ließ ihn laufen. Sie verstehen wohl, daß meine Frau vor Angst mehr tot als lebendig war. Wenige Tage darauf gehe ich zum König, öffne die Kammertür, und siehe da, mein Dieb inmitten des Appartements. Ich sage zum Türhüter: ‚Was macht hier solch ein Schelm wie dieser da?' Der Türhüter antwortet mir: ‚Sie sagen, gnädiger Herr? Dies ist der Chevalier von B.' Nun wohl, mein

Freund, habe ich erwidert, der Chevalier von B. ist ein Dieb, ich hätte ihn nur festzunehmen brauchen."

Man versteht wohl, daß eine derartige Geschichte die Gesellschaft auf Kosten des Erzählers amüsieren mußte, und daß er sie selbst erzählen mußte, um die Lacher auf seiner Seite zu haben.

*

Der Bischof geht, zum Weltmann umgewandelt, zu einer liebenswürdigen Dame, die für die kleinen Vergnügungen des Publikums junge Damen beschäftigt. Er glaubte gut verkleidet zu sein. Er ist noch nicht mit einer dieser jungen Huris einig geworden, als sich ein großer Lärm erhebt. Ein brutaler Kerl will absolut die Schönheit besitzen, die Monseigneur in seinen geweihten Armen hält.

Schließlich geht seine Unzufriedenheit so weit, daß er die Tür des Kabinetts erbricht. „Sie sind es, Abbé! — Sie, Monseigneur!" rufen unsere beiden Heiligen aus.

„Ich hätte nie geglaubt, Monseigneur, Ihre Herrlichkeit an diesem Ort zu treffen!"

„Und ich vermutete nicht, daß Sie Libertin genug sein könnten ..."

„Ich bitte, Monseigneur, keine Vorwürfe, lassen Sie uns einig werden: ich will Ihnen Mademoiselle überlassen, ich werde mich mit einer weniger angenehmen Sultanin begnügen, — das wird für einen Großvikar genügen. Darauf wollen wir fröhlich soupieren, doch vermeiden wir jede Erörterung, Monseigneur. Ich gebe zu, daß dies hier nicht der rechte Ort für uns ist, weder für Sie, noch für mich: solange wir hier sind, wollen wir ausgelassen sein, und morgen mag jeder seine Würde wieder aufnehmen."

Der Prälat sah ein, daß es am besten sein würde, zu lachen, und das heilige Paar vergnügte sich nach Herzenslust.

Die Diskretion dieser Damen war der Lust, diese Geschichte zu verbreiten, die tatsächlich nicht sehr erbaulich ist, nicht recht gewachsen.

Ein Soldat des Regiments von *** verläßt ohne Einwilligung seiner Vorgesetzten seine Garnison und kommt nach Paris zu seinem Obersten, ihn um die vakante Stelle eines Unteroffiziers zu bitten. Dieser leichtsinnige Schritt setzte ihn der Gefahr aus, wie ein Deserteur bestraft zu werden. Kaum hat er das Haus betreten, bemerkt ihn die Frau des Obersten und ist frappiert von seinem Aussehen, seinem Wuchs, seinen Zügen.

Unser Soldat ist wie Herkules gebaut, und die Marquise ist Liebhaberin.

Ein Diener teilt dem Hergereisten mit, daß Mlle Julie, die erste Kammerfrau der Marquise, ihn zu sprechen wünscht und ihn in dem Zimmer erwartet, in das man ihn geleitet.

Dort findet unser Soldat eine schwarzäugige Brünette, in einem mehr als galanten Deshabillé, die eine nicht wenig einladende Stellung angenommen hat.

„Was wünscht Ihr, mein Freund, was verlangt Ihr von Monsieur?"

Der Soldat erklärt den Zweck seiner Reise; man verspricht ihm vollen Erfolg. „Setzt Euch zu mir, Ihr seid ein schmucker, junger Bursch; es wäre schade gewesen, wenn eine so schöne Gestalt nicht mit der Uniform geschmückt worden wäre. Aber diese häßlichen Borten sollt Ihr nicht tragen, o, bald sollen sie von silbernen ersetzt sein."

Der Soldat fühlt sich nicht mehr ganz frei und bemerkt bald, daß ihm zwei gute Dinge auf einmal in den Schoß fallen sollen Man zweifelt nicht daran, daß diese Festung, die sich so bereitwillig erbot, gar bald genommen war.

Hier handelte es sich nicht um eine Blockade, es gab keine Zeit zu verlieren, und die Truppen bemächtigten sich in zwei Minuten der Stadt und der Zitadelle.

Als der Soldat eine Stunde der Eroberung genossen hatte, dachte er wieder an sein Vorhaben; es war wichtig für ihn, daß er am nächsten Morgen wieder bei seinem Korps exerziere.

Man läßt ihn allein; eine halbe Stunde später ruft man ihn zum Obersten. „Mann," sagt ihm der Marquis, „meine Frau hat sich auf die Empfehlung eines Mädchens, dem ich vertraue, für Euch interessiert und mich verpflichtet, nicht nur das Unerlaubte Eures Schrittes zu entschuldigen, sondern Euch auch die Gunst, die Ihr fordert, zu gewähren. Verliert keinen Augenblick, Euch wieder zu stellen, ich werde dem Major schreiben, daß er einen Vorwand für Eure Abwesenheit finde, aber ich kann nicht zugeben, daß sie noch länger dauere." Der Soldat ist im Begriff aufzubrechen, nachdem er sich in Dankesbeteuerungen erschöpft hat, als ihn der Marquis zurückruft. „Wartet einen Moment, mein Freund, Ihr selbst sollt meine Befehle überbringen, und indessen mein Schreiber sie verfaßt, will ich Euch Eurer Wohltäterin vorstellen; folgt mir zu Madame."

Der Oberst und der neue Sergeant treten in das Appartement der Marquise, die sich noch im weißen Deshabillé befindet. Kaum bemerkt sie der Soldat, ruft er aus: „Meine liebe Julie, wie sehr bin ich Ihnen dankbar." Madames Verwirrung bei diesem seltsamen Ausbruch hätte wohl genügt, auch einem blinderen Mann als dem Obersten die Augen zu öffnen; die Zufälle mehren sich, ihn aufzuklären: die wirkliche Julie, die, welche ihre Kammer, ihren Namen und ihre Schürze hergeliehen hatte, tritt ein.

Der arme Ehemann befragt sie, und sie ist schwach genug, zu beichten. — Im übrigen hat das Beispiel von Tausenden seiner Schicksalsgenossen den Obersten bestimmt, sich ins Unvermeidliche zu schicken.

Man versichert, daß die Empfehlung dieser keuschen Gattin noch immer seinen Geist beeinflußt.

*

Eine unserer wenig bekannten Fräuleins ließ es sich eines Tages einfallen, sich für unberührt ausgeben zu wollen. Madame, ihre Mutter, — denn diese jungen Damen sind niemals verwaist, —

wußte in der Gesellschaft gewisse kleine Mitteilungen zu verbreiten, in denen man der Öffentlichkeit ankündigte, daß eine gewisse Dame sich noch ganz und gar ihrer Jungfräulichkeit erfreue und daß sie nichts Besseres wünsche, als diese zu verlieren. Ein Dirnenbetrüger läßt sich melden. Erst hat er eine politische Unterhaltung mit der ehrenwerten Mutter und beschließt sie, indem er zehn glänzende, wohlgezählte Louisdors funkeln läßt. Man fragt den Galan nicht nach Rang noch Namen; ein glücklicher Eigentümer von zehn Louis braucht keine solchen Beigaben zu einer derartigen Verbindung. Endlich wird er angenommen; er verbringt die Nacht mit dem Mädchen, die sich selbst zu dem Geschick beglückwünscht, mit dem sie sich diesen Schein der Unschuld gibt; der Liebhaber aber lachte seinerseits; er genoß deshalb die ersehnten Freuden nicht geringer.

Der Galan läßt seine zehn Louis da und geht davon. Die beiden ehrsamen Geschöpfe sind miteinander entzückt; eine Modistin soll bezahlt werden, eine Schneiderin, ein Coiffeur; die Gläubiger, die schärfer sehen als unser Fräulein, bringen ihr das Geld zurück mit der Begründung, daß sie mit falscher Münze nicht zu bezahlen seien. Das Fräulein und ihre Mutter wüten; sie erkennen mit Schrecken, daß ein Betrüger sie hintergangen hat. Die erstere trifft ihn auf einem Ball: „Ah, da haben wir Sie, Herr Fälscher!" — „Ah, Fräulein Jungfrau! Jedem das Seine, Sie haben mich betrogen. Glauben Sie mir, statt daß wir uns die Augen auskratzen, täten wir besser, nun andere zu narren. Ihre falsche Jungfräulichkeit war kaum mehr wert als meine falschen Louis."

Das Fräulein nimmt das Abenteuer von der leichten Seite und lacht. Nur die Mutter war es, die zwischen den Zähnen brummte: „Weiß Gott, das hat die Mühe gelohnt, die Betrügerin zu spielen; das nächste Mal werde ich erst die Goldstücke untersuchen, und dann mag die Jungfrauen haben, wer sie immer mag."

*

Trotz sichtbarer Fortschritte der philosophischen Moral sind Menschen einer gewissen Klasse unter uns noch weit davon entfernt, zu den Ehemännern zu gehören, die Boileau so scherzhaft „gutchristliche Gatten" taufte.

Ein wohlbeleibter Bürger, der auf seine hübsche junge Frau sehr eifersüchtig war, hatte die seltsame Laune, über das, was er seinen Fall nannte, den berühmten Grafen Cagliostro zu konsultieren. Beim Arzte angekommen, erzählt er ihm, daß er von der Krankheit der Eifersucht befallen sei, und daß er, da er von seiner alles umfassenden Weisheit gehört habe, zu ihm gekommen sei, ihn zu fragen, ob er betrogen würde oder nicht.

Graf Cagliostro, der sich über dies Original amüsieren will, antwortet ihm, daß nichts leichter zu erfahren sei; daß er ihm eine Phiole, eine gewisse Flüssigkeit enthaltend, mitgeben würde, die er nach seiner Rückkehr in dem Moment trinken müsse, da er sich anschicke, bei seiner Frau zu schlafen.

„Seid Ihr betrogen," sagt er ihm, „werdet Ihr Euch beim Aufwachen in einen Kater verwandelt finden."

Der Mann erzählt nach seiner Rückkehr seiner Frau von den hervorragenden Talenten des Grafen.

Sie wünscht den Zweck seiner Reise zu wissen, er läßt sich bitten, endlich gibt er den heftigen Beschwörungen nach und erklärt ihr das unfehlbare Mittel, das er hat, um ihre Treue festzustellen. Sie lacht von Herzen über seine Gutgläubigkeit; versichert ihm, daß er nichts zu befürchten hat; er schluckte das Gebräu, und da sind sie nun beide im Bett. Eine Stunde darauf befindet er sich in einem Zustand, der ihn und seine zartere Hälfte erfreulich überrascht, so wenig waren sie seit langem an so gutes Glück gewöhnt. Dies wurde eine wahre Hochzeitsnacht. Sie schliefen unter Lobsprüchen auf den Grafen und seinen Likör sehr spät ein, und am Morgen erhob sich Madame als gute Hausfrau zuerst und überließ ihren Gatten der Ruhe, deren er bedurfte.

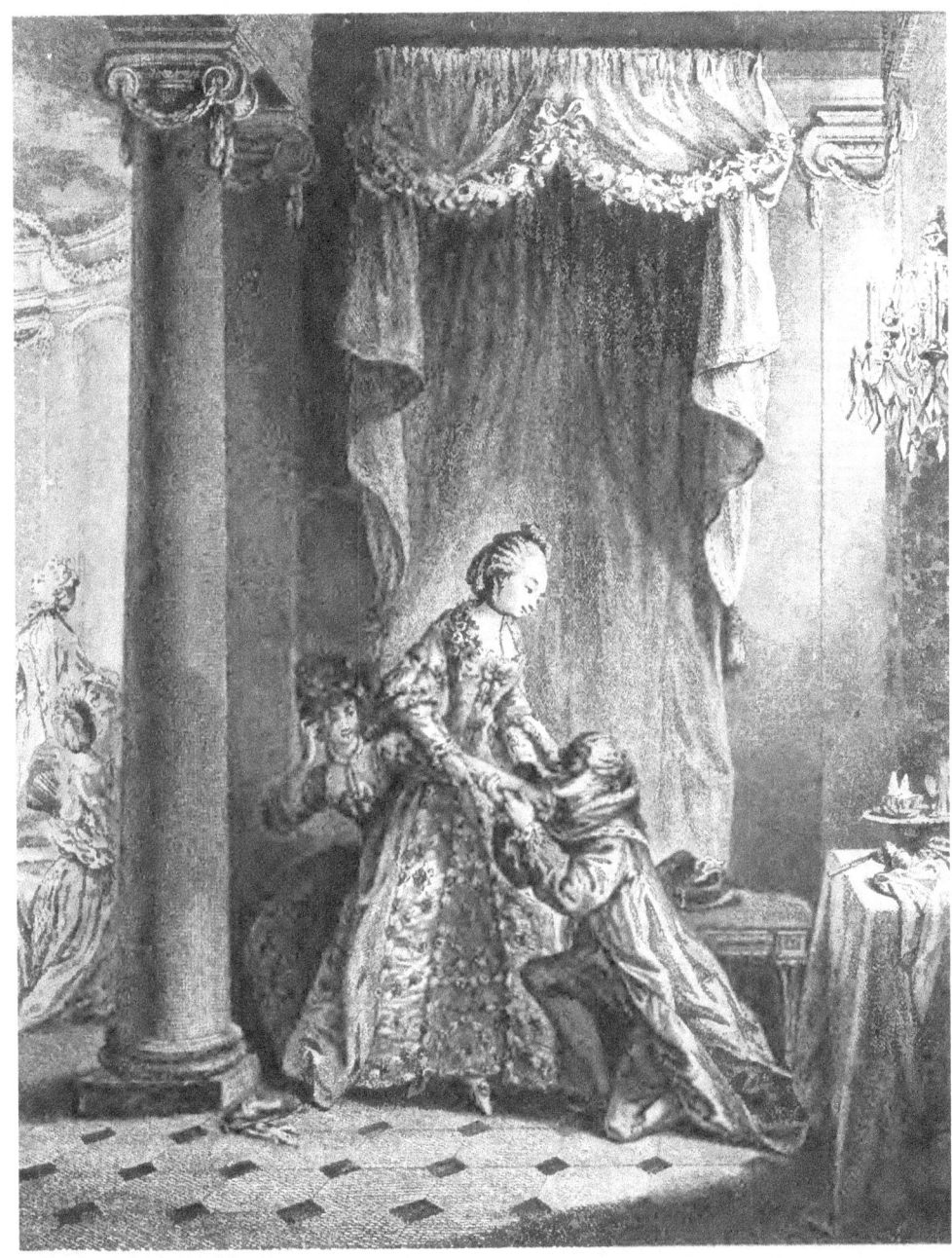

Um zehn Uhr jedoch, da er sich nicht erhebt, geht sie ihn zu wecken; aber wie groß ist ihr Erstaunen! Sie erblickt einen großen schwarzen Kater! Er ist tot. Sie stößt verzweifelte Schreie aus. Niemand antwortet. Sie umarmt den Kater, und in der ersten Wallung des Schmerzes spricht sie zu ihm so: „Soll ich denn den besten aller Gatten verloren haben dafür, daß ich ihm nur zweimal untreu war. O, verfluchter Advokat! Ich wollte nicht! Ihr habt mich verführt ... O, zu gefährlicher Offizier! Mit Eurer Heldenstirn, Euren Raufereien, Euren Schmeicheleien, Euren Schwüren und Tränen! Ihr wißt, wie sehr ich mich gewehrt habe ... Ihr habt mir den Kopf verdreht, Ihr habt einen Augenblick der Schwäche ausgenutzt, um ... O, mein armer Mann! Du bist tot! Wer hätte wissen können, daß dies die letzte Nacht war, die ich mit dir zubringen sollte! O, Jammer, und welcher Abschied! Die Erinnerung daran erhöht nur meine Schmerzen!..."

Schließlich, da diese ganz außer sich geratene Dame so ihre Verzweiflung austobt, kriecht der Gatte unter dem Bett hervor: „Ah, Madame, ich bin also Euer teurer, Euer armer Gatte! — Und der Advokat! — Und der Leutnant! — Zwei haben Sie also nötig gehabt? ..."

Die so genarrte Frau hat all ihr Unrecht eingestanden und gelobt, von nun an die Treue zu wahren. Man sagt jedoch, daß diese Ehe noch immer ein wenig gestört ist. Das Abenteuer hat viel von sich reden gemacht.

Unnötig zu sagen, daß der Ehemann einen Kater hatte töten lassen, um ihn an seinen eigenen Platz zu legen. Vielleicht hatte er auch die Reise nach Straßburg nur vorgetäuscht, um zu entdecken, was er nun ohne Zweifel lieber nicht wissen möchte, denn er scheint nicht zu denen zu gehören, die da sagen:

„Weiß man es nicht, so ist es nichts,
Wenn man es weiß, so ist es wenig."

*

Herr Boncourt hat eine hübsche Frau, die das Vergnügen und damit das Verschwenden ungeheuer liebt. Da sie nicht weiß, wie sie zu Geld gelangen soll, das ihr der geizige Gatte verweigert, hat sie eine Intrigantin ins Vertrauen gezogen. Diese Frau hat sich bei dem Krösus als eine Dame von Stand eingeführt, die eine gewisse Summe brauche, um einen Prozeß fortzuführen, in dem ihr Vermögen involviert ist. Die Dame hat Titel angegeben, um diesen Borg möglich zu machen, und er ist ihr unter sehr hohen Bedingungen von dem Finanzier gewährt worden. Der Zahlungstermin rückt heran, der Vorhang erhebt sich über dem Abenteuer: Der reiche Mann findet in der Schuldnerin an Stelle der wohlbegüterten, prozeßführenden Dame seine liebe Frau, die ihn auslacht. Herr Boncourt hatte Diamanten als Sicherheit genommen. Seine geschickte Frau hatte sie sich bei einem Juwelier verschafft, dem sie die ihrigen unter dem Vorwand einer Reparatur gegeben hatte.

„Monsieur," hat Madame Boncourt zu ihrem Mann gesagt, als er ihr seine Unzufriedenheit ausdrückte, „ist es nicht mehr wert, Ihnen diesen kleinen Streich gespielt, als einen anderen Gläubiger zu haben? Welche Summe auch immer gefordert worden wäre, ich hätte nicht meine Diamanten zum Pfand gegeben, — geben Sie mir zurück, was Sie empfangen haben." —

„Der Teufel, Madame, machen Sie mich zum Hahnrei, doch bestehlen Sie mich nicht!"

Man sagt, die kleine Dame habe von dem Rat ihres Mannes profitiert und sei nicht weniger gewandt gewesen, sich die Taler ihrer Herrn anzueignen.

*

Beim Opernball hat sich eine Szene ereignet, die der Markthalle würdig gewesen wäre, doch hatte sie fröhlicheren Ausgang.

Zwei Kurtisanen, Rosalie und Sainte-Marie, haben sich vereuneinigt. Schimpfworte oder harte Wahrheiten, was unter diesen beiden Damen dasselbe bedeutet, sind gewechselt worden.

Rosalie hat ihrer Gegnerin das Schlachtfeld räumen müssen; sie zog sich ohnmächtig vor Wut zurück und schwor Rache. Am nächsten Morgen findet sich ein junger Mann bei Sainte-Marie, die noch im Bett liegt, ein; die Kammerfrau verwehrt ihm einzutreten; er besteht darauf, und endlich dringt er in das Zimmer, in dem die Schöne in Morpheus' Armen ruht. Darauf verriegelt er die Tür, öffnet geräuschvoll die Fensterladen und gibt sich zu erkennen. Rosalie selbst war es, die sich ihr gutes Recht bei der Feindin holen will. Sie bringt zwei Pistolen zum Vorschein und reicht sie Sainte-Marie, die noch ganz verschlafen im Hemd aus dem Bett springt und Rosalie, um Gnade bittend, zu Füßen fällt.

Diese bietet Stoßwaffen, die ebenso zurückgewiesen werden, und Rosalie zieht, nachdem sie ihre Rivalin mit Schmähungen gedemütigt hat, aus ihrem Überrock eine Handvoll Ruten, zwingt Sainte-Marie, sich selbst das Hemd zu heben, verhaut sie bis aufs Blut und zieht sich, befriedigt, Rache geübt zu haben, zurück.

*

Unter der Zahl unserer Freudenmädchen finden sich unter anderen auch zwei sehr schöne und sehr unverschämte, die man auf sehr lustige Art zum Narren gehalten hat.

Man hat ihnen eingeredet, der Großherr habe einen Bevollmächtigten geschickt, Damen für den Serail anzuwerben, und daß sie sich in die Listen einschreiben sollten. Ein bedeutendes Vermögen würde nach Ablauf der dreijährigen Dienstzeit ausgezahlt werden. Die beiden Schönen — Dumoulin und Viriville — waren pünktlichst beim Stelldichein, das man ihnen, um den Schein zu wahren, angegeben hatte. Husson und Dugazon, die beiden berühmtesten Witzbolde der Hauptstadt, trafen sie dort, der eine als Bostangi, der andere als ‚Probierer' Seiner Hoheit. Man kann sich denken, daß eine ganze Menge zweiter ‚Probierer' dabei nicht fehlte. Nachdem man alle nötigen Formalitäten erledigt hat, werden die beiden Damen verabschiedet, nicht ohne daß zuvor ihre Eigenliebe und Geldgier durch farbenprächtiges Ausmalen einer glänzenden Zukunft aufs höchste gereizt worden sind. Am Tag darauf erst, beim Morgenspaziergang im Palais-Royal, werden sie von Horden ihrer Freundinnen und all den jungen Leuten, die man eingeweiht hatte, über den Betrug aufgeklärt.

*

Der Marquis von L., der von den Reizen Mlle Fermels sehr eingenommen ist, begibt sich eines Tages zu ihr und bittet sie ohne viel Umschweife, ihm eine Nacht zu gewähren. Man versteht, daß Mlle Fermel zu höflich ist, um einen so scharmanten jungen Herrn zurückzuweisen. Jedoch stellt sie eine Bedingung: sie bittet um ein Kollier gefaßter Edelsteine (chatons = gefaßte Edelsteine und chatons = junge Kätzchen. Anm. des Übers.), das sie benötigt. Für einen Finanzier wäre dies nur eine Kleinigkeit gewesen; aber für einen französischen Marquis, der gewöhnt ist, mehr mit seiner Person als mit Geld zu zahlen, war dies sehr viel; er zieht sich jedoch mit sehr viel Geist und wenig Takt aus der Affäre. „Wie, mein Engel, nichts als das? O, nichts ist gerechter; aber im Moment ist es mir nicht möglich; wenn es Ihnen recht ist, will ich Ihnen einen Schein darüber ausstellen; schnell, ein wenig Papier und Tinte." Er schreibt und man geht zu Bett.

Ins Hotel zurückgekehrt, läßt der Marquis alle kleinen Kätzchen des Quartiers holen, verknüpft sie untereinander mit rosenfarbenen Schleifen und formt so ein entzückendes Katzenkollier. Man legt sie in ein hübsches, gazegefüttertes Körbchen, das außen mit blauen Bändern geschmückt ist; darauf trägt man es zu Mlle Fermel, die, von der äußeren Eleganz der Gabe entzückt, dem Überbringer des Marquis Schein aushändigt.

„Wie galant er ist", ruft sie, während sie die zahllosen Schleifen löst, die den Korb schließen, sie entfernt die Gaze, und das Lächeln befriedigter Gier erstirbt auf ihren Lippen über dem

Haß getäuschter Habsucht; sie überhäuft den Marquis mit groben Schimpfreden und eilt, bei dem Doyen der Maréchaux de France, Klage zu erheben.

„Steht es in dem Billett vermerkt, woraus das Kollier bestehen muß?" fragt sie der alte Ehrenrichter mit schalkhafter Miene.

„Aus chatons, Monseigneur", antwortet die liebenswürdige Nymphe.

„Mademoiselle, in diesem Fall hat der Marquis sein Wort gehalten, und ich habe die Ehre, mich zu empfehlen."

*

Adeline Colombe, eine italienische Schauspielerin, die Carlines halber von dem Herzog von F. verlassen worden ist, fiel in die Hände eines Maître des requêtes, den seine Bordellabenteuer schon berühmt gemacht haben. I** (so lautet sein Name) wünscht zwei Mätressen, und Adeline zwei Freunde zu haben (dies der Fachausdruck).

Eines Tages zerbricht I** in einem Anfall von Eifersucht alle Spiegel in Colombes Wohnung. Colombe geht darauf kaltblütig zu I** und zerschlägt die seinen, und beim Weggehen schreibt sie auf eine Karte:

„Le beau cristal que j'ai rompu
T'a montré bien souvent un cul."

Am nächsten Morgen präsentiert ihr I** eine Rechnung über 2000 Taler.

*

Ein den Ausschweifungen sehr ergebener Abbé, steter Begleiter des Marquis von *** bei dessen Eskapaden, beschloß eines Tages auf Kosten vierer Frauenzimmer, die zu der Gefolgschaft der Gourdan gehörten[11], und der er Übles wollte, zu lachen. Er geht nach Vauxhall, setzt sich leicht mit einigen ihm bekannten Roués besserer Kreise ins Einvernehmen, um das Gerücht zu verbreiten, der Marquis sei seit dem vorigen Abend von seinen Gütern zurückgekehrt und befinde sich in Vauxhall; unsere

Mädchen, von dieser Nachricht entzückt, fragen, ob er seine Frau mitgebracht habe. — „Nein, sie ist dort geblieben." — „Herrlich."

Endlich sagt der Abbé den vier Erwählten, sie seien am wünschenswertesten, und der Marquis habe ihn beauftragt, sie zum Souper zu bitten.

So war es an den Tagen von Vauxhall, vor der Heirat des Marquis, immer getrieben worden.

„Nach Vauxhall", sagt er ihnen, „werden Sie also Ihre Wagen nehmen und sich, Sie wissen wohin, begeben."

Die Urbain, die kleine Bèze, Chouchou, alle Dirnen gleichen Wesens, lassen sich nicht lange bitten: sie steigen ein und: „Vorwärts, Kutscher!"

Im Trab geht es davon; der Wagen hält vor dem Hotel des Marquis von N**, die Diener klopfen: man öffnet. Die Frauen fragen den Schweizer alle zugleich: „Ist der Marquis zu Haus?" — „Gewiß, meine Damen." An derartige Besucherinnen wenig gewöhnt, hält er sie für Damen von Rang, die zum Souper gebeten sind. In wilder Hast eilen sie hinauf, durchqueren die Gemächer und singen mit lauter Stimme: „De l'amour tout subit le loi", und im Salon angekommen, rufen sie: „Marquis!" indem sie der Tür einen heftigen Fußtritt versetzen; diese gibt nach, und eine sehr zahlreiche, sehr vornehme Gesellschaft erblickt die Gruppe der vier Damen, die im Bewußtsein ihrer Rolle ein klägliches Bild bieten.

„Wir bitten tausendmal um Verzeihung, Messieurs, Mesdames" und mit erstickter Stimme: „Wir glaubten uns beim Marquis von B**."

Die Marquise von N** wußte nicht, „mit welcher Sauce den Fisch essen", wie das Sprichwort lautet, weil es ihrem Gatten einfiel, die Damen mit Respektsbezeugungen zu überhäufen, um sich noch mehr an ihrer Verlegenheit zu belustigen. Endlich entschließen sie sich, sich zu verabschieden, und kehren eine jede nach Haus zurück, mit hungrigem Magen und dem

Weinen nahe. Man lachte viel über dies Abenteuer, das schon am nächsten Morgen allgemein bekannt war. Der Abbé jedoch wagt nicht mehr nach Vauxhall zurückzukehren, da die vier Mädchen drohen, ihm die Augen auszukratzen.

*

Eines Tages kommt eine Dame zu Mlle Berbier, Modistin der Königin, mehrere Hüte bei ihr zu bestellen, die nach der Provinz geschickt werden sollen.

Die Inhaberin, die in einer eleganten Corsage auf der Chaiselongue liegt, geruht kaum die Dame durch eine sehr flüchtige Neigung des Kopfes zu grüßen. Sie klingelt. Eine reizende Nymphe, namens Adelaide, erscheint. „Zeigen Sie Madame Hüte vom vergangenen Monat." Die Dame hält ihr vor, daß sie die neuesten zu sehen wünscht.

„Das ist nicht möglich, Madame", antwortet die Modistin, „als ich das letztemal für die Königin lieferte, haben wir festgesetzt, daß die modernsten nicht vor acht Tagen erscheinen werden."

Seit dieser Zeit nennt man die Mlle Bertier nur noch den „Minister der Moden".

*

Ein Schöngeist, der Herr Palissot[12], dessen lebhafte Spottsucht seine Talente überwiegt, hatte gegen den Abbé de Voisenon eine Satire voller Haß gerichtet. Bevor er sie zur Presse gab, wünschte er sich zu vergewissern, wie der Abbé selbst sie aufnehmen würde, um sich über den Eindruck, den sie auf ihn machen würde, klar zu werden.

Er geht eines Tages zum Abbé und sagt zu ihm in heuchlerischem und spielerischem Ton, daß es doch in der Welt viel schlechte Menschen gäbe, und daß ihm eine ungeheuerliche Satire in die Hände gefallen sei, deren Autor er nicht kenne, und daß, obgleich man keinen Namen genannt, sich Züge darin fänden, die direkt auf den Abbé hinzuzielen schienen.

„Ich werde Ihnen noch mehr sagen", fährt er fort; „da man

sich zweifellos unserer Verbindungen nicht bewußt ist, hat man sie mir vor der Drucklegung meiner Kritik vorlegen wollen." Ohne sich weiter bitten zu lassen, zieht der Spötter das Schriftstück aus seiner Tasche und liest ohne jede Scheu die Verse vor, in denen der Abbé nicht besser wegkommt als seine Intelligenz. Keinen einzigen Vers erspart er ihm und betont mit Vergnügen alles, was besonders giftig klingt. Der Abbé de Voisenon hört ihn geduldig bis zum Schluß mit an. Darauf ergreift er das Manuskript, lobt die besten Verse, kritisiert einzelne Redewendungen und sagt zum Dichter: „Wollen Sie mir erlauben, einige Korrekturen zu machen?"

Der Dichter meint, nun würde er zum mindesten das Manuskript ins Feuer werfen; aber jener nähert sich seinem Bureau, korrigiert ein Dutzend Verse, füllt die leeren Stellen mit seinem Namen aus, reicht die Satire dem Autor, der keinen Augenblick vermutet, daß er erkannt sei, mit demselben Phlegma zurück und sagt: „Jetzt, lieber Freund, können Sie die Arbeit drucken lassen, meine ich; es waren da einige kleine Mängel, die der Arbeit geschadet hätten; sie ist voller Geist und Schärfe, und ich glaube, daß sie vom Publikum günstig aufgenommen werden wird." Der Dichter war von dieser Kaltblütigkeit derart überrascht, daß er seine Epistel zerriß, sie verbrannte, den Abbé umarmte und ihm schwur, daß er auf immer vom Gelüst, Satiren zu schreiben, geheilt sei. Man weiß, wie er seitdem Wort gehalten hat.

*

Vor einiger Zeit hat man die Verfügungen, Freudenmädchen betreffend, erneuert, und die eiserne Strenge, mit der sie im Anfang durchgeführt wurden, hatte einige Erregung verursacht.

Selbst auf den Straßen, auf den Brücken und Serails dieser Stadt hielt man diese Unglücklichen an; man trieb sogar die Barbarei soweit, sie am Ausgang der Boulevardtheater nach der

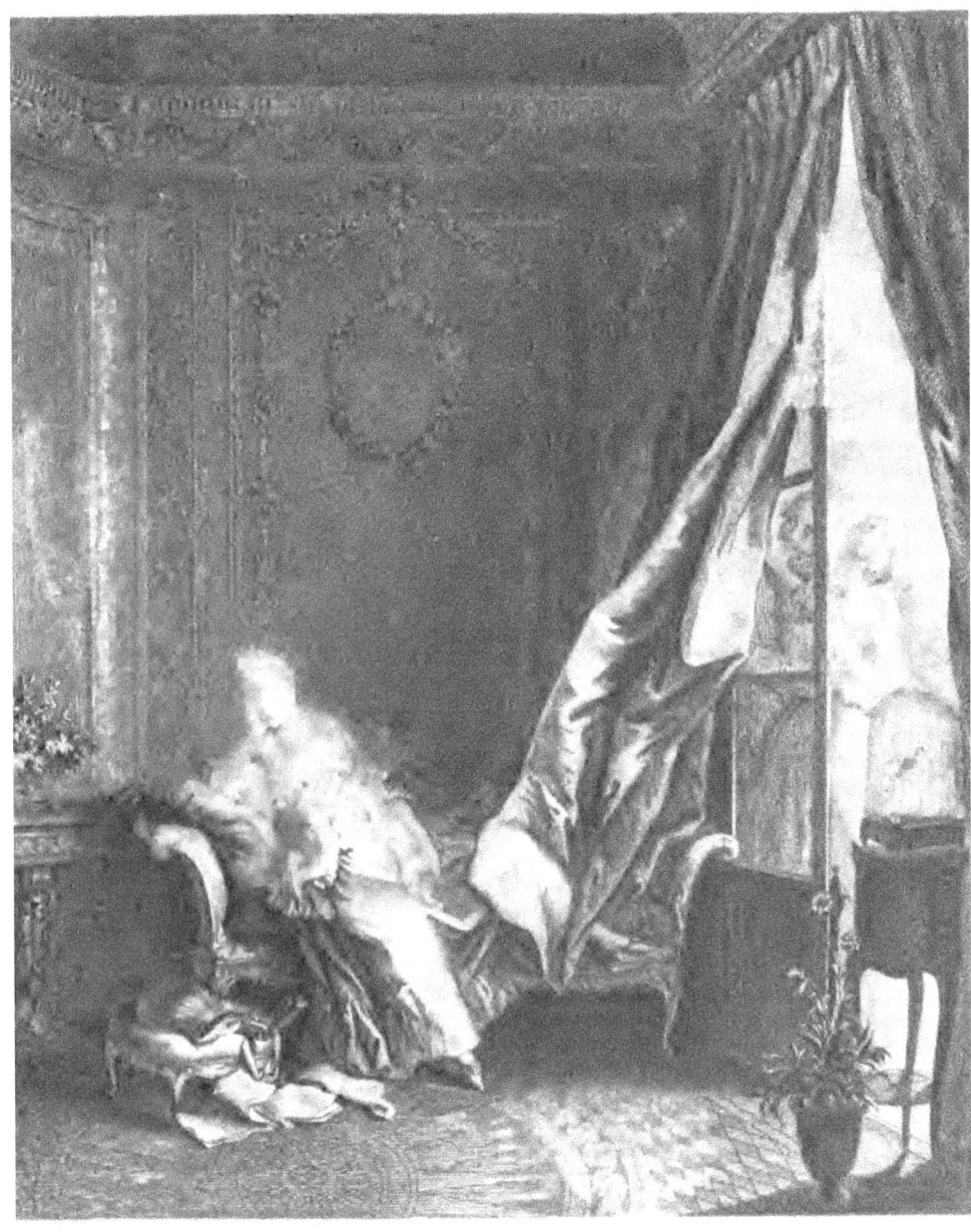

Vorstellung ohne Unterschied zu verhaften. Man führte sie zum Kommissar des Viertels, der ihnen in seiner Anwesenheit den Kopf scheren ließ, und von da aus brachte man sie ins Hospital La Salpêtrière. Man respektierte nur solche, die vermögend genug waren, um wenigstens den monatlichen Mietswagen zu besitzen.

Bezugnehmend darauf erzählt man eine ziemlich amüsante Anekdote, die der Marquise von S** zugestoßen ist, welche auf dem Boulevard du Temple wohnt, und deren Haus eines der beliebtesten Treffpunkte der Amateure ist.

Diese Dame, die ehemals Mademoiselle M** war, Tochter eines Limonadenverkäufers, dann Tänzerin, dann ausgehaltene Geliebte, dann Autor und endlich Marquise, maßt sich an, die Ehre ihres Korps zu rächen. Zu diesem Zweck hat sie ihrem Lakaien verboten, ihr zu folgen, und ihm geraten, sich in ziemlicher Entfernung zu halten, damit sie zu einem Irrtum veranlassen könne, als sie eines Abends, angetan mit der ganzen Eleganz dieser Damen, auf dem Boulevard spazierengeht. Was sie wünscht, tritt ein, und die Marquise wird zum Kommissar geführt und ist bereit, geschoren zu werden. Man befragt sie: „Vorwärts," sagt der schwarze Mann, der vom Tisch aufsteht, „deinen Namen, deine Wohnung, und schnell." Die Marquise mit Geist: „Ah, Herr Kommissar, Sie sind recht hart mit mir Armen!" „Du machst Witze, glaube ich." „Nein, Herr Kommissar, aber meinen Namen! Entbinden Sie mich davon!" „Was, ich soll dich davon befreien? Ich glaube gar, sie macht sich lustig über mich! Schnell, schert das Frauenzimmer."

Man schickt sich an, den Befehl auszuführen, doch die Marquise gibt sich zu erkennen und beendet diese Szene, indem sie dem Subalternbeamten empfiehlt, in der Ausübung seines Amtes künftig mehr Umsicht, Scharfsinn und Nachsicht walten zu lassen. Gott allein weiß, ob der Rat gewirkt hat.

*

Die Frau des Akademikers Marmontel hat ihr erstes Kind tot zur Welt gebracht. Die schlimmen Spötter bemerkten darauf, daß dieser Autor nichts machen könne, das lebensfähig sei.[13]

*

Die Montensier, derzeit Leiterin der Comédie in Versailles, hat sich einer Anzahl Vergehen schuldig gemacht; ein Befehl des Königs hat sie ins Gefängnis gesperrt; das erste, was sie geäußert hat, als man sie eingeschlossen hatte, war: „Werde ich keinerlei Gesellschaft haben und befiehlt der König tatsächlich, daß ich ganz allein schlafe?"

Der König hat als Erster über diese dreisten Worte gelacht, ebenso die Minister; man hat aber gemeint, die königliche Würde wahren zu müssen, in dem man die lübrike Komödiantin noch einige Tage zurückhielt; sie ist jedoch begnadigt worden und hat ihren Platz als Direktrice zurückerhalten.

*

Ein ausländischer Gesandter hielt hier ein entzückendes Mädchen aus, die mit den Reizen der Schönheit alle persönlichen Qualitäten vereinigte. Der Gesandte war sehr reich und sehr verliebt, und gegen jede Gewohnheit mißtraute diese Nymphe weder seiner Liebe noch seinem Reichtum. Er war auch nie glücklicher als in den Momenten, die er mit ihr verbrachte. In einer schönen Sommernacht glänzten am Himmel die Gestirne, und besonders Venus stellte all die anderen durch ihren Glanz in den Schatten.

„O, mein Gott," sagt die Nymphe, „wie leuchtet dieser Stern! Kein Diamant kann sich mit seinem Glanze messen." — „O, meine teure Freundin," antwortet der Gesandte, „ich bitte Sie zu Gnaden, rühmen Sie nicht zu sehr diesen Stern, ihn kann ich Ihnen nicht geben."

*

Der Abbé P** begab sich nach der Besitzung eines seiner Freunde im Limousinischen. Als er in einen Wald kommt, hört er sich von einem Reiter, der hinter ihm galoppierte, also begrüßt: „Guten Tag, Mitbruder!"

Er wendet sich um und erblickt einen jungen, wohlgekleideten und gutberittenen Geistlichen, mit dem er bis zu sinkender Nacht die Reise in angenehmster Weise fortsetzt. Dieser vereinigte mit dem liebenswürdigsten Ton der guten Gesellschaft oberflächliche, aber unerschöpfliche Kenntnisse aller Art. Er gab sich als einen Seminaristen und Unterdiakonus aus L**. aus. Bei einer Herberge angekommen, beschließen die beiden, die schon aufs beste miteinander stehen, gemeinsamen Tisch und Bett zu machen.

Gegen Ende des Mahles beginnt der angebliche Seminarist Verse aus der Pucelle zu zitieren.

„Mein Bruder," sagt der gute, keusche Abbé P**, „sind alle Abbés aus Limousin so fröhlich wie Ihr? Ihr scheint mir recht lustig, um nichts Schlimmeres zu sagen!" Der vermeintliche Abbé erhebt sich bei dieser Anrede in großem Zorn. „Sprich doch, beschnittener Jude," ruft er aus, „glaubst du denn, ich sei ein päderastischer Pfaffe?" Und im gleichen Moment lösen seine Hände halb eine kurze Jacke und lassen flüchtig die verführerischsten Anzeichen eines Geschlechts sehen, das sein Gefährte weit entfernt war, zu vermuten.

Der Abbé behauptet, er hätte sich nur mit den Augen von der Wahrheit seiner Entdeckung überzeugt. Er ist bewunderungswürdig, wenn er mit Unschuldsmiene erzählt, wie er die Hand der Schönen ergriff, die, verwirrt und bewegt von ihrem unbesonnenen Streich, zu weinen begann, und daß er fraglos das Opfer seines Entzückens geworden wäre, wenn er nicht beschlossen hätte, hinunterzugehen, ein besonderes Zimmer zu bestellen und, wenn auch nicht ohne Kampf und Bedauern, abzureisen, bevor noch die unbekannte Schöne erwacht war. Hier sei übrigens erzählt, worum es sich handelte.

Fräulein von B**, dies ist der Mädchenname des angeblichen

Abbé, wurde 1757 zu A** geboren. Von der Natur wurde sie mit allen Talenten begabt, die eine ausgezeichnete Erziehung später entwickelt hat. Die Tugend, die den anderen Tugenden der Frau ihren Glanz verleiht, gesteht sie, dem Namen nach gekannt zu haben, ohne doch daran zu glauben. Junge Bewohner von Berrichons boten sich, von ihrem wollüstigen Aussehen verführt, dazu an, sie in die Lehre zu nehmen; die Schülerin gereichte ihnen zur Ehre, denn, nachdem sie alle ihr geliehenen Romane verschlungen hatte, ließ sie sich entführen und nach Paris bringen, um dort den ihren zu erleben. Die Hauptstadt vervollkommnete ihre schönen Anlagen. Sie wurde nacheinander Komtesse, Baronin, Marquise usw. Schließlich verflog alles eines Tages, nachdem sie einem Seigneur, der für ihre Ausgaben sorgte, einen lärmenden Treubruch angetan hatte.

Die Prinzessin wurde, um diesen Titel zu behalten, genötigt, zur Bühne zu gehen. Unglücklicherweise hatte die Debütantin neben ihren erstaunlichen Talenten für die Kulissen gar keine für die Szene selbst.

Verfolgt vom Johlen und Pfeifen der Pariser trat sie in eine Provinztruppe ein, wo ihr hübsches Gesicht und ihre schöne Stimme ihr großen Beifall eintrugen. Bald wurde sie die Heldin einer Menge Abenteuer; sie hielt viele zum Narren und wurde manchmal selbst genarrt.

Vom Theater degoutiert, trat sie in den Dienst Plutus' und hatte die Kühnheit, endlich in ihr eigenes Vaterland zurückzukehren.

Eine scheinbare Reform des Körpers und des Geistes bestrickten Herrn Du**, einen Beamten des Hôtel de la Monnaie von A**, und er war töricht genug, sie zu heiraten.

Bald gingen die Wasser wieder ihren alten Lauf, und Hymen gebot keineswegs der Liebe halt. Mme Du** erregte durch ihre Tollheiten derartiges Aufsehen, daß es dem Gatten ein leichtes wurde, einen Haftbefehl gegen sie zu erlangen.

Die Ungetreue ahnte dies und entfloh; der Dummkopf verfolgte sie an der Spitze einer Brigade; bald war sie angehalten Ohne sich zu verwirren, spielte die Komödiantin ihre Rolle aufs glänzendste, zeigte aufrichtigste Reue, warf sich vor diesem Narren auf die Knie und wußte sein Herz derart zu rühren, daß er sie in Gegenwart der Häscher heiß in die Arme schloß. Dieses hatte seine Frau gewollt. „Um meine Rückkehr zur Tugend zu verkünden, wünsche ich an diesem Orte selbst ein Fest zu veranstalten", sagte sie, „und ich verpflichte mich, die Kosten zu tragen." Das opulenteste Souper wurde bestellt, und der von ihren Händen geschickt verschwendete Wein tat seinen Zweck. Ihr Mann, die Gendarmen, der Wirt und die Wirtin, alle bis zur Herbergsdienerin lagen in tiefstem Schlaf.

Den Moment geschickt benützend, stiehlt sich die reuige Sünderin hinaus, besteigt ein Pferd der Brigade, reitet zwanzig Meilen und läßt ihre Kleider, die sie verraten können, zurück; ihre fürstlichen und ehelichen Titel sind nicht mehr; sie wird nun eine kleine Schäferin.

Es ist erwiesen, daß sie tatsächlich sechs Wochen lang die Hammel eines limousinischen Bauern gehütet hat, daß sie dank ihrer Geschicklichkeit, sich allen Situationen anzupassen und alle Rollen zu spielen, die Gunst der guten Dorfbewohner gewann; ihre weißen Hände kneteten ihr hartes Brot; sie lernte es, ihren Kindern vorzulesen, und lieh den langen Abenden Reiz, indem sie lustige Geschichten erzählte, die sie für sie zurechtstutzte.

Indessen machte Herr Du**, ihr wenig begüterter Gatte (so sagt man), einen Fehler in seinem Amt; ungeschickt, wie er war, wurde er überführt, und wenig protegiert, wurde er mit der ganzen Strenge des Gesetzes bestraft. Nach Paris gebracht, wo er sein endgültiges Urteil empfangen sollte, sollte er gehangen werden.

Seine barmherzige Frau war nicht die letzte, die diese Nachricht empfing; sie hätte bedauert, daß ihr Gatte seinen letzten Atemzug getan hätte, ohne diesem Schauspiel beizuwohnen.

Sie eilt nach Paris, und von da war sie zurückgekommen, als der Abbé P** von ihr mit einem „Guten Tag, mein Bruder" begrüßt wurde. Man sagt, sie habe behauptet, deshalb das geistliche Kleid gewählt zu haben, um so die Ehre zu erlangen, ihrem armen Mann die letzte Beichte abzunehmen.

Jetzt lebt sie in Argenton mit der M..., beide als Schande des einen Geschlechts, der Skandal des anderen und ewiger Gegenstand des Stadtklatsches.

*

Die Oper Bacchus und Amor hat zu Anfang letzten Jahres eine ihrer vorzüglichsten Priesterinnen verloren: Mlle La Guerre.[14] Aus der Hefe des Volkes hervorgegangen, hatte diese berühmte Kurtisane dessen Neigungen und Fehler in ihr aufblühendes Glück hereingetragen. Sie fluchte und trank usw.; was soll man von den Männern denken, die sie ruiniert, ausgeplündert, verfolgt hat? Sie hatte Talente, ein interessantes Gesicht, eine weiche, volltönende Stimme; sie hat einige Rollen mit Erfolg gespielt, wie die Eurydice und die Iphigenie.

Mlle La Guerre hat ein einziges Kind gehabt. Sie war zu sehr über menschliche Schwächen erhaben, um sich mehr darum zu kümmern, als wie etwa um ihren Vater oder ihre Mutter: der erste, der seinen eigenen Namen über dem Spitznamen seiner Tochter verloren hatte, verkaufte an den Straßenecken Bänkellieder, die andere bot auf den Promenaden „Le plaisir des dames" feil, ein Metier, in dem sie ebenso prosperieren mußte wie ihre Tochter, indem die sich dem „Plaisir des hommes" widmete.

Das Schicksal hat Mlle La Guerre nach ihrem 27. Jahre einer Karriere entrissen, die sie so glanzreich durchlief. Das Schicksal ihres unglückseligen Kindes ist ebenso ungewiß wie der Vater, dem es seine bedauernwerte Existenz verdankt.

*

Ein Abbé kam aus der unentgeltlichen Vorstellung von Coriolan; ein Mädchen spricht ihn an und macht ihm den üblichen

Vorschlag. Er verdoppelt den Schritt, sie wird hartnäckig und ergreift seinen Arm.

„So laß mich doch", sagt er ärgerlich. „Wie, Monsieur," erwidert sie, „heute kommen Sie nicht aus, heut ist der Tag für die Armen."

*

Frau von Mirabeau liebte es außerordentlich, zu prozessieren. Ihr Gatte, der Verfasser des „Ami des Hommes", behandelte seine Untergebenen auf seinem Landgut in Limousin sehr schlecht. Einer von ihnen machte ihm folgende Grabschrift:

„Ci-gît Mirabeau le brutal
qui jurait bien et payait mal."

Um die Manen ihres Gatten zu rächen, strengt die Witwe einen Prozeß gegen den Autor der Grabschrift an; er wird zu einer Geldstrafe verurteilt.

„Ich werde zahlen," sagte er, „aber am Morgen nach Ihrem Tode werde ich auch Ihre Grabschrift machen; ich werde über Ihr Grab schreiben:

„Ci-gît aussi sa Mirabelle
qui ne fut ni bonne, ni belle."

*

Man fragte Mme von Murville nach dem Alter ihrer Mutter (Mlle Arnoult). „Ich weiß es nicht mehr," antwortete sie, „jedes Jahr glaubt sich meine Mutter um eines verjüngt; wenn sie so fortfährt, werde ich bald die ältere sein."

*

Ein junger Gardeoffizier, der in der Gesellschaft debütierte, toll verliebt in die Mlle Granville, eine berühmte und reiche Kurtisane, hatte ein seltsames Mittel entdeckt, um die Gunst dieser Schönen unentgeltlich zu genießen.

Da er die englische Sprache gut genug beherrschte, um sich nicht zu blamieren, mietete er eine der elegantesten Equipagen und folgte der Nymphe unter dem Namen eines Mylord Drakes nach der Oper. Nach Schluß der Vorstellung bemühte er sich in auffälliger Weise, ihr zu ihrem Wagen zu verhelfen, und bestieg vor ihr, nach erfolgter Erlaubnis, ihr seine Aufwartung zu machen, seine sehr elegante Equipage. Die Sirene oder die Harpyie, wenn man will, denn sie vereinigte beides, vermutete keinen Augenblick den wahren Rang dieses Herrn, der seine Rolle ausgezeichnet spielte.

Am nächsten Morgen präsentiert sich Mylord: im englischen Frack, mit einer Jockeymütze, Reitstiefeln, in der Hand eine kleine Peitsche.

Da seine Erscheinung zu Hoffnungen berechtigt, wird er empfangen und beglückt. Man bespricht für denselben Abend ein Souper und eine sechsmonatliche Verlängerung dieser süßen Trunkenheit in Paris, da die Dame diese Liaison für das größte Glück ihres Lebens hält. Er ladet sie also zu einem glänzenden Souper ein, das er seinen Landsleuten in seinem Hotel in der Rue Colombier gibt, wo er wohnt, und verläßt sie. Damen ihrer Art lieben solche Ausländersoupers (dies ist der Terminus technicus) bis zur Tollheit, weil sie wissen, daß sie Gelegenheit bieten, zwei Fliegen mit einer Klappe zu schlagen, das heißt, wenn man einen Mißerfolg hat, sich wo anders festklammern und mit vollen Händen nehmen kann. Sie ist ganz geschwollen bei diesem Gedanken, spricht während des ganzen Tages von nichts als diesem Souper, und nichts fehlt, um sie elegant und geschmückt erscheinen zu lassen.

Die Stunde schlägt, sie verlangt nach ihrem Wagen, fährt fort und kommt an. Aber welche Überraschung! Da ist kein Mylord Drakes im Hotel (garni!). Niemand dieses Namens hat je dort gewohnt; kein vorbereitetes Souper; niemand, den man erwartet. Sie versteht, daß sie von Mylord betrogen worden ist.

Man erzählt, daß sie, selbst sehr erfahren und solchen Scherzen nicht abhold, diesen Streich sowie den Akteur so unterhaltend gefunden habe, sich dann selbst um ihn bemüht hätte, und schließ-

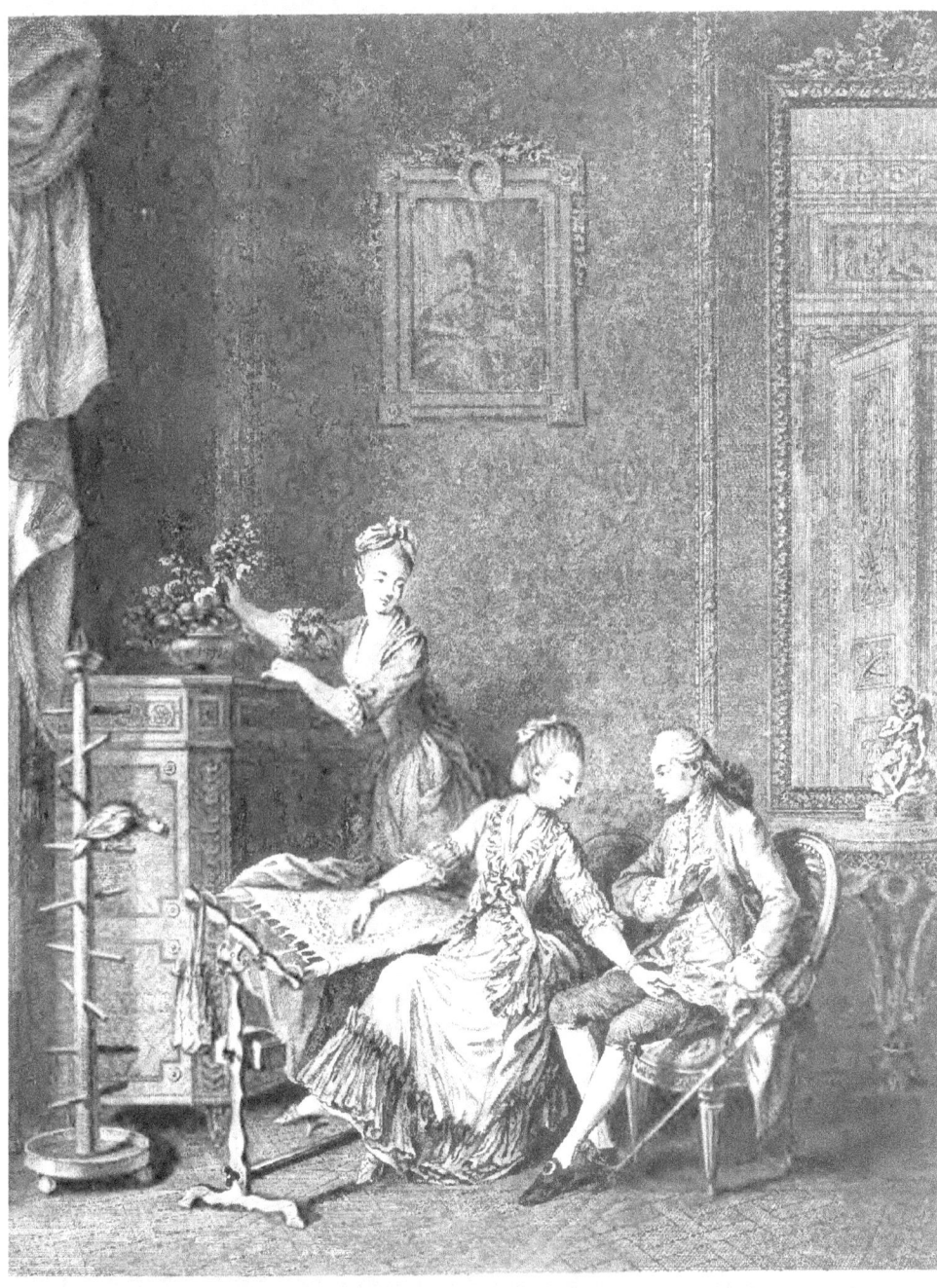

lich, als sich Lord Drakes als armer, aber schöner junger Gardeoffizier entpuppte, der den Witz eines Engels besaß, nahm sie ihn als zweiten Liebhaber, mit jenem anderen, der vor einigen Jahren die Veranlassung zum Bruch mit Herrn von J** und ihrem Sichzurückziehen nach Sainte Pélagie war, nachdem sie ihm Briefe erpreßt hatte, die zurückzugeben sie sich immer weigerte.

*

Die berühmte Kurtisane Longeau[15] ist aus den Pariser B. (Boudoirs, wenn Sie wollen) zum Theater in Bordeaux übergegangen, wo eine majestätische Erscheinung, ein bedeutendes Gesicht, ein kraftvolles Organ und gewisse Liebenswürdigkeiten für die entscheidenden Gottheiten des Parketts ihr zum Erfolg verholfen haben. Ein Offizier, der heftig begehrte, die vielgerühmten Eigenschaften dieser Schönen kennen zu lernen, bat sie in einem sehr lakonischen Billet um eine Nacht, und schlug ihr fünf Louis sowie fünf Küsse vor. Man sagt, Mlle Longeau habe ihm seinen Liebesbrief mit folgender Randbemerkung retourniert: „Alles doppelt oder nichts!"

Der Offizier sagt zu, gibt sein Wort und schläft bei ihr.

> „D'Armance était Gascon; les gens de son pays
>   Ont la réflexion très preste.
>   Pour ne pas demeurer en reste
> Les écus bien sonnants il charge dix louis
> Sur un Aliboron d'une encolure forte,
>   Et le fait conduire à la porte
>   De la gracieuse Laïs.
> Un billet doux, mais un peu leste,
> Accompagnait encor le robuste étalon;
>   La belle l'ouvre et lit: Beauté céleste,
>   Voici les dix louis; si vous le trouvez bon
> Le porteur est en bas, qui vous dira le reste."

*

Eines Tages schrieb der Präsident von S** einem Polizeiinspektor folgenden Brief: „Ich bitte Sie, Monsieur, gegen eine gewisse X vorzugehen, die meinem Jockey eine schändliche

Krankheit übertragen hat. Er ist ein charmanter Bursch, dessen Dienste mir sehr lieb sind, und der Verlust seiner Gesundheit kostet ihn ein Jahr im Hospital. Ich rechne darauf, daß Sie Ihre Pflicht tun werden." Der Polizeiinspektor, ein Mann von Geist, der weit über seinem Beruf steht, schreibt folgende Antwort:

„Mein Herr, wenn Sie mir beweisen können, daß die gewisse X mit Vorbedacht die Gesundheit Ihres charmanten Jockeys geschädigt hat, werde ich sie bestrafen lassen, wie es ihr gebührt; aber ich schulde ihr keinerlei Züchtigung, wenn der Jockey sie aus freien Stücken aufgesucht und eine Krankheit erworben hat, die, wie Sie sehr gut wissen, die Folge eines Handels und eines Tausches ist. Es gibt Meere, die man erst zu befahren wagt, nachdem man sich entschlossen hat, allen Gefahren zu trotzen. In Erwartung Ihrer Antwort werde ich mich um die Gesundheit dieser Unglücklichen kümmern; ich rate Ihnen, ein gleiches mit Ihrem Jockey zu tun, wenn Sie wünschen, daß seine Dienstleistungen Ihnen auch fernerhin angenehm sein sollen. Ich hoffe, daß dieser Brief Sie davon überzeugen wird, daß ich es verstehe, alle meine Pflichten zu erfüllen." Der Präsident hat sich das hinter die Ohren geschrieben, aber die Nymphe hat die Geschichte weitererzählt, und man hat ein wenig auf Kosten des Präsidenten gelacht.

*

Vor einigen Jahren begegnete Frau von Boulainvilliers auf dem Lande einem jungen Mädchen, das weinte; sie ist gerührt, ruft die Betrübte zu sich und fragt sie aus. „Madame, meine Mutter ist soeben in dieser Hütte verschieden; ich verliere meine einzige Stütze und das einzige Wesen, das ich zärtlich liebte, ich bin von der ganzen Welt verlassen...."

„Wer sind Sie, mein schönes Kind, wer war Ihre Mutter?"

„Wir lebten im tiefsten Elend vom Ertrag unserer Hände; mein Name ist Chivry; meine Mutter sagte mir oft, daß wir von edler Herkunft wären, und daß die Ungerechtigkeit des

Schicksals ... Oh! Madame, mein Vater starb vor zwei Monaten im Armenhaus; er hat meiner Mutter einen Pack alter Papiere hinterlassen ... ich werde sie holen."

Frau von Boulainvilliers, die aufs äußerste für diese junge Person interessiert ist, zeigt ein Zartgefühl, das keine besondere Erwähnung braucht; es genügt, die Tatsache zu berichten. Sie nimmt Mlle Chivry mit sich und läßt, nachdem sie jemanden mit dem Begräbnis betraut hat, die Papiere holen; man untersucht und bespricht sie mit größter Sorgfalt.

Herr und Frau von Boulainvilliers tun alle nötigen Schritte, um die Wahrheit zu entdecken: Mlle de Chivry und einer ihrer Verwandten, der in der Marine dient, sind die letzten Glieder einer illustren Familie, die in direkter Linie von Henri de Saint-Remy, dem legitimierten Bastard Henri II., Königs von Frankreich, abstammte.[16]

*

Ein junger Herr von Rang, der kaum den Händen eines Erziehers, der ihn in tugendhafter Unwissenheit bewahrte, entschlüpft ist, hat sich in eine unserer kühnsten Abenteuerinnen verliebt, und er belagert diese Festung sehr standhaft nach allen Regeln der Kunst.

Vielleicht hätte er ebensoviel Zeit gebraucht wie die Spanier vor Gibraltar, wenn nicht ein kleines Ereignis seinen Ernst ein wenig verwirrt und ihm gezeigt hätte, daß seine bezauberten Augen ganz ungeheure Breschen übersahen.

Er hatte ganz einfach geglaubt, eine Soubrette besiegen zu müssen, und da er die äußerste Vorsicht anwenden mußte, weil seine Eltern nicht die Leute waren, eine schöne Passion dieser Art zu verzeihen, hatte er sich mit großen Unkosten einen Vermittler für seine Briefe und Geschenke zu verschaffen gewußt. Vorläufig hat er nur das Glück genossen, zu lorgnettieren und lorgnettiert zu werden. Eine außerordentliche Schüchternheit hatte ihn eine Anrede, die ihn zittern machte, nicht wagen lassen; aber schließlich begannen die Antworten auf seine Briefe so zärtlich und so ermutigend zu werden, daß er nach Schluß der Vorstellung, kühner als sonst und stolz ob so viel Mutes, in dem Glauben, erst jetzt wirklich ein Mann von Welt und Unternehmungsgeist zu sein, sich einem seiner Diener eröffnete und ihn beauftragte, dieser Dame nach ihrer Wohnung zu folgen, sie von ihm zu grüßen und sie zu fragen, wann sie ihn empfangen wolle.

Der Lakai, ein schöner Junge, der eben erst nach Paris verpflanzt ist, folgt ihrer Spur, kommt an, tritt ein, ahnt nicht, daß er Schritt auf Schritt von seinem Herrn verfolgt ist, dem das Herz ebensosehr vor Furcht wie vor Hoffnung schlägt. Jener schleicht sich ins Haus, steigt die Treppe herauf und schmiegt sich eng an die Tür, die die Schöne nach Eintritt des hübschen Lakais hat schließen lassen. Wie oft beißt man sich nachher die Finger blutig, weil man an fremden Türen gelauscht hat!

„Madame, der Herr Marquis beauftragt mich, Sie zu grüßen und Sie zu fragen, wann er zu Ihnen kommen darf ..." „Wie? kommen? und wann? Wie heißt Er, mein Freund?" „La Brie, Madame." „Aber ..., Julie, weißt du wohl, daß La Brie einer der hübschesten Burschen ist, die ich jemals gesehen habe? Diese Haare! Diese Zähne! Dieser Wuchs! Und die Kraft eines Türken! Und diese Haut, wie Atlas! Julie, dreh den Türschlüssel um! Euer Herr hat also große Eile? Aber, mein Kind, die Diamanten, die er mir gestern sandte, sind gar so klein; ich habe ihn nicht zur Verzweiflung treiben wollen ... Er ist jener schlanke junge Herr, nicht wahr?" — „Ja, Madame." — „Oh, um zu sehen ... schnür mich auf, mein Lieber; diese Julie verschwindet immer, ich weiß nicht wohin. Und dein Auftrag ist also ein großes Geheimnis?" — „Man hat mir strengste Diskretion anempfohlen." — „Du weißt also ein Geheimnis zu wahren. Nun wohl, ich will dir eins anvertrauen ... Sehr gut, weiter so ... La Brie ist geschickt ... Wie heiß es ist! ... Löse mir diese Nadel ... Nein, diese hier ... Stütze mich ... Aber, ich werde mich lieber setzen

... Nur auf meinem Ruhebett ist mir wohl ... Wie schön du gewachsen bist ... Komm, wir sind allein ... Du bist erstaunlich ... Der entzückende Junge ... Oh, wie tüchtig du bist!"

Der Marquis, der nicht mehr an sich zu halten vermag (man kann schon früher die Geduld verlieren), versucht einzudringen, aber die Tür widersteht. Bei diesem Lärm stürzt Julie von einer anderen Seite herbei, zieht ihn in ein getrenntes Gemach, befragt ihn, antwortet, und unterdessen entschlüpft La Brie. Es klingelt. „Was für ein Lärm ist denn dies?" sagt eine schleppende Stimme.

„Der Herr Marquis, der glaubt, daß sein Lakai hier sei, und der einzutreten wünscht."

„Mein Gott, wünscht denn dieser Herr Graf mir gleich bei der ersten Visite das Hemd zu reichen, mich ganz nackt zu überrumpeln? Laß ihn einen Augenblick warten."

Der junge Graf, der jemanden die Treppe hinuntereilen hört, stürzt hinaus, läuft und erreicht La Brie vier Häuser weiter. „Wie, Erzschelm! So also richtest du meine Bestellungen aus? Ich habe alles gehört; du sollst meine Schläge fühlen."

„Oh, Herr Graf, versetzen Sie sich an meine Stelle ... Glauben Sie, auch trotz der zwei Louis, die man mir gegeben hat, hier sind sie, hätte ich Ihnen aus Respekt alles anvertraut... Ach, ich wußte nicht, wie ich anders handeln sollte."

„Ich bin wütend ... Ein Lakai ... Ich werfe dich hinaus ... Aber nein, ich habe unrecht. Hier sind noch zwei andere Louis ... Nimm ... Die Lektion ist mehr wert ... Wo, zum Teufel, hätte ich meine Liebe hingetragen! — Gib mir jeden Morgen Nachricht über deine Gesundheit. Dies sind zwei Erfahrungen, eine moralische und eine physische. Schließlich ziehe ich es vor, daß du diese Erfahrung gemacht hast, als ich." Der Galan, die lose Schöne und der hübsche Lakai erzählen alle drei dies Geschichtchen mit viel Vergnügen.

Mlle Fanier[17], die gerade die Rolle eines Offiziers gespielt hatte, kam in die Kulissen zurück, indem sie rief: „Oh, sie haben mich erkannt!" Der Bauchredner Desessart sagt ihr: „Sie sind also nicht wie eine gewisse Londoner Schauspielerin", und der Mann, dem die Natur seinen Geist in Form eines guten Gedächtnisses geschenkt hat, erzählt, wie eine englische Komödiantin, deren Namen er leicht verstümmelt (es war Miß Woffington, von der er sprach), wie sie, nachdem sie soeben mit großem Erfolg eine männliche Rolle gespielt hat, ins Foyer zurückkommt und sagt:

„Ich wette, daß die Hälfte des Publikums mich für einen Mann gehalten hat!" und wie einer ihrer Kollegen antwortet:

„Beunruhigen Sie sich nicht, die andere Hälfte ist vom Gegenteil durchaus überzeugt."

„Oh," bemerkt die schöne Fanier, „die Hälfte des Publikums? Das ist ein wenig stark."

Aber vielleicht war das Publikum an diesem Abend nur aus etwa fünfzig Gaffern zusammengesetzt.

*

Die Annalen der komischen Bühne bieten mehr als eine blutige Szene. Nicht immer ist die Bravour eine falsche Ziererei der Theaterheroen. Der ausgezeichnete la Rive[18] und sein Vertrauter Florence haben uns dieser Tage einen neuen Beweis davon geliefert.

Der erstere hatte die Wochenaufsicht. Im Begriff, auf die Bühne zu gehen, bemerkt er, daß Florence noch nicht kostümiert ist, und macht ihm vorerst freundschaftliche Vorhaltungen über seine Nachlässigkeit. Der Vertraute antwortet schlecht gelaunt, worauf der Aufsichthabende im Ton und mit der Geste seines Amtes droht, ihn mit der Ordnungsstrafe zu belegen. Man erhitzt sich: La Rive schimpft seinen Kollegen Possenreißer. Nach der Vorstellung fordert Florence Genugtuung für diese Beleidigung; vergebens sucht man zu intervenieren: tragische Mimen halten Reden, die Frauen kreischen; endlich erscheint der oberste Gesetzgeber der Schmiere, macht seine Autorität geltend und untersagt jegliche Gewalttat. Dieses Verbot hatte in den Augen des Raufboldes Florence keine wesentliche Bedeutung. Am nächsten Morgen suchte er seinen Gegner auf und schleppte ihn zum Champ de Mars. Der Zweikampf war hartnäckig. La Rive empfing eine leichte Wunde und entwaffnet Florence. Mit der Miene und der Würde eines Ritters Bayard sagt er zu dem Unterlegenen: „Sie sehen, Ihr Leben ist in meiner Hand; ich gebe es Ihnen mit Ihrem Degen zurück und wiederhole Ihnen, daß Sie nichts sind als ein Possenreißer." Und darauf haben unsere Helden sich getrennt und ein jeder ist zu sich nach Haus gegangen.

*

Der berühmte Generalpächter Bouret wird eines Morgens tot in seinem Bett gefunden. Da er wenige Tage zuvor seinen Freunden sein baldiges Ende angekündigt hatte, glaubt man, er habe sich vergiftet. Als ungeheuer reicher Mann hatte er es immer verstanden, in Schulden zu leben, und stand kurz davor, im Elend umzukommen; er hat fünf Millionen Schulden hinterlassen und ist fast zahlungsunfähig gestorben. Ein Luxus und eine Verschwendung, von denen man sich keine Vorstellung machen kann, haben ihn dazu gebracht; er trieb es so weit, eine Kuh mit jungen Schoten, zu 150 Livres die Metze, zu füttern, um einer Frau, die sich nur von Milch nährte, die beste Milch bieten zu können. Derartige Züge erzählt man sich Tausende von ihm.

*

Der berühmte Abbé Prévost soupierte einst mit einigen intimen Freunden, die wie er Schriftsteller waren. Nachdem man die Politik, die Literatur, den Tagesklatsch erschöpft hat, kam man unmerklich auf die Moral zu sprechen

Einer der Anwesenden bemerkte, wie der anständigste Mann

nicht dafür einstehen könne, daß er nicht eines Tages Strafen unterliegen würde, wie sie Verbrechern reserviert sind.

„Fügen Sie hinzu," sagt der Abbé Prévost, „daß sie es auch nicht verdienen würden."

Alle erhoben bei dieser letzten Behauptung lauten Einspruch.

„Gewiß, meine Herren," nahm der Abbé wieder das Wort, „ich behaupte, daß sehr wohl jemand mit einem guten Herzen, das Unglück haben kann, ein Verbrechen zu begehen, das aufs Schafott führt." Man sagte, dies sei unmöglich. — „Meine Herren," fuhr der Abbé fort, „Sie alle sind meine Freunde; ich kann auf Ihre Verschwiegenheit rechnen und Ihnen in aller Sicherheit ein Bekenntnis machen, das ich noch zu niemandem gewagt habe. Sie halten mich alle für einen anständigen Menschen?" Jeder sagte, daß er keineswegs an seiner Rechtschaffenheit zweifle.

„Und dennoch," fährt der Abbé fort, „habe ich mich eines der größten Frevel schuldig gemacht, und wenig hätte gefehlt, daß ich eines schmachvollen Todes umgekommen wäre." Ein jeder meinte zuerst, er scherze. — „Nichts", sagte er, „ist ernsthafter." Man betrachtete sich mit Erstaunen.

„Also, ich habe meinen Vater getötet." Man weiß nicht, was man glauben soll, und drängt, dies Rätsel zu erklären. Er fährt in seiner Geschichte fort: „Als ich das Collège verließ, verliebte ich mich in eine kleine Nachbarin meines Alters; ich machte sie in mich verliebt und erlangte alles, was ein Liebhaber sich wünschen kann. Schließlich stellten sich auch die Folgen ihrer Schwäche ein. Ich war trunken vor Liebe. Ich wünschte, ohne Unterlaß ihr zur Seite zu sein. All meine Zeit verbrachte ich mit ihr. Meine Eltern drängten mich, einen Beruf zu wählen. Ich wünschte nichts als die Lust, im geheimen meine Mätresse anzubeten. Jede andere Beschäftigung schien mir unerträglich. Mein Vater, den einiger Argwohn über meine Gleichgültigkeit erfaßte, spähte mir nach, folgte mir, und es gelang ihm, meine Liebschaft zu entdecken. Eines Tages kam er zu meiner Mätresse, die seit drei oder vier Monaten schwanger war, im selben Moment, als ich dort weilte. In meiner Gegenwart machte er ihr bittere Vorwürfe über die verbrecherische Liaison, die sie mit mir unterhielt. Ich wahrte Schweigen. Er warf ihr auch vor, daß sie mir ein Hemmnis zum Erfolge sei. Sie wollte sich rechtfertigen. Er überhäufte sie mit Schmähungen; sie brach in Tränen aus. Ich verteidigte sie; mein Vater geriet in Wut und erhitzte sich schließlich derart, daß er sich soweit vergaß, die Unglückliche zu schlagen. Er versetzte ihr selbst einen Fußtritt in den Leib; sie stürzte ohnmächtig zusammen. Bei diesem Anblick verlor ich den Kopf und warf mich auf meinen Vater; ich warf ihn die Treppe hinunter. Der Fall verletzte ihn so schwer, daß er am selben Abend starb. Er war großmütig genug, mich nicht zu denunzieren. Man nahm an, er sei von selber gefallen. Man begrub ihn, und sein Schweigen rettete mich vor Schande und qualvollem Tod. Dennoch fühlte ich nicht weniger die Ungeheuerlichkeit meiner Schuld. Ich habe lange einen dumpfen und schweigsamen Schmerz bewahrt, den nichts zerstreuen konnte. Ich beschloß, in der Einsamkeit eines Klosters meine Trauer und Betrübnis zu begraben und ich wählte den Orden zu Clugny. Vielleicht schulde ich der tiefen Melancholie, die diese erste jugendliche Verirrung über den Rest meines Lebens gebreitet hat, den Hang zum tragischen Ereignis, zur schrecklichen Situation, zum düsteren und unheimlichen Kolorit, das meine Arbeiten, die ich veröffentlicht habe, erfüllt. Die Freunde des Abbé hörten dies Geständnis mit einer Spannung an, in der Schrecken und Erstaunen sich mischten. Sie wollten sich von seiner Wahrheit nicht überzeugen lassen. Sie bildeten sich ein, daß der Abbé Prévost ihnen diese Begebenheit, die er in einem Romane verwenden wollte, versuchsweise erzählt habe, um ihren Eindruck zu beurteilen. Sie haben wiederholt auf Bestätigung dieses Erlebnisses bestanden. Er hat ihnen immer von neuem dessen Wahrheit beteuert.

*

Monsieur Linguet sieht einige Tage nach seiner Einlieferung in die Bastille einen großen, mageren Mann in sein Zimmer treten, der ihm leichte Furcht einflößte. Er fragt ihn, wer er sei. — „Ich bin", antwortet der Unbekannte, „der Barbier der Bastille." „Bei Gott," antwortet kurz Linguet, „Sie hätten die Bastille rasieren sollen."

*

Ein Soldat, Sohn des Herrn de Case, des Generalpächters, hat sich mit dem Sohn des Herrn de la Reynière, eines anderen Generalpächters, aus folgendem Grund geschlagen: Als Herr de la Reynière bei einer der letzten Vorstellungen der „Armida" im Parterre der Oper war, fühlte er sich von der Menge außerordentlich bedrängt. „Wer ist es nur," ruft er aus, „der hier in dieser Weise stößt; zweifellos ein Friseurlehrling." Herr de Case, der auch da ist, antwortet ihm: „Ich bin es, der stößt; gib mir deine Adresse, ich werde dir morgen einen Strich mit dem Kamm geben." Sie treffen sich am nächsten Morgen, begeben sich nach den Champs Elysées und duellieren sich am hellen Tag in Gegenwart von 3000 Personen mit der Pistole. Der Soldat wird das Opfer dieses Zweikampfes; eine Kugel durchbohrt ihm das Auge und spaltet ihm den Kopf; doch stirbt er erst nach einigen Stunden.

*

Die nächtlichen Weihnachtszeremonien haben oft zu skandalösen Szenen Anlaß gegeben.

Die Kirche zu Saint-Roch, die das Stelldichein unseres Gesindels und unserer Dirnen zu sein scheint, hat endlich aufgehört, das Theater von tausend Scheußlichkeiten zu sein, seit der berühmte Balbâtre auf der Orgel nicht mehr seine glänzenden Harmonien ertönen läßt; aber die Gaunerstreiche sind von Unanständigkeiten abgelöst worden, und jene, die man in der Kirche Sainte-Sulpice ausgeführt hat, sind ebenso lustig wie gewagt.

Der Geistliche machte nach altem Brauch die Sammlung; ein Schweizer ging ihm voran, eine Nonne folgte ihm. Eine Gruppe getreuer Apostel, die wie zufällig beieinander stehen, umdrängen den Herrn Pfarrer, umarmen ihn und machen ihn derart straucheln, daß er seinen Geldbeutel fallen läßt. Jeder scheint von heiligem Eifer ergriffen, um die Taler des Herrn Pfarrer aufzusammeln; die Schwester-Sammlerin, die ihm folgte, bückt sich gleichfalls, um zu helfen. Ein Schelm benutzt die Gelegenheit, um seine Hände unter ihren Rock gleiten zu lassen. Sie stößt einen Schrei aus und läßt gleichfalls ihren Beutel fallen. Der Schurke hatte damit gerechnet; er ergreift ihn und läuft davon. Diese Szene ruft große Erregung hervor, und ein jeder der Diebe nimmt sie wahr, um mit den beim Herrn Pfarrer geernteten Talern zu entkommen.

*

Ein junges, sehr hübsches Mädchen stand im Begriff, sich zu verheiraten. Man konnte ihre jungfräuliche Miene gar nicht genug bewundern. Ihr Verlobter soupiert mit ihr bei ihren Großeltern. Sie schützt ein Unwohlsein vor und zieht sich in ihr Zimmer zurück. Man glaubt ihrem Zukünftigen einen Vorgeschmack kommender Freuden zu verschaffen, und führt ihn zu seiner Liebsten, damit er sich selbst über eine Gesundheit vergewissere, die einen Liebhaber, der im Begriff steht, den ehelichen Knoten zu schürzen, interessieren muß. Vater und Mutter treten zuerst hinein, gefolgt vom Verlobten.

Welch Schauspiel bietet sich ihren Augen! Die zarte Jungfrau liegt im Bett zwischen zwei Mönchen ... Man ist nicht neugierig zu erfahren, was aus dem Hochzeitsbettkandidaten geworden sein mag.

Das keusche Jungfräulein wurde in Sainte-Pélagie eingesperrt, einem Kloster, in dem man Frauen, die gegen ihre eigene Sinnenlust ein wenig zu nachsichtig waren, einer strengen Klausur unterwirft.

*

Ein Finanzier, der eine sehr galante Frau besaß, war auf Reisen; sie profitierte von seiner Abwesenheit, um sich allen ihren Gelüsten hinzugeben.

Das Maßlose ihres Benehmens nahm so überhand, daß es zu Ohren ihrer Eltern kam, die ihr darüber Vorwürfe machten; sie versprach ihnen, ihre Lebensweise zu ändern; doch tat sie dies nur scheinbar. Sie mietete ein kleines Haus und veranstaltete hier oft kleine, leichtsinnige Soupers, bei denen die Zügellosigkeit regierte. Besonders liebte sie den Champagner, und sie wußte wohl, daß ihr Mann besonders guten besaß. Wie aber sollte sie den aus seinem Hause herbeischaffen, ohne den Hausverwalter ins Vertrauen ziehen zu müssen? Einer ihrer Freunde gab ihr einen Rat. „Geben Sie vor," sagte er, „an einer dieser Unpäßlichkeiten zu leiden, denen Ihr Geschlecht leider unterworfen ist. Schicken Sie nach mir als einem fremden Arzt. Ihre Leute kennen mich kaum; ich werde mich verkleiden und übernehme die Verantwortung für alles Weitere." Wie gesagt, so getan. Man schickt nach dem Arzt; nachdem er viel Worte gemacht hat, schickt er nach dem ältesten und besten Champagner. Er läßt ihn mit einem Pulver, dem er große Heilkraft nachrühmt, aufkochen, und verschreibt Madame jeden Tag ein solches Bad. Seine Vorschrift wird ausgeführt. Jeden Morgen bringt der Maître d'hôtel für Madames Gesundheit drei Flaschen von Monsieurs ausgezeichnetem Weine. Die Kammerzofe, die eingeweiht war, schickte sie in das bewußte kleine Haus; auf diese Weise war der Keller bald geleert. Als der Gatte nach seiner Rückkehr ein großes Souper gab, schickte er nach seinem guten Weine. „Es ist keiner mehr da", ist die Antwort. „Wie," erwidert er, „ich habe doch mehr als 200 Flaschen zurückgelassen!" — „Das ist wahr," antwortet der Maître d'hôtel seinem Herrn, und indem er sich seinem Ohre nähert: „Aber Madame benutzte ihn jeden Morgen während ihrer Krankheit zu ihren Waschungen." „Bei Gott," ruft der Finanzier aus,

„nun bin ich nicht mehr erstaunt, daß er soviel Dummheiten gemacht hat, wo er sich jeden Morgen betrank!"

*

Frau von ***, die seit kurzer Zeit verheiratet ist, gähnte viel in Gegenwart ihres Mannes. Als dieser sie fragte, ob sie sich mit ihm langweile, antwortete sie: „Nein Monsieur, aber Sie und ich, wir bilden eine Person, und ich langweile mich, wenn ich allein bin." Nur einer Frau kann eine so naive und gleichzeitig so ingeniöse Antwort entschlüpfen.

*

Eine Arie aus Richard Löwenherz hat einer Unzahl boshafter oder leichtfertiger Couplets zum Muster gedient, doch hat das Vaudeville Figaro nichts von seinen Vorrechten dabei verloren. Hier sind zwei neue Couplets zur Figaromelodie. Sie kritisieren eine Gewohnheit, die seit einiger Zeit bei den Angehörigen des schöneren Geschlechts erneuten Kredit gefunden hat. Da die Vermehrung der Klubs die Männer aus der Damengesellschaft entfernt hat, findet man, daß in gewisser Weise diese bizarren und neuen, vielmehr von den Griechen her erneuerten Neigungen gerechtfertigt werden.

>   Il est des dames cruelles,
>   Et l'on s'en plaint chaque jour:
>   Savez-vous pourquoi ces belles
>   Sont si froides en amour?
>   Ces dames se font entre-elles,
>   Par un généreux retour,
>   Ce qu'on appelle un doigt de cour.
>
>   S'il est des dames cruelles
>   On en vaincrait chaque jour
>   Si les hommes pour les belles
>   Étaient fermes en amour;
>   Mais leur faiblesse auprès d'elles,
>   Promettant peu de retour,
>   Les réduit au doigt de cour.

*

Nachdem der Graf de Lauraguais während einiger Jahre mit Mlle Arnoult gelebt hatte, setzte er ihr eine Rente von 20 000 Livres aus. Es ärgerte ihn eines Tages, immer den Fürsten d'Hénin bei seiner Mätresse zu finden, die selbst zugab, von ihm belästigt zu werden. Um ihn loszuwerden, beschloß er, sich bei mehreren Ärzten zu informieren, ob es möglich sei, an Langeweile zu sterben. Mehrere gaben dies zu. Mit diesen Schriftstücken versehen, begab sich der Graf zu einigen berühmten Advokaten, um zu erfahren, ob eine Frau, die in Gefahr sei, an Langerweile zu sterben, nicht das Recht habe, einen Mann hinauszuwerfen, der sie in jeder Minute des Tages gähnen mache.

Zwei Advokaten bestätigten schriftlich, daß ein gewaltsamer Ausschluß in einem solchen Fall gerecht und natürlich wäre.

Darauf wurden die beiden Papiere dem Fürsten von seiten des Grafen zugesandt, der ihn in heller Wut auf der Stelle zum Duell forderte und darauf seine Visiten bei der Schauspielerin nach wie vor fortsetzte.

*

Man hat nirgendwo, glaube ich, einen geistreichen Ausspruch des Malers Doyen aufgezeichnet, der wert ist, erhalten zu bleiben.

Er läßt sich eines Tages bei der Gräfin du Barry melden, die sich gerade im Bad befindet. Sie läßt ihn eintreten; man spricht vom Wetter, wie es so Sitte ist, wenn einem nichts Besseres einfällt. „Vor ungefähr einem Jahre", erzählt Mme du Barry, „war ich gerade im Bad, als ich einen entsetzlichen Donnerschlag vernehme. Dies erschreckte mich derart, daß ich, ohne auf meine momentane Verfassung zu achten, aufsprang und durch das Zimmer eilte, um mich im letzten Winkel zu verbergen." Doyen steht am Fenster und antwortet mit keiner Silbe. „Was tun Sie da nur, Doyen?" „Frau Gräfin, ich schaue nach, ob kein Gewitter aufzieht; das würde eine hübsche Szene für ein Malerauge werden."

*

Eines Tages durchquert der, wie man weiß, starkknochige Abbé Fürst Salm das Vorzimmer des Königs, l'oeil de bœuf genannt, als einige Herren, die sich dort wärmten, laut genug, um es ihn hören zu lassen, bemerkten: „Da ist ja der Äsop des Hofes."

Der Fürst antwortete ohne jede Verwirrung: „Meine Herren, der Vergleich ist mir sehr schmeichelhaft, denn Äsop machte die Tiere sprechen."

*

Die Geschichte, die man über das Exil des eleganten Virgilübersetzers erzählt, entbehrt jeder Begründung. Hier ist das Motiv, das diesen Akademiker zu seiner Reise nach der Türkei veranlaßte. Der Abbé Delille, der von zarter Gesundheit war, pflegte immer mehr seinen Wünschen als seinen physischen Möglichkeiten nachzugeben. Er und der Abbé de J** verliebten sich in zwei Mädchen, die Schwestern des jungen Dichters Gruet, eines Schülers des Abbé Delille. Den Marquis de Cham** und einen seiner Freunde verlockte es, den beiden Abbés ihre Mätressen zu rauben; dies sollte ohne Vorwissen der Liebhaber ausgeführt werden. Aber ein unvorhergesehenes Ereignis zerstörte alles. Eine der beiden jungen Damen, und gerade die Mätresse des Abbé Delille, wurde schwanger. Man versuchte, ihm die Vaterschaft zuzuschreiben, dessen er sich nach Kräften wehrte, aber die ungetreue Schöne spielte ihre Rolle ausgezeichnet, weinte und drohte, den Abbé anzuzeigen; dieser zog es vor, die Geschichte mit Geld zu arrangieren. Der Marquis bekam dieselben Vorwürfe zu hören und gab, da sein Gewissen nicht ganz rein war, 40 000 Livres her. Wenn er auf seine Großmut in dieser Beziehung stolz war, so übte er nicht die andere, das Geheimnis zu wahren. Und der geschmähte, verspottete und lächerlich gemachte Abbé Delille war entzückt über die Gelegenheit, die sich bot, mit Herrn de Choiseul-Gouffier verreisen zu können, der sich nach der Konstantinopeler Gesandtschaft begab; so sollte die Geschichte in Vergessenheit geraten.

*

Mlle Arnoulds witzige Bemerkungen erfreuen sich großer Berühmtheit.

Man erinnert sich, daß ihre Tochter einen jungen Schriftsteller namens Murville geheiratet hat. Mme de Murville hat den Geist ihrer Mutter geerbt und ist eine entzückende Blondine. Obgleich diese beiden sich sehr lieben, spielen sie sich dann und wann manch einen lustigen Schabernack. Mlle Arnoult hatte den Schauspieler Florence geliebt und ihm nach einigen Monaten mit viel Eklat den Laufpaß gegeben. Mme Murville war mit diesem Bruch, an dessen Aufrichtigkeit sie glaubte, sehr einverstanden. Nun kommt sie vor einigen Tagen des Morgens zu ihrer Mutter und findet sie im Tête-à-tête mit Florence. Nachdem dieser sich entfernt hat, drückt sie ihrer Mutter ihr Befremden aus.

„Dieser Mann ist in Geschäften hergekommen, denn ich liebe ihn nicht mehr", antwortet Mlle Arnould. „Oh, ich verstehe," erwidert Mme de Murville, „Sie schätzen ihn jetzt." Eine zarte Andeutung auf die Erzählung, die mit den Versen endigt: „Wie viele Male hat er sie geschätzt?"

Einige Tage nach diesem Abenteuer, das Mlle Arnould nicht vergessen hat, spricht einer ihrer Freunde mit ihr über ihre Tochter und fragt sie, ob es wahr sei, daß ein Engländer in Mme de Murville verliebt sei.

„Ich glaube es nicht," antwortet sie, „ich habe niemals gehört, daß die Engländer das goldene Vließ nähmen."

*

Ein Engländer, der im Begriff stand, nach London abzureisen, schrieb folgende Sätze an die berühmte Gourdan: „Da ich habe sagen hören, Madame, daß Sie all die Demoiselles von Paris kennen, und daß man nichts Besseres tun könne, als sich an Sie um eine hübsche Mätresse zu wenden, bitte ich Sie, mir eine am Tage meiner Rückkehr, dies dürfte zwischen dem 15. und 20. Januar sein, bereit zu halten. Ich denke sie mir so: sechzehn

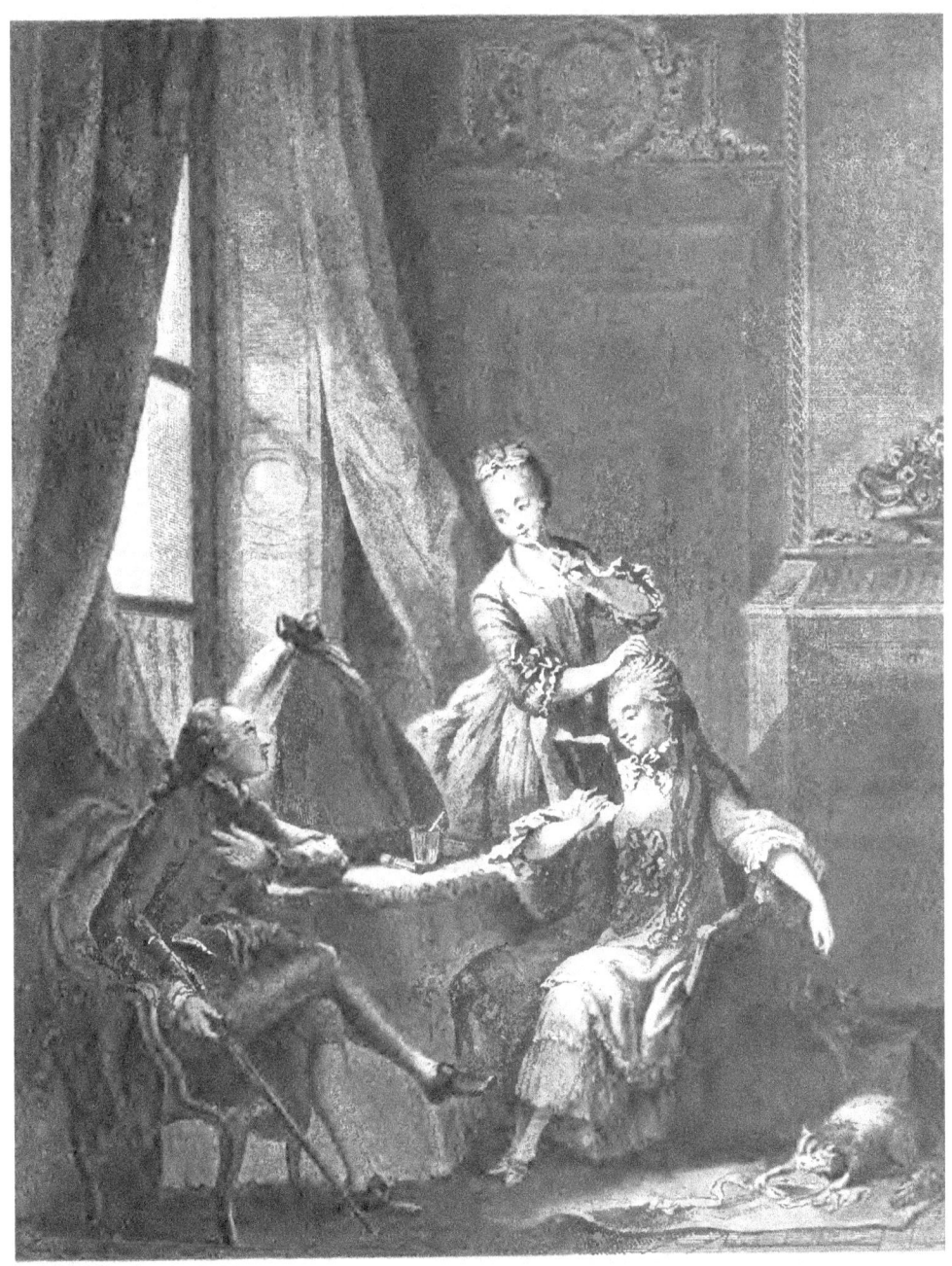

Jahre alt, blond, fünf Fuß und sechs Daumen groß (dies scheinbar ein englisches Größenmaß), von schlankem Wuchs, mit blauen, schmachtenden Augen, kleinem Mund, hübscher Hand, graziösem Bein und winzigem Füßchen. Wenn Sie mir so eine finden, sollen Sie 50 Louis dafür erhalten. Schicken Sie mir Ihre Antwort nach Calais an die Herberge von Dessein."

*

Der Marquis von Bièvre lieferte bei Prault, dem Drucker, das Manuskript seiner Komödie „Le Séducteur" ab, und Prault fiel es ein, den Lehrmeister spielen zu wollen.

„Herr Marquis," sagte er zu ihm, „diese Arbeit wird Sie in die ersten Reihen unserer dramatischen Autoren stellen, aber beileibe keine Calembours mehr, denn ..." „Oh, was für eine Lektion! Da du die Dinge so nimmst, mein Lieber, werde ich über dich und dein ganzes Haus welche machen. Du, du bist ein Problem (Prault-blême), deine Frau eine Profanée (Praultfanée) und deine Tochter eine Pronobis."

*

Man weiß, daß Herr le Mierre von der Académie Francaise nicht gerade ein Narziß zu nennen ist, und daß Herr Palissot sich über die groteske Erscheinung dieses Akademikers in dem vierten Gesang seiner Dunciade lustig gemacht hat.

Nun befand sich le Mierre dieser Tage in einem Klub mit dem Marquis de Sade, einem jener angenehmen Herren, deren Ruhm darin besteht, daß sie die anderen mystifizieren und die Frauen mit Erzählungen ihrer vermeintlichen oder tatsächlichen Abenteuer langweilen. Der Marquis, der den Dichter zu persiflieren wünschte, fragte ihn, wer der schönste Mann der Akademie sei. „Ich habe niemals aufgepaßt," antwortet dieser boshaft, „und ich glaubte, daß man sich nur in gewissen Kreisen, die in der guten Gesellschaft nicht genannt werden, mit Männerschönheit beschäftigt." Dieses Epigramm ist um so beißender, als der Marquis de Sade im Ruf steht, nicht die Frauen allein zu lieben.

*

Die Theatereröffnung des Mgr. Grafen von Beaujolais fand im Palais Royal am 23. Oktober 1784 statt. Alle Bewegungen werden von Marionetten ausgeführt, während die Vortragenden hinter dem Vorhang versteckt den Dialog sprechen.

Man debütierte mit drei Possen mit Gesang und Tanz, die das Publikum wenig entzückten. Die Unternehmer hatten beabsichtigt, nacheinander die Dramen der Frau von Genlis und des Herrn Berquin zu geben, und einen großen Vorrat sehr moralischer Stücke angehäuft, mit der lobenswerten und schwierigen Absicht, gute Sitten an einem Ort einzuführen, wo man sie nicht mehr findet. Aber sie haben mit dieser edlen Absicht Schiffbruch erlitten: der Eigensinn der Sünder und Sünderinnen, die ihre Sittenverderbnis innerhalb dieses Gartens spazieren tragen, ist unbesiegbar gewesen, und diese Ungläubigen hat es tief gekränkt, daß man es im Gauklertheater wagte, sie mit „Ruth" zu langweilen, während der unsterbliche „Figaro" sie im Théatre National entzückte.

Sie schmeicheln sich sogar, daß die Leiter dieser Bühne nun bald ihre hölzernen Schauspieler einpacken und sie durch andere aus Fleisch und Bein ersetzen werden, die dieser Bühne, einer verkleinerten Wiedergabe der Oper, besser angepaßt sind.

Der berühmte Abbé Beaudeau[19], der Hauptleiter dieser hölzernen Komödianten, hat der ersten Vorstellung eine viel amüsantere Szene geliefert als seine Schauspieler. Man beobachtete ihn in den Kulissen, wie er die nötigen Gesten mit einer seines Berufes würdigen Wichtigkeit angab, wie er enthusiastisch applaudierte oder an den pathetischen Stellen in Tränen ausbrach. Man versteht, daß diese Pantomime wahre Lachstürme hervorrief, daß der Herr Direktor ausgepfiffen wurde, und daß man nicht verfehlt hat, ihn seither den Beichtiger der Marionetten zu nennen. Diese Witze haben ihn derartig zur Verzweiflung gebracht, daß er zugunsten der Herren Arnoult und d'Orvigny von der Leitung zurückgetreten ist.

*

Man hat soeben eine neue Obszönität entdeckt, die bisher unbekannt war und die wert ist, unter die großen Erfindungen des Jahrhunderts gezählt zu werden.

Dies sind die „Westen der petits soupers". Da es momentan Sitte ist, den Anzug zuzuknöpfen, sieht man keineswegs den oberen Teil der Weste, jedoch, bei Orgien gewisser Art, löst sich der Frack und exponiert den Augen der Messalinen Malereien und Stickereien, die mit dem Zweck des Festes in Einklang stehen und ihrer ganzen Geilheit würdig sind.

*

Der talentierte Bildhauer Houdon hat die Büste des Prinzen Heinrich von Preußen gemacht. Der Chevalier de Boufflers, dessen poetisches Talent so wert ist, gewürdigt zu werden, hat die vier folgenden Verse geliefert, die auf dem Sockel der interessanten Büste stehen sollen:

>Dans cette image auguste et chère,
>Tout héros verra son rival,
>Tout sage verra son égal,
>Et tout homme verra son frère.

*

Herr von Maurepas hat sich bis zum Ende seiner Tage seine Fröhlichkeit und seine galante Laune bewahrt. Ein Offizier von Rang hatte vergeblich vom Kriegsminister einen Urlaub erbeten, um nach Paris zu eilen, wohin ihn, wie er sagte, dringende Geschäfte riefen. Indessen handelte es sich nur darum, mit einer hübschen Frau zu schlafen, aber schließlich ist ein solches Geschäft wohl einem anderen gleichwertig.

Auf wiederholte Weigerungen will der Oberst sich an Herrn von Maurepas wenden, täuscht sich aber, da er gleichzeitig an seine Göttin schreibt, in der Adressierung, und der alte Minister erhält folgenden Brief: „Süßer Engel, Ségur ist grausam genug, mir zu verwehren, in Deine Arme zu eilen; ich wäre verzweifelt, erhoffte ich nicht eine günstigere Antwort von Maurepas: er ist ein alter Wüstling, der sicher den Zweck meiner Bitte erraten und mehr als gern bereit sein wird, sie mir zu gewähren. Er wird mir nachfühlen, daß man es in meinem Alter vorzieht, in den Armen seiner Mätresse zu sterben als in einer trostlosen Garnison zu leben. Könnte ich hier wenigstens Lorbeeren pflücken, da die Myrten fehlen! Aber ich vegetiere hier, während meine Kameraden draußen sich schlagen; es ist ein schmutziges Gewerbe, dieser Krieg im Frieden! Ich sage Frieden, denn nicht für mich ist es, daß die Kanonen donnern! Adieu, süßestes Hundsgesicht; hielte ich dich in den Armen, Du weißt wohl, was Dir geschehen würde. In der Erwartung, Dich baldigst zu überraschen, wie ich gern möchte, küsse ich Dich mit dem Worte..."

Herr von Maurepas hat über dies Abenteuer herzlich gelacht, dem Obersten einen scharmanten Brief geschrieben und ihm den erbetenen Urlaub bewilligt.[20]

*

Es gibt verschie lene Klassen unter den Roués. Die lustigsten, wenn auch nicht die wohlwollendsten, sind jene, die man Mystifikatoren nennt. Einem dieser Herren hat es eines Tages gefallen, die vornehmsten Mädchen der Oper zu einem Souper zu laden und einige seiner Freunde als Kapuziner zu verkleiden, die er ihnen als den General und die ersten Offiziere des Kapuzinerordens in Rom vorstellte. Während der Mahlzeit hat man ihnen größten Respekt bezeigt, und schließlich ist der peinlichen Anstrengung, mit der die Schönen ihre Rolle durchzuführen bestrebt waren, die Demütigung gefolgt, sich von den angeblichen Kapuzinern mit der schlimmsten Mißachtung und gewagtesten Zuchtlosigkeit behandelt zu sehen.

*

Der Magnetismus spielt seine Rolle bis zu den Zuckerbäckern der Rue des Lombards herab. Zur Zeit der Neujahrsgeschenke ist es Sitte, daß sie dem Publikum Teller anbieten, die figürlich geschmückt sind und die interessanten Ereignisse des verflossenen Jahres darstellen. Am Ersten des Jahres 1785 haben sie Szenen aus dem „Figaro" und den „Docteurs modernes", besonders die des „Baquet de santé" und der „Salles des crises" gewählt. Man eilt in hellen Haufen, sie zu sehen. Gott weiß, welchen Skandal das für die Anhänger der neuen Doktrin bedeutet.

Zu einem Pamphlet, das ihren Kummer nicht geringer macht, hat man folgende Anekdote benutzt:

Mlle Arnoult von der Oper hat ein Hündchen, an dem sie zärtlich hing. Es wird krank, man trägt es zu Mesmer, der, um den Einfluß der Ströme auf die Tiere zu beweisen, den Hund magnetisiert. Der Kranke zeigt Krampf und Konvulsionserscheinungen, kurz die günstigsten Krisen. Er gesundet. Man bringt ihn zu seiner Herrin, die frohen Herzens ein Zertifikat unterschreibt; aber am nächsten Morgen stirbt der Hund.

„Wenigstens", bemerkt maliziös Mlle Arnoult, „wenigstens habe ich mir nichts vorzuwerfen; das arme Tier ist bei ausgezeichneter Gesundheit gestorben."

*

Einer unserer liebenswürdigsten Galane, der ebenso gern auf dem Parnasse, auf Cythère wie in Versailles gesehen wird, rächt sich eines Tages mit einem blutdürstigen Epigramm an der Untreue einer schönen Marquise. Dieses wandert erst durch zwanzig Salons, ehe es seinen Bestimmungsort erreicht. Die Marquise schreibt augenblicklich an den Chevalier, um Verzeihung ihres Unrechts zu erbitten, ihn anzuflehen, daß er jede Spur seines Racheaktes vernichte, und ihn zu einer bestimmten Stunde zu sich zu bitten, um eine aufrichtige Versöhnung zu besiegeln.

Der Chevalier kennt die Frauen zu gut, um sich ohne Mißtrauen auf dies Rendezvous zu begeben. Er versieht sich mit Pistolen. Kaum ist man über die ersten Erklärungen weg, als vier starke Strolche erscheinen, ihn ergreifen, auf das Bett werfen, ihn so weit entkleiden, als dies ihren Zwecken dienlich ist, und ihm unter dem Oberbefehl von Madame im schönsten Rhythmus je fünfzig Rutenstreiche verabfolgen.

Nach beendigter Zeremonie erhebt sich der Kavalier kaltblütig, richtet seine derangierte Toilette und wendet sich an die Raufbolde, die beim Anblick seiner Pistolen zu zittern beginnen: „Ihr habt Euren Auftrag nicht erledigt; Madame muß zufrieden gestellt werden. Jetzt bin ich an der Reihe; ich werde euch allen vieren das Gehirn ausblasen, wenn ihr nicht augenblicklich Madame wiedergebt, was ich soeben empfangen habe."

Dieser Befehl wurde mit solcher Sicherheit gegeben und Herr von B. begleitete ihn mit zu bedeutungsvollen Gebärden, als daß man gezögert hätte, ihn zu befolgen. Die Tränen der schönen Dame vermochten nicht zu hindern, daß der Atlas ihrer Haut von unbarmherzigen Schlägen zerrissen wurde.

Aber das war noch nicht alles. Herr von B. verlangte, daß die Helden dieses Racheaktes sich nun gegenseitig derselben Strafe unterzögen, und dann im Fortgehen:

„Adieu, Madame, möge nichts Sie verhindern, dies angenehme Abenteuer zu veröffentlichen; ich werde der Erste sein, die Nichtstuer damit zu beglücken." Man sagt, die Marquise sei ihm nachgestürzt, habe sich auf die Knie vor ihm geworfen und ihn so dringlich angefleht, das Geheimnis zu wahren, daß er noch am selben Abend mit ihr speiste, um indiskrete Gerüchte zu widerlegen. Man fügt sogar hinzu, daß das Rezept so guten Erfolg hatte, daß der Abend fröhlicher endete, als er begonnen hatte.

*

Die schmutzige Geschichte der Präsidentin D*** ist bekannt.[21] Man weiß, daß sie vor 15 Jahren aus Douai entführt und nach Paris gebracht wurde.

Man brachte sie vorläufig bei der Gourdan unter, wo sie sich, heißt es, besser fühlte als sonstwo je. Seit einigen Wochen verwitwet, kehrt sie nach Douai zurück und ergreift ihre alten Rechte, nachdem sie lange Zeit der Nutznießung ihrer Besitztümer beraubt worden war, die aus 25 000 Livres Renten bestehen, da ihr Gatte bewiesen hatte, daß sie noch weniger Sparsamkeit als gute Sitten kannte. Sie ist von ihrer Verschwendungssucht ganz geheilt. Heut ist sie die geizigste sowie die sittenloseste Frau.

Sie bewohnte den Faubourg Saint-Marceau, hatte 1000 Taler Renten, lebte ohne andere Gesellschaft als die eines Lakaien, den sie Tag und Nacht auf die Probe stellte, ehe sie ihn engagierte, und dessen geringster Fehler einen Grund zur Entlassung gab. Den letzten, den sie hier hatte, jagte sie fort, weil der Unvorsichtige eines Tages vergaß, die Wohnungstür zu schließen, und man sie so beim flagrant délit mit ihm ertappte. Ohne sich zu verwirren, fing sie Streit mit ihm an und entließ ihn wegen mangelnder Sorgfalt.

Man schreibt ihr folgende Bemerkung zu: „Ich liebe das Geld; ich verstehe nicht, welches Vergnügen man daran finden kann, es wegzugeben oder es auszuleihen; ich mag die Armen nicht..." Sollte man glauben, daß es ein Wesen gibt, das so verabscheuungswürdig ist, so verächtlich und auch so unverschämt?

*

Auf der Place Dauphine hat sich kürzlich ein Abenteuer zugetragen, das dem des Frater Girard gleichen würde, wäre die neue Cadière liebenswürdiger.[22]

Törichte Eltern hatten ihre dreizehnjährige Tochter einer Art Abbé anvertraut, damit er sie die Pflichten der Religion lehre; dazu die Erlaubnis, die gegen alle Vorhaltungen Rebellische nach Belieben zu strafen. Diese junge Person zeigte sich den Lehren des Abbé keineswegs gefügiger, der sich deshalb damit unterhielt, sie zu seinem Vergnügen ziemlich oft zu peitschen. Das junge Mädchen, das sich den Züchtigungen dieses Tartüffs zu entziehen strebte, versuchte letzthin durch ein Fenster der fünften Etage zu fliehen. Sie glitt aus und hätte einen entsetzlichen Fall getan, wenn sich ihr Kleid nicht in einem aufragenden Gitter verwickelt hätte; sie blieb daran hängen, man eilte auf ihr Schreien herbei und befreite sie mit gebrochenem Arm. Sie wird glimpflich davonkommen, und diese unangenehme Lektion wird den Eltern nicht umsonst gegeben sein.

Der Abbé ist flüchtig geworden, was sein Benehmen und seine Absichten sehr verdächtig erscheinen läßt.

Ein Engländer hat kürzlich in der Oper eine seltsame Wette verloren; er präsentierte sich immer auf dem Balkon mit kostbaren Kleidern, die er unaufhörlich wechselte. Ein flämischer Baron, den der Zufall sehr oft in seiner Nähe plazierte, verlor eines Tages die Geduld über die Elogen, die man dem Luxus des Engländers zollte.

„Morgen", sagte er zu einem Freunde, „werdet Ihr mich weit prunkvoller sehen als ihn."

Rosbif, der dies anhörte, schwor, ihn trotz seiner Anstrengungen zu übertreffen.

Man stritt, zweifelte, wettete 1000 Louis. Es wurde beschlossen, daß Diamanten und andere kostbare Juwelen nicht verwendet werden dürften. Am nächsten Tag erwartete man mit unbeschreiblicher Ungeduld die Stunde des Schauspiels.

Rosbif erscheint in einem Gewand von so unerhörter Pracht, daß man sich keinen Begriff davon machen konnte. Der Flame kommt darauf in einem Kleid aus brauner Leinwand, dessen Einfachheit zur Verzweiflung treiben konnte.

„Geh dich doch ankleiden", rufen ihm seine Freunde zu. „Ich bin es, meine Herren." „Hast du den Kopf verloren? Zahle, Unglücklicher, und verbirg dich." „Nein, meine Herren, beruhigen Sie sich; ich habe nichts verloren. Da sehe ich die berühmten Bilderhändler Donjeux und Le Brun; laßt sie holen." Sie kommen: mein Flame öffnet die Knöpfe und läßt sie das Futter seines Anzugs untersuchen. Es war ein Rubens von hoher Schönheit.

Was gibt es Prachtvolleres als einen Anzug, der ein ähnliches Kunstwerk als Futter trägt! Der Engländer zahlt, und der Flame

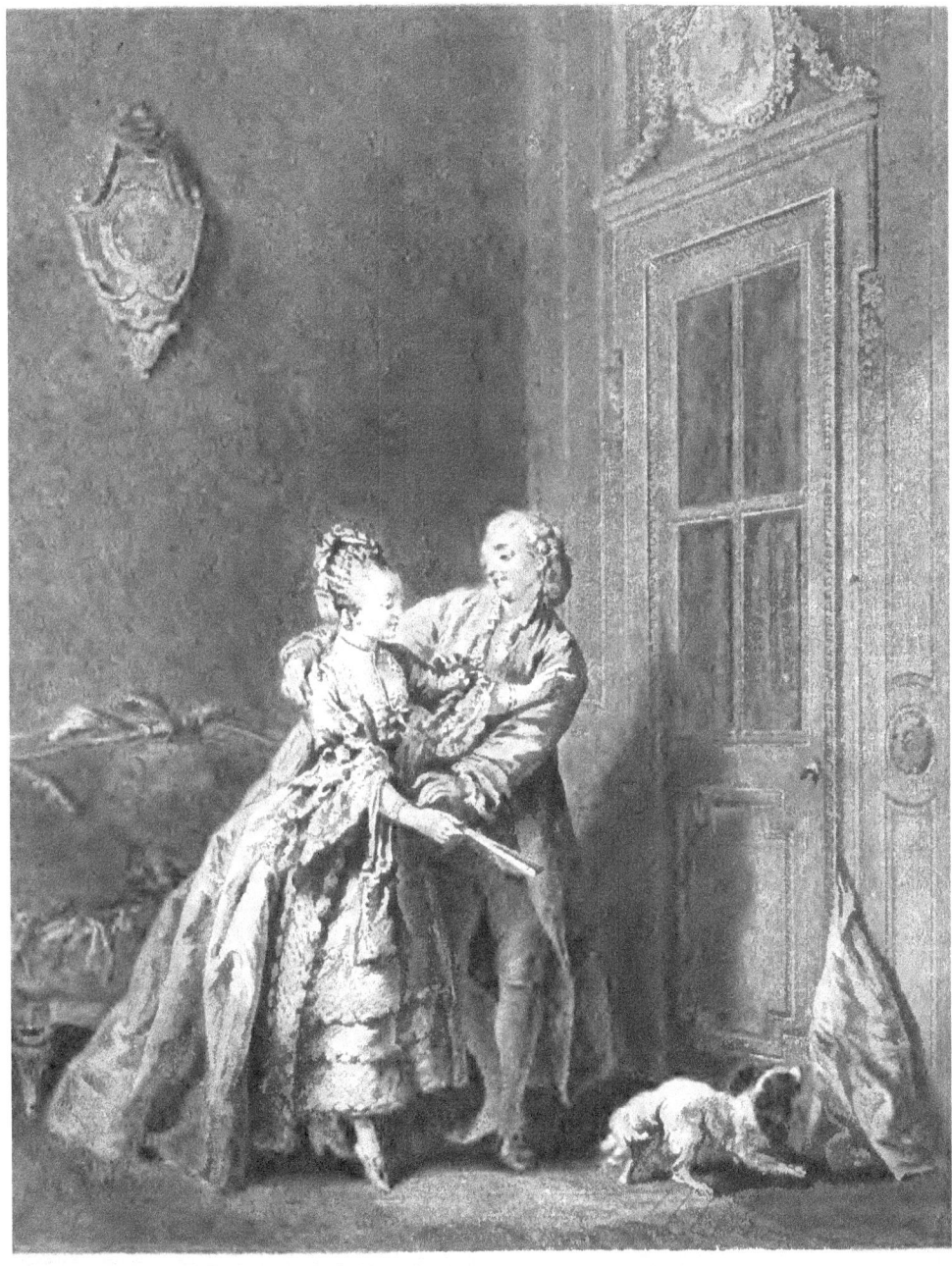

hat das Geld und die Lacher auf seiner Seite. Das Geld ist nichts, wenn der Geist es nicht zur Geltung bringt.

*

Man kennt die verschiedentlichen Neigungen der Mlle Raucourt; sie haben Anlaß zu folgendem Couplet gegeben, das zur Melodie gesungen wird: On compterait les diamants — —:

„Pour te fêter, belle Raucourt
Que n'ai-je obtenir la puissance
De changer vingt fois en un jour
Et de sexe et de jouissance?
Oui, je voudrais pour t'exprimer
Jusqu'à quel degré tu m'es chère,
Être jeune homme, pour t'aimer,
Et jeune fille, pour te plaire."[23]

*

Man kennt die Mode der Krinolinen, deren Volumen mehr oder weniger den Umfang aller Damen gleich macht, indem sie dem unteren Teil ihrer Kleidung ein glockenförmiges Aussehen verleiht. Das Auge hat sich an diese bizarre Mode gewöhnt, die Maler und Bildhauer mit Verzweiflung als grobe Geschmacksverwirrung zurückweisen müssen, da sie zu der Natur und den schönen Überlieferungen Griechenlands und Roms in krassem Widerspruch steht. Aber wie jeder Mißbrauch Gutes und Böses gebiert, sei hier erzählt, was diese künstliche Rundung Frauen des Volkes, die der Macht der Mode folgten, eingegeben hat. Einige junge, sehr schlanke und habsüchtige Mädchen hatten beschlossen, vier Schweinsblasen rundherum unter ihrer Kleidung zu befestigen, damit sie die modische Körperfülle gäben. Diese Schweinsblasen waren mit Branntwein angefüllt, den sie so über die Barriere schmuggelten. Dies Verfahren trug einer jeden 20—25 Sols täglich ein. Die Häufigkeit ihres Kommens ließ sie den Zollbeamten verdächtig erscheinen, und man nahm sie aufs Korn; als man aber ihre Kleider abfühlen wollte, verteidigten sie sich mit mutiger Keuschheit. Schließlich kam einer der Beamten eines Tages darauf, die verdächtige Fülle der Passantin zu sondieren, ohne daß sie es merkte. Er durchstach ihren Rock mit einem zugespitzten Instrument: sogleich verriet ein emporsprudelndes Brünnlein von Branntwein den Betrug, und die von dem Abenteuer ganz verwirrte Schmugglerin wird festgenommen.

Seit dieser Entdeckung versichert man, daß Frauen an den Barrieren postiert sind, die beauftragt sind, Passanten des schöneren Geschlechts anzuhalten und zu untersuchen, und daß sie sich mit ebensoviel Eifer wie Scharfblick ihres Auftrags entledigen.

*

Ein Schelmenstreich der Mlle Rosalie von der Comédie Italienne hat zu einem recht seltsamen Urteil geführt.

Diese Schauspielerin, die unter dem Namen Antonio im Richard Löwenherz dem Blondel als Führer dient, hatte auf dem Ärmel ihres Anzuges etliche Stecknadeln befestigt. Clerval sticht sich daran bis aufs Blut, als er sich auf sie stützt.

Kaum ist er in den Kulissen, macht er der Schauspielerin Vorwürfe. Diese, die einstigen Beziehungen zu Clerval vergessend, verfehlt nicht, ihn in ihren beleidigenden Antworten daran zu erinnern, daß er einst Friseurlehrling gewesen sei. Er klagt bei Richelieu, dem ersten Gentilhomme der Kammer. Der Wocheninspektor meint, Rosalie müsse zu einer Ordnungsstrafe von 100 Talern verurteilt werden. „Nein, nein," antwortet Richelieu, „sie würde jemand zu finden wissen, der für 25 Louis bei ihr schliefe, und wäre mit einem Überschuß von 100 Talern noch unverschämter als zuvor; ins Gefängnis mit ihr! Ich verstehe mich darauf; ins Gefängnis." Und so geschah es.

Rosalie schlief allein und gratis in Hotel de la Force, aus dem sie am nächsten Morgen entlassen wurde.[24]

*

Mlle Arnould hat sich nach einem Streit mit Mlle Raucourt[25] mit dieser wieder versöhnt, woran der Komödiant Florence nicht wenig beteiligt war. Diese Leutchen haben, obschon sie einander sehr zugetan sind, keineswegs darauf verzichtet, pikante, aber nicht abgeschmackte Situationen beim Schopf zu ergreifen. Ein Fräulein Viehl, eine Freundin von Mlle Arnould, lag im Wochenbett und ließ eben diese bitten, Patenstelle bei ihrem Kinde zu vertreten. Sophie nahm diesen Vorschlag an, jedoch fehlte es an einem männlichen Paten; die Wöchnerin glaubte etwas Schmeichelhaftes zu tun, indem sie Florence vorschlug. Sophie ließ sagen, daß sie ihn bei Tage nicht kenne. Große Verlegenheit. man spricht von Sophies Schwiegersohn, Herrn von Murville, als Stellvertreter. Er ist ein langweiliger Mensch, der jenen alten Lakaien gleicht, die man La Jeunesse zu nennen pflegt. Man streicht auch den zweiten vorgeschlagenen Paten. Schließlich sagt Sophie nach einigem Nachdenken: „Aber warum suchen wir denn in so weiter Ferne, wo wir doch den Paten in der Hand haben: Raucourt wird Pate stehen." Da aber ein derartiger Pate unmöglich angenommen worden wäre, hat Sophie ihren Sohn namens de Veterville dazu verpflichtet.

*

Man erzählt über den verstorbenen Herrn Pompignan eine Anekdote, die die jähzornige Veranlagung vieler Frommen kennzeichnet.

Alle Welt weiß von der Feindseligkeit, die zwischen diesem heiligen Akademiker und seinem profanen Kollegen Voltaire herrschte. Als die Folgen eines schweren Schlaganfalls Herrn von Pompignan an den Rand des Grabes brachten, versuchen seine Freunde umsonst, ihn zum Bewußtsein zu bringen, damit man die Pflichten, die die Religion vorschreibt, ausüben könne. Vergeblich läßt man vor seinen Ohren die Worte Luzifer und Hölle erklingen. Der Sterbende ist von beunruhigender Unempfindlichkeit. Das, was die in schreckliche Drohungen entarteten Teufelsbeschwörungen nicht konnten, vermochte der Name Voltaires allein. Mme de Pompignan erscheint und sagt zu ihm, zitternd um sein ewiges Seelenheil: „Oh, mein Freund, bedenkt, daß, wenn Ihr unseren Bitten nicht nachgebt, Ihr ewig an der Seite dieses Schurken Voltaire brennen werdet."

Bei diesen Worten erhebt Pompignan den Kopf und sammelt seine letzten Kräfte, um im Jenseits einen Platz zu erlangen, recht weit von dem, den gewisse Leute Voltaire zudiktiert haben.

*

Nach unseren Kabrioletts hat man sehr erhöhte Wagen gebaut, die Wiskis genannt wurden. Die Damen haben einer Laune gefolgt, sie selbst zu lenken. In den letzten Tagen hat Mlle Rosalie, die in der Comédie Italienne die Rolle Antonios in Richard Löwenherz spielt und Blondel erfolgreich unterstützt, die Idee gehabt, schneller fahren zu wollen als irgendeine andere. Ein galanter Reiter ritt voran und warnte die Menge mit lauten Zurufen. Ein Grenzstein, der dieser Warnung nicht ausgewichen ist, wurde vom Wiski überfahren, dies hat sich völlig überschlagen und die entzückende Hippolyte zehn Schritte weiter auf die Straße geschleudert. Glücklicherweise hat ein kräftiger junger Mann, der zufällig vorüberging, den kleinen Antonio aufgefangen und ihn so vor der drohenden Gefahr bewahrt, sein hübsches Köpfchen zu zerbrechen; sie ist mit einigen verborgenen Kontusionen davongekommen, die nur ihre Vertrauten erblicken werden.

*

Im Palais der Tuilerien hat man einen Riesenaerostat anfertigen lassen, der ganz Paris auf die Beine gebracht hat. Ein Kanonenschuß sollte den Aufstieg verkünden, aber als man ihn durch eins der Fenster herunterlassen wollte, um ihn erst in den Gärten zu zeigen, riß der Strick, der ihn fesselte, und die Geschichte flog davon. Er war dreizehn Fuß hoch und nicht achtzehn, wie der Herr L'Homond, der diesen Apparat konstruiert hat, zuerst angekündigt hatte. Er sollte ein Epigramm gegen Mesmer sein. Er zeigte das Kostüm eines Winzers, trug einen ungeheuren Packen auf dem Kopf, unter dem man sich Trauben vorstellen sollte, und hielt in der Hand einen Streifen, auf dem zu lesen stand: Adieu, baquet, vendanges sont faites.

Aber die Polizei hat Einspruch erhoben, und Herr Mesmer hat Gold gesät, um diese lächerliche Posse zu hintertreiben. Gegen Mittag ist der Riese aufgestiegen, hat sich ziemlich rasch zu einer großen Höhe erhoben, immer noch mit dieser Art Ballon auf dem Kopf, der ungefähr das Baguet der Gesundheit darstellen sollte. Zwei Minuten später, sei es durch Zufall, sei es durch Absicht, platzte der Kübel, und man sah, wie die Figur gegen Vaugirard abstürzte; da ertönte von allen Seiten lautes Händegeklatsche. Das Wetter war klar, doch wehte ein scharfer Wind; das verhinderte eine ungeheure Menge nicht, in den Tuilerien zu erscheinen, wo man 24 Sols Eintrittsgeld zahlte. Die Frauen waren reich geschmückt, so gab es ein wunderbares Bild. Dies beweist, daß ihre Lust, gesehen zu werden, den Sieg über die Launen des Wetters und die Nachteile der Kälte fortträgt.

*

In der vergangenen Woche ereignete sich im Palais Royal im „Camp des Tartares", ein ziemlich heftiger Aufruhr.[26]

Mit ziemlich viel Recht sagt man, daß Paris einem Königreich gleiche, in dem das Palais Royal die Hauptstadt sei. Tatsächlich vereinigt sich dort alles; man findet sogar gewisse Erleichterungen, die man anderswo vergebens suchen würde. Da gibt es möblierte Appartements, wo alles, was der raffinierteste Luxus bedingt, sich vereint, und die für einen halben Louis pro Stunde vermietet werden: man zweifelt kaum, zu welchem Zweck. Man erzählt sogar, die Anhänger der „Opposition" fänden die gleichen Annehmlichkeiten in einer benachbarten Galerie, wo jedoch der Preis auf einen Louis pro Stunde festgesetzt ist. Wie dem auch sei, tausend ähnliche Beweggründe, die zur Entartung unserer guten Sitten dienen, sind jeden Abend Anlaß zu einem unaufhörlichen Andrang unter der Galerie des Tartares. Da vereinigen sich gegen Ende der Theatervorstellungen alle die Nymphen des

Stadtviertels, die zu elegant sind, um sich im Schmutz der Straße zu besudeln.

Folgendes hat die fragliche Erregung hervorgerufen. Ein Abbé im Habit, dem man nachsagt, daß er der Neffe eines Erzbischofs sei, hatte eine sehr hübsche, leichtfertige Dame untergefaßt, als es sich ein junger Herr einfallen läßt, den Abbé auf den Fuß zu treten. Dieser erhebt heftige Klage und nennt den Angreifer einen Schurken; der junge Herr bedenkt ihn mit ähnlichen Schmähworten, der Abbé erhebt seinen Stock, ebenso der andere, und ein ernstliches Handgemenge bricht zwischen ihnen und ihren Freunden aus. Die erschreckten Frauen rufen um Hilfe. Einer der Schweizer, der die Ordnung aufrechterhalten soll, erscheint und weiß nichts Besseres, um die Streitenden zu trennen, als mit der flachen Klinge dazwischen zu fahren. Dieser helvetische Einfall empört das Publikum, man umringt den Schweizer, um ihn zu entwaffnen, er stößt einen Pfiff aus, und drei seiner Kameraden eilen ihm zu Hilfe; sie stellen sich Rücken an Rücken mit entblößtem Säbel auf und schlagen wahllos auf die ein, die sich ihnen entgegenstellen.

Mehrere Personen sind verletzt worden, unter anderem ein Offizier gesetzten Alters, ein Ritter des Ludwigordens, der sich ganz gegen sein besseres Wollen von der Menge vorwärtsgedrückt fand, und dessen Hut durchschnitten und Kopf gespalten wurde. Die Rufe nach der Wache verdoppelten sich, aber sei es, daß sie ohne besondere Erlaubnis des Gouverneurs nicht eintreten durfte, sei es, daß sie sich erst in größerer Stärke vereinigen wollte, kurz sie blieb lange aus. Endlich sah man sieben oder acht Rotten erscheinen, die Bajonette am Gewehrlauf befestigt; da flohen die Schweizer. Man suchte sie zu verfolgen, und fand sie in einem Haus, in dem sie sich in Sicherheit gebracht hatten. Sie wurden entwaffnet, und unter dem Beifall des Publikums, das schrie: „Fort! Ins Gefängnis, ins Loch!" sollten sie abgeführt werden, als ein Schweizer Offizier erschien und seine Soldaten verlangte. Man führte sie zum Gouverneur, und man sagt, daß sie damit davonkamen, daß man sie im Kasernengefängnis einsperrte

Das Publikum ist sehr unzufrieden, keine bessere Genugtuung erlangt zu haben, und daß am nächsten Tage zwei junge Leute, die, wie es schien, an dem Aufruhr teilgenommen hatten und sich am selben Ort davon unterhielten, festgenommen und ins Hotel de la Force gebracht wurden.

Die Wache der Galerie ist stark vermehrt worden; tatsächlich sind die Schweizer viel anständiger, sie sprechen und verstehen Französisch und verhindern störende Ansammlungen.

Seit jenem Ereignis sieht man weit weniger Mädchen und keinen einzigen Abbé mehr dort.

*

Der Chevalier de la Morlière, der im Jahre 1784 gestorben ist, hatte sich sozusagen zum Arbiter neuer Stücke und junger Debütanten im Théâtre Français aufgeschwungen.[27] Er hat es, als Leiter einer ziemlich großen Claque, die er geschickt im Parterre versteckte, in der Gewalt, durch gewandte Manöver die öffentliche Meinung mit sich fortzureißen und zu beherrschen. Als eine weise Polizei es untersagte, zu pfeifen oder zu johlen, erfand er eine Art, laut und anhaltend zu gähnen, die auf verdoppelte Weise Lachen machte und diesen Reiz dem Zwerchfell der Umsitzenden vermittelte.

Eines Tages ersucht ihn der Wachthabende, nicht so viel Lärm zu machen.

„Wohl, mein Freund," sagt er ihm, „Ihr, die Ihr soviel guten Menschenverstand zu haben scheint und ans Theater gewöhnt seid, findet Ihr dies vielleicht etwa gut?" „Ich behaupte dies nicht," antwortet der besänftigte Soldat, „aber haben Sie die Güte, nicht mehr zu gähnen."

*

Ein Abenteuer, das sich soeben im Palais Royal ereignet hat wird viel dazu beitragen, um die gefährlichen Priesterinnen der

Cythere zurückzurufen, die das Handgemenge des letzten Monats von der Tartarenallee ferngehalten hatte.

Zwei polizeiliche Beobachterinnen, denn es gibt solche beiderlei Geschlechts, kamen eines Abends, Quidor, den Polizeiinspektor, zu benachrichtigen, daß zwei junge Mädchen im Garten säßen, obgleich man ihnen verboten hatte, sich ohne männliche Begleitung dort aufzuhalten. Quidor nimmt neben den beiden Damen, die man ihm bezeichnet, einen Stuhl, leitet eine Unterhaltung mit ihnen ein und schlägt ihnen nach einigen galanten Redensarten vor, sie nach Haus zu begleiten, was sie annehmen.

Kaum sind sie in der Nähe der Gartentür angekommen, als der Inspektor ihnen im Namen des Gesetzes gebietet, ihm zu folgen. „Man muß gehorchen", antworten sie.

Aber als sie heraustreten, wird der Polizeiagent grausam enttäuscht, als er erblicken muß, wie ein Haiduck und drei große Lackaien sich nähern und die prächtige Equipage ihrer Herrinnen vorfahren lassen. Er versucht zu verschwinden.

Die Damen jedoch zwingen ihn, in ihren Wagen zu steigen und sie zu einem Kommissar zu begleiten, um Genugtuung für die erlittene Unbill zu fordern.

Herr de Crosne hat ihnen versprochen, im Ministerium davon zu sprechen, und der Inspektor wird wohl seine Stellung verlieren.

*

Hier eine lustige Anekdote, die gut aus Griechenland wieder auferstanden sein könnte. Man erzählt, daß die Frau eines Bürgermeisters in Tours sich auf der Terrasse zu Versailles in einer prunkvollen, aber sehr alten Robe erging.

Eine Bande junger Leute geht vorüber; der leichtsinnigste von ihnen löst sich von der Gruppe und küßt den Saum ihres Kleides. „Ist es tatsächlich neueste Mode, mein Herr, das Kleid einer Frau zu küssen?" „Nein, Madame", antwortet der junge Mann, „aber ich habe so viel Verehrung für die Antike, daß ich gemeint habe, Ihnen Ehrerbietung zeigen zu müssen."

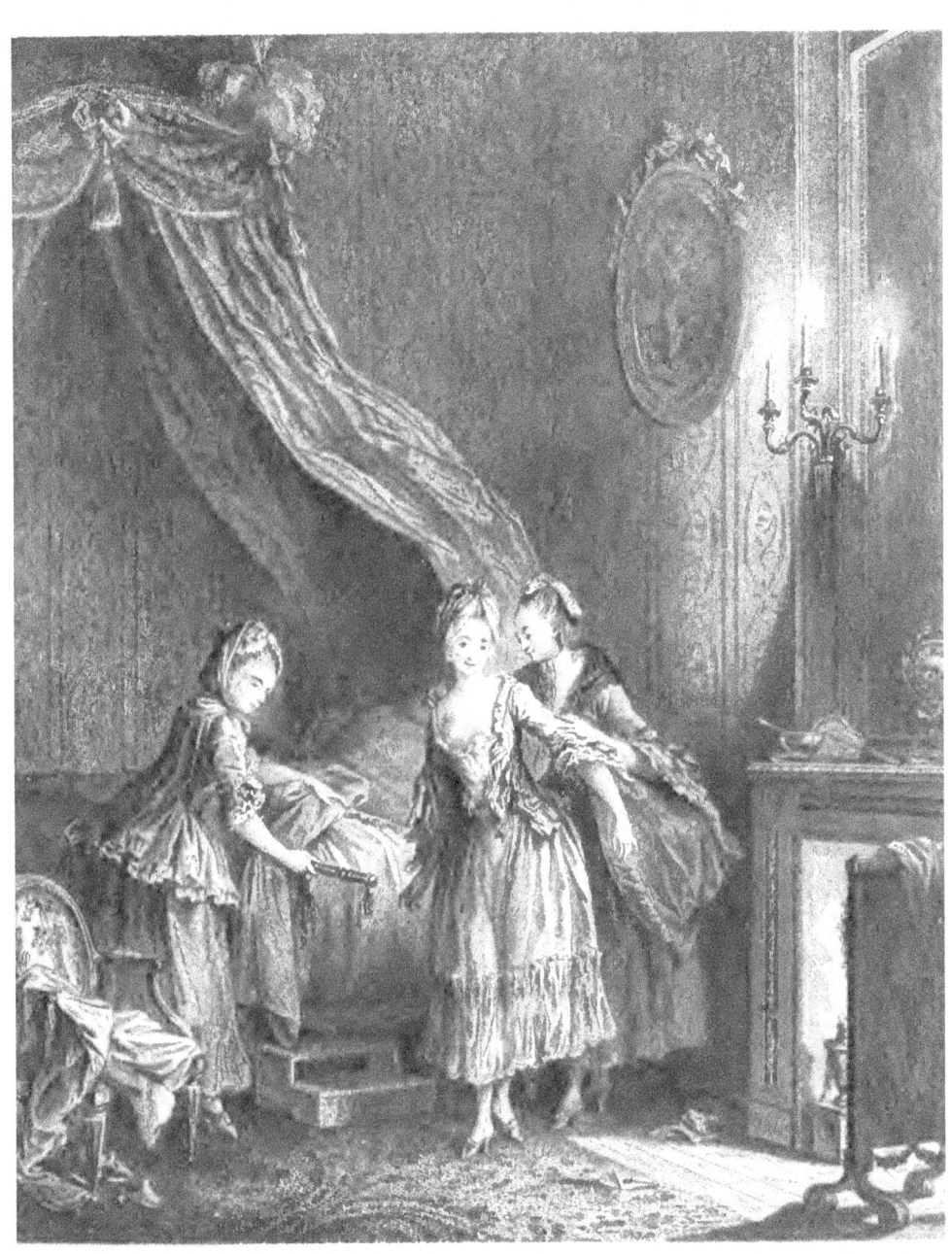

Die Chronique Scandaleuse

„Oh, warum sprachen Sie nicht eher, mein Freund," antwortet die boshafte Provinzialin, „ich hätte Sie dann meinen Hintern küssen lassen; er ist zwanzig Jahre älter."

*

Leute, die an Vorbedeutungen und Träume glauben, werden mit Vergnügen diese ganz neue Anekdote lesen, für deren Wahrheit ein glaubwürdiger Mann garantiert:

Ein reicher Irländer hatte sich mit seiner Frau, die sehr schön war und immer noch als hübsche Frau gelten konnte, nach Montrouge bei Paris zurückgezogen. Sie wurde krank und starb nach kurzer Zeit. Man sagt, daß die Koketterie den Frauen angeboren sei; man könnte hinzufügen, daß sie sie überlebt. Mit einer kapriziösen Laune, die nicht vereinzelt dasteht, beschwor die Frau des Irländers ihren Mann, sie angetan mit ihren schönsten Kleidern und ihrem Schmuck, der sie auch während ihrer Krankheit nicht verlassen hatte, zu begraben. Der untröstliche Gatte versprach und hielt Wort. Am nächsten Morgen glaubt er im Traum seine Frau zu sehen, die auf unanständigste Weise beleidigt worden ist und seine Hilfe anruft; in heftigster Erregung erwacht er, sucht seine üblen Empfindungen zu zerstreuen und schläft wieder ein; dasselbe Bild erscheint ihm mit größerer Heftigkeit wie beim ersten Male; er erwacht noch erregter, macht erneute Anstrengungen, seine unruhige Einbildungskraft zu beruhigen, **und es gelingt ihm mit Anstrengung, den Schlaf wiederzufinden. Diesmal ist er noch zerquälter von dem erschreckenden Schauspiel,** das er zu hören und zu sehen vermeint hat.

Er erhebt sich, kleidet sich an, und auf die Gefahr hin, für einen Nachtwandler zu gelten, geht er den Pfarrer um die Erlaubnis bitten, das Grab seiner Frau zu besuchen.

Wie er an der Kirche vorbeikommt, erblickt er ein Licht; er zittert vor Furcht seinen Traum verwirklicht zu sehen; er nähert sich; des Verstandes beraubt, außer sich, vernimmt er Geräusche und schlägt Lärm; das Geräusch verstummt; er eilt zum Pfarrer, heißt ihn aufstehen, schleppt ihn zur Kirche.

Sie erblicken noch das Licht, hören Geräusche; man sucht den Kirchendiener, der die Schlüssel hat; er ist abwesend; bald sind die Kirchentüren erbrochen.

Auf Stühlen ausgestreckt findet man die Tote, die ausgegraben worden ist, vergewaltigt, beraubt und auf jegliche Weise geschändet. Einer der Komplizen dieser Scheußlichkeit hat entfliehen können, den anderen hat man aus besonderen Gründen laufen lassen, um diese skandalöse Affäre zu vertuschen.

*

Gespräch Herrn Diderots mit der Marschallin von D***, von ihm selbst erzählt:

„Ich hatte, ich weiß nicht mehr in welcher Angelegenheit, mit dem Marschall D*** zu sprechen. Ich spreche bei ihm vor, er ist abwesend; man führt mich zu Mme La Maréchale. Sie ist eine charmante Frau; sie ist schön, ist fromm wie ein Engel; die Güte ist auf ihrem Gesicht geschrieben, sie hat die süßeste Stimme und eine Naivetät der Unterhaltung, die ihrer Physiognomie entspricht. Sie war mit ihrer Toilette beschäftigt. Man schiebt mir einen Sessel hin, ich setze mich, und wir plaudern.

Auf einige Bemerkungen von mir, die sie erstaunten und belehrten, denn sie war der Meinung, daß jemand, der die heilige Dreieinigkeit leugne, ein Erztaugenichts sei, den man eines Tages hängen würde, sagt sie zu mir:

„Sind Sie nicht Monsieur Diderot?" — „Ja, Madame." — „Sie sind also der Ketzer?" — „Gewiß, Madame." „Ihre Moral indessen ist die eines Gläubigen." — „Warum nicht, wenn er ein anständiger Mensch ist." — „Und befolgen Sie diese Moral?" — „Nach bestem Wissen und Wollen." — „Wie, Sie stehlen nicht, Sie töten nicht, Sie plündern nicht?" — „Sehr selten." — „Was haben Sie denn davon, nichts zu glauben?" — „Nichts; glaubt man denn, weil es etwas dabei zu gewinnen gibt?" — „Ich weiß es nicht, aber der Eigennutz verdirbt nichts in den Dingen dieser oder jener anderen Welt." — „Das bedauere ich ein wenig für Ihre armselige, menschliche Rasse." — „Sie stehlen also nie?" — „Nein, auf Ehre." — „Wenn Sie weder Dieb noch Mörder sind, geben Sie wenigstens zu, daß Sie nicht konsequent sind?" — „Warum denn?" — „Weil es mir scheint, daß ich, wenn ich nach meinem Tode nichts zu fürchten noch zu hoffen hätte, ich mich in dem jetzigen Leben so mancher Süßigkeit nicht enthalten würde; ich gebe zu, daß ich Gott auf kurze Zeit und hohe Zinsen ausliehe." — „Sie bilden sich das ein." — „Das ist keine Einbildung, das ist Tatsache." — „Und darf man fragen, was für Dinge es sein würden, die Sie sich erlaubten, wären Sie ungläubig?" — „Das ist ein Teil meiner Beichte." — „Ich meinerseits gäbe mich verloren." — „Das ist die Zuflucht aller Lumpen." — „Würde ich Ihnen als Wucherer lieber sein?" — „Man kann mit Gott wuchern, soviel man will, man ruiniert ihn nicht. Ich weiß, daß dies nicht sehr zartfühlend klingt; aber was tut das? Da es sich darum handelt, den Himmel durch Geschicklichkeit oder durch Kraft zu gewinnen, muß man alles in Rechnung ziehen, keinen Vorteil vernachlässigen. Wir haben gut reden; alles, was wir bieten können, ist recht jämmerlich im Verhältnis zu der Aufnahme, die wir erwarten. Und Sie erwarten also gar nichts?" — „Nein." — „Das ist traurig; geben Sie doch zu, daß Sie entweder sehr schlecht oder sehr töricht sind." — „Ich gestehe, ich kann nichts dergleichen zugeben, Madame." — „Welches Motiv kann ein Ungläubiger haben, um gut zu sein, wenn er nicht ein Narr ist?" — „Ich werde es Ihnen sagen. Glauben Sie nicht, daß man so glücklich geboren sein kann, daß man Freude daran findet, Gutes zu tun?" — „Ich glaube es." — „Daß man eine ausgezeichnete Erziehung empfangen haben kann, die eine natürliche Neigung zur Wohltätigkeit unterstützt?" — „Gewiß." — „Und daß uns die Erfahrung in vorgeschrittenem Alter überzeugt haben kann, daß es in dieser Welt zu unserem Glücke besser ist, ein ehrlicher Mensch zu sein, als alles zu nehmen und ein Schelm zu werden?" — „Jawohl, aber wie ist man ein anständiger Mensch, wenn schlechte Prinzipien sich mit den Leidenschaften vereinen, um zum Bösen fortzureißen?" — „Man ist inkonsequent, und gibt es etwas, das allgemeiner wäre als Inkonsequenz?" — „Leider, nein; man glaubt und führt sich täglich auf, als ob man nicht gläubig wäre." — „Und ohne Glauben benimmt man sich ungefähr ebenso, als wenn man glaubte." — „Was Sie nicht sagen! Aber welche Unbequemlichkeit brächte es mit sich, hätte man einen Grund mehr, die Religion, um Gutes zu tun, und einen Grund weniger, den Unglauben, um schlecht zu sein?" — „Keine, wenn die Religion ein Anlaß wäre, Gutes zu tun, und der Unglauben ein Anlaß zum Töten." — „Gibt es darüber irgendeinen Zweifel? ist es nicht das Wesen der Religion ohne Unterlaß, diese häßliche, verderbte Natur zu durchkreuzen, und das des Unglaubens, sie ihrer Schlechtigkeit dadurch auszuliefern, daß sie sie von der Furcht befreit?" — „Dies, Madame, wird zu einer endlosen Diskussion führen." — „Was tut das? Der Marschall wird so bald nicht heimkommen, und es ist besser, daß wir über vernünftige Dinge sprechen, als zu klatschen." — „Ich muß also etwas höher beginnen." — „So hoch, wie Sie wünschen, vorausgesetzt, daß ich Sie verstehen kann." — „Wenn Sie mich nicht verstehen, wird es an mir liegen." — „Das ist sehr höflich, aber Sie müssen wissen, daß ich nie etwas anderes gelesen habe als mein Gebetbuch, und ich nie anders beschäftigt war, als das Evangelium zu üben und Kinder zu gebären." — „Dies sind zwei Pflichten, deren Sie sich gut entledigt haben." — „Ach ja, was die Kinder anbetrifft, so habe ich sechs lebendige und ein siebentes, das bald erscheinen wird, aber fahren Sie fort." — „Madame, gibt es irgend etwas Gutes auf dieser Welt, das ohne Nachteile ist?" — „Nein." — „Und irgend etwas Böses, das einen Vorteil hat?" — „Nein."

— „Was nennen Sie denn ‚Gut‘ und ‚Böse‘?"

— „Das Böse ist das, was mehr Nach- als Vorteile, und das Gute, was mehr Vorteile als Nachteile hat."

— „Würden Madame die Güte haben, sich der Definition von Gut und Böse zu erinnern?"

— „Ich erinnere mich daran."

— „Also sind Sie überzeugt, daß die Religion mehr Vor- als Nachteile hat, und deshalb nennen Sie sie einen Gewinn."

— „Gewiß."

— „Ich meinerseits zweifle nicht daran, daß Ihr Intendant Sie nicht am Abend vor Ostern etwas weniger bestiehlt als am Morgen nach einem Festtage, und daß die Religion von Zeit zu Zeit eine gewisse Anzahl geringer Übel verhindert und manches Gute erzeugt."

— „Wenig und wenig macht eine Summe."

— „Aber glauben Sie, daß die schrecklichen Verheerungen, die sie in vergangenen Zeiten angerichtet hat und die sie in kommenden Zeiten veranlassen wird, genügend durch jene jammervollen Vorteile kompensiert seien? Denken Sie daran, daß sie heftigste Feindseligkeit zwischen den Nationen schuf und erhält. Es gibt keinen Muselmann, der nicht vermeinte, einen Gott und dem Propheten gefälligen Dienst damit zu tun, daß er die Christen ausrottete, die ihrerseits nicht etwa toleranter sind. Bedenken Sie, daß die Religion in einem Lande Zwiste hervorgerufen und fortgeführt hat, die selten ohne Blutverlust beigelegt worden sind. Bedenken Sie, daß sie in der Gesellschaft bei Bürgern und Familien, bei Verwandten ewigen und unversöhnlichen Haß hervorgerufen und fortgezeugt hat. Christus hat gesagt, daß er gekommen sei, um den Gatten vom Weib zu trennen, die Mutter von ihren Kindern, den Bruder von seiner Schwester, den Freund vom Freunde, und seine Verkündigung hat sich nur zu gut bewahrheitet."

— „Dies sind Mißbräuche, aber nicht die Sache selbst."

— „Die Sache ist es, von der die Mißbräuche unlöslich sind."

— „Und wie wollen Sie mir beweisen, daß nichts in der Welt diese Mißbräuche beseitigen könnte?"

— „Sehr leicht. Wenn ein Misanthrop beschlossen hat, das Menschengeschlecht unglücklich zu machen, was Besseres hätte er erfinden können als den Glauben an ein unverständliches Wesen, über das die Menschen sich nie haben einigen können und dem sie mehr Bedeutung zugemessen haben als ihrem eigenen Leben? Oder ist es möglich, von dem Begriff einer Gottheit die größte Bedeutung und die tiefste Unbegreiflichkeit zu trennen?"

— „Nein."

— „Schlußfolgern Sie also."

— „Ich schließe daraus, daß sie eine Idee ist, die im Gehirn eines Narren nicht ohne Folgen bleiben kann."

— „Und fügen Sie dazu, daß die Narren immer in der Überzahl waren und sein werden, und daß die gefährlichsten jene sind, die die Religion selbst dazu gemacht hat, und aus denen die Störenfriede der menschlichen Gesellschaft bei Gelegenheit guten Nutzen ziehen werden."

— „Aber wir brauchen etwas, das den Menschen für seine schlechten Handlungen, die der Strenge des Gesetzes entgehen, bedrohe, und wenn Sie die Religion zerstören, was geben Sie uns zum Ersatz?"

— „Wenn ich auch nichts an ihrer Stelle zu geben wüßte, wäre es immer ein schreckliches Vorurteil weniger und in Betracht zu ziehen, daß die religiösen Meinungen nie als Basis nationaler Sitten gedient haben, weder in irgendeinem Jahrhundert, noch bei irgendeiner Nation. Die Götter, die von jenen alten Griechen und Römern angebetet wurden, den ehrlichsten Menschen unter der Sonne, waren die verworfenste Kanaille: Ein Jupiter, der lebendig hätte verbrannt werden müssen; eine Venus, reif für ein Hospital; ein Merkur, den man hätte ins Zuchthaus einsperren müssen."

— „Und Sie glauben, es sei ganz gleichgültig, ob wir Christen oder Heiden seien? Daß wir als Heiden nicht unwürdiger wären, und als Christen nicht würdiger?"

— „Wahrhaftig, das glaube ich."

— „Das ist unmöglich."

— „Aber, Madame, gibt es denn Christen? Ich habe noch nie welche gesehen."

— „Und mir sagen Sie das? Mir?"

— „Nein, Madame, nicht Ihnen; einer Nachbarin, die anständig und fromm ist wie Sie und sich gläubigste Christin glaubt, wie Sie."

— „Und zeigten ihr, daß sie unrecht habe?"

— „In einem Augenblick."

— „Wie haben Sie das angefangen?"

— „Ich öffnete ein Neues Testament, dessen sie sich oft bedient hatte, denn es war stark abgenutzt. Ich las ihr die Bergpredigt vor, und bei jedem Abschnitt fragte ich sie: ‚Befolgen Sie dieses, und dies hier, und auch das noch?' Ich ging noch weiter. Sie ist schön und, ob sie auch gut und fromm ist, sich dessen bewußt. Sie hat eine sehr weiße Haut, und obwohl sie nicht sehr großen Wert auf diesen vergänglichen Vorzug legt, ist sie nicht böse, wenn man ihr Schmeicheleien darüber sagt. Sie hat den entzückendsten Busen, den man sich denken kann, und obschon sehr bescheiden, gefällt es ihr, daß man dies bemerke."

— „Vorausgesetzt, daß es nur sie und ihr Mann ist, die das wissen."

— „Ich glaube, daß ihr Mann es besser weiß als ein anderer, aber für eine Frau, die sich großer Christlichkeit rühmt, genügt das nicht. Ich sagte ihr: ‚Steht es nicht im Evangelium geschrieben, daß der, der die Frau eines anderen begehrt, Ehebruch getrieben habe in seinem Herzen?' "

— „Hat sie Ihnen ‚ja' geantwortet?"

— „Ich sagte ihr: ‚Und der Ehebruch des Gedankens, verdammt er nicht ebenso wie der best beschaffene wirkliche Ehebruch?' "

— „Hat sie Ihnen wieder ‚ja' geantwortet?"

— „Ich sagte ihr: ‚Und wenn der Mann verdammt wird, des Ehebruches wegen, den er in seinem Herzen begangen hat, was wird das Los der Frau, die alle, die sich ihr nähern, dazu einlädt, dies Verbrechen zu begehen?' Diese letzte Frage verwirrte sie."

— „Ich verstehe; das kam daher, daß sie diesen Busen, der so schön war, als er irgend sein könnte, nicht gerade auffällig verschleierte."

— „Das ist wahr; sie sagte mir, das wäre so Sitte, wie es genau so Sitte ist, sich Christ oder nicht Christ zu nennen; daß man sich nicht lächerlich kleiden könne, als wenn es irgendeinen Vergleich zwischen einer kleinen Lächerlichkeit, ihrer ewigen Verdammnis und der ihr Nächsten zu machen gäbe; daß ihre Schneiderin sie anzöge, und ob es besser sei, von einer Gewohnheit abzugehen, als seiner Religion zu entsagen; daß es die Laune ihres Mannes sei, da ein Gatte unvernünftig genug sei, von seiner Frau Schamlosigkeit und Pflichtvergessenheit zu verlangen, und daß eine wahre Christin den Gehorsam für einen extravaganten Mann bis zu diesem Opfer des göttlichen Willens treiben müsse, selbst auf die Gefahr der Sühnung durch ihren Erlöser hin."

— „Ich wußte im voraus alle diese Albernheiten; vielleicht hätte ich sie Ihnen ebenso wie Ihrer Nachbarin gesagt, aber sie und ich wir hätten alle beide in schlechtem Glauben gehandelt. Und welche Partei ergriff sie nach Ihren Vorhaltungen?"

— „Am Morgen nach dieser Unterhaltung, es war ein Festtag, kam ich nach Hause, und meine schöne und fromme Nachbarin ging aus, um sich zur Messe zu begeben."

— „Wie stets gekleidet?"

— „Wie stets gekleidet; ich lächle, sie lächelt, und wir gehen aneinander vorbei, ohne zu sprechen. Madame! Eine anständige

Frau! Eine Christin! Eine Fromme! Welch tatsächlichen Einfluß kann ich der Religion auf die Sitten einräumen? Nach diesem und tausend andern Exempeln derselben Gattung: Fast keinen, und es ist besser so."

— „Wie denn, besser so?"

— „Doch, Madame! Wenn 20 000 Einwohner von Paris sich plötzlich einfallen ließen, ihr Benehmen streng nach der Bergpredigt zu richten ..."

— „Nun wohl, dann würden etliche schöne Brüste besser bedeckt werden!"

— „Und es würde so viel Narren geben, daß der Herr Polizeileutnant nicht wüßte, wohin damit, denn unsere Lusthäuser würden nicht dazu genügen. Unsere Lehrbücher kennen zweierlei Moral, die eine, die allen Nationen jeder Glaubensart gemein ist, und die man ungefähr befolgt; und eine andere, die jede Nation und jedes Glaubensbekenntnis für sich hat, an die man glaubt, die man in den Kirchen predigt, die man zu Hause preist und die man auf seine Weise ausübt."

— „Und woher kommt diese Ungereimtheit?"

— „Daher, daß es unmöglich ist, ein ganzes Volk einer Regel zu unterjochen, die nur für gewisse Melancholiker geeignet und denen sie auf den Charakter geschrieben ist. Es ist mit den Religionen, wie mit monarchischen Konstitutionen, die alle mit der Zeit ihre Spannkraft verlieren; sie sind ein Aberwitz, der der konstanten Triebkraft der Natur, die uns unter ihre Gesetze zurückzwingt, nicht standhalten kann. Man erreiche, daß das Wohl des einzelnen Individuums so eng mit dem der großen Allgemeinheit verknüpft ist, daß der einzelne Bürger kaum imstande wäre, der Gesellschaft zu schaden, ohne sich selbst in Mitleidenschaft zu ziehen; man sichere der Tugend eine Belohnung, wie man der Bosheit eine Strafe gesichert hat; daß ein Verdienst, gleichviel welcher Art es sei, ohne Unterschied der Religion, zu einer hervorragenden Staatsanstellung führe;

und man rechne nur mit der geringen Zahl schlechter Menschen, die von einer perversen Natur, die durch nichts gefesselt werden kann, zum Laster getrieben werden. Frau Marschallin, die Versuchung liegt zu nah, und die Hölle ist zu fern; erwarten Sie nichts, das der Mühe lohnte, wenn eine weise Gesetzgebung sich der Religion annähme, eines Systems bizarrer Meinungen, das nur für Kinder Bedeutung hat; das das Verbrechen dank der Bequemlichkeit seiner Bestrafung unterstützt, das den Schuldigen hinsendet, Gott um Vergebung seines den Menschen zugefügten Unrechtes zu bitten, und das die Grundlage unsere moralischen und natürlichen Pflichten herabwürdigt, indem es sich einer Ordnung schimärischer Pflichten unterwirft."

— „Ich verstehe Sie nicht."

— „Ich will mich erklären; aber da ist, scheint mir, der Wagen mit dem Marschall, der sehr zur rechten Gelegenheit erscheint, um mich zu verhindern, eine Dummheit zu sagen."

— „Aber sagen Sie sie doch, sagen Sie Ihre Dummheit, ich werde sie nicht hören, ich habe mich daran gewöhnt, nur das zu verstehen, was mir paßt."

Ich näherte mich ihrem Ohr und sagte ganz leise: „Frau Marschallin, fragen Sie den Vikar Ihrer Gemeinde nach diesen beiden Verbrechen: in ein Weihwasserbecken pissen oder den Ruf einer anständigen Frau schwärzen, was wohl das Schlimmere sei. Das erstere wird ihn vor Entsetzen zittern lassen, er wird gegen dieses Sakrileg seine Stimme erheben, und das Gesetz, das von Verleumdung kaum Notiz nimmt, während es Heiligtumsschändung mit dem Feuertod straft, wird die Geister endgültig verwirren und vernünftige Gedanken zerstören.

— „Ich kenne mich als eine Frau, die sich ein Gewissen daraus machen würde, am Freitag Fleisch zu essen und die ... beinahe hätte ich nun auch eine Dummheit gesagt; fahren Sie fort."

— „Aber, gnädige Frau, ich muß unbedingt mit dem Marschall sprechen."

— „Noch einen Moment, und dann werden wir zusammen zu ihm gehen. Ich weiß nicht ganz, wie ich Ihnen antworten soll, und dennoch überzeugen Sie mich nicht."

— „Ich habe mir nicht vorgenommen, Sie zu überzeugen. Mit der Religion ist es wie mit der Ehe: die Ehe, die das Unglück Vieler herbeigeführt hat, hat Ihr und des Marschalls Glück gemacht. Sie haben beide gut daran getan, sich miteinander zu verheiraten. Die Religion, die so viel schlechte Menschen geschaffen hat, schafft und weiter schaffen wird, hat Sie selbst noch edler gemacht, Sie tun gut daran, sie sich zu bewahren. Es ist Ihnen ein süßer Trost, sich an Ihrer Seite, sich zu Ihren Häupten ein erhabenes und mächtiges Wesen zu denken, das Ihr Erdenwallen sieht, und dieser Gedanke festigt Ihren Schritt. Fahren Sie fort, gnädige Frau, sich an dieser göttlichen Bürgschaft Ihrer Gedanken, an diesem Beobachter, diesem überirdischen Vorbild Ihrer eigenen Handlungsweise zu erfreuen."

— „Ich soll aus dem, was Sie sagen, nicht schließen, daß Sie eine Manie zum Proselytenmachen haben?"

— „Keineswegs."

— „Desto mehr will ich Sie deshalb schätzen."

— „Ich erlaube jedem, auf seine eigene Weise zu denken, vorausgesetzt, daß man mir die meine läßt; übrigens haben jene, die geschaffen sind, sich von Vorurteilen frei zu machen, es durchaus nicht nötig, geschulmeistert zu werden."

— „Glauben Sie, daß der Mensch ohne Aberglauben existieren kann?"

— „Nein, nicht solange er unwissend und furchtsam bleibt."

— „Wohl denn, Aberglaube für Aberglaube: unserer ist gleichwertig mit irgendeinem anderen."

— „Ich denke das nicht."

— „Seien Sie doch ehrlich; stößt Sie der Gedanke, daß Sie nichts mehr nach Ihrem Tode sein werden, denn wirklich nicht ab?"

— „Es würde mir lieber sein zu existieren, obschon ich nicht wüßte, warum ein Wesen, das mich ohne Grund unglücklich werden ließ, sich ein zweites Mal damit vergnügen sollte."

— „Wenn Ihnen also trotz dieses Nachteils die Hoffnung auf ein anderes Leben süß und köstlich erscheint, warum sich selbst berauben?"

— „Ich trage diese Hoffnung nicht, weil der Wunsch sie keineswegs ihrer Unwirklichkeit entkleidet hat, aber ich nehme sie niemandem; wenn man aber daran glauben könnte, daß man einst ohne Augen sehen, ohne Ohren hören wird, ohne Gehirn denken, ohne Herz lieben, ohne Sinne fühlen wird, nicht mehr zu sein, und doch ohne Raum und Grenze zu existieren, so will ich das zugeben."

— „Aber wer hat dann diese unsere Welt geschaffen?"

— „Das frage ich Sie zurück."

— „Und was ist das: ‚Gott'?"

— „Ein Geist."

— „Wenn ein Geist eine Materie schafft, warum sollte eine Materie nicht Geist schaffen können?"

— „Und warum sollte sie das?"

— „Weil ich es jeden Tag erlebe, wie sie es tut. Glauben Sie, daß die Tiere Seelen haben?"

— „Gewiß glaube ich das."

— „Und könnten Sie mir zum Beispiel sagen, was aus der Seele einer peruanischen Schlange wird, während sie in einem Rauchfang während zweier Jahre aufgehängt und dem Rauche ausgesetzt eintrocknet? Das ist es eben, daß die Frau Marschallin nicht weiß, daß die geräucherte, vertrocknete Schlange in eine neue Existenz übergeht."

— „Daran glaube ich nicht."

— „Und dennoch ist es ein geistvoller Mann, der dies behauptet hat."

— „Ihr geistvoller Mann hat gelogen."

— „Und wenn er wahr gesprochen hätte?"
— „Ich würde es damit abtun zu glauben, daß Tiere Maschinen sind."
— „Und der Mensch, der nur ein Tier, doch vollkommener als die anderen ist ... Aber der Herr Marschall ..."
— „Noch eine Frage, und dies ist die letzte. Sind Sie ganz ohne innere Unruhe bei Ihrem Unglauben?"
— „Niemand könnte ruhiger sein."
— „Wenn Sie sich aber dennoch täuschten?"
— „Dies erst, wenn ich mich täusche."
— „Alles, was Sie falsch glauben, würde wahr sein, und Sie, mein Herr Diderot, würden ewig verdammt werden: Es ist schmerzlich, verdammt zu sein; eine ganze Ewigkeit zu brennen, das ist lang!"
— „La Fontaine meinte, daß wir uns wohl wie der Fisch im Wasser dabei fühlen werden."
— „Gewiß, aber Ihr La Fontaine wurde im letzten Moment recht ernsthaft, und das erwarte ich auch von Ihnen."
— „Ich stehe für nichts, wenn mein Kopf nicht mehr beisammen sein wird; aber wenn ich an einer jener Krankheiten sterben sollte, die dem Sterbenden noch seine Vernunft bewahren, werde ich in dem Moment, auf den Sie warten, nicht unruhiger sein als in dem augenblicklichen."
— „Diese Unerschrockenheit bringt mich aus der Fassung."
— „Ich finde sie vielmehr bei dem Sterbenden, welcher an einen gestrengen Richter glaubt, der noch unsere geheimsten Gedanken abwägt, und in dessen Schätzung sich der gerechteste Mann durch seine Nichtigkeit verlöre, wenn er nicht zitterte, zu gering befunden zu werden, wenn eben dieser Sterbende noch die Wahl hätte, vernichtet zu werden oder sich diesem Richter zu stellen; seine Unerschrockenheit würde mich noch mehr verwirren, wenn er schwankte, das erstere zu erwählen, es sei denn, er sei noch unvernünftiger als der Genosse des heiligen Bruno oder trunkener von seinem eigenen Wert als Bohola."

— „Ich habe die Geschichte vom Genossen des heiligen Bruno gelesen, aber niemals von Ihrem Bohola sprechen hören."

— „Das ist ein Jesuit aus dem Kollegium zu Prisch in Litauen, der nach seinem Tode eine silbergefüllte Kassette und ein von seiner Hand geschriebenes Billett hinterließ."

— „Und dies Billett?"

— „War in folgenden Worten abgefaßt: ‚Ich bitte meinen lieben Bruder im Herrn, bei dem ich diese Kassette hinterlege, daß er sie öffne, sobald ich Wunder vollbracht haben werde. Das Geld, das sie enthält, soll die Kosten meiner Seligsprechung bestreiten; ich habe einige authentische Memoiren beigelegt, die meine Tugenden beweisen sollen und denjenigen, die meinen Lebenslauf etwa beschreiben wollen, nützlich sein werden.'"

— „Das ist zum Totlachen."

— „Für mich, gnädige Frau, aber nicht für Sie, denn Ihr Gott versteht keinen Spott. Sie haben recht, Frau Marschallin, es ist leicht, schwerwiegend gegen Ihr Gesetz zu predigen."

— Das Gesetz ist wahr."

— „Und wenn Sie die Wunder Ihrer Religion an der geringen Zahl ihrer Erwählten glauben wollen, so wird wenig dabei herauskommen."

— „Oh, ich bin nicht jansenistisch, ich sehe die Medaille nicht nur von der tröstlichen Kehrseite; in meinen Augen deckt das Blut Jesu Christi einen unendlichen Raum, und es würde mir recht absonderlich erscheinen, daß der Teufel, der seinen Sohn doch nicht dem Tode ausgeliefert hat, dennoch den besseren Anteil haben sollte."

— „Verdammen Sie Sokrates, Phokion, Aristides, Cato und Mark Aurel?"

— „Pfui, nur wilde Tiere können so etwas denken. Der heilige Paulus sagt, daß jeder nach dem Maß, das er gekannt hat, gerichtet werde."

— „Und der heilige Paulus hat recht. Und nach welchem Gesetze soll der Zweifler gerichtet werden?"

— „Ihr Fall ist ein wenig anders; Sie sind einer jener verdammten Einwohner Corozains und Bethsaidas, die ihre Augen dem Licht, das ihnen leuchtete, verschlossen und ihre Ohren verstopften, um die Stimme der Wahrheit, die zu ihnen sprach, nicht zu hören."

— „Frau Marschallin, diese Corozainer und Bethsaider waren Männer, wie sie es vorher noch nie gegeben hatte, wenn sie Herr darüber waren zu glauben oder nicht zu glauben."

— „Sie lebten als Entartete, die Sack und Asche zur Auktion ausgeboten hätten, wären sie in Tyrus oder Sidon geboren worden."

— „Das kommt daher, daß die Bewohner von Sidon und Tyrus Leute von Geist waren, und die von Corozain und Bethsaida nur Dummköpfe. Wird derjenige, der Dummköpfe schuf, sie dafür strafen, daß sie dumm gewesen sind? Ich habe Ihnen eben eine Begebenheit erzählt, nun faßt mich die Lust, Ihnen eine Geschichte zu berichten."

— „Erzählen Sie Ihre Geschichte."

— „Ein junger Mexikaner ... aber der Herr Marschall?"

— „Ich werde zu ihm schicken und ihn fragen lassen, ob er zu sprechen ist. Ihr junger Mexikaner?"

— „Seiner Arbeit müde, ging er eines Tages an der Meeresküste spazieren; er erblickte eine Planke, die mit dem einen Ende in das Wasser tauchte, am anderen das Ufer berührte. Er setzte sich auf diese Planke und sagte sich da, während er seinen Blick über die weite Ferne sandte, die sich vor ihm ausbreitete: ‚Nichts ist unwahrer als die Geschichte, von der meine Großmutter immer schwatzt, von jenen ich weiß nicht welchen Einwohnern, die, ich weiß nicht zu welchen Zeiten hier, ich weiß nicht wo landeten, von weit her jenseits des Meeres. Es gibt einen gesunden Menschenverstand; sehe ich nicht das Meer sich mit dem Himmel einen? Und kann ich gegen die Zeugen meiner Augen eine alte Fabel, deren Ursprung man nicht kennt, glauben, eine Fabel, die jeder nach seiner Manier auslegt, und die nur ein Gespinst absurder Zufälligkeiten ist, über die sie ihr Herz verzehren und ihre Augen ausreißen?' Während er so nachdachte, wiegten ihn die bewegten Wasser auf seiner Planke und er schlummerte ein. Während seines Schlafes schwillt der Wind, die Flut erhebt sich und führt die Planke, auf der er ausgestreckt liegt, mit sich, und unserer junger Denker tritt seine Reise an."

— „Ach, dies gleicht nur zu sehr unserem eigenen Bilde, ein jeder von uns liegt auf der Planke, der Wind bläst, und die Flut trägt uns davon."

— „Er war schon weit vom Festland, als er erwachte; wer war sehr erstaunt, sich auf offenem Meer zu sehen? Unser Mexikaner. Wer war es noch mehr? Wieder er, als ihm das Meer, nachdem ihm die Küste, auf der er vor einem Moment spazierte, aus den Augen entschwunden war, sich nun von allen Seiten mit dem Himmel einte. Da argwöhnte er, sich getäuscht zu haben, und daß er, wenn der Wind sich nicht drehte, vielleicht an das Ufer und zu jenen Ansiedlern getragen werden würde, von denen ihm seine Großmutter erzählt hat."

— „Und von seiner Unruhe sagen Sie mir nichts?"

— „Er fühlte keine; er sagte sich: ‚Was ist mir dies alles, vorausgesetzt, daß ich lande? Ich habe wie ein Unbesonnener gefolgert, das gebe ich zu, aber ich war ehrlich gegen mich selbst, und das ist alles, was man von mir verlangen darf. Wenn es keine Tugend ist, Geist zu haben, so ist es kein Laster, ihn zu entbehren.' Unterdessen schwoll der Wind weiter an, der Mann und die Planken schwammen auf den Wogen, und das unbekannte Ufer begann zu erscheinen, er faßte Fuß, und da ist er nun."

— „Wir werden uns eines Tages doch wiedersehen, Herr Diderot."

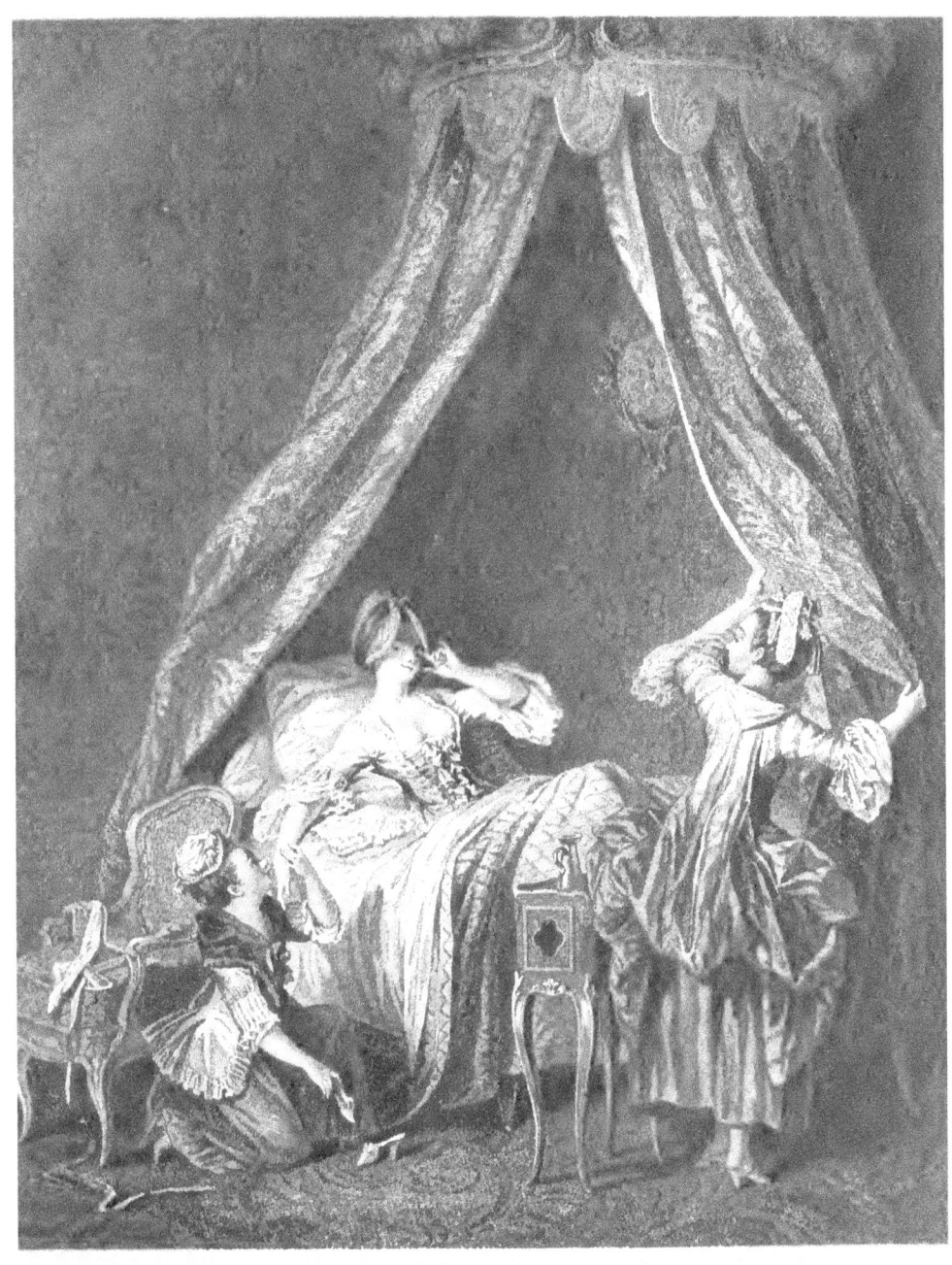

— „Ich wünsche es, gnädige Frau; wo es auch immer sei, werde ich stets entzückt sein, Ihnen den Hof zu machen. Kaum hat er das Land betreten und seinen Fuß auf den Strand gesetzt, als er einen würdigen Greis an seiner Seite erblickte; er fragte ihn, wo er sei und mit wem er die Ehre habe. ‚Ich bin der Herrscher dieses Landes‘, antwortete der Greis. Der junge Mann stürzte ihm augenblicklich zu Füßen. ‚Erheben Sie sich,‘ sagte ihm der Alte, ‚Sie haben meine Existenz geleugnet.‘ ‚Das ist wahr.‘ ‚Ich vergebe Ihnen, weil ich jener bin, der bis auf den geheimsten Grund des Herzens schaut, und ich habe in Ihrem gelesen, daß Sie in gutem Glauben waren, doch was sonst noch in Ihren Gedanken und Handlungen liegt, ist nicht gleichartig rein.‘ Und der Greis, der ihn am Ohr gefaßt hielt, erinnerte ihn an all die Irrungen seines Lebens, und bei jedem Abschnitt neigte sich der Jüngling, schlug sich die Brust und bat um Vergebung. — Und nun, Frau Marschallin, versetzen Sie sich einen Moment an die Stelle des Greises und sagen Sie mir, was Sie getan hätten. Hätten Sie den jungen Unvernünftigen an den Haaren gepackt und hätte es Ihnen gefallen, ihn für alle Ewigkeit daran zu ziehen?"

— „Wahrhaftig, nein."

— „Und wenn eines Ihrer hübschen Kinder, nachdem es von Hause geflohen und viel dumme Streiche gemacht hätte, reumütig dahin zurück käme?"

— „Ich, ich würde ihm entgegeneilen, würde es in meine Arme schließen und mit meinen Tränen benetzen; aber sein Vater, der Marschall, würde die Sache nicht so leicht nehmen."

— „Der Herr Marschall ist kein Tiger."

— „Er muß es wohl."

— „Er ließe sich vielleicht ein wenig nötigen, aber er würde doch verzeihen."

— „Gewiß."

— „Besonders wenn er vorher überlegt hätte, daß er, ehe er

dies Kind in die Welt setzte, das ganze Leben kannte, und daß die Bestrafung seiner Sünden weder für sich selbst, noch für den Schuldigen, noch für seine Brüder von irgendeinem Nutzen sein würde."

— „Der Greis und der Herr Marschall sind zwei verschiedene Wesen."

— „Wollen Sie damit sagen, daß der Herr Marschall besser ist als der Greis?"

— „Gott bewahre mich davor! Ich will sagen, daß, wenn meine Auffassung von Gerechtigkeit nicht die des Marschalls ist, die des Marschalls auch sehr gut von der des Alten abweichen könne."

— „Ach, gnädige Frau, Sie ahnen nicht die Konsequenzen dieser Antwort: entweder ist die allgemeine Definition der Gerechtigkeit Ihnen, dem Marschall, mir, dem jungen Mexikaner und dem Alten gleichbedeutend, oder ich weiß nicht mehr, was sie ist und wie man letzterem gefallen oder mißfallen könnte."

Da waren wir angelangt, als man uns benachrichtigte, der Herr Marschall erwarte uns; ich reichte der Frau Marschallin die Hand und sie sagte: „Das ist die Tintenflasche, nicht wahr?"

— „Das ist die Tintenflasche."

— „Schließlich ist es am einfachsten, sich so aufzuführen, als ob der Alte existierte."

— „Selbst wenn man nicht daran glaubt."

— „Und wenn man daran glaubt, nicht zu sehr mit seiner Barmherzigkeit zu rechnen. Heiliger Nikolas, schwimme immer hin, aber traue nicht zu sehr."

— „Das ist am sichersten ... A propos, wenn Sie unseren Gesetzgebern Zeugnis über ihre Prinzipien ablegen sollten, würden Sie sie eingestehen?"

— „Ich würde mein Bestes tun, ihnen eine abscheuliche Handlungsweise zu ersparen."

— „Welch Feigling Sie sind! Und wenn Ihr letztes Stündlein nahte, würden Sie sich den Gebräuchen der Kirche unterwerfen?"
— „Ich würde nicht verfehlen!"
— „Pfui, Sie Heuchler!"

*

Ich habe von einer achtungswerten und glaubwürdigen Persönlichkeit den unglaublichen Bericht der Abenteuer des Pfarrers von Saint-Roch bekommen, der vor kurzem gestorben ist.

Der Abbé Marduel wurde zu Lyon im Jahre 1703 geboren; seine Eltern bestimmten ihn der geistlichen Laufbahn; er wandte sich dem Priesterstande zu und verließ ihn bald darauf, um Kaufmann zu werden, verheiratete sich, hatte Geldverluste, machte Bankerott und schiffte sich mit seiner Frau ein, sein Glück in Amerika zu versuchen. Das Schiff scheiterte, ein Teil der Mannschaft rettete sich, man glaubte, daß die anderen umgekommen seien.

Durch einen ziemlich seltsamen Zufall gelingt es dem Rest der Bemannung, den man ertrunken wähnt, sich an eine entgegengesetzte Küste zu retten; dasselbe Spiel findet statt: Hier läßt der Gatte, dort die Frau Totenmessen zur ewigen Seelenruhe lesen. Marduel, der in Amerika nicht glücklicher war als in Europa, reist nach Frankreich zurück. Aber, da er nicht wagt, wieder nach Lyon zu gehen, begibt er sich nach Paris, wendet sich wiederum dem Priesterstande zu, empfängt die Weihe und richtet sich in der Gemeinde zu Saint Louis-en-l'Ile ein, wo er lange das Amt eines Vikars ausfüllt; sein Eifer und seine Begabung verschaffen ihm schließlich die Pfarrei von Saint-Roch. Seine Frau kehrt bei Gelegenheit nach Europa und zu ihren Eltern nach Lyon zurück. Geschäfte führen sie des öfteren nach mehreren Jahren nach Paris, und sie begibt sich wie alle Provinzler zur Fronleichnamsprozession nach Saint-Roch; unendlich ist ihre Überraschung, in den Zügen des Geistlichen den lang beweinten Gatten zu erkennen. Sie erkundigt sich nach seinem Namen, und ihr Erstaunen wächst; man sagt ihr, er stamme aus Lyon; bei dieser Nachricht verliert sie das Bewußtsein. Wieder zu sich gekommen, eilt sie dem Priester zu begegnen, und ihr Herz überzeugt sie noch besser als ihre Augen nach zwanzigjähriger Abwesenheit, daß sie ihren Gatten wiedergefunden hat.

Am nächsten Morgen läßt sie sich beim Pfarrer unter einem falschen Namen melden, nennt sich darauf, ruft ihre einstmaligen Beziehungen zurück und fällt ohnmächtig in seine Arme. Der gefühllose Pfarrer kalkuliert mit Blitzeseile in seiner gewinnsüchtigen Seele die Vorteile, die ihm entgehen können, wenn er seine Frau wiedererkennt; er behandelt sie wie eine Geisterseherin; sie beharrt auf ihrer Behauptung, bringt Details, die genügen, jeden Zweifel zu zerstreuen, fügt hinzu, daß sie in ihrem Alter keineswegs die Absicht habe, ihn um seine Stelle zu bringen, verlangt als einzige Güte, bei ihm als seine Schwester leben zu dürfen, und verspricht ihm heiligste Geheimhaltung ihrer wirklichen Beziehungen.

Der alte Priester, der vielleicht die Indiskretion seiner Frau fürchtet, besteht darauf, sie nicht zu verstehen; er nennt sie eine Närrin und droht, sie als Hochstaplerin einsperren zu lassen. Von Schmerz überwältigt, zieht sich die verzweifelte Gattin zurück. Sie war arm; der Überfluß, in dem ihr Gatte lebt, reizt ihre Verzweiflung stärker, und da bald der Rachedurst an Stelle der Zärtlichkeit tritt, läßt sie aus Lyon die notwendigen Papiere kommen, um ihren undankbaren Gatten zu überführen, und bringt sie zum ersten Parlamentsvorsitzenden, der den Pfarrer vorladet; er gesteht sein Unrecht ein und ersucht um Gnade. Der Erzbischof interveniert, sucht den Skandal zu vermeiden, schiebt den Kuraten für zwei Wochen ins Seminar und verpflichtet ihn auf das Geständnis seiner Frau hin, ihr eine Rente von 1000 Talern in irgendeinem Kloster, das sie selbst wählen soll, zu geben.

Man weiß nicht, ob der Abbé Marduel jemals Kinder gehabt hat, doch war er geschickt genug, seine Pfarre zu behalten und sich seiner Frau, die vielleicht heute noch lebt, zu entledigen.

*

Im ‚Journal de Paris' hat Dr. Retz veröffentlicht, daß er einen Kutscher dafür zu belohnen wünscht, daß er ihn nicht überfahren habe. Man behauptet, dies sei ein boshafter Witz, und daß der Kutscher, falls er sich zu dem Arzte begeben hätte, anstatt mit einem Louis mit Peitschenhieben traktiert worden wäre. Ein Ludwigsritter machte in der letzten Woche nicht so viel Umstände; da er sich in der Rue des Petits-Champs im Gedränge und in Gefahr fand, von einer bürgerlichen Kalesche überfahren zu werden, nachdem er verschiedentlich deren Kutscher angerufen hatte, anzuhalten, fegte er ihn mit einem Stockhieb von seinem Sitz herunter; man hielt den Wagen an, und der Besitzer begann, den Kopf aus dem Wagenfenster gestreckt, den energischen Fußgänger etwas heftig zu apostrophieren; der ihm jedoch, ohne seine Ruhe zu verlieren, antwortete: ‚Das Leben eines ehrlichen Bürgers, der seinem Vaterland nützlich sein kann, kann auf keine Weise dem eines unverschämten Dieners, der gedungen ist, Passanten zu überfahren, gleichgestellt werden. Ich habe geschworen, keinen zu verschonen, und wenn Ihnen das mißfällt, mein Herr, so steigen Sie aus, und ich werde Ihnen Genugtuung geben.' Als der Besitzer des Wagens sah, mit wem er es zu tun hatte, bot er dem Chevalier seine Entschuldigungen; der unverletzte Kutscher kletterte wieder auf seinen Sitz, wurde gemaßregelt, und alles verlief in schönster Höflichkeit.

Wenn ähnliches öfter vorkommen sollte, würde man es seltener erleben, daß unnütze Frechlinge sich ein Spiel daraus machen, alles, was ihnen in den Weg kommt, umzuwerfen und zu überfahren.

*

Hier ein Scherz, der zu lustig war, um nicht vollkommen gelungen zu sein.

Er bezieht sich auf einen Unglücksfall, der sich neulich auf dem Boulevard ereignet hat:

„Gesuch an den Herrn Baron von Breteuil. Monseigneur wird mit größter Untergebenheit von Denis Topineau, Bürger von Paris, wohnhaft in der Rue de Poitou im Marais, maison du Chapelier, ersucht wie folgt:

Wie er gestern, etwa um 1 Uhr nachmittags, seinen Weg in einer Seitenallee des Boulevard Saint-Honoré zwischen der Wache des Corps de Garde und dem Speicher der Madeleine verfolgte, um nach Hause zum Essen zu seiner Frau zu gehen, die die Töpfe auf dem Feuer hatte; wie er nichts ahnend dahingeht, als eine Karosse, die bis dahin in einer Seitenallee vor einer Haustür gestanden hatte, plötzlich los und ihm mit der Deichsel in die Rippen gefahren sei, so daß er, alle vier in der Luft, hingestürzt wäre; er, der Bittsteller, habe schnell seine Seele Gott empfohlen, denn er habe sich schon tot oder wenigstens verstümmelt gesehen. Mit großer Mühe habe er sich mit Hilfe guter Leute aufgerichtet, die ihn dann unterstützt und nach Hause geführt hätten. Als seine Frau ihn in diesem Zustande habe heimkehren sehen, mit zerrissener und beschmutzter Hose, habe sie angefangen laut zu schreien, und ein Unwohlsein habe sie überfallen. Man habe den Apotheker von der Ecke nebenan gerufen, der ihn untersucht und eine dicke Schwellung gefunden habe, auf die einer seiner Jungen einen Umschlag schweizerischer Kräuter gelegt und ihm gesagt habe, daß er während acht Wochen viel leiden würde, daß es aber nichts auf sich habe.

Darauf habe sich Frau Topineau ein wenig beruhigt, die Nachbarn und sie wünschten, daß er zur Ader gelassen würde, aber er selbst habe es, ängstlich, wie er sei, nicht gewollt.

Der Bittsteller räumt ein, Monseigneur, daß es nicht Schuld

des Wagens sei, daß er nicht gerädert oder nicht verstümmelt worden ist, und daß er Gott eine schöne Kerze schuldig ist.

Die guten Leute, die ihn heimgeführt hätten, haben ihm erzählt, wie der Kutscher und die Bürgersfrau, die drinnen, und der rotlivrierte Lakai, der hintenauf saß, aus voller Kehle über seinen Purzelbaum gelacht hätten. Daß eine andere Karosse und zwei sehr hochsitzige Kabrioletts an der Haustür in der besagten Seitenallee gestanden seien, deren Insassen vor Lachen erstickt wären: daß eine Dame mit einem Mietswagen in diesem Hause wohne; daß diese Dame ein Freudenmädchen namens Rosalie sei, und daß die fragliche Karosse entweder die ihrige oder die ihres Herrn gewesen sei; es sei wahr, daß an dieser Stelle der Chaussee Steine für die neue Madeleinekirche aufgehäuft gewesen seien, die den Verkehr etwas hinderten, aber doch den Karossen genügend Platz zum Anfahren ließen, um die Seitenallee frei zu halten; daß es dem Überlebenden zweckmäßiger scheine, wenn das bewußte Fräulein Rosalie sich die Mühe gäbe, zu Fuß die Seitenallee und die Steine zu überschreiten, um ihre Equipage am anderen Straßenende zu besteigen, als über den Bauch guter Pariser Bürger zu fahren, die ihr Zwanzigstel und ihre Kopfsteuer pünktlich zahlen und alle bereit wären, auch für die Bodensteuer aufzukommen; daß dies nicht der erste Unglücksfall ist, der vorgekommen wäre, zumal in anderen Seitenalleen, besonders an der Ecke der Rue Favart, bei der Comédie Italienne, oder in einer anderen hinter der Oper, Boulevard Saint-Martin, wo gleichfalls Freudenmädchen logierten; daß indessen die Seitenallee des Boulevards nur für Fußgänger bestimmt sei, und Equipagen, Kabrioletts und Pferde niemals dort passieren dürften; daß man, bloß weil man ein Freudenmädchen sei, nicht das Recht habe, jedermann zu überfahren; daß diese Erlaubnis höchstwahrscheinlich vor gewissen Kommissären und Polizeiinspektoren ausginge, da sie wortlos geduldet würde, daß sie aber den Privilegien des Pariser Bürgers widerspräche; daß

jedoch die Fußgänger, wenn sie es darauf ankommen ließen, die Stärkeren sein würden, daß man sich aber kompromittieren würde, wenn man mit seinem Stock gegen Pferde oder andere Tiere anginge; daß der König, wenn er dies wüßte, die Dinge bald in Ordnung bringen würde."
Der Bittsteller, der glücklicherweise mit einigen Kontusionen und einer verdorbenen und zerrissenen Hose davongekommen ist, deren er hofft in sechs Wochen kuriert zu sein, ist zu zartfühlend, um Entschädigungen und Ersatz von der Demoiselle Rosalie zu beanspruchen; da er aber fürchtet, ein anderes Mal nicht so gut wegzukommen, schlägt er vor, Monseigneur, das, was er aus diesen Ausführungen beliebte, dem König vorzutragen, damit es den Karossen, Kabrioletts und Pferden, gleichgültig welcher Herkunft, verboten werde, die Bürger der guten Stadt Paris unter ihre Füße zu treten; daß den besagten Karossen, Kabrioletts und Pferden geboten würde, sich auf der Boulevardchaussee und nicht in der Seitenallee zu halten, so daß sie unter keinem Vorwand besagte Seitenallee besetzen könnten, um hier mit den Fußgängern, zu deren großem Nachteil, in buntem Durcheinander herumzufahren; daß es gleichfalls angeordnet würde, die Straßen sauberer zu halten und daß Gerechtigkeit geschaffen werde."

*

Der Karneval in Venedig dauert, wie man weiß, sechs Monate; die Mönche spazieren in Maske und Domino einher, und auf einem Platz sieht man auf der einen Seite Komödianten, die lustige, aber zügellos ausgelassene Farcen mimen, und auf der anderen spielen Geistliche Farcen anderer Art und rufen aus: „Meine Herren, kümmern Sie sich nicht um jene Stümper; der Polichinell, der sie zusammentrommelt, ist nur ein Dummkopf"; und (hier zeigt er ein Kruzifix): „Hier ist er, der wahre Polichinell, der große Polichinell, hier ist er ..."

*

Eine Gesellschaft vornehmer und reicher Leute, aus zwanzig Personen bestehend, Männern sowohl wie Frauen, hatte die Güter und das Schloß von Ermenonville angekauft, wo sich J. J. Rousseaus Grab befindet, und lebte aus gemeinsamer Kasse im großen Stil, hatte eine eigene Jagd, empfing und sah niemanden unter dem Vorwand, physikalische Untersuchungen zu machen, sich mit Chemie und, wie man vermutet, sogar mit Alchimie zu beschäftigen. Plötzlich verbreitet sich das Gerücht, daß die Gesellschaft sich allen möglichen Scheußlichkeiten ergebe, wie man sie den Templern, den Adamiten, den Albigensern usw. vorwirft. Einige von ihnen sind in die Bastille geschickt worden. Man sagt, der Anführer sei ein berühmter Alchimist, ein Portugiese.

*

Eine Anekdote, die man von Herrn von Calonne erzählt, läßt hoffen, daß er sich leicht über ein Malheur trösten wird, das ihm die Genugtuung verschafft, sich ohne Ablenkung seiner Vergnügungslust hingeben zu können. Selbst zur Zeit, da er den Kopf voll wichtiger Projekte hatte, arrangierte er zu Haus sehr ausgelassene Soupers und fröhlichste Orgien. Wie er eines Nachts nicht schlafen konnte, klingelte er seinem Kammerdiener: „Rosa soll herunterkommen!" (Dies war eine junge Person, die der Kammerdiener seinem Herrn verschafft hatte, wobei er sich nach üblicher Sitte das Recht des Beischlafes ausbedungen hatte.) — „Aber, Monseigneur, haben mir befohlen, Sie um 4 Uhr Ihres Vortrags an die Notabeln halber zu wecken." — „Hör' auf mit deinen Überlegungen, Rosa soll gerufen werden!" Der Kammerdiener gehorcht; beim ersten Morgengrauen zieht sich Rosa zurück. „Aus welcher Laune", fragt sie der Kammerdiener, „hat unser Herr dich heut Nacht bei sich gewünscht? Er hatte einen wichtigen Vortrag durchzusehen." — „Da bin ich nicht erstaunt," antwortet die hübsche Rosa, „daß er die ganze Nacht mit Ausbesserungen von Fehlern verbracht hat."

*

Das Parlament beschäftigt sich mit einer Angelegenheit, die viel von sich reden machen wird.

Ein gewisser La Roche, der sich in seiner Bittschrift bescheidentlich einen Bürger von Paris tituliert, vertraute vor einiger Zeit, als er verreisen mußte, seine hübsche, trostlose, siebzehnjährige Tochter einer Frau an, die dies Vertrauen nicht verdiente. Kurz danach, man weiß nicht wie, fand sich das junge Mädchen in den Armen des Herrn de Meaupou und bewohnte mit ihm das Hôtel de la Chancellerie. Als der Vater nach seiner Rückkehr seine Tochter forderte, wurde sie ihm verleugnet und verweigert. Er blieb hartnäckig. Man gab sie ihm zurück, doch nackt und schwanger.

Dieser Vater meinte Entschädigungen beanspruchen zu können, die ihm ebenso rücksichtslos verweigert wurden.

Darauf reichte er eine Bittschrift ein, in der er um die Bewilligung bat, auf gewaltsame Verführung seiner Tochter klagen zu können, und sein Gesuch wurde von der versammelten Kammer angenommen. Mehrere Personen von Einfluß haben interveniert, um Herrn de Meaupou zu veranlassen, eine so peinliche Affäre wenigstens zu arrangieren; er gibt aber vor, authentische Papiere von dem Einverständnis des Vaters zu haben; er hat nichts hören wollen, so daß die Angelegenheit sich weiter hinausziehen wird. Man behauptet, daß Herr de Meaupou bei einer Zusammenkunft mit dem La Roche gesagt habe: Wenn ich einen Mietswagen nehme, so zahle ich ihn nur so lange, als ich ihn benutze.“ ... „Das ist richtig,“ entgegnete der Vater, „wenn Sie aber Fenster zerbrechen, so müssen Sie sie auch bezahlen.“ Vielleicht ist diese Bemerkung erfunden, aber sie ist mindestens witzig.

Am Spieltisch einer Hofdame, die eine Art Spielhölle unterhält, trafen sich ebenso glückliche wie geschickte Spieler. In den letzten Tagen haben nun fünf Spieler einen Brelan gemacht. Vier von ihnen haben Brelan, sie setzen alles ein. Der, welcher die Karten gab, hält ihn und zeigt einen Brelan in Karo, der alles gewinnt. Einer der vier Verlierenden, der gereizter ist als die anderen, erhebt sich mit einem Fluch und ruft: „Das ist aber ein zu unvorteilhafter Zug!"

Der andere, der gegeben hatte, läßt den Zwischenruf, ohne ihn zu achten vorübergehen und steckt das Geld ein, aber der nun noch mehr gereizte Spieler wiederholt ihn mit noch lauterer Stimme, so daß sich ein lebhafter Disput zwischen ihnen erhebt, der von zwei Wachleuten des Tribunal des Maréchaux de France unterbrochen wurde, die sich ihrer annahmen. Man führt sie zu dem Marschall von Richelieu, und dort plädiert jeder, so gut er kann, für seine Sache.

Der Düpierte behauptet, daß er den anderen keines Wortes gewürdigt hätte; der Geber versichert, daß der Zug durchaus im Bereiche der Möglichkeit sei. Der Maréchal läßt sie sich den Versöhnungskuß geben; der erstere geht, sein Schicksal beklagend, hinaus, um seine Wache zu entlohnen; der andere bleibt und dankt dem Marschall für das weise Urteil. „Dieser Zug ist immerhin recht seltsam", sagt Herr von Richelieu. — „Gewiß, Monseigneur, aber er ist möglich." — „Gehen Sie," erwidert der Doyen der Maréchaux, „ich bin zu nachsichtig, ich hätte Sie ins Gefängnis schicken sollen, in dem Sie so lange verblieben wären, bis der Coup ein zweites Mal herausgekommen wäre." Ein ingeniöses Wort, das beweist, was der alte Krieger in seinem Innersten von dem Abenteuer hielt.

*

Man lacht viel über das Testament eines Engländers, dessen Authentizität garantiert wird; hier eine seiner Klauseln:

„Ich gebe und vermache meiner Schwester N. N. fünf Guineen, die ihr aber nicht während ihres irdischen Daseins ausgezahlt werden sollen; sie sollen ihr sofort nach ihrem Tode eingehändigt werden, damit sie sich standesgemäß begraben lassen kann."

*

Aus London schreibt man, daß unser berühmter Seiltänzer Placide dort wunderbare Vorstellungen gibt, daß es ihm aber teuer zu stehen gekommen ist, einem noch gewagteren Springer begegnet zu sein. Dies ist ein Straßenräuber, der ihm, nachdem er ihm seine Börse entwendet hatte, freundschaftlich die Hand à l'anglaise schüttelte und ihm sagte: „Kamerad Placide, vielleicht werde ich bald einen viel gefährlicheren Sprung machen als die deinen, aber in der Zwischenzeit werde ich ein Glas auf deine Gesundheit trinken."

*

Bei einem Souper wurde erzählt, Mme D. habe die Pocken. „Das erstaunt mich nicht," antwortete jemand, „ich habe sie immer als sehr anspruchslos gekannt." [Vérole = Syphilis; Petite Vérole = Pocken. Anm. d. Ü.]

*

Vor kurzem hat man drei Säbelduelle ausgefochten; das eine vom Chevalier de Cubières gegen M. de Champcenets, der ihn im „Almanach großer Männer" verachtungsvoll behandelt hatte; das andere von einem Unbekannten gegen M. de Narbonne als Entgegnung auf einen Peitschenhieb. Dieser, der ventre-à-terre Paris durchfuhr, hatte jenen Herrn umgeworfen. Da sein Wisky im Gedränge angehalten wurde, war der letztere auf den Wagen gesprungen, um Genugtuung zu fordern, und das erledigte sich in zehn Sekunden. Das dritte hatte lustigere Begleiterscheinungen. Der Bischof von Noyon hat die Forderung von einem jungen Herrn erhalten, der in den Liebesgründen weidete, die der Prälat gepachtet hatte. Die beiden kamen zu einem Zusammenstoß; man wechselte einige Reden, und der Bischof gab dem Greluchon die Firmung.

Dieser, der für die Sakramente wenig übrig hatte, forderte Genugtuung, und der Bischof de Noyon war besonnen genug, zu empfinden, daß ihm die Rolle eines Kirchenfürsten in dieser Angelegenheit nicht gut zu Gesicht stehen würde.

*

Aus London hört man, daß es Herrn von la Motte-Valois gelungen sei, sich wieder in Besitz eines Teils jenes berühmten Colliers zu setzen, daß er gelegentlich seiner Flucht seiner Tante in Bar-sur-Aube anvertraut hatte. Jene Diamanten befanden sich in einem kleinen Fäßchen, dessen kostbaren Inhalt er sorgsam verschwiegen hatte. Gleichzeitig hatte er ihr ein seiner Frau gehörendes Schmuckkästchen und eine kostbare Kassette anvertraut, die auf 1500 Livres eingeschätzt wurde.

Seit er in London war, hatte sich die Domäne im Namen des Königs der Güter des Herrn und der Frau de la Motte bemächtigt; der Tante war es eingefallen, den Schmuckkasten in eigener Person den Kommissären auszuhändigen, aber sie hatte Sorge getragen, die Kassette und das Fäßchen zu bewahren, und hatte sich sogar mehreren Boten gegenüber, die mit Briefen von Herrn von la Motte zwecks Herausgabe der deponierten Sachen kamen, geweigert, sie auszuliefern, und sich damit begnügt, zu sagen, daß sie in Sicherheit seien, und sie sie nur demjenigen geben würde, der sie ihr eingehändigt habe.

Der Herr de la Motte, der fürchtete, auch noch die letzten Reste seines Raubes zu verlieren, schrieb dringend an seine Tante und seinen Onkel, um sie zu einer Übersiedlung nach England zu veranlassen. Vor dem Gerichtshof griff er seinen Onkel an; es gelang ihm, ihn ins Gefängnis werfen zu lassen, aus dem er erst frei geworden ist, nachdem seine Frau sich nach Bar-sur-Aube begeben hatte, um das Fäßchen zu holen und dem Sieur de la Motte zurückzuerstatten.

Es lohnt nicht, diese Angelegenheit mit viel Nachdenken zu beschweren; wer jedoch eines neuen Leitfadens bedürfte, um sich in diesem dunklen Labyrinth zurechtzufinden, könnte sich ihn leicht verschaffen.

*

Man ist immer darauf gefaßt gewesen, daß die Bosheit sich eines Tages in den berühmten Namen des verstorbenen Desbrugnières kleiden würde. Es zirkulieren Kopien eines angeblichen Testamentes. Hier ein Auszug:

„Am 6. Juli, heutigen Tages, habe ich, Fiacre-Pancrace-Honoré Desbrugnières, Rat des Königs, Polizeiinspektor der guten Stadt Paris, gesund an Geist und Körper, mein vorliegendes Testament, so wie folgt, gemacht:

„Zu meinem gesetzlichen und Universalerben bestimme ich meinen lieben und würdigen Kollegen D., ohne daß er genötigt sei, auf die Wohltaten des Gouvernements und auf die einträglichen Schändlichkeiten zu verzichten; und für den Fall des Ablebens seiner natürlichen männlichen Leibeserben, setze ich an seiner Stelle seinen Herrn Bruder ein, weil er gelegentlich der Festnahme des Kardinals von Rohan so große Hoffnungen erweckt hat: alles dies unter der Bedingung, daß sie beide für den Zeitraum von sechs Monaten Trauer anlegen.

Ich vermache Herrn Piépape de Piéplat, Staatsrat, meine Sammlung von Haftbefehlen, die sich in meinem Kleiderschrank befindet.

Ich vermache Herrn Moreau, Historiographen von Frankreich, eine Abhandlung von meiner Hand, dem Erzbischof von Sens gewidmet — ‚Sur l'usage légitime des lettres de cachet" —, mit den geschichtlichen Angaben über alle, die ich exekutiert habe, in zwölf Bänden in Quartformat.

Ich gebe und vermache dem Herrn B., Generalleutnant des Gerichtssprengels zu L., den Cordon noir, den man im Begriff war, mir zu verleihen, um ihm die Achtung zu beweisen, die ich ihm ob seiner geheimen Korrespondenz mit dem Siegelbewahrer und ob seiner glücklichen Überredungskünste zolle.

Herrn Linguet vermache ich 12 (zwölf) Flaschen Galle, die er in seine Tinte gießen mag, und 12 Schmiedehämmer, auf daß er seinen Stil verbessere. Außerdem vermache ich ihm ein gepolstertes Kissen, das ihm auf mehr als eine Art nützlich sein dürfte.

Ich vermache dem Abbé Morellet 24 Sous als Lohn für seine letzte Schmähschrift gegen die Parlamente.

Ich vermache dem Redakteur des ‚Courrier de l'Europe' all die Stockschläge, die mir am Tage meines Ablebens zugedacht werden.

Den Compilateuren des ‚Journal de Paris' vermache ich meinen Nekrolog, den ich selbst verfaßt habe, und der dessenungeachtet von meinen Erben oder der Regierung bezahlt werden wird.

Ich vermache dem Herrn B.-J. von P** ein Paar fester Reitstiefel, einen Sattel und eine Postillonspeitsche, damit er sich schneller an all die Orte begeben könne, wo eine Schändlichkeit ausgeübt oder etwas verdient werden kann.

Ich vermache Herrn von Mazirot, dem Berichterstatter der Gnadengesuche, eine Lederhose für die Reise, denn er hat die seine auf der Straße zu Rouen und der Straße von Moulins abgenützt.

Ich vermache Mme ** ein Exemplar von ‚Parapilla' mit Illustrationen in Kupferstich.[28]

Ich vermache der Frau Herzogin von G. eine Querpfeife aus Elfenbein, damit sie zu ihrer kleinen süßen Stimme flöten kann, wenn sie das Lob des ersten Ministers singt.

Zum Exekutor meines Testaments ernenne ich Herrn von *** in der Hoffnung, daß er mir dieselbe Güte wie seinem Freunde de B. erweisen wird, doch mit dem Bedauern, ihn nicht mit einigen 800 000 bis 900 000 Livres entschädigen zu können; aber ich hinterlasse ihm eine Dose mit meinem Bild, die mit Steinen, falsch wie er selber, geschmückt ist, und die ich ihn bitte aus Zuneigung zu mir anzunehmen."

*

Ein siebzehnjähriges Mädchen, das von einem alten Weib, dem es ein wenig Geld schuldete, hart bedrängt war, entwendete kürzlich ihrer Dienstherrin einen Überrock und einen Unterrock, die es verkaufen ging und die ihr 100 Sous einbrachten. Am selben Tag noch bemerkte man den Diebstahl.

Die Bürgersfrau eilte ungeachtet des Alters ihrer Magd und der Umstände, die sie zu diesem Vergehen veranlaßt hatten, sie anzuzeigen. Wohlwollende Menschen, denen das junge Mädchen seine Schuld gestand, kauften in Eile das gestohlene Gut zurück und händigten es der Herrin ein; jedoch es war schon zu spät, und die arme Unglückliche wurde festgenommen und ins Gefängnis gebracht. Le Chatelet verfügte, daß sie ausgepeitscht und in ein Zwangsarbeitshaus gesteckt werden solle. Beim Appel à minima verurteilte sie die Berufungskammer zum Tode durch den Strang. Daraufhin wurde das Urteil vor zwölf Tagen in ganz Paris veröffentlicht. Der Galgen war errichtet, der Henker hatte sich schon seiner Beute bemächtigt, das versammelte Volk erwartete schon ihr Erscheinen, als es plötzlich, wie sie die Stufen des Chatelet herabstieg, einer Amtsperson gelang, ihr zwei Worte ins Ohr zu flüstern. Augenblicklich stockte ihr Schritt; sie forderte, den Kriminalleutnant zu sprechen und erklärte, daß sie durch Schuld ihres Dienstherrn schwanger sei. Nach diesen Worten wird alles verschoben. Man führt sie ins Gefängnis zurück, um das Urteil der Ärzte und der Hebammen zu hören; da es aber vorläufig unmöglich ist, zu entscheiden, ob die Behauptung wahr oder falsch ist, hofft man, dieser Aufschub würde ihr günstig sein und zur Begnadigung verhelfen. Alles spricht zu ihren Gunsten, und ein Beweis, daß sie nicht verderbt ist, besteht darin, daß, als jemand ihr vorgeworfen hat, daß sie bei ihrem ersten Verhör alles eingestanden habe, und dieser nun versucht, ihr zu beweisen, wie leicht es ihr gewesen wäre, ihrer Strafe durch Leugnen zu entgehen, sie ihn unterbricht: „Oh, mein Herr, man darf vor den Gerichten nicht leugnen, ich würde lieber sterben, als der ewigen Verdammnis anheimfallen."

Als das arme Kind den Strick um den Hals gefühlt hat, mag es nicht ebenso gedacht haben; aber wer könnte ihr einen Vorwurf daraus machen?

*

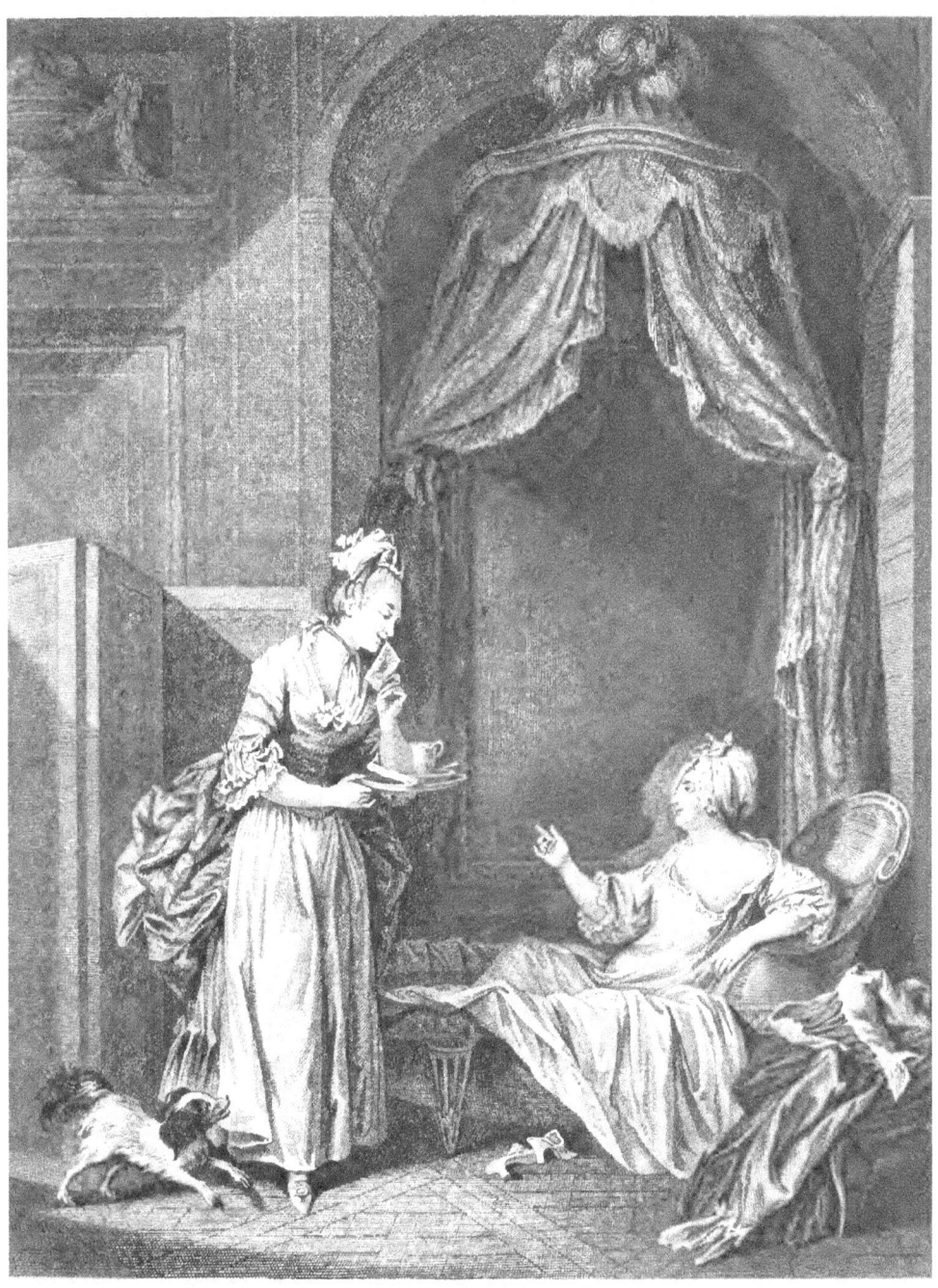

Der Abbé Prévost, der Almosenier bei einem sehr hohen Herrn zu werden wünschte, bemühte die vornehmsten Leute für ihre Verwendung. Als er dem Fürsten vorgestellt wurde, sagte ihm dieser: „Sie scheinen ausgezeichnete Verbindungen zu haben, ganz Paris spricht ja nur von Ihnen; aber, sagen Sie doch, welchen Rang erstreben Sie? Mein Almosenier ist einer meiner Beamten, den ich am wenigsten benötige, da ich niemals zur Messe gehe." — „Gerade deshalb bitte ich um die Stelle, die wie für mich gemacht ist: Sie gehen nie zur Messe, und ich lese nie die Messe."

*

Pousse, der berühmte Pariser Mediziner, hatte sich gelegentlich eines Pockenanfalls beim Dauphin große Verdienste erworben; er war Normanne und recht gewöhnlich; so sagte er zur Königin: „Beunruhigen Sie sich nicht, ich werde Ihnen Ihren Jungen zurückgeben." Dem König sagte er: „Diese kleine Frau (die Dauphine) läuft immer hinter mir her, sie fürchtet, ihren Gatten zu verlieren, aber wir werden ihn ihr erhalten."

*

Der Herzog von A***, der zur Friedenszeit, gelegentlich der Reform, befragt wurde, was er davon hielte, gab dem König zur Antwort:
„Sire, ich glaube, daß Sie die Taufe reformieren sollten, damit wir dann in Frankreich weniger Commères und Compères hätten."
Derselbe Herzog sah eines Tages Mme de B., eine Frau von monströser Statur. Er fragte, wer diese Frau sei. „Monsieur, sie ist eine Dame aus der Provinz." „Wie, eine Dame aus der Provinz? Sagen Sie doch lieber, sie ist eine ganze Provinz auf einmal."

*

Ein junger Provinziale berichtet einem seiner Freunde über die seltsame Art, auf die er sich seit einiger Zeit verheiratet findet:

„Am 2. des Monats begab ich mich in das Schloß von M., um an dem Vergnügen teilzunehmen, das er anläßlich der Hochzeit seiner ältesten Tochter mit M. gab. Ich kam als einer der letzten an, obschon ich seit langem eingeladen war, und fand die Appartements alle besetzt. M. drückte mir sein lebhaftestes Bedauern darüber aus, indem er mir versichert, er selbst würde das Zimmer wechseln, um mir sein Bett zu überlassen. Nach einem Moment des Nachdenkens sagt er mir: ‚Ich überlege eine gewisse Sache; Sie, der Sie ein Sohn des Mars sind, haben sicher keine Gespensterfurcht; ich gestehe, daß sie mir selbst schreckliche Angst einflößen. Ich hatte zuerst vor, Ihnen mein Zimmer abzutreten und in einem anderen, das leer steht, weil die Geister dort umgehen, zu schlafen. Wenn Sie das Risiko wagen wollen, werde ich für Ihren Teil beruhigter sein als etwa für meinen.' Ich lachte laut auf, und ohne an der Wahrheit meiner Antwort zu zweifeln, antwortete ich ihm, daß ich die Gespenster bis zum Wahnsinn liebe; die Folge davon war, daß nach dem Souper zwei an allen Gliedern zitternde Domestiken mich in diesem Zimmer einrichteten, das ich bald in Besitz nahm, indem ich mich zur Ruhe legte.

Ich war schon halb im Schlaf, als ein leichtes Geräusch meine Blicke nach der Tür lenkte; ich sah jemand, dessen Geschlecht sich nicht erkennen ließ, aber den ich als ein Wesen von Fleisch und Blut einschätzte, hereintreten; denn tatsächlich glaubten meine Sinne nicht einmal an die Möglichkeit eines Phantoms. Das Wesen näherte sich dem Feuer und schürte es auf; beim Flammenschein, der auflöderte, sah ich deutlich, daß es eine junge Frau war.

Nachdem sie die nötigen Vorsichtsmaßregeln getroffen hatte, um eine Feuersbrunst zu verhüten, näherte sie sich meinem Bett und kroch unter die Decke.

Ich zog mich an die entgegengesetzte Wand zurück, und da ich gewiß war, sie nicht zu stören, begnügte ich mich damit, mich äußerst ruhig zu verhalten, um sie nicht zu wecken; sie streckte einen Arm nach mir aus, der mich glücklicherweise nicht erreichte, aber da ich beim Schein des Feuers einen Ring an ihrem Finger erblickt hatte, konnte ich der Versuchung nicht widerstehen, mich seiner zu bemächtigen. Er saß lose und glitt ohne die leiseste Anstrengung herab. Gegen 4 Uhr morgens hielt es meine Gefährtin für gut, sich ohne Abschied zu entfernen; sie ging zweimal um das Zimmer herum und schritt hinaus nach dem ihren.

Was mich betrifft, verblieb ich in einem Zustand, der sich schlecht beschreiben läßt. Sie werden meiner Versicherung gern glauben, daß an Schlaf nicht zu denken war. Als am nächsten Morgen die ganze Gesellschaft beim Frühstück versammelt war, fragte man mich, ob ich irgendeine Erscheinung gesehen hätte. Ich antwortete bejahend, daß ich aber, ehe ich fortfahren würde, die anwesenden Damen bäte, mir zu sagen, ob keine unter ihnen einen Ring verloren habe. Fräulein **, die jüngere Schwester der jungen Frau, rief aus: ‚Oh, wahrhaftig, ja, ich habe meinen Ring verloren!' Da erhob ich mich, nahm sie bei der Hand und sagte: ‚Hier ist das hübsche kleine Gespenst, das mir heut nacht Besuch gemacht hat.'

Darauf erzählte ich die Geschichte mit dem Bett. Alle lachten sehr, mit Ausnahme der charmanten kleinen Nachtwandlerin, die in einer bemitleidenswerten Verfassung war. Darauf trat M. zwischen uns, drückte unsere Hände in der seinigen und sagte folgendes: ‚Mein Freund, da meine Tochter in der vergangenen Nacht indiskret genug gewesen ist, Ihren Schlaf zu stören, erlaube ich Ihnen, den ihren in der kommenden Nacht aufzuhalten.' Die Hochzeit wurde noch am selben Tage gefeiert, und ich bin der Glücklichste aller Sterblichen.

*

Ein Maître de requêtes, von dem die Chronique scandaleuse schon mehrmals berichtet hat, ging für einige Zeit seiner Freiheit verlustig, weil er am Verfalltag nicht die 400 000 Livres bezahlte, die er Mlle Adeline schuldig war. Ein Arrangement mit seinen Gläubigern hat ihn der Gesellschaft zurückgegeben. Dieser Tage erblickte er in einer kleinen Loge der Comédie Italienne eine schöne Ausländerin, die er begehrte, und eilte zu ihr.

Adeline, die dies bemerkt hat, begibt sich wütend zu ihnen, trennt sie mit Faustschlägen und droht ihrer Rivalin, sie zu töten, wenn sie noch einmal wagen würde, nach ihrem Liebhaber zu trachten. Diese zärtliche Eifersucht, diese so delikate Anhänglichkeit zeigen, wie sehr die vorsichtige Adeline damit rechnete, daß die Geschäfte ihres Bittschriftenherrn sich noch arrangieren könnten.

Aber ach, am Morgen nach diesem unerfreulichen Abenteuer hat ihn ein geheimer Haftbefehl fünfzig Meilen weit von Paris geschickt, und dank der Opfer, die seine Schulden bedingten, ist er auf 6000 Livres Rente reduziert.

*

Man erzählt sich eine Anekdote, die einen der glühendsten Protestantenfeinde und deren ehrenwerten Protektor charakterisiert.

Mme ** wünschte vor einiger Zeit, einen sterbenden Christus zu besitzen. Herr David, der Maler, zu dem sie geschickt hatte, stellte ihr vor, daß sein Pinsel der Geschichte geweiht sei, und daß seine geringen Neigungen für das fromme Genre ihn fürchten ließen, dem Vorwurf nicht gerecht zu werden; immer in dem Streben, sich von einem solchen Auftrag zu befreien, fügte er hinzu, daß ihn das eine beträchtliche Zeit kosten würde, und daß er das Gemälde nicht unter 1000 Talern machen könne.

„Einverstanden!" antwortet Mme ** „Aber", sagt nun seinerseits der Maler, von diesem letzten Argument in die Enge getrieben, „ich weiß nicht, wie ich mir ein Modell verschaffen soll." „Ich habe, was Ihnen fehlt," antwortet sie wiederum, „und ich werde Ihnen einen Brief für den Pater Séraphin mitgeben: nach seinem Ebenbild wünsche ich meinen Christus."

David präsentiert sich mit Mme *** Brief beim Pater Séraphin, der sich von der Pflicht, die man ihm auferlegt, sehr geehrt fühlt. Darauf läßt der Maler diesen Unglücklichen an einem Pfahl befestigen; in zwei Sitzungen schafft er den Kopf, und aus Furcht, die Gefälligkeit des Kapuziners zu sehr in Anspruch zu nehmen, malt er den Körper nach einem anderen Modell.

Als das Werk beendet ist, trägt David es zu Mme ***, die, als sie das Haupt des Gekreuzigten erblickt, in eine Ekstase von Freude und Devotion gerät, dann aber, sich über den Körper beugend, ausruft: „Ah, Monsieur, was haben Sie da gemacht? Ich schwöre Ihnen, dies ist nicht Pater Séraphins Körper; er ist nicht so fett."

Der Maler war gezwungen, zu gestehen, wie es sich verhielt.

„Nehmen Sie Ihr Bild wieder mit," sagt Mme ***, „den Pater Séraphin wünschte ich zu haben, seinen Kopf und seine Gestalt."

David zog sich unwillig zurück, ohne sein Gemälde mitnehmen zu wollen. M**, der unter den lächerlichen Handlungen seiner Frau leidet, beendete die Diskussion; er begab sich zu Herrn David und zahlte ihm seine 2000 Taler.

*

Der Herr Marschall von Richelieu, den man einige Monate vor seinem Ableben totgesagt hat, zeigte sich am selben Tage in der Oper. Am nächsten Morgen lud er den Marschall von Biron und den alten Thuret zu Gaste. Dieses Triumvirat, auf dem Jahre, Myrten und Lorbeeren schwer lasteten, hat sich an wechselseitigen Erzählungen aller Freuden und Erinnerungen sehr vergnügt.

Galant bis zu den Pforten seines Grabes, hat der Maréchal de Richelieu der Herzogin de Fronsac eine charmante Antwort gegeben, als sie ihn zu der Besserung seiner Gesundheit beglückwünschte: „Papa, ich finde Sie frisch und mit ausgezeichneter Miene."

„Augenscheinlich", antwortete der Maréchal, „halten Sie mein Gesicht für einen Spiegel, der Ihre eigenen Züge widergibt."

Allgemeine Konsternation. Unsere Gesellschaften hallen von Schmerzensrufen wieder. Und was ist ihr Gegenstand? Mlle Contat. Aus Angst, dick zu werden, hatte sie seit einem Monat jeden Morgen einen Viertelschoppen Essig getrunken. Diese Unvorsichtigkeit hat sie in einen schrecklichen Zustand versetzt. Gestern hatte man sie aufgegeben; der Kurat von Saint-Auspice hat sie besucht und ihr gedroht, falls sie nicht dem Theater, Molé und dem Grafen L. entsagen würde, ihr nach ihrem Tode die Ehre zu verweigern, sie in seinem Kirchhof begraben zu lassen.

Ihre Krankheit hat auch noch andere Ursachen: einen Streit mit ihrem zärtlichen Liebhaber, der einige Kratzwunden mit drei oder vier Faustschlägen auf ihr hübsches Gesichtchen beantwortet hat. Man versichert, daß die Art und Weise, mit der Herr von M. seine Meinungsverschiedenheiten betonte, den Damen stark mißfällt. So sehr sie auch an Neuigkeiten gewöhnt sein mögen, so schwer dürfte es ihnen fallen, sich solchen anzupassen, die von den starken Burschen der Hallen der Öffentlichkeit gelehrt werden.

*

Der durch seine Bizarrerien bekannte Chevalier de Forges hat all den anderen, mit denen sein Lebensweg dicht besät war, noch eine letzte zugefügt, nämlich die, bei einem öffentlichen Mädchen zu sterben. Als sehr reicher Mann verfiel Herr de Forges der konträren Übertreibung unserer jungen Leute, die sich mit unseren weiblichen Vampyren ruinieren: er gab wenig. Bescheidentlich bot er dreimal in der Woche seinen kleinen Taler einem Fräulein, das sich mit gewöhnlichen Wasserträgern zufrieden gab und die ihn darin kannte, da er einer ihrer besten Kunden war. In diesen letzten Tagen empfand er das dringende Bedürfnis, in den Armen der Wollust zu sterben, und er begab sich zu seiner Liebsten, wo er in einem Armsessel seine Seele aufgab.

Es ist derselbe Chevalier, der den Titel eines „Marquis des irdischen Paradieses, Vicomte der Hölle, Seigneur aller Teufel" angenommen hatte, und der mit einem Vikar zu prozessieren wünschte, weil der sich weigerte, diese Titel bei der Taufe eines seiner Kinder ins Register einzuschreiben. Er war es auch, der sich weigerte, ein Haus zu verkaufen, das in dem Bezirk lag, der zur Errichtung einer neuen Markthalle bestimmt wurde, und aus diesem Anlaß einen Prozeß mit der Stadt anfing, ihn gewann und die Stadt zwang, neue Pläne zu entwerfen. Auf dieses Haus ließ er ein Bild malen, das noch heute zu sehen ist und einen lebensgroßen Hammel darstellt, der einem Wolf eine Grimasse schneidet. Er zwang die Mieter dieses Hauses zu einer kontraktlichen Verpflichtung, in der verfügt wurde, daß sie für Erhaltung dieses Bildes Sorge tragen müßten. Bizarr, wie er in allem war, ging der Marquis des irdischen Paradieses in eigener Person auf den Markt, mit einem alten Mantel angetan, den er seinen Tausendtalerrock getauft hatte, weil, wie er sagte, dies Kleidungsstück ihm diese Summe Ersparnis eingebracht habe.

Als ein Freund ihn beauftragte, ein gewisses Fräulein um ihre Hand für ihn zu bitten, fand er diese nach seinem Geschmack, hielt selbst um sie an, errang sie mühelos und vermählte sich mit ihr. Darauf verliebte er sich in eine sehr hübsche Jüdin; er verführte sie, entführte sie und richtete sie in einem kleinen Appartement ein. Als er erfuhr, daß ihre Eltern eifrige Nachforschungen nach ihr anstellten, fand er es für gut, zu einem Erzbischof zu gehen, ihm zu erzählen, daß ein ihm bekannter Geistlicher eine junge Jüdin zum Katholizismus bekehrt habe, und erlangte von dem Prälaten eine Ordre, dahin lautend, daß sie in einem Kloster untergebracht werden solle, um so den Tyranneien der Eltern, die sich einer Bekehrung widersetzten, zu entgehen. Der Geistliche, der in diesem Fall dem Chevalier Kupplerdienste leisten sollte, empfing ein Benefiz für sein gutes Werk. Als die Mutter erfuhr, wo ihre Tochter untergebracht sei, schlug sie ungeheueren Lärm; die Gattin des Verführers verband sich mit ihr und der „Seigneur de tous les diables" verließ seine Mätresse, die, um sich an ihren Eltern zu rächen, nichts Besseres zu tun fand, als nun wirklich ihren Glauben abzuschwören und den Schleier in eben diesem Kloster zu nehmen. Sie war gescheit genug gewesen, aus ihrem Liebhaber eine beträchtliche Summe zu ziehen, und entfloh zwei Jahre später mit dem ehrsamen Geistlichen, dem der Chevalier sein Vertrauen geschenkt hatte.

*

Paris wird unvermerkt mit empfindsamen Frauen verseucht — ich weiß nicht, ob man sich dieses so lächerlichen Epithetons bedienen darf, das ein geschmackloser Esprit zur Tagesmode gemacht hat. Es sind Frauen, die im Bestreben, Schärfe des Geistes mit schönen Gefühlen zu paaren, sich nur noch in sinnlosem Geschwätz ergehen. Ein leichtes wäre es, ein recht pikantes und recht neuartiges Bändchen zusammenzustellen, wenn man sich damit vergnügen wollte, all die Worte zu sammeln, die Mme de Stael, die Frau des schwedischen Gesandten, seit 14 Tagen geäußert hat. Ihre Ausdrucksweise entlehnt viel aus Herrn Neckers, ihres Vaters, geschraubtem und obskurem Stil. Es ist wohl wahr, daß sie behaupten könnte, daß man ihr viel zu viel jener dunklen Redewendungen zuschreibt. Man könnte ihr aber auch das antworten, was Herr von Saint Lambert vor der versammelten Académie Francaise dem Abbé Voisenon, der sich über die Lächerlichkeiten, die man ihm zuschrieb, beklagte, entgegnete: „Man leiht nur den Reichen."

Ein einziger Satz genüge, um die Redeweise der Marquise von Condorcet, Gattin des gleichnamigen Akademikers, und ihre Gefühle für die Nachwelt zu illustrieren. Spricht man ihr von Schwangerschaft, so antwortet sie, „man bleibe mir ferne mit solchen Gedanken; ein ähnliches Ereignis würde mir nur eine große Pein bereiten. Der Gedanke, daß mein Sohn, wes Geistes Kind er auch sei, im Verhältnis zu seinem Vater immer nur ein

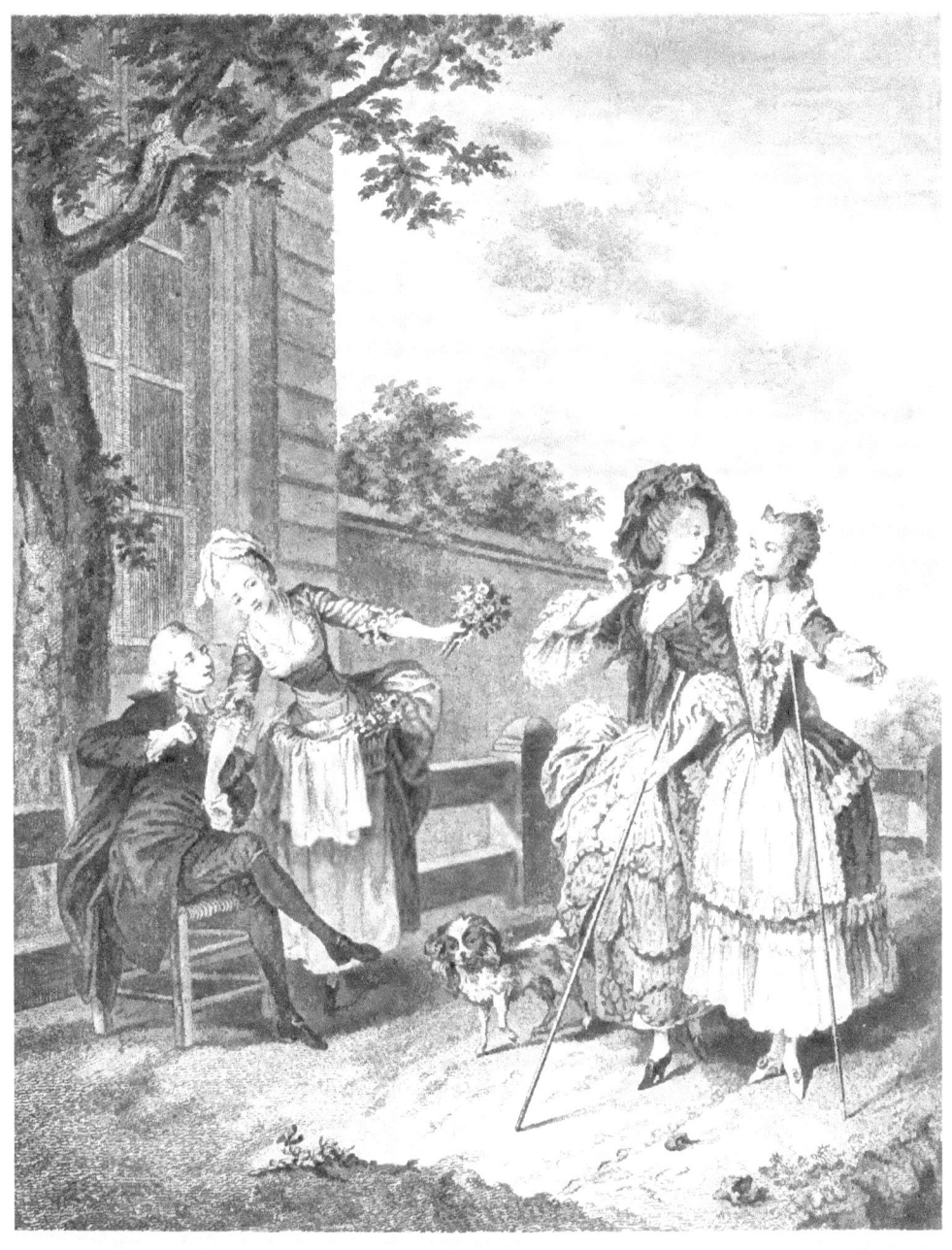

Ignorant sein würde, wäre mir unerträgliche Qual. Die Natur, die mit Wundern geizt, bringt niemals zwei hintereinander in der gleichen Familie hervor."

Wenn man von schönen Gefühlen spricht, zitiert man auch die Vicomtesse von D***, die kürzlich gefragt wurde, ob sie bald niederkäme. „Um Gotteswillen, sprechen Sie mir nicht davon, denn ich zittere davor, nicht in dem Gedanken an die Schmerzen, die mir bevorstehen, sondern an die Verzweiflung, die mir dadurch beschieden sein wird, daß mein Kind durch seine Geburt mir und meinem Schoß entrissen wird."

Die Bemerkung der jungen Herzogin von L. ist viel naiver und viel natürlicher. Sie hatte eine sehr schwere Niederkunft. Mehrere Tage schwebte sie in Lebensgefahr. Als sie entbunden war und man ihr sagte, das Kind sei ein Sohn, rief sie aus: „Wie froh bin ich darüber, er wird nie niederzukommen brauchen."

*

Drei Dinge erregen neugierige Gemüter: 1. das Haus des Fräuleins Dervieux. Es ist ein Tempel. Man hat nichts Ähnliches weder bei den königlichen Gebäuden noch sonstwo gesehen, das so prächtig und so bequem ist; um sich eine Idee davon zu machen, lese man die Märchen aus Tausendundeiner Nacht. 2. Das unterirdische Interieur des inmitten der Gärten des Palais Royal gelegenen Circus. Scharenweise strömen die Menschen dorthin, aber alle verlassen es mit kritischen Gefühlen; man ist sich nämlich nicht klar darüber, zu welchen Zwecken es dienlich sein könne. 3. Die Gemälde des Herrn de Calonne von Mme Le Brun. Alles eilt dorthin, sie zu sehen, und alles ist verblüfft, daß dieser Generalkontrolleur es verstanden hat, in so wenig Zeit so viele Meisterwerke zu sammeln.

*

Während der zwei Osterwochen hat Mme Dugazon in Amiens gespielt. Eines Morgens fand sich ein junger Mann bei ihr ein und bot ihr alles, was er besaß: sein Herz und 25 Louis.

Die Schauspielerin maß ihn würdevoll von Kopf zu Füßen und sagte mit imponierendem Tonfall: „Junger Mann, behalten Sie Ihre Huldigung und Ihre 25 Louis; gefielen Sie mir, würde ich Ihnen 100 geben."

*

Auszug aus einem von Mme Sophie an eine ihrer Freundinnen anläßlich der Feuersbrunst der „Menus plaisirs de sa Majesté" gerichteten Brief:

Paris, am 26. Juni 1788.

„Sicherlich haben Sie in den Zeitungen von der schrecklichen Feuersbrunst gelesen, die die Menus plaisirs du roi ergriffen hat; ich schulde Ihnen aber, liebe Freundin, einige Details über die wichtigsten Verluste, deren Folgen schwerer sind, als man meinen will. Dieses schreckliche Feuer hat die Göttinnen der Oper fast völlig entblößt. Das Feuer hat auf die Kostümmagazine übergegriffen, und nur einem Wunder ist es zu verdanken, daß man ihrer einige gerettet hat. Der verführerische Venusgürtel ist verbrannt; die modernen Grazien werden schleierlos schreiten, was ihnen wohl nicht so gut stehen wird wie einst den antiken. Merkurs Helm, sein Schlangenstab, seine Flügel sind vom Feuer verzehrt worden; glücklicherweise hat man seine Geldtasche retten können. Amor hatte schon langst nichts mehr zu verlieren, es sei denn etliche Pfeile, die unbenutzt lagen und die man nur mit Mühe gefunden hat, so unkenntlich hatte sie das Feuer gemacht; aber man versichert, daß Merkur, um ihn über diesen Verlust zu entschädigen, sich entschlossen hat, fürderhin seine Börse mit ihm zu teilen, die ihm soviel angenehme Glückszufälle eingebracht hat. Was die kalte und traurige Pallas anbetrifft, so sind auch ihre Rüstung, ihr Helm und der süperbe Federbusch, der sie beschattete, zu Asche reduziert worden. Einige Tage lang war sogar das Gerücht verbreitet, ihr Schild sei gänzlich zerschmolzen; leider hat man ihn aber intakt wiedergefunden, und sie fährt fort, auf Finanziers, unverschämte Parvenüs und Staatsbeamte zu wirken. So heftig, so gierig waren die Flammen, daß sie die mannigfaltigen Objekte, die man ihnen entrissen hat, ganz geschmolzen haben. Apollos Lyra hat man nicht wiedergefunden, und seine Lorbeeren sind so versengt, daß man befürchtet, es wird lange dauern, bis sie wieder Blätter treiben. Alcindors prächtige Gärten sind verschwunden und ebenso König Ormus' Palast. Didon, Armida haben ihr Besitztum glücklich gerettet; alle Welt ist ob ihres Liebreizes entzückt. Aber der Wagen, der der Sonne und der Natur diente, und der in dem so naturgetreuen Prolog zum ‚Tartaren' so zierlich in der Luft schwebte, ist nicht verschont geblieben, ebensowenig wie die Berge von Linon, die die guten, dicken, recht fühlbaren Schatten (ich sage nicht dazu viel gefühlten Schatten) drapierte: wozu denn lästern? Wollte ich Ihnen alle Verluste aufzählen, meine liebe Freundin, würde mein Brief nie enden. Man sagt, daß sich mit Geld alles reparieren läßt ... Ah, ich glaube es!"

*

In den Osterwochen hat man auf die ambulanten Priesterinnen Cytheres, die im Palais Royal herumwimmelten, Jagd gemacht; aber bald waren die Galerien und das ‚Camp de Tartares' verödet. Die Händler dieser einsamen Stätten haben Gesuche eingereicht, um der Verödung ein Ende zu bereiten. Die Polizeiverfügungen verschwanden, der Zulauf beginnt von neuem, und der mannigfache Handel nimmt seinen alten Weg im Palais Royal wieder auf.

*

Einige Fromme sind recht skandalisiert darüber gewesen, bei der Promenade zu Longchamps hinten auf den Wiskies in Kutte und Kapuze gekleidete Jockeis zu erblicken, die den Franziskanermönchen glichen. Diese frommen Zensoren haben augenscheinlich nicht bemerkt, daß die Maronenverkäufer des Palais Royal seit mehreren Jahren dies geheiligte Kostüm adoptiert haben, ohne bei den Kapuzinern irgendwelchen Anstoß zu erregen.

*

Der Tod des Herzogs von Richelieu hat Aufsehen gemacht. Ein jeder zitiert einen galanten Zug dieses alten Seigneurs, jeder spricht von seiner Liebenswürdigkeit und besonders von seiner Gerissenheit. Er war erst 15 Jahre alt, als man ihn seiner Streiche halber, begangen an der jungen Herzogin von Burgund, in die Bastille schickte. Man überraschte ihn eines Tages in den Falten des Betthimmels seiner Fürstin, wo er sich aber einzig und allein versteckt hatte, um sie bei ihrem Schlafengehen zu erschrecken. Als diese Prinzessin ein anderes Mal über den Balkon zu Marly geneigt stand, griff er mit seiner Hand leise unter ihre Röcke. Ohne Zweifel hätte man ihm verziehen, aber andere hatten es gesehen, es wurde geklatscht, die Prinzessin war genötigt, Unwillen zu bezeigen, und der Leichtfuß wurde in die Bastille geschickt. Im Jahre 1715 wurde er dort noch einmal für sechs Monate auf den Wunsch seines Vaters untergebracht, Frau von Maintenons Bitten zum Trotz, die seinen Geist bewunderte und sich über seine Streiche amüsierte. Sein Vergehen bestand in diesem Fall darin, 20 000 Franken im Spiel verloren zu haben. Frau von Maintenon fand, daß die anderen, die sie gewonnen, schuldiger wären als der Verlierer.

*

Vestris, der ehemalige „Gott des Tanzes", erschien, eine Bittschrift tragend, vor einigen Tagen in Gesellschaft ausgedienter Kameraden, zur Audienz beim Minister. Dieses Gesuch, das einen detaillierten Bericht ihrer langen Verdienste um das Ballett enthielt, hatte zum Zweck, den Baron de Breteuil um gütige Intervention zu bitten, auf daß man ihre Pension nicht einschränke. Der Minister sagte ihnen, daß die Regierung, die sich in einer Notlage befand, ihnen keine Vergünstigung zugestehen könne, die den Militärpersonen gleichfalls versagt worden wäre. „Aber, Monseigneur, große Talente verdienen berücksichtigt zu werden." — „Die Staatsräson ist über die großen Talente erhaben", antwortete der Minister, indem er die Bittschrift zerriß.

Vestris, der sehr verletzt war, daß man die Staatsräson großen Talenten vorziehen könne, verließ diese Audienz, um zu verkünden, daß Frankreich verloren sei, weil der Minister sich nicht für den Tanz begeistere.

*

Madame de S***, eine jener Frauen, die ihren Stolz nicht darein setzen, ihrem Liebhaber treuer zu sein als ihrem Gatten, hatte eines Nachts dem Chevalier de Boufflers, einem neuen Bewunderer ihrer Reize, Rendezvous gegeben, als ein lästiger Mensch plötzlich dazukam und die Freuden störte, die sie im Begriff waren, zu genießen. Wer war nun dieser Zudringliche? Der Gatte? Keineswegs, denn zur Zeit befand der sich in Amerika; es war ein ehemaliger Günstling, der Baron von V***, der aber fast in Vergessenheit geraten war, denn seine Liebe war schon vor acht Tagen. Die beiden Rivalen trafen sich lachend.

„Es wäre zu gewöhnlich," sagte der neue Ankömmling, „sich unserer Mätresse halber die Kehle abzuschneiden."

„Suchen wir ein weniger abgebrauchtes Mittel, um zu bestimmen, wer von uns beiden die Nacht bei ihr zubringen wird."

Und nach manchem Scherzwort, das Mme de B** mit ruhiger Miene anhörte, kamen der Baron und der Chevalier überein, die Gunst dieser Frau in einer Partie Piquet auszuspielen.

Mme de B*** begab sich in dem sicheren Bewußtsein, nicht allein zu bleiben, zu Bett, während ein glücklicher Zufall zu ihrem Vorteil entscheiden sollte. Beim ersten Zuge hatte der Baron 45 Points und rief jeden Moment, gleichwie als Paradox auf die Szene Aldobrandins im „Magnifique" aus: „Schon habe ich 45 Points auf das mir versprochene Glück voraus."

Doch lange dauerte dies Entzücken nicht. Ein Repic versetzte den Chevalier an das Ziel seiner Wünsche und erkannte ihm Mme de B*** zu, die aber am nächsten Morgen zu ihm sagte, daß er gute Stiche nur beim Piquet zu machen verstehe.

*

Folgende Anekdote zeigt, bis zu welchem Exzeß eine Frau den ehelichen Haß treiben kann. Eine Provinzlerin, die höchstwahrscheinlich eine größere Stadt bewohnte, empfand in kürzester Zeit eine heftige Abneigung gegen den Mann, mit dem Hymen sie soeben für immer verbunden hatte; schließlich wuchs ihre Aversion gegen ihn derart, daß sie sich das scheußlichste Projekt ausdachte, um ihn zu verderben und sich auf immer von ihm zu befreien. Der Zufall hatte sie entdecken lassen, daß ein gleichnamiger Verbrecher die Aufmerksamkeit der Justiz erregt hatte, und daran knüpfte sie ihr schwarzes Gespinst.

Um ihr verabscheuungswürdiges Vorhaben auszuführen, verließ sie zunächst heimlich ihren Wohnort und begab sich nach Paris. Nach einigen dort verlebten Monaten schrieb sie dem Manne, den sie zu so ungelegener Zeit verlassen hatte, einen Entschuldigungsbrief und teilte ihm mit, daß sie in der Lotterie eine beträchtliche Summe gewonnen habe, die sie ihm gleichzeitig anvertrauen wolle, da sie nicht genügend sparen könne.

Der gute Gatte, der sich schmeichelt, daß die Entflohene ihre Irrwege eingesehen habe, begibt sich in Eile zu ihr. Wie groß aber ist sein Erstaunen, als er, in der Hauptstadt angekommen, erleben muß, wie er in Gewahrsam genommen und in ein dunkles Gefängnis geworfen wird, ganz wie ein gemeiner Verbrecher! Beim Verhör fiel es ihm nicht schwer, den Irrtum aufzuklären, doch mit außerordentlichem Schmerze erfuhr er, daß seine Frau, die er auf guten Wegen wähnte, einzig und allein die Veranlassung dazu gewesen war, weil sie der Polizei sein Signalement gegeben und sie benachrichtigt hatte, daß ein auf Lebenszeit Verbannter diesen Bann gebrochen habe und in der Hauptstadt weile. Der allzu vertrauensselige Gatte wurde bald in Freiheit gesetzt und kehrte voll Schmerz und Trauer über seinen arg getäuschten Glauben in seine Provinz zurück. Seine perfide Frau war empört, daß es ihr mißlungen war, ihn im Gefängnis umkommen zu sehen und entsagte keineswegs ihren Hoffnungen auf Rache. Sie folgte ihm in die Stadt, in der sie gemeinsam gewohnt hatten, und erhob dort eine Scheidungsklage gegen ihren Mann unter dem hinterlistigen Vorwand, daß sie, unglücklicherweise zu eilig verheiratet, erst später erfahren habe, daß er auf der Schulter ein Brandmal der Justiz trage, daß er gerichtlich verurteilt und darauf gebührend ausgepeitscht, gebrandmarkt und zur Galeere verdammt worden sei.

Die Scheußlichkeit dieser neuen Anklage ward nur zu bald entdeckt, immerhin aber erst, nachdem die Justiz ihre mannigfachen Formalitäten erledigt hatte; der Gatte wurde gezwungen, sich von den Chirurgen visitieren zu lassen, die nach mehreren Abreibungen mit Essig erklärten, daß er niemals von der Justiz gebrandmarkt worden sei. Die verschiedentlichen Gerichtshöfe, die mit diesem scheußlichen Prozeß beschäftigt waren, vermochten nur die heftigste Entrüstung über diese Frau zu empfinden.

Ich nehme jedoch an, daß meine Leser nur mit Erstaunen vernehmen werden, daß sie nur zu einer ganz geringen Strafe und zu den niedrigsten Prozeßkosten, 700 Livres, verurteilt worden ist. Hätte nicht die Auflösung der Ehe entschieden werden müssen?

*

Der Chevalier von N. stand in hoher Gunst bei der Präsidentin von **, mit der er während der Abwesenheit des Präsidenten, der sich auf einem seiner Güter zu einem achttägigen Aufenthalt befand, eine lustvolle Nacht zu verbringen hoffte. Der Mann aber kam zu unrechter Zeit zurück, wie es alle Romane zu erzählen wissen. Das plötzliche Erscheinen des Gatten störte das zärtliche Tête-à-tête.

Der Chevalier selbst erzählte das Abenteuer; denn wie viele andere Leute kapriziert er sich nicht darauf, diskreter zu sein als treu:

„Fortgerissen von den Wonnen, die die Liebe uns bot, waren wir im Begriff, uns ihr zu überlassen. Die Kammerfrau servierte uns ein delikates Souper, das mit der Sorgfalt einer verliebten Frau gewählt war. Kaum hatten wir uns niedergelassen, als wir an der Haustür einen heftigen Lärm vernahmen. Welch Ärgernis! Es war der verfluchte Ehemann! Ich mußte mich in einer Garderobe verstecken. Meine Geliebte versicherte mir, daß sie ihren Gatten verhindern würde, die Nacht bei ihr zu verbringen und untersagte mir, eher aus meiner Nische herauszukommen, als bis sie klingeln würde.

Die Schüsseln wurden versteckt und sie warf sich geradwegs in ihr Bett. Der Mann erkundigte sich beim Eintreten ernsthaft nach ihrer Gesundheit. Sie schützt eine Migräne vor, große Müdigkeit in den Beinen, kurz, all die kleinen Unannehmlichkeiten, aus denen die Frauen bei gewissen Gelegenheiten so guten Nutzen zu ziehen wissen. Unser Mann wünsch zur Nacht zu speisen. Man bietet ihm ein schlechtes Essen. Wie er schließlich anfängt, in seinem Fauteuil einzunicken, rät ihm seine Frau, sich schlafen zu legen.

„Du hast recht," sagt er augenreibend, „klingele doch, ich bitte."

Aber ach, grausames Mißverständnis! Meine Geliebte klingelt mir, anstatt dem Mädchen.

Kühn trete ich in das Gemach. Sie erblickt mich und erzittert; aber ohne den Kopf zu verlieren, stürzt sie sich auf die Kerzen, die sie im Augenblick verlöscht, und ruft mit erschrockener Stimme aus: der Teufel sei da, sie habe den Teufel gesehen. Der Mann, der mir den Rücken wendete, hatte mich nicht gesehen; ich ahnte, was die Folgen dieses Quiproquos sein könnten, und da ich mich eiligst zurückziehen wollte, fiel ich mit schrecklichem Geräusch in die Garderobe.

Die Kammerfrau, die diesen Lärm hörte, eilt zitternd herbei. „Was gibt es denn, Madame?" „Ah, liebe Frosine," sagt die Präsidentin, „bring Licht und durchsuche alles genau; ich habe an der Tür dieses Kabinetts mit Bestimmtheit eine Ge-

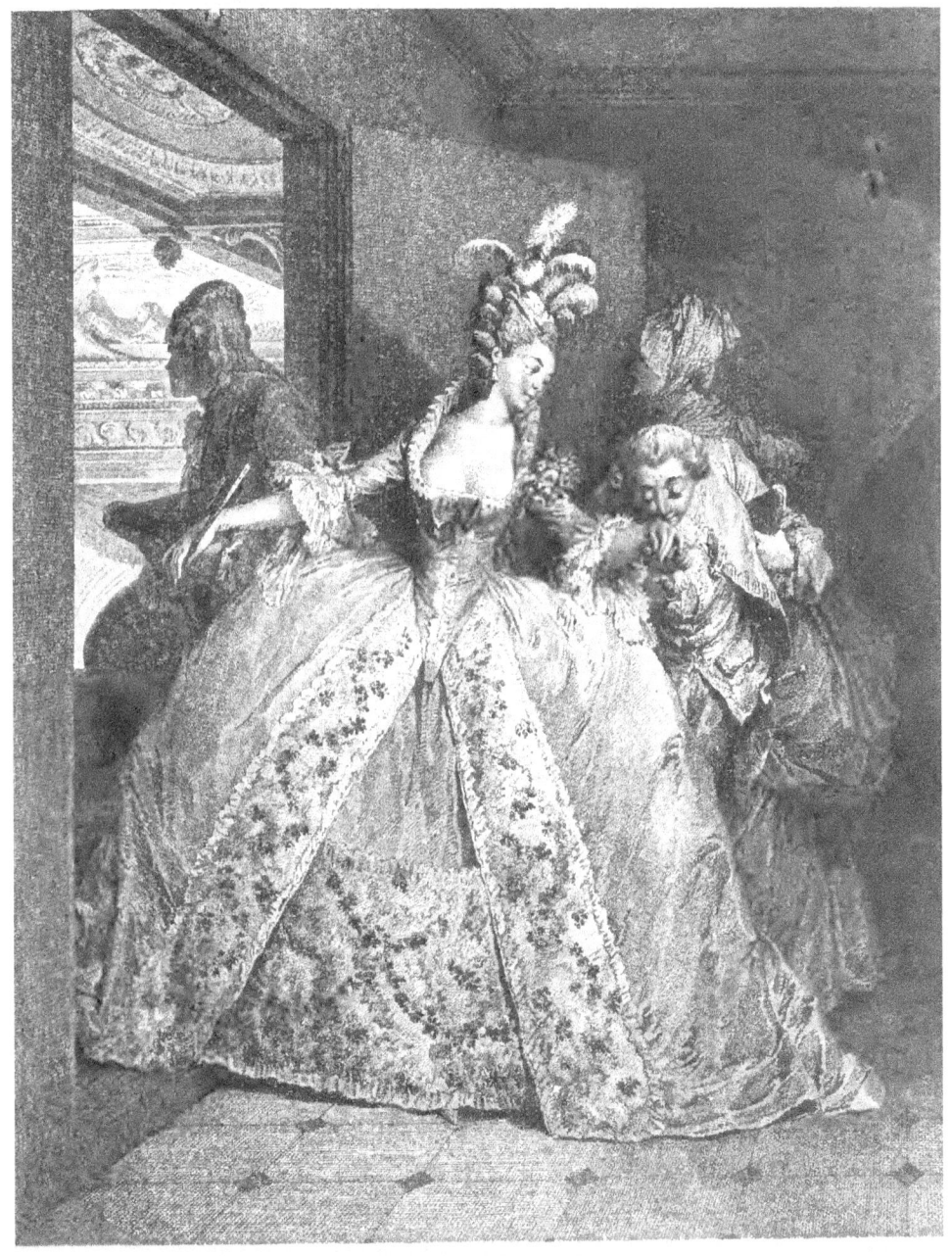

stalt gesehen, die mich so erschreckt hat, daß ich ihren Anblick nicht ertragen konnte; ich habe mich in die Arme meines Mannes stürzen wollen und die Kerzen dabei umgeworfen." Tatsächlich schmiegt sie sich bei diesen Worten eng an ihren Gatten. Die gewandte Frosine brachte vorsichtig Licht, und als sie sah, daß alles wieder in guter Ordnung war, half sie ihrer Herrin aus der Situation.

„Ist es wahr, Madame," sagt sie, „daß man derartige Erscheinungen haben kann? Schauen Sie her, sehen Sie jetzt, was Ihnen so viel Furcht eingeflößt hat. Es ist der Holzstock, auf den ich Ihre Hauben aufzuhängen pflege, und auf dem der jüngste Lakai des Herrn Präsidenten Perücke befestigt hat."

„Ah, Frosine, welche Erleichterung," sagt die Schöne mit einem langen Seufzer, „mein Entsetzen hat mich so erregt, daß ich noch ganz verwirrt bin. Man muß den Jungen für seine Streiche strafen."

„Indessen", kommt der Gatte, „habe ich doch ein Geräusch hinter meinem Rücken gehört, das nicht natürlich war; vorsichtshalber wollen wir die Garderobe untersuchen."

„Das lohnt nicht der Mühe," sagt Frosine, ohne die Fassung zu verlieren, „der Lärm, den Sie vernommen haben, kam von einer Truhe, die ich ganz allein fortziehen wollte, und ich glaubte mir ein Bein zu brechen, als ich Ihre Kleider einschloß."

Der Präsident, der seinerseits ängstlich war, fürchtete, seine Furcht könne sich verraten; er fing also an, seiner Frau Vorwürfe über ihre geringe Geistesgegenwart und ihren panischen Schrecken zu machen. „Schlafen Sie Madame, schlafen Sie; der Schlummer wird Sie heilen und Ihnen Ihre Vernunft wiedergeben." Und endlich ging er und zog sich in sein eigenes Gemach zurück. Und so war mein Glück nur verzögert."

*

Eine junge Dame aus Versailles, die es amüsanter gefunden hatte, die Zeit der Mitternachtsmesse bei ihrem Liebhaber zu verbringen, wo sie weniger von den Unannehmlichkeiten der Kälte zu leiden hoffte, wurde plötzlich vom Tode überrascht.

Als der junge Mann, den die plötzliche Starrheit zuerst überraschte, sich überzeugt hatte, daß deren Ursache tragischer Natur war, verlor er den Kopf und lief in seiner Ratlosigkeit zu einem Polizeioffizier, um ihm sein trauriges Schicksal anzuvertrauen. Man begab sich an Ort und Stelle und nahm dem Herkommen gemäß alles zu Protokoll; darauf wurde die Leiche dem Gatten überwiesen, den dieser Verlust, obschon er in mehr als einer Hinsicht peinlich war, nicht in lange Trauer versetzte.

*

Die Londoner Blätter, die sich darin gefallen haben, sich lang und breit über die Affäre des Herrn von Calonne und Frau von La Motte zu ergehen, verschärfen heute wieder ihre Bosheit, den angeblichen Streit betreffend, der zwischen dem Exminister und jener zurückgezogenen Dame bestehen soll.

Seinen Ursprung hat er, so sagen die Zeitungen, darin, daß, als Herr von Calonne mit ihr ein „Piquet à écrire" spielte, sie ausrief, als das Glück sie mit guten Karten begünstigte: „Dieses Mal ist das Spiel mir günstig." — „Trotz Ihres guten Spieles, Madame, sollen Sie nicht weniger markiert werden", erwiderte Calonne und legte eine quinte fine und vierzehn in Buben auf den Tisch.

Beim Worte „markiert", das sie an all ihre Schmerzen erinnerte, sprang Mme de la Motte wie eine Furie von ihrem Sitz auf, behauptete, der Minister habe ihre gekränkte Unschuld durch dies Epigramm insultieren wollen und verließ ihn, indem sie sagte, daß sie sich rächen und den Exminister in ganz London diffamieren werde.

* * *

DIE CHRONIQUE ARÉTINE

An Madame D.-R.-D.

Zueignung.

Mein Herz!

Die Zueignung eines Werkes wird zu oft dem Mammon, den Titeln, den hohen Stellungen prostituiert; ich will meine Feder keineswegs profanieren, meine teure Freundin, indem ich eine so sklavische Selbsterniedrigung bettlerischer Schriftsteller wiederhole, die für ihre Werke einen Namen, der sie beschützen soll, zu erwirken suchen.

Der Deine, meine alte Freundin, soll das Titelblatt dieser Broschüre zieren; das ist ein Tribut, den ich der Freundschaft zolle; das ist eine öffentliche Huldigung meiner Dankbarkeit, die ich mich Dir zu zeigen bemühe.

Was schulde ich Dir nicht, meine liebe Freundin!

Ohne Dich, ohne diese vollkommene Erfahrenheit, die Dich von den anderen Demoisellen unterscheidet, ohne diese Intimität, die Dich seit Ewigkeiten ihrer Gesellschaft vereint, endlich ohne all die Erinnerungen, die Du mir mitgeteilt hast, wie hätte ich je die Aufgabe unternehmen können, die ich jetzt erfülle?

Ich gestehe es freimütig, die Kühnheit meines Unternehmens hat mich erschreckt. Um meine Zaghaftigkeit zu besiegen, hat es der ganzen Energie Deines Charakters bedurft, um mich zu bestimmen, hat es der ganzen Macht bedurft, die Dir eine zwanzigjährige Liaison über mich gab; es hat der Trunkenheit einer Erinnerung, die nichts mehr mit der Wirklichkeit gemein hat, bedurft, damit ich Dir nichts refüsieren konnte.

Süße Illusion eines Gedenkens, das ist es, was uns jetzt bleibt, o meine alte gute Freundin!

Doch, wenn auch der Blitz der Freuden für immer für uns verzuckt ist, wenn die Natur uns verurteilt, auf verdorrten

Myrten auszuruhen, laß uns doch unsere leeren Stunden verzaubern, mein teures Herz, und einen Blick zurückwerfen — Du, indem Du an die wichtigen Dienste denkst, die Du unaufhörlich Deinen zahlreichen Freundinnen erwiesen hast, indem Du ihre Intrigen mit dem Mantel der Freundschaft bedecktest; ich, indem ich Dir die Beweise der Dankbarkeit biete, die ich Dir für die glanzvollen Eroberungen, die Freuden ohne Zahl, schuldig bin, die Du mir verschafft hast.

Aber, würden schließlich Deine erhabenen Zeitgenossinnen berechtigt sein, uns darob zu zürnen, und würden sie es wollen?

Nein, im innersten Herzen werden sie uns Dank dafür wissen, daß wir sie dem Gedächtnis eines Publikums zurückrufen, das sie seit Jahrhunderten begraben wähnt.

Welch ein Triumph für eine C-v-e, eine L-h-e, eine Cl-v-e, eine L-b-e und so viele andere, ihre antiken und vergessenen Namen neben den jungen und blühenden Schönheiten figurieren zu sehen, deren Unternehmungen ich mir hier vornehme zu feiern!

Diese unerhörte Auferstehung wird verführerischste Hoffnungen neu erstehen lassen. Deine Lektionen magischer Liebeskünste werden ihren so lange unterbrochenen Lauf wieder aufnehmen. Die Leidenschaftsszenen, die dem Zinsfuß der Opfergaben angepaßt waren, werden den Überfluß wiederbringen, den man nicht mehr kannte, — kurz, Dein Reich wird sich mit hellstem Glanz erneuern. Oberpriesterin des Kults, den Du wiederherstellen, der Altäre, die Du wieder aufbauen willst, werden Ruhm und Glück Dich in gegenseitigem Neide mit ihrer Gunst überhäufen.

Eine dunkle Dachkammer soll nicht mehr Dein Teil sein. Du sollst nicht mehr dazu erniedrigt werden, Dich zu untergeordneten und knechtischen Dienstleistungen herzugeben, die Dich in den Augen derer, die nicht den Mut hatten, Dir auf den Grund zu gehen, zu etwas gestempelt hatten, das Du nicht bist. Man wird Dir auch endlich nicht mehr jene Bereitwilligkeit vorwerfen, die von unhöflichen Verleumdern so boshaft ausgelegt worden ist, die gewagt haben, Dich anzuklagen, die dreifache Liebe eines L-h-e mitgenossen und mit dem Mantel Deines eigenen Rufes gedeckt zu haben, wie die ein wenig depravierten Neigungen der antiken Sybille des Petits-Pères, für die Du, sagt man, nicht errötet bist, Dich einige Male bloßzustellen, so daß es bei einer jeden anderen als Dir unanständig erschienen wäre.

O, meine geschätzte Freundin, was hat sich nicht alles geändert!

Entsinnst Du Dich jener glücklichen Tage, da wir zu Bordeaux in Wollust schwelgten? Du warst die Zier aller Bälle, die Seele der stürmischsten Orgien, und, Herr Deines Herzens, teilte ich Deine Triumphe.

Ach! Von soviel Glanz bleibt uns nur die verzweiflungsvolle Erinnerung, daß alles dies „gewesen" ist.

Fünfunddreißig wohlgezählte Sommer, die auf unseren Häuptern lasten, Genüsse zu mannigfacher Art, vermitteln uns, obschon wir noch leben, das Grauen vor dem Nichts.

Indem ich Dir diese Broschüre zueigne, die, um richtiger zu sprechen, mehr Dein Verdienst als das meine ist, habe ich versucht, Dir einen letzten Beweis meiner Freundschaft zu geben; Du magst meine Zärtlichkeit, liebe Freundin, nach der Beschreibung ermessen, die ich von Dir in dieser Arbeit geben will; Du selbst sollst Deinen Artikel redigieren, und ich wähle mir nur das Vergnügen, Deiner Bescheidenheit widersprechen zu dürfen, wenn sie Dich dazu führt, zu flüchtig über die ruhmreichen Ereignisse wegzugehen, die Deine lange und galante Karriere ausgezeichnet haben.

MADEMOISELLE BONARD

Das Debüt dieser Kurtisane in der Lebewelt wollen wir zunächst nur streifen; eingehendere Details zwängen uns, zu weit zurückzugreifen, und böten der Neugier des Lesers keinerlei besondere Nahrung. Mit einem jungen Schreiner verheiratet, empfand sie frühzeitig, daß sie zu einer glänzenderen Laufbahn bestimmt war, als der, die der Zufall ihr gegeben zu haben schien; ihre ersten Intrigen verlieren sich in der Nacht der Zeiten.

Die Persönlichkeit, die ihr ein gewisses Ansehen unter den Mädchen ihrer Gattung verschaffte, war ein Herr Moreau, ein reicher Kreole, dem sie auch das Vermögen verdankt, dessen sie sich jetzt erfreut. Diesem Parvenü folgte der Vicomte de Pons, der jung, liebenswürdig und reich an all den Eigenschaften war, welche die Frauen bezwingen. Aber der schlechte Stern dieses Seigneurs ließ Madame Bonard einem der Laufdiener des Herzogs von Orleans, der damals noch Herzog von Chartres war, begegnen; sie wurde von einer heftigen Leidenschaft für diesen Diener ergriffen, der dem Vicomte mehr als einmal bei Tisch servierte, nachdem er ihn vorher im Bett unserer Schönen vertreten hatte. Sie verheiratete diesen teuren Gegenstand ihrer Wünsche mit einer jungen, liebenswürdigen Person, der sie zum Unglück gereichte, da sie ihren schwachen Liebhaber zwang, die Zärtlichkeiten seiner jungen Frau mit Gleichgültigkeit und schlechter Behandlung zu erwidern, dieser Frau, die sie ihm gegeben hatte, um ihre eigene Intrige zu decken; sie wurde so Anlaß, daß die junge Frau ihrerseits sich aus Verzweiflung der Libertinage in die Arme warf und sich verlor.

Der Marquis de Saint-Blancard ersetzte kurz darauf Herrn von Pons, den eine so entwürdigende Gemeinschaft durchaus nicht störte. Rechtzeitig erschien M. Gabarus, um sie über die Untreue des Marquis, der ihr soeben von Mademoiselle Contat entführt worden war, zu trösten; dieser neue Liebhaber jedoch, auf dessen Vermögen man die glänzendsten Erwartungen aufgebaut hatte, genügte keineswegs den Vorstellungen, die man sich von der spanischen Großmut gemacht hatte, es nützte nichts, heftige Zärtlichkeit an den Tag zu legen oder ihm die Ehre der Vaterschaft für ein kleines Wesen zu schenken: nichts konnte diesen unerbittlichen Herrn bewegen, dem man mit Mühe und Not und nach heftigen Vorstellungen eine kümmerliche Pension von 1500 Livres für das Kind und ein kleines Medaillon für die Mutter abzwang.

Gewisse Leute, die gut informiert zu sein scheinen, haben sogar behauptet, daß Madame Bonard in jener Epoche schon außerstande gewesen sein muß, dem spanischen Bankier ein derartiges Geschenk zu machen; andere behaupten sogar, die wirkliche Mutter des kleinen Pasquito zu kennen. Einer von den Sabotto-Langeac fiel für wenige Zeit in ihre Netze und konnte dem Ekel, den die Launen dieser Dame ihm einflößten, nicht widerstehen, die in Augenblicken, in denen das Universum selbst über den Köpfen zweier Liebenden zusammenstürzte, sich nachlässig damit beschäftigte, die Haare ihres Helden um die Finger zu wickeln.

Diese Liaison hatte sogar für Madame Bonards Reputation unangenehme Folgen, die, eine wahre Philosophin, der alle Vorurteile fremd sind, sich keinen Skrupel daraus machte, vor Gericht zu erklären, daß ein dem Herrn von Langeac gehörendes Kabriolett ihr persönliches Eigentum sei, und daß es sie nur eine Handbewegung gekostet habe. Die Erklärung, die sie einer ihrer intimen Freundinnen gab, der sie einzugestehen sich bewogen fühlte, daß das Kabriolett ihr nicht gehöre, lautete dahin, daß sie zu weit gegangen wäre und nicht gewußt hätte, wie sich mit Anstand aus der Affäre ziehen.

Die glänzendste Epoche dieser Dirne zuckte auf und verlöschte wie ein Blitz: die Eroberung des Grafen von Busançais und die des Herzogs von Choiseul waren ihr ein kurzer Ruhm, trugen ihr aber nicht so viel ein, als sie sich hätte schmeicheln dürfen. Die Dienste, die sie dem Herzog als Intendantin seiner Debauchen leistete, brachten ihr ein Vermögen ein, das recht beträchtlich gewesen sein muß, wenn man die Großmut dieses prunkvollen Seigneurs bedenkt. Wir würden unseren Lesern ein recht schwaches Bild dieser berühmten Dame geben, fügten wir zu den Einzelheiten nicht die Skizze ihres Charakters bei, der sie unter ihren Gefährtinnen auszeichnete.

Mit der Last eines halben Jahrhunderts und mit hundertachtzig Pfund Fleisch behaftet, war Mme Bonard feinfühlig genug, sich zu sagen, daß das Ende ihrer Triumphe gekommen sei; jedoch hatte sie versucht, sich ein Reich zu schaffen, das, wenn es auch weniger glänzend war, doch dadurch Sicherheiten bot, daß sie, ohne die Leistungen der Frauen, bei denen sie sich „impatronisiert" hatte, zu teilen, sich teilweise ihrer Liebeseinkünfte bemächtigte. Man könnte behaupten, daß Frau Bonard unter allen Tieren der Schöpfung am liebsten dem Chamäleon geglichen hätte: ihre Redeweise, ihre Handlungen, alles an ihr scheint die gute Frau, die aufrichtige Freundin und besonders den „ehrlichen Menschen" anzukündigen. Da sie unaufhörlich von der Furcht, erraten zu werden geplagt ist, vermag es die gewandteste Kunst nicht, sie auch nur zu einer viertelstündigen Konversation über dasselbe Thema zu bewegen; sie nennt sich die Freundin aller Frauen und zerreißt sie alle aufs ärgste, was schlimmer ist, da ihre Lippen von Honig fließen, während sie Gift im Herzen trägt; es kostet sie nichts, Personen, aus denen sie Vorteile zu ziehen hofft, mit gewähltesten Aufmerksamkeiten zu überschütten; dadurch ist es ihr gelungen, sich, wenn man so sagen darf, mit den Mesdames Elliot, Furcy, H..t..y usw. zu identifizieren, für die sie, wenn man den uns zuteil gewordenen Mitteilungen Glauben schenken darf, sogar Gefühle gehegt hat, deren Lebhaftigkeit nicht geteilt wurde, und die sie besser an Mademoiselle Raucourt hätte richten sollen. Sie hält sogar in Molandon-en-Brie ein dickes Mädchen aus Artois aus, deren Ruf gemacht ist, und die, wie es scheint, ihr die Langeweile, die man manchmal in der Einsamkeit des Landlebens empfindet, versüßt und vertreibt.

So also sieht das Geschöpf, mit dem wir uns soeben befaßt haben, physisch und moralisch aus; bleibt uns, um dies kaum skizzierte Bild zu beenden, einige Bemerkungen anzufügen, die auf die soeben vernommenen Details hellstes Licht werfen werden.

Seit beinahe sechs Jahren teilt Mme Bonard treulich ihr Lager mit einem Unglücklichen, den sie ernährt und unterhält, während ihr Mann mit einer bescheidenen Pension von 600 Livres aus ihrer Nähe verbannt ist und am äußersten Ende der Rue Saint-Antoine wohnen muß.

Der Herr Le Fèvre, dieser so getreu besorgte Liebling, muß in seinem Charakter manch analogen Zug mit dem dieser Kurtisane haben.

Um eine so außergewöhnliche Ausdauer zu rechtfertigen, geben wir nur eine Geschichte, die von ihm bekannt ist.

Als der Herr Le Fèvre durch Mme Bonard bei einer ihrer intimen Freundinnen eingeführt wurde, erlaubte er sich, sei es, aus wirklicher Not, sei es, weil er der Versuchung, die ihn quälte, nicht widerstehen konnte, eine brillantengeschmückte Uhr an sich zu nehmen, und sie, sicher auch nur aus Zerstreutheit, aufs Pfandhaus zu bringen; all diese Zerstreutheiten entgingen jedoch nicht den hellsehenden Augen der Kommis der Rue des Blancs-Manteaux, die Verdacht schöpften und die Uhr behielten, ohne etwas dafür zu geben. Wozu aber lohnt es, Spitzbube zu sein, wenn man keine Vorteile daraus gewinnen kann? Der sehr verwirrte Herr Le Fèvre hält sich nicht auf und eilt nach Prés-Saint-Gervais zurück, gesteht seine Zerstreutheit ein und erhält dafür Verachtung und Vergebung. Aber, sollte man es glauben? Diese Handlung gewann ihm inniger denn je das Herz unserer Heroine, seine Reue erschien ihr dem kleinen, kaum begangenen Fehler weit überlegen, der ja nur eine Bagatelle war.

Ein Mädchen, das sie aus dem Findelhaus genommen und bei sich erzogen hatte, hat der ihr bezeigten Sorgfalt vollkommen entsprochen: kaum sechzehnjährig, hat sie sich ihrer Lehrerin, die sie adoptiert hat, schon würdig erwiesen. Mme Bonard hatte sich vorgenommen, sie mit dem Herrn Le Fèvre zu verheiraten;

aber ein gewisser sechzigjähriger Notar, dem sie noch dann und wann kleine Gefälligkeiten erweist, hat den Tauben gespielt, als man ihm vorschlug, dies so verdienstvolle Paar, das auch für die Zukunft noch so viel verspricht, mit 15000 Pfund zu bedenken. Man ist fest davon überzeugt, daß dieser öffentliche Beamte über die Liaisons Mme Bonards mit Le Fèvre wenig informiert ist, sonst wäre es nicht möglich, daß eine genauere Kenntnis ihn nicht veranlaßt haben würde, seine althergebrachten Huldigungen an eine andere Stelle zu tragen.

Wir schulden dem Publikum einige Aufklärungen über die intime Vertraute der illustren Bonard, der Dame du Mouli , die in der Rue de Richelieu ein Modengeschäft hatte und allerhand Kram verkaufte. Lange Zeit hindurch war sie Kammerfrau bei unserer Heldin, der es nicht ohne Mühe endlich gelang, sie zu bilden, denn die Natur hat sie stiefmütterlich behandelt, sowohl, was die Form wie den Geist anbetrifft; doch ist sie eine jener Frauen aus gutem Teig, aus der man formen kann, was man mag, und die sich größtenteils aus Habsucht und ein weniges aus Freundschaft zu allem hergeben; sie ist ihrer Herrin außerordentlich nützlich gewesen, die auch heute noch den größten Nutzen aus ihr zieht, nachdem sie sie mit einem ehrlichen Arbeiter, den sein Beruf immer fernhält, verheiratet hat. Sie ist es, der es mit nie versagender Bereitwilligkeit obliegt, ihr Bericht über alles zu erstatten, was sich in den Häusern, in die sie sich eingeführt hat, ereignet. Sie wäre eine ganz gute Frau, hätte sie nicht die lächerliche Manie, immer in der Öffentlichkeit und im Theater von hübschen Frauen umdrängt zu sein und sich mit ihnen zu zeigen, wobei sie dann in amüsantem Kontrast zu ihnen steht. Ein gewisses tantenhaftes Air, das sie im höchsten Grade besitzt, hat sie oft recht unangenehmen Komplimenten ausgesetzt. Übrigens ist ihr Haus äußerst bequem: da sie niemals anwesend ist, kann man dort, wenn einige hübsche Ladenmädchen da sind, recht angenehme Stunden verbringen.

CHOUCHOU-LEBLANC

Auch die genauesten Recherchen vermochten uns keinerlei Aufklärung über die Anfänge dieser Kurtisane zu verschaffen; so wie schlammige und stagnierende Gewässer, deren Quellen man nicht kennt, verdankt sie höchstwahrscheinlich ihre Existenz ausschweifendster Verdorbenheit. Ihr bekannter Charakter, das Laster, mit dem sie sich unausgesetzt besudelt, bestätigen das Urteil, das wir uns notgedrungen über ihre Geburt bilden müssen. Wir wollen unseren Lesern ekelhafte Details ersparen, zu denen wir herabsteigen müßten, wollten wir wissen lassen, bis zu welchem Grad Verworfenheit getrieben werden kann.

Nachdem sie mit Auszeichnung in allen den Trefforten des Lasters gedient hatte, fiel Mlle Chouchou einem Manne zu, der ihrer würdig war, und der unter dem Schutz einer Ehrenmedaille, die doch nur zur Belohnung hervorragender, dem Staate geleisteter Dienste verliehen werden sollte, sich dieser angesehenen Hülle bediente, um die Tugend zu überrumpeln, die das Laster in seine Netze zieht. Es ist ihm sogar gelungen, das Mädchen würdig zu machen, die Stelle eines Substituts des Comus zu vertreten, den sie an Geschicklichkeit sogar noch übertraf. Doch hat diese illustre Vereinigung dennoch ihre Rückfälle durchzumachen gehabt. Ein Haftbefehl des Parlaments, polizeiliche Verfügungen haben dies würdige Paar mit unauslöschlichen Zeichen bedeckt.

MADEMOISELLE MARTIN GENANNT GRAND-MAISON

Dieses Fräulein ist die Tochter eines ehrsamen Hundescherers, der nahe bei der Porte Saint-Denis hauste: ihre Schönheit wurde bald in den Händen ihres Vaters ein Handelsobjekt, der den ehrlichen Hervieux damit bedachte, bei dem diese charmante Novize ihre ersten Waffengänge übte; ihr Glücksstern führte in das Serail, das sie bewohnte, einen gewissen Grandmaison, dem sie glücklicherweise gefiel. Dieser Exkammerdiener der königlichen Garderobe, der um seiner schlechten Handlungen halber fortgejagt worden war, spekulierte auf unsere Nymphe, die er sich aneignete. Er schickte sie auf einige Zeit in ein Kloster, damit sie gewisse, ein wenig freie Angewohnheiten verliere, die sie bei der liebenswürdigen Matrone erworben hatte. Darauf heiratete er sie und trat sie dem Doktor Joub... als dessen Mätresse ab, der die Entschädigung bezahlte und für das körperliche und materielle Wohlbefinden dieser bequemen Eheleute aufkam. Dem Doktor folgte der Sohn eines normannischen Gerichtsvollziehers, der Herr B. tv, Ber-n-s genannt, ein Parvenü seltsamer Art, der sich als einen Mann von Stand ausgibt und mit großer Frechheit seinen Degen mit der Oberstenquaste schmückt, obschon er nie einen militärischen Posten ausgefüllt hat, noch erhofft haben dürfte, einen ausfüllen zu können.

In den Händen dieses Menschen wurde Madame Grandmaison von neuem ein verkäuflicher Gegenstand, was keine sehr hohe Meinung von den geistigen Qualitäten dieser Dame zuläßt, die, wollte sie selbst einen Moment darüber nachdenken, einsehen würde, daß es Zeit ist, auf eigene Rechnung zu arbeiten und nicht für andere.

MADAME DE SAINTE-AMARANTHE

Nicht nur adlige Geburt, sondern auch eine außerordentlich reizvolle Erscheinung zeichneten diese Dame aus: es ist beklagenswert, daß sie, zu jung und führerlos auf das schlüpfrige Theater der großen Welt hinausgestoßen, sich durch die unwürdigen Liaisons ihres Ehemannes zu Handlungen hinreißen ließ, die sie schließlich für immer aus den Kreisen rissen, denen sie die Vorsehung eigentlich bestimmt hatte. Der Urheber der ersten Seitensprünge dieser Dame, der unwürdige Mann, der sie ins Verderben stürzte, hat die ersten Fehltritte seiner Frau gebüßt. In Brüssel, wo er sich, um sein Leben zu fristen, dazu reduziert fand, das Metier eines Fiakerkutschers zu ergreifen, hat man ihn in der Misere umkommen sehen.

Ein gänzlich unbekannter Mensch, ein Herr Marot, wurde der erste offizielle Liebhaber von Madame de Sainte-Amaranthe, aber die Geckenhaftigkeit seiner Art degoutierte sie in kurzer Zeit. Sie bewies dann einen Moment lang Neigungen ein wenig höherer Art und brauchte über die Beziehungen, in die sie zum Vicomte von P. trat, dem sie eine Tochter gebar, weniger zu erröten. Man hätte sich damit begnügt, Mme de Sainte-A. nur zu bedauern, hätte sie sich auf einen so liebenswerten Mann, wie den Vicomte, beschränkt. Doch hat man ihr den Nachfolger, den sie diesem Seigneur gab, nicht verzeihen wollen. Tatsächlich war das Mißverhältnis ein wenig stark.

Der Herr Auc..., ein reicher Marseiller Bürger, konnte keineswegs wagen, Parallelen ziehen zu wollen; als gewöhnlicher Rat im Châtelet vermeinte er, daß die Stellung seiner Geliebten eine glänzendere Karriere als die seine verdiene; folglich tauschte er Robe und Bäffchen gegen den Federbusch und die roten Absätze. Dennoch imponierte diese Metamorphose dem Publikum, dem die abscheuliche, aber wahrheitsgetreue Broschüre „Les Joueurs", in der M. Dussault über die in mehr als einer Gattung zu berühmten Talente des Herrn Auc... hellste Aufklärungen gegeben hat, auf keine Weise.[29] Die letzte Auszeichnung, die er soeben erlistet hat, ist ein recht überzeugender Beweis seiner Geschicklichkeit; denn jedermann weiß, daß es kaum zehn Jahre her ist, wo dieser neugebackene Chevalier auf den hohen Bänken des Châtelets thronte.

Mit Bedauern sehen wir uns dazu gezwungen, über diese Dame zu berichten; doch haben wir es nur getan, um sie als abschreckendes Beispiel der Folgen und Gefahren für Personen ihres Geschlechts zu geben, die illustre Geburt scheinbar vor einem so erniedrigenden und eklatanten Fall hätte bewahren sollen.

P. S. In dem Augenblick, wo wir dies zum Druck schicken, empfangen wir von einem unserer Korrespondenten Details, die wir eiligst veröffentlichen wollen, um uns über die peinliche Ungenauigkeit unserer Recherchen zu verantworten.

In Dijon und nicht in Brüssel ist es gewesen, wo Herr von Sainte-Amaranthe zu dem beklagenswerten Metier eines Droschkenkutschers herabgesunken ist; er wurde in dieser Verkleidung vom Comte de Be-z-es erkannt, und zu Paris ist dieser unglückselige Gatte im Elend gestorben, nachdem er das bescheidene Gewerbe eines Knopfmachers ergriffen hatte und in eigener Person Lohnarbeiter des Herrn Mi-q-e, seines Schneiders, geworden ist, der, nachdem er selbst zu seinem Ruin beigetragen hatte, ihm dennoch in seinen letzten Stunden eine hilfreiche Hand bot.

MESDEMOISELLES DU FRESNE

Diese beiden Dirnchen, deren vereinigte Lebensjahre ein oder zwei Säkula bilden, haben die Provinz mit ihrem Ruf verseucht, ehe sie zum erstenmal auf dem großen Theater der Hauptstadt auftraten.

Als die Töchter eines Flickschusters zu Lyon, beschränkte sich die Sphäre ihrer Belustigungen lange Zeit auf die Kreise der Seidenarbeiter und der Matrosen. Da zwingende Gründe sie nötigten, diese Stadt zu verlassen, kamen sie in die Hauptstadt, um dort wieder neu zu werden. Ihr Debüt war ein recht glückliches; die ersten Anfänge schienen ihnen eine glänzende Zukunft zu verheißen. Aber die Ereignisse entsprachen nicht den Hoffnungen, in denen sie sich gewiegt hatten.

Ein damals mächtiger Minister, der später lange Zeit exiliert worden war, und seitdem an den Stufen des Thrones gestorben ist, hatte für die Jüngere ein gewisses Gefallen gezeigt. Dieser

Blitzstrahl glücklichen Gedeihens wurde bald von elendigster Obskurität ersetzt. Zu den traurigsten Auswegen reduziert, fanden sie einen Trost ihrer Misere in dem „Wöchentlichen Zehrpfennig", indem sie sich den Kohorten einreihten, die unter Polizeiaufsicht standen; dieser Schutz sicherte ihnen eher Straflosigkeit als genügende Subsistenzmittel. Als sie „Bouillotteuses avec privilège" geworden waren, gerieten sie in günstigere Umstände.

Die Neigungen des Herzogs von Berwick[30], Neigungen, zu denen die jüngere du Fresne sich mit der liebenswürdigsten Bereitwilligkeit hergab, bildeten einen neuen Erwerbszweig, der während einiger Zeit gute Einkünfte trug. Aber nicht alles ist rosig auf dieser elenden Welt; von einer schrecklichen Krankheit verseucht, beschenkte der Patient damit seine Flamme, bei der das Übel in kurzer Zeit entsetzliche Fortschritte machte.

Opfer revoltierendster Depravation, bieten diese beiden, runzelbedeckten, abgelebten und unbußfertigen Schwestern das Schauspiel des Lasters in seiner ganzen Häßlichkeit.

DIE KOMTESSE CRAFFTON

Der Titel, mit dem sich die Abenteuerin schmückt, deren Existenz wir jetzt vorlegen wollen, gleicht jenen Irrlichtern, die, weit davon entfernt, dem verirrten Wanderer den verlorenen Weg wiederfinden zu helfen, im Gegenteil nur dazu dienen, den Augenblick seiner Vernichtung zu beschleunigen, indem sie ihn in den Abgrund stürzen, den er erst bemerkt, wenn er nur noch die Reue als letzte Zuflucht kennt.

Diese ephemere Gräfin ist die Tochter einer Wäscherin der Rue de la Mortellerie. Sie gewann sich, ganz jung als Kammerfrau in Diensten einer Irländerin aus gutem Hause, die Gunst ihrer Herrin, nach derem Tode sie den Rang wechselte, indem sie sich deren Titel und Namen aneignete. Eine derart majestätische

Maskerade forderte Mittel, um mit gebührender Würde aufrechterhalten zu werden; unsere liebe Komtesse fand sie in der Person des Sieur Craffton, eines verabschiedeten Garde du Corps, der ihr seine Hand und Verschmelzung ihrer gegenseitigen Talente offerierte, um ihr gemeinsames Glück zu unterhalten.

Die Konvenance allein hat diesen so gut ausgerüsteten Bund gebildet. Die Komtesse verteilte ihre Huld mit skrupulösester Gleichmäßigkeit an all die Getreuen, die ihre Gaben unter der dreifachen Fackel niederlegen, die den Altar ziert, an dem sie sich täglich mästet; die geschröpften Opfer dieser Grotte haben den süßen Trost, sich wenigstens nicht über die Strenge der großen Priesterin beklagen zu brauchen, deren Priester sich mit Blick und Geste ständig über ihr Verhalten zufrieden zu geben scheint.

Diese illustren Gatten haben trotz ihrer wichtigen Dienste, die mit edelstem Uneigennutz geleistet worden sind, dennoch des öfteren schwerwiegenden Grund gehabt, sich über die Polizei zu beklagen, die sich ihnen gegenüber in so wenig zartfühlender Weise benommen hat, daß sogar weniger wohlanständige Menschen wie sie decouragiert worden wären.

Madame la Comtesse hat eine Schwester, die sie nach der Umbildung ihrer eigenen Standesänderung zu sich nahm, die aber aus Gründen, die bis jetzt dem Verfasser dieses Artikels noch nicht zu Ohren gekommen sind, nicht an der Rangerhöhung ihrer älteren Schwester teilnahm und sich weiterhin ganz einfach Mademoiselle Pa-v-ille genannt hat.

Ihr Sohn, der glücklicher war, als sie selbst, und dem es freisteht, sich einen Vater und einen Namen zu wählen, die ihm passend erscheinen, nennt sich Baron de M-m-ni; um von den Prinzipien seiner erhabenen Eltern nicht abzuweichen, hat er die Demoiselle de N-v-ille geheiratet, die ihren Artikel im Laute dieses Werkes finden wird.

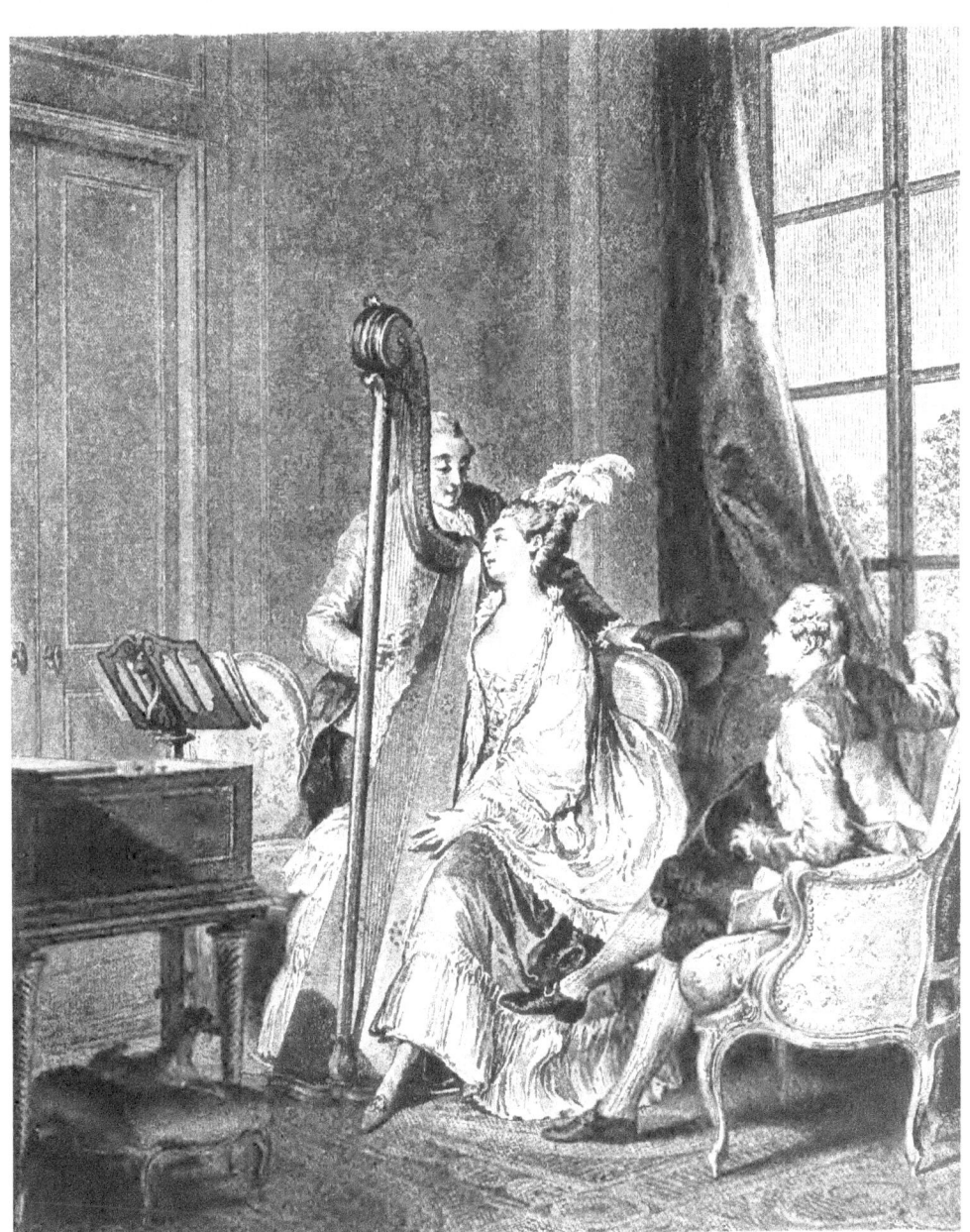

MADEMOISELLE ZACHARIE

Diese mit außerordentlichen physischen Reizen begabte Dame war teilweise von Mademoiselle Guimard[31], die sich damit befaßte, ihre Talente zu fördern, erzogen worden, und außerdem von einer Tante, namens Madame Le Vr-i, die sie bis zu dem Moment genauestens überwachte, wo diese ehrbare Verwandte die zarte Blüte, die soeben anfing, sich zu entfalten, dem Marquis de Si-n-y für die Summe von 60 000 Livres anbot.

Die ersten Jahre dieser charmanten Nymphe sind für sie selbst ein völliger Verlust gewesen. Der Zerberus, der diesen Schatz bewachte, bemächtigte sich der Gaben und Geschenke, die ihrer Nichte bestimmt waren, der es jedoch, wenn auch nicht ohne Mühe, gelungen ist, das Joch abzuschütteln.

Der Sieur S-th-n-t, der unter den Mädchen als Objekt so vieler Mystifikationen, deren ständiger Held er war, wohlbekannt ist und der zu seinem eigenen Schaden immer auch noch zahlen muß, trat in die Schranken und machte die glänzendsten Anerbietungen, aber nichts auf der Welt vermochte sie nachgiebig zu machen. Sogar das Gold, das so viele Hemmnisse wegräumt, hatte diesmal keinen Erfolg und konnte den wohlverdienten Widerwillen, den dieser ekelhafte Parvenü Mademoiselle Zacharie einflößte, nicht besiegen.

Ein reicher Engländer trug den Sieg über mehrere Rivalen davon, die sich präsentierten, um den Marquis de Si-n-y zu ersetzen. Dieser freigebige Inselbewohner hat sich Mademoiselle Zacharie so ernstlich attachiert, daß er ihr eine Lebensrente von 6000 Livres aussetzte, um sie zu bewegen, das Theater zu verlassen. Seit ihren Beziehungen zu M. F-z-w-s hat Mademoiselle Zacharie zwei charmanten Kindern das Leben geschenkt, mit deren Vaterschaft sie Mylord beehrt; doch versichern wohlinformierte Leute, daß man die Mühen dieser Vaterschaft unter ihn und die Herren Dest-ll-es und Ni-v-n teilen könne, die, heißt es, ein jeder für sich die Façonierung eines Ohres, eines Armes usw. usw. usw. beanspruchen.

MADEMOISELLE MAILLARD

„Vater und Mutter unbekannt." Eine wohltätige Äbtissin aus der Rue d'Orléans behütete die Kindheit dieser Sängerin, gab ihr ihren Namen, und ließ ihr, was mehr wert war, Unterricht von ersten Meistern erteilen, nachdem sie bei dieser Adoptivtochter eine gewisse Begabung zum Gesang entdeckt hatte. Diesem Gewerbe einverleibt, debütierte sie mit einigem Erfolg.

Ein alter Herr, M. D., übernahm es, ihren Bankier zu spielen und machte ihr ein Kind. Dieser erste Unterricht praktischer Physik machte unsere Debütantin nicht glücklich, da das Kind seinen Einzug in diese Welt nur in Bruchstücken hatte machen können. Ein Generalpächter von der Place Vendôme ersetzte den alten Kinderfabrikanten und gründete auf solide Art ihr Wohlergehen, ohne unsere Heldin den peinlichen Folgen einer forcierten Niederkunft auszusetzen; als praktischen Amtsgehilfen zog sie den Herrn Ch-l-t, einen großen, kräftigen Polen, hinzu; dann ging sie in die Arme des venezianischen Gesandten über. Diese neuen Liebesgeschichten schädigten ein wenig ihren Ruf, doch schwand bald jeder Fleck dank der zärtlichen Anhänglichkeit, die man sie dem Herrn Nivelon beweisen sah. Bald befreite sich dieser liebenswürdige Tänzer, von dem Liebesfuror dieser modernen Dido erschöpft, von ihr zugunsten des Grafen Mor-ille.

Mademoiselle Maillard hat einen Moment lang den Sohn des ehemaligen Direktors Lebreton gehabt, der sie ein zweites Mal Mutter machte. Seit einiger Zeit ist sie dem Herrn Saint-Pri des Français liiert; man erwartet täglich zu hören, daß die Kirche die Beständigkeit dieses verliebten Paares geheiligt habe.

Die Chronisten der Opernkulissen versichern auch, daß Mlle Maillard einem Herrn Rousseau einige kleine Dienste geleistet habe.

Unsere Leser müssen bemerkt haben, daß wir uns bis jetzt keinerlei Details über die Talente und Geistesgaben der von uns besprochenen Kurtisanen erlaubten; wir haben uns darauf beschränkt, sachlich zu bleiben; doch verdient Mlle Maillard eine Ausnahme, die unseren Lesern zur allgemeinen Schlußfolgerung über den Geist dieser Dame dienen mag. Folgender Zug ist ein Muster, nach dem man die Allgemeinheit beurteilen darf, ohne eine Täuschung befürchten zu müssen.

Als Mademoiselle Maillards Wagen sich eines Abends, als sie die Oper früher wie gewöhnlich verlassen wollte, nicht vorfand, bot ihr ein Herr den seinen an, und er wurde nach einigen Redensarten akzeptiert. Als der halbe Weg zurückgelegt ist, wird der Unbekannte unternehmend und wenige Minuten darauf glücklich. An Mademoiselle Maillards Tür angelangt, bittet der improvisierte Liebhaber sie beim Abschiednehmen um die Erlaubnis, ihr am nächsten Morgen seine Aufwartung machen zu dürfen. Mademoiselle Maillard antwortete ihm mit der entzückendsten Unschuldsmiene, daß sie die angebotene Ehre zu schätzen wisse, daß sie es aber nicht liebe, neue Bekanntschaften zu machen.

MADEMOISELLE LABORDE

Dieses Fräulein, dem eine dreißigjährige Dienstzeit einen hervorragenden Platz unter den Veteraninnen ihres erlauchten Korps sichert, ist zu Dax im Jahre 1744 geboren. Zwanzigjährig verließ sie ihre Heimat und wurde von einem Herrn L-l-de nach Bordeaux gebracht, der ihrer nach 18 Monaten überdrüssig wurde und sie, die schwanger war, verließ.

Der Grand-Prévôt de Maréchaussée de la Guyenne, dem sie durch dies Verlassensein zufiel, vermochte sie nicht ungestraft anzusehen; er attachierte sich ihr, erwies ihr viele Wohltaten und bot ihr einen Wohlstand, wie sie ihn bis zu dieser Zeit nie gekannt hatte. Es ist nicht zu bezweifeln, daß dieser galante Herr sie aus all den Nöten, denen sie nun oft ausgesetzt ist und die nun noch zunehmen werden, befreit hätte, wäre sie seinen Bemühungen erkenntlicher gewesen. Aber ihre außerordentliche Empfindlichkeit stellte ihr ganzes Leben lang dem Glück, das sich ihr bot, große Hindernisse in den Weg; den Bemühungen dieses ersten Wohltäters gesellten sich noch der Comte St.-Md., ein Offizier im Regiment des Königs, M. M. le-d'H-ze, vom Regiment d'Orléans, der Jude A-v-o, der Sieur d'E-ch-t und die bestgestelltesten Schauspieler des Theaters zu Bordeaux bei. Auch der Vicomte de N-e folgte ihrem Triumphwagen; vom Glanze dieses neuen Anbeters geblendet, verließ sie Herrn B-r-t, folgte dem Vicomte nach Paris, wo neue Liebhaber sie die anderen, in der Provinz gebliebenen, vergessen ließen.

Im Jahre 1774 richtete sich Mme Laborde für immer in Paris ein. Herr von N-e hatte ihr viel versprochen und wenig gehalten; ihr zügelloses Begehren nach Luxus vereinbarte sich keineswegs mit der reduzierten Lage, in der sie sich befand, nachdem sie sich in den glänzendsten Träumen gewiegt hatte. Ein bescheidenes Appartement in einem der bescheidendsten Hôtels der Rue Traversière war der Tempel, wo unsere verstorbene kleine Komtesse diese neue Göttin ausgrub; sie säumte nicht lange, sich einer so berühmten Lehrerin würdig zu zeigen.

In jener Epoche trat Madame Laborde in ihr 30. Lebensjahr. Da sie schön und gut gewachsen war, erregte sie eine Zeitlang die Verzweiflung aller hübschen Frauen der Hauptstadt; da sie aber mit wenig Geist begabt war, gelang es ihr, ihr ganzes Leben lang, die guten Wünsche, die sie erweckte, nutzlos zu machen. Ein spanischer Generalkonsul ersetzte bei ihr einen jungen Engländer, der nur so viel Zeit hatte, ihr die ersten Diamanten zu verehren. Die über eine derartige Liaison entsetzte Familie des

Die Chronique Arétine

jungen Mannes rief ihn nach England zurück. Da sich Mlle L. geweigert hatte, dem Konsul nach Spanien zu folgen, blieb sie eine Zeitlang ohne bestimmten Pächter und teilte die Freuden der kleinen Soupers im Temple zu Monceaux und dem Sanctuarium ihrer ersten Beschützerin, die sie bis zum Tode dieser ausgezeichneten Frau ständig besuchte.

Sie warf sich einer Reform in die Arme, als dies allzu heftige Leben, das ihrem so empfindlichen Temperament nicht entsprach, sie degoutierte. Der Chevalier de R-q-e präsentierte sich unterdessen, wurde erhört und ihr Ritter. Nicht einmal die Liebhaber von Lignons bieten ein vollkommneres Bild als dieses neue Liebespaar während der ersten sechs Pachtmonate; die Langeweile folgte kurz darauf bei der Schönen an Stelle der Passion, die sie entzündet hatte; das Vermögen ihres Liebhabers war unbedeutend; er war, um ihren Ausgaben zu genügen, gezwungen, zu den ruinösesten Mitteln zu greifen. Da sie zu feinfühlig war, um nicht zu versuchen, die Ausgaben des Chevaliers zu verringern, assoziierte sie ihm Herrn de P-l-elles, dann Herrn de la B-ll-ye und endlich Herrn G-b-d. Diese Gesellschaft ermöglichte ihr, ihre Phantasien und ihren Hang zum Luxus zu befriedigen, füllten aber trotzdem manche Lücken nicht aus, die sie ebenso schwer empfand. Der Herr A-v-o weilte zwar in Paris, doch teilte er sich zu sehr, man konnte nicht viel auf ihn rechnen. Ein Sekretär des Herrn von M-t-n, der so stark war, daß er jeglichen Vergleich bestand, war gekostet worden, doch zog es den Flatterhaften auch zu den Fräuleins L-h-e und C-v-e. Der Comte de Ch-b-e war nur flüchtig vorübergezogen, die Herren de D-l-n, de F-j-m, de M-r-y und tausend andere waren dem gleichen Beispiel gefolgt: alle hatten sich bald abgewendet. Einer dieser zweifellos indiskreten Herren hat sich über den Verfall der geheimen Reize dieser Dame Details mitzuteilen erlaubt, die, als sie in die Hände des Redakteurs der Geheimanekdoten der Literatur fielen, in einem der Bände des Jahres

1779 gedruckt wurden und unserer Heldin größten Schaden zufügten.

Aber sie ließ sich von so viel ärgerlichen Widerwärtigkeiten keineswegs besiegen. Entschlossen, zu welchem Preis es auch sei, von sich reden zu machen, hielt sie stand und erschien größer denn je.

Als treue Historiker sind wir es der Nachwelt schuldig, eine exakte Aufstellung ihrer praktischen Liebhaber im Jahre 1786 zu geben. Die Herren de R-q-e, de la B-l-e, G-b-t, B-r-e, P-r-e, N-v-n, C-l-d, G-D-l, le R. und Fleury, Florence, A-v-o genügten kaum, die uterinen Flammen, von denen sie sich verzehrt fühlte, zu löschen.

Wir würden unserem Leser gern die schlechten Handlungen verheimlichen, deren sie sich an Mme D-b-le, mit der sie in größter Intimität lebte, schuldig machte, indem sie ihr einen nach dem anderen, die Herren P-r-c und B-v-e entführte, und Madame de F-r-y gegenüber, die ihr zärtlichste Freundschaft bewies, und deren Besitztum sie auch angriff, indem sie Herrn N-v-n, dessen erprobte Kälte und Undankbarkeit sie, nachdem sie ihn mit Gunstbezeigungen überschüttet hatte, zur Verzweiflung brachten und krank machten. Die Alleen von Vincennes, die des Bois de Boulogne, die Hälfte der Pariser Fiaker sind ebenso viele diskrete Zeugen, als wir anrufen könnten, wenn unsere Versicherungen noch andere Beweise benötigten als den bekannten Charakter unserer Heldin.

Von soviel Triumphen ermüdet, wünschte sie sich auszuruhen; der Chevalier de R-q-e, der von Schulden ruiniert war, hatte sich gezwungen gesehen, sich ins Innerste des Languedoc zurückzuziehen und seine zärtliche Penelope zu verlassen, der die Liebe neue Triumphe in Gestalt des Chevalier de M-g-n bereitete, der trotz des enormen Altersunterschiedes von der heftigsten Passion zu ihr ergriffen wurde. Gefühle, selbst Tugenden wurden ausgespielt, denn nichts konnte gelegener kommen als dieser neue

Anbeter, dessen feuriger Charakter und dessen Lebhaftigkeit das Ihre taten, ihn über diese neue Dulzinea, der er ein wahrer Don Quichotte wurde, zu verblenden. Die Gläubiger der Dame wurden zum Nachteil seiner eigenen bezahlt; Geschenke aller Art folgten einander täglich; die schönsten Diamanten bedeckten die antiken Reize der Schönen und bildeten die Verzweiflung ihrer Rivalinnen.

Aber dieser schöne Traum dauerte nur ein Jahr. Der Chevalier, der durch den Tod seines Vaters und durch Vermögensschwierigkeiten in die Provinz zurückgerufen wurde, kehrte nicht zurück; die Diamanten wanderten ins Leihhaus und wurden dann verkauft; von so viel Glanz blieb nichts als eine traurige Erinnerung. M. G-b-r, den man notgedrungen zurücknehmen mußte, wurde mangelnder Freigebigkeit bezichtigt; dieser Gabe vereinte er die der Eifersucht; es fiel ihm ein, es unrecht zu finden, daß Mme Laborde ihr Lager mit einem breitschulterigen wallonischen Offizier teilte. Es nützte nichts, ihm zu sagen, daß dies der Chevalier de M-g-n sei, der Geschäfte halber nach Paris zurückgekehrt war, und dem man ein Nachtlager nicht hatte verweigern können; er wollte nichts davon glauben und hatte die Brutalität, von diesem Moment an mit seiner Freundin zu brechen.

Dies ist die Lebensgeschichte der Mademoiselle Laborde, die ihr 44. Lebensjahr vollendet hat; sie bietet noch immer schöne Reste, wenn die Kunst ihr Hilfe gewährt. Da sie im Heiligtum ihrer Vergnügungen selbst von einer schrecklichen Krankheit bedroht wird, führt sie seit einiger Zeit ein zurückgezogenes Dasein und erwartet vom Himmel und der heiligen Genoveva, die sie innig verehrt und für die sie unausgesetzt neuntägige Gebete liest, daß sie ihr einen barmherzigen Finanzier senden, der Ordnung in ihre Lage bringe.

Wir wiederholen, daß wohl wenig Frauen ebensoviel Mittel gegeben waren, die Männer zu verführen, wie dieser charmanten

Gascognerin, von der wir soeben berichtet haben; aber die Natur gab ihr so anspruchsvolle Bedürfnisse, daß es ihr unmöglich war, sie zu mäßigen oder zu unterdrücken.

Eine schwerere Beschuldigung zwingt uns, ihr einen außerordentlichen Mangel an Takt in Geldangelegenheiten vorzuwerfen, nicht nur ihren Liebhabern gegenüber, sondern auch Leuten, die nichts von ihr erwarteten. Ihr Verhalten gegen einen Grandseigneur, der nichts von ihr forderte, und aus dem sie unter verschiedenen Vorwänden ziemlich beträchtliche Summen gezogen hat, beweist eine Gleichgültigkeit gegen jede gute Lebensart, die ihrem Charakter keine Ehre macht.

Mademoiselle ist Mutter einer fünfundzwanzigjährigen charmanten, talentierten Tochter, der sie eine zu vortreffliche Erziehung hat geben lassen, da sie schließlich nur ihre Tochter ist. Sie verbirgt sie sorglich in einem Kloster, aus dem sie sie höchstwahrscheinlich erst dann holen wird, wenn sie eine Stütze für ihr spätes Alter braucht.

Nach dem, was wir über den Charakter jener jungen Dame wissen, zweifeln wir sehr, daß sie je mit den Anschauungen ihrer Mutter übereinstimmen wird.

MADEMOISELLE D'HERVIEUX

Die Geschichte dieser Kurtisane ist wie ein unerschöpfliches Bergwerk. Ihr Privatleben bietet eine Folge von Abenteuern, aus denen wir ein mehrbändiges Werk machen könnten, hätten wir es uns nicht bei Beginn dieser Arbeit zum Gesetz gemacht, uns kurz zu fassen und über die Einzelheiten leicht hinwegzugehen, die sonst den Geist unserer Leser mit angeekelten Reflexionen füllen würden, die Schamlosigkeit und Laster, das nicht errötet, nicht verfehlen würden, ihnen einzuflößen.

Mademoiselle d'Hervieux verdankt ihre Existenz einer ehrlichen Wäscherin aus der Sapience, die, als sie von ihrem Seifenverkäufer zu hart bedrängt wurde, sich nach dem Temple zurückzog, um den Verfolgungen dieses unerbittlichen Gläubigers zu entgehen. Der Bankrott hat die Lage dieser armen Familie seltsam verändert.

Aber die knospende Schönheit Mademoiselle Hervieux' eroberte einen Protektor, der damals als sehr interessante Persönlichkeit galt; dieser glückliche Sterbliche, dem Amor es aufgespart hatte, diese köstliche Blume pflücken zu dürfen, ist niemand anderes als der Herr François, der Läufer Ihrer verstorbenen Hoheit, des Prinzen von Conti. Der ehrliche Läufer begnügte sich mit dem Versuchsrecht und trat die Jungfrau seinem Herren ab.

Dies unerwartete Glück verschaffte der Demoiselle d'Hervieux einen Wohlstand, der ihr bis dahin fremd gewesen war. Der erlauchte Protektor ließ sie in den Bureaus des Opernballetts einschreiben.

Diese Einweihung in die großen Mysterien verschafften Mlle d'Hervieux die Eroberung eines reichen Kaufmannes aus Bordeaux, den sie mit einem polnischen Magnaten ersetzte, der selbst den Sieur S-v-t für Unteraufträge hatte.

In dieser Epoche glänzte Mlle Hervieux, die sich durch die Wohltaten ihrer soeben zitierten Liebhaber außerordentlich bereichert hatte, an erster Stelle unter ihren Rivalinnen. Dem edlen Polen folgte, was die Börse anbetrifft Lord B-t-k, und was das Herz, der Herr L-t-r; darauf der Chevalier de C-v-l, dann Herr Th-n-t und endlich Herr de S-t-ines.

Wir bedürften ein Ries Papier, um das einfache Namensverzeichnis all der Glücklichen zu geben, die diese Schöne gekrönt hat. Wir begnügen uns damit, zu konstatieren, daß der liebenswürdige, elegante Herr Th-n-t die erste Nützung des schönen Hauses der Chaussée d'Antin gehabt hat, in welchem, so versichert Mlle d'Hervieux, dieser glückliche Sterbliche der erste Opferspendende gewesen ist. Personen, die den letzteren ein wenig kennen, können sich denken, daß diese schmeichelhaften Erstlinge bezahlt worden sind.

Wir dürfen dem Leser die zärtlichen Liebesstürme nicht verschweigen, die plötzlich Mlle Raucourt für sie verzehrten und wie süß sie entlohnt worden sind. Dem Mysterium zum Trotz, mit dem man sucht, diese seltsame Liebe zu verhüllen, haben Neugierige die Dauer dieser Liaison nicht ignoriert; man hat gesehen, wie Mademoiselle Raucourt jede Nacht heimlich den Armen der charmanten d'Hervieux durch die kleine Bibliothekstür, die auf die große Treppe geht, entschlüpfte, um ihren Wagen, als Mann verkleidet, zu erreichen, nachdem sie sich in dessen Rolle bei ihrer zärtlichen Mätresse versucht hatte.

Aber der Hauptheld, dem Mademoiselle d'Hervieux ihren höchsten Glanz verdankt, ist ohne Widerspruch der Herr Polizeichef Lenoir.

Unter dem Zepter dieses Liebhabers war Mlle Hervieux Spenderin aller Gnaden; die Polizei war ihr völlig untergeben; mäßige Berechnungen lassen die Zinsen ohne Einlagekapital, die der Liebhaber dieser Kurtisane ihr in den vom Magistrat eingeführten Spielbanken gewährte, bis zu 800 000 Pfund aufsteigen.

Die schlecht plazierte Strenge des Parlaments vernichtete diesen ausgezeichneten Erwerbszweig, der, hätte er noch einige Jahre fortgedauert, Mlle d'Hervieux instand gesetzt hätte, ein Monument zu errichten, das mit dem der berühmten Kurtisane von Memphis in Konkurrenz getreten wäre, die, wie man sagt, eine Pyramide von 200 Klaftern Höhe errichtete, von der ein jeder Stein von einem Liebhaber geliefert worden war.

Wenn dieser schamlose Luxus, dieser unerhörte Prunk, mit dem dies schändliche Monument errichtet worden ist, das die Dame momentan bewohnt, wenn dies Erzeugnis des Hazardspiels, des Trente-et-un, des Biribi und tausend anderer infernalischer Erfindungen, ein Gegenstand des Skandals in den Augen anständiger Leute ist, bitten wir Sie, sich zu erinnern, daß das

Die Chronique Arétine

Wohlergehen eines so unmoralischen Geschöpfes nur vorübergehend sein kann, und daß der Moment vielleicht nicht fern ist, wo Zucht und Sitte glänzend an dem in den Staub gefallenen Laster gerächt werden.

Mlle d'Hervieux hat kein besseres Mittel gefunden, die vollendetsten Kunstwerke in ihr Hotel zu bringen, als sich mit dem Architekten Bellanger zu vereinigen, dessen Ruf und Talente gleichfalls bekannt sind und keines Kommentars bedürfen. Dieser geschickte Architekt hat wie für sich gearbeitet. Es genüge anzudeuten, daß er früher oder später Besitzer werden wird, wo er bis jetzt Befehlshaber war. Wohlunterrichtete Leute behaupten, eine ingeniöse Anspielung in der Art und Weise zu finden, mit der Herr Bellanger die Dächer von Mlle d'Hervieux' Haus gedeckt hat. Man versichert, daß dieser Künstler, als er bemerkt hatte, daß die Dame von einer gefährlichen Wassergosse beunruhigt wurde, den Dachrand mit Kupfer hat einfassen lassen, um sie vor etwaigen Unglücksfällen zu bewahren.

Der vorgebliche Vater Mlle d'Hervieux' hat etwas von dem allmächtigen Einfluß seiner würdigen Progenitur auf den Sieur Lenoir empfunden. Dieser ehrliche Bürger empfing nämlich die Generalleitung jenes erschreckenden Halsabschneideorts, der unter dem Namen Hôtel d'Angleterre bekannt war. Der Tod dieses ausgezeichneten Vaters eröffnete Mlle d'Hervieux ein ziemlich beträchtliches Erbe, das jedoch von der berühmten Äbtissin H-v-a angefochten wurde, die es ihrerseits reklamierte, da sie behauptete, daß unsere Heldin, die übrigens schon selbst reich genug sei, dank ihrer illegitimen Geburt kein Recht darauf habe. Dieser Prozeß hätte einen Skandal veranlassen können, der dem Ruf beider Damen geschadet hätte. Gemeinsame Freunde bemühten sich um Kompromisse und stellten einen Ausgleich her, der diese Sache auf immer erledigte.

MADEMOISELLE JOLY
Dann:
MADEMOISELLE DEVILLE
Jetzt:
COMTESSE DE FERRARI

Das Alter und die zahlreichen Wanderungen dieser Demoiselle haben die eingezogenen Erkundigungen nach ihrem Ursprung ergebnislos gemacht. Doch dehnt sich dieses Dunkel, das unseren Lesern, die es leicht ausfüllen können, wenig bedeutet, nicht auf die Handlungen aus, die ein dreißigjähriger Dienst im Korps Cytheres illustriert hat, das diese Kurtisane soeben verließ, um sich mit Leib und Seele der Religion in die Arme zu werfen. Nachdem sie ihre Gunstbezeigungen zwanzig Jahre lang in der Hauptstadt ausgeteilt hat, gedachte Madame Deville, da sie den Ort unmöglich fand, zu versuchen, ob fremde Länder ihr günstiger sein würden. Ein Unterhändler, der sie mit einigem Erfolg in Paris erstanden hatte, setzte es sich in den Kopf, sie dem Erbprinzen eines Staates vorzustellen, dessen Großartigkeit auf den Verdiensten seiner Souveräne aufgebaut ist; dieser respektable Agent ist der Herr de Croisil, der Gatte einer berühmten Virtuosin des Haupttheaters der Capitale. Dieser Mann, der alle Metiers versucht hatte, spielte in Berlin die Kammerdienerrollen in dem minderwertigen Komödientheater dieser Stadt. Diese traurige Beschäftigung versorgte ihn kaum mit Brot; doch das Auftauchen der Dame Deville ließ Ideen in ihm erstehen, die er realisierte, und die schließlich dem Glück ein gnädiges Lächeln ablockten. Der erlauchte Protektor schickte ihn, um sich eines solchen Zeugen seiner Schwächen zu entledigen, nach Frankreich zurück und empfahl ihn so günstig, daß dieser Ex-Pasquin mit einer Infanteriekompagnie im Auslande bedacht wurde.

Was Madame Deville anbetrifft, so hat die Vorsehung ihr einen jener Zerknirschungsmomente geschenkt, den sie nur Auserwählten beschert. Von ihren Irrwegen zurückgekehrt, hat diese Dame eine exemplarische Buße tun wollen: die Heirat schien ihren Ideen von Abstinenz und Demütigung zu entsprechen, deren Gnade ihre Phantasie erfüllte; sie ist glücklich genug gewesen, einem Mann zu begegnen, der, von den edlen Entschlüssen dieser Schönen durchdrungen, an diesem guten Werk hat teilhaftig werden wollen, indem er die teuere Büßerin mit seinem Namen auszeichnete.

Man versichert, daß dies tugendsame Paar momentan zur Erbauung der ganzen Stadt beiträgt.

MADEMOISELLE COULON

Diese Nymphe, eine natürliche und adoptierte Tochter Terpsichores, verdankt ihre Geburt einem kleinen Tanzmeister der Rue Mazarine. Ihre Mutter, eine ehrbare Frau, gab ihr eine ziemlich gute Erziehung, doch zwang sie das Elend, mit den knospenden Reizen ihrer Tochter zu spekulieren, um ihre Lage zu erleichtern. Mademoiselle Coulon debütierte einigermaßen erfolgreich im Ballett der Oper; dort hatte sie das Glück von dem verstorbenen Fürsten de S-b-e, einem geschmackssicheren Herrn, bemerkt zu werden, der nun für ihre materiellen Ausgaben Sorge trug; wenig später eroberte sich Mademoiselle derartig diesen sechzigjährigen Liebhaber, daß er ihr eine große Pension aussetzte und sie zur Lieblingssultanin erwählte.

Soviel Wohlfahrt vermochte sie nicht hochmütig zu machen und verhinderte sie nicht, sich recht menschlich mit dem Herrn Dugazon zu zeigen, der von ihr für ein Lächeln erhielt, was sie bis dahin nur den Lieblingen Plutus' gewährt hatte.

Mademoiselle Coulon attachierte sich aufrichtig diesem Liebhaber im zweiten Grade, jedoch hatte der Herr Dugazon das

Unglück, in einen Dornenstrauch zu fallen, als er eine Rose zu pflücken gedachte, und war zartfühlend genug, dies nicht Mlle Coulon übermitteln zu wollen, und ihr tränenden Auges seine Schuld zu beichten. Die irritierte Geliebte beschloß augenblicklich, sich an dem Ungetreuen zu rächen, dessen Reue selber dazu benutzt werden konnte.

Bei einer Frau bedeutet Entschluß und Ausführung ein und dasselbe. Ein Diner im Bois de Boulogne, das von mehreren ihrer Kameradinnen vorgeschlagen und von Mlle Coulon akzeptiert wurde, diente den Plänen dieses Fräuleins, die es unterhaltend fand, sich auf dem Rasen des Bois de Boulogne an dem Herrn Dugazon zu rächen. Mlle Coulon wählte den Herrn Gardel zum Verbündeten, um ihre Rache auszuführen; die interessante Kraft dieses Tänzers gefiel ihr unendlich, und sie dachte sich Mittel und Wege aus, sich beide zu erhalten, den einen zum Amüsement, den anderen für eine solidere Beschäftigung.

Als sie gelegentlich gegen diese beiden Liebhaber verstimmt war, hatte sie, um ihre Laune zu vertreiben, Begehr nach dem Herrn Niv-n, der sich gerade mit Mlle L-f-d die Zeit vertrieb. Diese letzte, von Natur wenig eifersüchtig, konnte die Wünsche ihrer Freundin nicht refüsieren, doch verlangte sie auch ihren Anteil an diesem Abenteuer. Um diese beiden Damen zu befriedigen, schlief der Sieur Ni-v-n zwischen den beiden bei Mlle d'H-v-x.

Nach diesem Abenteuer attachierte sich Mlle Coulon ernstlich dem Herrn Gardel, und die Liebe, die sie zu diesem Tänzer ergriff, ließ sie heroische Taten begehen. Sie verweigerte ihrem Wohltäter jegliche Gunstbezeigung, der sie, erzürnt, ein- für allemal verließ. Als damit die Pension aufhörte, verkaufte Mlle Coulon, der es unmöglich war, irgend jemanden zu erhören, nach und nach alles, was von der freigebigen Hand des Fürsten herrührte. Von Herrn Gardel vernachlässigt, der nie eine besonders heftige Vorliebe für sie empfunden hatte, und in größte Armut geraten, fand sie sich plötzlich mit der Last zweier Kinder, viel Liebe, gar keinem Geld und noch weniger Kredit. Von den Eifersuchtsausbrüchen dieser modernen Juno verfolgt, gelang es dem Herrn Gardel, sie zur Annahme eines Engagements in London zu bewegen.

Mlle Coulon reiste, Verzweiflung im Herzen, nach England ab. Doch wirkte die Zeit, diese trostreiche Göttin, ihre gewohnten Wunder. Mlle Coulon wurde ein wenig ruhiger; dann fand sie sich ganz allmählich so weit getröstet, daß sie das Taschentuch aufhob, das der voraussichtliche Thronfolger des britischen Reiches ihr hingeworfen hatte.

Als sie aus England zurückgekehrt war, wünschte Mlle Coulon nicht, daß man ihr mangelnde Rücksichtnahme für irgendeinen ihrer Kameraden vorwerfe. Man ersieht aus den soeben gegebenen Einzelheiten, daß sie nacheinander die Herren Niv-n und Gardel gehabt hatte. Der Herr Vestris hatte durch eine Verkettung von Umständen noch nicht die Liste unserer Nymphe mit seinem Namen bereichert. Um das Equilibrium wiederherzustellen, das eine solche Unterlassungssünde zerstört hätte, hat sich Mlle Coulon für einige Zeit dem berühmten Sohn des Gottes der Tanzkunst gewährt, und zur Zeit, da wir unseren Artikel vollenden, hören wir, daß Mlle Coulon vom Exbankier Chevalier Lamb., dem wir alles erdenkliche Glück wünschen, hart bedrängt wird.

MADEMOISELLE CONTAT

Wir haben lange mit der Entscheidung gezögert, ob wir den Artikel dieser Demoiselle schreiben sollten, die uns durch ihre Eleganz, ihren Luxus, den Platz, den sie sich in der Gesellschaft ihrer Kameradinnen erworben hat, verdient zu haben scheint, einer besonderen Kaste eingereiht zu werden.

Wer vermöchte auch in dieser modernen Aspasia die Tochter einer armen Fischhändlerin aus den Hallen zu erkennen? Diese Wahrheit muß aber den anderen Ereignissen beigefügt werden, deren Wahrheit sonst eine Unmöglichkeit scheint.

Eine bessersituierte Tante übernahm die Erziehung einer Nichte, der die schmeichelhaftesten Gaben zu schenken, der Natur gefallen hatte.

Sie debütierte im Théâtre Français in Konkurrenz mit Mlle Vadé; die überlegeneren Talente dieser letzten vermochten nicht, den überwiegenden Einfluß des Direktors Désentelles zu besiegen, der Mlle Contat engagieren ließ, die seitdem nicht aufgehört hat, ihrem Wohltäter alle Beweise ihrer Dankbarkeit zu liefern. Das Publikum, das bis dahin nicht aufgefordert worden war, sich gegen Herrn Désentelles zu äußern, rächte Mlle Vadé, deren Verdienste von den allmächtigen Reizen ihrer glücklichen Rivalin verdrängt wurden, durch Pfeifen.

M. de M-p-n attachierte sich darauf Mlle Contat, deren Joch er so lange trug, bis sein Vermögen erschöpft und sie gezwungen waren, sich zu trennen. Die ersten Ehren der Mutterschaft dankt sie diesem Geliebten, doch sollte sie diese Erfahrung teuer zu stehen kommen; bei allen späteren Entbindungen ist Mlle Contat Unglücksfällen ausgesetzt gewesen, obschon sie alle Vorsichtsmaßregeln traf, dem Unheil zu begegnen, kaum, daß es sich gezeigt hatte.

Unter der Regierung des Herrn de M-p-u gab eine Schauspielerintrige ihm einen Amtsgehilfen; der Herr Fleury hatte, von den Reizen Mlle Luzys entzückt, ihr von Ehe gesprochen. Die über einen derartigen Skandal entsetzten Schauspielerinnen trafen zusammen, hielten Rat und es wurde beschlossen, daß sich eine Deputation des erhabenen Areopags zu Mlle Contat begeben und sie anflehen sollte, sich einer ähnlichen Indezenz zu widersetzen. Von der von ihren Rivalinnen bezeigten Huldigung der Überlegenheit ihrer Reize geschmeichelt, begann Mlle Contat

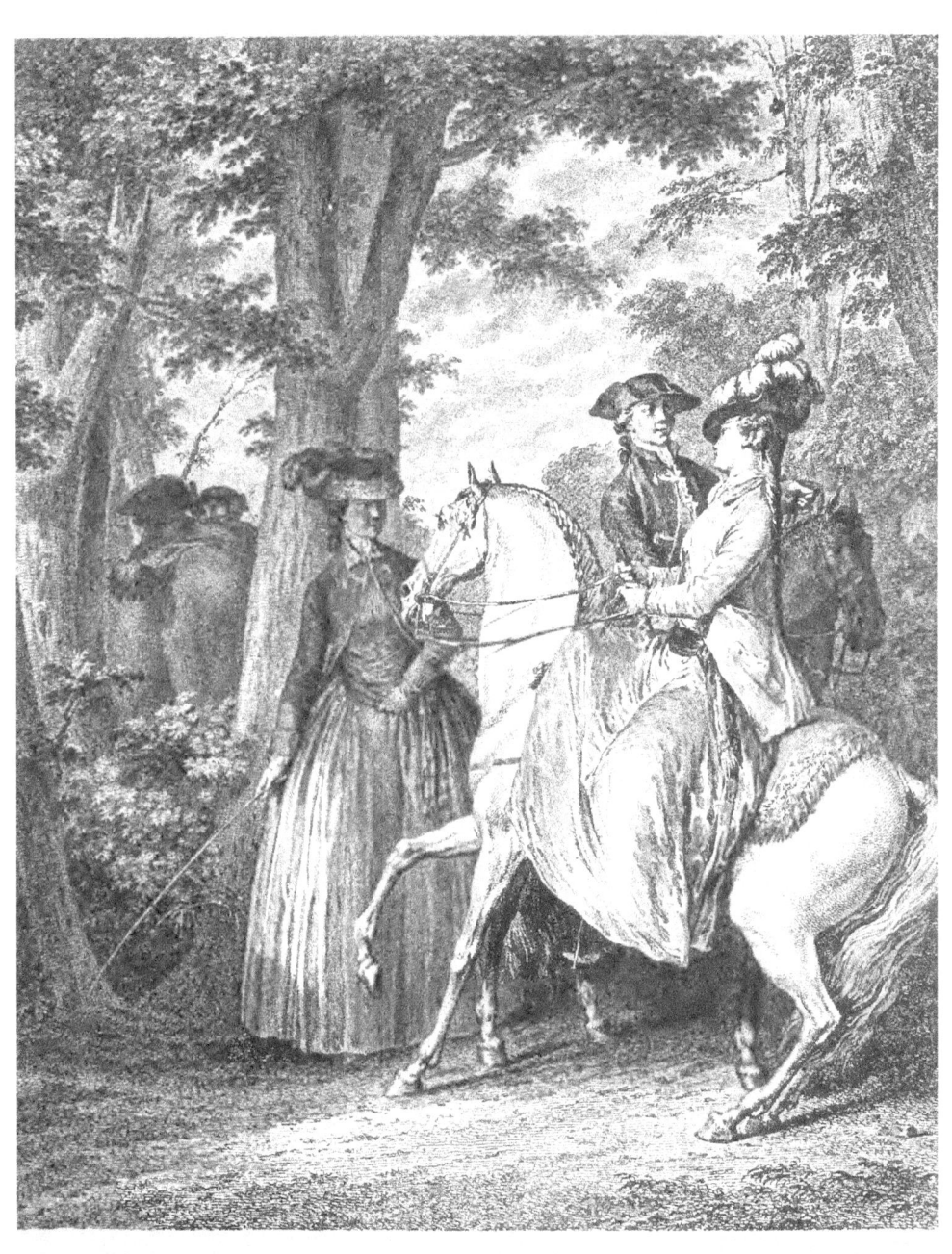

kleine Vorstöße. Doch ergab sich der Herr Fleury erst, nachdem ihm eine Entschädigung für sein Opfer zugesichert war.

Leider fing sich Mlle Contat selbst in der Falle, die sie einer anderen gestellt zu haben meinte: die ein wenig allzu energischen Abzeichen, die des Herr Fleurys Leidenschaft hinterließ, ernüchterten sie bald über die Liebe „à la Russe".

Doch verfehlte der Marquis S. B-c-d nicht, sie die soeben getrockneten Tränen vergessen zu machen; dieser unsicheren Ruhe folgte bald hellster Glanz; ein Göttersohn hatte geruht, einen gütigen Blick auf diese Schülerin Thaliens zu werfen. Der Marquis, der sich respektvoll zurückgezogen hatte, seufzte über das Unglück, einen Rivalen zu haben. Von glänzendsten Hoffnungen gewiegt, glaubte Mlle Contat alles wagen zu können, um ihr Glück zu sichern und sich vor den Folgen der Flatterhaftigkeit des erhabenen und leichtherzigen Liebhabers zu bewahren, den sie nicht hoffen durfte, lange zu fesseln, denn in ihrem Schoße trug sie unzweideutige Beweise von der Liebe des Marquis. Vom Wunsche hingerissen, diesem teuren Embryo eine glänzende Zukunft zu sichern, dessen Finanzverwaltung sie übernehmen würde, huldigte sie mit dieser Vaterschaft dem Halbgott, der, vom Zauber geheilt, der seine Augen verblendete, grausam genug war, diese Ehre zurückzuweisen.

Um ihren Kummer zu zerstreuen, machte Mlle Contat eine mehrtägige Reise nach Rouen.

Kurze Zeit vor dieser Reise hatte sie auf Bällen den Herrn Nivelon, für den sie ein sehr zärtliches Interesse empfunden hatte, ausgezeichnet; doch war es nicht möglich, diese Neigung in Paris zu befriedigen, wo zu viel Aufpasser offene Augen für sie hatten. Die Fahrt nach Rouen zog sie aus der Verlegenheit.

Der Herr Nivelon, der benachrichtigt wurde, fuhr am Abend vor Mlle Contats Abreise nach Rouen; tagelang blieb er im Hotel Vatel und verließ sein Zimmer nur, um sich in das seiner zärtlichen Liebsten zu begeben, in das er jeden Abend, nachdem alles sich zur Ruhe begeben hatte, von ihrer Mutter eingelassen wurde.

Ein vergnügliches Renkontre hätte beinahe dem Marquis, der von zärtlichster Ungeduld gequält, Mlle Contat sogar bis Saint-Denis gefolgt war, dies verliebte Geheimnis entdeckt. Er fuhr sie in seinem Wagen zurück, als Herr Nivelon, der in ganz geringer Entfernung folgte, sich mit dem Kabriolett des Marquis verhakte und es beinahe zertrümmerte. Die trefflichen Pferde und der außerordentlich leichte Wagen bewahrten Mlle Contat vor der Unannehmlichkeit, in flagranti vom Marquis ertappt zu werden, der gezwungen war, sich mit einfachen Drohungen gegen den unglücklichen Postillon zu ergehen, der gewagt hatte, fast sein Kabriolett zu zerstören.

Mlle Contat hatte Mme B-d den Marquis de Saint B-d geraubt, was diese ihr niemals verziehen hat; Mlle Carline rächte eben diese, indem sie sich Herrn Nivelon aneignete.

Seinerseits ernüchtert, zog sich der Marquis zurück und ließ sich durch den Obersten Saint L-g-r vertreten, dessen Nachfolger kurz darauf der Graf de Laudron wurde, dessen seltsames Abenteuer alle ehrbaren Leute heftig skandalisiert hat, die den Scherz in dem blutigen Spaß nicht haben finden wollen, mit dem dieser Fremde die besonderen Liebenswürdigkeiten, mit denen Mlle Contal ihn überhäuft hatte, vergalt.

Doch dies kleine Vorkommnis ist jetzt in tiefstem Vergessen begraben, und Mlle Raucourts uneigennütziges und großmütiges Vorgehen hat die Leere, die der wenig ehrliche Graf veranlaßte, zum großen Teil ausgefüllt.

Jedermann weiß, daß Mlle Raucourt, deren zarte Neigungen bekannt sind, Mlle Contat 60 000 Livres als geringes Zeichen ihrer Freundschaft überwies. Sie forderte als Entschädigung nichts, als einige gewisse kleine Liebesdienste, die ihr mit größter Nachgiebigkeit erwiesen worden sind; doch hat das Erscheinen des Grafen de N-t-ne diesem Handel ein Ende gesetzt.

Seitdem hat Mlle Contat mit diesem Herrn das erbaulichste Dasein geführt. Um die Langeweile zu beleben, die sie befallen würde, wenn ihr Liebhaber genötigt ist, sich zu seinem Regiment zurückzubegeben, hat Mlle Contat ganz Frankreich und England bereist.

Sie hat zwei Kinder von Herrn von N-b-ne, die Ergebnisse unglückseliger Entbindungen, die sie mehr denn einmal an den Rand des Grabes gebracht haben.

Wir wollen von den Talenten dieser berühmten Schauspielerin nicht sprechen. Die Armut des Théâtre Français hat ihr zu den höchsten Stellungen verholfen, von wo auch die ausgesprochensten Verdienste anderer sie nicht zu vertreiben vermöchten. Eine jüngere Schwester, die sie erzogen hat, partizipiert von der Gunst ihrer Schwester, die ihr, den Kollegen zum Trotz, recht unverdiente Vorteile verschafft hat.[32]

MADAME FURCY

Mit Bedauern sehen wir uns gezwungen, diesen Namen unserem Kataloge einzuverleiben, in dem er sich, von verschiedenen Gesichtspunkten aus, falsch am Platze befindet; wenn aber auch Madame Furcys erste Lebensjahre unbedingt diesem Kataloge zugehören, so müssen wir doch die Verirrungen, die wir ihr vorwerfen müssen, ihrer großen Jugend und hauptsächlich den Verführungen anrechnen.

Diese im Faubourg Saint-Antoine geborene Dame debütierte sehr jung in der Welt und ihr Glück war in den Jahren gemacht, in denen manch anderes Fräulein erst mit dem ihren beginnt. Diesen kostbaren Vorteil, der so oft andere Seitensprünge verhindert, verdankte sie dem Zartgefühl ihres Benehmens, das sie Personen gegenüber bewies, die sich ihr attachierten, die sie dann zu treuen Freunden machte und die ihr eine Anhänglichkeit und eine Rücksichtnahme bewahrten, wie sie keine andere vor ihr verdient hat noch verdienen wird. Unsere Feder, die zu lange von schlimmen Details des Lasters unserer modernen Hübschlerinnen beschmutzt worden ist, wird sich mit Vergnügen bei den köstlichen Eigenschaften dieser hübschen Frau ausruhen und verbreiten, der sich alle attachierten, die das Vergnügen gehabt haben, sie zu kennen. Dies ist eine geringe Genugtuung, die wir ihr als Entgelt für den Schmerz schulden, den sie empfinden könnte, wenn sie ihren Namen neben denen berühmter Kurtisanen, denen sie als Beispiel dienen könnte, vorfindet. Beglückt wären wir, wenn wir letzteren das Gefühl des Ekels mitteilen könnten, das der Exzeß ihrer Verderbtheit anständigen Menschen einflößt, und sie zu ehrbaren und keuschen Prinzipien zurückzuführen vermöchten, die sie, scheint es, völlig vergessen haben.

Jung, schön, liebenswürdig, eint Madame Furcy mit ausgezeichneten Gaben der Natur einen ausgeglichenen Charakter, einen Geist, der mit all den Eigenschaften geschmückt war, die wenige besitzen und die sie das Glück hatte, alle in sich zu vereinigen. Niemals näherte sich ihr ein Mann, ohne ihr sogleich zu huldigen.

Von ihren Geschlechtsgenossinnen wenig geliebt, deren Eifersucht das harmloseste ihrer Verdienste bildet, hat sie wenig Freundinnen, und trotz des schlechten Verhaltens, das ihr einige Fräuleins, die sie schwach genug war, bei sich zu empfangen, erzeigt haben, hat sie es nicht vermeiden können, sich von der gefährlichsten von ihnen allen unterjochen zu lassen, deren Charakter sie jedoch anfängt zu erkennen, seit ein grausamer Unfall sie beinahe ihren Freunden entrissen hat, kaum, daß sie sich der Gefahr, der sie entronnen, bewußt war.

Den Kreisen ehrbarer Frauen, denen sie immer hätte angehören sollen, zurückgegeben, führt Mme Furcy seit fünf Jahren das geachtetste Dasein; sie beschäftigt sich lediglich damit, den liebenswerten Mann, dem ihr Herz gehört, glücklich zu machen. Zwei reizende kleine Mädchen haben diesen Bund auf immer unlöslich gemacht; vergebens hat Intrige versucht, dieses glückliche Heim mit Wolken zu umziehen.

Ungeheuere Anerbietungen, denen gewisse berühmte Schönheiten nicht zu widerstehen vermocht hätten, sind ihr umsonst gemacht worden; in ihrer Anhänglichkeit und ihren Entschlüssen unbeugsam, hat Mme Furcy bewiesen, wie zartfühlend ihr Herz ist. Es bleibt uns also nur, um diesen Artikel zu beenden, ihr all das Glück, das sie verdient, zu wünschen, und sie, vergebens, all denen als Muster zu bieten, die es ihr um so weniger jemals gleichtun werden, als sie ihr weder an Körper noch an Geist ähnlich sind.

VICOMTESSE DE LINIÈRES

Aus Schweizer Boden ist diese berühmte Vicomtesse entsprossen, deren an Glücksgütern wenig gesegnete Familie kaum das glänzende Schicksal geahnt hat, das ihr in den Schoß fallen würde. Niemand ist Prophet in seinem eigenen Lande: so trivial dies Sprichwort erscheint, so ist es doch von den Abenteuern der Madame de Linières vollauf bestätigt worden, die, als Tochter eines Viehhändlers, sich momentan in Frankreich eines Schicksals erfreut, das, wenn es auch besser scheint als das, zu dem sie eigentlich unter den ländlichen, aber tugendhaften Mitbürgern berufen gewesen, dennoch weniger glücklich ist.

Auf irgendeine unsichere Art nach San Domingo verpflanzt, schienen Mlle Pingons Anfänge keine glänzenden Versprechungen zu machen. Fortuna entschied aber anders; bei dieser Art Aufstieg sind die ersten Sprossen immer in diskretes Dunkel gehüllt. Immerhin fängt man an, authentische Einzelheiten seit jener Epoche zu vereinigen, in der Mlle Pingon Eigentümerin der bedeutendsten Billardsäle von Port-au-Prince wurde, eines Billardsalons, dem die Schönheit, das liebenswürdige Entgegenkommen der Besitzerin und hauptsächlich die „Crabs" viel Kunden verschafften. Um dies kaum gegründete Unternehmen zu festigen, vereinigte sie sich mit der Negerin Ysabeau, deren Glück, Tollheiten und Ruf bekannt sind; eine Zeitlang bildete Mme Pingon das Entzücken der Kolonien. Der Krieg, dessen riesiger Schauplatz damals Amerika war, verschaffte ihr unzählige Liaisons und Bekanntschaften; zu ihrem Lobe sei erwähnt, daß sie immer zartfühlend genug war, keine Unterschiede zwischen Land- und Seeoffizieren zu machen. Mit gleichem Wohlwollen empfing sie die ihr gebotenen Huldigungen, ohne sich einer Parteilichkeit hinzugeben, die ihrem Rufe, den sie immer vernünftig genug als ihr Hauptinteresse betrachtete, geschadet hätte.

Ein Offizier aus Enghien teilte mit ihr die an den vom Schicksal grausam verfolgten Spaniern zu Domingo gemachte Beute, denen ihre Hinterlist nicht zum Sieg über ihre freimütigen und edlen Gegner verholfen hatte.

Nach dieser Liaison geschah es, daß die Sachlage sich änderte: den flüchtigen Leidenschaften, die sie so oft und so abwechselungsreich verfolgt hatten, folgte der Ehrgeiz im Herzen Mlle Pingons.

Der Chevalier de Linières, ein unverbesserlicher, zurzeit mittelloser Spieler, schlug Mlle Pingon eine Vereinigung vor, deren Ehren sie und deren Profit er genießen sollte. Und nach ihrer Zusage hätte die neue Vicomtesse mit ansehen dürfen, wie dies mit so viel Mühe und Beschwerlichkeit angehäufte Vermögen in kürzester Zeit vergeudet worden wäre, hätte nicht der Tod ein Hindernis gesetzt, indem er sich ganz zu rechter Zeit eines Gatten bemächtigte, der tatsächlich nun zu nichts mehr taugte; man hatte alles, was man wünschen konnte, von ihm gehabt. Daß er, wie die Dinge lagen, so zur rechten Zeit starb, war eine Handlung, die man ihm hoch anrechnen konnte. Ein längerer Aufenthalt in San Domingo wurde unnütz, fast schädlich; die Metamorphosen, die sich vollzogen hatten, waren keineswegs mit schmeichelhaftem Interesse verfolgt worden. Paris schien also ein geeigneterer Ort, und Mme de Linières hat diese Wahl nicht zu bedauern gehabt. Neue Freuden ersetzten die bürgerlichen Intrigen, die in einer anderen Hemisphäre die Blüte dieser Schönheit aufgezehrt hatten und deren Herbst nun für einige Zeit das Entzücken der Höchststehenden in Paris bildete.

Mme de Linières hat das seltene und kostbare Glück genossen, sich Freunde zu bewahren. Ein Minister, dessen Departement sie besonders interessierte, hat dieser Dame, seiner Schwester, seiner Freundin, die zärtlichste Anhänglichkeit bewiesen; eine zweifellos ehrbare Industrie hat es dieser Dame ermöglicht, bei sich eine Gesellschaft Freunde zu versammeln, die gegen Entrichtung einer Abgabe, die kaum von den Beteiligten gefühlt ward, ein ausgezeichnetes Souper bei ihr finden, dessen Ehren dem Herrn Roque, einem Wechselagenten, der schon lange im Amt ist, zukommen. Eine gewisse parlamentarische Schikane hat dies ingeniöse Etablissement bedroht, doch hat man sich, dem Himmel sei Dank, zu helfen gewußt, und die Komtesse hat sich nichts vergeben.

Wir würden dem Publikum großes Unrecht tun, wollten wir vernachlässigen, den beiden charmanten Gefährtinnen der Vicomtesse die gebührende Ehre zu erweisen. Ihre Tochter und ihre Schwester verschönen den zahlreichen Hofstaat, den diese liebenswürdige Witwe um sich versammelt. Ihre Tochter, die einer im Aufbrechen begriffenen Rose gleicht, und die von einem Schwarm von Schmetterlingen begehrt wird, ist hintereinander auf die verschiedenste Art und zu recht verschiedenen Zwecken angegriffen und entführt worden; es genügt, den Marquis de G-l-s und Madame de Fl-r-y zu nennen, um in wenig Worten von den Debüts und Neigungen dieser jungen Schönheit zu berichten.

Was die Schwester der Vicomtesse anbetrifft, so ist dies eines jener fremdartigen, chiffonierten Wesen, die niemandem gleichen und die die Männer närrisch machen. Ein Herzog, der durch seine süperbe Nachkommenschaft bekannt ist, hat sich ihr eine

Zeitlang attachiert; Graf de B-e-r ist momentan ihr Generalpächter.

Man würde in hohem Maße einen Kaufmann, der nicht weit vom Palais Royal wohnt, verdächtigen, der Herzensfreund der liebenswürdigen Vicomtesse zu sein, vermutete man nicht ziemlich stark, daß dieser kühne Sterbliche nicht gleichzeitig der wichtigste Mann dieser reizenden Dreieinigkeit sei.

Mit einem Wort, die Note, die wir geben, ist vielmehr ein Lob als eine Zensur, und mit Vergnügen huldigen wir den moralischen Qualitäten, dem Charme und dem Geist Mme de Linières, deren Liebenswürdigkeit ihr ebensoviel Freunde geben wird, als sich gemachte Männer in ihrem Kreise finden. Was die jungen Leute und die neu Ausgeschifften anbetrifft, so ist das allerdings eine andere Sache.

MESDEMOISELLES VICTOIRE UND ADÉLAIDE SIMON

Diese beiden liebenswürdigen Schwestern, die heftig verdächtigt werden, ihre Geburt einem erlauchten Vater zu verdanken, haben den kostbaren Vorteil genossen, vom verstorbenen Prinzen von Soubise erzogen und gebildet worden zu sein, dessen bekannter wählerischer Geschmack zu ihrem Lobe gereicht.

Der Tod des prächtigen Beschützers nötigte die Demoisellen, Sorge zu tragen, daß dem Verblichenen Nachfolger gegeben würden, aber weder deren Freigebigkeit noch deren Mittel vermochten sie über einen so folgenreichen Verlust zu trösten. Auch die Ehren, ebensowenig die subalternen Einkünfte der Oper oder die glücklichen Begegnungen im Foyer haben den beiden Schwestern etwas Nennenswertes verschafft, obschon ihre Jugend und Grazie ein besseres Schicksal verdienten.

Die älteste wurde, da die Situation es gebot, gezwungen, sich den zärtlichen Beteuerungen des Chevalier Lamb. zu ergeben;

doch belohnte sie den schmutzigen Geiz dieses Exbankiers mit absolutem Abschied, über den er sich, sagt man, schnellstens tröstete. Mademoiselle gestattete sich darauf eine Unzahl von Passaden. Eine unter ihnen, die glänzendste, schien ihr das herrlichste Geschick zu versprechen. Der Halbgott, der für kurze Zeit den immensen Abgrund ebnete, den Mademoiselle Victoire niemals zu überschreiten gehofft hatte, machte ihr nur einige Visiten und das Ehrenvolle errang den Sieg über den Gewinn. Diese fürstliche, wenn auch ephemere Eroberung brachte ihr tatsächlich die Eifersucht ihrer Kameradinnen ein und erhöhte den Wert unsrer Schönen in den Augen der Vulgären. Vicomte de Langer., und all die Elegants des Foyers wünschten sie zu kennen. Das brachte manche Annehmlichkeit mit sich, doch hatte man etwas Solideres im Auge, und man glaubte dieses so notwendige Objekt in der Person des Comte de Galitchoff gefunden zu haben, dessen Debüt und Versprechungen einen Moment die bestfundiertesten Hoffnungen zu rechtfertigen schienen; die Tatsachen haben aber dieser süßen Erwartung nicht entsprochen.

Der Russe ist unter seinen eisigen Himmel zurückgekehrt, und die Witwe rollte ein zweites Mal in die Arme des Grafen de Morainville, mit dem sie schon vorher eine Pachtzeit verbracht hatte, die aus Gründen, die uns nicht bekannt sind, aufgelöst wurde. Diese Wiederaufnahme selbst geschah nur infolge einer Spekulation von seiten des Grafen, der dringend dazu einer Dame bedurfte, die die Honneurs des Hauses und der Tafel machen mußte, was ihm aus Gründen, die ein jeder kennt, Notwendigkeit war.

Doch da Mlle Victoire sich zu sehr geeilt hat, ihre Möbel zu verkaufen, um zu ihrem spekulativen Liebhaber überzusiedeln, und das Gericht sich in einem schlechtlaunigen Moment mit den Spekulanten verunreinigt hatte, hat Mlle Victoire den zweiten Band zur „Laitière" geliefert und nicht einmal den traurigen Trost genossen, die Reste ihres teueren Milchtopfes zu retten, da der Graf sich ihrer im voraus bedient hatte.

Was die jüngere der beiden Schwestern, Mlle Adélaide, anbetrifft, scheint es, daß sie bis jetzt glücklicher gewesen ist als die ältere. Nichts könnte hübscher sein als dieses junge Geschöpf, das größte Unbesonnenheit noch pikanter macht. Wir ignorieren den Namen des begünstigten Sterblichen, der als erster das Glück gehabt hat, ihr die Augen zu öffnen.

Ein batavischer Gesandter hat weder Schritte noch Sorgfalt gescheut, um sich einen Vorzug zu sichern, der ihm immer entschlüpft ist; die ersten Diamanten, die diese Nymphe geschmückt haben, sind eklatante Beweise von der großartigen Freigebigkeit des Gesandten.

M. Dessentt., der die Schwäche dieses jungen Mädchens bemerkt hatte, und der ihr die Unannehmlichkeiten der Elementargrammatikstudien erleichtern wollte, ersann, um Mlle Adélaide zu gefallen, einen Entwurf zu einem Alphabet aus Diamanten, von dem er ihr vorläufig den ersten und kurz darauf den zweiten Buchstaben geschenkt hatte. Doch hielt er mitten im Kurse zu Mlle Adélaides großem Bedauern inne, die, von der Kälte ihres Lehrers beleidigt, nun den Unterricht einem anderen übertrug.

Im übrigen hatte M. Dessentt. sich gewisse Dinge vorzuwerfen; er wußte, daß der Eifer, mit dem er die Erziehung dieser jungen Schülerin betrieben, den Dolch in das Herz einer unendlich wertvolleren Person gestoßen hatte; sein Zartgefühl zwang ihn, den Abschied, mit dem man seine Sorgfalt belohnte, mit Resignation entgegenzunehmen. Die chronologische Folge von Mlle Adélaides Liebhabern hat uns zu einer recht seltsamen Entdeckung geführt: von ihrer bizarren Neigung zur Illegitimität wollen wir sprechen. Zeuge davon ist der letzte Liebhaber, von dem wir soeben unseren Lesern sprachen, und der Nachfolger, den sie ihm eiligst gab, der Chevalier de Lang-c, über den sie zwar ihre Meinung sattsam geändert zu haben scheint, trotz des Geschenkes, mit dem sie ihn beehrt hat, als sie ihm die Vaterschaft eines Kindes zuschrieb, auf das auch M. Dessentt. und M. de Saint-Fargeau gut fundierte Ansprüche machen könnten. Aber so groß ist die Nachsicht der Familie Sabatto-Phellippeau-Lang-c, den Vaterschaftsartikel betreffend, daß der gute Chevalier sich von dieser kostbaren Akquisition, auf die er schon ein Wiederaufblühen seines erlauchten Hauses gesetzt hat, bedrückt fühlt.

Aber, Scherz beiseite, die Vertreibung dieses argwöhnischen und unnützen Liebhabers scheint bevorzustehen; man bemerkt, daß Herr Toy-t Annäherungsversuche begonnen hat, und man erwartet jeden Moment zu hören, daß die Huldigungen, welche die Bijoutiers, Goldschmiede, Notare usw. bieten, mit Gunst aufgenommen worden seien.

P. S. Man würde den Redaktoren dieser kleinen Arbeit wenig Gerechtigkeit widerfahren lassen, wollte man annehmen, daß Bosheit allein über diesen Recherchen präsidiert habe, die dem wahrscheinlich im Prinzip nicht bestimmt waren. Viel ehrenwertere Gesichtspunkte haben diese Sammlung mobilisiert, der das Gift der Verleumdung immer sorgfältig ausgeschieden werden soll.

Weit davon, die Strenge zu einem lächerlichen Exzeß zu treiben, zeigen wir stets wohlwollendste Nachsicht für die Schwächen eines Geschlechts, das die Natur dazu bestimmt zu haben scheint, unablässig zu unterliegen.

Doch sei das schamlose Laster, das Laster, das sich seiner Exzesse brüstet, ohne Einschränkung enthüllt, und indem wir es in seiner widerlichen Nacktheit zeigen, nehmen wir ihm all sein Gift, und Verachtung und Entrüstung sollen sein Teil werden.

Wir gestehen mit Bedauern, daß in der zahllosen Menge, die wir Revue passieren lassen wollen, nur wenige Individuen sind, deren Schwächen und Erniedrigungen wir mit gesellschaftlichen Tugenden ausbalancieren könnten, so daß man über ihre Fehler, so wie es auch der gestrengste Zensor erstreben würde, leicht hinweggehen könnte.

Doch das Vergnügen, mit dem wir uns bemühten, dem Gedächtnis Mme Furcys unsere schmeichelhafteste Huldigung zu bieten, indem wir ihr Grab noch von der Trauer ihrer zurückgebliebenen Freunde widertönen ließen, dies Vergnügen (nicht zu oft können wir dies wiederholen), ist sichere Garantie für den Eifer, mit dem wir ihren würdigeren Gefährtinnen Gerechtigkeit widerfahren lassen wollen. Ohne Zweifel gibt es deren einige: die Damen Granville, Guimard, L-r-t dürfen ein Lob beanspruchen, das nicht geringeres Anrecht hat, und indem wir über ihre Schwäche berichten, zeigen wir andererseits ihre Tugenden, die guten Eigenschaften, die sie vor jener Depravation bewahrt haben, die so allgemein und so gerecht ihren Kameradinnen vorgeworfen wird.

Die letzte Lieferung wird Noten und Ergänzungen bringen, die den Redakteuren mitgeteilt worden sind, um ihnen gelieferte Aufklärungen zu geben; im Anschluß an diese Anmerkungen wird man einen belehrenden Schlüssel finden, der bestimmt ist, dem trägen Gedächtnis die Mühe zu ersparen, sich anzustrengen, um einen Namen zu entziffern, der sich ganz ausgeschrieben in der angekündigten Tafel finden soll.

Liste der Demoisellen, deren Geschichte in der vorhergehenden Lieferung enthalten sind:

Mesdemoiselles:

Bonard	Coulon	d'Hervieux
Chouchou-Leblanc	Contat	Furcy
Martin	Craffton	Linières
Sainte-Amaranthe	Zacharie	Victoire und
Dufresne	Maillard	Adélaide Simon.
De Ville	Laborde	

Die folgenden Artikel sind in Druck und werden die zweite Lieferung bilden, die im nächsten Aprilmond erscheinen soll.

Mesdemoiselles

Raucourt	Racine	Quincy
Adeline	De Pame	Dufayelle
Rosalie	Arnoux	Lahaye
Smith	Dugazon	d'Ambly
Elliot	Dubrieulle	
Beauvillars	Clairville	

Die folgenden Lieferungen werden Biographien dieser vermerkten Damen bringen:

Mesdemoiselles

Guimard	Desgravelles	Grandval
Langlois, morte	Mignot	Desmarquès
Rose	Saint-Huberty	Saint-Albin
Les trois Gavaudan	Courville Mont-B.	Courville-la-Vieille
Lafond	Mézières	Vielge
Saulnier	Ligny	Bonoeil
Vestris	Miller	Lahaye
Joly	Prud'homme	Lahaye-Courville
La Chassaigue	Laurent	Riouville
Lange	Petit	Julie
Lescaut	Sainval	Christ
Julien	Carline	Joséphine
Renaud	Gonthier	Huet
Victorine	Deshosses	Savigny
Meyer	Lefèvre	Joséphine
Grandville	Huntley	Binot
Desmailli	Surville	Durand
St. Hilaire	Perceval	Duthé
Montelar	Pélou	Saint-Romain

Flore	Lebrun	Lady-Wortley
Dalbert	Boulogne	Colmar
Théophile	Malinguant	Lady-Massareene
Flire	Massieux	Nicolay
Villeneuve	Sarron	Jaucourt
Lemercier	Murtin	Fleury
Thevenin	Mélan	Violette
Michelot	Adel-Véron	Montigny
Labachante	Méricourt	Renard.
Daigleperse	Leclerc	

Diejenigen Damen, die dem Gedächtnis des Redakteurs dieser Arbeit entschlüpft wären, sind gebeten, ein Versehen zu entschuldigen, das nichts Beleidigendes für sie enthalten soll; man wird eilen, ein Schweigen, das sie verletzen könnte, in dem Moment gutzumachen, in dem sichere Auskünfte uns mitgeteilt worden sind.

DER GAZETIER CUIRASSÉ

VORREDE

Ich muß dem Publikum mitteilen, daß einige der Neuigkeiten, die ich ihm als wahr berichte, zumindest sehr glaubwürdig sind, und daß sich in der Menge einige finden werden, deren Gefälschtheit in die Augen springt; ich werde mich nicht damit befassen, das jeweils zu betonen: den Leuten von Welt, die Wahrheit und Lüge (dank des vielen Gebrauches, den sie von ihr machen) kennen, steht es zu, zu urteilen und eine Auswahl zu treffen. Je gestrenger sie ausfallen wird, desto weiser wird sie sein. Ich glaube den Lesern, die mich mit ihrer Aufmerksamkeit beehren werden, diesen Hinweis zu schulden.

Sollte dieser Versuch Anklang finden und das Publikum meiner Eitelkeit durch seine Aufnahme ein wenig schmeicheln, werde ich ihm meine Dankbarkeit dadurch beweisen, daß ich ihm eine Abhandlung über die Verführung der Frauen geben will, die ebenso den jungen Leuten, die gerade in die Welt treten, wie den Alten, die bereit sind, sie zu verlassen, dienlich sein soll; sie soll die, die nichts mehr können, amüsieren, und sie soll den entschlossensten Frauen beweisen, daß es keineswegs ihre Schuld ist, wenn sie unterlegen sind, da ihre Niederlage auf unfehlbaren Prinzipien begründet ist. Ehe ich diese Abhandlung wage, werde ich meine besondere Korrespondenz mit dem Publikum mitteilen, wobei ich von ihm Geheimhaltung dessen, was ich es nicht wissen lasse, fordere. Nicht allen Nationen ist es gegeben, alles, was sie denken, auszusprechen. Die Bastille, Mohammeds Paradies und Sibirien sind zu starke Argumente, als daß man ihnen entgegnen könnte. Doch gibt es ein weises Land, wo der Geist von den Freiheiten des Körpers profitieren darf, und keine seiner Erzeugnisse zu fürchten braucht; in diesem Lande, in dem die Großen nur die Gleichgestellten ihrer minderen Bürger sind, in dem der Fürst als Erster dem Gesetze unterworfen ist, in diesem Lande kann man es wagen, ohne Furcht vor allen Mächten der Erde zu sprechen, kann der Weise Narrheiten richten und ihrer lachen. Man wird aus einigen in dieser Arbeit mitgeteilten Anekdoten ersehen, daß ich sehr oft Gelegenheit hatte, in Schußweite zu erblicken, was ich von sehr nah berichte.

Wenn ich manchmal der Wahrheit etwas angefügt habe, so geschah es, um denen, die sie verletzen würde, eine Handhabe zu bieten; manchmal ist es auch eine Dekoration, die ich benötigte, ein Ornament, das vielleicht ein wenig gewagt erscheinen könnte, doch hat es einen neuen Charakter, und wird einer Nation, die weise genug ist, noch frei zu sein, nicht mißfallen.

Zueignungsbrief an mich selbst.

Mein Teurer!

Genießen Sie Ihren Ruhm, ohne sich um irgendeine Gefahr zu kümmern! Sie laufen diese zweifellos. Mit den Feinden Ihres Vaterlandes, deren Wut Sie verschärfen und deren Grausamkeit Sie verdoppeln werden; doch indem Sie Dinge enthüllen, die sich im schwarzen Geheimsten ihrer Herzen verzehren, bedenken Sie, mein Teurer, daß Sie Unschuldige rächen, und daß Sie vielleicht Unglückliche, auf die der Blitz herabzufallen droht, beschützen.

Wenn Sie das Opfer Ihres Eifers sind, seien Sie stolz darauf, sich in diesen neuen Abgrund, der gefahrvoller und tausendmal schrecklicher ist als jener, den der mutige Decius zuschloß, zu stürzen. Möge sein Beispiel und die Verehrung, die er noch in unseren Tagen genießt, Sie in dem Vorhaben stärken, daß des Dankes wert ist, auf den Sie ein Recht haben. Trotzen Sie den schuldvollen Mächten, die Sie nicht besiegen können! Machen Sie, daß diese grausamen Ungeheuer, deren Existenz so hassenswert ist, und die der Menschheit so teuer zu stehen kommen,

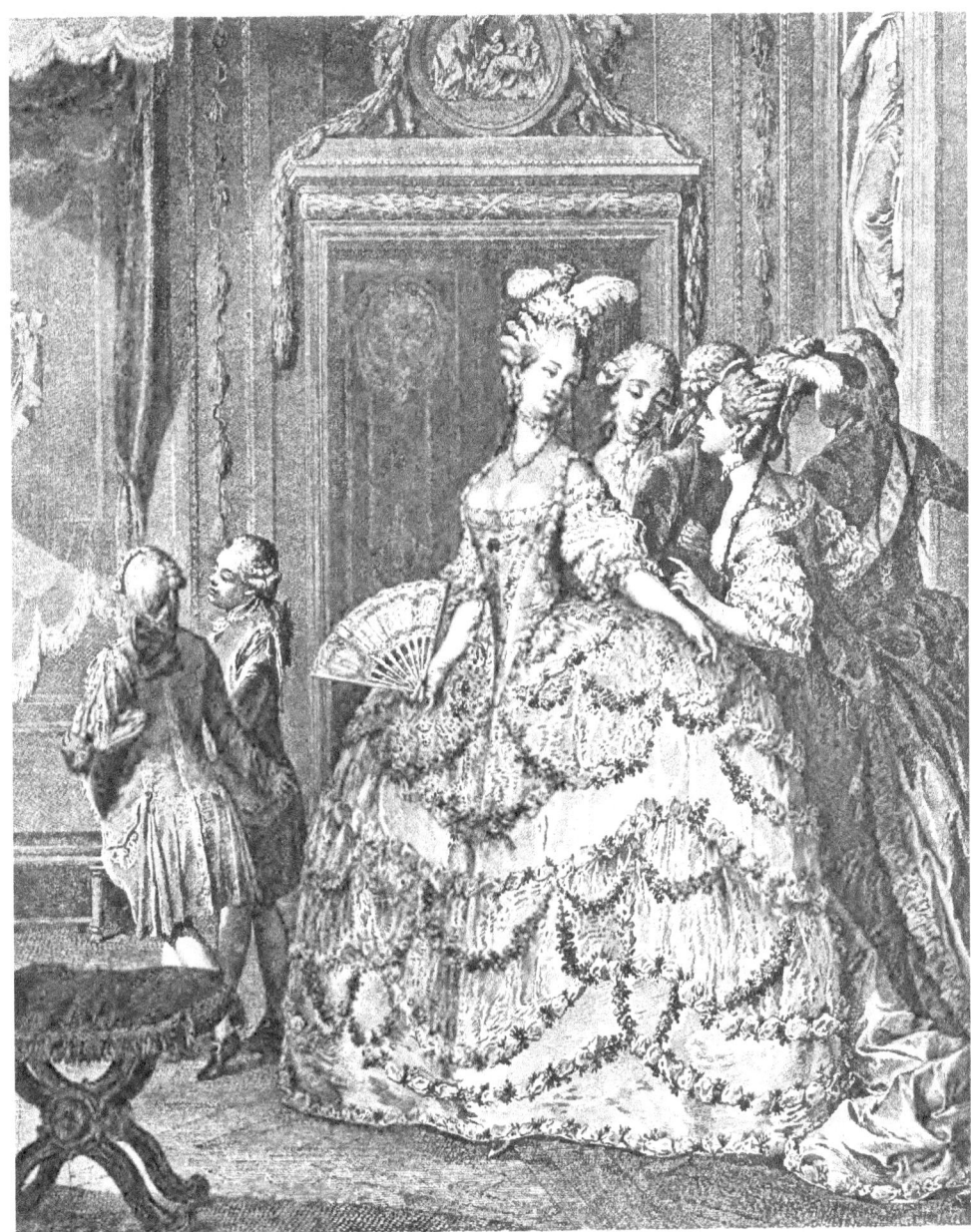

zittern! Und sollten die Himmel zur Erde stürzen, damit sie bereit sei, Sie zu verschlingen, erinnern Sie sich, daß Ihr bester Freund, der Mann, den Sie am meisten schätzen, Ihnen das geraten hat, was Sie tun müssen!

Erproben Sie mit Wollust seine Maxime und wagen Sie alles, ohne etwas zu fürchten.

> Si fractus illabatur orbis,
> Impavidum ferient ruinœ

Ich kenne Sie zu gut, um ein Erlahmen Ihrer Prinzipien fürchten zu müssen, da Ihre Entschlossenheit mir garantiert, daß Sie sie niemals verraten werden. Dieser Überzeugung bin ich, mein Teurer.

Ihr sehr ergebener und sehr gehorsamer Diener

Ich Selbst.

POLITISCHE NEUIGKEITEN

Alle Sekretäre der französischen Gesandten, die Kreaturen des Herrn von Choiseul sind, sind auf Befehl des Kanzlers mit den Papieren ihrer Herren inkognito nach Versailles abgereist. Man versichert, daß es zur Ausführung kleiner Handstreiche am Hofe von Frankreich viel geeignetere Leute gibt als im Walde von Sénart.

Der große Rat hat sich des Palastes, nachdem er ihn mit Geheimbriefen belagert hatte, ohne Widerstand bemächtigt; die cour des aides, die den Stoß hatte aushalten wollen, ist kräftig zurückgestoßen worden und hat sich bis zu zehn Meilen von Paris zurückgezogen, wo sie Quartier genommen hat.

Der Kanzler hat nach dem Prinzip des Kardinals Mazarin, Divisez pour régner, die Mitglieder des alten Parlaments in den entlegensten Dörfern Frankreichs verteilt und alles getan, um ihre Verbannung noch empfindlicher zu machen; nach ihrer Entfernung hat er geäußert, er hoffe sie bei ihrer Rückkehr viel besser über die Not des Volkes informiert zu sehen als vorher, wo sie ihre Beschwerden einbrachten.

Der Herzog de la Tremouille ist soeben heimlich zum Minister der auswärtigen Angelegenheiten ernannt und in dieser Eigenschaft dem Könige durch Herrn Gabriel, Hofbaumeister Seiner Majestät, vorgestellt worden.

Bei Eröffnung des neuen Parlaments an Stelle des alten hat der Kanzler eine Rede gehalten, die besagt, daß alle Franzosen Dummköpfe sind, daß er es weiß, daß er daraus Nutzen zieht, und daß es sechs große Verbrecher in Frankreich gibt. Nach seiner Rede hat Herr Isabeau drei Verordnungen verlesen, deren erste einreden möchte, daß der König Lust habe, seine Schulden zu bezahlen; die zweite trifft die „cour des aides" tödlich, weil sie die Hand gegen das Allerheiligste erhoben hat; die dritte ersetzt die schwankenden und altersschwachen Mitglieder des großen Rates durch die flinken Beamten der alten Kammer. Diese drei Verordnungen haben den sogenannten großen Gerichtstag beendet.

Seit vier Monaten hat es einige Todesfälle in Paris gegeben, die nicht allzu natürlich erschienen; aber ein jeder schweigt nach dieser Richtung hin, ebenso wie über die heimlichen Gefangennahmen, die für jedermann undurchdringlich bleiben, obwohl sie sich täglich wiederholen.

Es ist dem neuen Parlament untersagt worden in wichtigen Fällen irgend etwas ohne Anweisung der Kammer zu beschließen.

Man versichert, daß die Bastille und Vincennes so voll von Menschen sind, daß man die Lagerstätten der Soldaten, die auf diesen beiden Schlössern Wache halten, auf den Terrassen und dem Turm unterbringen mußte.

Man hat eine Zählung der Lusthäuser Seiner Majestät veranstaltet. Wenn man Versailles, die Bastille, Vincennes, Marli, Bicètre usw. mitzählt, kommt man auf 900, nicht gerechnet die Klöster, die als Speicher für die kleinen Lustbarkeiten des Königs dienen. Es gibt eine sehr große Anzahl, in denen man beträchtliche Niederlagen von verkauftem oder geopfertem Menschenfleisch findet.

Die Prinzen von Geblüt haben vom König die Erlaubnis, sich in nichts hineinzumischen und die Freiheit, von seinen Beratungen fernbleiben zu dürfen, erhalten.

Der König, der des Rates des Herrn Maupeou nicht mehr bedurfte, hat sich seiner entledigt — zum Vorteil der Allgemeinheit, die in Zukunft gegen ihren Willen durch die Kreaturen des Hofes oder die ihrem Stande ungetreuen Beamten gerichtet werden wird.

Man schafft gerade eine neue Kammer unter dem Namen „Gewissenskammer", an deren Spitze der Marschall de Richelieu sowie der Herzog d'Aiguillon stehen werden. Diese Kammer ist zur Kontrolle des Vermögens der Finanzleute bestimmt, die der Abbé Terray nicht geschröpft hat.

Die Kammern von Toulouse, Bordeaux und Rouen haben sich gelobt, sich niemals zu vereinigen, nicht einmal durch Geheimbriefe, die (nach ihrer Meinung) nur eine entehrende Gnade sein und dazu dienen sollen, diejenigen durch die Verbannung oder das Gefängnis den Gesetzen zu entziehen, die man hatte schonen wollen. Sie machen sich auf die höhere Gewalt gefaßt, aber sie werden ihre Meinung um keinen Preis ändern. Das bringt den Kanzler und seine Kreaturen sehr in Verlegenheit, da es viel eher in seinem Interesse liegt, nach und nach Minen auszulegen, als eine Revolution anzustiften, der sie mit Bestimmtheit zum Opfer fallen würden.

Es geht ein Brief um, von dem man annimmt, daß ihn der Adel an die Prinzen von Geblüt gerichtet hat. In ihm wird von der Verwaltung und den Pflichten des Herrschers in sehr starken Ausdrücken gesprochen. Der Bürgerstand streitet indessen dem Adel die Ehre ab, ihn verfaßt zu haben; man glaubt ihn von Herrn d'Alembert, der gerade ebenso gut schreibt, als wenn er Edelmann wäre.

Der König, der schon verschiedene Male nahe daran war, dem Abbé Terray das Portefeuille zu entziehen (dabei hat dieser doch nur die Kunst des Fischens im Trüben vervollkommnet), ließ es soeben Herrn Foulon anbieten, der sehr geeignet sein soll, das Königreich zu schröpfen.

Der Kanzler unterdrückt die Käuflichkeit der Ämter und ersetzt sie durch die der Benefizien nach Übereinkunft mit dem Papst Ganganelli, der dem König in aller Ruhe von den Gütern der Kirche zu zehren erlaubt, wenn der Vatikan zur Hälfte beteiligt wird.

Alle Tage schieben sich Drohbriefe unter die Serviette des Königs, ohne daß man weiß wie. Man hat mehrere Personen verhaftet, die man bei dieser Gelegenheit in Eisen gelegt hat. Der König soll über diese Art von Widersetzlichkeit viel mehr bestürzt sein als über die seiner Parlamente. Vor einigen Tagen hat man auf diese Weise eine auf beiden Seiten mit dicker Schrift beschriebene Karte gefunden, die mit einer sehr außergewöhnlichen Drohung endigte: man kündigte dem König an, wenn er nicht aufpasse bei dem, was er täte, so würde man ihn nach Saint Lazare stecken und seine Mätresse ins Hospital. Der Chef der Polizei hat sich die allergrößte Mühe gegeben, um den Urheber zu entdecken, aber ohne Erfolg.

Vor Ablauf des Monats wird man mit dem Bau eines neuen Gefängnisses in der Ebene der Sablons beginnen. Dieses ist zur Entlastung der Pariser Gefängnisse dringend nötig. Man wollte mit den Unternehmern des Vauxhall, der Champs Elysées verhandeln, aber ihre Räume haben sich als zu dunkel und zu schlecht verteilt herausgestellt.

Allnächtlich veranstalten die kurzröckigen Jesuitenfreunde Versammlungen, zu deren Zahl alles gehört, was gegen Choiseul in Frankreich ist. Man fürchtet sehr, daß die Rückkehr der Gesellschaft bevorsteht, da Mme Dubarry es mit den Dissidenten hält, deren Neigungen sie nach Behauptung böser Zungen haben soll.

Der Gazetier Cuirassé

Die Herren vom neuen Parlament, die den Auftrag erhalten haben, gegen alle, die schlecht von der Verwaltung sprächen, das Verfahren einzuleiten, haben sich nach Versailles begeben, wo sie Seiner Majestät vorgehalten haben, daß sie gezwungen sein würden, die gute Stadt Paris ganz und gar mit Mauern zu umgeben, wenn sie die Verbreitung von Klagen und Schmähschriften verhindern wolle usw. Diese Meinung hat den Beifall des Rates und besonders des Herzogs de la Vrillière gefunden, der den König um die Kastellanstelle in diesem neuen Gefängnis gebeten hat. Nächstens wird es eine allgemeine Beförderung zu Gefängniswärtern geben. Die Keller des Observatoriums und die Steinbrüche von Saint Marcel sind als Kerker vorgesehen.

Man versichert, daß Herr von Choiseul sich noch nicht eine Viertelstunde in Chanteloup gelangweilt hat, da seine Gegner so viel Dummheiten gemacht haben, daß er seit seiner Ankunft aus dem Lachen nicht herausgekommen ist. Der Abbé de la Ville und alle Bureauvorsteher aus dem Departement des Herrn von Choiseul haben ihn seit seiner Verbannung schon mehrere Male aufsuchen müssen, um lesen zu lernen.

Man hat an mehreren Stellen das Urteil des Pariser Parlaments angeschlagen, das einen Preis auf den Kopf des Kardinals Mazarin bot, dessen Namen man jedoch durch den Maupeous ersetzte; man hat die von Boissi vorgeschlagene Einteilung der Summe hinzugefügt, so- und soviel für das einzelne Glied, Ohr usw. Das Gleiche ist nach demselben Tarif für die Herren d'Aiguillon und de la Vrillière geschehen.

Der Kanzler, der sich die Vergebung des Vatikans für alle noch zu begehenden Sünden warmhalten will, hat dem Papst Avignon zurückerstatten lassen. Dieser schickt ihm zum Dank Ablaß und geweihte Wachslämmchen für alle diejenigen Herren, die sich ihren Glauben an solche Art Heiligtümer bewahrt haben. Der Graf de Noailles hat eins für sich bestellt; die Herzöge de la Vauguyon, de Bouillon und de Richelieu ebenso wie viele Leute von Bedeutung sind durch diese päpstliche Würde ausgezeichnet worden. Sie ist bis in die unteren Schichten gedrungen durch ein Monopol der Kanzleilakaien, die eine Kiste davon an ihren Freund, den Marquis de Villette, abgetreten haben.

Der Herzog d'Harcourt hat den König, der ihm auftragen wollte, das Parlament von Rouen zur Vernunft zu bringen, gebeten, über sein Herz und seine Hand in allem, was zu seinem Dienst gehört, zu verfügen, aber ihn von der Aufgabe, seinem Volk Schlechtes zu tun, zu entbinden. Der Herzog de Fitzjames (der sich von seinem in Toulouse erlittenen Schreck wieder erholt hat) hat sich an seiner Stelle erbötig gemacht und wird mit den Blitzen des Hofes abreisen, sobald der Kanzler den Augenblick, sie zu schleudern, für gekommen hält.

Der Marschall von Richelieu hat den König davon überzeugt, daß eine französische Militärkontribution die mildeste und billigste Art sein wird, seine Revenüen zu heben. Der Generalkontrolleur soll mit den Richtern zusammen ermitteln, wie man dabei vorzugehen hat. Der Marschall, der im letzten Kriege die Gelderhebung im Kurfürstentum Hannover besorgt hat, erbietet sich, die Unternehmungen des ersten Feldzuges zu leiten. Man wird dem Könige 60 000 Mann lassen, die bisher durch die Pachten beschäftigt waren (durch dieses Mittel wird er sie viel nützlicher verwenden können), und man wird ihm noch einmal soviel Geld, als er jetzt erhält, verschaffen, ohne Verwüstungen in der Verpachtung anzurichten.

Die Prinzen und Pairs haben sich gegenseitig feierlich gelobt, niemals einen Sitz im königlichen Justizamt anzunehmen, das der Kanzler soeben unter dem Namen „Parlament von Paris" eingerichtet hat.

Es sollen vier Mann pro Kompagnie sämtlicher Truppen Frankreichs ausgewählt werden zur Bildung eines Janitscharenkorps, dessen erster Aga der Graf du Barry sein wird. Das Korps ist bestimmt, die Befehle des Königs in alle Provinzen des Königreiches zu tragen; die „Stummen" zu begleiten, wenn sie mit geheimen Aufträgen betraut sind, und unter Umständen mit Bajonettstößen die zu bezeichnen, deren Träger sie sein werden. Man glaubt, daß dieses Verfahren, das unter Ludwig XIV. manchen bekehrt hat, unter der Regierung seines Enkels auch nicht ohne Erfolg bleiben wird. Man druckt wieder die Geschichte der „Dragonaden" zur Instruktion dieses neuen Korps, in das alle die befördert werden sollen, die sich durch aufsehenerregende Taten auszeichnen. Außer mit den gewöhnlichen Infanteriewaffen wird dieser Truppenteil mit Taschenpistolen und Dolchen ausgerüstet werden.

Ein alter unzufriedener Offizier ist in die Bastille gesteckt worden, weil er vertraulich in einem Café gesagt hatte, der König würde gezwungen werden, nachzugeben, der Kanzler sich aufzuhängen und der Herzog d'Aiguillon Gift zu nehmen.

Es bestätigt sich, daß der Herzog de Praslin sich beim Nägelknabbern in den Finger gebissen und hierauf einen Anfall von Tollwut bekommen hat, der ihn innerhalb 24 Stunden von dieser Erde hinwegnahm.

Als Herr de Monteynard dem Könige die Abgeordneten der Insel Korsika vorstellte, verlangten diese von Seiner Majestät die Erlaubnis, alljährlich vier Genueser hängen zu dürfen. Dies ist ihnen durch Ratsbeschluß zugestanden worden.

Die Korsen haben dem Papst zwölf französische Offiziere geschenkt, die sie vorher für den Dienst in seiner Kapelle geeignet gemacht haben.

Am zehnten vergangenen Monats wurde das neue Parlament im Palast eröffnet unter den Zurufen des Grafen de la Marche, vierer von sechs Modistinnen ausgehaltener Herzöge und von vierzig ins Vertrauen gezogener Lakaien, die auf Bezahlung schreien mußten: Es lebe der König!

Der Herr Kanzler hat Netze an seinem Wagen anbringen lassen, um den Folgen der Dankbarkeit des Volkes zu entgehen, das ihn mit Segenswünschen und Pflastersteinen überschüttet.

Der König brauchte zur Fußwaschung am Gründonnerstag zwölf junge Bettler; man hat mit Vorliebe die Kinder von zwölf Offizieren genommen, denen man, zum Dank für die Dienste, die ihre Väter dem Staate erwiesen haben, das Doppelte der gewöhnlich bei dieser Zeremonie verteilten Summe gegeben hat. Diese Freigebigkeit ist das Werk des Herrn de Maupeou, der nichts versäumt, um sich die Wertschätzung des Militärs zu verschaffen.

Man hat eine geheime Verbindung zwischen dem Kanzler, dem Herzog de la Vrillière und dem Herzog d'Aiguillon entdeckt, die sich gegen alle Untertanen des Königs richtet, die mehr Verstand und Redlichkeit besitzen als sie selbst; man versichert auf Ehre, daß diese Verbindung gegen das ganze Königreich gerichtet ist.

Man hat dem ersten Türsteher des alten Parlaments den Platz des ersten Präsidenten im neuen angeboten. Er hat ihn abgelehnt.

Der Kanzler und der Herzog d'Aiguillon haben den König derart umgarnt, daß sie ihm nichts gelassen haben, als die Erlaubnis mit seiner Mätresse zu schlafen, seine Hunde zu streicheln und Heiratskontrakte zu unterzeichnen.

Die Dirnen von Paris haben Mme du Barry so mit Bittschriften gegen den Polizeichef überhäuft, daß es ihm jetzt tatsächlich verboten worden ist, den Fuß in ein Bordell zu setzen.

Herr de Sartines, dessen Aufgabe es ist, für die Beleuchtung Sicherheit und Reinlichkeit von Paris zu sorgen, hat soeben nach der Aufstellung von Straßenlaternen und der Verstärkung der Nachtwachen eine dritte für die Einwohner sehr nützliche Einrichtung geschaffen: er hat Aborte an allen Straßenecken aufstellen lassen. Diese Neuerung wird die Geld- und Prügelstrafen verhüten, denen man in allen Sackgassen und bei den wohlhabenden Leuten ausgesetzt ist, die unmenschlich genug sind, der Bevölkerung einem königlichen Erlaß zufolge zu verbieten, ihre natürlichen Bedürfnisse zu verrichten. Die Schuhputzer, die häufig die Nützlichkeit dieser Aborte erfahren, erheben den hilfreichen Magistrat mit ihren Lobpreisungen bis in den Himmel.

Da der Kanzler sah, daß die früheren Advokaten und Anwälte am Pariser Gericht ihre Tätigkeit nicht wieder aufnehmen wollten, hat er neue eingesetzt und ihnen den Tod durch den Strang in Aussicht gestellt, wenn sie die Bevölkerung nicht bestehlen würden.

Die Trottel, die der Kanzler unter dem ehrenwerten Namen „Parlamentsmitglieder" herangezogen hat, hat er feierlich schwören lassen, niemals zu sehen noch zu hören, was der König will. Er hat ihnen in zwei mit Sophismen gespickten Reden zu verstehen gegeben, daß es, wenn der Fürst ihre Vorschläge nicht lesen würde, genügte, wenn sie sie einreichen, um ihre Pflicht zu erfüllen. Ferner mußten die Beamten die vorgesetzte Behörde beim Rechtsprechen befragen und der Herrscher brauche sich an das Recht nur zu halten, wenn es in seinem Interesse läge und ihm Spaß machte. Er schloß damit, daß alle diese Absurditäten im Herzen der neuen Parlamentarier schon eingegraben sind und daß sie ihr Schweigen und ihre Blindheit zum Wohle des Volkes für immer bewahren müßten.

Der Punsch ist in den lauschigen Gemächern von Versailles so in Gunst, daß ihn weder der Burgunder noch der Champagner noch die besten Weine der Welt verdrängen können. Man versichert, daß vier Personen, die sich der allergrößten Schätzung erfreuen, vier Gallonen täglich vertilgen. Manchmal läßt man bei diesem Getränk aus besonderer Gnade Champagner zu, aber sehr selten. Dieselbe Dame, die den Punsch in Mode gebracht hat, hat gleichzeitig die hölzernen Tischtücher und die Pfeifen eingeführt. Man erwartet augenblicklich ein wenig Politik, die dem Rat sehr notwendig erscheint. Man hat sich aus London von einem der Teilhaber der Robinhood-Taverne einen Redner und zwei Meister im Räsonnieren verschrieben, die den Staatsbeamten Stunden geben können.

Nachdem die Marschälle von Frankreich erklärt hatten, daß zu ihrem Gerichtshof in Zukunft nur Ehrenmänner zugelassen würden, haben sich bei Prüfung des Hochadels nur drei Pairs mit Zulassungsberechtigung gefunden.

Es erscheint ein Edikt vom letzten 25. April, das die Schöpfung einer neuen Steuer auf alle Vestalinnen von Paris in sich trägt; mittels dieser Taxe, die zwei Sol pro Pfund betragen soll, werden sie von den Beamten des Viertels nicht mehr übersteuert werden, und werden direkt mit dem Marschall von Richelieu zu verhandeln haben, der mit der Generalaufsicht betraut worden ist.

Mme la Comtesse du Barry hat soeben einen neuen Orden geschaffen, der sich Saint Nicolas nennen wird; die Bedingungen für Frauen sind äußerst rigoros; man muß mit mindestens zehn verschiedenen Personen gelebt haben und beweisen, daß man dreimal in Quarantäne gewesen ist, um zugelassen zu werden. Die Männer werden damit wegkommen, der Komtesse selbst Beweise zu liefern, da sie sich die Oberhoheit reserviert. Die Abzeichen des Ordens sind eine auf die Brust gestickte Gurke mit zwei stark markierten Auswüchsen.

Obschon Mme du Barry versichert, daß sie nur die zu Rittern ernennen werde, die sie für gut befunden hat, so glaubt man dennoch, daß dieser Orden zahlreicher sein wird, als der des heiligen Louis.

In Frankreich erstickt, erhängt und erschießt man sich mehr denn je. Dies sind Freundschaftsdienste, die man sich gegenseitig in den Straßen ebenso wie auf den Chausseen des Königreichs leistet, von denen behauptet wird, daß sie von Briganten recht belebt werden, seit ihre Chefs im Amte sind.

M. le Duc de Villeroi, der von der vernichtenden Waffe des Gatten seiner Mätresse bedroht worden war, hat, um in Zukunft ohne Unruhe ihrer genießen zu dürfen, diesen Unglücklichen nach den Inseln von Sainte-Marguérite bringen lassen, wo er ihm einen lebenslänglichen Wohnort gesichert hat.

Es ist all den Barrierebeamten von neuem ausdrücklich befohlen worden, ein Eindringen der Syphilis zu verhindern, und sei es in einer Karosse und in der Person einer Herzogin. Andererseits haben die Polizeioffiziere Order, überall mit Chirurgen einzutreten und alle, die im Verdacht stehen, sie bei sich zu verstecken, aus der Hauptstadt zu vertreiben. Wenn der Befehl des Königs mit Strenge durchgeführt wird, wird Paris, so glaubt man, gar bald einer Wüste gleichen.

Als der König über seine Finanznöte mit dem Marschall de Biron sprach, sicherte ihm der Marschall drei Millionen ohne irgendwelche Kosten in einem einzigen Tage und den Applaus des Volkes zu, das ihm in hellen Haufen sein Geld anbringen würde. Der König, der das Geheimnis sehr wichtig fand, wünschte es zu erfahren, und vernahm mit großem Erstaunen, daß es sich nur darum handeln würde, einen Pfahl inmitten der Sabloner Ebene zu errichten, daran den Kanzler aufzuhängen und von einem jeden Zuschauer einen Taler zu verlangen. Der Marschall versicherte dem König, daß die Einnahme fast drei Millionen betragen würde.

Durch einen Haftbefehl des Gerichtes zu Rouen war der Duc d'Aiguillon dazu verurteilt worden, einen Kopf kürzer gemacht zu werden und der Duc de la Vrillière, eine Hand abgehackt zu bekommen. Der Duc d'Aiguillon empfand in einem Traum, in dem er vermeinte, hingerichtet zu werden, so tödliche Angst, daß ihm davon eine unheilbare Gelbsucht zurückgeblieben ist; der Duc de la Vrillière ist, um seinem Schicksal zuvorzukommen, mutig genug gewesen, sich bei der Jagd die Hand abzuschießen.

Heutzutage ist es durch militärische Verfügungen untersagt, einen Obersten in Frankreich zu empfangen, wenn er nicht rote Absätze trägt, eine Mätresse in der Oper, ein englisches Gespann und 100 000 Dukaten Schulden hat. Findet man zwei Konkurrierende, von denen der eine die Allemande zu tanzen weiß, so ist er der Erkorene.

Der Scharfrichter von Paris ist zu Biçêtre dafür eingesperrt worden, einem vom neuen Parlament gemachten Gefangenen seine Dienste unter dem Vorwand verweigert zu haben, daß er seinen alten Kameraden nichts antun dürfte, ohne seine eigne Ehre zu verletzen. Sein Zartgefühl, sagt man, hat die Richter zum Lachen gebracht, anstatt sie erröten zu lassen.

Man versichert, der Kanzler behandele die Frauen nicht so, daß er sie lange an sich fesseln wird, da man ihn mit Jesuiten überrascht hat, zu denen er laut Anklage skandalöse Beziehungen unterhalten haben soll. Der Polizeivorsteher von Paris hat ihm ins Gesicht gesagt, daß er im Laufe von drei Tagen mit fünf Mitgliedern dieser Gesellschaft unlautere Dinge getrieben habe.

Wenn der Kanzler sich keine Kugel in den Kopf schießt oder unterwegs aufgehängt wird, wird er viel mehr erreichen, als der Kardinal de Richelieu, dessen Prinzipien er sich alle zu eigen gemacht hat. Er ist falscher und gewandter als dieser Minister und gleicht ihm mindestens an Wagemut.

Es geht das Gerücht, der junge Graf du Barry sei dafür in Pierre-Ancise, daß er der Komtesse gleichen Namens gewisse kleine Zweifel über ihren Gesundheitszustand gemacht habe, wie sie sie gleichfalls dem König im Vertrauen mitgeteilt hat. Jeden Tag begibt sich eine Deputation der Fakultät nach Bicêtre, um an Unglücklichen, die in derselben Lage sind, Versuche zu machen. Ein Erlaß des neuen Gerichts gestattet den Deputierten, ihre Versuche selbst bis zum Sterbefalle auszudehnen.

Die königliche Familie, die gestern Mme Louise bei den Karmeliterinnen zu Saint-Denis, wo sie Nonne ist, besucht hat, empfing vom Nuntius die Erlaubnis, sich gemeinsam geißeln zu dürfen. Diese Gunst, die nur gekrönten Häuptern gewährt wird, ist gleichfalls sechs vom König bestimmten Grandseigneurs erteilt worden, die manche Sünden zu büßen haben. Der Graf de Noailles hat um die Erlaubnis ersucht, als Amateur zugelassen zu werden, und sich von einem seiner vertrauten Diener die Züchtigung zuerteilen zu lassen.

Da der Graf de Provence vor seiner Heirat die Erlaubnis erhalten hatte, seine Übungen zu beginnen, machte er seinen ersten Versuch im Hirschpark in Gegenwart des königlichen Bevollmächtigten, Marschall de Richelieu, des Gesandten von Sardinien und des Sachverständigen Herrn Tronchin. Nachdem dieser letztere dem Rat seinen Bericht erstattet hat, wurde der Prinz mannbar erklärt und erhielt in dieser Eigenschaft die Erlaubnis, seine Lektionen bis zur Ankunft der Prinzessin fortzusetzen, die ihn dann in allen Feinheiten des Ritus, in den man ihn eingeweiht hatte, wohlversiert fand. Diese Versuche haben die Preise für Jungfrauen ins Unerschwingliche getrieben, da der Marschall von Richelieu und der Kanzler ein den jungen Prinzen bestimmtes Warenlager eingerichtet hatten, worauf sich der Großvater nicht die Mühe hat nehmen lassen, sie für den Jungen vorzubereiten, dem er Erleichterung zu verschaffen und gleichzeitig der ersten Anstrengungen zu beheben wünschte.

Der Kanzler hat den Prinzen Conti um eine Audienz ersuchen lassen und der Prinz hat ihm sagen lassen, daß er ihn nur beim Scharfrichter zu sehen wünsche.

Man hat verbreitet, daß die Marquise de Langeac, die Baronin de New-N..., Madame de St..d, die Prinzessin von Anhalt und ihre Tochter die Ehre gehabt haben, ebenso wie die Marquise de Trembl... am Auferstehungstage durch Mme Gourdan der Mme du Barry vorgestellt worden zu sein.

Longchamp war dies Jahr glanzvoller denn je. Mme la Comtesse du Barry erschien in einer süperben, mit acht weißen Pferden bespannten Kalesche, mit Madame de St.. D.. und ihrer ehemaligen Rivalin Dorothée; der Herzog de Sèvres diente ihr als Kutscher, der Herzog de Luynes als Kurier, ihr Postillon war der Herzog von Chevreuse mit einer englischen Mütze und einer an allen Nähten galonnierten kurzen Jacke; als Lakaien fungierten der Graf von Egmont, M. de l'Espinasse und Graf Deck, im Verein mit den zwei Haiducken des Prinzen Louis und dem Neger des Herzogs von Chartres; zwölf Stallknechte ritten der Kalesche voran und folgten ihr; sie waren aus Rücksicht auf den Herzog d'Aiguillon, der zu ihnen gehörte, maskiert.

Mlle Romans soll Herrn von Croismare, den Gouverneur der Militärschule, ehelichen, der aus seiner ersten Klasse sechs Adjutanten aussuchen will, die den ehelichen Dienst an seiner Stelle erfüllen sollen.

Man behauptet, der Pfarrer von Saint-Eustache sei in flagranti mit der Oberin des Wohltätigkeitsvereins seiner Gemeinde ertappt worden; was ihnen allen beiden sehr zur Ehre gereichen sollte, wenn man bedenkt, daß sie beide achtzigjährig sind.

Als der Herzog von Vauguyon dem Erzbischof von Paris einen Brief geschrieben hatte, in dem er ihm mitteilte, daß er kommunizieren wolle und um seinen Segen bitte, äußerte Mme de Tessé, die in der Gesellschaft durch ihren scharfen Witz berühmt ist, daß Gott sich recht viel Ehre erweisen würde, wenn er sich enthalten könne, in den Leib dieses Heiligen einzugehen.

Als des Königs Beichtiger in Ungnade fiel, da man ihn mit den Pagen scherzend fand, hat man einen Bewerb um diese Stelle eröffnet, die demjenigen Geistlichen zuerteilt werden soll, der am wenigsten auf Gewissen Wert legt. Der Erzbischof von Rouen wurde vorgeschlagen, da er aber lange Zeit in skandalösen Beziehungen zu einem seiner Großvikare gestanden hat, ist er verworfen worden; die Herren Kardinäle de Gèvres und de Luynes sind seitdem dazu bestimmt worden, den Dienst semesterweise auszufüllen. Da jedoch der eine nicht lesen kann und der andere noch nicht seine Ohrfeige abgewaschen hat, ist man der Entscheidung seiner Majestät ungewiß.

Als sich die gesamte Universität von Paris nach Versailles begeben hatte, um Vorhaltungen über die schlechten Zeiten zu machen, hat der Rektor, der ein von Wissen starrender Mann ist, den König bei seinem Vortrag an all die Katastrophen erinnert, die den Revolutionen in der alten sowohl wie der neuen Geschichte gefolgt sind. Er hat die Gelehrsamkeit so weit getrieben, 40 Könige zu nennen, die von ihren Günstlingen geblendet oder ins Unglück gestürzt worden sind usw. usw. Dieser beredte Vortrag, der in drei Teile zerfiel und hundert Unterabteilungen hatte, hat damit geendet, daß der Rektor Tränen vergossen und der König sich ein heftiges Kopfweh zugezogen hat; doch hat er, der Nation zum Glück, in seinen Privatgemächern soupiert, die er verlassen hat, um geruhig diese Abkanzlung zu verdauen. Der Kanzler hat die ganze Deputation auspeitschen lassen, damit sie recht oft wiederkehre.

Vor einiger Zeit hat man in einer Boulevardecke einen umgestürzten Wagen gefunden, der mit Fässern beladen war, die eins über dem anderen lagen; an der Deichsel hingen drei charakteristisch gekleidete Puppen: die eine als Abbé, die andere im Talar, die dritte im herzoglichen Mantel.

In derselben Nacht fand man das Reiterstandbild eines unserer Könige ganz mit Kot besudelt, der aus einem Faß gestürzt war, das man bis zu den Schultern über ihn gestülpt hatte.

Des Königs Anhänglichkeit an Madame du Barry verdankt sie den außerordentlichen Anstrengungen, zu denen sie ihn mittels eines internen Ambrabades zwingt, mit dem sie sich täglich parfümiert. Man behauptet außerdem, daß sie auch ein anderes Geheimmittel anwende, das man in guter Gesellschaft noch nicht gebraucht.

Die französische Nation ist heutzutage so schlecht konstituiert, daß robuste Leute unerschwinglich sind. Man versichert, daß ein in Paris neuangekommener Lakei von den Frauen, die sich seiner bedienen, ebenso teuer bezahlt wird, wie in England ein

Rassepferd. Wenn dies System in Aufnahme kommt, werden ein oder zwei Generationen zur Auffrischung genügen.

Seit einiger Zeit erscheint ein Verbot des Priapismus vom Bischof de Saint-Brieux, der seit seinem Abenteuer noch nicht von dieser Krankheit geheilt ist. Das Erstaunlichste daran ist, daß er dies einem Schrecken verdankt.

Die Fruchtbarkeit hat sich ins Kloster der Filles de la Conception eingeschlichen; dort hat der heilige Geist in einer Nacht zehn Wunder vollbracht.

Um den Inzesten, die der Klerus in Frankreich begeht, zuvorzukommen, wird es in Zukunft den Priestern erlaubt sein, Frauen zu nehmen, damit sie sich nicht ihrer Schwestern zu bedienen brauchen.

Da der Prince de Clermont vermeinte, sein Gewissen spräche in dem Handel mit, der zwischen ihm und Mlle Leduc (die Marquise geworden ist) abgeschlossen ist, hat er plötzlich seine Besuche bei ihr eingestellt, um sich einem fünfzehnjährigen Mädchen zu attachieren, die sein Almosenier ihm verschafft hat, weil dieser gute Priester dachte, daß in Gottes Augen die größten Vergehen die Gewohnheitssünden seien.

Der Herr Keiser hat die falschen Zähne in Frankreich so in Mode gebracht, daß die Überzahl der Hofdamen sich durch ihn welche verschafft hat, um die natürlichen, die er ihnen zum Ausfallen bringt, zu ersetzen.

Bei der Komtesse du Barry wird oft Komödie gespielt; man versichert, der Kanzler sei ein so guter Schauspieler, daß er alle erdenklichen Rollen übernimmt.

Prinz Louis de Rohan ist in einem Freudenhaus vom Kommissar Formey und zwei Polizisten überrascht worden, die ihn ohne Rücksicht auf seinen Stand das bei solchen Anlässen übliche Formular haben unterschreiben lassen: „Ich gebe zu, mit einer gewissen Rosalie, Freudenmädchen, bis zur vollkommenen Auflösung verkehrt zu haben und zeichne im Bewußtsein dessen ..."

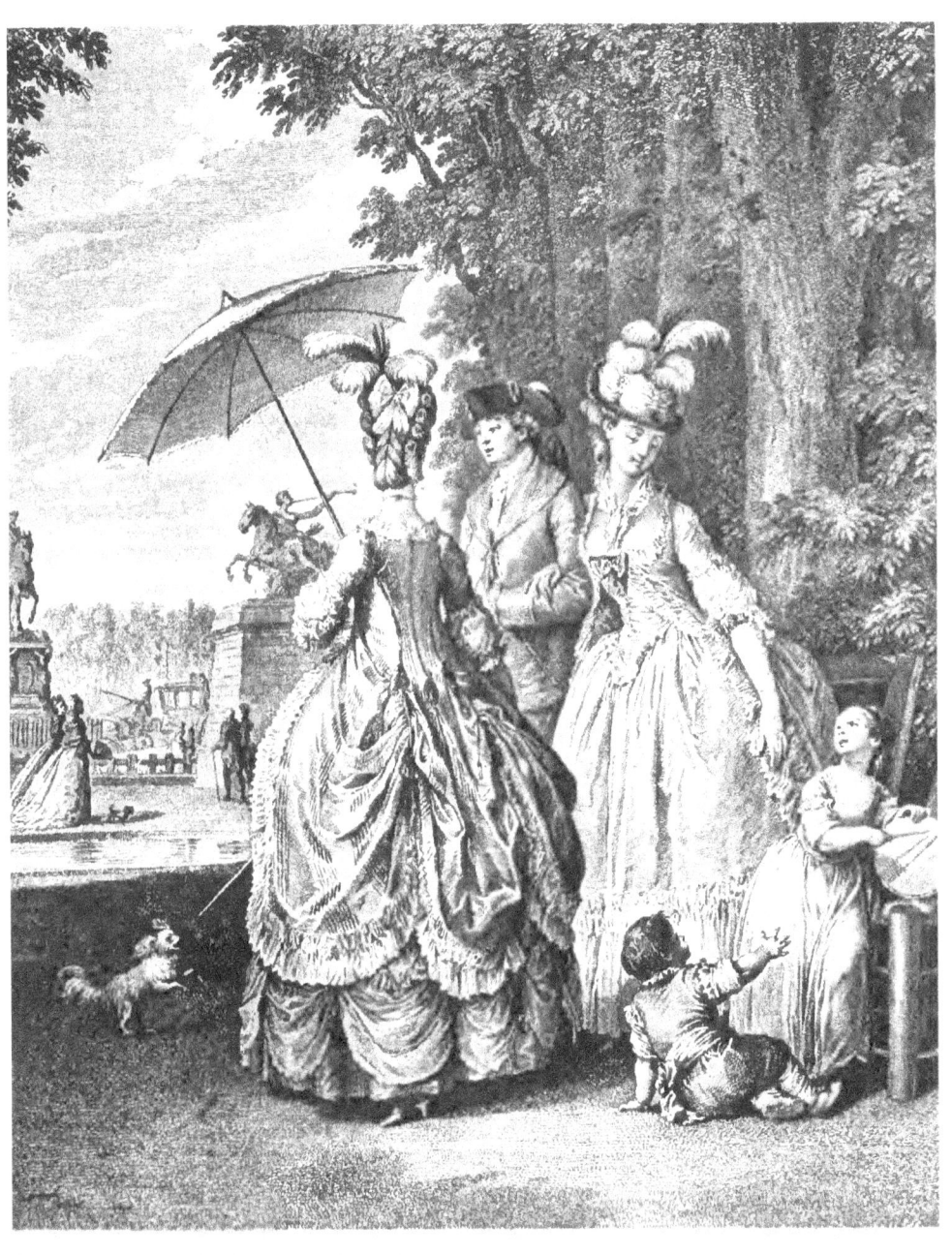

Englische Moden werden heutzutage so allgemein in Paris akzeptiert, daß alle Agréables ihre Morgenvisiten in englischer Kleidung, die sie „Fracs à la roast-beef" nennen, abstatten. Ohne ihre Spitzen, ihre roten Stöckel, ihre fleischfarbenen Handschuhe und den rostroten Puder wäre die Ähnlichkeit vollkommen.

Die Frau Marschallin de Mirepoix, die der Gräfin du Barry drei Jahre gut gedient, ist unwiderruflich in Ungnade gefallen, weil sie ihre Zärtlichkeit zwischen ihr und einer anderen Schülerin teilen wollte, die sie heimlich im Hirschpark vorgestellt hat.

Die vier anständigsten Häuser von Paris sind nach denen der Damen Gourdan und Brissault die der Damen. Prinzessin von Anhalt, der Gräfin von Auxonne, der Madame de la Fournerie und der Madame de Rochechouart. Alle Fremden werden hier mit offenen Armen empfangen. Man sagt, die Gräfin de Nancrey, Madame de Buff… und die Damen Hardwi… fügen dieser liebenswürdigen Aufnahme noch „soupers-couchers" hinzu, die den Unglücklichen recht tröstlich sind.

Die Tochter des Herzogs de Fleurus ist soeben bei den schwarzen Musketieren eingetreten, wo sie vom Marquis de la Rivière, dem Fahnenträger dieser Kompagnie, empfangen worden ist, der angesichts der Kirche die Erlaubnis erhalten hat, ihr Kinder zu machen.

Da der König anfängt, einen Kalender zu machen, hat Madame du Barry zu seinen Stellvertretern den Grafen de Lugeac und den jungen Marquis de Chabrillant erwählt, dessen Talente sie vor ihrer Rangerhöhung gekannt hat; dies behauptet auch der Marquis selber.

Der Marquis de Maillebois hat sich, nachdem er sich erst beschneiden ließ, nach der Türkei begeben, um die dortige Armee zu befehligen; dem Könige und dem Tribunal hat er vernichtende Briefe geschrieben. Sein Serail wird aus zwölf Frauen bestehen, die ihrerseits eine jede zwölf Frauen zu ihrer Bedienung, zum nächtlichen Dessert dieses neuen Mohammedaners mitführen werden; der Marquis nimmt als Obereunuchen den Präsidenten von Périgny mit sich, der deshalb soeben von Keiser operiert worden ist.

Mme du Barry hat Herrn von Bussy-Rabutin schon zwei- oder dreimal um seinen berühmten Diamanten, den sie sehr begehrt, bitten lassen; doch hat sie sich auf seine Refüs hin, ihn zu verkaufen und seine geringe Neigung, ihn ihr zu schenken, entschlossen, sich des neuen Gerichtshofes und des Dezembererlasses zu bedienen, um ihn zu ihrem eigenen Nutzen konfiszieren zu lassen.

Beim Ball paré zu Versailles war gelegentlich der Hochzeit des Grafen von Provence so gute Gesellschaft vereinigt, daß der Prinz von Soubise seiner Börse und andere Personen ihrer Uhren beraubt worden sind.

Herr Baumartin, Intendant zu Lille, hat soeben von Seiner Majestät die Erlaubnis erhalten, den großen Orden des Heiligen Ludwig zu tragen, um in höherer Gnade zu stehen, wenn er sich zu den Freudenmädchen begibt, was oft bei ihm vorkommt, obgleich er eine ständige Mätresse hält.

Der Abbé Messier hat am 1. April dieses Jahres das Fegefeuer entdeckt; ganz Paris hat sich nach dem Observatorium begeben, um sich von dieser Entdeckung zu überzeugen, die der Sorbonne zur Basierung ihrer Argumente und dem Klerus zu seiner Erhebung sehr nützlich ist.

M. de Valdahon, Musketär, hat soeben vom Gericht zu Metz die Erlaubnis erhalten, mit Mademoiselle Lemon... zu schlafen, trotz seines Vaters, der verurteilt worden ist, 60 000 Pfund Kerzen zu bezahlen, um die Zeremonie zu beleuchten.

In Paris ist eine Truppe in der Kunst zu fegen sehr gewandter Savoyarden angekommen; die Damen des Hofes haben sich vorgenommen, ihren Nutzen daraus zu ziehen, um alte Krusten, die die Schwäche französischer Schornsteinfeger in ihren Kaminen gelassen hat, entfernen zu lassen.

Man hat einen Karthäuser entdeckt, der jede Nacht aus seinem Kloster entwich, um die Oberin und die Oberlehrerin der Novizen zu Port-Royal zu bedienen. Eine Nonne, die es nicht gewohnt war, bedient zu werden, hat, als sie ihn erblickte, einen Schrei ausgestoßen, der ihre Gefährtinnen herbeigelockt hat, mit denen sie am nächsten Morgen am Gitter allen Leuten davon erzählte.

Der Marquis de Soyecourt, dem der König nicht das Recht gelassen hatte, die Kaninchen zu töten, die seinen Park in Maisons abgrasen, steht in Verkaufsunterhandlungen wegen dieses süperben Schlosses mit Mme du Barry, die auf der Jagd zufällig gestürzt ist, da die Hunde, die ein Stinktier verfolgten, von dessen Fährte durch den Marquis, der in seinen Avenuen spazieren ging, abgeleitet wurden.

Als man das Grab des Geschlechts der Matignon öffnete, hat man einen Kiefer gefunden, der den Fürsten von Monaco und die bei diesem Anlaß konsultierte Fakultät arg verwirrt; er gleicht so außerordentlich einer Eselskinnbacke, daß man ihn dafür halten könnte, wüßte man nicht mit Sicherheit, daß nur Angehörige dieses Hauses in dem Grab beerdigt worden sind.

In Paris zählt man mehr als 2000 ausgehaltene Frauen und Mädchen, die Einfluß genug haben, um ihre Väter, ihre Brüder und ihre Gatten einsperren lassen zu können. Der Herzog de la Vrillière paraphrasierte selbst ehemals die Hafturkunden dieser Unglücklichen, doch sind es heute seine Sekretäre, die sie gemeinsam mit einem Chevalier ausfertigen.

Man vernimmt, daß die Schultern des Herzogs de Villeroi sich mit dem Stock des Herzogs de Fronsac ohne die Einmischung der Marschälle von Frankreich versöhnt haben.

Der Hof von Frankreich hat, ermutigt durch das gute Gelingen des vorjährigen Feuerwerks, ein anderes zu Versailles veranstaltet, das glücklicherweise kein Menschenleben gekostet hat, obschon man 100 000 Mal entladen hat und 10 000 Menschen zu Versailles waren, die der Überfluß an Lebensmitteln veranlaßte, sich ohne Abendbrot schlafen zu legen.

Der Marschall von Richelieu hat den Preis des Elyséerennens gewonnen, indem er vor dem Prinzen von Conti floh, der ihn mit erhobenem Stock bis zu seiner Karosse verfolgt hat.

Man behauptet, „Conseil supérieur" bedeute in gutem Französisch „Assemblée mercenaire de gens vendus", die immer dem Fürsten zu Willen handeln, wenn man es von ihnen fordert.

Man hat bemerkt, daß die V... M... von vier Prostituierten abstammt, daß Katharina I. eine Soldatenfrau war und die Gräfin du Barry die Tochter eines Dienstmädchens und eines Mönches ist.

Ein monarchischer Staat ist dem Kanzler de Maupeou zufolge ein Staat, in dem der Fürst das Recht über Tod und Leben aller seiner Untertanen hat, wo er Besitzer alles Vermögens in seinem Reiche ist, wo Ehre auf arbiträren Prinzipien fundiert ist, ebenso wie Rechtlichkeit, die immer den Befehlen des Souveräns gehorchen muß.

Die Pairie war ehemals in Frankreich eine Würde, die nicht die leiseste Verunreinigung zuließ. Heute aber darf ein Pair vergiften, eine Provinz ruinieren, Zeugen verführen, vorausgesetzt, daß er geschickt genug ist, den Hof zu machen und gewandt zu lügen.

Der Name „Marquis" ist in Paris nicht immer wie anderswo das Zeichen einer betitelten Besitzung (die das Recht verleiht, den Namen zu tragen); in den meisten Fällen ist er die eingebildete Eigenschaft eines kleinen Edelmannes ohne Güter, der nur ein Paar Schuhe mit roten Stöckeln, zwei Hemden und einen Federbusch sein eigen nennt, worauf sein Marquisat gegründet ist.

Unter all den französischen Generaloffizieren, deren es mehr als 800 gibt, sind nicht 80, die den Rang ihren Verdiensten verdanken; in allen Ländern der Erde haben die militärischen Grade den Preis ihrer Begabung oder hervorragender Handlungen; doch gibt es in Frankreich Korps, wo diese Grade kommen wie die weißen Haare. Man braucht nur zu warten.

Da die Mode sich in Frankreich eingebürgert hat, mit der Frau zu erröten, sind die Frauen, um sich zu rächen, übereingekommen, mit ihren Liebhabern nicht mehr zu erröten.

Wenn der Sultan einigen Opfern den Strick schickt, beginnen die Stummen zu plündern. Zwischen den türkischen Gebräuchen und den sehr christlichen Sitten besteht kein großer Unterschied.

Ein Premierminister ist ein Mann, auf den die guten und die schlechten Erfolge denselben Einfluß ausüben als den, den er sich über die anderen Menschen anmaßt; das Schicksal zahlt ihm oft seine Ungerechtigkeit und seine Blindheit mit gleicher Münze.

Die Existenz eines Mannes, der sich nicht achtet, ist eine langsame Qual, die ihn zerreißt, wenn er kein Monstrum ist; man mutet dem Herzog d'Aiguillon diese Meinung zu, doch besteht man nicht darauf

Es gibt Redlichkeitsfehler, die in der Welt keineswegs entehren; 100 000 Dukaten Schulden verhindern nicht, daß jemand empfangen werde, wenn man auch überzeugt davon ist, daß er sie niemals zurückzahlen wird; Mangel an Mut schließt ihn gewöhnlich unwiderruflich aus; nur der Marquis de Villroy bildet eine Ausnahme zu dieser Regel.

Paris ist ein tiefer Abgrund, in dem alle im Galopp ankommen und sich mit schrecklichem Getöse aufeinanderstürzen; die Schnelligkeit der Gesten ist sehr verwirrend für einen Philosophen, der genötigt ist, eine Brille zu benützen, wenn er nicht schon in dies Chaos gerollt ist; heftige Bewegungen, glänzendes Äußere, unvernünftige Eile und extravagante Ausgelassenheit sind Sprungfedern, die er vermutet; nichts geht darüber. Hat man in diesem Wirbel gelebt, so weiß man, daß Vergnügen, Interessiertheit und Eitelkeit die großen Ressorts dieser ganzen Maschine sind; man weiß, daß Leute, die am meisten beschäftigt scheinen, gar nichts zu tun haben, daß die schnellsten Pferde gar oft von dem Händler, der sie verkauft hat, angehalten werden, daß die Stickereien, die die Liebenswürdigen tragen, Lohnarbeitern gehören, die im Gefängnis sitzen, um sie zu bezahlen. Man weiß, daß die Frauen, die am meisten ihre vornehme Gesinnung betonen, nur noch ein schwaches Erinnern ihrer vergangenen Tugend besitzen; man weiß, daß fast alle Grandseigneurs gänzlich unwissend, wenn nicht wirkliche Dummköpfe sind; daß die Abbés Schamlose und Verräter sind; endlich weiß man, daß es Leute gibt, die kurz vor ihrer Erhöhung im Schlamm gesteckt haben, und daß sie heute hoch oben auf dem Rade schweben, auf dem sie hätten angebunden sein sollen, wenn es eine Gerechtigkeit gäbe.

London ist eine Ansammlung von Kaufleuten und Philosophen, die sich sehr gut untereinander verstehen; der Philosoph bildet Systeme, wird schwindsüchtig und stirbt ohne das häusliche Equilibrium seines Nachbarn zu stören, der seiner Frau Kinder macht, Roastbeef und Plumpudding verzehrt und mit einer schlechten Verdauung endet.

Dasselbe Ungeheuer, das Stricke in Konstantinopel dreht, taucht die Hemden in den Schwefel zu Lissabon, läßt die Huronen in Amerika rösten und destilliert die Cachets zu Versailles.

Es gibt Frauen, deren Angriff so anständig ist, daß es nichts nutzt, sie zu insultieren: ihre Seelengüte und die Sanftmut ihrer Sitten bewahren sie nicht vor der Achtung, die sie einflößen.

Ein unfehlbarer Erwerb in Paris für eine Frau, der ein wenig Figur geblieben ist und die nicht zu dumm ist, um taktvoll zu sein, ist es, der ganzen Welt die Tür zu öffnen; so hat sie immer neue Liebhaber, lebt auf diese Weise im Aufwand und langweilt sich nicht so wie eine Prüde. Dreißig Jahre lang haben Mme de Gramont und Mme de Rochechouart diese Moral in Praxis umgesetzt.

Ein Kardinal, der zu Rom Geistlicher ist, ist in Spanien und in allen abergläubischen Ländern vom Papst bezahlt, in Frankreich ist es ein muskelstarker oder intriganter Abbé, der sich seinen Hut durch Geschicklichkeit oder Kraftmittel verdient; in England wäre dies ein seltsames Wundertier.

Das Menschenrecht ist ein allgemeines Gesetz der ganzen Welt, das nur in London respektiert wird, wo es jedoch zeitweilig von Schurken, die nichts zu verlieren hatten und alles wagen wollen, auf scheußliche Weise vergewaltigt worden ist.

Der einzige Unterschied, der zwischen der Inquisition und der Bastille besteht, ist der, den man zwischen einem wütigen Hund und einem Wolfe findet.

Die Brahminen, Derwische und katholischen Mönche sind drei Arten Schelme, von denen die einen Almosen entwenden, während die anderen die Dummköpfe, die sie verehren, ausplündern und brandschatzen.

Die Academie Française hat eine außerordentliche Prämie für Beredsamkeit gestiftet, die aus einer goldenen Medaille zu 1200 Livres bestehen soll und dem verliehen wird, der am klarsten beweisen kann, daß der Kanzler ein Ehrenmann, Madame du Barry eine anständige Frau und daß der Herzog d'Aiguillon unschuldig ist, daß der Marschall de Richelieu nicht übel riecht und der Herzog de la Vrillière ein Mann von Geist ist. Wenn die Autoren nicht den Mut haben sollten, sich zu nennen, so wird der Preis an die von ihnen angegebene Adresse gesandt werden.

In Frankreich erscheint ein Buch betitelt: „Journal d'un homme d'esprit à l'usage des sots" (Journal eines geistreichen Mannes zum Gebrauch für Dummköpfe); alle Einwohner haben darauf abonniert.

Jeden Tag findet sich bei Mme Geoffrin eine Gesellschaft Schöngeister ein, die aus dem Herzog de la Trémoille, dem Herzog de Montmorency, dem Marquis de Beth...e, de Soyecourt und de Fouquières usw. besteht. Als der Graf de Charolais durch den Marquis d'Asnières dort eingeführt wurde, hat er eine Denkschrift über die günstigste Methode, Disteln zu ziehen, vorgelesen, und die ganze Gesellschaft höchlichst entzückt.

Als der Marquis de Maillebois sich von der Akademie der Wissenschaften vor seiner Abreise nach der Türkei verabschieden wollte, hat er eine Versammlung berufen, der er präsidiert hat. Der Sieur Cadet, ein Akademiker und Kollege, hat ihm nach einer Dissertation über das Wesen der Huris, ein Glas jungfräulicher Milch angeboten, die dieser General auf das Wohl der Versammelten getrunken hat. Darauf ist er mit seiner Nachtmütze und seinen Schlafpantoffeln in der Tasche nach Konstantinopel abgereist.

Das System von J. J. Rousseau steht zurzeit bei Hof in größter Gunst; die Grandseigneurs gewöhnen ihre Kinder, um sich in ihnen wiederzuerkennen, daran, auf allen Vieren zu kriechen.

Nachdem der Abbé de l'Attaignant so viele Trinklieder geschrieben hat, hat er sich ruhebedürftig zu den Paters der Doktrin zurückgezogen, wo er mit dem Bruder Küfer verabredet hat, daß er betrunken sterben werde.

Zurzeit druckt man ein Alphabet überflüssiger Leute, auch „Dictionnaire Musqué" genannt, das eine enzyklopädische Aufzählung hochadeliger Persönlichkeiten sein soll. Die Artikel: „Chenil, Toilette, Ecurie, Bonne Fortune" werden insbesonders mit viel Sorgfalt als die Hauptbedingungen einer guten Erziehung behandelt werden.

Der Chevalier de Choiseul hat soeben die Kunst erfunden, zwanzig Pferde und zehn Dienstboten usw. mit einer Rente von 100 Louis zu verköstigen; diese Arbeit wird auf Kosten der Mademoiselle Fleurys gedruckt werden, die dem Verfasser 500 Louis geliehen hat.

Der Herzog de Nivernais hat soeben seine Fables und die Geschichte seiner armen Nerven drucken lassen. Man versichert, daß dies Buch sehr geeignet sei, die, die am härtesten über eingebildete Krankheiten denken, zu erweichen.

Der Abbé Joanet hat soeben ein Buch unter dem Titel „Les bêtes mieux connues" herausgebracht, in dem er all diejenigen definiert, die sich jetzt im Ministerium befinden.

Der Kanzler läßt mit größter Eile an einem Buche arbeiten, das unter dem Titel „Le Dictionnaire des crimes" erscheinen wird, das seine Unternehmungen rechtfertigen soll, indem er vergleichungsweise beweist, daß es in der Welt immer Schurken gegeben hat: jedes Jahrhundert liefert dem Kanzler ein oder zwei Entschuldigungen.

M. Thomas bringt ein Essay über den Charakter, den Geist und die Arbeit der Frauen, der beweist, daß sie immer geeigneter gewesen sind, die Menschheit fortzusetzen, als sie vorwärts zu bringen.

Die Literatur hat dies Jahr mehrere junge Mitarbeiter verloren, die auf eine große Zukunft hoffen ließen; unter anderen Piron, M. de Moncrif, den Präsidenten Henault, Mme. de Gomez und die Abbés Alaric und des Maretz, die zusammen ungefähr fünfundeinhalbes Jahrhundert zählten; alle sind sie in der Blüte ihrer Kindheit gestorben.

Mme Riccoboni fährt fort, die Aufmerksamkeit ihrer Leser durch Gefühlsmätzchen zu unterhalten, die, sollte man zuviel davon genießen, eine recht heftige Anstrengung würden. Bald soll ein Roman von ihr erscheinen, der den Titel trägt: „Les efforts". Man versichert, daß viel effort dazu gehören wird, ihn von Anfang bis zu Ende zu lesen.

M. d'Alembert hat in der letzten Akademiesitzung ein Epistel M. Saurins über die Gebrechen des Alters gelesen, die, dank der sympathischen Salbung d'Alemberts der ganzen Versammlung Tränen entlockten, als er die „Klage der Impotenz" verlas.

„Die Kunst, einen Liebhaber zum Bankrott zu bringen" von Mlle Deschamps veröffentlicht, ist soeben von Mme de Montalais durchgesehen und korrigiert worden; diese hat auf Kosten Herrn Fontanieux in ihrem kleinen Haus zu Bercy eine neue

Ausgabe herausgebracht. Man verspricht uns Studien über den Charlatanismus des Hofes in Rom, den Unglauben der Priester, die Schurkenhaftigkeit der Mönche und die Schrecken der Inquisition; sie werden sehr dienlich sein der ganzen christlichen Welt den Star zu stechen.

Der Chemiker Beaumé hat soeben eine Abhandlung über die Gifte herausgebracht, die er dem Herzog d'Aiguillon dediziert hat; dieser Herzog hat ihm aus Dankbarkeit versprochen, ihm in Zukunft seine tätige Unterstützung zu gewähren.

Die Oper „Circe" soll aufgeführt werden, und man will all die Ähnlichkeiten bewahren, die das Gedicht erfordert: unter anderem wird es einen Tanz grunzender Tiere geben, die man ohne Not unter den Angestellten des Theaters finden kann; sollte eine Gesangspartie im Stück enthalten sein, so haben sich Durand und Muguet dazu erboten.

Man druckt die Tröstungen des Paters Drélincout über die Schrecken des Todes neu; sie sind dem Kardinal de Luynes dediziert, der den Priesterstand ergriffen hat, um eines ganz natürlichen Todes zu sterben.

Man hat den Geschichtsschreiber des „Portier des Chartreux" damit beauftragt, im gleichen Stil eine Geschichte der Madame du Barry unter dem Titel „Mémoires propres à scandaliser le public" zu verfassen.

Colardeau hat soeben die Werke Dorats in Verse gebracht; dieser fährt fort, sich durch den Handel mit seinen Kupferstichen zu bereichern.

Herr de Chamouset hat der Regierung eine Maschine eingereicht, mit der man hundert Mann auf einen Schlag zu töten vermag; dieser würdige Mitbürger, der sich auf allen Gebieten versucht, ist der Urheber des kleinen Postprojektes und der Unternehmer der fliegenden Brücken, die dieses Jahr eingeführt werden sollen; die Regierung hat vier der bekanntesten Scharfrichter kommen lassen, die ihre Meinung über die Hängemaschine abgeben sollen, die dem Ministerium sehr zustatten kommen wird.

In Bedlam lebt ein Ingenieur, der behauptet, eine leinene Brücke von Dover nach Calais spannen zu können, wo man dann Wagen ohne Pferde vorfinden wird, die viel schneller sind als sogar die Post.

In Paris wird ein Bureau zur Versicherung gegen die Untreue aller Frauen eingerichtet, das laut verschiedenen Tarifen für jedermann zugänglich ist.

Der Erzieher der Familie eines sehr hochstehenden Mannes, Chevalier der königlichen Finanzen, Generalleutnant usw. hat soeben einen Zaum für Ehemänner und einen Sattel für Frauen erfunden, den alle Künstler bewunderungswürdig gefunden haben.

Mlle Huß' Ruhebett ist in Frankreich derart in Mode gekommen, daß die Frauen von anderen nichts wissen wollen; dies ist eine Schaukel mit zwei Gewichten, die so wohlausgeglichen funktionieren, daß die stolzeste Herzogin ihre Arbeit darauf leisten kann, ohne sich zu demütigen.

Ein Pariser Tapezierer hat nach dem gleichen System eine Bergère erfunden, die er „aide de camp" getauft hat; die Sprungfedern sind derart arrangiert, daß man immer Herr des Schlachtfeldes bleibt und niemals das rechte Niveau verliert.

Fromme Damen haben das Geheimnis erfunden, das Bildnis ihres Geliebten in einem mit einer Sprungfeder versehenen Kruzifix einzuschließen, das „à la Hautefort" genannt wird; der Marquise gleichen Namens verdankt man diese Erfindung und der Oberin der Filles du Calvaire die Entdeckung.

Vor kurzem hat man einen Wagen konstruiert, den man nur von hinten besteigt, und den die Agréables Wagen à la Villette nennen.

Dem Befehl Louis XIV. zum Trotz, der die Geographen beauftragte, die Höhe des Meridians auf der Insel Fer zu nehmen, hat ihn der Prinz von Nassau, der die ganze Erde bereist hat, unter die äquinoxiale Linie bestimmt, und hat sich, um diesen Punkt zu fixieren, Mlle Fleurys Halbrund bedient.

Ein in England durch seine Begabung berühmter Mann hat eine Laterne erfunden, um die Eingeweide zu beleuchten; sie fängt an, sich in Europa einzuführen; man versichert, daß es nie eine nützlichere noch eine appetitlichere Erfindung gegeben habe.

Eine militärische Arbeit, betitelt „Les Lyonnaises" ist unter großem Beifall erschienen: der Autor beweist klar den allgemeinen Frieden, indem er zeigt, wie unmöglich es sei, Krieg zu führen, wenn man sich seiner Maschinen bedient.

DER ZYNISCHE PHILOSOPH ALS FOLGE DES GAZETIER CUIRASSE

Einleitung

Die Ausländer, die Paris, die Franzosen, die Mädchen lieben, werden in dieser Sammlung unterhaltende Anekdoten finden, deren Akteure sie hätten sein können.

In diesem Lande gibt es zu viele Liebhaber, als daß Details, die ich geben werde, gewissen Lesern nicht ebenso vertraut sein sollten, wie mir selbst. Die unter ihnen, die nichts gesehen haben, werden sich meiner Lektion bedienen, um sich über Kulissengeheimnisse zu instruieren, von denen ich den Vorhang lüften will. Das Studium der völlig nackten Natur wird über manch einen mehr Recht gewinnen als politische Neuigkeiten, die ihnen wenig bedeuten.

Vielleicht glaubt man meinem Worte nicht, daß ich Philosoph bin, wenn ich aber ein Wunder wirke, indem ich berühmte Schuldige entlarve, wenn ich gewisse Villettes und Marignys tugendhaft mache; wenn ich gewisse schamlose Frauen, die vergessen haben, was ihnen gebührt, keusch sein lasse, wenn ich Ungerechte zwinge, gerecht zu sein (sei es auch nur ein einziges Mal), hätte ich dann nicht das Ziel erfüllt, das sich ein wahrer Mann setzen soll? Und wäre ich selber nicht weise, was kann das den Leuten machen, die von meiner Überzeugung profitieren werden?

Nur dadurch, daß man es erröten macht, vermag man das Laster zu zwingen, daß es sich verstecke.

Ein tugendhafterer Mann als ich fände vielleicht nicht meinen Mut.

ZUEIGNUNGSEPISTEL: DEN BALLETTCHÖREN

Meine Damen!

Hätte der Himmel Ihnen Tugenden gegeben, würde ich nicht die Ehre haben, Sie zu kennen, da mein depravierter Geschmack mich niemals anderen als verdorbenen Frauen zugeführt hat. Ihre Schwächen waren nötig, um mir „den Vorteil" zu verschaffen, Ihnen vorgestellt zu werden; empfangen Sie, meine Damen, den Tribut meiner Dankbarkeit und die Huldigung, die Ihnen mein Herz schuldet; dies ist nicht der fade Weihrauch eines Anbeters, den ich Ihnen biete; dies hieße mich entehren, ohne Ihnen anders gefallen zu wollen, als Ihnen fälschlich andere Eigenschaften zu geben, als die, so die Natur Ihnen verliehen hat.

Mein Freimut würde dem widerstreben, wüßte ich nicht, daß Sie es vorziehen, für das zu gelten, was Sie sind, und „im Preise klingenden Goldes gewertet zu werden", und nicht den frivolen Vorteil zu genießen, sich Dinge sagen zu lassen, deren Verdienst Ihnen unwillkommen wäre.

Ich will, meine Damen, bis in Ihr innerstes Gewissen vordringen und Einzelheiten Ihrer Galanterien geben, die das Publikum gefahrlos unterhalten und über jene unter Ihnen im Voraus unterrichten werden, die man vielleicht fürchten dürfte.

Ich hoffe, ein Bild zu entwerfen, das ähnlich genug ist, damit Sie alle, die ich kenne, darüber einig sind, daß ich Ihnen Gerechtigkeit widerfahren lasse, und der Wahrheit nichts beifüge.

Genehmigen Sie die Versicherung der Achtung, die ich Ihnen schulde, und halten Sie mich ohne Spott, meine Damen, für Ihren sehr ergebenen und sehr gehorsamen Diener

Diogenes.

Man versichert dem Publikum, daß unter den Freudenmädchen des Balletts eine Krankheit herrsche, die beginnt die Damen des Hofes zu ergreifen, und sich endlich auch ihren Lakaien mitteilt. Diese Krankheit verlängert das Gesicht, bleicht den Teint, verringert das Körpergewicht und veranlaßt schreckliche Verheerungen, da, wo sie sich festsetzt. Zahnlose Frauen sieht man, andere ohne Augenbrauen, auch paralytische usw. usw. Den Liebhabern seien die Waschungen des Sieur Préval, Doktors der Medizin, empfohlen, der mit Demonstrationen bewiesen hat, daß man die ganze Oper Revue passieren lassen kann, ohne etwas befürchten zu müssen, vorausgesetzt, daß man sein Wasser tränke und von seiner Hand getauft würde.

Als Nicole Mademoiselle du Bois in Lebensgefahr sah, versicherte er, daß er in ihr statt einer hundert Patientinnen verlieren würde.

Nachdem Mademoiselle Beaumesnil einem Prinzen den Zutritt in ihr Bett gestattet hatte, war sie gezwungen, von den Direktoren einen sechswöchentlichen Urlaub zu erbitten, um sich nach Bayern zu begeben, wo sie vom Herrn Keiser, dem Großmarschall dieses Hofes, vorgestellt werden soll.

Mademoiselle Heinel hat einen spanischen Herzog und ein englisches Gespann sowie 100 Louis monatlich und ein Haus refüsiert, da man ihr vor einem Quiproquo von seiten des Herzogs Furcht gemacht hat, der ein wenig orientalische Neigungen haben soll. Mademoiselle Heinel amüsiert sich unterdessen in Erwartung von etwas Besserem mit dem Tänzer Fierville.

Mademoiselle Guimard ist in ihrer Gemeinde als Dame de Charité aufgenommen worden und befindet sich sehr wohl bei der frommen Ernte, die in diesem Jahre sehr reich gewesen ist. Man meint, die Almosen brächten ihr doppelt so viel ein, als ihre Gunstbezeigungen.

Mademoiselle Darcy macht keine glücklichen Reisen; im letzten Winter hat sie eine nach Schweden unternommen, die sie sechs Zähne und einen Postpächter kosteten, der sie ebenso schnell verlassen hat, wie der gute Drogeski sie im letzten Herbst im Bois de Boulogne verließ.

Mademoiselle Heinel hat alle ihre Freunde dank ihrer sechswöchentlichen Abwesenheit, die sie auf dem Lande bei Keiser verbracht hat, außer Gefahr gesetzt. Die Reinheit der Luft und die Sorgfalt des Meisters haben sie von einer dauerhaften Krankheit geheilt, die sich auf alle ihre Bekannten ausbreitete.

Mademoiselle du Plan hat sich endlich mit dem saftreichen Colin veruneinigt, der ihr seit sechs Jahren ruhmreich die Küche ausstattete; ohne Abschied ist sie in die Dienste des venezianischen Gesandten übergegangen, der sie nur ad honores zurückhält.

Man versichert, der Chevalier de Choiseul, der nicht einen Sou besaß und Mademoiselle Heinel begehrte, habe sie zu einem Ausflug aufs Land bewogen, wo er sie mittels Aushungerns zum Kapitulieren gezwungen habe. Als er sah, daß das Gefühl sie nicht zu besiegen vermochte, hat die Verzweiflung ihn fortgerissen und er hat gedroht, sie Hungers sterben zu lassen, wenn sie ihn an Liebe sterben ließe. Dies schöne Mädchen ist so menschlich gewesen, weder das eine noch das andere zu wollen, und hat sich ihm auf Gnade und Ungnade ergeben.

Mademoiselle Pélin, die einen unnatürlichen Milcherguß gehabt hat, hat diesen dem Prinzen Conti mitgeteilt, der ihn ahnungslos auf die Herzogin de B... übertragen hat, von der man behauptet, daß sie fähig sei, ihn aller Welt weiterzugeben.

Mademoiselle Arnoult hat den Grafen de L... im Hotel der grauen Musketiere, mit der Erlaubnis seiner Majestät, immer eine Ordonnanz bei sich zu haben, ersetzt.

Als Mademoiselle Testard dem Marquis de Romé gesagt hat, daß sie ihn niemals lieben würde, weil er häßlich, dumm und feige sei, hat der Marquis, um ihr das Gegenteil zu beweisen, zwei seiner Güter verkauft und ihr am nächsten Morgen den Erlös geschickt.

Mademoiselle Beauvoisin, Mademoiselle d'Albigni und einige andere Prinzessinnen gleicher Ordnung, die bei sich zu spielen einluden, sind in die Salpétrière geschickt worden, wo sie auf königlichen Befehl sechs Monate zu verbringen haben.

Mademoiselle Beaumesnil ist, wie man sagt, viel weniger großartig logiert, als sie zu logieren vorgibt, obschon sie ein eigenes Haus, einen großen Hof, eine Remise und zwei Stallungen besitzt. Ein Geometer, der an Ort und Stelle gewesen ist, findet ihr Haus viel zu eng für ihre Reize.

Mademoiselle Laurencin, die zehn Jahre lang unter den Pariser Laternen spazieren gegangen ist, hat eine Karosse genommen, die der Graf von Bintem ziehen wird, dessen Bekanntschaft sie zufällig machte, als sie ihren Dienst in den Tuilerien absolvierte.

Mademoiselle des Orages hat sich soeben durch zwei geschickte Chirurgen als Frau erklären lassen, die auf Glauben und Treue versichert haben, daß sie, dem Anschein zum Trotz, nicht das sei, was man eigentlich „hermaphroditisch" nennt.

Unsere Musiker und die italienischen Musiker haben sich durch einen Vermittler versöhnt, nachdem sie sich lange auf der lyri-

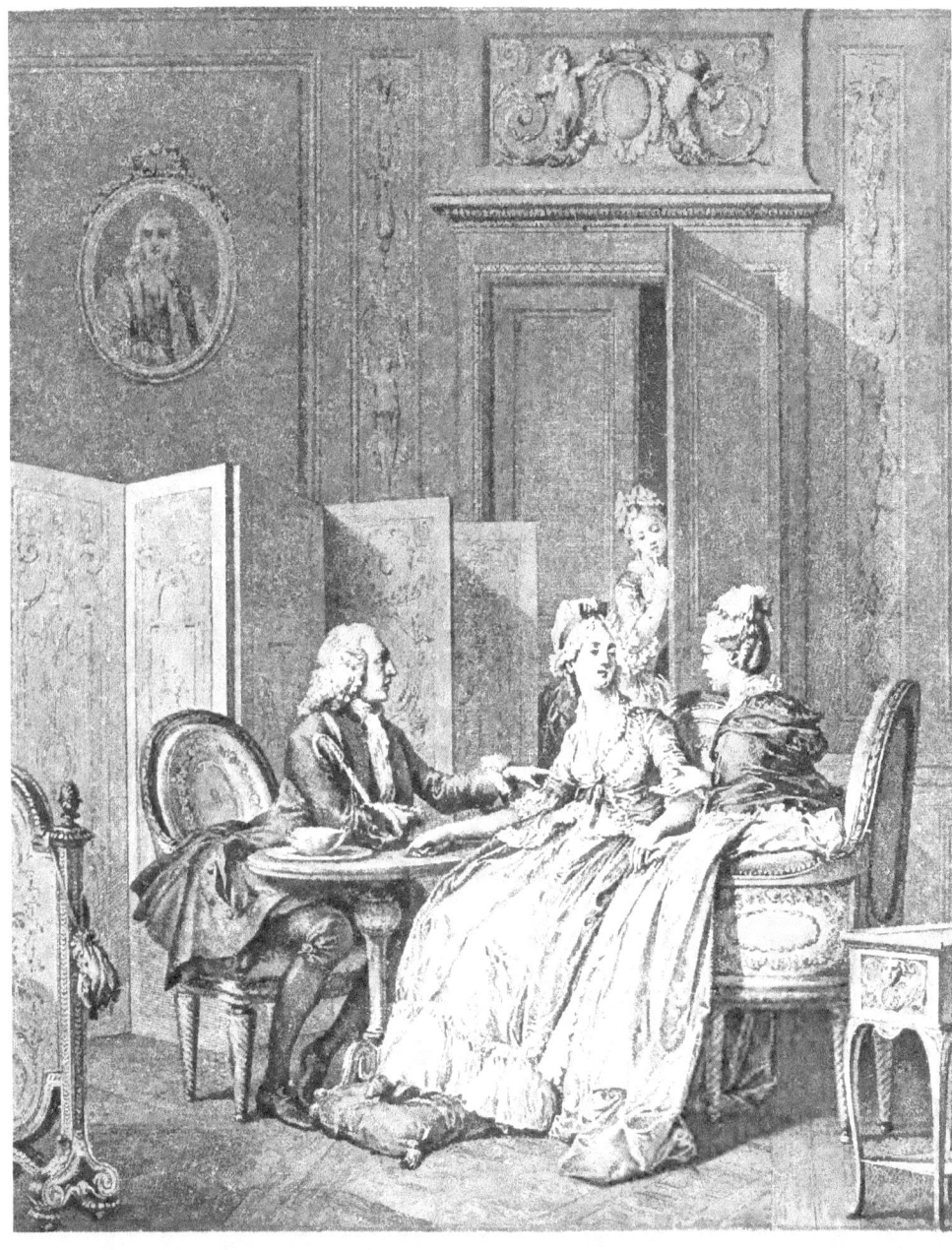

schen Bühne um den ersten Platz gestritten haben. Die französische Musik bleibt dem Theater und der italienische Geschmack beherrscht die gesamte königliche Akademie und die Pariser Musiker.

Die Soupers, die Mademoiselle Guimard zu Pantin gibt, sind immer noch sehr glanzvoll; sie empfängt die beste und die schlechteste Gesellschaft Frankreichs. Die Prinzen begeben sich aus Faulheit dorthin und die Demiseigneurs, um sich ein Air zu geben. Man spricht davon, nach Pantin zu gehen, wie wenn man von Versailles spräche.

Vestris fängt an, sich von einem Hochmutsanfall zu erholen, der ihn beinahe erstickt hätte, als das Publikum ihn gezwungen hat, sich bei Mademoiselle Heinel zu entschuldigen.

Herr Despinchal hat soeben dem Bischof von Arras eine Lektion erteilt, deren unsere Prälaten bedürften, um zu lernen, daß Kirchenleute sich nicht ebenso frei vergnügen können wie Leute der großen Welt, und daß es ihre Pflicht ist, sich vor dem flagrant délit zu hüten. Herr de Gouzier hätte 12 000 Francs gespart, wäre er weniger wollüstig gewesen und hätte er sich mit einer Schäferin begnügt. Als M. Despinchal ihn mit seiner Mätresse im Bett angetroffen hat, zwang er ihn, ihm die 500 Louis zurückzugeben, die sie ihn seit zwei Monaten kostete, worauf er ihm alle seine Eigentumsrechte überließ; mit Hilfe dieses Arrangements hat sich M. Despinchal zwei Monate lang auf Kosten der Kirche vergnügt, was bis heute noch niemals vorgekommen ist.

Unter allen Mädchen, die in der Oper tanzen, ist Mademoiselle Guimard die einzige, die nicht mit einem Lakaien, einem Soldaten oder einem Perückenmacher angefangen hat; dem Tänzer Leger (der indiskret genug war, es zu erzählen) schuldet sie ihre ersten Lektionen und ein Kind, das sie auf einem Dachboden im tiefsten Winter, ohne Feuer und ohne Spitzensteppdecke zur Welt gebracht hat. Seit jener Zeit hat sie sich Spitzen,

Diamanten und eine Karosse verdient; dieser traurigen Situation dankt sie, sagt man, ihre Tugenden und ihre Menschlichkeit.

In der königlichen Akademie für Musik gibt es eine Schule, in der die Königinwitwen der Oper die Schülerinnen lehren, nach Regeln zu erröten, ohne Schmerzen zu schreien und das Gefühl in Kadenzen auszudrücken. Mittels dieses und der adstringierenden Pomade du Lac, hat die Mutter Mademoiselle Grandis (die sich ihre Tante nennt) viele Male die Unschuld ihrer Tochter verkauft, nachdem sie sie jedesmal wieder hergestellt hatte.

Mademoiselle Bèze, die vor vier Jahren mit einem Empfehlungsschreiben des Herzogs de Villars angekommen ist, kennt heute alle Grandseigneurs des Hofes. Unter anderem genießt sie das intime Vertrauen des Herzogs de Bouillon, des Grafen de Noailles und einiger anderer Herren, die zu ihren Gunsten ihrer Aversion für das schönere Geschlecht entsagen.

Da Herr Brissard Mademoiselle Vestris eine Rente von 60 000 Livres ausgesetzt hatte, hat sich dies ehrenwerte Mädchen aus Dankbarkeit dazu entschlossen, ihm nach seinem Ruin eine Pension von 1000 Dukaten zuzusichern.

Mademoiselle Grandi, die vor einiger Zeit beweisen wollte, daß sie ihrem Liebhaber treu sei (mit dem sie einen häuslichen Disput gehabt hatte), ließ ihren Portier heraufkommen, der unter Eid aussagte, daß während des ganzen Vormittags nur sechs verdächtige Personen bei seiner Herrin Einlaß gefunden hätten.

Mademoiselle Fleury Hoquart wird heute vom Prinzen von Nassau ausgehalten, der das erste Mal, als er mit ihr schlief, vermeinte, die Reise um die Welt von neuem zu beginnen.

Crémille, die vorsichtshalber hintereinander drei Quarantänen durchgemacht hat, ist ins Karmeliterinnenkloster eingetreten, wo sie ein Kind geboren haben soll, da sie mit dem Leiter dieses Hauses zusammen arbeitete, um die Welt zu vergessen.

Der Graf de Sabran hat soeben seine Möbel den Fräuleins Testard und l'Huilier sowie einigen weniger bekannten Mädchen geschenkt, die die ihren verkauft hatten, um seine Schulden zu bezahlen, was mehrere Male vorgekommen ist.

Der Akademie der Chirurgie ist es sehr seltsam vorgekommen, daß Mademoiselle de la Vaulx, die seit acht Monaten schwanger war, beim Tanzen eine Fehlgeburt hatte, ohne es zu bemerken.

Mademoiselle Vernier sieht sich gezwungen, ihre Arbeit einzustellen, da sie schwanger ist, was sie mehr als zwanzig Personen zuschreibt.

Dorothée du Barry, die bis heute für eine Luetische gehalten wurde, ist in vierzig Tagen radikal durch ein Mittel, das die ganze französische Familie kennt, deren Namen sie trägt, geheilt worden.

Mademoiselle Lany und Mademoiselle Lyonnais, die von den Direktoren für ihre allzu häufigen Indispositionen mit Vorwürfen überhäuft worden sind, haben sich mit Mademoiselle Caron zu Nicolet zurückgezogen, da die Schauspielerinnen dieses Theaters das Privileg genießen, das ganze Jahr krank sein zu dürfen.

Mademoiselle Contat, die vom Herrn Barois beschuldigt worden ist, unstillbare uterine Gluten zu haben, ist vom Bruder Almosenier der Karmeliter, der sich des Geheimnisses seiner Brüderschaft bei dieser mirakulösen Kur bediente, radikal geheilt worden.

Mademoiselle Bon, Mesdemoiselles Bouscarrelle, de Lorme und einige andere alte Grenadiere des Balletts haben Madame Gourdans Beruf erwählt, als sie einsahen, daß es unmöglich war, den ihren weiter auszufüllen.

Mesdemoiselles de Saint-Julien, Saint-Firmin, de Fresnay, Beaupré, Beauvoisin usw., die dies Jahr nicht haben erreichen können, angestellt zu werden, haben sich der Legion Madame

Gourdans angeschlossen, und man sagt, daß sie, während sie andere Beschäftigung abwarten, dort Wunder leisten.

Mademoiselles Le Doux und Sarron, die vor vier Jahren aus der Oper herausgeworfen wurden, da sie sich in den Kulissen freundschaftliche Wahrheiten sagten, sind soeben aus Paris verbannt worden, da sie eine phantastische Laune in Mode gebracht haben, deren Geheimnis all ihre Freundinnen wissen.

Der zartfühlende Molet und die zärtliche Madame Préville sind von den Ärzten verurteilt, höchst gefühlvoll an den Folgen einer Liebe zu sterben, die sich ihnen auf die Brust geworfen hat.

Mademoiselle Saint-Fal, deren Gesicht man genauestens auf den Schreckensmasken wiederfindet, macht in diesem Genre so erstaunliche Fortschritte, daß sie alle Zuschauer zittern macht, sowie sie auf der Bühne erscheint.

Mme Favart, die den Marschall von Sachsen ebenso wie Fontenoy ausgezeichnet hat, ist heute zu der traurigen Hilfsquelle reduziert, sich mit ihrem Geist zu amüsieren. Man versichert, daß sie noch immer alle Ansprüche der Fee Urgelle habe, obschon ihr Geheimnis nur im Theater existiere.

Es heißt, Mlle du Fresne habe eine schöne Seele und einen geräumigen Körper; ihre Schwester gilt für eine Maschine, deren Proportionen ganz anders sind.

Mademoiselle de Saint-Martin hat M. de Bintem so ekelhaft gefunden, daß sie sich gezwungen sah, ihn mit Pinzetten anzufassen, die unglücklicherweise rotglühend waren.

Mademoiselle Allard, die mit Mademoiselle Pelin, ihrer Rivalin im Tanz, beleidigende Worte gewechselt hat. gedachte ihr in einem Buffoballett einige Fußtritte zu versetzen, die wohlgezielt genug sein sollten, um vom Publikum nicht bemerkt zu werden. Da Pelin nicht geschickt genug war, sie wiederzugeben, hat sie sie mit geballter Faust auf die Nase geschlagen, was all die Zuschauer empört hat: Trial le Bréton und Joliveau, die geborene Opernrichter sind, haben die beiden Amazonen dazu verurteilt, dem ganzen Tribunal zu Diensten zu sein, die eine sechs Monate lang, die andere während eines Jahres.

Der Prinz von Soubise, der die Administration des Hospitals durch seine Fiakerunternehmungen derangiert hatte, beginnt seine Geschäfte zu regeln, seit er Intendant der Menus Mlle Guimards ist.

Der Graf von Potocki, der dank der Unsauberkeit Mlle Duthés von Paris degoutiert war, ist nach einem parfümierten Bade, das die Angst ihn nehmen ließ, von dieser Stadt abgereist, nachdem er sich in die Garderobe dieses schönen Mädchens, der Mätresse des Herzogs du Dufort, der sie zusammen im Bett überraschte, stürzte. Der Herzog versichert, seinen Rivalen zwischen den Trümmern eines Nachtstuhles schwimmend gefunden zu haben, der seit 14 Tagen nicht entleert worden war. Um das Unglück voll zu machen, hat der Polizeichef, der schlechte Gerüche nicht liebt, dem einen Haftbefehl beigefügt, in dem er ihm vorschlägt, sich außerhalb des Königreiches abtrocknen und lüften lassen.

Der Brauch erlaubt es heutzutage unseren Theatermädchen, drei offizielle Liebhaber zu haben, ohne den zu zählen, der sie ruiniert. Haben sie mehr, betrachtet man sie mit Verachtung, wie Mademoiselles Godeau, Delfevre, Bèze und andere Pflichtvergessene. Haben sie weniger, verdächtigt man sie entweder einer fehlerhaften Körperbildung, wie Mademoiselle Le Doux oder großer Dummheit, wie Mademoiselle La Chanterie. Wenn man ihnen nicht die Unaufrichtigkeit Mademoiselle Durancys zuschreibt, die es vorzieht, sich lieber von ihrem Lakaien bedienen zu lassen, als eine Herzensaffäre zu haben.

In der Pariser Gesellschaft lebt ein Mann, der seine Hosen, sein möbliertes Haus, eine Karosse, einen Namen und 10 000 Louis an einem Abend gewonnen hat: dieser glückliche Sterbliche betitelt sich heute Marquis und genießt 50 000 Pfund Rente.

Die Regierung hat soeben den Sohn eines italienischen Kutschers aus Paris verjagt, der unter dem Namen eines Grafen die Rolle eines päpstlichen Obersten, die eines Polizeispions und die eines Zuhälters für die Bequemlichkeit seiner Freunde gespielt hat.

Der Gesandte eines großen Kaiserreiches, der sich mit den häuslichen Details eines republikanischen Ministers befaßt hatte, hat soeben diesen Artikel von seinen Ausgaben gestrichen.

Am französischen Hofe lebt eine Marquise, die, da sie ihr Geld und ihre Ehre verloren hat, gezwungen war, um ihre Schulden zu zahlen, eine Stellung zu suchen, um ohne ihre Ehre weiter leben zu können, aus der sich ihre Gläubiger nichts machen.

Wir haben einen Herzog, der einen der größten Namen Frankreichs trägt, dessen Vater auf dem Feld der Ehre gestorben ist, der, obgleich er mit 400 000 Pfund Rente geboren und der Gatte einer Frau ist, die 15 Jahre lang in allerhöchster Gunst gestanden hat, dennoch von aller Welt gemieden worden ist. Dieser Herzog trägt gewöhnlich zwanzig Löckchen an seiner Perücke. Gewisse Leute behaupten, er besuche sehr viele Freudenmädchen, andere sagen das genaue Gegenteil.

Der Marquis de Né... D...l, ein Offizier der grauen Musketiere, hat einen dreimonatlichen Urlaub erhalten, um eine benachbarte Äbtissin von ihrem Keuschheitsgelübde zu entbinden. In Paris lebt ein französischer Marschall gleichen Namens und in der Champagne gibt es eine Stadt, die so wie ihre Abtei heißt.

Einer unserer hübschesten Herzöge, der sich soeben zu seiner Hochzeit „empaumieren" läßt, hat sich unter den Händen des Erzbischofs von Paris einer allgemeinen Absolution unterzogen; der Prälat, der das Wasser auf ein Räucherbecken gegossen hat, hat das „Veni creator" gesungen, um das Blut dieses Hauses, das für seine Männer wie für seine Frauen gleich ansteckungsgefährlich ist, zu reinigen.

Der Gazetier Cuirassé

In Paris lebt ein kleiner fünf Fuß minus einen Daumen großer Marquis, der sich allabendlich in den Tuilerien an verdächtigen Stellen ergeht, sich dafür aber öffentlich mit Freudenmädchen zeigt, der von aller Welt Böses redet, sich aber nicht erregt, wenn solches von ihm (noch dazu ihm ins Gesicht) gesagt wird, der Leute getötet, die er nie gesehen hat, doch die leben läßt, die versuchten, ihn zu ermorden. Auf diesen Marquis deutet man, wo er auch geht, mit dem Finger, und trotzdem besucht er jeden; wenn man ihn fragt, warum, so ist es, weil er 50 000 Taler Rente, einen guten Tisch, viel Frechheit und ein wenig Geist besitzt.

Eine Frau aus ersten Kreisen, die ihrem Herrn lange widerstanden hat, hat sich soeben einem Abbé schlechter Gesundheit und schlechter Herkunft an den Hals geworfen, was sie schon zu bereuen hat.

Man hat einen Mahnbrief veröffentlicht, um zu erfahren, was aus dem Zepter und der Hand der Gerechtigkeit eines unserer größten europäischen Könige geworden ist. Nach langen Nachforschungen fand man sie auf dem Toilettentisch einer hübschen Frau, die den Titel einer Komtesse trug; dort dienen sie dazu, ihre Katze zu unterhalten.

Man hat eine Medaille geprägt, auf der man eine Justizperson erblickt, die eine Leiter erstiegen hat, um einen Nagel zu erreichen, an dem sie einen Strick befestigt; um dies Emblem steht die Inschrift geschrieben: „Nobis hœc ascensio grata". Auf der anderen Seite sieht man Frankreich zu Füßen eines von Schlangen, Vipern und anderen giftigen Tieren umgebenen Fürsten knien, die sich auf sie stürzen, um sie zu zerreißen.

Als eine sehr wohlbeleibte Herzogin, die ungeheuren Verbrauch an Liebe aufweist, sich im Tête-à-tête mit einem hübschen, kleinen Herzog befand, dessen Keuschheit sie zu lebhaft attackierte, hat dieser tugendhafte junge Mann sich bei seinem Vater beklagt, der auf der Stelle den Generalprokurator instruiert und ihn gezwungen hat, im Namen des Königs anzuklagen. Die Frauen der Pairs müssen sich deshalb im Laufe des nächsten Monats versammeln, um über diese große Affäre Bericht zu erstatten, was die Schuldige wenig beunruhigt, da sie in ihre Richter, die ihr fast alle zum Beispiel gedient haben, großes Vertrauen setzt.

Als eine Frau, die ebenso schwarze Zähne hat wie die Haare ihres Vaters weiß sind, und nur ihren Gatten von der Zahl der ihr angenehmen Menschen ausschließt, beim Spiel 100 Louis von einem jungen Mann auslieh, der seit langem Prätentionen hatte und, da er sie in Bedrängnis sah, den Respekt vergaß, fragte sie ihn noncholant mit nachlässiger Stimme, was er wolle, was er zu tun gedenke? Da ein unverschämtes Schweigen die Absichten des Leihers bewies, deutete die Gräfin durch Gesten halblaut die Worte „Ehre" und „Tugend" an, worauf sie errötend, indem sie ihrem Verführer seine geringe Seelengröße vorwarf, zufügte: „Ich verstehe wohl, was Sie zu erreichen wünschen; Sie wollen mich demütigen und mit mir quitt werden." „Nein, beruhigen Sie sich," entgegnete ihr der Wucherer, „ich achte Sie zu hoch, um dies zu tun, es wird sich nur um die Zinsen handeln."

Eine junge und hübsche Frau, die einen Mann des Finanzwesens, dessen widerwärtiges Gesicht und gemeine Neigungen sie abstießen, geheiratet hatte, ist soeben, um nach dreijähriger Scheidung nicht unwürdigen Liebkosungen ausgesetzt zu sein, glücklich von einem Sohn entbunden worden, den sie niemals geboren haben würde, wäre sie ihrem Manne treu geblieben.

Die Frau eines Marschalls von Frankreich, der glaubt, schwindsüchtig zu sein, findet einen Mann solcher Art zu zart für sich und macht sich eine Gewissensfrage daraus, ihn zu menagieren; sie hat sich großmütig dazu verurteilt, sich mit den gewöhnlichen Zärtlichkeiten ihres Maître-d'hôtel zufrieden zu geben, der noch immer Lakai wäre, wäre er nicht robust gewesen.

Der Gazetier Cuirassé

Zum zweitenmal hat man bei Hof eine Komtesse vorgestellt, die 15 Jahre in Versailles gelebt hat, ohne zu hoffen, weiter als bis zur Marschallsküche zu kommen, wo sie zum erstenmal vorgestellt worden ist. Damals hatte sie als Frau des ersten königlichen Kammerdieners nur das Recht, mit den Mundköchen und den Küchenchefs der ganzen königlichen Familie zusammen zu speisen, die sie nun verlassen hat, um sich ihrem Herrn zu nähern.

Der Sieur Louis, der die schwierigsten Beweise unternimmt, hat soeben der chirurgischen Akademie bewiesen, daß ein achtzehnjähriges Mädchen, die alle Tage mit einem gleichalterigen jungen Manne schlafen würde, auf natürliche Weise schwanger werden kann; diese Ausführung stützt er auf das Beispiel eines Geschwisterpaares, das sich nach friedlichem, zweijährigem Zusammenleben vergessen hat.

Man hatte behauptet, daß das Fortpflanzungsgeheimnis im Hause eines Prinzen verloren gegangen sei, der sich stückweise aus dieser Welt entfernt hat; doch hat die Tochter des Prinzen, die mit ihrem Onkel verheiratet ist, auf Grund von Recherchen und Versuchen soeben zum zweitenmal dies Geheimnis wiedergefunden, als sie mit dem Grafen Galard scherzte.

Ein Mann von Rang, der seine Frau mit der Pistole in der Hand hat legitimieren lassen, hat soeben auf gleiche Weise seinen Schwiegervater gezwungen, sein Testament zu machen.

Man zählt in Paris 150 Frauen, die als Komtessen und Marquisen bekannt sind, denen Madame Gourdan ihre Tür des öfteren verweigert haben will.

Eine gute alte Witwe, die sich aus Gesundheitsgründen mit einem Grafen aus der Bretagne verheiratete, ist, nachdem sie ihr Porzellan und ihre Diamanten verkauft hat, um seine Schulden zu zahlen, gezwungen gewesen, sich zwecks Befreiung von ihren Wünschen an ihren Lakai zu wenden.

Eine unserer sehr fruchtbaren und sehr tugendsamen Herzoginnen hat soeben ihre Ohrgehänge verkauft, um ihren Mann, der im Spiel sehr viel verloren hat, davor zu bewahren, daß ihm die Ohren abgeschnitten würden.

Halb Paris nennt eine alte Herzogin Messalina, während die andere Hälfte der Stadt sie als eine Heilige verehrt.

In der Gesellschaft leben drei junge, so züchtige und reservierte Herzoginnen, daß sie nicht ehrbarer sein könnten, wären sie ebenso häßlich wie die Herzogin d'Olonne.

Als die alte Frau, die am 1. Januar all ihren Schützlingen ein Paar Samthosen schenkt, die Rechnung des Schneiders forderte, der für sie liefert, fand sie, daß er in ihrem Dienste beinahe 400 Samthosen in zwei Jahren angefertigt hatte.

Eine maritime Komtesse, die beim Arsenal wohnt, hat, nachdem sie die Flagge vor allen Nationen der Welt gestrichen hat, endlich auf einer Sandbank Schiffbruch erlitten, und verliert nach allen Seiten Wasser.

Eine dicke Holländerin, die in Frankreich Gräfin geworden ist, hat unsere Sitten derart angenommen, daß sie täglich drei Stunden bei ihrer Toilette verbringt, eine Stunde beim Essen, sechs Stunden im Wagen und den Rest ihrer Zeit im Bett oder auf ihrer Bergère, wo sie andere glücklich oder Handarbeiten macht.

In der zweiten Magistratur befinden sich zwei Männer, die dafür bekannt sind, daß sie nur solche zum Tode verurteilen, die nicht die Mittel haben, ihnen das Recht zu leben zu bezahlen.

Als der Lykurg Frankreichs eines vielgewandten Mannes bedurfte, um seine Projekte auszuführen und seinen Willen durchzusetzen, hat er sich die Listen der Kriminalkanzlei vorlegen lassen, um unter den Schlauen, die ihre Geschicklichkeit gerettet hatte, einen fähigen Sekretär zu seiner Hilfe auszusuchen.

Frankreich hat soeben einen Mann ersten Ranges verloren, der, nachdem er von Dieben ausgeraubt worden ist, ohne Gerechtigkeit zu erlangen, sich entschlossen hat, auf den Cordon bleu zu verzichten, ebenso auf den Pairsstand und auf das Ballett von Paris, um sich frei beklagen zu können und die Franzosen zu lehren, daß er denkt ohne Wortspiele zu machen.

Mademoiselle Durancy, die verdrossen war, daß ihr Laboratorium so wenig besucht wurde, hat sich der Herzogin de Villeroy vorstellen lassen, die mit dem Debüt dieser neuen Virtuosin sehr zufrieden war.

Der Erzbischof von Paris ist soeben zum drittenmal an einer Fistel operiert worden. Dieser tugendhafte Prälat hat die Operation ertragen, ohne eine Silbe gegen einen Apotheker zu äußern, der daran schuld sein soll.

Zwei Drittel der Oper werden momentan zu den Soupers der Herzogin de Villeroy, Madame de Savignans und Madame de Portails zugelassen. Dies häßliche Trio ist betrübt, daß die übrigen ihnen bis jetzt entgangen sind, doch hoffen sie mit Geduld und Geld auch dahin zu kommen.

Der Marquis de Villeroy, der es müde ist, sich den Bart auszuzupfen, um jung zu erscheinen, hat soeben die Rolle eines Greises angenommen, um sich in Zukunft diese Mühe zu ersparen.

Man behauptet, der Kardinal de Bernis, unser Gesandter in Rom, sei dort von den Kardinälen Pallavicino und Acciaiolo, die ihn in einer nächtlichen Sitzung des heiligen Kollegs als Chorknaben behandelt haben, als Römer naturalisiert worden.

Dem Marquis de Marignan, der aus Rom eine Statue des Ganymed hat kommen lassen, die ihm 100000 Taler gekostet hat, wird nachgesagt, daß er von der Marquise, seiner Frau, zu Füßen dieser Statue in Meditation überrascht worden wäre; sie sei geschäftig mit einem Becher herbeigeeilt, um seine Essenz, die sich auszubreiten begann, aufzufangen.

Mademoiselle Clairon ladet sehr oft die Marquise de Villeroy und die Herzogin de Beau, ebenso wie die erste Präsidentin und Madame de Portail zum Souper, die ihrerseits die Güte haben,

Mademoiselle d'Oligne und Mademoiselle Dervieux ebenso wie einige andere amphibische Prinzessinnen, deren Gesellschaft ihnen nützlich ist, zuzulassen. Der Herzog d'Aumont, der zwischen Mlle Clairon und dem Marquis de Vilette wohnt, hat das Gericht ersucht, sie alle beide auszulogieren. Da dieser gute Seigneur immer das Feuer ein wenig fürchtet, meint er, daß er Gefahr liefe, verkohlt zu werden, wenn das eine oder das andere Bankett in Flammen aufginge.

Fréron, der von Voltaire bezichtigt worden ist, in seiner Gegenwart eine scheußliche Sünde eingestanden zu haben, hat sich dafür gerächt, indem er seinem Antagonisten vorgeworfen hat, er habe mit dem Marquis de Villette und dessen vorgeblichem Sekretär unter demselben Dach geschlafen.

Als sich der Graf de Noailles mit einem seiner Lakaien skandalöse Freiheiten herausgenommen hatte, hat dieser Bauernbengel Monseigneur mit einer Ohrfeige umgeworfen, die Seine Gnaden acht Tage lang ans Bett gefesselt hat. Trotz dieses Ereignisses, das viel von sich reden machte, fährt der heilige Mann fort, seine kleinen Gaben zu verteilen und auf so komische Art wohltätig zu sein. Man glaubt, Seiner Gnaden Verstand sei ein wenig von den Segnungen des Volkes und von den Folgen seines Eifers und seiner Versuchungen geschwächt. Der Lakai, mit dem er diese Ohrfeigenaffäre gehabt hat, ist ein Pikarde aus erster Hand, der noch nicht darauf vorbereitet war, den Dienst eines spanischen Granden, der Chevalier des königlichen Ordens, Generalleutnant, Gouverneur von Versailles, Prince de Poix, Seigneur d'Arpajon, Ritter des Großkreuzes von Malta, Chevalier de la Toison d'Or und Sekularmitglied der Gesellschaft Jesu usw. usw. ist, zu versehen.

Ein ehemaliger Offizier der französischen Garde, der immer die sittenlosen Frauen gehaßt hat, hat soeben ein kleines Haus genommen, wo er sich mit einer sehr erfahrenen Mätresse einschließt, die er als seinen Kammerdiener ausgibt.

Der Nuntius seiner Heiligkeit hat soeben vom heiligen Kollegium ein Präsent von zwölf Pagen erhalten, die fähig sein sollen, den schwierigsten Kardinal zu bedienen; der päpstliche Souverän hat ihnen zwei schwarze Eunuchen beigefügt, die sie überwachen und die französischen Seigneurs verhindern sollen, die Privilegien des römischen Hofes an sich zu reißen.

AUS DEN MEMOIREN

Auszug aus einem Brief aus Rennes vom 25. Januar 1767. Der sehr lüsterne Bischof von S.-Brieux (Barreau de Girac), den es sogar noch am Altar packen und der der hl. Jungfrau davon erzählen würde, um sich die Langeweile des Kirchendienstes zu vertreiben, hat es unternommen, eine hübsche junge Dame, die noch dazu die Nichte eines seiner Brüder im Herrn ist, zu erobern. Als er sich eines Tages auf der liebestollen Jagd, die er vor keinem verheimlichte, tête-à-tête mit dieser Dame fand, bestürmt er sie, von seiner Leidenschaft fortgerissen, aufs heftigste, und vergißt, vorsichtshalber den Riegel vorzuschieben; der Gatte kommt dazu und betrit den Raum just im entscheidenden Moment; die Dame verliert keineswegs den Kopf und gibt vor, daß der Prälat versuchte, ihr Gewalt anzutun; sie stürzt sich auf ihres Mannes Degen und stößt ihn in den Schenkel des Unbesonnenen. Dies genügte wohl, um seine Gluten zu kühlen; verwirrt, gedemütigt, mit gesenktem Kopfe trat er seinen Rückzug an, und hütet nun notgedrungen das Zimmer.

Diese Geschichte ist heute Gemeingut; man spricht von nichts anderem, als von Madame de la M... Geschicklichkeit, die dem Bischof de S. Brieux einen Degenstich in den Schenkel versetzt hat, ohne seine Hose zu gefährden.

Man sagt, der Prinz von Conti habe den König damit erfreut, doch hat es der Bischof von Orléans, der um den Ruf seines Sprengels sehr besorgt ist, für seine Pflicht gehalten, den gesamten Kirchenstaat davon zu benachrichtigen, der die Sachlage richtig erfaßte und zurückschrieb: dies sei eine Verleumdung, die aus Schadenfreude erfunden sei.

Bedauerlicherweise wird behauptet, daß Monseigneur die Narbe sein ganzes Leben lang auf dem Schenkel behalten wird.

Von Mund zu Mund kursiert ein sublimes Wort des Sieur Le Kain, das alle Welt begeistert.[33] Gegen Ende der dramatischen Saison, in einem Foyer, wurde es geprägt. Man beglückwünschte diesen Schauspieler zur Ruhe, die er nun genießen würde, zum Ruhm und zu dem Geld, das er gewonnen hatte. „Was den Ruhm anbetrifft," erwiderte Le Kain bescheiden, „so schmeichle ich mir nicht, viel erworben zu haben. Diese Art Entschädigung wird uns von zu vielen bestritten, und Sie selbst würden sie mir streitig machen, wollte ich sie usurpieren. Was das Geld anbetrifft, so habe ich nicht Grund, derart zufrieden zu sein, wie man annimmt; unser Anteil kommt dem der Schauspieler an der italienischen Oper nicht gleich, und wären wir gerecht gegen uns selbst, würden wir uns ein wenig höher einschätzen. Ein Anteil beim Théâtre des Italiens bringt 20—25 000 Livres ein, und der meine im Höchstfalle 10—12 000." „Wie denn," rief da ein Chevalier des Sankt Ludwig-Ordens, der der Unterhaltung zuhörte, „wie denn! ein elender Kömödiant ist nicht mit 12 000 Livres Rente zufrieden, und ich, der ich im Dienste des Königs stehe, auf einer Kanone schlafe und mein Blut dem Vaterland opfere, ich bin nur zu glücklich, 1000 Livres Pension zu erhalten."

„Ja, mein Herr," erwiderte Le Kain, „und rechnen Sie es denn für nichts, daß Sie sich die Freiheit nehmen dürfen, in diesem Ton zu mir zu sprechen?"

*

Man erzählt sich ein Geschichtchen, das kürzlich Herrn von Marmontel zugestoßen sein soll, und das er, wie billig, leugnet.

Dieser Autor hatte sich als Erster in das Landhaus einer Dame begeben, deren Tochter soeben das Kloster verlassen hatte. Sie war eine alleinstehende Witwe, die kein großes Haus führte. Als der berühmte, unerwartete Mann ankommt, und ihr noch dazu erzählt, daß Madame Gaulard mit ihrer Gesellschaft bald nachfolgen werde, läßt sie ihn allein, um ihre Verfügungen zu treffen, bittet ihn, sie einige Momente zu entschuldigen, und schärft ihrer

Tochter ein, den Herrn unterdessen zu unterhalten und möglichst die Kosten des Gesprächs zu tragen. Das Fräulein ist hübsch und eine heilige Unschuld, und dies zweifellos mehr, als man es von Zöglingen der meisten Klöster erwartet.

Wie dem auch sei, der Herr Marmontel ermannt sich, vergißt sich, profitiert von der Unschuld des jungen Mädchens und wird außerordentlich unternehmend.

Darüber kommt die Mutter zurück, entschuldigt sich bei unserem Akademiker, versichert ihm, wie sehr sie bedauert habe, ihn hat allein lassen zu müssen, und hofft, daß er sich nicht zu sehr gelangweilt habe; er beschwört das Gegenteil, und daß ihr Fräulein Tochter den Esprit eines Engels habe und daß er sich ausgezeichnet unterhalten hätte. Die Mutter wendet sich zu ihrer Tochter und sagt, sie hoffe, daß diese Liebenswürdigkeit nicht nur eine Höflichkeitsformel sei. Herr Marmontel entgegnet von neuem, daß nichts wahrer sei, und daß er viel Vergnügen empfunden habe.

Die Kleine aber verliert die Geduld und entgegnet heftig: „Er lügt, Mama, er lügt! Welch zweifelhaftes Vergnügen, auf anderer Leute Popo mit eiskalten Händen zu manipulieren." Es ist unmöglich, den Zustand der Mutter und den des Herrn Marmontel zu schildern. Er wartete das Kompliment, das ihm gebührte, erst gar nicht ab, und rettete sich eiligst auf seinen Wagen.

*

Longchamps, diese in der Karwoche so beliebte Promenade, ist gestern zum erstenmal mit all dem Zulauf, den der schöne Tag versprach, eröffnet worden. Die Prinzen und die Großen des Reiches haben sich in den prunkvollsten und schnellsten Equipagen dahin begeben; die Freudenmädchen haben dort wie gewöhnlich geglänzt. Aber Mlle Guimard, „La belle Damnée", wie M. de Marmontel sie in seiner wenig katholischen „Epître" nennt, hat alle Blicke durch einen Wagen exquisitester Eleganz auf sich gelenkt, der würdig war, die Reize dieser modernen

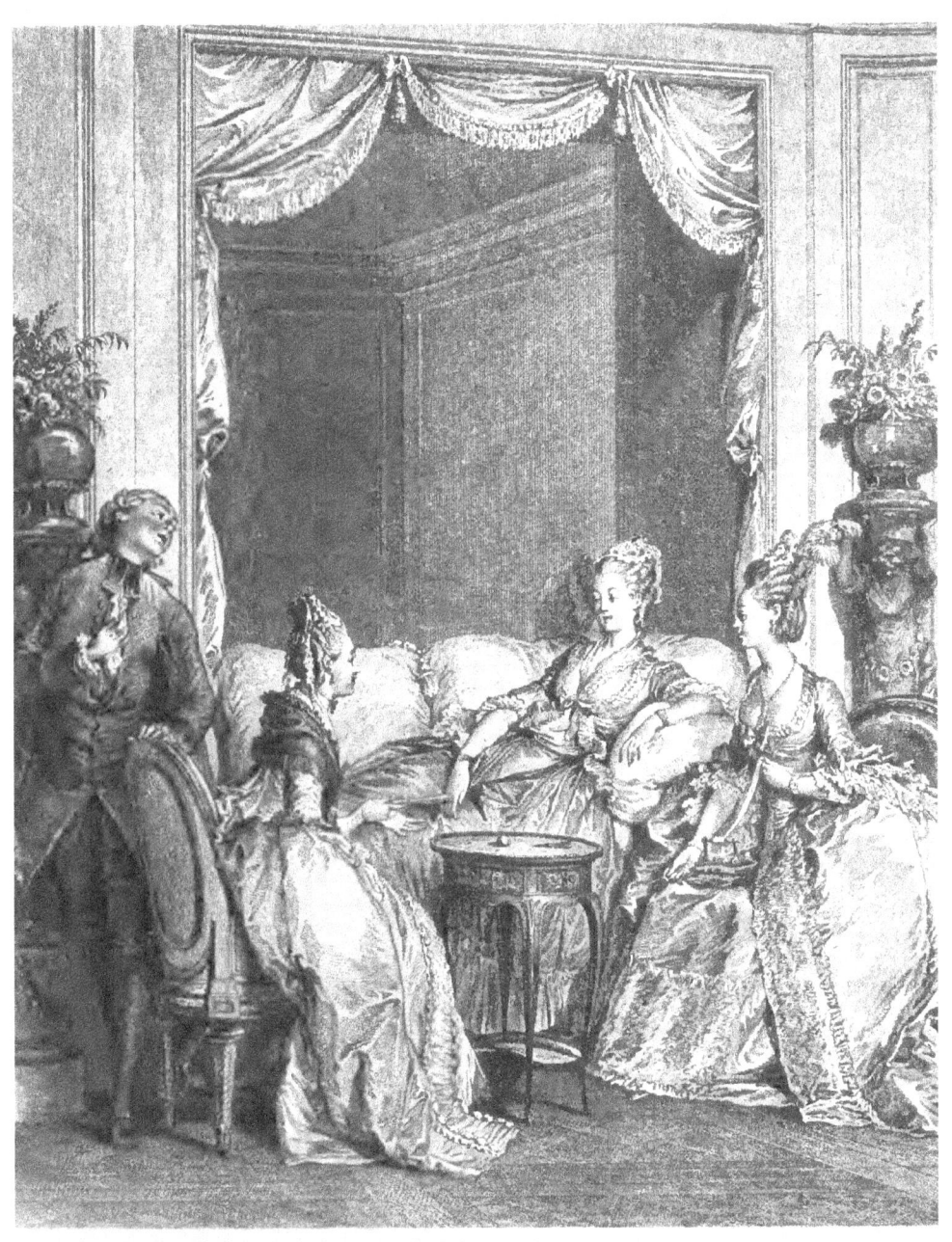

Terpsichore zu tragen. Was besonders die Aufmerksamkeit des Publikums fesselte, war das beredte Wappen, das die berühmte Kurtisane gewählt hat: inmitten des Schildes erblickt man einen goldenen Pfennig, aus dem eine Eichel hervorragt. Die Grazien sind die Wappenhälter und Amoretten krönen die Zierleiste. Alles an diesem Emblem ist ingeniös.[34]

Man erzählt sich viel von den wunderbaren Vorstellungen, die Mlle Guimard, die Prima ballerina der Oper, in ihrer herrlichen Villa in Pantin gibt. Herr von Marmontel hat nicht befürchtet, seine akademischen Fähigkeiten, noch seine Seelengröße zu degradieren, als er dieser Kurtisane vor einem Jahre den weit und breit bekannten Brief schrieb. Es scheint, als ob Herr Collé[35] sein „Théâtre de Société" dazu bestimmt habe, bei ihr gespielt zu werden. Herr von Carmontel hat einen Band „Dramatischer Sprüchwörter" geschrieben, gleichfalls dazu bestimmt. Sie sind von de la Borde in Musik gesetzt worden, diesem Amateur, der seine Begabung nicht besser verwenden zu können glaubt, als sie in den Dienst der modernen Terpsichore zu stellen. Die Schauspieler der verschiedenen Theater befreien sich, wenn es ihnen irgend möglich ist, von ihren Verpflichtungen und eilen in ihr Lusthaus, um dort zu spielen. Am Freitag, den 7., am Tage der heiligen Jungfrau, hat man dort La Partie de Chasse de Henri IV mit einem Proverbe von den ebengenannten Autoren als Beigabe aufgeführt. Das Publikum reißt sich um die Ehre, zu diesen Vorstellungen zugelassen zu werden. Der Marschall Prinz von Soubise beehrt sie oft mit seiner Gegenwart, und steuert nicht wenig dazu bei, diese luxuriöse Ausgabe zu unterstützen. Manchmal spielt auch Mlle Guimard mit, doch entspricht ihre Grabesstimme nicht ihren anderen Talenten. Diese Kurtisane wird auf diese Weise und durch das Raffinement der wollüstigen Orgien, die gar oft bei dieser Nymphe gefeiert werden, und von denen man Wunderdinge berichtet, sicher Epoche machen.

Vor einigen Tagen traf der Graf de Lauraguais[36] in einer sehr engen Gasse mit der Karosse des Generaladvokaten Herrn von Barentin zusammen, der seine sehr häßliche Frau bei sich hatte. Der Kutscher Lauraguais' versuchte vorwärts zu kommen; der des anderen weigerte sich auszuweichen; darauf großer Disput zwischen den Dienern. Der Generaladvokat streckt den Kopf aus der Tür und äußert mit beamtendünkelhaftem Ton sein Erstaunen, daß man ihn nicht passieren läßt; er bringt seinen Rang zur Geltung und betont, wie der königliche Dienst nicht verzögert werden dürfe.

Graf Lauraguais kümmert sich nicht im geringsten um den Redeschwall des Generaladvokaten und befiehlt seinem Kutscher, vorbeizufahren. Darauf zeigt sich die ganz alterierte Frau des Advokaten am Wagenschlag, fordert die Vorrechte ihres Geschlechtes und äußert ihr Erstaunen, daß ein so vornehmer Herr sie so wenig zu befolgen wisse.

„Ah!" antwortete Graf Lauraguais, „warum haben Sie sich denn nicht eher gezeigt, Madame! Ich versichere Ihnen, daß ich, mein Kutscher und meine Pferde schon weit wären, hätten wir Sie früher gesehen!"

*

Eine wunderbar schöne Zeremonie, die seit undenklicher Zeit in der Nacht vom Freitag zum heiligen Samstag in der Sainte-Chapelle gefeiert wird, hat eine ungeheure Menge Zuschauer angelöckt. Um Mitternacht begeben sich alle Besessenen, die vom Teufel, der sie quält, geheilt werden wollen, dorthin, um von ihm befreit zu werden. Der Abbé de Sailly, der Großkantor dieser Brüderschaft, berührt sie mit einem Splitter des heiligen Kreuzes. Augenblicklich verstummt das Geheul, ihre Wut legt sich, ihre Zuckungen beruhigen sich, und sie sind ihrem natürlichen Zustand zurückgegeben. Ungläubige behaupten, diese vom Teufel besessenen seien Bettler, die dafür, daß sie diese Rolle spielen, bezahlt und lange vorher eingeübt werden. Doch sollte man nicht glauben, daß Geistliche sich zu einer so unwürdigen Komödie hergeben könnten. Vielleicht bedient man sich dieser frommen Methode höchstens deshalb, um mangels wahrer Besessener den Glauben des wahren Frommen an dieses Mirakel, das seit so vielen Jahren besteht, nicht zu zerstören, da es geeignet ist, ihre heut so oft erschütterte Gläubigkeit zu festigen. Glücklicherweise gibt es so viele Besessene, daß man nicht in die Lage kommt, falsche einzuüben.

Mlle Beauvoisin, eine hübsche Kurtisane, die gewisse Reize hatte, aber kurztaillig, klein und gedrungen war, hatte aus diesem Grunde die Oper, an der sie als Tänzerin wirkte, verlassen müssen. Seit einigen Jahren befaßte sie sich damit, ein Spielhaus zu leiten; ihr Charme, ihr Luxus und der Zulauf vieler Spieler, die sich da trafen, hatten ihr Haus berühmt gemacht; doch gab es, wie immer, eine Menge eingeschmuggelter Betrüger. Szenen hatten sich bei ihr abgespielt, die die Aufmerksamkeit der Polizei erregten: sie war zu Herrn von Sartines geschickt, und von ihm mit strengen Vorhaltungen bedacht worden, auch hatte er ihr anbefohlen, die Spielhöhle zu schließen oder aber wenigstens jeden Eklat zu vermeiden, wenn sie einer strengeren Strafe entgehen wolle.

Sie hatte gemeint, sich der polizeilichen Wachsamkeit dadurch entziehen zu können, daß sie sich als überzählige Tänzerin bei den in Versailles in Vorbereitung stehenden Festlichkeiten einzeichnete. Auf neue Bezichtigungen hin, daß das Haus dieser Dirne ein erschreckendes Diebsnest sei, in dem sich junge Leute von Stand träfen, ist sie heute festgenommen und nach Sainte-Pélagie gebracht worden, einem Zufluchtsort gewisser Nymphen, die man nicht ins Hospital stecken will. Diese Entführung hat Schrecken unter die diesem Hause verbrüderten Spieler gesät, die sich nun nach einer anderen Wirkungsstätte umsehen müssen.

Man verbreitet eine skandalöse Anekdote über eine Prinzessin, die zwar so erhaben, aber dennoch so öffentlich ist, daß man nicht umhin kann, sie wiederzugeben.

Man weiß, daß der Chevalier de Coigny [37] ein bei den Hofdamen sehr beliebter und gern gesehener Herr ist; unter anderen nennt man auch eine der hübschesten unter ihnen als eine seiner Eroberungen, die Prinzessin d'Henin; auch steigt er zu den Bürgerlichen herab, und beehrt sie damit, sein Lager teilen zu dürfen; so spricht man auch von einer Dame de Martinville, der Frau eines Generalpächters. Endlich sagt man, daß er der Herzogin von B***, die ihm Liebenswürdigkeiten erwies, die beiden anderen geopfert habe. So geschah es, daß am Rosenmontag die bis zur Unkenntlichkeit maskierte und von Eifersucht zerfressene Madame d'Henin ihn mit der ebenfalls maskierten Herzogin von B*** traf; sie erkannte sie sofort, gab aber vor, sie für Mme de Martinville zu halten, und nach einem ironischen Kompliment über das Opfer, das dieser Seigneur ihr (Mme d'Henin) für eine Bürgerliche gebracht habe, fügt sie hinzu, daß sie das in Anbetracht ihrer Jugend und ihrer Schönheit nicht erstaune, daß sie aber über das Seltsame nicht wegkäme, daß er sie, die Martinville um eine Grande Dame aufgäbe, die durch ihren Rang, ihre Geburt und ihre Eigenschaften, ihren Esprit und Herzenstugenden gewürdigt würde, deren Körper aber schwere Mängel aufweise, und damit erging sie sich in einer demütigenden Aufzählung all ihrer körperlichen Schwächen, die sie naturgemäß übertrieb.

Die sehr verwirrte Prinzessin wollte sie einschüchtern, indem sie beteuerte, gar nicht Madame de Martinville zu sein, daß es sich um ein Mißverständnis handle, daß sie da Mitteilungen mache, die ihr sehr gefährlich werden könnten; die andere jedoch blieb hartnäckig, schwor, sich nicht zu täuschen, und entblödete sich sogar nicht, im Eifer ihres Zornes sich selbst zu erniedrigen: „Verstellen Sie sich doch nicht, schöne Maske," rief sie, „wir Huren kennen einander ja alle!"

*

M. Fenouillot de Falbaire hat vor einem Jahr ein hübsches Mädchen geheiratet, in die sich der Herr Beaujon, ein Hofbankier, solcher Art verliebte, daß er für das Paar alles tat, was in seinen Kräften stand. Zuerst hat er ihnen eine königliche Domäne verschafft, die den Titel einer Baronie de Quingey mit sich brachte, den der junge Ehemann angenommen hat. Er hat ihnen die Viertelstelle und Einnahme eines Generalpächters übermittelt. Er hat ihnen 2000 Livres Rente ausgesetzt. Ganz kürzlich hat er der Frau, die soeben von einem Kinde genesen ist, Pferde und eine Karosse zum Geschenk gemacht. Kurz, jeden Tag erweist er ihnen neue Wohltaten. Sie sind um so weniger teuer für die Baronin, als der Liebhaber als impotent gilt, und den Ehemann unmöglich nach allen Regeln der Kunst zum Hahnrei machen kann; außerdem ist er derart eifersüchtig, daß er darüber wacht, daß kein anderer es tue: so ist er eine Art sehr wachsamer Eunuche, den der Baron de Quingey um seine Frau besorgt weiß.

Da endlich die auf diese Weise nie versiegenden Wünsche des Finanziers sich sehr verdoppeln können, und sein außerordentlicher Reichtum es ihm ermöglicht, sich alle Damen, die er begehrt, zu kaufen, hält er sich deren mehrere, die er seine „berceuses" nennt, da sie ihn zu Bett bringen und mit Zärtlichkeiten und Erzählungen einschläfern. Dabei ist der Bankier ein Bauer, ohne Liebenswürdigkeit, ohne Reiz, keineswegs säuberlich, wie die modernen Finanziers, und überhaupt sehr tölpelhaft.

Man möge sich auch erinnern, daß Herr Falbaire ein durch sein Drama „L'Honnête Criminel" bekannter Autor ist.[38] Sein Reichtum verhindert ihn nicht zu arbeiten, und soeben hat er ein neues Drama geschaffen, das er in Fontainebleau aufführen lassen will.

*

Der Hofbankier Beaujon, der sich im Hotel der außerordentlichen Gesandten, dem ehemaligen Hôtel d'Évreux und dem nachmaligen Hôtel de Pompadour schlecht logiert fand, hat dort große Ausgaben gemacht, besonders für den Garten, den er arg zurichtete. Bei dieser Gelegenheit spricht man viel von diesem verschwenderischen Herrn, dessen Lebenslauf man sich also erzählt:

Um 7 Uhr früh erhebt er sich und arbeitet bis um 9. Darauf kleidet er sich an, trinkt seine Schokolade, empfängt Visiten, hält seine Audienzen ab, und so fort; des Abends diniert er mit vielen Freunden zusammen und unterhält sich angeregt. Um 9 Uhr geht er schlafen; wenn er im Bett ist, öffnen sich die Gardinen und seine Vertrauten, besonders seine „berceuses", liebkosen ihn bis neuneinhalb, dann schließen sie die Gardinen.

Darauf soupieren die anderen, tun nach ihrem eigenen Belieben und ziehen sich je nach Gefallen zurück.

*

Ein seltsames Schauspiel hat die Freunde Long Champs erfreut und strenge Mitbürger indigniert. Schon früher hat man Mlle Du Thé mit einer glänzenden sechsspännigen Equipage brillieren sehen. Mlle Cléophile[39], die von Eifersucht geplagt wurde, hat sich am Karfreitag auf dieselbe Art und Weise dahin begeben, um mit der Pracht ihrer Rivalin zu konkurrieren. Man hat sich nicht entscheiden können; nicht was die körperliche Schönheit, sondern den Luxus und die Eleganz der Kleidung, der Diamanten und der Aufmachung anbetrifft; ebensowenig über die Schönheit der Pferde und die Ausstattung der Karossen. Mlle Cléophile hat, obschon sie viel jünger ist, nur ein phantastisches Frätzchen und kann mit der regelmäßigen, aber langweiligen Schönheit ihrer Konkurrentin nicht rivalisieren. Die Cléophile gehört heute dem Grafen Aranda, der ihr, wie man sagt, neunhundert Louis monatliches Fixum gibt, was sie instand setzt, diese Würde konvenierend zu repräsentieren. Sie ist ein kleines Mädchen, das ehemals bei Audinot war, und heute überzählige Tänzerin der Oper ist.

*

Der „Pouff aux sentiments" ist eine Coiffure, die dem „quesaco"⁴⁰ gefolgt und ihm durch die Unmenge verschiedenartiger Dinge, die zu ihrer Komposition gehören, und durch die Phantasie, die sie, um wechselvoll ausgeführt zu werden, erfordert, unendlich überlegen ist. Man nennt sie „pouff", weil sie eine Varietät vieler Gegenstände enthalten kann, und weiter „aux sentiments", weil sie sich auf das, was man selbst am meisten liebt, beziehen müssen. Die Beschreibung des Pouff der Herzogin de Chartres soll diese schwierige Definition dem Verständnis näher bringen: In dem Pouff ihrer Hoheit erblickt man eine im Sessel sitzende Frau, die einen Säugling wiegt, was Bezug auf den Herzog von Valois und dessen Amme hat. Zur Rechten befindet sich ein Papagei, der an einer Kirsche pickt, der Lieblingsvogel der Prinzessin. Zur Linken ein kleiner Neger, das Abbild dessen, den sie liebt; der Rest ist mit Haartuffs des Herzogs de Chartres, ihres Gatten, des Herzogs de Penthiévre, ihres Vaters, des Herzogs von Orléans, ihres Schwiegervaters, und anderer garniert. Alle Frauen wünschen einen Puff zu besitzen und schwärmen davon.

*

Gestern um 3 Uhr morgens hat Seine Majestät dem Herzog von Duras befohlen, den Abbé Maudoux, seinen Beichtiger, rufen zu lassen. Seine Majestät ist 15 oder 10 Minuten allein mit ihm geblieben, dann hat sie mit dem Großalmosenier eine Privatkonferenz gehalten; endlich hat sie das heilige Abendmahl empfangen. Vorher hat der Kardinal de La Roche-Aymon im Namen des Königs folgende Rede gehalten:

„Obgleich der König niemand anders als Gott Rechenschaft über sein Gehaben schuldet, bedauert er, seine Untertanen skandalisiert zu haben und erklärt: von jetzt ab nur der Religion, dem Glauben und dem Wohlergehen seines Volkes leben zu wollen."

Die Reliquie der heiligen Genoveva ist anläßlich der Krankheit Seiner Majestät enthüllt worden. Im übrigen haben die Mönche ihr Möglichstes getan, um die Neugier des Publikums anzustacheln; sie haben um die Reliquie eine Art schwarzer Kammer gezogen, um den Glanz der bunten Glasarbeiten, die sie schmükken, noch mehr hervorzuheben.

Sobald sich die Pockenkrankheit beim König deklarierte, erbot sich ein zufällig in Paris weilender englischer Arzt namens Sutton, ein Mitglied jener berühmten Familie, die eine besondere Inokulationsmethode und ein spezielles Mittel gegen diese Krankheit erfand, Seine Majestät zu behandeln; doch haben unsere französischen Ärzte ihn zu verdrängen gewußt. Seitdem nun des Königs Zustand hoffnungslos geworden ist, hat man den Ausländer rufen lassen; der Herzog von Orléans und Madame Adélaide haben ihm 100 000 Taler für sein Geheimnis oder für die Erlaubnis zu dessen Analyse vor der Anwendung beim König geboten. Er hat darauf bestanden, daß dies ein Familiengeheimnis sei, dessen Schlüssel er keineswegs habe, und daß es sowieso schon zu spät sei.

Die Leiche des Königs war derartig verpestet, daß kein Arzt gewagt hat, die Autopsie zu machen. Man sagt, daß sie augenblicklich mit ungelöschtem Kalk bedeckt, dann in einen Sarg aus Zedernholz und darauf in einen bleiernen gelegt worden wäre. Das Palais ist zwiefach verseucht, erstens von der Leiche des verstorbenen Königs und dann von den mannigfaltigen wohlriechenden Wassern und Parfüms, die seit zwölf Tagen ein jeder Höfling gebrauchte; daraus ist ein Potpourri entstanden, schrecklicher als die faulige Ausdünstung der pestilenzartigen Krankheit Seiner Majestät.

Nach dem Tode des Königs haben alle die Großen des Reichs, die Seiner verstorbenen Majestät beistanden, sich der neuen Majestät, dank der pestilenzartigen Krankheit, mit der sie sich vollgesogen hatten, nicht nähern können; deshalb haben sie sich, dem Brauche gemäß, bei der neuen Majestät nur einschreiben lassen.

Der Herzog de la Vrillière hat sich zu der ehemaligen Dauphine, der jetzigen Königin, begeben, — der er sich nähern durfte, da diese Prinzessin die Pocken gehabt hat —, um die Befehle

Seiner Majestät oder die, die der König durch sie zu geben geruhen würde, entgegenzunehmen. Die Königin hat geantwortet, daß sie ihm keine zu überliefern habe, weder von seinem Herrscher noch von ihrem erhabenen Gatten.

Der König hat sogleich eine Karosse bestiegen und alles hat gerufen: „Es lebe der König!"

Obgleich keinerlei Befehl erteilt war, da der König es für nötig befunden hatte, daß die ganze Familie in diesen Tagen gemeinsamer Schmerzen miteinander versammelt sei, hat sich der ganze Hof nach Choisy begeben. Die Damen befinden sich im kleinen, der König und seine Brüder im großen Schlosse. Der Herzog von Orléans, der unausgesetzt beim verstorbenen König gewohnt hat, hat dem neuen König nicht huldigen können. Er hält sich für die Dauer von neun Tagen zu Saint-Cloud auf. Aus demselben Grunde haben sich alle Minister verstreut; man glaubt nicht, daß vor Ablauf dieser Zeit eine Ministersitzung stattfinden werde.

*

Madame du Barry, von der man fälschlich berichtete, daß sie Ruel verlassen habe, befindet sich noch immer dort; doch nimmt man an, daß ihres Bleibens dort nicht mehr lange sein wird; man vermutet, daß sie dort des Königs Befehle abwartet. Im übrigen hat ihr Schmerz sie keineswegs dem Luxus und dem süßen Müssigang entfremdet; dies solcher Art, daß sie, da ihr das Bett der Herzogin d'Aiguillon nicht bequem dünkte, nach Versailles geschickt hat, um ihr eigenes holen zu lassen.

Da dieser Name, seit der Hof sich zurückgezogen hat, derartig verrufen ist, hat die junge Marquise du Barry (Mlle de Fumel)[41], auf die sogar die öffentliche Verachtung zurückfiel, sich entschlossen, ihre Dienerschaft nicht mehr in ihre Livree zu kleiden. Man weiß, welchen Widerwillen sie immer gegen diesen Hymen empfand, dessen Opfer sie war; was sie wirklich beklagenswert macht.

*

Das Leichenbegängnis des Königs hat tatsächlich am angegebenen Tage stattgefunden, und ist mit unanständiger Eile und fast vollkommenem Außerachtlassen des Zeremoniells betrieben worden. Die Wirtshäuser am Wege waren mit johlenden Menschen angefüllt. Unter anderen erwähnt man einen besonders Schuldigen, der herausgeworfen werden sollte und dem man schließlich den Wein verweigerte. Um sich seiner zu entledigen, sagte man ihm, Louis XV Leichenzug würde vorbeikommen: „Wie," schrie er in Delirium, „dieser Hurenkerl hat uns bei seinen Lebzeiten Hungers sterben lassen und nach seinem Tode sorgt er noch dafür, daß wir vor Durst umkommen."

*

Was die Gräfin du Barry bei Hofe noch verhaßter macht, ist eine Anekdote, die als authentisch gilt, und sie die Ursache von des Königs Tod werden läßt. Man behauptet, gelegentlich einer Lustbarkeit zu Trianon, die den König den plötzlichen Tod des Marquis de Chauvelin, den des Marschalls d'Armentières und die folternden Gewissensbisse, die die Gründonnerstagspredigt des Bischofs von Senez in ihm erweckt hatte, vergessen machen sollte, habe man beobachtet, daß der Monarch ein wohlgefälliges Auge auf die Tochter eines in der Nähe wohnenden Tischlers geworfen habe; daß man dieses noch unschuldige Kind habe kommen, waschen und parfümieren lassen, und sie so in das Bett Seiner Majestät geführt hätte, dem dieser leckere Bissen schlecht bekommen wäre, hätte man ihn nicht mit sehr starken Kräftigungsmitteln unterstützt, was ihm tatsächlich half und mehr Vergnügen verschaffte als man füglich in diesem Alter empfindet. Man behauptet ferner, daß dieses Kind, das sich schon krank fühlte und sich nur mit Mühe dem lieh, was man verlangte, sich nur von Drohungen eingeschüchtert, und in der Hoffnung, viel Geld zu erwerben, ergab. Man ahnte nicht, daß sie den Keim der Pockenkrankheit in sich hatte, die sie dem König übertrug und an der sie noch früher starb als er.

*

Man hat auf den verstorbenen König ein abscheuliches Epitaph gemacht, das in den Anekdoten als historisch bewahrt wird; es illustriert die Sittenverwahrlosung gegen Ende seiner Regierung, sowie die Reinheit, die man von der aktuellen erhofft.

„Quittez la Cour; partez
Partez, M... et P...;
Ci-gît Louis, quinzième du nom,
Dit le bien-aimé par surnom,
Et de ce titre le deuxième,
Dieu nous préserve du troisième!"

Um dies Epitaph zu verstehen, muß man sich erinnern, daß Charles ebenfalls vor seinem Wahnsinn „le bien-aimé" genannt wurde.

*

Man schreibt aus Toulouse, daß der Pöbel, sowie die Nachricht von Mme du Barrys Entfernung vom Hofe eintraf, und selbst vor des Königs Tode, sich für die Unverschämtheiten ihres Gatten, des Grafen Guillaume, gerächt hat, ihn mit Schmährufen beschimpft und in den Schmutz warf; und man zweifelt nicht, daß diese Mißhandlungen nach dem Tode des Königs fortgedauert hätten, wäre dieser Unglückliche nicht vorsichtig genug gewesen, zu entfliehen.

*

Unlängst fielen im ersten Rang der Comedie eine Dame mit zwei Fräuleins durch ihr bäuerisches ordinäres Wesen und den außerordentlichen Schmuck, den sie trugen, auf. Man sah sie nachher in eine Karosse steigen, superb wie die eines Gesandten. Sechs Lakaien waren um den Wagen herum. Einer fragte die Dame, wohin man fahren solle, worauf er zur Antwort bekam: „Cheux nous", worüber die ganze Valletaille lachte. Und einer der Diener, den man nach der Dame fragte, erklärte: „Madame ist eine Weißwäscherin, die, ohne sich zu verletzen, aus der vierten Etage in einen eigenen Wagen gefallen ist."

*

Einer von den neuen Reichen bestellte beim besten Lieferanten eine Berline allerfeinster Arbeit. „Und welches Wappen soll ich draufmalen?" fragte der Fabrikant. „Das Schönste, das es gibt, mein Lieber," bekam er zur Antwort, „das Schönste, das Sie auf Lager haben."

*

Die kleine Cartou vom Ballett sagte zum Grafen Arty: „Sag ein bißchen deiner Frau und deinen Schwestern, wenn sie uns, wie sie es tun, unsere Praktiken nachmachen und wegnehmen, so sollen sie auch unsere Rollen spielen, denn es ist nicht gerecht, daß wir die Mühe haben sollen und sie den Profit."

*

Als der junge Grimod[42] Fräulein Jarente geheiratet hatte und diese in den ersten Tage der Ehe keine besonders gute Laune zeigte, fragte Grimod seinen Schwager, den Herrn von Malesherbes: „Glauben Sie, daß meine Frau mich glücklich machen wird?" Worauf der sehr richtig antwortete: „Das hängt vom ersten Liebhaber ab, den sie haben wird."

*

Der reich gewordene Bourvalais kam einmal in einer Finanzpächterversammlung mit dem reichgewordenen Thevenin in Streit, der ihm schließlich sagte: „Weißt du denn nicht mehr, daß du mein Lakai gewesen bist?" Worauf Bourvalais, der wirklich des andern Lakai gewesen war, sagte: „Ich weiß, aber wenn du der meine gewesen wärst, wärst du es noch heute."[43]

*

Der reich gewordene Michel Bouret, der 1777 ganz verschuldet starb, bewarb sich sehr um die Gunst einer Dame vom Hof und bot ihr an, sein Vermögen mit ihr zu teilen. Sie lehnte sehr brüsk ab. Einige Zeit darauf war sie in Not und schrieb Bouret um 10 000 Franks und lud ihn zum Souper ein. Bouret antwortete: „Was ich von Ihnen verlangte, war ohne Preis, das, was Sie mir anbieten, ist zu teuer."

*

Ein Gast im Hause des Generalpächters de Beaujon bemerkte nach einem Rundgang in dem Prachthause: „Ohne das Gesicht des Hausherrn wüßte man nicht, wohin spucken."

Mme de Groslier beichtete auf dem Sterbelager mit einer Zeile: „Hochwürden, ich war jung, ich war hübsch, man hat es mir gesagt, ich habe es geglaubt: denken Sie sich das übrige."

*

Lekain gab einem Amateur der Gesellschaft Unterricht. Dieser packte in einer Liebesszene seine Partnerin beim Arm, wozu Lekain sagte: „Wenn Sie leidenschaftlich erscheinen wollen, müssen Sie so aussehen, als wagten Sie nicht, das Kleid jener zu berühren, die Sie anbeten."

*

Fontenelle sagte: „Das Vergnügen ist nicht solide genug, als daß man es vertiefen könnte, man darf es nur entblättern."[44]

*

Der alt gewordene Prinz Conti[45] sagte unlängst, man nehme seine Liebeserklärungen als Komplimente, früher habe man seine Komplimente für Liebeserklärungen genommen. Er schickte neulich der Mme de Blot eine Miniatur ihres Kanarienvogels in einem goldenen Büchschen, das mit einem großen Diamanten verziert war. Mme de Blot schickte den Diamanten zurück, denn, als sie den Wunsch nach der Miniatur geäußert habe, bedang sie sich eine ganz einfache aus. Der Prinz Conti ließ den Diamanten zu Pulver zerreiben und streute es auf ein Billett, das er an Frau von Blot schrieb. Dieses Stäubchen Pulver kostete fünftausend Livres.

*

Die Komtesse von Forcalquier hatte von ihrem Gatten ohne Zeugen eine Ohrfeige bekommen und wollte sich scheiden lassen. Aber man sagte ihr, daß sie gar keine Aussicht hätte, die Scheidung zu erreichen. Mit diesem Bescheid kam sie nach Hause, begab sich in das Zimmer ihres Gatten, gab ihm eine Ohrfeige und sagte: „Hier haben Sie Ihre Ohrfeige zurück, ich kann damit nichts anfangen."

*

Der sterbende Herzog von Ormont sagte zum Chevalier d'Arragues, der an seinem Lager stand: „Lieber Freund, ich bitte Sie um Entschuldigung, daß ich in Ihrer Gegenwart sterbe." Der andere wußte, ganz verwirrt von so viel Höflichkeit, nichts anderes zu sagen, als: „Um Gottes willen, genieren Sie sich nicht."

*

Ich sagte zu Herrn B***, einem Spötter und Misanthropen, der mir einen jungen Mann seiner Bekanntschaft vorgestellt hatte: „Ihr Freund weiß noch nichts von der Welt, er hat noch gar keinen Begriff von ihr." „Ja," antwortete er, „aber er ist schon so traurig, als wüßte er alles."

*

Voltaire kam eines Tages durch Soissons und wurde von einer Deputation der Akademie von Soissons begrüßt. Einer der Herren hielt eine Rede und nannte darin die Akademie von Soissons die älteste Tochter der Académie française. „Ja, meine Herren," antwortete Voltaire, „die älteste Tochter, die vernünftige Tochter, die brave Tochter, die nie von sich reden gemacht hat."

*

Ein Doktor der Sorbonne schimpfte auf das Système de la Nature.⁴⁶ Er sagte: ein entsetzliches, verabscheuungswürdiges Buch, der bewiesene Atheismus!

*

Ich fragte Herrn ***, warum er sich durch sein eingezogenes Leben für alles Gute unzugänglich mache, das man ihm erweisen könnte. „Was mir auch die Menschen Gutes erweisen könnten," erwiderte er, „es wäre für mich nicht so wertvoll, wie die Tatsache, daß ich von ihnen nichts höre und nichts sehe."

*

Von dem Anti-Machiavel des Königs von Preußen sagte Voltaire. „Er spuckt in die Suppe, um den anderen den Appetit zu verderben."

*

D'Alembert sprach mit einem berühmten Professor der Rechte aus Genf über Voltaire. Der Professor rühmte das universelle Wissen des Meisters und fügte hinzu: „Ich finde ihn nur im öffentlichen Recht etwas schwach." — „Und ich in der Geometrie", sagte d'Alembert.

*

Der König von Preußen fand bei der Einnahme von Dresden im Hause des Grafen Brühl eine Menge Reitstiefel und Perücken. „Genug Stiefel für einen, der nie reitet," sagte er, „und genug Perücken für einen kopflosen Menschen."

*

Diderot hatte während seines Aufenthaltes in Rußland leibeigene Bauern, Muschiks, bemerkt, entsetzlich arm, von Ungeziefer zerfressen. Er entwarf der Kaiserin ein schreckliches Bild ihres Elendes. „Denken Sie denn, sie sollten sich um Häuser kümmern, in denen sie doch nur zur Miete wohnen?" antwortete Katharina.

*

Ein Advokat namens Marchand, ein geistvoller Mensch, tat den Ausspruch: „Bei der Verwaltung, bei der Justiz und bei der Küche soll man nicht hinter die Kulissen sehen, sonst kriegt man den Ekel!"

*

Diderot hatte unter seinen Bekannten ein leichtsinniges Bürschchen, das schließlich durch einen letzten Streich die Gunst seines Onkels verscherzte. Der Onkel, ein reicher Prälat, wollte ihn enterben. — Diderot besucht diesen, gibt sich sehr ernsthaft und philosophisch und predigt zugunsten des Neffen in einem ergreifenden und pathetischen Ton. Der Onkel erzählt darauf ein paar Schandtaten des jungen Menschen. „Er hat noch viel Schlimmeres verübt!" ruft Diderot. — „Und?" — „Eines Tages wollte er Sie nach der Messe in der Sakristei ermorden! Nur die Dazwischenkunft einiger Leute..." — „Verleumdung!" schrie der Onkel, „das ist nicht wahr!" — „Gut," fuhr Diderot fort, „aber selbst, wenn es wahr wäre, müßten Sie ihm in Anbetracht seiner aufrichtigen Reue verzeihen und bei der unglücklichen Lage, die seiner harrt, wenn Sie die Hand von ihm ziehen."

*

„Ein Schriftsteller", sagte Diderot, „kann eine Geliebte haben, die Bücher schreibt aber seine Frau muß Hemden nähen können."

*

Ein Kanzelredner erzählte: „Der würdige Vater Bourdaloue predigte in Rouen und richtete großen Unfug an: Die Handwerker liefen aus ihren Werkstätten, die Ärzte von ihren Kranken usw. Das Jahr darauf kam ich hin und predigte und brachte alles wieder in Ordnung."

*

In einer Gesellschaft, zu der auch einige Bischöfe und mehrere Abbés gehörten, sprach Herr von C*** einmal über die englischen Regierungsformen und ihre Vorzüge. Einer von den Abbés, ein Herr von Seguerand, erwiderte ihm: „Schon nach dem wenigen, das ich von England gehört habe, möchte ich durchaus nicht dort leben. Ich würde mich in einem solchen Land ganz elend fühlen." — „Aber sehen Sie, Abbé, gerade weil Sie sich dort unbehaglich fühlen würden, ist das Land so ausgezeichnet", antwortete Herr C*** in aller Unschuld.

*

Als Montazet, Erzbischof von Lyon, in sein Bistum einzog, gratulierte ihm eine alte Stiftsdame, eine Schwester des Kardinals Tencin zu seinem Glück bei den Damen und auch zu dem Kind, das er von Madame Mazarin habe. Der Kirchenfürst stellt alles in Abrede. „Aber meine Gnädige," sagte er, „auch Sie selbst hat ja die Verleumdung nicht verschont! Meine Geschichte mit Frau von Mazarin ist ebensowenig wahr, als das, was man sich von Ihnen und dem Kardinal erzählt." — „So," erwiderte die Stiftsdame ruhig, „dann haben Sie das Kind doch."

*

Als der Herzog von Richelieu in die Académie francaise aufgenommen war, lobte man seine Rede außerordentlich. Man sagte ihm eines Tages in einer großen Versammlung, daß besonders der Ton seiner Rede vollendet gewesen sei. Schriftsteller von Fach schrieben vielleicht korrekter, aber sie hätten nicht diese Grazie

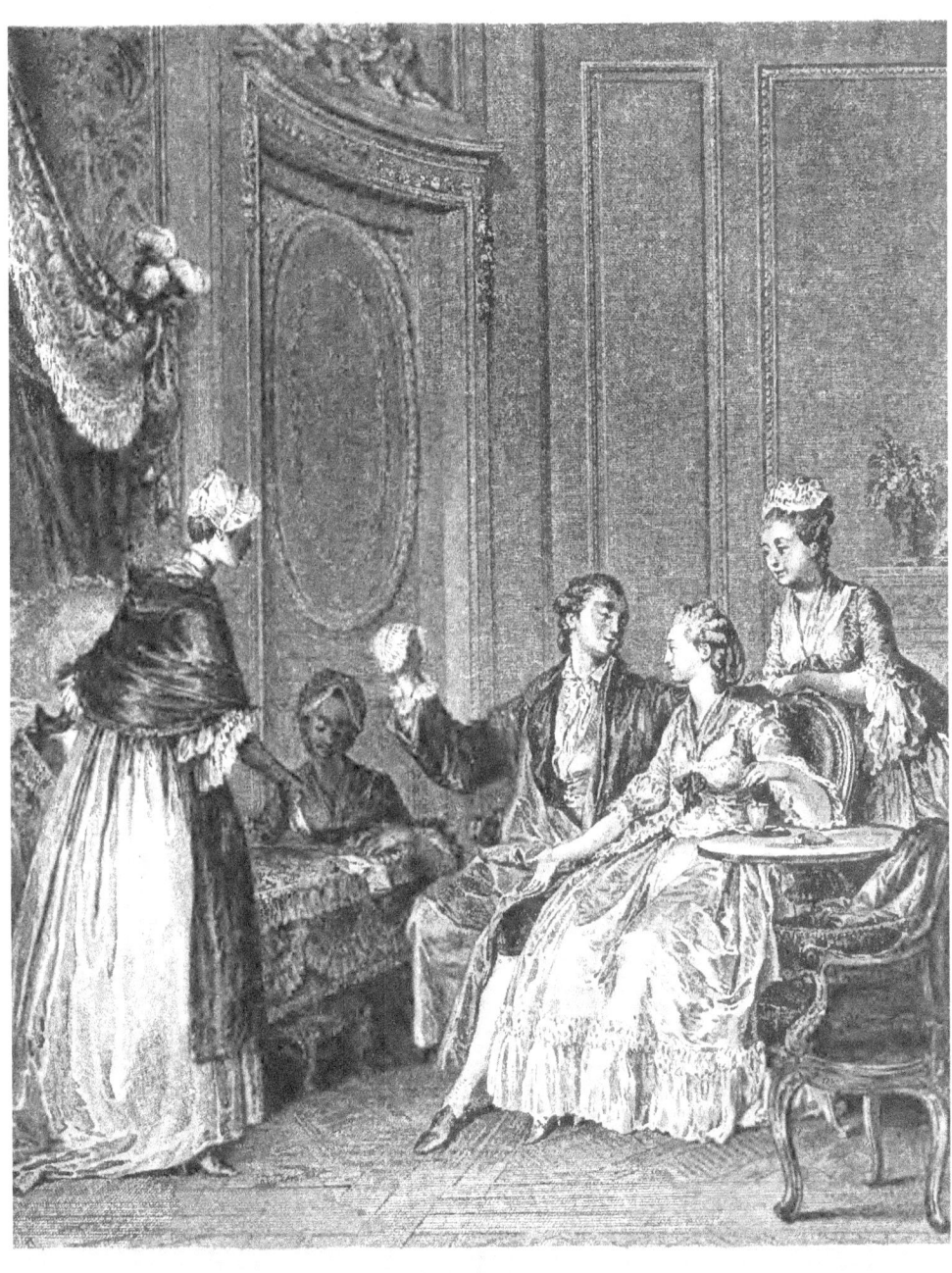

und Leichtigkeit des Stils. „Ich danke Ihnen, meine Herren", antwortete der junge Herzog. „Ich bin entzückt über das, was Sie mir gesagt haben. Ich brauche Ihnen nur noch zu sagen, daß meine Rede von Herrn Roy war, und ich werde ihm mein Kompliment dafür machen, daß er den Hofton so gut traf."

*

D'Alembert und der Portier. *Der Portier:* Wohin, mein Herr? *D'Alembert:* Zu Herrn von ***. *Der Portier:* Warum fragen Sie mich da nicht? *D'Alembert:* Mein Lieber, man fragt Sie, wenn man wissen will, ob Ihr Herr zu Hause ist. *Der Portier:* Also? *D'Alembert:* Ich weiß aber, daß er zu Hause ist, denn er bat mich, um diese Zeit zu kommen. *Der Portier:* Das ist ganz einerlei, man hat mich zu fragen. Wenn man mich nicht frägt, bin ich ja nichts!

*

Fontenelle wurde dreimal von der Akademie zurückgewiesen und erzählte das gern. Er fügte immer hinzu: „Ich erzähle diese Geschichte allen Leuten, die eine Abweisung ihres Gesuchs ärgert, aber ich habe noch niemanden damit getröstet."

*

Als der Abbé Raynal[47] noch jung und arm war, las er täglich eine Messe für zwanzig Sous. Später kam er zu Geld und überließ sie dem Abbé de la Porte, behielt aber von den zwanzig Sous acht für sich. Als sich auch die Verhältnisse des Abbé de la Porte etwas besserten, überließ er die Messe dem Abbé Dinouart — und zog außerdem, was Raynal bekam, noch weitere vier Sous ab ... So brachte diese armselige Messe, die mit doppelten Abgaben belastet war, dem Abbé Dinouart nicht mehr als acht Sous ein.

*

An Frau von Créqui schrieb ein Geistlicher beim Tode des Herrn de Créqui-Canaples, der ein ungläubiger Sonderling gewesen war: „Ich bin um das Heil seiner Seele sehr besorgt, allein, da Gottes Wege unerforschlich sind und der Verstorbene die Ehre hatte, Ihrem Hause anzugehören, so ..."

*

Ein Landpfarrer sagte zu seiner Gemeinde nach der Predigt: „Bitten wir Gott für den Besitzer dieses Schlosses, der in Paris seinen Wunden erlegen ist." Er war gerädert worden.

*

Als der Marschall Duras mit einem seiner Söhne unzufrieden war, sagte er zu ihm: „Du elender Mensch! Wenn das so weiter geht, lasse ich dich beim König zur Tafel laden." Der junge Mann war zweimal in Marly beim Souper gewesen und hatte sich zum Sterben gelangweilt.

*

Man kennt das Sprichwort: Niemand geht über den Pont Neuf, ohne einen Mönch, einen Schimmel und eine Dirne zu sehen. Zwei Hofdamen passierten die Brücke und sahen in den ersten zwei Minuten einen Mönch und einen Schimmel. Da stieß die erste die zweite mit dem Ellbogen und flüsterte: „Was die Dirne angeht, so brauchen wir zwei nicht lange zu suchen."

*

Ein paar junge Herren vom Hofe waren bei Herrn von Cofflans zum Souper geladen. Man sang ein etwas schlüpfriges Lied, das aber noch nicht eigentlich unanständig war. Gleich darauf begann Herr von Fronsac so haarsträubende Couplets zu brüllen, daß selbst seine Gesellschaft Augen machte. In das verlegene Schweigen rief Herr von Cofflans: „Zum Teufel, lieber Fronsac, zwischen dem ersten Lied und diesem liegen zehn Flaschen Champagner."

*

Einem jungen Mann aus Hofkreisen sagte man nach, er sei wie toll hinter den Dirnen her. Da ein paar ehrbare und angesehene Frauen dabei waren, die ihm dies übelnehmen konnten, so nahm ihn ein gleichfalls anwesender Freund in Schutz. „Boshafte Übertreibung!" rief er, „er hat auch anständige Damen!"

*

Ein Mann verbrachte seit dreißig Jahren jeden Abend bei Frau ***. Seine Frau starb und man glaubte allgemein, er würde nun die andere heiraten. Man riet ihm auch dazu, aber er weigerte sich. „Wo würde ich denn nachher meine Abende verbringen?" meinte er.

*

Die Gabrielli, eine berühmte Sängerin, verlangte von der Kaiserin Katharina fünftausend Dukaten für zwei Monate, die sie in Petersburg singen sollte. „Ich zahle keinen meiner Feldmarschälle so", antwortete die Kaiserin. „Dann brauchen Ihre Majestät ja nur die Feldmarschälle singen zu lassen", antwortete die Sängerin. Die Kaiserin zahlte die verlangte Summe.

*

Herr *** wurde oft in Gesellschaft gebeten, seine Verse vorzutragen. Die Sache begann ihn zu langweilen und er sagte, als er wieder einmal zu lesen begann, daß er oft an einen Gaukler von Pont Neuf denken müsse, der einen Affen vorführe. „Lieber Bertrand," pflegte dieser zu sagen, „uns soll die Sache ja gar keinen Spaß machen, sondern dieser verehrungswürdigen Versammlung."

*

Duclos[48] sprach einmal vom Paradies, das jeder sich auf seine Art ausmalt. „Für Sie", sagte Frau von Rochefort,[49] „wär's ein Käsebrot, ein Glas Wein und die erste Beste."

*

Diderot machte die Entdeckung, daß ein Mensch, für den er einiges Interesse gefaßt hatte, ihn und andere bestahl. Er riet ihm daher zu einer Reise ins Ausland. Der Mensch befolgte den Rat. Diderot hörte zehn Jahre lang nichts mehr von ihm. Da wird eines Tages heftig bei ihm angeläutet. Diderot macht selbst auf, erkennt seinen Mann wieder und ruft mit erstaunter Miene: „Wie, was? — Sie sind's?!—" „Ja," sagt der andere, „viel hat nicht gefehlt." — Er begriff, daß Diderot sich wunderte, daß er noch nicht gehängt war.

*

Rulhière[50] sagte eines Tages zu C***: „Ich habe meiner Lebtage nur eine Schlechtigkeit begangen." — „Wann wird die aufhören?" fragte C***.

*

Der König von Preußen plauderte eines Tages mit d'Alembert, als ein Lakai eintrat, ein Mann von der schönsten Figur, die man sehen konnte. D'Alembert drückte sein Erstaunen aus. „Es ist wirklich der schönste Mann in meinem Staat," antwortete der König, „er war eine Zeitlang mein Kutscher, und ich bin stark in Versuchung, ihn als Gesandten nach Petersburg zu schicken."

*

Ein sehr armer Mann hatte ein Buch gegen die Regierung geschrieben. Einige Zeit verging, ohne daß etwas geschah. „Zum Teufel," rief er, „ich soll meine Wohnung bezahlen und kein Mensch setzt mich in die Bastille."

*

Zur Zeit der Notabeln-Einberufung (1787) handelte es sich um die Frage, welche Machtvollkommenheit den Intendanten bei den Provinzialversammlungen eingeräumt werden solle. Eine gewisse gewichtige Persönlichkeit neigte sehr auf die Seite der Intendanten. Man wandte sich darum an einen geistvollen Herrn, der mit dieser gewichtigen Person in Verbindung stand und der versprach, den anderen umzustimmen. Es gelang ihm und als man ihn fragte, wie ihm das geglückt sei, erwiderte er: „Es fiel mir gar nicht ein, zu betonen, daß der Einfluß der Intendanten zu tyrannischem Mißbrauch verlocken könnte, — aber er ist bekanntlich sehr adelsstolz und da habe ich ihm gesagt, daß Leute von sehr altem Adel gezwungen wären, die Intendanten mit Monseigneur anzureden. Er empfand das als eine Ungeheuerlichkeit und trat deshalb auf unsere Seite."

*

Der Kanzler d'Aguesseau erteilte nie das Privileg zum Druck eines neuen Romans und gab auch stillschweigend nur unter ganz besonderen Bedingungen die Erlaubnis dazu. So durfte der Abbé Prévost[61] die ersten Bände von Cléveland nur unter der Bedingung drucken lassen, daß Cléveland im letzten Bande katholisch würde.

In einer Gesellschaft, der auch Schuwaloff, der frühere Liebhaber der Kaiserin Elisabeth, angehörte, wollte man über große russische Angelegenheiten Aufschluß haben. „Herr von Schuwaloff," rief da der Amtmann de Chabrillant, „das müssen Sie ja wissen, Sie waren ja die Pompadour dieses Landes; erzählen Sie!"

*

Der Regent wollte inkognito einen Maskenball besuchen. „Ich weiß ein gutes Mittel", sagte der Abbé Dubois, und als sie den Saal betraten, gab er Seiner Hoheit einige tüchtige Fußtritte in den Hintern. „Abbé," brummte der Regent, dem sie etwas zu stark waren, „du maskierst mich zu gut."

*

Man wunderte sich oft, daß der Herzog von Choiseul sich so lange gegen Madame du Barry zu halten vermochte. Sein Geheimnis war sehr einfach. So oft seine Stellung schwankend wurde, ließ er sich Audienz beim König geben. War er einmal vorgelassen, so erkundigte er sich regelmäßig, was er mit den fünf oder sechs Millionen machen solle, die er im Kriegsdepartement erspart hatte, wobei er jedesmal darauf aufmerksam machte, daß es wohl nicht schicklich sei, sie direkt dem königlichen Schatz zu überweisen. Der König begriff die Anspielung und sagte: „Sprechen Sie mit Bertin, geben Sie ihm drei Millionen in den und den Papieren, den Rest schenke ich Ihnen." Der König teilte so das Geld mit seinem Minister und da er nicht sicher war, daß ein anderer ihm dies ebenso leicht machen würde, wie der Herzog von Choiseul, behielt er ihn trotz aller Intrigen der du Barry.

*

In Breslau stahl ein Katholik in einer Kirche kleine Herzen aus Gold und andere Votivgegenstände. Vor Gericht erklärte er, er habe sie von der heiligen Jungfrau. Er wurde verurteilt. Die Erkenntnis wurde wie üblich dem König von Preußen zur Bestätigung übergeben. Der König ließ Theologen kommen und legte ihnen die Frage vor, ob die heilige Maria einem frommen Katholiken wirklich nicht kleine Geschenke machen könne. Sehr verlegen erklärten die Theologen schließlich, daß die Sache nicht ganz von der Hand zu weisen sei. Darauf schrieb der König an den Rand des Urteils: Ich begnadige K.; aber ich verbiete ihm bei Todesstrafe, von nun ab von der heiligen Jungfrau oder anderen Heiligen irgendwelche Geschenke anzunehmen.

*

Duclos, der fortwährend auf den Abbé d'Olivet schimpfte, sagte von ihm: „Dieser Kerl! — Ich kann ihm nachsagen, was ich will, und er haßt mich nicht mehr, als ein anderer!"

*

Madame de la Popelinière[52] legte eines Tages vor ihren Freunden und Verehrern die Schuhe ab und wärmte sich die Füße. Ein kleiner Hund leckte sie ihr. Unterdes unterhielt sich die Gesellschaft von Freundschaft und Freunden. „Ein Freund?" sagte Madame de la Popelinière, „da ist einer."

*

Die Herzogin von Chaulnes, die von ihrem Manne getrennt gelebt, lag im Sterben. „Das heilige Sakrament ist da", meldet man ihr. „Einen Augenblick noch." — „Durchlaucht, der Herzog von Chaulnes möchte Sie noch einmal sehen." — „Ist er hier?" — „Ja." — „Er soll warten, — er soll mit dem Sakrament kommen."

*

Man fragte eine Herzogin von Rohan, wann sie ihre Entbindung erwarte. „Ich hoffe, diese Ehre in zwei Monaten zu haben", sagte sie. Die Ehre bestand darin einen Rohan zur Welt zu bringen.

*

Als der Vicomte von Noailles die junge Frau von M*** verlassen hatte, rief sie verzweifelt: „Ich werde wahrscheinlich noch viele Liebhaber bekommen, aber ich werde keinen so lieben, wie den Vicomte."

*

Ein Bischof von Saint-Brieux hielt nach dem Tode Maria Theresias eine Trauerrede. Als er die Teilung Polens berühren mußte, sagte er: „Frankreich hat nichts zu dieser Teilung gesagt, ich mache es wie Frankreich und sage auch nichts."

*

In einer Gesellschaft sprach man von Herrn von Richelieu.⁵³ Einer der Anwesenden machte darauf aufmerksam, daß er sehr viel Liebesabenteuer gehabt habe, ohne eine Frau wirklich zu lieben. „Ohne zu lieben," rief die Marquise de Saint-Pierre, „das ist sehr leicht gesagt. Aber ich kenne einen Fall, wo er einen Weg von dreihundert Meilen zurücklegte, um eine Frau zu sehen." Bis hierher hatte sie die Geschichte in der dritten Person erzählt, aber von ihrer Erzählung mitgerissen, fuhr sie fort: „Er kommt an. Er trägt sie mit ungeheurer Leidenschaftlichkeit aufs Bett und wir blieben drei Tage liegen."

*

Der König von Preußen fragte d'Alembert, ob er den König von Frankreich gesehen habe. „Ja, Sire, als ich ihm meine Antrittsrede in der Akademie überreichte." — „Nun," fuhr der König fort, „was sagte er zu Ihnen?" — „Er sprach gar nicht mit mir, Sire." — „Wenn nicht mit Ihnen, mit wem spricht er dann?" fragte der König.

*

Als Diderot zweiundsechzig Jahre alt war, verliebte er sich noch immer in alle Frauen. Er beklagte sich einmal einem Freunde gegenüber: „Ich sage mir oft: Alter Narr, alter Lump, wirst du denn nie aufhören, dich einer kränkenden Abweisung oder der Lächerlichkeit auszusetzen?"

*

Eines Tages sagte Duclos zu Frau von Rochefort und Frau von Mirepoix, die Dirnen würden zimperlich und wollten keine gewagten Geschichten mehr anhören. Sie seien jetzt ängstlicher, meinte er, als die anständigen Frauen. Darauf begann er eine recht lustige Geschichte zu erzählen, und dann eine noch stärkere. Bei einer dritten, die noch kräftiger einsetzte, fiel ihm Frau von Rochefort ins Wort. „Haben Sie doch Nachsicht, Duclos, Sie halten uns für zu anständig."

Fox[54] hatte ungeheure Summen bei den Juden geborgt und wartete auf die Erbschaft eines Onkels, um sie damit zu bezahlen. Doch der Onkel heiratete und bekam einen Sohn. „Dieses Kind ist der Messias," sagte Fox, „es kam auf die Welt, um die Juden zu verderben."

*

Der Marschall de Broglie setzte sich einmal ganz unnützerweise einer Gefahr aus und wollte sich nicht zurückziehen; alle seine Freunde bemühten sich vergeblich, ihn dazu zu bewegen. Endlich flüsterte ihm Herr de Joncourt ins Ohr: „Bedenken Sie, Herr Marschall, wenn Sie fallen, übernimmt Herr de Routhe das Kommando." De Routhe war der dümmste Generalleutnant. Herr de Broglie begriff betroffen, welcher Gefahr er die Armee aussetzte, und zog sich zurück.

*

Der Marschall von Villars liebte selbst im hohen Alter noch den Wein über alle Maßen. Als er im Kriege von 1734 nach Italien kam, um sich an die Spitze des Heeres zu stellen, machte er dem König von Sardinien seine Aufwartung, war aber so betrunken, daß er sich nicht auf den Beinen halten konnte und zu Boden fiel. In seinem Zustand hatte er doch nicht den Kopf verloren und meinte: „So befinde ich mich auf die allernatürlichste Weise zu den Füßen Ihrer Majestät."

*

Der Marschall von Richelieu schlug eine hohe Dame — ich habe vergessen, welche — als Maitresse für Ludwig XV. vor. Doch der König sagte, sie würde zu viel kosten, wenn sie einmal den Abschied bekäme und wollte darum nichts davon wissen.

*

Madame de Tencin[55] behauptete, die geistvollen Menschen machten mehr Fehler in ihrem Benehmen als andere, weil sie die Welt nie für so dumm hielten, als sie ist.

*

Frau von *** hatte ein Verhältnis mit Herrn von Senevoi. Eines Tages war ihr Mann bei ihrer Toilette zugegen, als ein

Soldat kam und sie um ihre Protektion bei Herrn Senevoi bat. Herr Senevoi war sein Oberst und verweigerte ihm einen Urlaub, um den der Soldat gebeten. Frau von *** geriet in Zorn, erklärte, daß sie Herrn von Senevoi nicht besser kenne als andere Leute, und hieß den frechen Menschen gehen. Herr von *** hielt ihn jedoch zurück und sagte: „Richte deinem Oberst aus, daß ich ihm für seinen Abschied sorgen werde, wenn er dir deinen Urlaub nicht gibt."

*

Eine hübsche Frau hatte einen Liebhaber, der sich so mürrisch und gleichgültig benahm, als sei er mit ihr verheiratet. Sie sagte zu ihm: „Mein Herr, wenn Sie in Gesellschaft mit meinem Mann zusammentreffen, müssen Sie liebenswürdiger sein als er."

*

Madame de Montpensier[56] soll sich in Abwesenheit ihrer Frauen manchmal von einem ihrer Pagen die Schuhe haben binden lassen, den sie dann zu fragen pflegte, ob er dabei heiße Anwandlungen gehabt. Bejahte der Page dies, so war sie viel zu ehrbar, ein solches Geständnis auszubeuten. Sie gab ihm vielmehr Geld, damit er bei irgendeinem Mädel die Erregung los werden könne, deren Ursache sie war.

*

Die Herzogin von B. bemühte sich eifrig bei dem Minister von Breteuil für einen Abbé von C***, der dann auch schließlich eine Stelle bekam, welche Begabung erforderte. Alsbald hörte sie von der allgemeinen Unzufriedenheit, die darüber herrsche, daß jene Stelle nicht dem weitverdienteren Herrn L*** B*** übertragen worden. „Nun," sagte sie, „es ist mir ganz recht, daß mein Schützling seiner Stellung nicht genügt. Um so besser sieht man, wie weit mein Einfluß reicht."

*

Spricht Madame F. einen guten Gedanken in netter Form aus, so meint sie, daß das völlig genügt. Wenn dann eine Freundin für sie auch wirklich alles das ausführen würde, wovon sie meinte, es müsse ausgeführt werden, so ergäben beide zusammen einen Menschen von philosophischer Lebensführung. Herr X. sagte von Madame F.: „Wenn sie etwas recht Nettes über das Brechmittel gesagt hat, so wundert sie sich sehr, daß es nicht wirkt."

*

Als Madame Brisard, welcher der Ruf ihrer galanten Abenteuer vorausging, nach Plombières kam, wollten sie etliche Damen am Hof nicht empfangen. Unter ihnen die Herzogin von Gisors. Die Partei der Madame Brisard erkannte, daß die übrigen keine Schwierigkeit mehr machen würden, wenn nur diese fromme Dame sie empfangen möchte. Man leitete Verhandlungen ein. Diese hatten Erfolg, und da Madame Brisard sehr liebenswürdig war, so fand die fromme Dame bald Gefallen an ihr und sie kamen dann in ein recht freundschaftliches Verhältnis. Eines Tages gab nun Frau von Gisors zu verstehen, so sehr sie ja schließlich eine kleine Schwachheit begreiflich finde, es wolle ihr nicht in den Kopf, wie eine Frau die Anzahl ihrer Liebhaber über ein gewisses Maß hinaus steigern möge: „O Gott," sagte Madame Brisard, „ich glaubte jedesmal, es sei der letzte."

*

Madame de Tencin hatte eine zarte Art, sich zu geben, war aber gänzlich charakterlos und zu allem fähig. Eines Tages rühmte man ihre Sanftmut. „Ja", sagte der Abbé Trublet, „hätte sie Interesse daran, Sie zu vergiften, so würde sie sicherlich das wohlschmeckendste Gift wählen."

*

Herr von B. besuchte alle Tage Frau von L. Als das Gerücht entstand, er würde sie heiraten, sagte er zu einem seiner Freunde: „Es gibt wenig Männer, die sie nicht lieber heiraten möchte, als mich und umgekehrt. Es wäre doch auch sonderbar, wenn wir in einer fünfzehnjährigen Freundschaft nicht gemerkt hätten, wie antipathisch wir uns sind."

*

Madame de Fourq. sagte zu ihrer Gesellschafterin: „Sie wissen nie, was Sie zu mir bei bestimmten Gelegenheiten sagen müssen, was zu meinem Charakter paßt usw. Zum Beispiel, es ist wahrscheinlich, daß ich meinen Gatten bald verlieren werde. Ich werde untröstlich sein. Dann müssen Sie zu mir sagen usw. ..."

*

Die Herzogin von Fronsac hatte noch keine Liebhaber gefunden, so jung und hübsch sie war. Eine Dame, die damit darauf anspielen wollte, daß sie rotes Haar hatte und daß sie diesem Umstande wohl ihre Ruhe verdankte, meinte: „Ihre Kraft ist in ihrem Haar — wie bei Simson."

*

Der Marschall von Noailles hatte vor dem Parlament mit einem seiner Pächter Prozeß. Acht oder neun Räte traten zurück als „Verwandte des Herrn von Noailles". Sie waren wirklich im achtzehnten Grad mit ihm verwandt. Ein Parlamentsrat, Herr Hurson, fand diese Eitelkeit lächerlich und stand gleichfalls auf. „Ich trete auch zurück", sagte er. — „In welcher Eigenschaft?" fragte der Präsident. — „Als Verwandter des Pächters", antwortete er.

*

Abbé de Fleury[57] war in die Frau Marschall de Noailles verliebt, wurde aber sehr geringschätzig von ihr behandelt. Als er Premierminister geworden, bat sie ihn einmal um etwas und er erinnerte sie an ihre Härte. „O, Monseigneur," antwortete sie naiv, „wer hätte das damals wissen können."

*

Der Marschall de Biron[58] lag schwer krank und wollte beichten. Er begann in Gegenwart einiger Freunde: „Was ich Gott schuldig bin, was ich dem König schuldig bin, was ich dem Staat ..." „Schweig," unterbrach ihn einer, „du stirbst insolvent."

*

Madame de Talmont bemerkte, daß der Marschall de Richelieu sich eifrig um Madame de Brionne bemühte, statt sich mit ihr zu unterhalten. Madame de Brionne war zwar sehr schön, galt aber keineswegs für besonders geistvoll. „Herr Marschall," sagte Madame de Talmont, „Sie sind sicherlich nicht blind, aber ich halte Sie für etwas taub."

*

Madame du Deffand hielt als kleines Mädchen vor ihren Altersgenossinnen in der Klosterschule gottlose Reden. Der Abbé ließ den berühmten Massillon[59] kommen, dem die Kleine nun ihre Überzeugung auseinandersetzte. Massillon fand sie ganz entzückend. Als dann die Äbtissin, welche alles sehr ernst nahm, den Bischof verzweifelt fragte, was man denn diesem Kinde zu lesen geben solle, dachte Massillon einen Augenblick nach und antwortete: „Einen Katechismus für fünf Sous." Es war nichts anderes aus ihm herauszubringen.

*

Der adelsnärrische Herr von Brisac sagt oft: „Der Adelige da droben." Er meint damit den lieben Gott.

*

Es ist eine bekannte Tatsache, die auch von keinem Freunde des Herrn d'Aiguillon geleugnet wird: Der König hatte ihn nie zum Minister des Äußeren ernannt. Madame du Barry sagte zu ihm eines Tages: „Das muß einmal aufhören, Sie gehen morgen zum König und bedanken sich bei ihm für Ihre Ernennung." Zum König sagte sie dann: „Herr d'Aiguillon wird morgen kommen und Ihnen für seine Ernennung als Minister des Äußeren danken." Der König erwiderte kein Wort. Als d'Aiguillon am nächsten Morgen nicht zur Audienz gehen wollte, da er Angst hatte, befahl sie es ihm, und er ging. Der König sagte wieder nichts und d'Aiguillon trat sofort seine neue Stelle an.

*

Der Ballettmeister Laval befand sich während einer Probe auf der Bühne, als der Autor oder einer von dessen Freunden ihm zweimal laut zurief: „Herr von Laval, Herr von Laval!" Laval kam herbei und sagte: „Sie nennen mich nun schon zum zweitenmal Herr von Laval; das erstemal sagte ich nichts, aber das geht doch zu weit! Halten Sie mich denn für einen von jenen zwei oder drei Herren von Laval, die nicht einmal einen ordentlichen Menuettschritt machen können?"

*

Der Vicomte von S. trat eines Tages auf Herrn de Vaines zu und fragte ihn: „Ist es wahr, mein Herr, daß Sie einmal in einem Hause, wo man die Güte hatte, mich geistreich zu finden, das Gegenteil behauptet haben?" Herr de Vaines antwortete: „Mein Herr, an der ganzen Geschichte ist kein wahres Wort. Ich war nie in einem Hause, wo man Sie geistreich fand und ich habe es nie bestritten."

*

Herr *** sagte, er liebe über alles Frieden, Stille und Zurückgezogenheit. Man antwortete ihm: „Das ist ja ein Krankenzimmer!"

*

D'Alembert stand schon auf der Höhe seines Ruhmes, als er eines Tages zusammen mit dem Präsidenten Hénault und Herrn de Pont de Veyle bei Frau du Deffand war. Ins Zimmer trat ein Arzt namens Fournier. Er begrüßte Frau du Deffand mit den Worten: „Gnädige Frau, ich habe die Ehre, Ihnen meine größte Ergebenheit zu Füßen zu legen." Dann wandte er sich an den Präsidenten Hénault: „Mein Herr, ich habe die Ehre, Sie zu begrüßen." Vor Herrn de Pont de Veyle verneigte er sich mit den Worten: „Mein Herr, Ihr ergebenster Diener", und schließlich sagte er zu d'Alembert: „Guten Tag, mein Herr."

*

Als Fontenelle im Sterben lag, fragte man ihn „Wie geht's?" „Es geht überhaupt nicht mehr," antwortete er, „ich gehe."

*

Ein Kranker war von den Ärzten bereits aufgegeben und man fragte Herrn Tronchin, ob man dem Patienten die letzte Wegzehrung bringen solle. „Ach, das Zeug ist so klebrig", sagte der.

*

Der Abbé de La Ville wollte einen anständigen, bescheidenen Mann auf die politische Laufbahn bringen. Sein Schützling zweifelte an seinen Fähigkeiten und sträubte sich. „Aber mein Lieber," sagte der Abbé, „schlagen Sie doch mal den Almanach Royal auf."

Der Baron de la Houze hatte dem Papste Gangenelli einige Dienste erwiesen, und dieser fragte ihn, wie er sich erkenntlich zeigen könnte. Der Baron, ein schlauer Gascogner, bat, ihm eine Reliquie zu überlassen. Der Papst war über diese Bitte eines Franzosen nicht wenig erstaunt, gewährte sie jedoch. Der Baron besaß ein kleines Landgut in den Pyrenäen, das für seine Produkte kein Absatzgebiet hatte und sehr geringe Einkünfte trug. Dorthin ließ er seinen beglaubigten Heiligen bringen. Da kam Kundschaft! — Es geschahen Wunder, ein großes Dorf entstand in der Nähe und die Erzeugnisse des Gutes fanden reißenden Absatz. Die Einkünfte des Barons verdreifachten sich.

*

Der Chevalier de Montbarey hatte in irgendeiner Provinzstadt gelebt. Bei seiner Rückkehr wurde er von seinen Freunden darob bedauert, daß er in so schlechter Gesellschaft habe leben müssen. „Ihr irrt euch," sagte er, „die gute Gesellschaft ist dort wie überall und die schlechte ausgezeichnet."

*

„Vater vergib ihnen, denn sie wissen nicht, was sie tun" wählte der Prediger zum Text bei einer Trauung des siebzigjährigen Herrn d'Antiqué mit einem jungen Mädchen von siebzehn.

*

Man fragte Frau von Rochefort, ob sie Lust habe, die Zukunft voraus zu wissen: „Bitte, nein," sagte sie, „die Zukunft sieht immer wie die Vergangenheit aus."

*

Herr von L*** sagte zu der seit einiger Zeit verwitweten Frau von B***, um sie von ihren neuerlichen Heiratsgedanken abzubringen: „Sehen Sie, es ist doch so schön, den Namen eines Mannes zu tragen, der keine Dummheiten mehr machen kann."

*

Frau von Maurepos war mit dem Grafen von Löwendahl (dem Sohn des Marschalls) sehr befreundet. Als dieser von St. Domingo zurückkehrte, stieg er bei ihr ab. Er trat müde und in Reisekleidern in ihren Salon. „Sind Sie da, lieber Graf," rief sie, „Sie kommen gerade zurecht, uns fehlt ein Tänzer. Sie sind ganz unentbehrlich." Er hatte kaum Zeit, ein wenig Toilette zu machen und tanzte.

*

Herr von Saint-Julien verlangte von seinem Sohn ein Verzeichnis seiner Schulden. Als ersten Posten setzte dieser sechzigtausend Livres an für einen Sitz im Parlament von Bordeaux. Der Vater ärgerte sich und machte ihm bittere Vorwürfe, denn er hielt das für einen schlechten Witz. Der Sohn aber bestand darauf, er habe diesen Sitz tatsächlich bezahlt. „Es war damals, als ich Frau Tilaurier kennen lernte", erklärte er. „Sie wollte für ihren Mann durchaus einen Sitz im Parlament. Anderenfalls hätte sie sich niemals mit mir befreundet. Ich habe die Sache bezahlt. Also sehen Sie, Vater, Sie haben gar keinen Grund, sich gegen mich zu erzürnen und zu glauben, ich mache schlechte Witze!"

*

Frau von Nesles hatte ein Verhältnis mit Herrn von Soubise. Herrn von Nesles war seine Frau zuwider und eines Tages, gelegentlich eines Gezänkes, bei dem auch der Hausfreund zugegen war, sagte er zu ihr: „Bekanntermaßen lasse ich dir alles durchgehen, aber ich muß dir denn doch sagen, daß du Launen hast, die zu entwürdigend sind, als daß ich sie dir hingehen lassen könnte. So hast du z. B. Geschmack am Friseur meiner Bedienten gefunden. Ich habe gesehen, wie du mit ihm gegangen und gekommen bist." — Er stieß noch ein paar Drohungen aus und ließ sie dann mit ihrem Geliebten allein. Was sie nun auch sagen mochte half ihr nichts. Herr von Soubise gab ihr ein paar Ohrfeigen. Ihr Mann erzählte dann überall seinen Streich und bemerkte, die Geschichte mit dem Friseur sei gar nicht wahr! Er machte sich über Herrn von Soubise lustig, der sie geglaubt und über seine Frau, die deswegen Ohrfeigen bekommen hatte.

Ein Mann machte sich an eine Frau, ohne ganz bereit zu sein. Er sagte: „Madame, es ist Ihnen doch gleich, wenn Sie Ihre Tugend noch eine Viertelstunde behalten?"

*

Der König Stanislaus von Polen hatte eine Vorliebe für den Abbé Porguet, und hatte noch nie etwas für ihn getan. Einmal erlaubte sich der Abbé einige Vorstellungen. „Aber mein lieber Abbé," sagte der König, „es ist Ihre eigene Schuld! Sie reden zu freimütig. Man behauptet sogar, daß Sie nicht an Gott glauben. Mäßigen Sie sich, versuchen Sie an ihn zu glauben, ich lasse Ihnen dazu ein Jahr Zeit."

*

Eine Frau hatte einen Prozeß vor dem Parlamente von Dijon. Sie fuhr nach Paris und beschwor den Großsiegelbewahrer, doch ein Wort zu ihren Gunsten einzulegen, damit sie ihre gerechte Sache gewänne. Der Großsiegelbewahrer wies sie ab. Die Gräfin von Talleyrand wurde auf die Frau aufmerksam und nahm ihretwegen mit dem Großsiegelbewahrer Rücksprache. Abermaliger Mißerfolg! Frau von Talleyrand ließ die Sache der Königin zu Ohren bringen. Es half nichts! Es fällt ihr ein, daß ihr Sohn, der Abbé de Périgord ein Liebling des Großsiegelbewahrers ist. Der Sohn muß an ihn schreiben. Es erfolgt eine sehr höfliche Abweisung. Die Frau will in ihrer Verzweiflung einen letzten Versuch wagen und selbst nach Versailles gehen. Tags darauf macht sie sich auf den Weg und da es ihr in der Postkutsche zu unbequem wird, so steigt sie in Sèvres aus, um den Rest des Weges zu Fuß zurückzulegen. Da erbietet sich ein Herr, sie auf einem bequemeren und kürzeren Weg nach Versailles zu führen. Sie nimmt das Anerbieten an, erzählt ihm unterwegs ihre Geschichte, und der unbekannte Herr sagt: „Gut, morgen haben Sie, was Sie brauchen!" Ihr Besuch beim Großsiegelbewahrer endigte mit einer abermaligen Abweisung. Sie will nach Hause reisen, aber jener Herr veranlaßt sie, in Versailles über Nacht zu

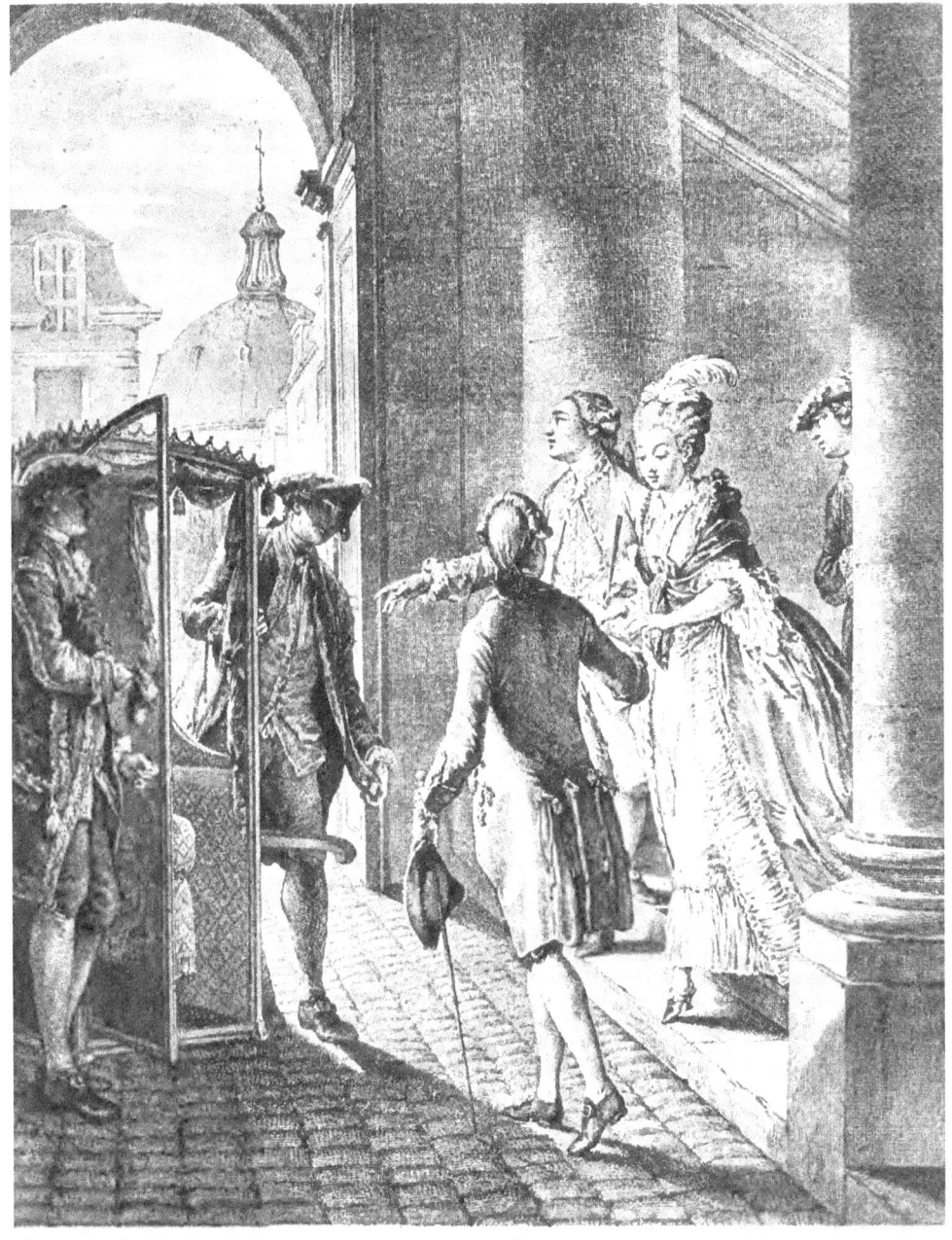

bleiben und bringt ihr am anderen Morgen das gewünschte Schriftstück. Er war der Gehilfe eines Unterbeamten, ein Herr Etienne.

*

Madame de Prie, die Geliebte des Regenten, hatte auf den Rat ihres Vaters, eines Händlers namens Pléneuf, glaube ich, eine solche Menge Getreide aufgekauft, daß das Volk dadurch in die äußerste Not und schließlich zum Aufstand getrieben wurde. Eine Kompagnie Musketiere sollte den Aufruhr dämpfen. Ihr Hauptmann, Herr d'Avejan, hatte Befehl, auf die Canaille zu feuern. D'Avejan machte sich aber als anständiger Mensch ein Gewissen daraus, auf seine Mitbürger schießen zu lassen und führte seinen Befehl folgendermaßen aus: Er ließ zur Salve fertig machen, kommandierte aber nicht „Feuer!", sondern trat vor die Menge hin, in der einen Hand seinen Hut, in der anderen den schriftlichen Befehl des Hofes. „Meine Herrschaften," rief er, „laut Befehl soll ich auf die Canaille feuern. Ich bitte daher alle anständigen Leute, sich zu entfernen, bevor ich Feuer geben lasse." Alle verschwanden so rasch als möglich.

*

Herr von Mangiron hat folgende schauderhafte Tat begangen, die man mir erzählt hat und die ich zuerst für ein Märchen hielt. Während er bei der Armee war, wurde sein Koch als Marodeur aufgegriffen und man meldete es ihm. „Mit meinem Koch bin ich sehr zufrieden," sagte er ruhig, „aber ich habe einen schlechten Küchenjungen." Darauf ließ er den Burschen kommen und schickte ihn mit einem Brief an den Profoß. Der Unglückliche ging hin, wurde ergriffen, trotzdem er seine Unschuld beteuerte, und ist gehängt worden.

*

Der Kardinal de la Roche-Aymon beichtete während seiner letzten Krankheit irgendeinem Geistlichen, den man zu ihm gebracht hatte. Als man ihn fragte, ob er mit ihm zufrieden gewesen sei, erwiderte er: „O, sehr! Er sprach von der Hölle wie ein Engel!"

*

Man sagte jemandem, daß Herr ***, sein früherer Wohltäter, ihn jetzt hasse. „Ich bitte," erwiderte er, „in dieser Beziehung ein wenig ungläubig sein zu dürfen, denn ich hoffe, er wird mich nicht zwingen, das einzige Gefühl, das ich mir für ihn erhalten muß, in Achtung vor meiner eigenen Person umzuwandeln."

*

Die Herzogin du Maine verlangte einmal nach dem Abbé de Vaubrun und befahl einem ihrer Kammerdiener, ihn herbeizuschaffen, wo immer er ihn fände. Der Diener macht sich auf und hört zu seinem großen Erstaunen, der Abbé de Vaubrun läse in der und der Kirche die Messe. Er kommt dort hin, findet ihn, wie er gerade den Altar verläßt und richtet ihm seinen Auftrag aus, nicht ohne sein Erstaunen darüber zu bezeigen, den Abbé bei der Messe gefunden zu haben. Allein der — er war ein arger Lebemann — sagte zu ihm: „Ich bitte Sie, sagen Sie der Frau Herzogin ja nicht, in welcher Verfassung Sie mich gefunden haben."

*

Ludwig XV. fragte den Herzog von Ayen, späteren Marschall von Noailles, ob er sein Silberzeug in die Münze geschickt habe. Der Herzog antwortete, er habe es nicht getan. „Ich", sagte der König, „schickte das Meine". „Sire," antwortete der Herzog, „als Jesus Christus am Freitag starb, wußte er auch, daß er am Sonntag auferstehen würde."

*

Der Marschall von Noailles schimpfte über eine neue Tragödie. Man sagte zu ihm: „Aber Herr d'Aumont erzählt doch, Sie seien in seiner Loge gewesen und das Stück habe Sie zu Tränen gerührt?" — „Nicht im geringsten," antwortete der Marschall, „aber da Herr d'Aumont selbst schon von der ersten Szene an weinte, hielt ich es für anständig, seinen Schmerz zu teilen."

Herr *** hatte ein Werk veröffentlicht, das sehr viel Anklang fand und wurde gebeten, ein zweites drucken zu lassen, von dem seine Freunde sich ebensoviel versprachen. „Nein," sagte er, „man muß dem Neid Zeit lassen, sich den Geifer vom Munde zu wischen."

*

„Ich würde gern allen Böswilligen und allen Verleumdern einen Vertrag vorschlagen", sagte Herr D***. „Zu diesen würde ich sagen: Ihr könnt mich verleumden, soviel ihr wollt, vorausgesetzt, daß ich selbst durch eine gleichgültige oder meinetwegen auch lobenswerte Handlung den Grund zu der Verleumdung gelegt habe. Ich möchte aber nicht, daß man den rohen Tatbestand mit allen Umständen dazu erfände, — mit einem Wort: Die Verleumdung soll nicht für alles aufkommen, sondern mir auch etwas zu tun übrig lassen. Zu den Böswilligen würde ich sagen: Ich finde es sehr natürlich, daß man mir zu schaden sucht, aber wer es tut, soll einen persönlichen Vorteil davon haben. Man soll mir nicht bös mitspielen wegen nichts und wieder nichts, wie das vorkommt."

*

Der Herzog von Lauzun erzählte einmal: „Ich habe oft lebhafte Meinungsverschiedenheiten mit Herrn von Calonne, aber da wir beide keinen Charakter haben, überbieten wir uns im Zurücknehmen. Wer zuerst eine hübsche Art des Rückzuges findet, gibt nach."

*

Ein englischer Gesandter in Neapel hatte ein herrliches Fest gegeben, das aber nicht viel gekostet hatte. Das erfuhr man, und so bekrittelte man hinterher das Ganze, so gut allen die Veranstaltungen zuerst gefallen. Die Genugtuung, die sich der Gesandte leistete, war echt englisch und eines Mannes würdig, dem es auf ein paar Guineen nicht anzukommen brauchte. Er kündigte eine neue Festlichkeit an, und man glaubte nicht anders, als er sei nun beschämt und das Fest werde ganz besonders glanzvoll.

So kam man in Haufen. Aber man fand keinerlei festliche Zurüstung. Schließlich wurde eine Spirituslampe in den Saal getragen. Man erwartete irgendein Wunder. „Meine Herrschaften," sagte da der Gesandte, „Sie wollen ein kostspieliges, kein gemütliches Fest. Nun geben Sie bitte recht schön acht!" — Er knöpft seinen Rock auf und zeigt das Futter: „Das war ein Gemälde von Domenichino im Wert von fünftausend Guineen. — Weiter! Hier sind zehn Anweisungen auf je tausend Guineen, zahlbar nach Sicht bei der Amsterdamer Bank." — Er rollt sie zusammen und verbrennt sie über der Spiritusflamme. „Ich bin überzeugt, meine Herrschaften, daß Ihnen die heutige Veranstaltung gefallen hat, und daß Sie alle zufrieden sind. Leben Sie wohl, — mein Fest ist zu Ende!"

*

Der Graf von Charolais überraschte Herrn von Brissac bei seiner Geliebten und sagte: „Gehen Sie." „Monseigneur," antwortete Brissac, „Ihre Ahnen hätten gesagt: Gehen wir."

*

Eine Frau hatte gerade ihren Mann verloren. Als ihr Beichtvater sie tags darauf besuchte, fand er sie mit einem sehr hübschen jungen Mann Schach spielen. Sie sah seine empörte Miene und entschuldigte sich: „Mein Herr, vor einer halben Stunde noch hätten Sie mich in Tränen gefunden, aber ich habe meinen Schmerz gegen diesen Herrn aufs Spiel gesetzt und ich verlor."

*

Ich sprach eines Tages mit Herrn von V***, der offenbar keine Illusionen mehr hat, trotzdem er noch in dem Alter steht, wo man ihnen leicht verfällt. Ich drückte ihm mein Erstaunen über seine Gleichgültigkeit aus. Er antwortete sehr ernst: „Man kann nicht zugleich sein und gewesen sein. Zu meiner Zeit war auch ich, wie jeder andere Mann, der Liebhaber einer galanten Dame, das Spielzeug einer Koketten, der Zeitvertreib einer Frivolen und das Werkzeug einer Intrigantin. Was kann man noch mehr sein." — „Der Freund einer gefühlvollen Frau." — „O" sagte er, „jetzt werden wir romantisch!"

*

Von der Prinzessin *** sagte Herr ***: „Diese Frau muß man unbedingt betrügen, sie gehört nicht zu denen, die man verläßt."

*

Ein paar Lebemänner machten sich über einen jungen Mann lustig, der in Liebessachen sehr ehrlich und etwas sentimental war. „Meine Herren," antwortete er naiv, „ist es denn meine Schuld, daß ich mehr die Frauen liebe, die ich liebe, als die, die ich nicht liebe?"

*

Man drang in den Abbé Vatri, sich um eine offene Stelle am Collège royal zu bemühen. „Wir werden sehen", antwortete er und tat nichts weiter, um die Stelle zu bekommen. Sie wurde einem andern gegeben. Ein Freund des Abbé lief sofort zu ihm: „Da, da haben wir Sie wieder einmal! Sie wollten sich nicht bemühen, und nun ist der Platz vergeben." — „Vergeben?" antwortete der Abbé, „ich werde sofort alles Nötige veranlassen." — „Sind Sie verrückt, ich sage Ihnen ja eben, daß die Stelle vergeben ist." — „Eben, früher hatte ich hundert Konkurrenten, jetzt bleibt nur einer." Er bemühte sich um die Stelle und bekam sie.

*

Als Frau von B. trotz ihrer großen Verbindungen für ihren Liebhaber, Herrn von C., der eben ein gar zu mittelmäßiger Kopf war, nichts tun konnte, heiratete sie ihn. „Er gehörte nicht zu den Leuten, mit denen man als Liebhaber Staat machen kann, aber als Gatte geht alles."

*

Herr *** sagte einmal: „Ich weiß nicht, warum Frau von L. an meinen Besuchen gar so viel liegt. Wenn ich seltener zu ihr komme, verachte ich sie weniger." Man könnte das Gleiche von der Welt im allgemeinen sagen.

*

„Frau von G.", sagte Herr ***, „ist viel zu geistvoll und gewandt, um je so verachtet werden zu können wie weniger verächtliche Frauen."

*

Herr von M*** sagte zu mir: „Ein ganz gewöhnlicher Mensch ist der sicher nicht, der zum Reichtum sagt: Ich will nichts mit dir zu tun haben, es sei denn, du trägst die Fesseln, die ich dir anlegen will." Und zum Ruhm: „Du bist eine Dirne, der ich schon einige Freundlichkeit erweisen will. Erlaubst du dir aber zuviel, was mir nicht paßt, so jage ich dich davon." Er schilderte damit seinen eigenen Charakter, wie er in der Tat ist.

*

Am Tage, da Madame de Chateauroux[60] starb, schien Louis XV. sehr niedergeschlagen. Der Ausspruch, wodurch er seine Stimmung bezeugte, ist sehr merkwürdig: „Vierzig Jahre lang unglücklich sein," rief er, „denn ich bin sicher, daß ich noch solange leben werde!" Madame de Luxembourg hatte das selbst mit angehört und ich hörte sie die Sache erzählen, wobei sie hinzusetzte: „Ich habe diesen Zug erst nach dem Tode des Königs erzählt." Der Ausspruch ist in seiner einzigartigen Mischung von Liebe und Egoismus immerhin bemerkenswert.

*

D'Alembert hatte Frau Denis einen Tag nach ihrer Hochzeit mit Herrn du Vivier besucht. Er wurde gefragt, ob sie glücklich aussehe. „Glücklich?" antwortete er, „ich versichere Sie, so glücklich, daß anderen dabei schlecht werden kann."

*

Der Marschall von Belle-Isle[61] fand, daß Choiseul ihm zu rasch in die Höhe kam und ließ daher durch den Jesuiten Neuville eine Eingabe gegen ihn aufsetzen. Er starb, bevor diese Eingabe an den König gelangt war, und nun kamen seine Papiere in die Hände des Herzogs von Choiseul, der die Eingabe fand. Er tat alles, um den Verfasser aus der Handschrift zu erkennen, allein umsonst. Er dachte schon nicht mehr an die Sache, als ihn ein hoher Jesuit um die Erlaubnis bat, ihm die Lobsprüche auf Choiseul vorlesen zu dürfen, die in die Leichenrede auf den Marschall von Belle-Isle eingeflochten seien. Der Pater Neuville habe diese Rede verfaßt. Die Vorlesung geschah aus dem Manuskripte des Verfassers, und nun erkannte Choiseul die Schrift. Seine einzige Rache bestand darin, daß er dem Pater Neuville sagen ließ, Leichenreden gelängen ihm besser als Eingaben.

*

Ludwig XV. weigerte sich, dem Kammerdiener Lebel aus seiner Privatschatulle fünfundzwanzigtausend Franks zu vergüten, die für seinen Hirschpark ausgegeben worden waren.[62] Er verwies Lebel mit seiner Forderung an die königliche Rechnungskammer. Doch der Diener erwiderte: „Warum soll ich mich dort Plackereien und schließlich einer Abweisung aussetzen, wo Ew. Majestät doch mehrere Millionen zur Hand haben." „Ich möchte mich nicht gern verwirtschaften," antwortete der König, „man muß immer etwas zum Leben haben."

*

Louxembourg, der Ausrufer, welcher beim Verlassen des Schauspielhauses die Herrschaften und die Wagen ausrief, sagte, als das Theater nach dem Carrouselplatz verlegt wurde: „Die Komödie wird hier nichts taugen, hier gibt's kein Echo."

*

Fontenelle hatte eine Oper geschrieben, in der ein Priesterchor vorkam, der bei den Frommen Ärgernis erregte. Der Erzbischof von Paris wollte diesen Chor verbieten lassen. „Er soll sich nicht um meinen Klerus kümmern," sagte Fontenelle, „ich kümmere mich ja auch nicht um seinen."

*

Der Prinz von Conti sieht in einem kleinen Absteigequartier des Herzogs von Lauzun Licht. Er tritt ein und findet den Herzog zwischen zwei Riesendamen vom Jahrmarkt. Er bleibt zum Nachtessen und schreibt an die Herzogin von Orléans, bei der man ihn erwartete: „Ich opfere Sie zwei viel größeren Damen."

Christine von Schweden hatte den bekannten Naudé, der ein sehr gelehrtes Buch über die Tanzkunst der Griechen verfaßt hatte und Meibomius, einen deutschen Gelehrten, der die sieben griechischen Musikschriftsteller gesammelt und übersetzt hatte, an ihren Hof gerufen. Ihr Leibarzt Bourdelot, eine Art Günstling und Spaßmacher von Beruf, brachte die Königin auf den Einfall, sie solle dem einen der Gelehrten befehlen, eine antike Melodie zu singen, dem anderen, danach zu tanzen. Es geschah, und die Posse gab die beiden Gelehrten, die dabei mitgewirkt, der Lächerlichkeit preis. Naudé beruhigte sich dabei, aber der Gelehrte ereiferte sich und ging in seinem Zorn so weit, daß er das Gesicht des Bourdelot mit Faustschlägen bearbeitete. Darauf ging er nicht nur vom Hof, sondern verließ auch Schweden.

*

Ein Herr sagte zu Voltaire, er arbeite zu viel und trinke auch zu viel Kaffee, er werde sich damit umbringen. „Ach wo!" erwiderte Voltaire. „Wir kommen ja schon umgebracht auf die Welt."

*

Der Graf von Charolais hatte vier Jahre lang seinen Haushalt nicht bezahlt, nicht einmal seine ersten Vasallen. Zwei von ihnen, ein Herr von Laval und ein Herr von Choiseul kamen eines Tages mit ihrem Personal zu ihm und sagten: „Wenn Hoheit uns nicht zahlen, wie sollen wir die Dienstboten zufriedenstellen?" Der Graf ließ seinen Schatzmeister rufen, zeigte auf Laval, Choiseul und die Bedienten und sagte: „Zahlen Sie die Leute aus."

*

„Heute, am 15. März 1782," sagte Herr von ***, „habe ich ein gutes Werk äußerst seltener Art getan. Ich habe einen ehrenhaften, tüchtigen Mann getröstet. Er ist gesund, geistvoll, hat tausend Pfund Rente und einen vornehmen Namen. Ich selbst bin arm, unbekannt und kränklich."

Man fragte den Diener des Grafen von Cagliostro⁶³, ob sein Herr wirklich dreihundert Jahre alt sei. Er antwortete, er könne leider keine Auskunft geben, er sei selbst erst hundert Jahre in seinen Diensten.

*

Als Voltaire in Potsdam war, entwarf er eines Abends nach Tisch das Bild eines guten Königs, im Gegensatz zum Tyrannen. Er kam immer mehr in Hitze und gab eine schreckliche Schilderung des Elends, das auf den Völkern unter der Regierung despotischer und eroberungssüchtiger Herrscher laste. Der König von Preußen wurde davon gerührt und vergoß einige Tränen. „Seht, seht," rief Voltaire, „er weint, der Tiger!"

*

Lord Hamilton, ein recht sonderbarer Herr, betrank sich einmal in einem Wirtshaus, schlug den Kellner tot und kam nach einer Weile wieder, ohne daß ihm der Vorfall zu Bewußtsein gekommen. Der Wirt stürzte voll Entsetzen auf ihn zu: „Aber Mylord, Sie haben ja den Kellner getötet!" Der Lord antwortete lallend: „Schreiben Sie ihn mir auf die Rechnung."

*

Die Salzsteuer ist in der unteren Bretagne nur dem Namen nach bekannt, aber bei den Bauern sehr gefürchtet. Ein Edelmann schenkte einmal einem Dorfpfarrer dieser Gegend eine Stutzuhr. Die Bauern wußten nicht, was das für ein Ding war und einer von ihnen kam auf die Idee, es sei die Salzsteuer. Da lasen sie Steine auf und wollten die Uhr zertrümmern, aber der Pfarrer trat dazwischen und sagte, es sei keineswegs die Salzsteuer, sondern das Ablaßjahr, das ihm der Papst geschickt habe. Da beruhigten sie sich denn gleich.

*

Herr von *** bat den Bischof von *** um ein Landhaus, das dieser ohnehin nie benutzte, aber der Bischof antwortete: „Sie wissen doch, daß man immer einen Ort haben muß, an den man nie hinkommt, von dem man aber glaubt, man würde dort glück-

licher sein?" — Nach kurzem Schweigen antwortete Herr ***:
„Ja, so ist's, darum gilt ja auch das Paradies so viel."

*

Fontenelle war achtzig Jahre alt, als er einmal einer schönen, jungen Dame den Fächer aufhob. Sie war ungezogen genug, seine Höflichkeit verächtlich aufzunehmen, und Fontenelle sagte zu ihr: „Aber Gnädige, wirklich! — Sie verschwenden Ihre Kälte!"

*

Als Herr von Silhouette seinen Abschied erhalten hatte, war er von der Ungnade, in die er gefallen war, tief gebeugt, und besonders in Angst wegen der Folgen, die sie haben konnte. Am meisten fürchtete er die Gassenhauer, die man auf ihn machen würde. Eines Tages trat er nach dem Essen, bei dem er kein Wort gesprochen hatte, auf eine Dame zu, der er sein Vertrauen schenkte und sagte zu ihr: „Sagen Sie mir aufrichtig, singt man wirklich noch nichts?"

*

Der Abbé de Tencin stand unter der Anklage des Wuchers. Aubri, der gegnerische Anwalt, hatte offenbar keine ausreichenden Belege und der Rechtsvertreter des Angeklagten erhub darob ein lautes Geschrei. Aubri spielte den Verwirrten. Der Abbé wohnte selbst der Verhandlung bei und glaubte nun den Augenblick gekommen, die schlimme Angelegenheit ein für allemal aus dem Wege zu schaffen. Er erbot sich daher, seine Unschuld eidlich zu erhärten. Da fiel ihm Aubri ins Wort. Ein Eid sei nicht nötig, meinte er und legte dem Gericht jetzt erst überführende Belege vor. Hohngeschrei und Lärm! Dem Abbé aber gelingt es, sich aus dem Staub zu machen. Er geht als Gesandter nach Rom.

*

Herr R*** hatte in einer Gesellschaft drei oder vier Epigramme auf eben so viele Leute vorgelesen, die alle nicht mehr am Leben waren. Man wandte sich darauf an Herrn *** und fragte ihn, ob er nicht auch mit dergleichen zur Unterhaltung beisteuern wolle. „Nein." sagte er in aller Unschuld — „ich kann Ihnen nichts bieten, meine ganze Bande lebt noch."

Als man das Geschick des Herzogs von Choiseul als ganz beispiellos pries, erwiderte er: „Ja, es ist beispiellos im Guten, wie im Schlimmen! Ich habe z. B. die Dirnen immer gut behandelt, aber eine habe ich vernachlässigt, und gerade die wird Königin von Frankreich oder doch beinahe Königin. Den Inspektoren bin ich entgegengekommen, so weit als möglich. Geld und Ehren habe ich mit vollen Händen über sie ausgeschüttet. Nur einen, der gar nichts unter ihnen galt, habe ich von oben herab behandelt, und gerade der wird Kriegsminister: Herr Montaynard. Bekannt ist, wieviel ich für die Gesandten, ausnahmslos für alle getan, — außer für einen. Es ist einer darunter, der langsam und schwerfällig arbeitet, den alle anderen über die Schulter ansehen, mit dem sie, da er eine lächerliche Ehe eingegangen, nicht verkehren. Es ist Herr de Vergennes, und gerade er wird Minister des Äußeren. Geben Sie mir nun recht, wenn ich behaupte, mein Geschick sei im Guten wie im Schlimmen gleich außerordentlich?"

*

Herr ***, der sich der Gesellschaft als Mittel zu seinen Zwecken bedienen konnte, wie er wollte, sagte zu mir, er verdanke dies hauptsächlich dem Umstande, daß er es verstanden habe, bei Gelegenheit mit Frauen von vierzig Jahren zu schlafen und Greisen von achtzig geduldig zuzuhören.

*

Wie bekannt stand der verstorbene König in geheimem Briefwechsel mit dem Grafen von Broglie. Es handelte sich darum, einen Gesandten für Schweden zu ernennen. Broglie brachte Herrn de Vergennes in Vorschlag, der von Konstantinopel zurückkam und sich dann auf seine Güter zurückzog. Der König wollte nicht, aber der Graf gab nicht nach. Es war üblich, an den König auf einem in der Mitte gebrochenen Bogen zu schreiben und er schrieb an den Rand des letzten Briefes, der ihm in dieser Sache zuging: „Ich billige die Wahl des Herrn de Vergennes nicht. Sie zwingen mich dazu. Meinetwegen mag er hingehen, aber ich verbiete, daß er seine häßliche Frau mitnimmt."

*

Zur Zeit des Streites um Diderot und Rousseau sagte Herr de Castries mit gereizter Miene zu Herrn von R., der mir den Ausspruch wiederholt hat: „Unglaublich! Von nichts spricht man, als von diesen Leuten, diesen Menschen ohne Stand, die nicht einmal ein Haus haben und auf dem Heuboden wohnen! Daran kann ich mich wirklich nicht gewöhnen."

*

In einer Gesellschaft, wo auch Frau von Egmont speiste, meldete man einen Herrn namens du Gusclin. Dieser Name wirkte stark auf sie. Sie läßt bei Tisch den Herrn an ihre Seite setzen, erweist ihm große Aufmerksamkeit und bietet ihm schließlich von einer Schüssel an, die vor ihr stand. — Es waren Trüffeln. „Gnädige Frau," sagte der Dummkopf, „an Ihrer Seite braucht man keine." „Bei dieser Tonart", sagte die Gräfin, als sie diese Geschichte erzählte, „tat mir meine Liebenswürdigkeit leid. Ich machte es wie jener Dauphin, der bei einem Schiffbruch meinte, er habe einen Menschen gerettet. Er warf ihn wieder ins Meer, als er sah, daß es ein Affe war."

*

Fräulein Duthé hatte einen ihrer Liebhaber verloren, ein Ereignis, das Aufsehen erregte. Ein Herr, der sie daraufhin besuchte, fand sie beim Harfenspielen und äußerte in überraschtem Ton: „Wie? Ich war darauf gefaßt, Sie in Verzweiflung zu finden." „O," sagte sie pathetisch, „Sie hätten mich gestern sehen sollen!"

*

Ehe die Clairon[64] beim Théatre Français historisch-getreue Kostüme einführte, hatte man für die Tragödie immer nur ein und dasselbe Kostüm, welches man das „Römische" nannte. Man spielte alle Stücke darin griechische, amerikanische, spanische usw. Lekain unterwarf sich zuerst der Neuerung und ließ sich für den Orest in der „Andromache" ein griechisches Kostüm anfertigen. Dauberval kam in die Garderobe Lekains, als der Theaterschneider gerade das neue Orestkostüm brachte. Die Neuerung fiel Dauberval auf und er fragte, was das sei. „Das ist ein griechisches Kostüm", sagte Lekain. „Das ist ja sehr schön," erwiderte Dauberval, „wenn ich wieder ein römisches Kostüm brauche, lasse ich es mir griechisch machen."

*

Vierzehn Tage vor dem Attentat Damiens kam ein südfranzösischer Geschäftsmann in eine kleine Stadt, sechs Meilen von Lyon. Im Wirtshaus hörte er, wie man in einem Zimmer, das von dem seinigen nur durch eine dünne Wand getrennt war, sagte, ein gewisser Damiens werde den König ermorden. Der Geschäftsmann kommt nach Paris und will sich Herrn Berryer vorstellen, trifft ihn aber nicht und teilt ihm daher seine Wahrnehmung schriftlich mit. Später kommt er noch einmal und stellt sich persönlich vor. Wie er wieder nach seiner Heimat unterwegs ist, erfolgt das Attentat. Berryer sagt sich, der Geschäftsmann werde sein Erlebnis erzählen und so seine — Berryers — Nachlässigkeit an den Tag kommen. Er schickt daher ein Polizeipikett nach der Lyoner Straße. Der Geschäftsmann wird verhaftet, gefesselt und nach Paris gebracht. Man wirft ihn in die Bastille, wo er achtzehn Jahre lang gefangen bleibt. Herr von Malherbes, der im Jahre 1775 einige Bastillegefangene befreite, erzählte diese Geschichte in der ersten Aufwallung seiner Empörung.

*

Madame de H*** erzählte mir vom Tod des Herzogs von Aumont: „Es ging sehr rasch," sagte sie, „zwei Tage vorher hatte ihm Herr Bouvard zu essen erlaubt und an seinem Todestag zwei Stunden, bevor sich die Lähmungserscheinungen wiederholten, war er wie ein Dreißigjähriger, wie er sein Leben lang gewesen. — Er ließ sich seinen Papagei bringen, sagte: „Bürstet doch diesen Sessel aus! — Zeigt mir meine neuen Stickereien." Kurzum, sein voller Geist, alle seine Ideen wie sonst auch."

Man veranstaltete bei der Akademie Française eine Sammlung. Schließlich fehlten noch sechs Franks oder ein Louisdor. Man hatte ein Mitglied, das wegen seines Geizes bekannt war, im Verdacht, nichts beigesteuert zu haben, aber der Geizhals behauptete fest und steif, er habe seinen Beitrag eingeschickt. „Ich habe es zwar nicht gesehen," sagte der Veranstalter der Kollekte, „aber ich glaube es!" Fontenelle setzte schließlich den Debatten über den Fall ein Ziel, indem er bemerkte: „Nun, ich habe es gesehen, aber ich glaub's nicht."

*

In einer Gesellschaft sprach man darüber, was angenehmer sei, geben oder nehmen? Die einen behaupteten geben, andere wieder meinten, daß bei vollkommener Freundschaft das Vergnügen zu empfangen ebenso zart sei und vielleicht lebhafter. Ein geistreicher Mensch, den man um seine Meinung fragte, antwortete: „Ich frage nicht, welches Vergnügen lebhafter ist, aber ich würde lieber geben. Es scheint mir nämlich zum mindesten dauerhafter und ich habe beobachtet, daß man sich daran am längsten erinnert."

*

Als Herr von Turenne einmal bei Herrn von Lamoignon speiste, fragte ihn dieser, ob seine Unerschrockenheit nicht bei Beginn einer Schlacht doch ein wenig wanke. „Ja," sagte Turenne, „ich empfinde dann eine starke Erregung, aber es gibt in der Armee manchen Subalternoffizier und viele Soldaten, bei denen dies nicht der Fall ist."

*

Bei den Lustbarkeiten am St. Lorenz-Jahrmarkt erschien auf dem Theater ein Polichinell mit einem Buckel vorn und einem Buckel hinten. Man rief ihm zu, was er denn in seinem Buckel vorne habe. „Befehle!" — Und in dem Buckel hinten? „Gegenbefehle!" — Damals war unsere Regierung auf dem Höhepunkt der Tollheit und Dummheit und der an sich treffliche Witz brachte seinen Urheber nach Bicêtre.

In einer Gesellschaft sann man auf Mittel, einen schlechten Minister los zu werden, einen Mann, dessen Ehrenschild von zahllosen Schandmalen übersät war. — Ein erklärter Feind von ihm sagte plötzlich: „Könnte man ihn denn nicht dazu bringen, irgend etwas Vernünftiges oder Anständiges zu tun, damit er davongejagt wird?"

*

Herr von Choiseul-Gouffier wollte wegen der häufigen Feuersbrünste auf eigene Kosten die Häuser seiner Bauern mit Ziegeln eindecken lassen. Die Bauern dankten für seine Freundlichkeit und baten ihn, es doch beim alten zu lassen. Würden ihre Häuser mit Ziegeln gedeckt, anstatt mit Stroh, meinten sie, so würden sie auch gleich höher besteuert werden.

*

Am Tag des Erdbebens von Lissabon befanden sich der König und die Königin von Portugal in Belem, um einem Stiergefechte beizuwohnen. Das war ihre Rettung. Dabei ist es eine Tatsache, die mir von mehreren Franzosen, welche damals in Portugal lebten, bestätigt wurde, daß der König niemals die Größe des Unglücks erfuhr. Zuerst meldete man ihm nur von einigen eingestürzten Häusern, dann von einigen Kirchen. Da er niemals wieder nach Lissabon kam, so kann man wohl behaupten, daß er der einzige Mensch in Europa war, der keine richtige Vorstellung von dem Unglück hatte. Und er war keine Meile von seinem Schauplatz entfernt.

*

Madame de Bassompierre lebte am Hof des Königs Stanislaus und war die Geliebte seines Kanzlers, des Herrn de La Galaisefre. Eines Tags kam der König zu ihr und nahm sich Freiheiten heraus, die jedoch zu nichts führten: „Ich schweige," sagte Stanislaus, „das übrige wird Ihnen mein Kanzler sagen."

*

Herr d'Espréménil lebte lange Zeit mit Madame Tilaurier, die gerne von ihm geheiratet sein wollte. Sie steckte sich hinter

Cagliostro, der Herrn d'Esprémenil Hoffnung machte, er könne den Stein der Weisen finden. Bekanntlich verquickte Cagliostro mit seinen alchymistischen Narrheiten auch allerlei Fanatismus und Aberglauben, und als nun d'Esprémenil sich beklagte, eine gewisse Formel habe nicht geholfen, der Stein der Weisen sei nicht erschienen, da gab ihm Cagliostro zu verstehen, das komme daher, weil er mit Madame Tilaurier in einem unsittlichen Verhältnis lebe. „Wollen Sie Erfolg haben, so müssen Sie mit den unsichtbaren Mächten und ihrem Herrn, dem höchsten Wesen, im Einklang sein. Heiraten Sie Madame Tilaurier oder lassen Sie von ihr ab!" Sie wurde noch einmal so kokett wie vorher und d'Esprémenil heiratete sie. Er hatte den Stein der Weisen nicht efunden, wohl aber die Frau.

*

Herr von Légier hatte einen Erlaß veröffentlicht, auf Grund dessen nur Edelleute ins Offizierkorps der Artillerie aufgenommen werden sollten. Da nun andererseits für diesen Dienst nur gebildete Leute zu gebrauchen sind, so geschah etwas recht Seltsames: Abbé Bossut, welcher die Zöglinge examinierte, ließ nur Bürgerliche bestehen und Chérin nur Adlige. Auf hundert Zöglinge, die bestanden, kamen nur vier oder fünf, die beiden Anforderungen zugleich genügten.

*

Ein Amerikaner sah sechs Engländer, die von ihrem Truppenteil abgekommen waren. Er war kühn genug, auf sie loszustürzen. Zwei davon verwundete er, die anderen streckten die Waffen, und der Amerikaner führte sie vor den General Washington. Dieser fragte ihn, wie er es denn fertig gebracht habe, über die sechs Mann Herr zu werden? „Kaum hatte ich sie gesehen," erwiderte der Tapfere, „so stürzte ich auf sie los und habe sie umzingelt."

*

Zwei junge Leute reisten mit der Post nach Paris. Der eine erzählt dabei, er fahre zur Verehelichung mit der Tochter des

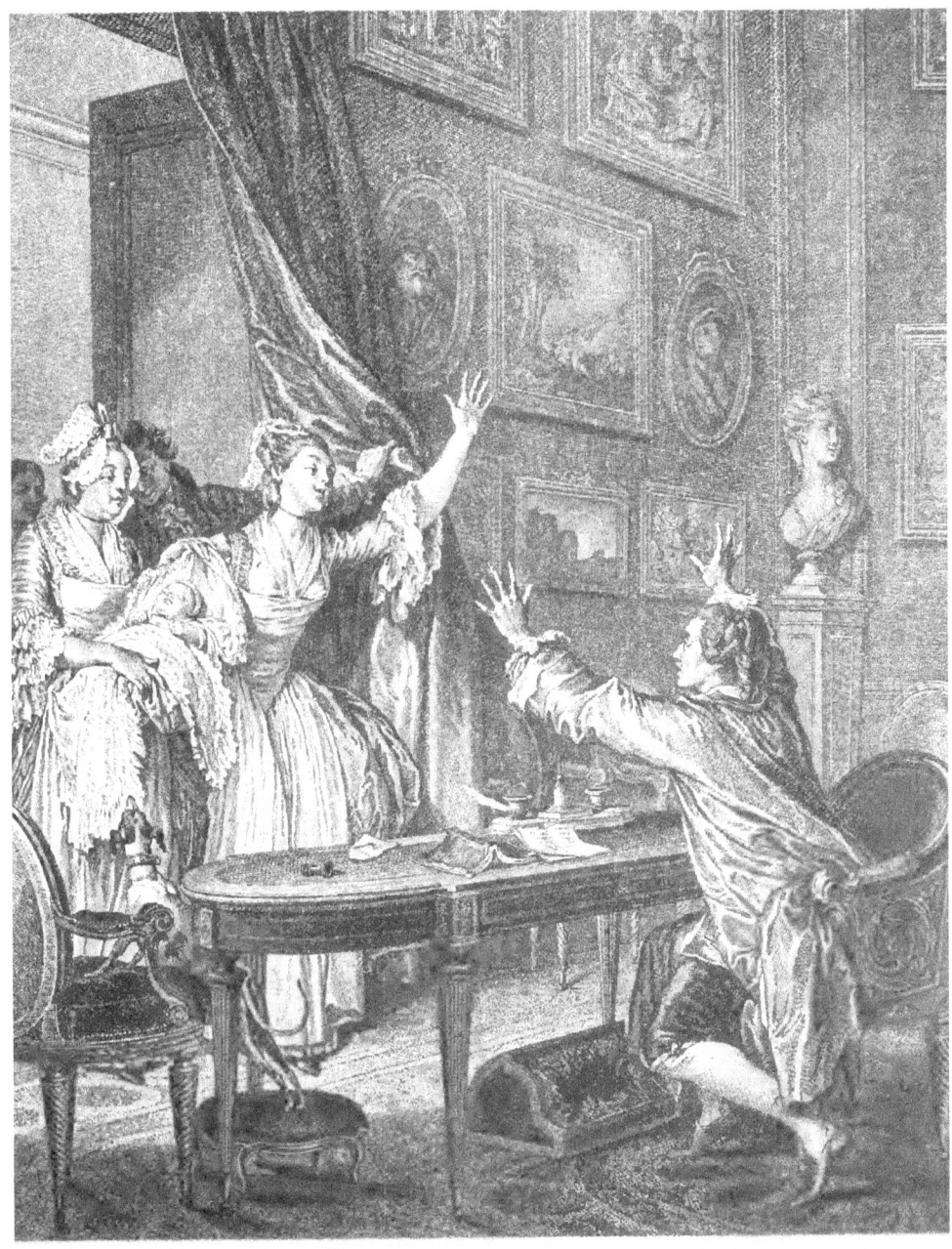

Herrn von ***. Er spricht von seinen Beziehungen, vom Stand seiner Eltern usw. Beide übernachten im nämlichen Gasthaus. Tags darauf stirbt der Heiratskandidat frühmorgens um 7 Uhr, bevor er noch seinen Besuch gemacht. Statt seiner geht der andere, ein Spaßmacher von Beruf, zu dem künftigen Schwiegervater und spielt die Rolle des Schwiegersohns. Er zeigt sich auch als Mann von Geist und die ganze Familie ist von ihm entzückt, bis er sich plötzlich empfiehlt mit dem Bemerken, er habe eine Verabredung. Um sechs Uhr werde er nämlich beerdigt. Um diese Zeit wurde in der Tat der junge Mann, der am Morgen verstorben war, begraben. Der Diener, den man nach dem Gasthause des vermeintlichen Schwiegersohnes geschickt hatte, versetzte den Schwiegervater und die ganze Familie in großes Erstaunen. Sie glaubten, sie hätten einen Geist gesehen.

*

Der Marquis von C*** wollte mit seinen Freunden in ein königliches Gebäude, vor dem eine Schweizerwache stand. Er drängt die Menge beiseite und sagt zu dem Schweizer: „Machen Sie Platz! — Die Herren hier gehören zu mir, die anderen da nicht!" Die Wache macht Platz und C*** mit seinen Freunden passiert. Jemand sieht, daß die drei jungen Leute lachen und macht sich über den Schweizer lustig. Der läuft nun den Gästen nach und ruft: „Herr Marquis, Ihre Eintrittskarte!" — „Hast du einen Bleistift?" — „Nein." — „Da ist einer", sagt einer der jungen Leute. Der Marquis schreibt und sagt dabei: „Das sehe ich gern, daß du deine Schuldigkeit tust und nach deiner Wachinstruktion handelst!" Damit gibt er ihm einen Zettel, auf den er geschrieben: „Eintritt für den Marquis von C*** und seine Gesellschaft." Der Schweizer nimmt den Zettel und ruft denen, die ihn aufgehetzt hatten, triumphierend zu: „Da ist ja die Einlaßkarte!"

*

Als Herr *** dem Prinzen Heinrich in Neuchâtel seine Aufwartung machte, sagte er zu ihm, die Bewohner von Neuchâtel seien für den König von Preußen begeistert. „Das ist doch klar," meinte der Prinz, „daß die Untertanen einen Herrn lieben, der dreihundert Meilen von ihnen entfernt ist!"

*

In seiner Jugend kam Marmontel oft zu dem alten Boindin, einem sehr geistreichen Freidenker. „Kommen Sie doch ins Café Procope", sagte der Alte. „Ja so, dort können wir über nichts Philosophisches reden, außer, wir verabreden eine Geheimsprache!" Das geschah. Die Seel hieß Margot, die Religion Javotte, die Freiheit Jeanetton und Gott-Vater Monsieur de l'Etre. So disputierten sie miteinander und unterhielten sich trefflich. Eines Tages mischte sich ein schwarzgekleideter Herr, der nach nichts Gutem aussah, in die Unterhaltung und sagte zu Boindin: „Darf ich mich höflichst erkundigen, wer denn dieser Herr de l'Etre ist, der sich so übel aufführt und mit dem Sie so unzufrieden sind?" „Zu dienen," erwiderte Boindin, „er ist ein Polizeispitzel!"

*

Der Arzt Lorry erzählte, Madame de Sully habe ihn bei einem Unwohlsein rufen lassen und ihm von einer Ungezogenheit de Bordeus berichtet. Er habe zu ihr gesagt: „Ihre Krankheit kommt von Ihrer Unbefriedigung, Sie brauchen einen Mann!—Hier—!" Und er sei in einer sehr unschicklichen Weise vor ihr gestanden. Lorry entschuldigte seinen Kollegen und sagte Madame de Sully eine Menge achtungsvoller Artigkeiten. Als er die Geschichte erzählte, setzte er hinzu: „Ich weiß nicht, was inzwischen passiert ist, aber sie ließ mich nur noch einmal rufen und nahm dann wieder de Bordeu."

*

Der Marschall de Broglie hatte die Tochter eines reichen Geschäftsmannes geheiratet und hatte von ihr zwei Töchter. In Anwesenheit der Madame de Broglie schlug man ihm einmal vor, die eine Tochter in ein Stift zu tun. „Durch meine Heirat", sagte er, „habe ich mir die Stifter verschlossen." „Aber auch das Armenhaus!" setzte seine Frau hinzu.

Lord Marlborough stand mit einem Freund und einem seiner Neffen im Laufgraben, als plötzlich eine Kanonenkugel dem Freund den Schädel zerschmetterte, so daß dem jungen Manne das Gehirn des Toten ins Gesicht spritzte. Der Neffe trat schaudernd zurück, aber Marlborough sagte kaltblütig: „Nun, das wundert dich wohl?" — „Ja," erwiderte er, und wischte sich das Gesicht ab, „ich wundere mich, daß ein Mann von soviel Gehirn willkürlich einer so unnützen Gefahr ausgesetzt wurde."

*

Man bezichtigte Herrn *** der Menschenfeindschaft. „Ich bin kein Menschenfeind," sagte er, „aber ich fürchte es zu werden und habe ganz gute Vorkehrungen dagegen getroffen." „Welche denn?" — „Ich ward ein Einsiedler."

*

Der Graf d'Orsay, der Sohn eines Generalpächters, ein Mann, der auf seine gesellschaftliche Stellung sehr eitel war, traf mit Herrn von Choiseul-Gouffier beim Vorstand der Kaufmannschaft zusammen. Choiseul wollte bei dieser Behörde die Herabsetzung seiner Kopfsteuer durchsetzen, die beträchtlich erhöht worden war. D'Orsay aber beklagte sich darüber, daß man die seine verringert habe. Er glaubte sich dadurch an seinem sozialen Wert gekränkt.

*

Herr *** trug oft, wenn man von der Liebe sprach, sehr lebemännische Ansichten zur Schau. Dabei war er im Grund ein feinfühliger, wenig leidenschaftlicher Mensch und darum sagte jemand von ihm: „Er tut unanständig, um bei den Frauen Glück zu haben."

*

Der Regent ließ dem Präsidenten Darou nahelegen, er möge seine Stelle als erster Vorsitzender des Parlaments von Bordeaux aufgeben. Darou antwortete, er werde nicht gehen, außer, man mache ihm den Prozeß. Der Regent las seinen Brief und schrieb darunter: „Kommt mir gar nicht darauf an!" — und schickte ihn als Antwort zurück. Darou wußte, mit wem er es zu tun hatte und demittierte.

*

L'Ecluse, derselbe, der die Variétés Amusantes geleitet, erzählte, als er jung und mittellos nach Lüneville gekommen, sei er genau an dem Tag zum Zahnarzt des Königs Stanislaus ernannt worden, da dieser seinen letzten Zahn verlor.

*

Ein englischer Bankier namens Ser oder Stair war angeklagt, er habe eine Verschwörung angezettelt, den König Georg III. zu entführen und nach Philadelphia zu schaffen. Vor Gericht sagte er: „Ich weiß schon, wozu ein König einen Bankier braucht, aber was ein Bankier mit einem König tun soll, begreife ich nicht!"

*

Bei der Vorstellung des „Devin de village" in Fontainebleau trat ein Hofmann auf Rousseau zu und sagte höflichen Tones zu ihm: „Gestatten Sie, daß ich Ihnen mein Kompliment mache." „Gewiß," sagte Rousseau, „wenn es gut ist!" Der Höfling verschwand und man sagte zu Rousseau: „Aber was denken Sie denn, was haben Sie da gesagt!" — „Etwas sehr Gutes," meinte Rousseau, „gibt es denn etwas Schlimmeres, als ein ungeschicktes Kompliment?"

*

Herrn ***s Freunde wollten seinen Charakter gern nach ihren phantastischen Anforderungen ummodeln. Es gelang ihnen jedoch nicht, und so sagten sie, er sei unverbesserlich. „Wäre ich nicht unverbesserlich," erwiderte ihnen Herrn ***, „so wäre ich schon längst verdorben."

DIE POLIZEIBERICHTE FÜR DEN KÖNIG

Die Pamphletisten und Libellisten genossen bei manchen Historikern keinen besonderen Kredit in Hinsicht auf ihre Zuverläßlichkeit; bei anderen, wie bei Ch. Vatel, dem gelehrten Verfasser des dreibändigen Hauptwerkes über die du Barry (Versailles, Bernard, 1883), sind sie „la plus authentique de toutes les sources", und die Polizeiberichte für den König, die man in vier Bänden vor einigen Jahren in extenso herausgab (Paris sous Louis XV. Rapports des Inspecteurs de Police au Roi. Publiés et annotés par Camille Piton, Paris, Mercure de France), bestätigen das Urteil Vatels: ganze Seiten aus diesen Berichten hat z. B. Imbert in seine Chronique Scandaleuse aufgenommen, ohne ein Wort zu ändern oder den Text zu arrangieren. Was den Pamphletisten passieren kann und oft genug passiert, ist, daß sie die nicht erfundenen Fakten nicht mit den richtigen Personen zusammenbringen, etwas, das mit dem A geschehen ist, mit dem B geschehen lassen. Oder absichtlich Geschehnisse mit einer unbekannten Person auf eine bekannte übertragen, was für uns heute, denen die Personen entweder gar nichts mehr oder sehr wenig bedeuten, von geringer Wichtigkeit ist, jedenfalls von geringerer als den betroffenen Zeitgenossen jener Pamphletisten.

Diese Berichte wurden von Polizeiinspektoren für einen einzigen Leser geschrieben, der sich sehr langweilte und über das, was ihn allein interessierte, die Libertinage der Pariser, beim alltäglichen Frühstück unterrichtet sein wollte, gar nicht, um danach sittenpolizeiliche Erlasse anzuregen, sondern um nichts sonst, als sich zu amüsieren. Dieser Leser war Ludwig XV. und Vielgeliebte. Seiner Gelangweiltheit und seinem besonderen Interesse danken wir die authentischen Dokumente über die Pariser Sitten in der zweiten Hälfte des 18. Jahrhunderts; sie bestätigen mit einer sauberen, präzisen Faktizität Bekanntes, stellen anderes richtig und bringen sehr häufig ganz Neues, wie zur Geschichte der du Barry, das von historischem Wert ist. Die Berichte geben den Steckbrief der Personen bis in ihre Gewohnheiten und Vermögensverhältnisse hinein. Sie sind für das 18. Jahrhundert das, was Brantôme für das 16. und Tallemant des Reaux für das 17. Jahrhundert ist, und sind mehr als beide, denn sie sind ganz frei von allen schriftstellerischen Absichten und von einer völlig modernen Objektivität. Deren sich Meusnier, der sehr intelligente erste Berichterstatter (von 1748—1757), anfangs vielleicht zu sehr befleißigte, denn die Knappheit und kurzgefaßte Sachlichkeit scheint nicht den Beifall seines königlichen Lesers gefunden zu haben, da Meusniers Berichte nach einiger Zeit ausführlicher werden, ohne ins Schwatzen zu verfallen. Meusniers Nachfolger Marais, der von 1757—1777 berichtet, erreicht nicht seinen Vorgänger, besitzt nicht wie dieser die Gabe einer scharfen Beobachtung und eines Witzes, der sich ganz unpersönlich im Stil äußert. Die Berichte von Marais fallen ins Monotone oft. Aber es ist nicht darauf zu insistieren, wie die beiden Polizeileute ihren Stoff bringen, so viel sie auch hier darin leisten, indem sie keine zurechtgemachte Sprache schreiben, sondern jene, die man wirklich sprach. In den Berichten findet sich keines der Modeworte, die aus der Literatur kommen, aber alle die Worte und Wendungen sind da, die sich die sprechende Gesellschaft für die Dinge erfand, die sie auf dem Gebiete der Libertinage beschäftigten. Nicht selten unterbricht der Polizist seine Aufzählung der Fakten mit einem Porträt, für deren Schärfe dieses, das den Herzog von Chartres, den künftigen Philippe-Egalite zeichnet, zum Beispiel dienen möge: „Ce prince extremement grossier dans ses caresses, n'ayant aucune delicatesse et jurant comme un charretier, avec son fond de libertinage crapuleux et se servant de termes qui feraient rougir la plus vile creature." Oder es schließt ein Bericht mit folgenden Sätzen: „Le mari est un bonhomme qui trouve tout bon. La paix subsiste dans le menage; ainsi tout va bien."

Die private Polizei des Königs stand nicht unter der Kontrolle des Polizeiministers Sartines: anders besäßen wir nur eine sehr abgeblaßte offizielle Verarbeitung dieser sur le vif abgegebenen Rapporte, deren häufige Einförmigkeit uns heute lebendiger anspricht, als eine ausgewählte Sammlung pointierter Anekdoten von Chamfort, die den Kopf zeigen, aber nicht den Leib. Der Polizeiminister hätte auch sicher die Namen der Personen gestrichen, mit denen er oft befreundet sein mochte, was die beiden subalternen Herren Meusnier und Marais sicher nicht waren und ihre Opfer daher mit allen Titeln, Namen und Würden nennen, wie es wohl auch der König wünschte, der nicht nur wissen wollte, was ein Herr von F. oder C. oder S. tat, sondern daß es die Herren Fronsac, Conti und Soubise taten, nicht nur lesen wollte, was man von einer Schauspielerin erzählt, sondern daß man es von der Duthé erzählt.

In dem Folgenden sollen Auszüge aus den Rapporten ihren dokumentarischen Wert sowohl wie ihren Geist belegen. Zuvor seien noch einige technische Worte angemerkt und erklärt, deren sich die Rapporte wie alle Welt bedienen. Wenn ein öffentliches Mädchen von einem Fürsten oder sonst einer vorragenden Persönlichkeit ausgezeichnet wurde, so hatte sie „den Sprung über den Stock" gemacht (sauter le baton) und wurde eine „Demoiselle du bon ton". Sie ist dann „sur le gand trottoir", d. h. lanciert. Der für alles aufkam, der erklärte Aushälter hieß „der Herr". Genügte dieser der Demoiselle du bon ton nicht, so hatte sie noch einen, den man den Greluchon nannte: er gab weniger als der Herr (er war meist auch jünger), hatte Ermäßigungen im Tarif, mußte aber jedenfalls zahlen. Nach dem Greluchon kam als dritter der „Farfadet": er bekam alles umsonst, wurde aber für nichts bezahlt, denn der bezahlte Zuhälter, der vierte an der Leiter und an der untersten Sprosse, war der „Qu'importe". Um es an einem Beispiel deutlich zu machen, hatte die Tänzerin Deschamps am 25. April des Jahres 1754 folgenden Liebhaberkortege: in die Ausgaben des „Herrn" teilten sich die Herren Coulandre und d'Epinay; der Greluchon war unbesetzt; Farfadet war der Herr Marquis de Saulgeon, Oberst bei den Grenadieren, und den Qu'importe machte Deschamps der Gatte.

*

Herr Tessier, Generalpächter, mit seiner Frau verzankt, hält Frl. Sidonie aus, die Herrn von Chabanon zum Greluchon hat. Herr von Senac hat auch mit ihr gelebt und ist ihr Freund geblieben. Der hat nichts eiligeres zu tun gehabt, als er erfuhr, daß sie den Herrn Tessier habe, als es im Foyer der Oper zu erzählen und fügte noch hinzu, daß man ihm erzählt habe, Tessier wolle die Dummheit begehen, sich mit seiner Frau auszusöhnen. Wobei einer, der dabeistand, zu Senac sagte: „Aber man sagt, daß Sie sich auch mit Ihrer Frau aussöhnen wollen", worauf Senac wütend antwortet, er sei nicht so blöde. Herr von Chabanon wußte, daß Senac gesagt hatte, er sei der Greluchon, und sagte ihm, er finde es sehr komisch, daß sich ein Hahnrei wie er über ihn unterhalte. Worauf Senac sagte: „Man hat es mir erzählt." Einige Tage darauf sagte Herr von Senac im Opernfoyer: „Ich will Ihnen was Neues erzählen, meine Herren, meine Frau ist eine Hure. Und wissen Sie, wo sie auf den Strich geht? Vor der petite maison des Herzogs von Chartres." Sie hat in der Tat die Nacht vorher in Monceaux mit dem Herzog und seiner Gesellschaft soupiert. Der Mann wußte es, weil er ihr nachgegangen war. Alle lachten ihn aus.

*

Herr von Matowski hat Mme Montgantier genommen, die Herr von Senac hatte. Sie wollte es sich mit allen beiden einrichten, aber Herr von Senac erklärte, daß er nicht dazu da sei, von allen Seiten zum Hahnrei gemacht zu werden. Mme Montgantier hat ein Absteigequartier in dem Haus gemietet, in dem sie wohnt. Wenn ihr Mann schläft, besucht sie den Fremden, und tagsüber besucht sie den Tänzer Vestris.

Man sagt, der Chevalier de Baise habe die Frau von Gottville. Man behauptet, er habe bei ihr, im Temple, die Nacht zugebracht, und sie habe ihn um vier Uhr morgens zu Fuß und im Regen weggeschickt, und ihm dabei gesagt, sie könne ihn nicht länger bei sich behalten, weil eine anständige Frau Menagements zu bewahren habe.

Der Gardeoffizier Tombeuf lebt seit langem mit der Mlle Cremille. Er ist sehr aus auf die Mme Mars, besuchte sie und schenkte ihr ein Kleid und eine goldene Dose. Mlle Cremille wußte das, wartete in einem Wagen an der Haustür auf den Offizier und gab ihm, wie er herunterkam, ein paar Ohrfeigen. Er war ganz weg. Da es um vier Uhr nachmittags geschah, gab es viel Zuschauer. Sie stieß ihn in ihren Wagen und fuhr zu ihr. Er versprach, nie mehr zur Mars zu gehen, was sie schriftlich von ihm verlangte. Die Erklärung schickte sie der Mars, die darüber lachte. Der Offizier stellt alles mögliche an, um die Mars wiederzusehen.

Der Engländer Turner, der mit Mme Beaulieu lebt, soupierte mit ihr bei den ebenfalls von Engländern ausgehaltenen Damen De Vasses und sagte, sie müßten froh sein, daß die Engländer nach Paris kämen, denn mit den Franzosen stürben die Pariser Huren Hungers. Mme Beaulieu antwortete, daß die Franzosen, wenn sie auch schlecht bezahlten, zumindest höflicher mit ihren Mätressen wären. Da stand Turner auf und gab ihr eine Ohrfeige. Sie tat nichts dergleichen und wartete, bis sie mit ihm zu Hause war. Da nahm sie den Feuerhaken, behandelte ihn als ein Schwein und schmiß ihn hinaus. Er schrieb ihr anderen Tages versöhnlich; aber sie erlaubte ihm das Wiederkommen nur, wenn er ihr fünfzig Louis gebe. Die brachte er ihr.

Der Marquis von Fitz-James hatte vorgestern eine kleine Loge in der Comédie mit Mme Senac. Man sagte, er affichiere sich solcherart mit ihr offiziell.

Herr von Genlis war mit Mlle Duthé im Vauxhall. Seine Frau war auch dabei; aber ihn genierte das nicht. Er stellte sie ihr vor, und Mme von Genlis fand die Duthé sehr hübsch. Sie tat nicht so, als ob sie wüßte, daß die D. die Mätresse ihres Mannes ist.

*

Alle unsere jungen Herren fangen an, sehr eifersüchtig über das Entgegenkommen zu werden, das unsere schönsten Frauen dem Mylord Beauchamp bereiten, dem Sohn des englischen Gesandten. Der junge Mann ist allerdings groß und gut gewachsen, hat ein angenehmes Gesicht und zudem die ganze Politesse eines Franzosen, der die beste Erziehung genossen hat. Da er außerdem nur kurze Zeit in Frankreich verweilt, so ist das ein Grund mehr für seinen Erfolg bei den Damen, die immer geneigt sind, in einer Art Vergessens die Schwächen ihres Herzens zu begraben und hier leicht andere Liebschaften anfangen können, ohne die Vorwürfe und Indiskretionen eines aufgegebenen Liebhabers zu fürchten. So kann sich dieser Engländer auch der Klugheit unserer Damen rühmen. Einige streiten sich um seine Eroberung, so auch Frau von Gueaclin und Frau von Montregard; die letzte, welche ein Finanzgeist immer etwas über ihre Möglichkeiten hinaustreibt, scheint es mit dem Triumph über ihre Rivalin sehr eilig zu haben. Sie versteckt das nicht einmal vor den Augen ihres Gatten, der immer voll blödesten Vertrauens nicht verstehen konnte, warum man über seine Frau so viel klatscht, da er sie für vollkommen treu hält, was ihr sehr angenehm ist.

*

Der Baron von Talleyrand ist heute der erklärte, bevorzugte Liebhaber der Prinzessin von Chimay. Diese Dame mußte immer etwas für ihr Herz haben, denn vor ihrer Verheiratung war es der Graf von Egreville und vor vier Jahren war es der Graf de la Marche. Der Baron besucht sie um Mitternacht über eine Hintertreppe und verläßt sie gegen vier Uhr morgens.

Der Marschall d'Estères beschäftigt sich trotz seiner Krüppelhaftigkeit aus dem letzten Feldzug noch heute mit Liebessachen, und die Marschallin (wer hätte das geglaubt?) kommt in Eifersucht und Unruhe; sie hat mir diese Woche einen Mann geschickt, der mich auffordert, den Marschall zu beobachten. Er macht seine verliebten Aufwartungen bei der Marquise von Saint-Chamand, der Frau des Generalleutnants, die bei Frau Préville ein Absteigequartier hat, das ihr ein Ritter des Ludwigordens bezahlt.

*

Die Frau Marquise von Saint-Simon kostet heute die Frische der Jugend und es ist der kleine Herr von Mailly, der sie ihr verschafft. Er ist sehr stolz darauf und rühmt sich dessen vor aller Welt. Er schlägt alle Einladungen seiner Freunde aus mit der Entschuldigung, seiner Dame verpflichtet zu sein.

*

Seit acht Tagen ist die Tänzerin Pages, die jüngere, genannt Deschamps, der galanten Welt wiedergegeben. Vor fünf Jahren lebte sie mit dem Marquis von Banderolle, bei dem sie es recht hart hatte, da der Marquis wie von seinem Kammerdiener auch von ihr Dinge verlangte, die gegen die Natur sind und wovor sie einen großen Ekel empfand. Sie teilte das einer alten Gouvernante mit, die bei ihr war, und ein gottdienliches Werk zu tun meinte, wenn sie davon zu ihrem Beichtvater sprach. Der eifrige Priester erzählte davon der Herzogin von Nivernais, die für dieses gute Werk alle Hilfe zusagte. Die kleine Deschamps wurde heimlich von all dem unterrichtet und lief von Banderolle davon in das Kloster der Carmelitinnen im Faubourg Saint-Jacques. Herr von Banderolle setzte Himmel und Erde in Bewegung, um sie wiederzufinden und wandte sich an den Polizeichef Bertin. Ich wurde mit der Nachforschung beauftragt und erfuhr so, wo sich das Mädchen aufhielt. Ich verständigte Herrn Bertin, der den Standpunkt der Herzogin teilte und Herrn von Banderolle wissen ließ, daß die Deschamp den Schleier nehme. Aber da die Herzogin des Herrn von Banderolle nicht sicher war, schickte sie das Mädchen in ein anderes Kloster, zwölf Meilen weg von Paris, und zwölf Monate später nach Ligny bei Bar-le-Duc. Da blieb sie vier Jahre. Ein gewisser Le Page, früher Offizier im Regiment Conflans, hatte da Zutritt in das Kloster. Die Demoiselle Deschamps gefiel ihm, er verlangte sie zur Frau und man schrieb an die Herzogin. Die war einverstanden mit der Hochzeit und gab 8000 Franks Mitgift und eine Ausstattung. Aber die Heirat kam doch nicht zustande. Die Deschamps, die sich im Kloster langweilte, schrieb an die Herzogin, daß sie inständig bitte nach Paris zurückgebracht und da beschäftigt zu werden. Die Herzogin gab nach, ließ sie nach Paris kommen und schlug ihr drei Dinge vor: entweder immer in einem Kloster zu bleiben, oder sich anständig mit einer Arbeit das Leben zu verdienen, oder sie ihrem unglücklichen Schicksal zu überlassen. Sie entschied sich für eine Arbeit, aber das war nur ein Vorwand, wie man bald sah. Die Herzogin brachte sie in ein Spitzengeschäft und zahlte für sie eine gute Pension. Aber die Deschamps hatte nach einem Monat genug davon und lief im Nachthemd fort ohne ein Wort. Sie logierte sich als Mlle Renaud in der Rue Saint-Sauveur ein, blieb da, ohne was zu essen zu haben, ein paar Tage. Am fünften Tag sah sie vom Fenster aus den Fechtmeister Donadieu vorbeigehn, der sie erkannte. Er stieg zu ihr hinauf. Sie erzählte ihm ihre Abenteuer und ihre gegenwärtige Situation. Er sagte ihr, daß er sofort den Generalpächter Brissard verständigen wolle, der mit seiner Schwester ungeheure Gelder verbraucht habe und der sicher helfen würde. Das geschah auch. Herr Brissard schickte zwölf Louis und eine Schneiderin mit allem Nötigen an Kleidern, Strümpfen, Schuhen und Wäsche. Er tat das ohne besondere Absichten. Die Deschamps hatte ihrerseits an Herrn von Normand, den sie vor Banderolle gekannt hatte, geschrieben, der aber hatte nicht darauf geantwortet und sich zu seinen Freunden über den

Brief lustig gemacht. Inzwischen hat sich die Deschamps mit Herrn Brissards Geld in der Rue Traversiere eingemietet, und zeigt sich täglich in der italienischen Komödie. Sie hofft nach Pfingsten wieder ins Opernballett einzutreten, wo sie früher Figurantin war, und sie zählt bestimmt auf ihre Reize, um in der galanten Welt ebensoviel Aufsehen zu machen wie ihre verstorbene ältere Schwester.

*

Der Graf Liechtenstein, ein Deutscher, hat sich endlich entschlossen, für die Zeit seines Pariser Aufenthaltes die Demoiselle Letoile auszuhalten, die ihm Brissault einmal als Passade verschafft hat. Er gibt ihr 30 Louis im Monat, außer der Wäsche und dem Tafelsilber. Trotzdem behält die Letoile den Herrn Gastine als Greluchon.

*

Herr von Crafford, ein Engländer, hat gänzlich mit der Demoiselle Desforges, Tänzerin bei der italienischen Oper, gebrochen. Er hat für sie in zwei Monaten mehr als 500 Louis ausgegeben. Der Bruch kam, da der Engländer entdeckte, daß sie immer noch mit dem kleinen Grenier, Tänzer am selben Theater und früher ihr Farfadet, verkehrte, wo sie ihm versprochen hatte, das während der acht Monate seines Aufenthaltes in Paris nicht zu tun. Für dieses Opfer versprach ihr der Engländer ferner 12000 Livres bei seiner Abreise, damit sie, Zuneigung dann noch vorausgesetzt, den Grenier heiraten könne. Die Demoiselle war von dieser Zukunft sehr entzückt und schwor Treue. Aber heimlich trat sie doch den Grenier. Der Engländer dachte sich aber so was und ließ sie beobachten. Er überraschte sie mit dem Tänzer bei einer Schneiderin und es ließ ihm die Situation keinen Zweifel. Ohne Aufregung sagte ihr Herr von Crafford: „Ich schätze Sie nicht genug, um über Ihr Betragen empört zu sein. Ich bedaure auch meine Geschenke an Sie nicht; ein Mann wie ich ist dazu da, ein Geschöpf wie Sie zu bezahlen; hier sind noch 25 Louis, damit Sie Zeit finden, einen andern aufzutreiben, den Sie vielleicht besser mit dem Schwein da betrügen können. Leben Sie wohl." Und damit ging er. Wenige Franzosen wird man finden mit einem solchen Phlegma, und ich habe mir sagen lassen, daß die Desforges von der Mäßigkeit dieses Engländers viel verblüffter war, als sie gewesen wäre, wenn er ihr zwanzig Ohrfeigen gegeben hätte. Sie tat, was sie konnte, ihn zurückzuhalten, aber er ging.

*

Die Summen, die der Graf Liechtenstein auf die Demoiselle Letoile wendet, geben ihr ein erstaunliches Relief. Alle Welt will es betasten. Die Herren von Rochechouart, von Rochefort, der Stelzfuß Marquis von Bonnac, der Präsident von Salibery, Herr von Morfontaine, der Graf von Usson, alle haben ihr seit acht Tagen die kostbarsten Geschenke gemacht, die sie mit einem herablassenden Air annimmt und an ihren Gastine weitergibt.

*

Die Demoiselle Favier, früher Figurantin bei der Oper, hat zurzeit drei Liebhaber, die sie ganz gut bezahlen. Der Herr Durand war Geschäftsführer beim verstorbenen Erzbischof von Cambrai, der Herr Toquiny ist sogenannter Bankier; der erste gibt ihr 15, der andere 20 Louis im Monat. Der dritte ist ein Herr von Sully von den Musketieren, der ihr gut 10 Louis gibt, die Geschenke aller drei nicht gerechnet. Aber was das Merkwürdige ist: die drei sind im vollen Einverständnis; jeden Tag treffen sie sich im Theater und machen aus, wer von ihnen die Nacht bei der Favier verbringt. Die Demoiselle weiß nichts davon, und die drei unterhalten sich sehr viel über die Mühe, die sie sich gibt, um sie zu täuschen.

ORIGINAL-BRIEFE DER FRAU GRÄFIN DÜ BARRY

I. Brief

AN HERRN BILLARD DÜ MONCEAU[1]

Aus dem Kloster St. Aure, den 10. Brachmon. 1758.

Mein Herr und vielgeliebter Pathe!

Ich schreibe Ihnen diese Zeilen, um die Ehre zu haben, mich nach Ihrer Gesundheit zu erkundigen, und Ihnen zu gleicher Zeit zu sagen, daß alles, was man Ihnen von mir hinterbrachte, mit Ihrer gütigen Erlaubniß, Ohnwahrheit ist. Die Frau Superiorin sagte Ihnen, daß ich garstige Bücher lese, und sie noch denen übrigen Kostgängerinnen zu lesen gebe. Es ist gerade das Gegentheil. Mademoisell Reville hatte dergleichen Bücher von ihrem Vetter, die sie uns zeigte; ich wollte sie nicht lesen, und sagte, daß es nicht hübsch liesse. Indessen las ich sie doch, weil alle meine Gespielinnen sie gelesen hatten und in mich setzten, ein gleiches zu thun. Das ist das einzige Böse, das ich gethan habe, mein lieber Pathe. In Ansehung der Figur aus der Therese Philosophe, die zerrissen worden ist, so kann ich Sie versichern, daß ich es nicht gethan habe: weiß aber auch nicht, welche von meinen Gespielinnen es seyn möchte. Ich wünsche, daß Ihnen der Höchste langes Leben in aller Wohlfahrt schenke, und daß Sie mich besuchen. Ich sehe Sie für meinen l. Vater an, und liebe Sie auch eben so sehr.

Ich bin mit aller möglichen Hochachtung

Mein Herr und vielgeliebter Pathe
Ihre etc.
Marianchen Vaubernier.

[1] Madam Dü Barry ist eine Tochter des Herrn Gomart von Vaubernier, Steueramts-Bedienter zu Vaucouleurs, wo sie im J. 1744 gebohren wurde. Herr Billard

II. Brief

VON ABE VON BONNAC[1]

Vitri, den 5. April 1759.

So bist du jetzt in Paris, meine kleine Göttin, und man sagt mir, daß du diesen Abend von da wieder zurükkommen werdest; aber da es mir lieb wäre, dich diesen Abend allein zu sehen, ohne daß Herr Marcieu unsere Zusammenkunft, wie bisdahin, stören könnte, so schike ich dir meinen Kammerdiener, um dich zu bereden, deine Abreise auf morgen zu verschieben. Diesen Abend werde ich in Paris seyn, und sobald ich angekommen bin, wird dich Dümont abholen. Ich freue mich, dich ohngestört zu sehen. Aussert dem Vergnügen, um dich zu seyn, habe ich dir tausend Dinge zu erzehlen, die dir, wie ich denke, nicht mißfallen werden. Es hängt nur von dir ab, eine glükliche Bestimmung zu haben. Ich möchte nichts von dir haben, als weniger Leichtsinn, und die für meinen Stand erforderliche Vorsichtigkeit; ich würde dich dafür schadlos zu halten wissen. Auf Wiedersehn mein kleines Marianchen: ich folge meinem Briefgen von ferne nach, dann ich liebe dich zum Tollwerden. *Abe von Bonnac.*

dü Monceau, der zu selbiger Zeit durchreißte, und Proviantmeister war, logirte bey dem Direktor des Steueramts. Er ward nebst der Frau seines Gastwirths ersucht, das Kind des Herrn Gomart von Vaubernier über der Taufe zu halten, und er nahm es an. Madam Dü Bary empfieng die Namen Maria Johanna. Nach dem Tod des Herrn Gomart gieng seine Frau, die ohne Unterhalt war, mit ihrer Tochter nach Paris, in der Absicht, in irgend einem Haus als Köchin oder Haushalterin unterzukommen. Ihr erster Schritt, den sie that, war, daß sie zu Herrn Dü Monceau gieng, bey dem sie seine Pathin aufführte. Der Pathe gab nun der Mutter Geld, und versorgte sein Pathenkind in dem Kloster St. Aure, das unter der Direktion des Abe Grisel, Beichtvater des Herrn Billard, Postkaßier, Neffe des Herrn Dü Monceau, war. Es schien, daß sich das Mädchen daselbst nicht beym besten aufführte, weil ihrem Pathen zum öftern Klagen über ihr Betragen einkamen.

[1] Mademoisell Dü Barry wohnte nicht mehr in dem Kloster St. Aure. Ihre Mutter war seitdem Köchin auf einem Landguth zu Vitri geworden, und hatte ihre Tochter bey sich. Herr Dü Monceau that ihnen noch immer Gutes. Er gab monatlich einen Neuen Louisd'or.

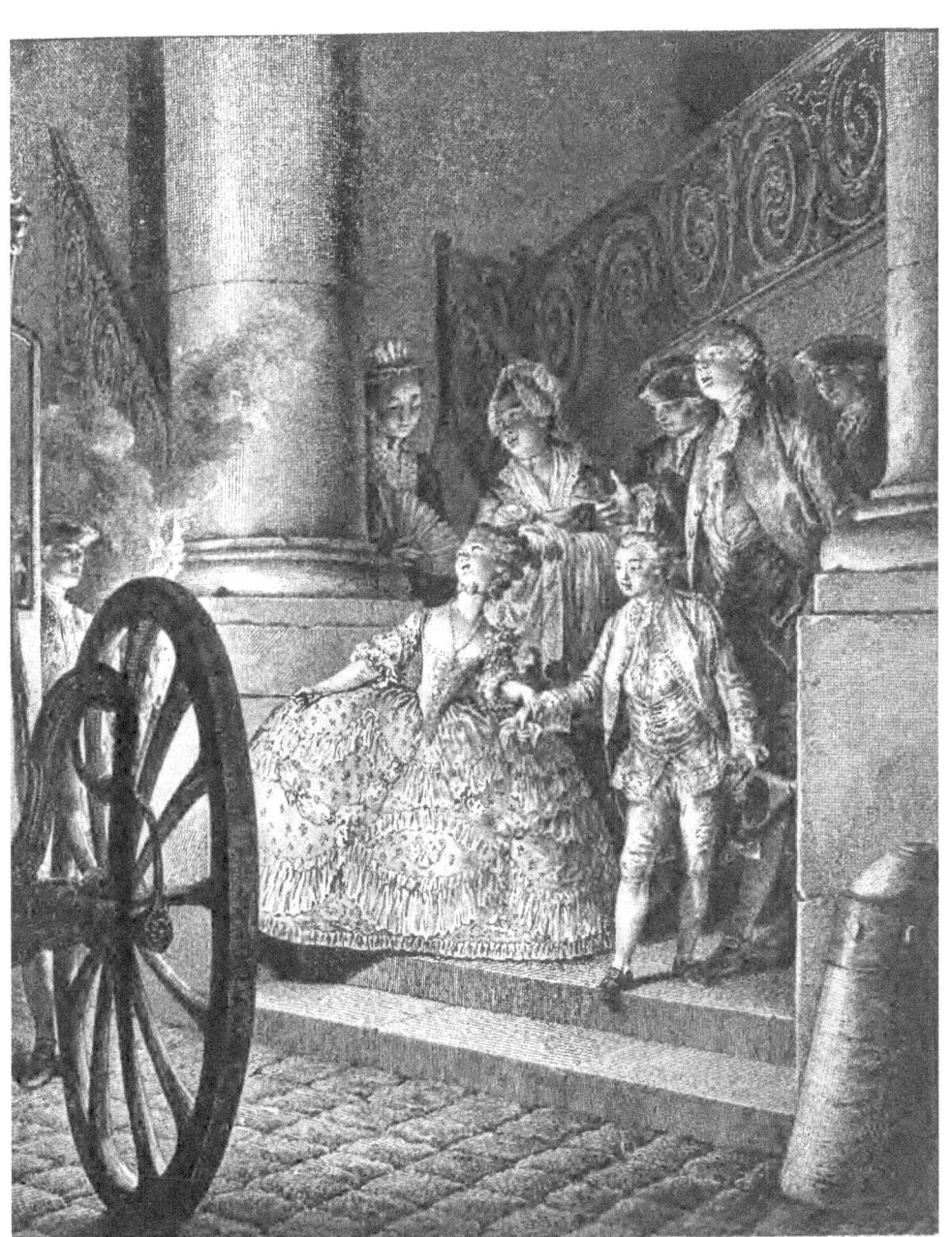

III. Brief

AN ABE VON BONNAC

Paris, den 14. April 1759.

Mein Herr Abe!

Sie machten mir wohl viele Versprechungen, als Sie mich zu lieben anfiengen. Ich war Ihr kleiner Engel, Ihr kleiner Schatz, und Sie sagten mir, daß ich nur verlangen könnte. Ich forderte Ihnen eine Robe von Taffet; Sie sagten mir immer, wenn Sie hieher kämen, würden Sie mir selbige geben, und nun haben Sie schon drey Reisen hieher gethan, ohne an mich zu gedenken. Das ist nicht brav, mein Herr! Sie haben mich angeführt. Wenn ich den Werth von demjenigen gekannt hätte, so ich Ihnen hingab, ich hätte mich nicht so leicht verleiten lassen. Sie wissen, daß ich Ihnen den Vorzug vor Herrn Marcieu[1] gab, und dieser, glaube ich, wäre ehrlicher als Sie gewesen. Wenn Sie mir auf den Sonntag meine Robe nicht geben, so werde ich Madam sagen, was Sie mir gethan haben, und so lange weinen, bis sie mir verzeiht und Sie auszankt. Leben Sie wohl, Herr Abe, ich bin

Ihre gehorsame Dienerin
Marianchen Vaubernier.

IV. Brief

AN IHRE MUTTER

Liebe Mutter!

Ich bin sehr gut in dem Haus, wo Sie mich hingethan haben. Herr und Frau Labille erweisen mir viele Freundschaft. Es kom-

---

[1] Herr von Marcieu war ein Obrist, der nebst dem Abe von Bonak in das Haus, in welchem Mademoiselle Vaubernier war, gieng, und ihr auch den Hof zu machen schien.

men den ganzen Tag so viele vornehme Leute, daß ich der schönen Sachen, die ich sehe, nicht satt werden kann. Alles was mir zusetzt, ist, daß ich nicht so geputzt, wie meine Gespielinnen seyn kann. Sie sagten mir, daß dieses ein sehr guter Gewerb wäre, auch will ich mich waker angreifen, um Geld wie sie zu verdienen.

Gestern kam eine grosse Dame[1] in die Bude, um etwas zu kaufen; ich glaube, daß ich ihr gefiel, denn sie intereßirte sich für mich. Sie gab mir ihre Addresse, und sagte zu mir, zu ihr zu kommen wenn ich könnte. Sie ist mir sicher gut, und gleich morgen werde ich trachten, zu ihr hin zu gehen. Es hat Sie etwas gekostet, mich hier unterzubringen; aber es soll nichts verlohren seyn. Ich bin versichert, wir werden nicht immer arm seyn; und wenn ich reich werden kann, so sollen Sie's auch seyn. Leben Sie wohl, liebe Mutter. Ich bin

Ihre Tochter
M. Lancon.[2]

V. Brief

AN HERRN ABE VON GONZIER[3]

Herr Abe!

Gestern sagte ich Ihnen meinen Namen und Zuschrift, obschon mir's von Madam Gourdan verbotten war. Sie wollte mir auch nicht sagen, wer Sie seyen; allein ich habe es durch einen Zufall erfahren, denn Sie liessen einen Brief fallen, den ich aufhob und in die Tasche stekte. Ich schike ihn durch diese Gelegenheit wieder zurük, um Sie meiner Hochachtung zu versichern, und Sie zu bitten, Ihre Gewogenheit gegen mich fort-

---

[1] Madam Gourdan, eine berüchtigte Kupplerin zu Paris.
[2] Bey dem Eintritt in das Haus des Herrn Labille, Modehändler, nahm Madam Dü Barry den Namen, Mademoiselle Lancon an.
[3] Jetziger Bischof von Arras.

zusetzen. Du hast mir versprochen, mich zu unterhalten und mir Gutes zu thun. Ich gehe auf dein Wort. Ich soll dir sagen, daß du mir gestern recht wehe thatst; ich konnte heute nicht gehen; ich glaube jedoch nicht, daß mich dieses abhalten werde, dich auf den Donnerstag bey M. Gourdan zu sehen. Ich werde meiner Frau sagen, daß ich zu meiner Mutter gehe. Du hast mir eine Uhr versprochen, du wirst sie mir mitbringen. Ist's nicht so? Adieu mein schöner Abe, ich liebe Sie so sehr, als Sie liebenswürdig sind, und das ist viel.

Lancon, bey H. Labille
Modenhändler, Strasse St. Honore.

VI. Brief

AN HERRN BILLARD DÜ MONCEAU, IHREN PATH

Paris, den 30. Christm. 1760.

Mein Herr u. vielgeliebter Pathe!

Seitdem wir einander bey Madam Gourdan[1] antrafen, und Sie so böse auf mich waren, mich daselbst zu sehen, war ich immer im Kummer, weil ich sahe, daß ich Ihre Freundschaft verlohren hatte; allein ich kann Sie versichern, daß ich seitdem nimmer hingegangen bin. Ich bin immer bey Herrn Labille, wo man sehr wohl mit mir zufrieden ist. Erlauben Sie, daß ich Ihnen

[1] Es war bey Madam Gourdan ein wunderbarer Auftritt zwischen dem Pathe und der Tauftochter Er machte öfters bey der Frau Kupplerin mit, und diese versprach ihm eines Tages ein frisches und hübsches Mädchen. Er versäumte die verabredete Stunde nicht, fand aber seine Tauftochter. Voller Scham, sich an einem solchen Ort vor diesem Mädchen zu sehen, schalt er sie aus, und gab ihr derbe Verweise. „Aber mein Pathe, (sagt ihm gescheidter Weise die Kleine,) ist es etwas schlimmes, sich an einem Ort zu befinden, wo Sie auch sind?" Der über diese Antwort in die Wuth geratene Pathe kann sich nicht enthalten, und giebt ihr Stockschläge. Madam Gourdan kömmt darzu, und setzt sie aus einander. Man muß Madam Dü Barry Gerechtigkeit wiederfahren lassen, daß sie seit diesem Zufall nimmer zu der Kupplerin hingieng.

zum Neuen Jahr alles das, was zu Ihrer Glükseligkeit beytragen kann, anwünsche. Auch bitte ich Sie, mir Ihre Freundschaft, die mir so lieb ist, wieder zu schenken. Ich darf nicht selbst zu Ihnen hinkommen, aus Forcht, Sie möchten es übel nehmen, dahero Ihnen meine Mutter diesen Brief überbringen wird. Ich wünsche Ihnen, mein Herr und werthester Pathe, ein gutes und glükliches Jahr, nebst vielen folgenden, und bitte den Höchsten, daß er Sie gesund erhalten wolle. Ich bin mit der tiefsten Ehrfurcht

Ihre etc.
M. Vaubernier.

VII. Brief

VON HR. DÜVAL, BEDIENTER AM SEEWESEN

den 6. Hornung, 1761.[1]

Warum wolltest du dann nicht, meine liebe Lancon, daß ich mit dir zur höchsten Stuffe der Glükseligkeit gelangen sollte? Du sagtest mir, daß du mich liebtest, ich sagte dir das gleiche; wir sind beyde frey. Die Stunde, der Ort alles war uns günstig, und wir genoßen nur den Schatten des Vergnügens statt des Wesentlichen. Du warest nicht so ekel mit dem niderträchtigen

---

[1] Der Zufall, der Herr Düval mit Mad. Dü Barry bekannt gemacht hat, ist sehr sonderbar. Dieser junge Mensch, von hübscher Gestalt, und hinlänglichem Vermögen sich kostbar sehen zu lassen, wohnte in dem Haus des Hrn. Labille. Er gefiel der kleinen Lancon; und sie gieng ihm entgegen. Sehen sie wie sie sich dazu anschikte. Die Modenhändlerin konnte malen, und gab zum Zeitvertreib ihren Ladenmädchen Unterricht im Zeichnen. Mademoiselle Lancon, als sie etwelchen Begrif davon hatte, amüsirte sich das Bildnis des Hrn. Düval mit Bleystift auf einen Bogen Papier zu zeichnen, und heftete es hernach an seine Thür. Dem jungen Menschen fiel beym Hereingehen gleich auf, er müßte einer von den Demoiselles, des Hrn. Labille in die Augen gestochen haben. Das küzelt seine Eigenliebe. Er glaubt, daß man in ihn verliebt seye, weiß aber nicht wer; — was liegt daran. Er thut das Portrait wieder wo er's genommen hat und schreibt darunter: Ich möchte gern den Verfasser des Portraits kennen. Abends fand er sein Portrait, mit demjenigen eines Mädchens bedekt, worunter die Worte stunden: Ich bins. Nun ist er von seinem guten Geschike ganz bezaubert. Gleich den folgenden Morgen geht

Bonnac, von dem du mir sagtest, und doch waren die Umstände weit delikater. Du hast mir versprochen, die Ursache deiner Weigerung zu sagen. Ich erwarte es, und gestehe dir, daß ich sie nicht begreiffen kan. Diese Nacht habe ich nichts geschlafen; du warst mir immer vor Augen. Ich wälzte mich an den Rand meines Beths, ich wähnte dich in der Mitte, glaubte mit dir zu reden, dich zu fühlen, dich zu umarmen; aber alle das, meine liebste Freundin gewährte mir nichts. Uebergieb meinem Bedienten deine Antwort, und erkläre dich. Ich erwarte es mit der grösten Ungedult, glaub' es dem zärtlichsten Liebhaber

Düval.

VIII. Brief

AN HERRN DÜVAL

Ja mein lieber Freund, ich habe es dir gesagt, und wiederhole es: ich liebe dich von Herzen. Du sagtest mir zwar das gleiche; aber deiner Seits ist's nur Muthwillen: gleich nach dem Genuß würdest du nicht mehr an mich denken. Ich fange an die Menschen zu kennen. Ich will dir sagen wie ich denke, horche:

Ich will kein Ladenmädchen mehr, sondern meiner selbst ein wenig Meister seyn, und möchte dahero jemand finden, der

er in die Bude der Modenhändlerin, und besieht die Mädchen alle. Die kleine Lancon lächelt. Er fängt auf der Stelle an für sie zu schmachten; denkt nur an sie und schreibt Abends an seine Thüre: Wenn wäre es meinem Maler gelegen mich bey Nahem auszumachen? Mademoiselle Lancon liest es beym Schlaffengehen und antwortet: Sonntag Morgens um 9 Uhr wird Ihr Maler bey Ihnen frühstüken, lassen Sie Ihre Thür halb offen. Düval läßt auf die bestimmte Stunde ein gutes Frühstük zurüsten; schikt seinen Bedienten weg; läßt die Thüre halb offen; die kleine Lancon geht hinein. Er schließt die Thüre zu. Der junge Mensch nimt sich Freyheiten mit seiner Geliebten aus, denen sie sich nicht entzieht. Er will weiter vorschreiten, allein sie widersezt sich. Er fragt nach der Ursache; sie giebt ihm schlechterdings zur Antwort, daß er sie nachwärts erfahren würde. Indessen verschaft ihm die junge Lancon alle Freuden, die der junge Mensch nur hoffen kont, bis auf jenen schlüpfrichten Punkt, den die kleine Grausame nicht zulassen will, bey so bewannten Umständen schreibt er an sie um ihre Gesinnung zu vernehmen.

mich unterhielte. Wenn ich dich nicht liebte, so würde ich dir Geld heraus zu locken trachten; ich würde dir sagen, du solltest den Anfang machen mir ein Zimmer zu miethen und es zu meubliren; allein da du mir sagtest, daß du nicht reich wärest, so kannst du mich zu dir nehmen. Es wird dich nicht mehr Hauszins, nicht mehr für deinen Tisch und das übrige deiner Wirthschaft kosten. Mein Unterhalt und mein Kopfputz sind der einzige Aufwand, und für dieses gieb mir monatlich hundert Livres, und mit dem soll alles gethan seyn. Durch dieses Mittel können wir beyde zusammen glücklich leben, und du wirst dich nicht mehr über Weigerung beklagen. Wenn du mich liebst, so nimm diesen Vorschlag an; wenn du mich aber nicht liebst, so laß uns jedes sein Glük anderswo suchen. Guten Tag; ich umarme dich herzlich.

Den 6. Hornung 1761.

Lancon.

IX. Brief

VON HERRN DÜVAI

Den 15. April 1761.

Du hast dich, meine Kleine, über die Abänderung meiner Behausung nicht wenig wundern müssen, als du sie vernahmst. Die Hartnäkigkeit, mit der du dich weigertest, mein Glük vollkommen zu machen, hat mich dahin verleitet, dir ein Frauenzimmer vorzuziehen, das ich dir, wenn du ein bisgen gefälliger gewesen wärest, aufgeopfert hätte. Wisse nun, daß ich den Sieg über eine Person erhalten habe, deren Herkunft meinen Stolz nicht wenig küzelt, und daß ich nach unserer getroffenen Einrichtung, ein Zimmer in ihrem Haus nehmen werde. Sey versichert, mein Schäzgen, daß wenn jene Augenblike, die ich bey dir zubrachte, nicht hinreichend genug gewesen sind, dir meine

Liebe zu schenken, so sind sie doch wenigstens angenehm genug gewesen, um auf die Freundschaft zu zählen, die dir Zeit Lebens widmet

Düval.

X. Brief

AN HERRN DÜVAL

Den 16. April 1761.

Du berichtest mich, daß du mich um einer vornehmen Person, um einer grossen Dame willen, mit der du leben willst, verlassest. Es dünkt mich, deine Eitelkeit thue sich was zu gut, mir diese Neuigkeit wissen zu lassen. Ich weiß nicht, ob es der Hang deines Herzens ist; aber ich zweifle daran. Ich weiß, daß die Liebe keinen solchen Unterschied kennt; daß sie alle Frauenzimmer in zwo Klassen eintheilt, die schönen und die garstigen. Ich weiß auch, daß ein junges Mädchen von sechszehn Jahren immer mehr werth war, und immer mehr werth seyn wird, als eine dike Vettel von vierzig Jahren, wenn sie auch aus Bourbonischem Geblüt abstammte. Ueberlege es, ich gebe dir vier und zwanzig Stund Bedenkzeit, und sey versichert, daß du nicht zweymal das gleiche Ding finden wirst. Glaube ja nicht, daß ich etwann verlegen seye. Ich habe einen andern Liebhaber, der dich an Ansehn übertrift, und jünger und frischer ist, als du; er ist so schön als Adonis. Pfui! wirst du sagen, wenn ich dir anzeige, daß es mein Perükenmacher ist. Aber grosse Seelen, die sich rühmen, daß sie zu leben wissen, geben öfters ihren Lakayen, vor ihren Ehegatten den Vorzug. Frage deine Geliebte; würdest du wohl, hätte sie auf Rang gesehen, in ihrem Bette seyn? Dieser will mich heurathen; allein ich mag nicht, denn ich könnte in Versuchung gerathen, ihn den folgenden Morgen zum Hanrey zu machen. Nun ist er's auch zufrieden mir alles anzuschaffen, alles, was er aufbringt, mit mir durchzubringen, und wir werden noch etwas weiter hinaus sehen. So lange wir uns lieben, wird die Sache gut gehen. Leb wohl, und überlege es; ich habe jezt etwelche Schwachheit gegen dir; sie dürfte bald vorüber seyn, und vergebens würdest du sie alsdann, wenn du deines vornehmen Frauenzimmers müde sein wirst, wieder haben wollen. Der Perükenmacher wird dich ausgestochen haben, du wirst rasen, und ich werde dich auslachen. Ich bin deine Dienerin

Lancon.

XI. Brief

AN LAMET, DER SICH IN LONDON AUFHÄLT[1]

Paris, den 30. Augstm. 1761.

Nun sind wir weit von einander entfernt, mein armer Freund, und beyde in einer drekigten Lage! Du hast dich mit mir zu Grunde gerichtet, ich weiß es. Du weist aber auch, daß, als wir noch vollauf hatten, ich es ausschlug, mich von Herrn Monoye,[2] der willens war, seine dike Madam Laurens um meinetwillen aufzugeben, unterhalten zu lassen. Ich liebte dich recht sehr und glaubte, daß unserer Glükseligkeit kein Ende wäre; aber wenn wir uns noch so härmten, so wäre es doch wie es ist; laßt uns also Mut fassen. Trachte in London brav Geld zu verdienen und ich will sehen, wie ich hier einen alten Narren, der mich unterhalten möchte, um das Seinige bringen kann; welches von uns beiden sich alsdann am ersten bereichert, soll dem andern helfen. Was hälst du davon? Als eine Neuigkeit muß ich dir sagen, daß ich wieder bey meiner Mutter bin, die eben nicht viel

---

[1] Dieser Lamet ist der Perükenmacher, von welchem im vorhergehenden Brief die Rede ist, der, wie es scheint, ohngefehr vier Monat mit Madam Dü Barry gelebt hat.
[2] Herr Monoye, Prokurator im Parlament, unterhält seit zwanzig Jahren Madam Laurens, Silberhändlerin in der St. Honore Strasse. Er hat eine artige Tochter von ihr, die jezt mannbar ist.

zum Besten hat, und um uns durchzubringen, gehen wir alle
Abend in den Königlichen Pallast, und in die Thülleries. Bisweilen gewinnen wir unsere 17 bis 18 Livres, bisweilen auch weniger, indessen leben wir. Uebrigens hoffe ich, daß dieser Gewerb
nicht immer dauren werde, und wir dereinsten etwelche gute
Bekanntschaft machen werden, die uns für alle Mühseligkeiten
die wir ausstehen, schadlos halten wird. Lebe wohl mein lieber
Lamet, sey gedultig; liebe mich immer, und gieb mir Nachricht
von dir. Ich umarme dich, und bin zeitlebens deine gute Freundin
Lancon.

XII. Brief

AN HR. LA GARDE, MAITRE DES REQUETES[1]

de la Cour neuve, den 11. Heum. 1764.

Sie wollen durchaus mein Herr, daß ich Ihnen mein Herz entdeke, und Ihnen frey heraus gestehe, ob Sie mir gefallen. Man
sagt, das dieses Geständnis schwer von einem Frauenzimmer zu
erhalten seye; aber in meinem Alter kennt man die Verstellungskunst nicht. Ich will Ihnen also freymüthig sagen, daß ich Sie
schätze; und viel Vergnügen in Ihrem Umgang habe; allein ich
sehe einen so großen Abstand von Ihnen auf mich wegen Geburt und Vermögen, daß mir dieses Geständnis schädlich seyn,

---

[1] Pater Angelus Picpus, ward für den Schwager der Mutter, von Mad. Dü
Barry gehalten. Im Jahr 1762. las er alle Sonn- und Feyertäge, à la Cour neuve
bey der alten Madam la Garde, Wittwe eines sehr reichen Generalpächters, Meße.
Er fand Mittel und Wege seine angebliche Nichte, dieser Dame vorzustellen, die
sie als Gesellschaftsmädchen zu ihr nahm. Sie hatte zween Söhne, einer war Maitre
des Requetes, und der andere Generalpachter. Mad. Dü Barry, welche beyde ihr
den Hof machten, verschmähte weder den einen noch den andern. Sie liebte den
Maitre des Requetes; allein der andere war reicher; jedoch konte sie niemals dazu gelangen, sich den eint- oder andern eigen zu machen. Diese kleine Intrigue,
die der Mutter zu Ohren kam, nöthigte sie, Mad. Du Barry wegzuschiken. Der
Maitre des Requetes, der das Glük hatte von ihr geliebt zu seyn, hat ihr zwar niemals nichts zu Gute gethan.

und in der Folge Thränen kosten könte. Was ist der Endzwek Ihrer Leidenschaft? Eine junge ehrbare und tugendhafte Persohn, zu hintergehen, zu verführen, und sie hernach zu verlassen, und was ist sie alsdann? Der Fingerzeig und die Verachtung, aller die sie kennen. Ach! mein Herr, glauben Sie mir, erstiken Sie eine aufkeimende Leidenschaft bey der Geburt. Haben Sie Achtung für mich und ich werde allzu glüklich seyn, Ihren Beyfall und Ihre Gewogenheit zu verdienen. Ich werde für alle Gütigkeit die Sie und Ihre Frau Mutter bis auf diese Stunde für mich gehabt haben, den lebhaftesten Dank hegen. Ich bitte mir selbige fortzusetzen, und zu glauben, daß ich mit der grösten Hochachtung seye

Ihre etc.
von Vaubernier.

XIII. Brief

AN HERRN DE LA GARDE, GENERAL-PACHTER

de la Cour neuve, den 30. Heum. 1764.

Tausendfachen Dank, mein Herr, für die zierliche Repetier-Uhr, die man mir übergeben hat, ohne zu sagen, von wem sie herkomme; allein da ich Sie für den freygebigsten Mann von der Welt kenne, so habe ich sie gleich Ihnen zugeschrieben, und ich habe mich sicher nicht betrogen. Niemand als Sie kan so trefliche Geschenke machen; was mich aber kränkt, ist, daß ich nicht darmit prangen kan. Jedermann würde mich drum begrüssen, und Ihre Frau Mutter würde die erste seyn, mich zu fragen, von wem ich sie habe? Ich werde mich dahero begnügen, sie des Nachts oben an mein Bette zu hängen: dort kan ich sie, so lange ich will, schlagen machen, und an Sie denken, ohne von jemanden gestört zu werden. Es ist ein wahres Vergnügen, seine Gutthäter immer in Gedanken bey sich zu haben. Samstags werden wir uns hier sehen; Sie haben es lnrer Frau Mutter versprochen, und ich für mich erwarte diesen Augenblick mit Freuden. Ich bin mit Erkenntlichkeit

Ihre etc.
von Vaubernier.

XIV. Brief

AN HERRN LA GARDE, MAITRE DES REQUETES

de la Cour neuve, den 11. Augstm. 1764.

Sie haben sich vergangenen Montag verstohlner Weise in meine Kammer zu schleichen gewußt, und die Forcht, in der ich sowohl wegen Ihnen als mir war, nahm mir beynahe alles Vermögen, Sie wegzuschiken, oder Lerm zu machen. Ich mußte Sie also in mein Beth aufnehmen. Welche Versprechungen machten Sie mir nicht in jenen Augenbliken!.... Aber das Blendwerk ist verschwunden; mit Schmerzen sahe ich, daß Sie mich den andern Tag nicht mehr ansahen. Sie machten der Frau Generalpachterin, einer Mutter von vier Kindern, die noch auf eine lächerliche Weise die Verliebte macht, eine sorgfältige Aufwartung. Sie sagten mir, daß es nur deßwegen war, um ihr Spiel nicht zu verrathen. Ach! mein Herr, ich kenne das Ding; Sie zeigten zu viel Lebhaftigkeit, zu heftige Begierde und allzu viel Leidenschaft, als daß Ihr Betragen natürlich gewesen wäre. Sie haben meine Schwachheit mißbraucht, um mich zu verführen und hernach zu verlassen; wenigstens förchte ich es. Wenn es nicht so ist, so ziehen Sie mich aus dem Irrthum, und Sie schenken mir das Leben wieder. Morgen erwarte ich durch Ludwig eine Antwort von Ihnen; wenn ich keine kriege, so werde ich nach Paris gehen, blos um Sie zu sehen und Ihnen die derbsten Vorwürfe zu machen. Indessen bin ich

Ihre etc.
von Vaubernier.

XV. Brief

AN LAMET IN LONDON

de la Cour neuve, den 12. Augstm. 1764.

So hast du nun, mein lieber Lamet, einen Platz bey einem Lord, mit fünfzig Pfund Sterlings Gehalt. Ich wünsche dir Glük darzu. Siehe zu, daß du daselbst bleibest, bis ich ein besseres Glük habe. Ich bin jetzt bey Madam la Garde Generalpächterin, um ihr Gesellschaft zu leisten. Ich fange an, wie du siehst, in die grosse Welt zu tretten. Sie hat zween Söhne, einer bey Hof, der andere an denen Finanzen: beyde machen mir die Aufwartung. Ich weiß nicht, welcher der freygebigste ist; allein ich weise weder den einten noch den andern ab, sondern will, daß mich einer von ihnen unterhalte. Ich mache ein bisgen die Tugendhafte, um ihnen mehr Vergnügen zu verschaffen. Leb wohl, mein lieber Freund, wenn was Wichtiges vorgeht, so werde ich dir's berichten. Schreib mir öfters, und glaube, daß ich auf immer deine beste Freundin bin.

Lancon de Vaubernier.

XVI. Brief

VOM GRAFEN DÜ BARRY[1]

Paris, den 30. Brachm. 1767.

Ich habe schon einige mal, mein schönes Frauenzimmer, mit Ihnen allein gesprochen, um Sie zu bereden, daß Sie zu mir kommen und bey mir bleiben möchten; allein ich habe Ihnen nicht

---

[1] Hier ist in dem Leben der Madam Dü Barry ein ziemlich langer Zwischenraum. Folgendes ist kürzlich, was man zuverläßiges davon weiß:

Sie kam 1765 zu Ende des Jenners, von Madam la Garde weg Sie blieb bey ihrer Mutter, die damals mit einem gewissen Rancon, dem Madam la Garde einen Plaz als Bedienter an der Maut von Paris verschafte, wieder verheurathet war.

alle die Gründe, die Sie zur Einwilligung bringen sollten, noch alle die Vortheile, die Sie davon ziehen könnten, fühlen lassen können. Ich will mich also näher heraus lassen. — Sie sollen alsobald die Gebieterin meines Herzens, und als eine solche die Beherrscherin meines Pallasts seyn, in welchem Sie meinen Leuten, die von nun an die Ihrigen seyn werden, zu befehlen haben. Da ich an den vornehmsten Stellen, sowohl bey Hof, als von der Stadt Theil habe, so müssen Sie sich nicht wundern, wenn Sie bey mir, oder vielmehr bey Ihnen, Marquis, Dücs und sogar Prinzen sehen werden, die sich eine Ehre daraus machen werden, Ihnen ihre Aufwartung zu machen. Sie müssen alsdann einen gebieterischen Ton annehmen, vermittelst welchem es Ihnen weder an Roben, noch an Diamanten, noch an allem dem, was Sie mit den Damen vom ersten Rang in Gleichheit sezen kan, fehlen wird. Ich halte wöchentlich zweymal eine glänzende Gesellschaft bey mir. Sie sollen darinnen den Vorzug haben, die Staatsdame machen, und die Ehrenbezeugungen und Anbetungen aller derer, die sich an Sie wenden, erhalten. Wenn Sie einmal bey mir sind, so will ich Ihnen die Art zeigen, die Sie annehmen müssen, um die Segel nach dem Wind zu richten, dieses ist aber die Sache eines Augenbliks für Sie. Mit Ihren Talenten, und Ihrem Reiz, der Sie umgiebt, müssen sie allen, die Sie sehen, gefallen. Ueberlegen Sie es und willigen Sie ein. Morgen gehe ich zur Marquisin Düquesnoy, um eine Antwort von Ihnen zu erhalten. Indessen bin ich mit ohnwandelbarer Ergebenheit

Mein schönes Frauenzimmer

Ihr etc.
Graf Dü Barry.

Eilf Monat lang lebte sie so ziemlich eingezogen, ausgenommen einer kleinen Intrigue, die sie mit einem Perükenmacher in der Bourbon Strasse, dem Nachbar ihrer Mutter, hatte. Eine gewisse Marquisin Düquesnoy, die an der gleichen Strasse wohnte, gab wöchentlich zweymal Spiel; um mehr Interessenten zu kriegen, nahm sie die junge Lancon zu sich, wordurch die Gesellschaft zahlreicher und lebhafter ward. Sie blieb 18 Monat daselbst, nemlich das ganze Jahr 1766 und die ersten Monat 1767; eine Epoche, in welcher sie zum Grafen Dü Barry gieng.

XVII. Brief
AN MADAM RANCON

den 2. Augstm. 1767.

Mein Schweizer, meine liebe Mamma, sagte Ihnen gestern, daß ich nicht bey Hause wäre. Dieses wäre nicht begegnet, wenn ich gewußt hätte, daß Sie kämen; allein die ehegestrige Gesellschaft dauerte so lange in die Nacht hinein, daß ich gestern später als gewöhnlich aufgestanden bin. Bis jezt kan ich mich meiner neuen Unterkunft nicht genug rühmen: der Graf scheint sehr anhänglich an mich zu seyn. Er schlägt mir nichts ab, sondern bemüht sich, mir mein Verlangen zu erfüllen. Unsere Gesellschaften sind sehr glänzend. Die Art, wormit in denselben aufgenommen werde, die Menge und der hohe Stand der Personen, die ich darinnen sehe, alles läßt mich schliessen, daß, wenn den Grafen die Laune ankommen sollte, sich wiederum mit derjenigen, an deren Stelle ich kam, auszusöhnen, oder wenn auch ein anderer Zufall unsere Eintracht störte, ich mit leichter Mühe, ohne etwas beym Tausch zu verlieren, einen andern Plaz finden könnte. Im übrigen mag ich nichts mit der Zukunft zu thun haben; ich bin des Nachdenkens gleich überdrüßig, da ich von nichts als vom Genuß des Gegenwärtigen weiß. Leben Sie wohl, meine liebe Mamma, Ueberbringer dieses wird Ihnen sechs Louisd'ors zustellen. Kommen Sie morgen um 11 Uhr zu mir; sagen Sie nicht, daß Sie meine Mutter seyen; fragen Sie mir unter den Namen der Fräulein Lange, den ich jezt angenommen habe, nach. *Vaubernier Lange.*

XVIII. Brief
AN HERRN RADIX VON ST. FOIX, OBER-SCHATZMEISTER DES SEEWESENS

den 6. Christm. 1767.

Mein lieber St. Foix! ich bin in der grösten Verzweiflung. Sie können sich nicht vorstellen, wie weit Dü Barry sein schlechtes

Betragen gegen mich treibt. Ich bin's müde länger der Gegenstand seiner Hize, oder wohl gar Brutalität zu seyn. Wenn ich etwelche Ergözlichkeiten bey ihm genossen habe, so waren sie so sehr durch seine Wunderlichkeiten, worvon ich das Opfer bin, verfinstert, daß ich jezt gänzlich entschlossen bin, mich davon loszureissen, und mit ihm zu brechen. Sie sind unter denen vielen Personen, die ich in seinem Haus sahe, einer von denen, den ich am meisten vorgezogen habe; Sie schienen mir so sanft und von einem gefälligen Umgang zu seyn. Wenn alle die schönen Sachen, die Sie mir sagten, und die Vorschläge, die Sie mir thaten, im Ernst gemeynt waren, so hätten Sie jezt eine hübsche Gelegenheit mir's zu zeigen. Aber merken Sie's, ich will die Sache solid eingerichtet haben; ohne dieses soll keine Vertraulichkeit mehr unter uns gelten. Sie wissen, daß mir blos die Wahl wehe thut! aber ich liebe Sie, machen Sie sich's zu Nuze. Wir gewinnen beyde darbey, weil Sie das Vergnügen haben werden, eine Maitresse, die für artig paßiren kan, einzig zu besizen, und ich meines Orts werde die Zufriedenheit geniessen, keine Sclavin meines Tyrannen mehr zu seyn. Leben Sie wohl, und seyn Sie mit Ihrer Antwort so geschwind als mit Ihrer Ueberlegung. Ich bin, wenn Sie wollen, ganz die Ihrige.

Lange.

XIX. Brief

AN MADAM RANCON

den 3. Brachmon. 1768.

Sie wissen, meine liebe Mamma, daß ich viele Gegenstände von Kummer und Verdruß habe dulden müssen. Ich hätte niemals geglaubt, daß ein Mann, den man nicht liebt, so viel Gewalt über uns haben könnte, als sich der Graf über mich ausgenommen hat. Indessen sind die Sachen, seitdem ich Sie sahe, so weit gekommen, daß ich entschlossen bin, mich von ihm zu trennen. Ich habe zu dem End jemand geschrieben, der mich zu lieben schien. Dieser, obwohlen geneigt alles dem gegenwärtigen Vergnügen aufzuopfern, stund wegen den Folgen einer förmlichen Einlassung in Besorgnis, und war unschlüßig mich aufzunehmen. Ich war wegen einer andern Wahl in Verlegenheit, als ein so glüklicher als ohnerwarteter Zufall meinen Entschluß verrükte, und das Band, welches mich mit Dü Barry vereint, enger dann jemals zusammen gezogen hat. Ich habe nicht Zeit, Ihnen eine umständliche Erzehlung darüber zu machen. Ich soll Ihnen nur sagen, daß Herr Le Bel, Kammerdiener des Königs und sein Vertrauter, heute da zu Mittag speisen soll. Der Graf hat ihm von mir gesprochen, und Sie können leicht erachten, was eigentlich der Gegenstand dieser Zusammenkunft seyn mag, und was unsere Entwürfe sind. Indessen daß ich Hrn. Le Bel erwarte, schreibe ich Ihnen. Laßt uns frölich seyn, meine liebe Mamma! Obwohlen noch nichts ausgemacht ist, so kan ich mich doch den schmeichelsten Hofnungen nicht entziehen. Der Graf giebt mich für seine Schwägerin aus, ich habe mich darauf versehen, meine Rolle gut zu spielen. — Aber ich höre den Wagen des Herrn Le Bel; ich verlasse Sie, um ihn zu empfangen. Leben Sie wohl, liebe Mamma. *Vaubernier Lange.*

XX. Brief

AN LAMET IN LONDON

Compiegne, den 3. Herbstm. 1768.

Nun erhalte ich deinen Brief, mein lieber Lamet! Es ist ein Wunder, daß er mir nach so vielen Veränderungen meiner Lage, noch zugekommen ist. Zum Glük hat man ihn von Madam la Garde, meiner Mutter zugeschickt, und diese hat mir ihn sicher eingehändiget. Du thust mir den Vorschlag, nach London zu gehen, allwo du mir Hofnung zu einer glänzenden Bestimmung machst. Allein das Schiksal, das ich von denen Lords hätte er-

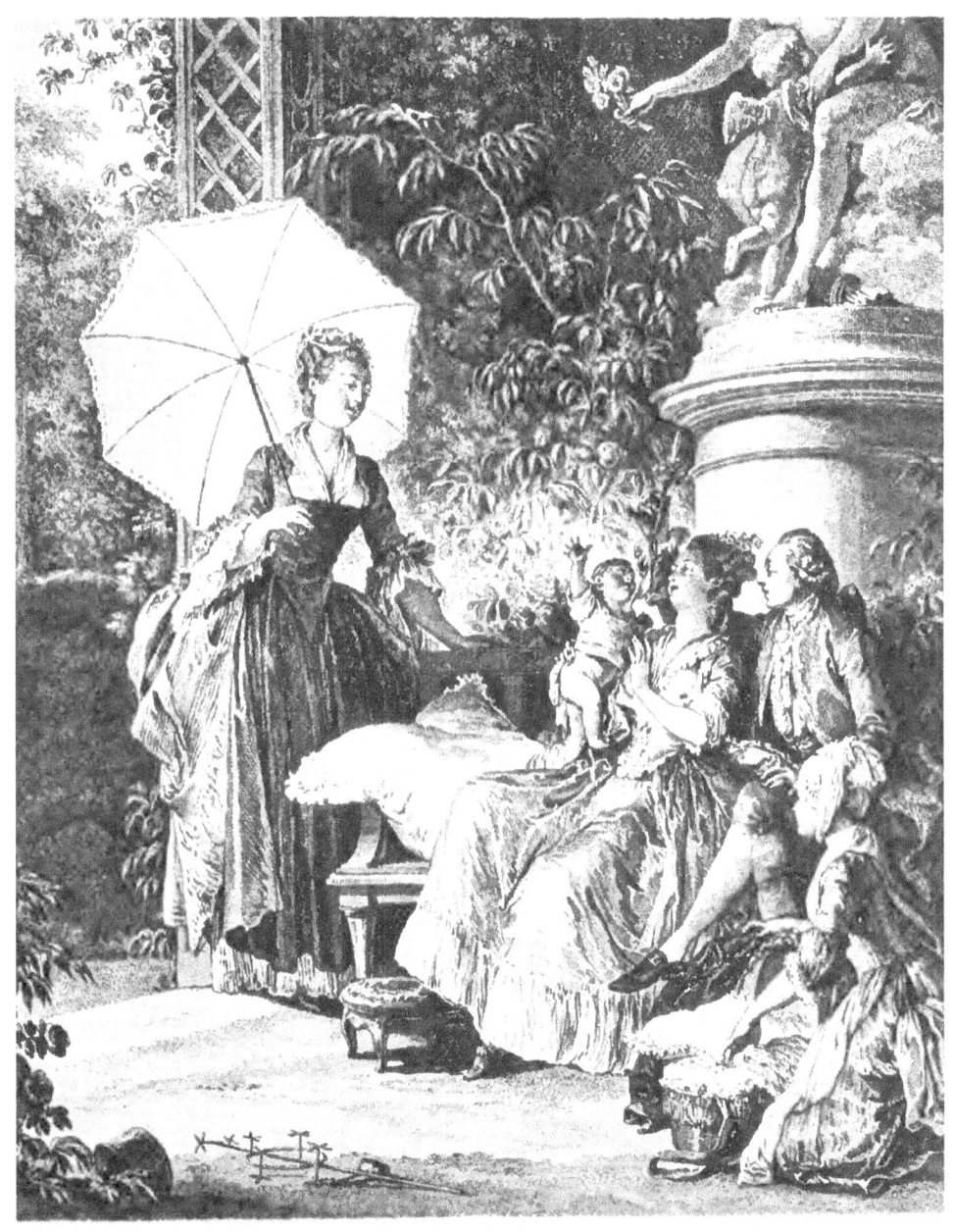

warten können, wäre gewiß dasjenige nicht werth gewesen, das ich jezt geniesse, und das ich niemals hätte hoffen können. Du hast dir, als wir noch mit einander lebten, nicht wohl einbilden können, daß du eine Frau besizest, die auf dem Sprung ist, eine vornehme Dame und Maitresse Seiner Allerchristlichsten Majestät zu werden. Es dünkt mich, ich sehe dich, indem du dieses liesest, deine grossen Augen aufsperren und sie reiben, um sicher zu seyn, daß du recht wach bist; indessen, mein guter Freund, ist nichts gewissers. Ich habe zum Schein einen diken Grafen Dü Barry geheurathet, und bin jezt zu Compiegne, wo ich das Amt einer Lieblingssultanin in seinem ganzen Umfang ausübe. Ich habe nicht nöthig, dir das Stillschweigen aufzuerlegen; du sollst selbst fühlen, wie wichtig es für dich und mich ist, nicht zu plaudern. Um dich dahin anzuhalten, und für die tausend Thaler, die ich dich kostete, zu entschädigen, wirst du beyliegend einen Wechselbrief von tausend Pfund Sterlings finden. Er ist auf den Ueberbringer gestellt, und du hast nicht nöthig dich zu erkennen zu geben, wenn du den Werth desselben beziehst. Du siehst, daß ich ohnerachtet meiner Grösse gleichwohl eine gute Frau bin. Schreib mir nimmer, bis ich dir die Mittel darzu an die Hand gegeben habe. Ich zähle eben so auf deine Bescheidenheit, als du auf meine Freundschaft zählen kanst, und die Begierde, die ich habe, dir Proben davon zu geben.

Gräfin Dü Barry.

XXI. Brief

VON DEM GRAFEN DÜ BARRY

Paris, den 9. Herbstm. 1768.

So sind Sie nun, meine werthe Schwägerin,[1] auf der höchsten Stuffe, nach welcher Sie verlangen konnten; aber um selbige zu

---

[1] Madam Dü Barry ward den 1. Herbstmonat 1768 in der Gemeinde St. Laurenz an Wilhelm Dü Barry, Bruder des Grafen der sie unterhielt, verheurathet.

behaupten, müssen Sie die gröste Vorsichtigkeit gebrauchen. Mit dem König, wenn Sie einzig um ihn sind, müssen Sie immer munter, frölich und scherzend seyn; aber öffentlich nehmen Sie den Ton der Sittsamkeit, der Zurükhaltung, mit einem Wort den Hofton an. Deßwegen müssen Sie nicht stolz seyn, im Gegentheil müssen Sie höflich und leutselig gegen jedermann, besonders aber gegen das Frauenzimmer seyn. Bedenken Sie, daß sie alle Ihr Schiksal beneiden, und daß es keine einzige unter ihnen giebt, die nicht, obschon Sie Ihnen viele Freundschaft bezeugt, Ihr Fall wünsche. Sehen Sie, daß Sie auf alle mögliche Weise den Düc de Choiseul in Ihr Spiel ziehen. Das ist ein großmächtiger Minister, der mit seinem Herrn macht, was er will. Schreiben Sie mir alle Tage. Um nicht die bestallten Personen zu verdunklen, will ich in Paris bleiben, und nur selten nach Hof gehen. Sie wissen, daß Sie keinen andern Freund als mich haben; mithin geben Sie mir von den kleinsten Umständen, die Sie angehen, Nachricht. Ich bin Ihr Schwager und Freund

Graf Dü Barry.

XXII. Brief

AN GRAF DÜ BARRY

Den 15. Weinm. 1768.

Mein lieber Schwager! Se. Majestät haben noch immer die gleiche Anhänglichkeit an mich. Er hat es gern, wenn man mir den Hof macht; aber über den Düc de Choiseul bin ich recht

Le Bel, der sie dem König vorstellte, sagte ihm, daß sie an einen Mann von Rang verheurathet wäre; allein er hätte nicht geglaubt, daß er im Ernst so anhänglich seyn würde, als er's war. Weil er nun fürchtete, Seine Majestät möchten die Wahrheit von andern erfahren, und seine Ungnade dardurch erfolgen, warf er sich zu seinen Füssen, sagte dem König, daß er zuerst hintergangen worden, und daß Madam Dü Barry weder verheurathet noch von Rang sey. „Desto schlimmer, rief der König aus, man verheurathe sie also schleunig, damit ich nicht im Fall seye, eine Thorheit zu begehen." Nun ward die Heurath in Zeit acht Tagen richtig.

ungehalten. Er scheint mir einen ausgezeichneten Haß zu haben; die Düchesse seine. Schwester[1] ist ausser ihr mich zu sehen: wenn sie mich ansieht, so hat sie die Augen voller Haß und Neid. O! ich glaube nimmer, daß ich diese Frau jemals werde lieben können. Man sagt, daß der Bruder und die Schwester ein Liedgen auf mich machen werden. Muß ich mich darüber beym Könige beklagen? Sie wissen besser, was vorgeht. Was soll ich machen? Ich erwarte Ihre Antwort, um nichts ohne Ihren Rath zu unternehmen. Ich bin, mein lieber Schwager, Ihre dankbare Schwägerin und Freundin *Gräfin Dü Barry.*

XXIII. Brief

VOM GRAFEN DÜ BARRY

Paris, den 16. Weinm. 1768.

Laßt uns, meine liebe Schwägerin, uns mit vieler Klugheit betragen. Da wir die Choiseuls nicht gewinnen können, so laßt uns auch nichts thun, wordurch wir sie uns auf den Hals richten könnten. Wenn, nachdem wir alles angewandt haben ihre Gunst zu erlangen, es uns nicht gelingt, alsdann wollen wir, um sie heimlicher Weise zu Grunde zu richten, gegen ihnen thun, was sie gegen uns thaten; allein wir müssen sehr behutsam seyn, um

---

[1] Die Frau Gräfin von Grammont war die intriguanteste Hofdame. Sie war stolz, herrschsüchtig, suchte als Gebieterin zu herrschen, und brachte es so weit, daß sie die Hand über ihren Bruder hatte, mit dem sie machte, was sie wollte. „Diese Düchesse, sagt ein Author selbiger Zeit, war eine ächte Hofdame nach der ganzen Stärke des Ausdrucks; nemlich entschlossen, frech, schamlos, da sie die Sitten, nur für das gemeine Volk eingeführt, ansahe. Obschon sie allbereit vierzig Jahre alt war, glaubte sie noch dem König zu gefallen. Sie machte sich ihren Stand und die Gunst ihres Bruders zu Nutze, und drang sich in die kleinen Zimmergen und dem geheimen Vergnügen des Monarchen auf. Um seinen guten und leichten Karakter, seine Schwachheit für das schöne Geschlecht und seinen Hang zur Wollust zu mißbrauchen, gelang es ihr, sich einige mal in das Bett des Königs wider seinen Willen zu legen. Allein da diese Gemeinschaft nur die Wirkung des Überdrangs war, und sie den Monarchen so zu sagen jedesmal darzu nöthigte, ward sie, als Madam Dü Barry auftrat, ganz verflossen." Inde irae.

nichts das Aufsehen macht zu unternehmen. ehe wir eine Parthey zusammen gebracht haben, die der ihrigen das Gleichgewicht hält.

Ich schike Ihnen zwo Listen; die Sie alle Augenblik zu Rathe ziehen sollen. Aus der einten werden Sie alle Anhänger der Choiseuls kennen; ihre Anzahl ist fürchterlich. Seyn Sie sehr vorsichtig, und indessen immer höflich gegen ihnen. Geben Sie keinen Einblasungen, die ihnen von dieser Seite herkommen, und Sie zu Schritten verleiten, die Sie zu Fall bringen könnten, Gehör. Trachten Sie einige von ihren Creaturen mit unter die Deke zu bringen; allein trauen Sie ihnen im Grund nicht ehender, als bis wir recht versichert sind, daß man auf sie zählen kan. Die zwote Verzeichniß enthält die unsichern Personen, oder heimlichen Feinde der Choiseuls. Ihre ganze Aussenseite zeige Ihre Geneigtheit gegen ihnen, und Ihr ganzes Vermögen gehe nur dahin, sich Freunde zu erwerben. Ich kan Ihnen nicht genug wiederholen, daß Sie mir von allem dem, das Sie in Verlegenheit sezen könnte, und worzu Sie Zeit haben meines Raths zu pflegen, Nachricht ertheilen sollen. In sehr dringenden Vorfallenheiten wird Ihnen meine Schwester Anleitung geben.

Ihre Erhöhung kommt so zu sagen von einem blossen Ohngefehr her; aber bedenken Sie, daß Sie selbig nicht behaupten können, ohne daß Sie sich blinder Weise dem Plan, den ich Ihnen zu Ihrem Betragen vorzeichne, überlassen, und daß Sie sich der grösten Gefahr aussezen würden, wenn Sie sich nur einen einzigen Augenblik davon entfernten. Sie sollen also wissen, daß ohnerachtet Ihrem Widerwillen gegen die Politik und Intriguen, selbige dennoch Ihre einzigen Stützen sind. Das was Sie mir von der Aufführung der Frau von Grammont gegen Ihnen sagen, befremdet mich gar nicht; niemals hat ein Frauenzimmer derjenigen verziehen, die sie ausgestochen hat. Versichert, daß Sie dem König gefallen, möchte ich wünschen, daß sie ihre Unverschämtheit noch weiter treibe, und ihr herrschsüchtiger Karakter würde sie zweifelsohn zu Ausschweifungen verleiten, die eben so unglüklich für sie als günstig für uns seyn könnten, besonders wenn ihr Bruder schwach genug ist, sich von ihr regieren zu lassen. Wenn Sie Samstags nach Paris kommen, wie Sie es willens waren, so will ich Ihnen mehr sagen, als ich Ihnen geschrieben habe, obwohlen mein Brief schon lang genug ist. Ich bin, meine werthe Schwägerin, Ihr Schwager und Freund

Graf Dü Barry.

R. S. Ich habe vergessen Ihnen zu sagen, daß ich es wußte, ehe man ein Liedgen auf Sie gemacht hat. Es ist ganz klar, daß dieses ein Streich der Choiseul ist. Diesem ohnerachtet sagen Sie dem König nichts darvon, denn Sie könnten, wenr er nichts drum weiß, indem Sie ihm Genugthuung forderten, seine Aufmerksamkeit rege machen, die gefährlich zu befriedigen seyn wird.

XXIV. Brief

AN DEN DÜC VON COIGNY

Paris, den 11. Jenner 1769.

Ich habe Ihr Entschuldigungsschreiben,[1] mein Herr Düc, erhalten, und verzeihe Ihnen gerne. Ich bin gut, und behalte niemals keinen Groll bey; jedoch lernen Sie gegen artigem Frauenzimmer vorsichtiger seyn; Sie verdienen etwelche Achtung. Ich wünsche Ihnen einen guten Tag, und bin durchaus

Ihre etc.

Gräfin Dü Barry.

[1] Das, was zu diesem Schreiben Anlaß gab, ist sehr drolligt. Der Düc von Coigny hatte Madam Dü Barry unter dem Namen der Mademoiselle Lange gekannt, als sie noch bey dem Grafen Dü Barry war. Er gieng hernach nach Corsika, und kam einige Zeit nach der Heurath der Madam Dü Barry, wieder zurück. Da er nun nicht wußte, daß sie die Maitresse des Königs war, suchte er sie bey dem Grafen Dü Barry. Man sagt ihm daß sie jezt in der Strasse des petits Champs

XXV. Brief

Den 17. April 1769.

Die Parthey der Choiseul, liebe Schwägerin, wird bis und so lange Sie nicht dem Hof vorgestellt werden, die Oberhand haben. Sie müssen diese Gnade durchaus zu erlangen suchen. Die Frau Gräfin von Bearn[1] hat uns versprochen, Sie aufzuführen; ihre kritische Lage macht, daß sie über alle Hindernisse, die sich äussern könnten, weg ist. Wir sehen den Haß und die Eifersucht der Choiseul nur allzu sehr. Sie haben nicht nur den Spöttereyen, durch ohngebührliche Liedgens, die in der Stadt und bey Hof herumgebotten werden, und worvon sie verstohlner Weise die Urheber sind, aufgeholfen; sondern sind vertrauter

wohne. Er macht sich eilends dahin. Von ohngefehr war sie gerade in jenem Augenblik dorten. Gleich fängt er sie an zu duzen, will sie küssen, und sie mit einem Wort als ein Frauenzimmer, das in der Welt mitgemacht hatte, behandlen. Diese, um sich gegen seinen Ueberdrang zu stellen, nahm ein ernsthaftes Gesicht an, und sagte ihm zulezt, daß sie geheurathet sey. „Desto besser, versezt ihr der Düc, wir haben ein Vergnügen mehr, wenn wir einen zum Hanrey machen können." Madam Dü Barry, da sie sahe, daß sie mit ihm nicht fertig werden konnte, war genöthigt zu läuten, ihren Leuten zu rufen, und ihnen zu sagen, daß sie den Domestiquen des Dücs den Wink geben sollen, daß ihr Herr gehen wolle. Dieser über eine solche Aufnahm ganz betretten, gieng zum Grafen Dü Barry, dem ers erzehlte. Dieser sagte ihm, daß sie die Maitresse des Konigs seye. Dieses nöthigte den Düc, der Madam Dü Barry zu schreiben, und ihr seine Entschuldigung zu machen. Wir haben diesen Brief nicht finden können. Er befand sich nicht unter den Schriften, derer man sich bemächtigte, als Madam Dü Barry ins Kloster dü pont-aux-Dames verwiesen wurde. Er muß recht sonderbar seyn.

[1] Madam de Bearn war eine Tochter vornehmen Standes, die nicht viel zum Besten hatte, und Wittwe eines von der Leibwache Kammerjunker des Perigords war. Sie kam nach Paris, um einen Rechtshandel, den sie wider das Haus Salüces hatte, und der für sie ein Gegenstand von 300 000 Livres war, fortzusezen. Da sie bis Austrag der Sache eine beträchtliche Summe erhalten hatte, wandte sie das Geld darzu an, um sich ihrem Stande gemäß sehen zu lassen, und Credit zu erlangen. Sie war eine Befreundtin der Richelieu und derer von Aiguillon, die ihr zu Gewinnung ihres Rechtshandels verhalfen, und sie hernach vermochten, Madam Dü Barry bey Hof aufzuführen. Das Glük, das ihr dieser Schritt öfnete, machte, daß sie sich über alle Vorurteile und alle das Lächerliche, das sie sich zuzoge, wegsezte.

dann jemals mit der Königl. Familie, die sie aus allen Kräften wider Sie aufbringen, da sie Sie mit den schwärzesten Farben der Lästerung und Verläumdung schildern. Da sie jezt mehr dann jemals die Huld des Königs geniessen, so können Sie keine andere Parthey ergreifen, als daß Sie sich weinend zu seinen Füssen werfen, Ihn um aller Gewogenheit willen, die Er wohl für Sie haben möchte, zu bitten, Sie nimmer länger denen Schmachreden Ihrer Feinde ausgesezt zu lassen, und die Vorstellung zu erlauben, ja sogar zu befehlen. Lassen Sie alles, was Ihre eigenen Vortheile, und Ihre Liebe zum König Ihnen alsdann eingeben kan, mit einfliessen. Dieses letzte Hilfsmittel wird das wirksamste seyn. Trachten Sie diesen Schritt noch vor Ende der Woche zu bewerkstelligen. Thun Sie es mit aller der Wärme, deren Sie fähig sind, um das Herz des Königs zu rühren. Ich wünsche, daß die erste Nachricht, die ich von Hof erhalte, diejenige seye. Ich bin ohnausgesezt Ihr Schwager, und der treuste Freund, den Sie auf der Welt haben. *Graf Dü Barry.*

XXVI. Brief

VON DEM GRAFEN DÜ BARRY

Paris, den 19. April 1769.

Reden, die Sie mit meiner Schwester führten, und die sie mir hinterbrachte, erschreken mich. „Alle dieser Lerm da, sagten „Sie, macht mich überdrüßig: was ist wohl das Schlimmste, das „mir begegnen kan? Wenn mich der König aufgiebt, so verlasse „ich den Hof, und mit dem, das er mir geschenkt hat, und der „Pension, die nothwendiger Weise darauf erfolgen muß, habe „ich genug, um mich in der Welt sehen zu lassen, und ein so „glüklich als fröhliches Leben zu führen." Ach! meine liebe Schwägerin, wie wenig kennen Sie den Hof! Wissen Sie, daß das, was Ihnen begegnen kan, ist, daß Sie auf Zeitlebens ins Kloster gesperrt, mit dem Verbott, daß keine Seele zu Ihnen gelassen werde. Noch eins, würden Sie wohl glüklich seyn, wenn man Sie mit Gift vom Hals schafte? Ich sage Ihnen weiter nichts mehr; dieses soll Ihnen Forcht einjagen. Verbrennen Sie diesen Brief; ich verweise Sie auf meinen ehegestrigen. Befolgen Sie meinen lezten Rath so schleunig als Sie können.

Graf Dü Barry.

XXVII. Brief

VOM GRAFEN DÜ BARRY

Paris, den 23. April 1769.

Sie sehen nun, meine werthe Schwägerin, wie gut mein Rath war, den ich Ihnen gab, durch die Wirkung, die er that. Nun sind Sie ohnerachtet aller Ränke und Kabalen der Gegnern dem Hof[1] vorgestellt worden. Dieser Auftritt muß, da er die Macht, die Sie auf das Herz des Königs haben, anzeigt, natürlicher Weise unsere Feinde schreken, sie vorsichtiger machen, ihre Zahl vermindern, und dieienige unserer Anhänger merklich vermehren. Allein Sie müssen deßwegen nicht weniger auf Ihrer Hut seyn. Behalten Sie immer die genaueste Aufmerksamkeit bey, hüten Sie sich besonders wohl, daß Ihnen mit Ihrer gewöhnlichen Offenherzigkeit keine anstößige Rede oder Spaß entwische, dessen man sich bedienen könne, um Ihnen an der Gesinnung des Königs zu schaden. Wenn Sie etwas Unbesonnens von der Art gemacht haben, so wählen Sie sich selbsten einen günstigen Augenblik, um es Sr. Majestät mit dem Reiz und dem muntern Wesen, das Ihnen so ganz eigen ist, und wordurch Sie Ihn feßlen, zu hinterbringen. Wenn Sie sich so anschiken, so wird Er über einer Sache lachen, die, wenn sie Ihm von Uebelgesinnten zu Ohren käme, Ihn vielleicht gegen Sie aufbringen könnte. Wenn

[1] Madam Dü Barry ward den 22. April 1769 durch die Frau Gräfin von Bearn vorgestellt.

Sie ihnen also zuvorkommen, so werden jene sich selbst mehr als Ihnen schaden, und nichts als ihre Abgeneigtheit zu erkennen geben. Sie werden meine Anleitung sicher sehr geringfügig finden; allein öfters können dem Anschein nach gleichgültige Dinge die wichtigsten Folgen haben. Da Sie genöthigt sind, sich nicht nur nach den gegenwärtigen Auftritten, sondern auch nach den zukünftigen zu richten, so ist es möglich, daß Sie unter der Menge von Räthen, die ich Ihnen gab, einen finden, von dem Sie keinen Gebrauch machen können; diesem ohnerachtet wandle ich doch meinen Weg fort, weil es kein Schade ist, Ihnen zu viel zu sagen, grosser hingegen entstehen könnte, wenn ich Ihnen zu wenig, sagte. Ihre Lage, das Geräusch das Sie umgiebt, Ihre anerbohrne Flüchtigkeit, können Sie zu Unvorsichtigkeiten verleiten, vor welchen es nöthig ist Sie zu warnen. Hinter dem Umhang verstekt, kan ich besser von den Sachen als Sie selbst urtheilen, und Ihre Erfahrung soll Sie überzeugen, daß ich gute Augen habe. Ich bin, meine liebe Schwägerin, immer Ihr etc.

Graf Dü Barry.

XXVIII. Brief

AN MADAM LA GARDE[1]

Versailles, den 30. May 1769.

Es ist mir leid, daß ich nicht bey Haus war, Madam, als Sie die Mühe nahmen zu mir zu kommen. Sie haben nicht nöthig, mich um meine Protektion anzusprechen, Sie haben sie schon und können drauf zählen, so wie auf meine Hochachtung. Ich bin ganz die Ihrige. *Gräfin Dü Barry.*

---

[1] Abends vorher erhielt Madam la Garde, bey der Madam Dü Barry im Jahr 1764 war, einen Besuch von ihro mit dem glänzendsten Gepränge, sonder Zweifel um den Stolz und die Eigenliebe dieser Närrin zu demüthigen, und dann auch ein wenig aus Selbsteitelkeit. Madam la Garde gab der Gräfin Dü Barry den Gegenbesuch, und da sie sie nicht antraf, schrieb sie bey ihrem Schweizer, daß sie gekommen seye, um sie um ihre Protektion zu bitten.

XXIX. Brief

AN DEN GRAFEN VON STAINVILLE

Den 31. May 1769.

Ich habe, mein Herr, Ihr Schreiben erhalten, und antworte mit so viel grösserm Vergnügen darauf, da ich Ihnen zu gleicher Zeit anzeigen kan, daß Seine Majestät Ihnen die Anwartschaft auf das Gouvernement von Straßburg bewilliget, und daß ich es selbst ausgewirkt habe. Sie sehen dardurch, daß ich weit entfernt bin Ihnen übel zu wollen. Die Gesinnungen, die Sie gegen mir äussern, sind sehr schmeichelhaft. Wenn der Herr Düc und Ihre Frau Schwester so dächten wie Sie, so wären wir die besten Freunde von der Welt; aber ich kan weiter nichts als das Meinige beytragen. Ich bin ganz die Ihrige.

Gräfin Dü Barry.

XXX. Brief

VOM KÖNIG[1]

Statt bis morgen zu warten, so kommen Sie diesen Abend, ich habe Ihnen etwas zu sagen, das Sie freuen wird. Guten Tag, glauben Sie mir, daß ich Sie liebe. *Ludwig.*

XXXI. Brief

AN DIE GRÄFIN VON BEARN

Den 2. Heumonat 1769.

Ich kan Ihnen, Madam, für Ihre Gütigkeit, Ihre Gefälligkeit und Ihren Eifer nicht genug danken. Ich dächte, daß ich das

---

[1] Dieser Brief war ohne Datum; allein er muß vom May 1769 seyn: denn das, was der König Madam Dü Barry sagen wollte, war, daß Er ihr das Schloß von Lucienne zum Geschenk gab, welches diese Dame im Brachmonat gleichen Jahrs inne hatte, weil sie schon daran arbeiten ließ.

alles mißbrauchen würde, wenn ich Ihnen nicht ohngesäumt die Freyheit schenkte, die Sie so sehr lieben, und deren ich Sie um meinetwillen so lange beraubt habe, und es hiesse zulezt doch Ihrer Freundschaft mißbrauchen. Sie sagten mir einige mal von dem Mißvergnügen, das Sie in einem Land empfänden, für welches Sie eher dann ich geschaffen wären, und in welchem wir doch auf eine gewisse Art mit einander den Anfang im Spiel gemacht haben. — Sie haben Geschäfte, die Sie nach Paris rufen: nach der Reise von Marly bitte ich Sie um alles, thun Sie sich keine Gewalt an; gehen Sie geradezu ins Luxemburg, seyn Sie darin frey, und überlassen mich dem Geräusche von Versailles; allein seyn Sie versichert, daß ich Sie niemalen daselbst vergessen, sondern Zeitlebens seyn werde, Madame

Ihre etc.

Gräfin Dü Barry.

XXXII. Brief

AN HERRN KANZLER VON MAUPEOU[1]

Den 6. Heumon. 1769.

Mein Herr Kanzler!

Ich verstehe nichts von Ihren Gesezen. Sie sind ungerecht und grausam. Sie sind wider die Politik, wider die gesunde Ver-

---

[1] Man sehe, aus welcher Ursache Madam Dü Barry diesen Brief an Herrn Kanzler schrieb. Ein junges Mädchen von Liancoure in der Picardie, ward durch Hinzuthun ihres Seelsorgers, schwanger, und hatte das Unglück, mit einem todten Kind niederzukommen, ohne daß sie vorher die nach denen Verordnungen vorgeschriebene Anzeige gethan. Sie ward angeklagt, und von dem ersten Richter, nach dem klaren Buchstaben der Geseze, als eine die die Leibesfrucht abgetrieben habe, zum Strang verurtheilt. Dieses Urtheil, welches hernach vom Parlement bestätigt wurde, sollte nun vollzogen werden, als Herr von Mandeville, von den schwarzen Musketiers, der diese Sache erzehlen hörte, sich des Mädchens so lebhaft annahm, daß er gleich mit einem Memorial über dieses Geschäft nach Marly, wo der Hof war, eilte, sich zu Madam Dü Barry, die ihm unbekannt war, begab, sie mit solchem Nachdruk bat, Gnade für dieses Mädchen auszuwirken, daß sie ihm zusagte. In der Tat schrieb sie auf der Stelle diesen Brief an den Herrn Kanzler, und Herr von Mandeville war der Überbringer desselben.

nunft, wider die Menschlichkeit, wenn sie ein Mädchen, das ein todtes Kind gebohren hat ohne es anzuzeigen, an den Galgen bringen. Laut inliegendem Memorial befindet sich die Supplikantin in diesem Fall. Es scheint, man habe sie nur deßwegen verurtheilt, weil sie die Gebräuche nicht wußte, oder weil sie aus ganz natürlicher Schamhaftigkeit ihnen nicht nachkam. Ich verweise die Prüfung der Sache an Ihre Gerechtigkeitsliebe; aber diese Unglückliche verdient Nachsicht. Ich ersuche Sie wenigstens um Linderung der Strafe. Ihre Weichherzigkeit wird Ihnen das Uebrige eingeben. Ich habe die Ehre zu seyn etc.

Gräfin Dü Barry.

XXXIII. Brief

VON HERRN VON MAUPEOU

Den 6. Heumon. 1769.

Madam und werthe Baase![1]

Ich kan Ihnen nicht genug sagen, wie vielen Dank ich Ihnen weiß, daß Sie mir eine Gelegenheit verschaft haben, wo ich Ihnen meine vollkommene Ergebenheit bezeugen kan. Ich werde alle Anlässe, die sich ereignen, mit einem solchen Eifer ergreifen, daß Sie über alle Gesinnungen, worvon ich mir die höchste Ehre mache, sie Ihnen gewidmet zu haben, nicht den mindesten Zweifel hegen sollen. Ich habe über das Geschäft, dessen Sie sich annehmen, einen Aufschub ordoniert, und sobald man mir die Schriften zugestellt hat, werde ich machen, daß die Beklagte die

---

[1] Herr von Maupeou, um sich je länger je mehr in die Gunst des Monarchen zu sezen, hatte, als er wahrnahm, daß die Familie der Dü Barry, sich denen Barimore in Engelland, die von sehr hoher Geburt sind, und mit denen sich Herr von Maupeou für verwandt ausgab, anfliken wollte, diese Ansprache unterstüzt, und betittelte Madam Dü Barry als seine Baase; welches dem König ein wahres Vergnügen war. Herr von Maupeou trieb diese Schmeicheley bis zur Ausschweifung. Eines Tages, als er zu Madam Dü Barry kam, um ihr seine Aufwartung zu machen, stunden alle Anwesenden, aus Achtung für seinen Staatsrok, auf. „Bleiben Sie sizen, meine Herren, sagte er ihnen, es ist hier nur ein Besuch unter Verwandten."

Gnade erhält. Es würde sich an die erste Magistratsperson nicht allerdings schiken, Ihren Deklamationen gegen die Geseze, dessen Stelle ihn in die Nothwendigkeit versezt, auf die Ausübung zu dringen, durchaus Beyfall zu geben. Indessen, meine theure Baase, muß ich gestehen, daß sie unendlich mehr Werth haben würden, wenn sie von einem so aufgeklärten und so wohlthätigen Genie, als das Ihrige, diktirt gewesen wären. Sie geben einen sehr glänzenden Beweis, durch die Menschenliebe, die Sie heute zu Tage legen, davon, und ich hätte dieses neuen Zugs Ihrer gefühlvollen Seele nicht bedörfen, um überzeugt zu seyn, daß unser Herr keine rühmlichere Wahl hätte treffen können. Leben Sie wohl, meine verehrungswürdige Baase, erinnern Sie sich immer, daß Ihre kleinsten Wünsche für mich Befehle sind.

Ich bin mit Ehrfurcht etc. *von Maupeou.*

XXXIV. Brief

VON HERRN VON MAUPEOU

Marly, den 8. Heumon. 1769.

Madam und werthe Baase!

Die Beklagte hat Ihre Gnade erhalten. Wie viel bin ich Ihnen nicht schuldig, da ich mir schmeicheln kan, daß ich bey diesem Anlaß von einer wohlthätigen Gottheit begeistert war. Ich bin etc. *von Maupeou.*

XXXV. Brief

AN DEN GRAFEN DÜ BARRY

Den 20. Heumon. 1769.

Ich bin, mein Schwager, mehr dann jemals in Gunsten bey dem König, und so sehr man es seyn kan, bey Hofe. Der Düc von Richelieu ist auf Leib und Leben mein Freund. Der Kanzler, der, wie Sie wissen, mein Vetter geworden ist, macht mir sehr geflissentlich seine Aufwart. Herr von Choiseul hat nimmer so viel sichtbaren Haß. Er begleitete mich gestern auf Triel, welches man mir zu kaufen geben möchte; allein Düc von Richelieu sagte mir, ich sollte nicht trauen; er mache wider seinen Willen den Gutherzigen. Die Düchesse von Grammont, fahrt, damit sie mich nicht sehen müsse, in der Welt herum; man will, sie seye wirklich in Holland. Glük zu! ich mag nichts mehr von ihr reden hören. Sind Ihnen die am Montag auf Herrn Beaujon angewiesenen 200,000 Livres eingehändiget worden? Sie melden mir nichts davon. Morgen werde ich in Paris seyn; Sie werden mich in der Oper antreffen.

Ich bin etc. *Gräfin Dü Barry.*

XXXVI. Brief

AN DIE GRÄFIN VON MOYAN

Den 4. Augstmon. 1769.

Ich schike Ihnen einen Expressen, Madam, um Ihnen zu sagen, daß wir für Herrn und Mademoiselle von Louerme[1] Gnade erlangt haben. Seine Majestät haben mir selbige auf die verbindlichste Weise bewilliget. „Es freuet mich, sagte mir der König, daß die erste Gnadenbezeugung, die Sie mir abnöthigen, eine menschenliebende Handlung ist." Kommen Sie morgen, Ihren Dank dafür abzustatten, so werden Sie zu gleicher Zeit Zeugen von dem Vergnügen seyn, das ich empfinde, Ihnen gedient zu haben. Ich bin etc. *Gräfin Dü Barry.*

[1] Der Graf und die Gräfin von Louerme, beyde von sehr grosser Herkunft, wurden wegen Aufruhr wider die Justiz zum Tode veurtheilt. Die Gräfin von Moyan war ihre Tochter. Der Kanzler schlug ihnen die Gnade ab; allein aus Politik gestattete er einen Aufschub des Urtheils, um seiner Baase die Gelegenheit aufzubehalten, sich auszeichnen zu können.

XXXVII. Brief
VON DER MARQUISIN VON MONTMORENCY

Den 4. Augstmon. 1769.

Ich habe, meine liebenswürdige Gräfin, einen ganz besonderen Gedanken im Kopf. Sie kennen einen gewissen Düc von Bouteville;¹ er ist nimmer gar jung, und hat zu allen Zeiten ziemlich viel Streiche gemacht; aber jezt ist er nach seiner Meynung entschlossen, gescheidt zu werden. Der erste Beweis, den er mir davon giebt, ist, daß er sich wieder heurathen will. Er hat mich um eine Frau gefragt. Ich mußte über seinen Entschluß lachen; als ich aber sahe, daß es im Ernst gemeynt war, sagte ich Ihm: „Sie „müssen ine vernünftige und wizige Frau haben, die Ihnen als „Mentor dient. Ich kenne eine, die ganz für Sie taugt; allein ich „weiß nicht, ob sie Sie mag." Er hat mich hierauf sehr ausgefragt, und ich habe die Fräulein Dü Barry, Ihre Schwester und Freundin, genannt. Wenn dieses, meine liebenswürdige Gräfin, eine Ohnbedachtsamkeit ist, so soll das Verlangen, das ich habe, Ihre Befreundtin zu werden, meine Entschuldigung seyn. Reden Sie immer mit Ihrer Fräulein Schwester darüber. Wenn die Sache zu Stand kömmt, so ist es gut, wo nicht, so werde ich nichtsdestoweniger auf Zeitlebens Ihre Freundin seyn.

Marquisin von Montmorency.

XXXVIII. Brief
AN DIE GRÄFIN VON MONTMORENCY

Den 10. Augstmon. 1769.

Die Verbindung,² Madam, die Sie mir vorschlagen, ist für meine Schwester und mich schmeichelhaft. Ich habe mit dem

---

¹ Der Düc von Bouteville war aus einem der angesehensten Häusern des Königreichs; allein ein schlechter Kerl, verschämt, voller Schulden, und durchaus in üblem Rufe. Ein solcher Vorschlag abseiten der Madam von Montmorency war sehr politisch, und machte hierdurch der Favoritin auf eine ausnehmende Weise ihre Aufwartung.

² Sie fand jedoch nicht statt, denn der Düc von Bouteville begehrte zum vor-

König daraus geredt, der es genehmiget. Sehen Sie, daß Sie die Sachen auf das beste berichtigen, wir lassen alles gänzlich an Sie. Seyn Sie versichert, daß ich eine so schmeichelhafte Verbindung so sehr wünsche, als Sie. Ich umarme Sie, und bin Ihre Freundin.

Gräfin Dü Barry.

XXXIX. Brief

AN DEN DÜC VON AIGUILLON[1]

Sie sind, mein Herr Düc, zu sehr mein Freund, als daß ich nicht alle Gelegenheit, Ihnen zu dienen, mit Eifer ergreife. Ich habe nun bey dem König um die Genehmigung des Commando der leichten Reuter, die Sie kaufen möchten, angehalten. „Ja, „der Düc von Choiseul, sagte Er mir, hat es für den Vicomte „von Choiseul begehrt. — In diesem Fall, antwortete ich Ihme, „kömmt noch eine Ursache darzu, mir selbiges zu bewilligen, „denn man muß ihn ein bisgen wegen seiner Feindseligkeit und „Bosheit, die er gegen mich hat, züchtigen." Seine Majestät lächelten, und sagten, daß Sie mir nichts abschlagen könnten. Nun sind Sie zufrieden, und ich auch. Meine Empfehlung an meine gute Freundin, Madam von Aiguillon. Ich wünsche Ihnen einen guten Tag, mein Herr Commandant der leichten Reuter von der Königl. Garde.

Gräfin Dü Barry.

aus die Freyheit des Düc von Olonne seines Sohns, der auf Zeitlebens wegen seiner Geburt eingesperrt war, sonst aber den Tod verwirkt hatte; allein man wollte sie ihm niemals gestatten.

[1] In dieser Sammlung sind zerschiedene Briefe an Madam Dü Barry oder von ihr selbst geschrieben, ohne Datum. Man hat sie so unter ihren Papieren gefunden, ohne daß man gewiß weiß, ob diese Weglassung mit Vorsaz oder aus blosser Nachläßigkeit begangen worden ist. Dem seye wie ihm wolle, wir haben für gut befunden, nichts beyzusezen, sondern sie dem Publikum so wie wir sie gesammelt haben, unter Augen zu legen.

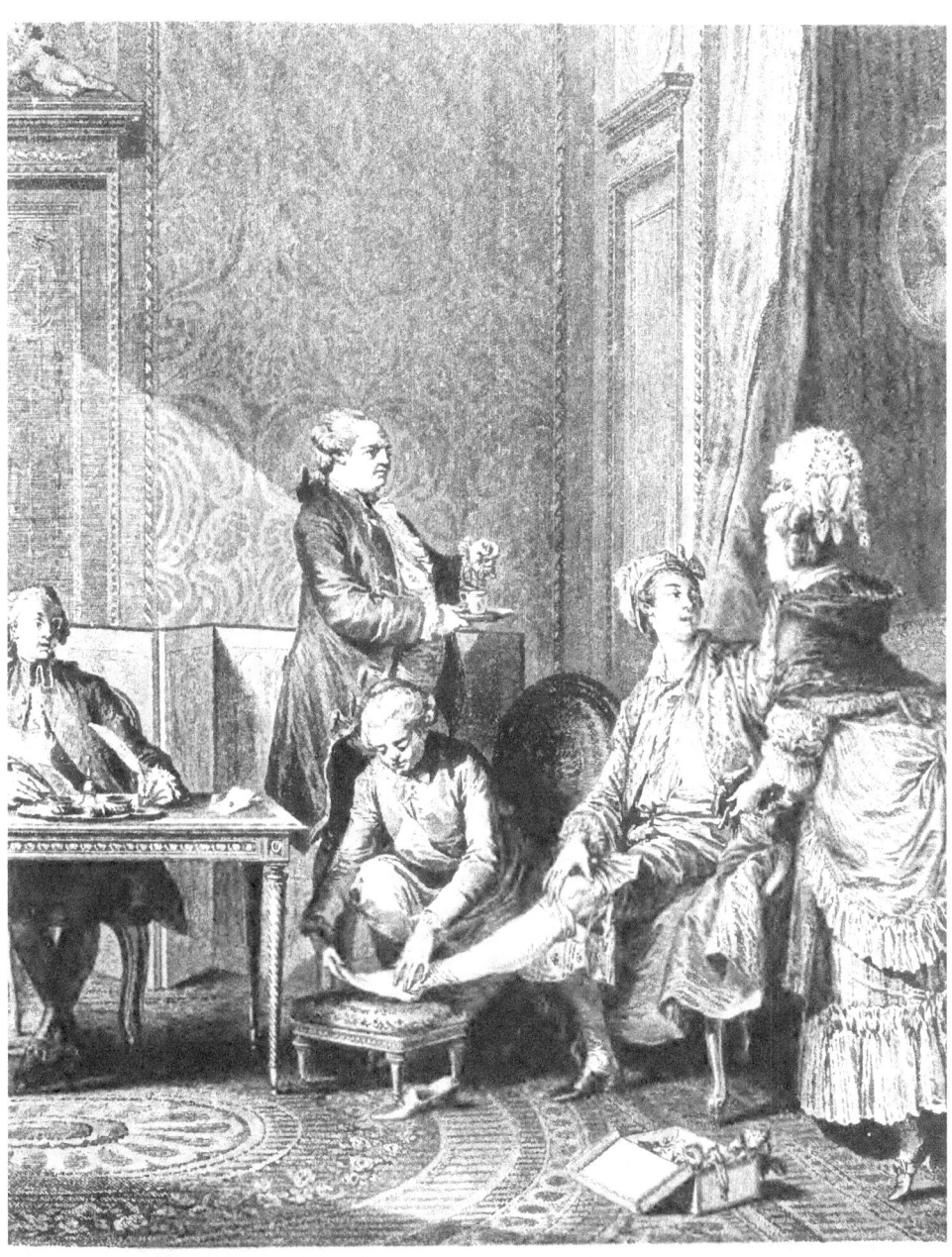

XL. Brief

VON DEM DÜC VON RICHELIEU

Meine verehrungswürdige Gräfin! Sie können der Ohnverschämtheit des Grafen von Lauraguais nicht geschwind genug abhelfen. Er hat ein Mägden aus der St. Honore Strasse genommen, ihr ein meublirtes Haus gegeben, und nun betitelt er sie öffentlich Gräfin Dü Tonneau. Sie fühlen den groben Einfall einer solchen Ungereimtheit. Wenn es noch ein paar Tage dauert, so ist ganz Paris voll davon, man muß sie also im Anfang unterdrüken.[1] Der Graf von Lauraguais ist ein Freund des Düc von Choiseul, nun wissen Sie, von wem der Streich herkommt. Ich bin, meine anbetungswürdige Gräfin, der gehorsamste Ihrer Diener. *Düc von Richelieu.*

XLI. Brief

AN MADAM VON MIREPOIX

Versailles, den 1. Jenner 1770.

Meine liebe Marschallin! Ich bin diesen Morgen beym König gewesen, um Ihm, wie ich es Ihnen versprochen hatte, die Loges von Nantes für Sie zu begehren.[2] Sie kriegen sie nicht; und wissen Sie warum? Weil sie Seine Majestät einem recht schlimmen Weib zum Neujahrgeschenk bestimmt haben. Sie werden leicht errathen, daß ich es bin. Seine Majestät wollen durchaus, daß ich sie behalte. Nichts kan schmeichlender für mich seyn, als die freundschaftliche Art, mit der mir der König dieses Ge-

---

[1] Madam Dü Barry hat sehr über diesen Spaß gelacht, allein die Regierung war desto ernsthafter. Die gute Gräfin dü Tonneau kam in die Salpetersiederey, und der Graf von Lauraguais ist, da er auf der Stelle nach London verreißte, einem Stekbrief entgangen.

[2] Die Loges von Nantes ein Gegenstand von ohngefehr 40 000 Livres jährlicher Einkünften, gehörten vorher der verstorbenen Düchesse von Lauraguais, zwar nur lebenslänglich.

schenk machte:¹ allein noch schmeichlender würde es mir gewesen seyn, wenn Er mir sie für Sie bewilliget hätte, denn ich habe ein grösseres Vergnügen, Gefälligkeit zu erweisen als zu empfangen. Geben Sie mir Gelegenheit, Ihnen einen wichtigern Dienst erweisen zu können, Sie werden sehen, mit welchem Vergnügen ich es thun werde. Ich umarme Sie, meine liebe Marschallin, von ganzem Herzen. *Gräfin Dü Barry.*

XLII. Brief

AN DEN DÜC VON VILLEROI

Den 1. Hornung 1770.

Ihr Schreiben, mein Herr Düc, weit entfernt Sie zu entschuldigen, bringt mich wegen Ihrem schlechten Betragen und der Niederträchtigkeit Ihrer Gesinnungen² nur desto mehr gegen Sie auf. Ich will Sie weder sehen, noch etwas von Ihnen hören. Thun Sie keinen Schritt mehr zu mir. *Gräfin Dü Barry.*

[1] Man könnte leicht glauben, Madam Dü Barry hätte dieses Geschenk, statt für Madam Mirepoix zu begehren, für sich selbst begehrt; allein sie gieng gerade zu Werk, und die Art, wormit sie ganz kurz in ihrem Brief Nachricht ertheilt, ist nicht so sehr zu ihrem Vortheil, als was sonsten statt hat. Der König war damals von seinen Höflingen umgeben. Madam Dü Barry kam ganz freudig ins Zimmer getretten, und nach den ersten gewöhnlichen Complimenten sagte sie: „Sire! ich „komme Ihnen mein Neujahrgeschenk zu begehren, nemlich die Loges von Nan-„tes, für meine gute Freundin die Madam von Mirepoix. Das kan nicht seyn, sagt „ihr der König, ich habe darüber verfügt. Wohlan, erwiederte Madam Dü Barry „mürrisch, das ist nun die vierte Gunst, um die ich Sie bitte, und die Sie mir „abschlagen. Der T—— soll mich holen, wenn ich Sie hinfüro mehr beunruhige! „Der König verwies ihr, daß dieses das Jahr übel angefangen seye, wenn man murre. „Und Sie noch übler, Sire, sagte Madam Dü Barry. Machen Sie was Sie wollen, „versezte der König, Sie werden mich nicht von meinem Entschluß abbringen. „Ich bin froh, daß Sie sich mit so vieler Wärme für Ihre Freundin verwenden; „allein wissen Sie, für wen ich dieses Geschenk bestimmt habe! Für Sie, Madam." Und Er umarmte sie.

[2] Der Düc von Villeroi war ein erz Libertin. Er war in eine Kammerjungfer der Mädam Dü Barry, die Sophie hieß, ausserordentlich verliebt, und nachdem er sie überredt und geschwängert hatte, nahm er sie aus dem Dienst weg, und gab ihr eigene Wirthschaft. Herr von Choiseul, der da wußte, daß er öfters zu Madam Dü Barry gieng, verwies ihm die niederträchtige und slavische Aufwartung, die

XLIII. Brief

VON DEM ABE TERRAY, GENERAL-CONTROLEUR DER FINANZEN[1]

Die Freundschaft, mit der Sie mich zu beehren, und alle das Gefällige, das Sie Ihrem Erlauchten Liebhaber von mir zu sagen belieben, machen es mir zur Pflicht, Ihnen meine Erkenntlichkeit auf die überzeugendste Weise dafür zu bezeugen. Ich habe ein Projekt auszuführen, das Sie, wie ich hoffe, nicht übel finden werden. Dr König giebt Ihnen eine Pension von 30 000 Livres monatlich, welches ohne Widerspruch für den ausserordentlichen Aufwand, den Sie nach Ihrem Stand machen müssen, zu schmal ist. Sie wissen es am besten, weil Sie auf den Hofbanquier abgeben müssen, welches ich in seiner Rechnung für baares Geld annehme. Ich werde Sr. Majestät anrathen, Ihre Pension zu verdoppeln, zu dem Ende werde ich Ihm begreiflich machen, daß dardurch erspart werde, indem alsdann Ihre kleinen Zedelgens und Abgaben, die ich als sehr beträchtlich angeben will, aufgehoben werden könnten. Unter uns beyden sollen sie doch gelten, und ich werde sie dem Hofbanquier gleichwohl in der Rechnung annehmen. Sehen Sie, das ist alles, was ich jezt für Sie thun kan, um Ihnen meinen Eifer und meine Ergebenheit, die ich Ihnen Zeitlebens gewidmet habe, zu bezeugen. Ich bin mit Ehrfurcht, Frau Gräfin etc. *Terray.*

er ihro mache. „Sie irren sich, antwortete ihm der Düc von Villeroi, ich habe „niemals keinen Schritt zu dieser Creatur um ihrentwillen, sondern um Sophie „ihrer Kammerjungfer willen gethan. Die Probe darüber ist, daß ich ihr eigene „Wirthschaft gegeben habe, und sie förmlich zu meiner Maitresse mache." Madam Dü Barry, der man diese Antwort hinterbrachte, schikte den Düc das erste mal, als er zu ihr kam, wieder weg, und verbot ihm, ihr jemals wieder unter die Augen zu kommen. Er hatte noch die Ohnverschämtheit, ihr zuzuschreiben, um sich zu entschuldigen, erhielt aber obige Antwort.

[1] Starb den 22. Hornung 1778 auf seinem Schloß de la Motte.
[2] Diese Einrichtung hatte in der That statt, und Madam Dü Barry gab nicht nur immer Anweisungen auf den Hofbanquier ab, sondern auch ihr Schwager that das gleiche wenn er wollte.

XLIV. Brief

AN DEN ABE TERRAY

Sie sind ein verehrungswürdiger, ein fürtreflicher, ein herrlicher Mann, mein lieber Abe. Alles was Sie thun, ist wohl gethan, und kan nicht anderst, als Seiner Majestät und mir angenehm seyn. Ich mache Ihnen schon zum voraus meine Danksagung. Glauben Sie nur, daß ich immer bereit seye, Ihnen alle Dienste zu erweisen, deren ich fähig bin. Ich wünsche Ihnen einen guten Tag. *Gräfin Dü Barry.*

XLV. Brief

VON DEM DÜC VON RICHELIEU

Hüten Sie sich wohl, meine anbetungswürdige Gräfin, den Gedanken auszuführen, den Ihnen der Düc von Noailles in den Kopf gesetzt hat, nach dem Gesundbrunnen von Bareges abzugehen, damit sie bey der Ankunft der Madam Dauphine nicht zugegen seyen, unter dem Vorwand, daß Sie bey denen Lustbarkeiten, die nur für sie sind, eine schlechte Figur machen würden, und Ihnen die Prinzeßin Verdruß machen könnte. Der Düc von Noailles, der Ihnen so gerathen hat, kan nicht Ihr Freund seyn. Er ist ein Miethling des Düc von Choiseul, der sich Ihre Abwesenheit zu Nuze machen möchte, um Sie aller Macht, die Sie auf den König haben, verlustig zu machen. Sie sind seine Gottheit; verlassen Sie ihn keinen Augenblick. Da Sie jung und schön sind, so kennen Sie die Gefahren der Abwesenheit nicht. Was würde man alsdann nicht anwenden, um Ihn von einer Liebe abzubringen, die seine ganze Glükseligkeit ausmacht, und die man Ihm in einem ganz andern Gesichtspunkt vorstellen würde? Das Alter schwächt die Begierde, wenn sie nicht immer gereizt wird. Ich sage Ihnen weiter nichts, meine himmlische Gräfin, aber wissen Sie, daß Sie alles zu verlieren haben, wenn Sie weggehen.

Ich bin mit Ehrfurcht etc.

Düc von Richelieu.

XLVI. Brief

AN DEN DÜC VON AIGUILLON

Den 30. Augstmon. 1770.

Ich danke Ihnen, mein lieber Düc, für Ihren Rath. Düc von Richelieu ist auch Ihrer Meynung, und ich habe mich bey der huldreichen Aufnahm, die mir Madam la Dauphine machte, sehr wohl befunden. Was Sie betrifft, so bin ich gestern, obwohlen ich das Geschäft nicht verstehe, bey Herrn von Maupeou gewesen, um Ihren Rechtshandel im Parlament aufzuheben. Ich habe dem König nach unserer Verabredung gesagt, daß Choiseul Ihre Richter wider Sie aufgewiegelt habe, weil Sie meine Parthey ergreifen. Se. Majestät ist entschlossen, alle Schriften Ihres Rechtshandels zu seinen Handen zu nehmen, da Er Sie gegen alle Beylagen, die Ihnen gemacht worden sind, durchaus als gerechtfertigt ansieht. Nun sollten Sie zufrieden seyn. Ich umarme meine liebe Düchesse, und wünsche Ihnen einen guten Morgen.

Gräfin Dü Barry.

XLVII. Brief

AN DEN DÜC VON AIGUILLON

Ich glaube nicht, mein lieber Düc, daß alle vereinten Künste jemals ein vollkommeneres und prächtigeres Meisterstük hervorgebracht haben, als den zweysizigen Wagen, den ich von Ihnen erhalte.[1] Wenn ich nicht aufhören kan, alle Talente, die alle Künstler darin gezeigt haben, zu bewundern, wie viele Lobeserhebungen bin ich nicht dem Geschmak desjenigen schuldig, der es so angeordnet hat! Ich werde ein wahres Vergnügen haben, meine Bewunderung mit dem König zu theilen. Indessen da man noch nichts so herrliches von dieser Art gesehen, so besorge ich, Se. Majestät möchten sich meinem Verlangen das ich habe, mich dieses Wagens zu bedienen, widersezen. Allein es begegne was da wolle, so bitte ich Sie, von meiner Erkenntlichkeit eben so wie von meiner Begierde, Ihnen bey allen Gelegenheiten Proben meiner aufrichtigen Ergebenheit, die ich Ihnen lebenslang gewidmet habe, immer versichert zu seyn. Ich bin etc. *Gräfin Dü Barry.*

[1] Nach dem Anhalten der Madam Dü Barry zog der König selbst alle Schriften des Rechtshandels des Düc von Aiguillon in sein Lit de Justice vom 30. Herbstmon. 1770 zurük. Dieser ließ aus Erkenntlichkeit einen Wagen machen, in welchem zwo Personen gegen einander über sizen können, (un vis-à-vis) worvon in obigem Brief Erwehnung geschieht, und sandte ihn seiner Wohlthäterin. Nichts war zu selbiger Zeit eleganteres und prächtigeres. Ganz Paris gieng hin, ihn aus Neugier zu sehen. Auf denen vier Hauptpanneaux war das Wappen der Dü Barry im Goldgrund mit dem famösen Kriegsgeschrey: Boutez en avant, d. i. Dringt hinein. Auf denen Nebenpanneaux sahe man Körbgen mit Rosen gezieret, auf welchen sich zwey Täubgen vollüstig schnäbelten, nebst einem von Pfeilen durchbohrten Herzgen und Amors Waffen. Dieser Wagen hat den Düc von Aiguillon 52 000 Livres gekostet. Das Publikum hat sich an dieser so ungereimten Pracht geärgert, und ist hierüber folgendes Epigramm gemacht worden:
  Pourquoi ce brillant vis-à-vis?
  Est ce le char d'une Déesse,
  Ou de quelque jeune princesse?
  S'écrioit un badaud surpris.
  Non... de la foule curieuse
  Lui répond un caustique, non;
  C'est le char de la blanchisseuse
  De cet infâme d'Aiguillon.
d. i. „Warum dieses glänzende Vis-a-Vis? Ist es der Wagen einer Göttin, oder irgend einer jungen Prinzeßin? rief ein erstaunter Pariser aus. Nein — rief unter der neugierigen Menge eine beissende Stimme, nein, es ist der Wagen der Wäscherin, (muß aber hier nicht wörtlich, sondern durch die Periphrase: die den ehrlosen Düc von Aiguillon bey dem König wiederum weiß gewaschen oder ehrlich gemacht hat, verstanden werden.)

 Madam Dü Barry hat sich auch wirklich dieses Wagens nicht bedient, denn der König, der selbigen allzu prächtig fand, hatte es ihro verbotten.

XLVIII. Brief

VON DEM DÜC VON NOAILLES

Frau Gräfin!

Ich habe von Madam la Düchesse von Grammont einen Auftrag an Sie, den ich mit so viel grösserm Vergnügen befolge, da er mir den Vorzug verschaft, mich für einen Augenblik mit der Gottheit zu unterhalten, die die Zierde des Hofes ausmacht. Diese Dame kränkt sich, daß sie nicht bey Ihnen in Gunsten stehen. Sie weiß nicht, wem sie das kaltsinnige Wesen, welches sie zwischen Ihnen und ihro zu herrschen vermeynt, zuschreiben soll. Sie hat vorzüglich viele Hochachtung für Sie, und da sie jez von ihren Reisen zurük ist, so wünscht sie mit grosser Begierde, daß der Friede zwischen Ihnen beyden wieder hergestellt werden möchte. Sie hat mich dahero zu ihrem Mittelmann erwählt. Kan ich mich guten Erfolgs schmeicheln? Ich soll Ihnen nur für mich sagen, daß es ihro leid ist, daß sie Ihnen bey etwelchen Anlässen aus handen gegangen ist; allein ihr Geständniß, und der Schritt, den Sie thut, sollen ihr zur Vergebung dienen, besonders gegen Ihnen Madam, deren Güte sich schon bey so manchem Anlaß ausgezeichnet hat. Ich bitte Sie also, auf ihre Bitte zu merken, und mich einer kleinen Antwort zu würdigen. Ich bin mit Hochachtung etc. *Düc von Noailles.*

XLIX. Brief

AN DEN DÜC VON NOAILLES

Wie, mein Herr Düc, Madam von Grammont weiß nicht, wie sie sagt, wem sie die Feindschaft, die zwischen ihr und mir herrscht, zuschreiben soll? Ist ihr, ihr beleidigender Stolz, ihre Verachtung und ihre ohnverschämten Reden unbekannt? Weiß sie nichts mehr von den Liedgens, die sie sowohl wider den König, der sie mit Wohlthaten überhäufte, als wider mich gemacht hat? Hat sie alle ihre heimlichen Ränke, alle ihre Intriguen und alle ihre Kabalen, um mich in dem Herzen Sr. Majestät und der Königl. Familie anzuschwärzen, vergessen? Wenn alle diese gehäßigen Umtriebe aus ihrem Andenken verschwunden sind, so sind sie noch dem meinigen eingeprägt; aber in Wahrheit nur um sie zu verachten. Indessen behalte ich doch keinen Groll bey: sagen Sie ihr, daß ich Ihrer gern nicht mehr gedenken will, mit dem Beding, daß ich sie niemals wieder sehe. Diesem zufolg erscheine sie nimmer bey Hof, lebe ruhig in Paris, ich verspreche es Ihnen und ihro, daß ich sie keineswegs beunruhigen werde. Ich bin überzeugt, daß wenn sie mich noch zu Grunde richten könnte, sie es thun würde. Großmüthiger als sie, begnüge ich mich, sie zu bitten, mich mit ihrer Gleichgültigkeit zu beehren, gleichwie ich ihr die meinige widme. Ich bin etc.

Gräfin Dü Barry.

L. Brief

VON HERRN VON MAUPEOU

Den 5. Christmon. 1770.

Madam und werthe Baase!

Sie haben nicht weniger Einfluß in die Geschäfte des Staats, als wenn Sie das Steuer führten, mithin da unser Interesse gemeinschaftlich ist, so müssen wir sehr einig seyn, und nichts als für das allgemeine Wohl sorgen, in welchem wir als gute Köpfe auch das unserige finden. Gestern gaben wir, wie Sie sehr hübsch sagten, dem Parlement einen Filz, indem wir ihm den Zuspruch machten, künftig vorsichtiger zu seyn; allein dieses stolze, herrschsüchtige Korp, dessen Ehrgeiz so weit geht, daß es sich die höchste Gewalt anmassen möchte, ist durch den Düc von

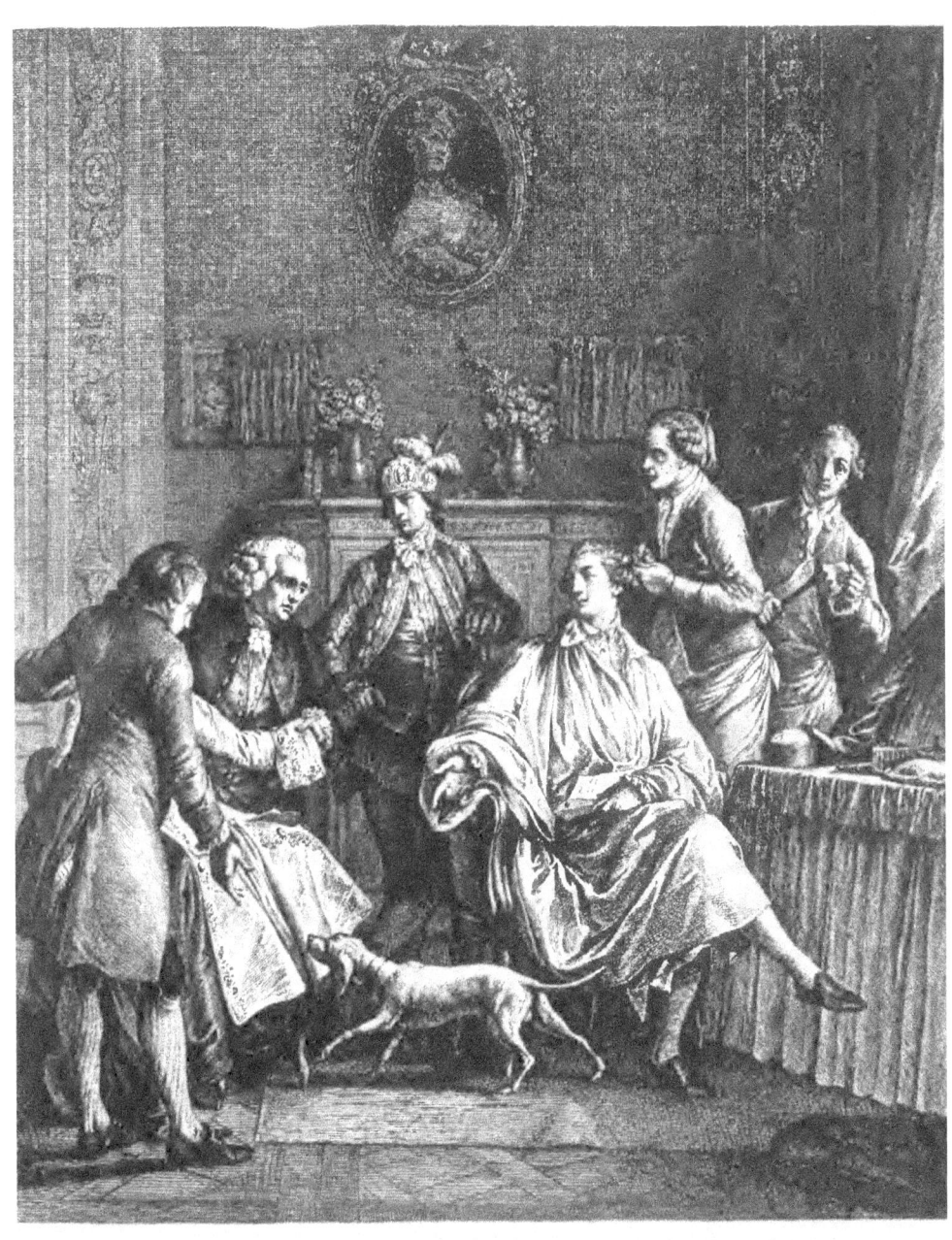

Choiseul seinen Beschüzer aufgebracht, sich wider das neue Gesez Seiner Majestät aufzulehnen. Ein Gesez, das jedoch nichts anders, als die Erneuerung eines alten, welches schon vor mehr als hundert Jahren eingetragen und ausgeübt worden ist. Da der Düc von Choiseul, unser gemeinschaftlicher Feind, und noch mehr der Ihrige als der meinige ist, so werden Sie, so lange er den Posten beybehält, nicht sicher seyn, und da nun der Zeitpunkt da ist, wo wir ihn auf immer vom Hals schaffen müssen, so laßt uns, uns mit einander vereinigen.

Sie Ihrer Seits müssen dem König beständig zu Ohren liegen, daß Choiseul das Parlement heimlicher Weise aufwiegle, seine Obliegenheiten zu unterlassen, und sich gegen Seine Majestät aufzulehnen. Wenn Sie nun dieses, ohne daß es den Anschein hat, daß Ihnen weiters etwas daran gelegen seye, werden vorgebracht haben, so will ich dem König die stärksten Beweise davon geben; ich werde Ihm gleicher Weise, mit Schriften in der Hand zeigen, daß die Düchesse von Grammont, unter dem Vorwand einer Lustreise, gesucht habe, die übrigen Parlementer aufzuwieglen, um sie gegen Seine Befehle widerspänstig zu machen. Zulezt wird der Düc von Aiguillon, und Abe Terray, dem König auf eine geschikte Weise beybringen, daß Düc von Choiseul, um all seyn Ansehn beyzubehalten, durch geheime Umtriebe den Krieg zu reizen suche, obschon er sich vorwärts Mühe giebt, den friedlichen Gesinnungen Sr. Majestät beyzustimmen.

Dieses ist mehr als genug, um einen in den Augen unsers Monarchen ehrgeizigen Minister zu stürzen, der ihn nimmer liebt, sondern so zu sagen nur noch aus Gewohnheit an ihm hängt, weil er ihn fürchtet, und als einen nothwendigen Mann ansieht. Dieses ist nun der Weg, den wir einschlagen müssen. Über Ihren Scherz in Ansehung des Düc von Choiseuls[1] bin ich ganz be-

---

[1] Der Scherze waren von Madam Dü Barry auf den Düc von Choiseul, zween, nur weiß man nicht recht, von welchem Herr von Maupeou hier redt: dem seye zwar wie ihm wolle, hier sind beyde. Eines Tags da Madam Dü Barry bey dem Kö-

zaubert: dergleichen lustige Einfälle versezen Hiebe, man muß aber so viel Wiz haben als Sie, um sie so gelegen zu erfinden. Es ist nicht nöthig, Ihnen Verschwiegenheit in unserm Unternehmen zu empfehlen, es ist Ihnen so viel als mir daran gelegen, es geheim zu halten.

Ich bin mit Hochachtung etc. *von Maupeou.*

LI. Brief

AN DEN DÜC VON VRILLIERE

Den 24. Christm. 1770 um 10 Uhr morgens.

Mein lieber Düc! Hier sind zween Befehlsbriefe,[1] die der König unterzeichnet hat, mit dem Auftrag an Sie, selbige auf der Stelle denen Herren von Choiseul und Praslin kund und wissen zu lassen. Verlieren Sie keinen Augenblick. Ich bin etc.

Gräfin Dü Barry.

nig war, hielt sie zwo Oranges, die sie in die Höhe warf, und darbey sagte: Springe Choiseul! Springe Praslin!

Ein andermal begegnete ihr einer ihrer Köche, der viele Ähnlichkeit mit dem Düc von Choiseul zu haben schien, auf der Treppe. „Seyd ihr in meinem Dienst?" „sagte sie zu ihm. Ja Madam, antwortete er. „Wohlan, versezte Madam Dü „Barry, ihr habt ein allzu widriges Ansehen, sagt meinem Hausverwalter, daß ich „euch nimmer sehen wolle, und daß er euch auf der Stelle wegschike." Dieses geschahe. Den gleichen Abend erzehlte Madam Dü Barry dem König, was sich zugetragen, mit dem Beyfügen: „Ich habe meinen Choiseul weggeschikt, wann wer-„den Sie den Ihrigen wegschicken?"

[1] Hier sind die zween Befehlsbriefe. Der erste ist an den Düc von Choiseul. Mein Vetter!

„Daß Mißvergnügen, welches mir ihre Dienste verursachen, nöthiget mich, „sie nach Chanteloup zu verweisen, wohin sie sich in 24 Stunden begeben werden. Ich hätte sie viel weiter geschikt, wenn es nicht wegen der Achtung, die ich für „die Frau Düchesse von Choiseul trage, wäre, deren Gesundheit mir interessant „ist. Nehmen sie sich in Acht, daß ihre Aufführung mich nicht auf einen andern „Entschluß bringe. Indessen bitte ich Gott, daß er sie in seinen heiligen Schutz „nehme." Ludwig.

Der zweyte an den Düc von Praslin:

„Ich brauche ihrer Dienste nimmer, und verweise sie daher nach Praslin, wohin „sie sich in vier und zwanzig Stunden begeben werden." Ludwig.

LII. Brief

VON DEM DÜC VON AIGUILLON

Den 27. Christm. 1770.

Ich habe, Frau Gräfin, allzu viele Beweise Ihrer Güte erhalten, als daß mich die neue Gewogenheit, mit der Sie mich beehren, befremden sollte. Erlauben Sie mir, Ihnen unter Versicherung meiner Erkenntlichkeit, einige Anmerkungen über die gegenwärtigen Umstände zu machen.

Die ausserordentliche Probe, die ich von der Protektion des Königs, in meinem Geschäft erhalten habe, hat mir sehr viele Feinde erwekt, und der Auftritt ist noch allzu neu, als daß es klug gethan wäre, sogleich die Stelle anzunehmen, zu der Sie Se. Majestät mich zu ernennen beredt haben.[1] Überdas, Madam, hat das allgemeine Bedauren, worvon das ganze Publikum unsern Fe nden in der Stunde ihres Exiliums, Beweise zu geben bemüht war, ihnen eine Art von Triumph gewährt, der nicht anderst als einen unangenehmen Einfluß auf diejenigen haben kan, die an ihre Stelle kommen. Ich glaube also, ohne weitläufiger zu seyn, daß ich klüger handle, wenn ich noch etwas Zeit hinter dem Umhang bleibe, und einen günstigern Zeitpunkt abwarte, um auf der Bühne aufzutretten. Alle Vorsichtigkeit, die wir nehmen müssen, ist, daß in der Zwischenzeit solche Leute hinkommen, die weder genugsame Selbstbeständigkeit noch hinlängliche Talente haben, welche uns beförchten lassen, daß sie ohne uns fortkommen können. Wenn sich alle Galle der Nation über sie wird ergossen haben, und ihre Ohnerfahrenheit, eine Abänderung erheischt, dann ist es Zeit, daß ich auftrette. Wenn ich so zu sagen zum nothwendigen Manne werde, so wird es mir leichter, Ihnen ächte Beweise von meiner Ergebenheit zu geben.

---

[1] Hier ist die Rede von einem Minister des Seewesens, welche Stelle Madam Dü Barry für den Düc von Aiguillon vom König erhalten hatte, die er aber aus weitaussehender Staatsklugheit nicht gleich den Augenblick annehmen wollte.

Sie haben, Madam, Wiz genug, um einen Plan auszudenken, und Geschiklichkeit genug, ihn mit mir ausführen zu helfen. Es giebt, Sie wissen es, Anlässe, wo man, wie es im Sprüchwort heißt, zurüktretten muß, um einen stärkeren Sprung zu thun.

Ich bin etc. *Düc von Aiguillon.*

LIII. Brief

AN DEN ABE TERRAY

Den 3. Jenner 1771.

Mein lieber Abe! der König ist über die Wahl eines Ministers des Seewesens immer ohnentschlossen. Ich habe Ihm von Ihnen gesagt, und ich meynte, Herr Kanzler, der just zugegen war, würde mich zu Gunsten Ihrer unterstüzen; allein er redte kein Wort darzu. Se. Majestät sagten mir, daß man Ihm verschiedene Personen darzu vorgeschlagen hätte, und daß Sie nicht wüßten, wem Sie den Vorzug geben wollten. Indessen, damit die Geschäfte des Seewesens durch die Ohnentschlossenheit des Königs keinen Anstand leiden, so habe ich Ihm angerathen, Ihnen beyläufig das Patent zuzustellen, welches Sie nemlich nach der Ernennung eines andern Ministers wieder zurükgeben. Seine Majestät haben es genehmiget: und nun sind Sie Minister vom Seewesen, ad interim. Es liegt Ihnen ob, mein lieber Abe, sich an diesem neuen Plaz alle Mühe zu geben, daß man Sie beybehalt. Da das Kriegsministerium nicht für Sie taugte, so ließ ich mirs nicht einmal beygehen, Sie vorzuschlagen. Prinz von Conde hat sich sehr für einen Marquis von Monteynard, den ich eben nicht kenne, verwandt, und der König gab seine Einwilligung. Wir wollen sehen, wie er sich betragt, und ob wir mit ihm zufrieden seyn können.[1] Leben Sie wohl, und glauben Sie, daß ich immer Ihre Freundin bin. *Gräfin Dü Barry.*

[1] Da alles nur aus Interesse geschieht, so hatte Prinz von Conde auch das seinige in der Ernennung des Marquis von Monteynard. Er hatte schon lange ge-

LIV. Brief

VON HERRN VON MAUPEOU

Madam und werthe Baase!

Ich berge Ihnen nicht, daß weit entfernt den König zu bereden, daß er das Patent des Seewesens, dem Abe Terray bewillige, ich selbiges für Herrn Bourgeois von Boynes begehrt habe, und ich bitte Sie, daß wenn Sie Seine Majestät nicht zu Gunsten dieses leztern intereßiren wollen, doch wenigstens nimmer zu Gunsten des Abe Terray anzuhalten. Sie wissen, daß ich ihn zum Generalkontroleur gemacht habe: ich hofte, er würde auf meiner Seite seyn und meine Absichten unterstüzen. Er hat mich wohl dessen versichert, allein bey sich selbst beschlossen, nichts zu thun. Weit entfernt mir die nöthigen Sachen anzuschaffen, um die Zerstörung des Parlements und der Choiseul unserer Feinden verriegeln zu können, wollte er nicht einmal die Hindernisse heben, die mir im Weg lagen. Niemand war vertrauter mit denen Geheimnissen der Magistratur, bekannter im Parlament, wußte mehr von dem Karakter, den Gemüthern und den Schlichen seiner alten Mitkollegen, als er. Mit dem allen leistete er mir nicht die geringste Hilfe, stund mir mit keinem einzigen Rat bey, sondern ließ mir die ganze Last meines Unternehmens auf dem Naken. Er hat sich, glauben Sie mir's, gewiß nicht aus irgend einer Absicht zum allgemeinen Besten so be-

wünscht, daß man ihm zu lieb die Stelle eines Generalfeldzeugmeisters von Frankreich, welche ihm jährlich 400 000 Livres abgeworfen hätte, wiederum einführte, und dachte, daß weil der Kriegsminister seine Kreatur war, er der erste seyn, der die Wiedererrichtung dieser Stelle für ihn vorschlagen würde; allein Marquis von Monteynard stellte dem König, es seye um seine Einkünfte und sein Ansehen nicht zu schmälern, oder aus wahrer Absicht zum Besten des Staats vor, daß ihm der Zeitpunkt, in welchem der Zustand seiner Finanzen eine Einschränkung der ausserordentlichen Kriegsunkosten erforderten, nicht derjenige zu seyn scheine, einen so beträchtlichen Aufwand zu machen, als die Gnadenbezeugung, um welche Prinz von Conde anhalte. Diesem zufolg ward nichts aus der Sache.

tragen. Nicht aus Freundschaft oder Großmuth gegen seine alten Mitkollegen ist es geschehen, sondern weil er die gänzliche Ausführung meiner Projekte für ohnmöglich hielt. Er hofte, daß ich unter der Last erliegen würde, wo er alsdann vorsahe, daß er als Chef der Magistratur an meine Stelle kommen, und einen neuen, dem meinigen ganz entgegen gesezten Plan vorlegen könnte. Zum Glük kam mir Herr Boynes zu Hülfe, theilte mir seine Einsichten mit, unterstüzte mich in der Ausführung meiner Absichten, und leistet mir noch immer die gleichen Dienste. Der König kennt seine Verdienste und seine Talente, und ich denke, daß Er ihn durch die Stelle eines Ministers des Seewesens belohnen werde, um so viel mehr, da er an ihm einen ohnermüdeten Mann von gesunder Beurtheilung finden wird.[1] Ich bitte Sie dahero, Madam und werthe Baase, meine Arbeit, woraus nichts als Gutes entstehen kan, nicht zu zerrütten. In Ansehung des Abe Terray, muß man nicht gleich auf der Stelle mit ihm abbinden, man muß ihm durch hübsche Versprechungen liebkosen, und ihn so in einer beständigen Abhängigkeit zu unterhalten suchen. Ich erwarte Sie, nach Ihrem Versprechen, morgen aufs Mittagessen, und hoffe, daß Sie sich ohnerachtet unserer Geschäften, wohl unterhalten werden. Ich habe die Ehre zu seyn

von Maupeou.

LV. Brief

AN DEN ABE TERRAY

Sie hätten Unrecht, mein lieber Abe, wenn Sie ungehalten auf mich seyn wollten, weil Herr von Boynes das Seewesen er-

[1] Dieser Herr von Boynes war nicht ehrlicher, als der Kanzler und Abe Terray, sondern nur ein neuer Ränkverständiger, welcher, da er noch nicht so weit gekommen war als die andern zween, um zu steigen, sich dem Kanzler nothwendig machte, und ihm auch redlich diente, wenigstens im ersten Anfall, damit er ins Conseil komme, sich darin festsezen, hernach für sich selbst arbeiten, sich einen Anhang erwerben, und auf Untergang derjenigen, deren Glük er beneidete, empor schwingen möchte.

halten hat. Sie können versichert seyn, daß ich mich nicht in diese Ernennung gemischt habe, sondern böse bin, daß man Ihnen nicht den Vorzug gegeben hat. Sie müssen sich deswegen nicht so entrüsten, wie Sie es thun, noch Ihre Entlassung antragen, denn Sie wären zuerst gestraft, wenn Sie der König annähme. Seine Majestät, als ich Ihn fragte, warum er bey dieser Stelle nicht an Sie gedacht habe, gab mir zur Antwort, daß Er nur Sie hätte, der den jezigen Zustand Seiner Finanzen kenne, und daß Sie Ihm an diesem Plaz nüzlicher als an einem andern wären. Mithin lassen Sie den Muth nicht sinken, verrichten Sie Ihre Obliegenheit zur allgemeinen Zufriedenheit, lassen Sie dem, der an Ihre Stelle treten wird, einen gebahnten Weg, so sollen Sie ein wichtigeres Amt bekleiden. Sie wissen, daß die Stelle eines Ministers der auswärtigen Angelegenheiten ledig ist. Der König will sie noch nicht besezen; es ist nicht ohnmöglich, daß man Sie dahin zu bringen denkt.

Ich bin etc. *Gräfin Dü Barry.*

LVI. Brief

AN DEN BARON VON BRETEUIL

Prinz Ludwig, mein Herr, läßt durch den Prinzen von Soubise um die Gesandtschaft am Wiener Hof anhalten. Der König konnte es nicht abschlagen. Allein da Sie für diese Gesandtschaft[1]

---

[1] Herr Baron von Breteuil war ein Anhänger des Düc von Choiseul, und in Ansehung der Negotiationen ein Mann von grossen Verdiensten. Allein man beförchtete, daß er sich bey der Kaiserin Königin einschleichen, und Sie dahin bringen, daß Sie zu Gunsten des Düc von Choiseul nachdrücklich schreiben möchte. Es war der **Parthey** der **Dü Barry** daran gelegen, an dem Wiener Hof eine Person zu haben, die ihnen zugethan war. Dieses war die Ursache, warum Prinz Ludwig den Vorzug erhielt, in Beyseyn dessen in dem Kabinet zu Wien die Theilung von Pohlen geschah, ohne daß er etwas darum wußte. Dahero auch der König, als er diese Zeitung hörte, ganz verdrießlich sagte: „Wenn Choiseul geblieben wäre, würde dieses nicht begegnet seyn." Allein er verfiel wieder in seine vorige Nachsicht, und vergaß diesen Verlust gar bald.

bestimmt waren, so habe ich den König beredt, Sie zu derjenigen von Neapel, die in der That nicht so beträchtlich, aber doch eben so ansehnlich ist, zu ernennen. Er hat sie Ihnen, da Er Ihre Verdienste kennt, mit Vergnügen bewilliget. Ich bin, mein Herr etc. *Gräfin Dü Barry.*

LVII. Brief

VON HERRN VON MAUPEOU

Madam und werthe Baase!

Ich sehe, Sie kennen den Karakter Ihres erlauchten Liebhabers eben so gut, als ich. Er ist zu gut, zu blöde, und der Ernst, den Er gegen seine ungehorsamen Parlementsglieder zeigte, fängt Ihm an allzu hart vorzukommen. Sein eigenes Interesse fordert, daß Er nicht abändere, und das unserige hängt durch eine ganz klare Folge ebenfalls davon ab, denn wir haben uns allzu frey wider dieses Tribunal erklärt, als daß wir nicht alles von der Wiedereinsezung desselben zu beförchten hätten. Man muß also Seiner Majestät, im Fall Ihn seine Blödigkeit zur Milde verleiten wollte, Forcht einjagen, und Ihn wider seinen Willen dreist machen. Wir können zu dem End nicht Mittels genug brauchen. Es zeigt sich eines, das man nicht aus der Acht lassen muß. Unter den Gemälden, die aus dem Kabinet des verstorbenen Freyherrn von Thiers zu verkaufen sind, befindet sich das Bildniß Karls I. Königs von England, dem sein Parlement den Kopf abschlagen lassen; ziehen Sie es, um welchen Preis es wolle, unter dem Vorwand, daß es ein Familienstük seye, weil die Dü Barry von dem Hause Stuart sind, an sich. Hängen Sie es in Ihr Zimmer neben das Portrait des Königs. Das traurige Ende des Englischen Monarchen wird Seine Majestät schreken, und Sie können Ihm beybringen, daß vielleicht das Parlement zur gleichen Gewaltthätigkeit geschritten wäre, wenn ich ihrem strafbaren Komplot, noch

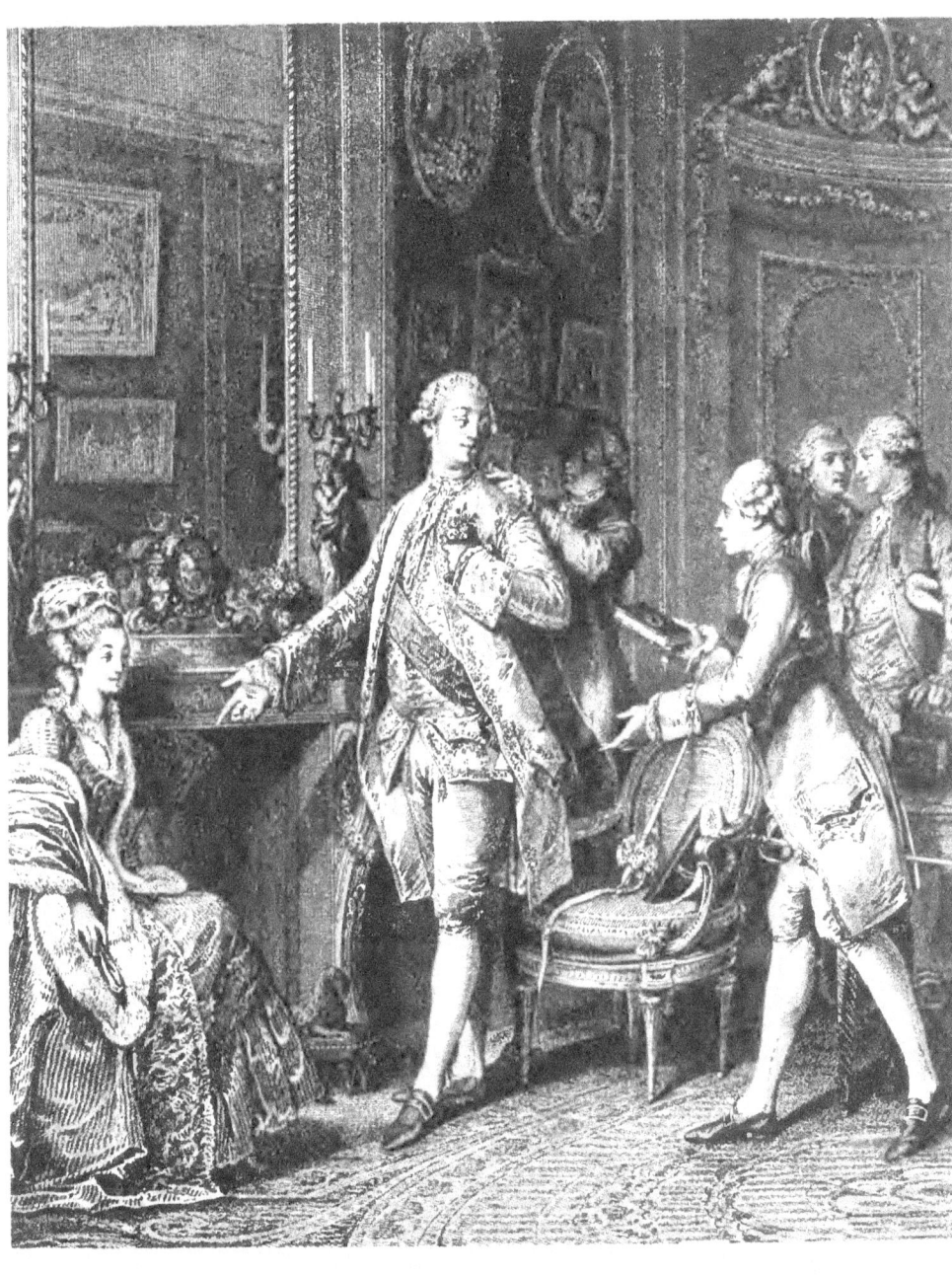

ehe es zu seiner völligen Schwärze und Bosheit gekommen, nicht Einhalt gethan hätte. Eine Forcht von dieser Art, durch Sie, meine werthe Baase, dem König vorgestellt, wird Ihn gegen alle Schritte und Versuchungen unserer Feinde ohnerbittlich machen.[1] Verbrennen Sie diesen Brief; allein vergessen Sie den Inhalt desselben nicht. Ich bin mit Hochachtung

von Maupeou.

LVIII. Brief

VOM GRAFEN DÜ BARRY

Den 23. May 1771.

Nun bin ich, meine liebe Schwägerin, von meiner Reise zurük, und mit gröster Zufriedenheit sehe ich Sie auf dem höchsten Gipfel. Meine Schwester hat Ihnen die Briefe zugestellt, die ich ihr zu Ihrem Verhalt geschrieben hatte, und Sie sehen, daß Sie sich wohl darbey befunden haben, nicht darvon abgewichen zu seyn. Nun sind Sie von Ihren gefährlichsten Feinden befreyt. Alle Minister sind uns zugethan, der Kanzler, Herr von Boynes, Abe Terray, Düc von Vrilliere und der Prinz von Soubise. Aber dieses ist nicht alles, es bleibt noch eine Ministerstelle ledig, und man muß einen hinsezen, der an unserer Kette ist. Unser Freund Düc von Aiguillon, liegt uns beständig an, den König zu bewegen, daß Er ihn ernenne; er verdient es in aller Absicht: sein Rechtshandel ist im Publikum vergessen, sechs Monat sind schon seitdem verflossen, so daß er keine Hindernisse mehr gegen sich hat. Er geht nebst dem Düc von Vrilliere von mir weg, und ich habe ihnen versprochen, daß dieses geschehen würde. Betrachten Sie, meine Schwägerin, daß man diesen Gegenstand nicht aus der Acht lassen muß.

[1] Madam Dü Barry befolgte in der That den Rath des Herrn von Maupeou. So ungereimt und verabscheuungswürdig auch diese Zulage war, so erhizte sie doch im ersten Anfall den König. Die Wetterstrahlen trafen und zernichteten die Magistratur bis ins Innerste des Königreichs.

Sie haben sich jüngst bei meiner Schwester beklagt, vermuthlich daß sie mirs wieder sage, daß ich zu viel auf den Hofbanquier abgebe; allein man muß es grösser gemacht haben, als es ist, denn ich habe erst zwo Millionen dreymal hundert tausend Livres empfangen, und wenn ich auch mehreres bezogen hätte, wer könnte sich darüber beklagen? Gewiß nicht der König, denn niemand ist so dreist, Ihm etwas davon zu sagen. Sie sind es auch nicht, denn Sie haben mir Ihr Glük zu verdanken, und müssen dahero die Erste seyn, die es zum Theil auch wieder auf mich zurükbringt. Der Hofbanquier ist es auch nicht, weil man mein Papier in seinen Rechnungen für baares Geld annimmt. Abe Terray, der uns förchtet, und der, wenn Sie und ich das geringste sagten, verstossen würde, ist es auch nicht, und der Kanzler unser Vetter, den wir an seinen Plaz haben, ist es eben so wenig. Niemand kan uns also den mindesten Verweis geben; mithin laßt uns, uns das Glük zu Nuze machen, so lange es uns günstig ist. Ich umarme Sie, und bin *Graf Dü Barry.*

LIX. Brief

VON DER PRINZESSIN VON CONTI

Den 3. May 1771

Sie sollten, Madam, gar nicht zweifeln, daß es allen Persohnen der Königl. Familie höchst empfindlich fallen muß, die Prinzen von Hof entfehrnt, und in der Ungnade des Königs zu sehen. Diejenigen die um Sie sind, haben Sie verleitet, allen Ihren Kredit zu verwenden, um zu diesem traurigen Auftritt behülflich zu seyn. Ich will denken, Sie haben sich darum darzu gebrauchen lassen, weil man Sie durch den Anschein eines gegenwärtigen Nuzens verblendet hat, und daß Sie die schlimmen Folgen, die daraus entstehen müssen, nicht vorgesehen haben. Die Sachen sind in einer solchen kritischen Laage, daß sie nicht lange so bleiben können. Weichen Ruhm würden Sie sich nicht erwerben, wenn Sie nehmlich Seine Majestät beredten, jene erlauchten Exilirten wieder zu sich zu rufen, zu deren Bestrafung man ihn zwang, da man sie ihme als Ungehorsame gegen seinen Willen schilderte, mittlerweile sie sich dem Umsturz aller Gesetze, wiedersetzend, den stärksten Beweiß, ihrer ohnzerbrüchlichen Anhänglichkeit, an das wahre Interesse des Königs gaben. Wenn die Billigkeit einer solchen Sache nicht hinlänglich ist, Sie zu vermögen, selbige zu vertheidigen, so werden es Ihnen Ihre eigene Vortheile auferlegen. Fürwahr Madam, was würde Ihr Schiksahl seyn, wenn wir den König verlöhren! Wenn Sie auch nicht ein mal die fürchterlichste Katastrophe zu beförchten hätten, könten Sie wohl ohne Schauer, an die Zahl und Größe Ihrer Feinde, die Sie sich machen, denken? Jezt können Sie sich eben so viele Beschützer machen. Es ist Ihnen ein Leichtes sich ein Recht auf ihre Erkenntlichkeit zu erwerben, und sich ihre Achtung, so wie die meinige, durch ein Betragen, daß Ihnen mit der Zeit zur grösten Ehre gereicht, zuzueignen.

Ich bin etc. *Prinzessin von Conti.*

LX. Brief

VON HERRN VON MAUPEOU

den 1. Brachm. 1771.

Noch diesen Morgen, habe ich, meine werthe Baase, mit dem Düc von Aiguillon, über das Projekt ihrer Vermählung mit dem König geredt: wir haben die Sache nicht durchaus ohnmöglich gefunden. Sie wissen, daß wir ein Beyspiel einer ähnlichen Heurath zwischen Ludwig XIV. und der Madam von Maintenon haben. Die Umstände sind richtig vortheilhafter für uns, als sie es für diese Dame waren, die keine so grosse Macht auf ihren Liebhaber hatte, als Sie über den König haben. Ueberdas hatte

Ludwig XIV. einen sehr stolzen ja sogar rohen Karakter. Derjenige seines Nachfolgers ist im Gegentheil biegsam bis zur Blödigkeit, und sehr leicht zum Nachgeben. Aber nun zum Zwek zu gelangen, ist es sehr nöthig, daß die Zernichtung des Parlements, und die Entfehrnung der Prinzen, beybehalten werde. Wenn sie wieder begnadigt würden, so können Sie wohl denken, daß die Hofnung, die Sie von den Umständen schöpfen können, alsdann nichts als eine blose Chimäre seyn würde. Es ist also meine schöne Baase nothwendig, daß Sie mich aus allen Kräften unterstützen. Seyn Sie versichert, daß ich meiner Seits nicht müsig bleiben, und daß alle Bemühungen unserer Feinde vergebens seyn werden, so lange wir die unsrigen wider sie vereinen. Sie müssen sich jezt alles Ernstes bemühen, den Düc von Aiguillon, zum Minister der auswärtigen Angelegenheiten zu machen; denn er kan in dieser Qualität ihnen nicht nur die andern Mächte gewinnen, sondern auch noch bey dem Hof zu Rom nachdrüklich, um die Dispensation, die Ihnen so nöthig ist, anhalten.

Ich bin etc. *von Maupeou.*

LXI. Brief

VON DEM DÜC VON AIGUILLON

den 30. Brachm. 1771.

Frau Gräfin!

Sie haben allzu vielen Antheil an meiner Ernennung zum Minister der auswärtigen Angelegenheiten gehabt, als daß Sie an meinem Dank, und dem Verlangen, Ihnen Beweise davon zu geben, zweifeln könten. Ich habe mit dem Päbstl. Nuntius, in Ansehung der Dispensation, die Sie gerne haben möchten schon eine Unterredung gepflogen, und er hat mir versprochen, Ihnen in dieser Sache zu dienen. Um hierüber in eine förmliche Negoziazion einzutretten, müssen Sie beykommendes Memorial[1] unterschreiben. Ich werde es dem Nuntius zustellen, der es auf sich nimmt, selbiges dem h. Vater selbst zu übergeben. Ich meiner Seits will es bey dem Kardinal Bernis dahin bringen, daß er den Erfolg betreibt. Ich bin etc.

Düc von Aiguillon.

LXII. Brief

VON ABE TERRAY

den 5. Augstm. 1771.

Ich bin von allen denen Freundschaftsbezeugungen, mit denen Sie mich, Frau Gräfin, zu beehren belieben, so sehr durchdrungen, um Ihnen nicht bey der ersten Gelegenheit meine Erkenntlichkeit dafür zu bezeugen. Hier ist eine, die Ihnen nicht anderst als angenehm seyn kan.

Der König hatte dem Grafen von Clermont, der jezt gestorben ist, 300 000 Livres Leibrenten festgesezt; folglichen ge-

---

[1] Hier ist ein Auszug dieses Memorials, welches im ganzen Zusammenhang, allzu weitläuffig wäre: „Madam Dü Barry stellt Sr. Heiligkeit vor, daß sie ohn„erfahren in den kanonischen Vorschriften, erst seit ihrer Trauung mit dem Gra„fen Wilhelm Dü Barry, gewußt habe, daß es verbothen seye den Bruder eines „Mannes zu heurathen, mit dem man gelebt hat. Sie gesteht mit allem dem „Schmerz einer reuenden Sünderin, daß sie etwelche Schwachheit für den Grafen „Johannes Dü Barry Bruder ihres Mannes gehabt habe; daß sie zum Glük noch „in Zeiten, von der Blutschande, die sie begehen wollen, gewarnet worden seye, „und daß ihr alsdann ihr Gewissensaufschluß, nicht zugelassen habe, mit ihrem „neuen Gemahl beyzuwohnen; mithin das Verbrechen noch nicht begangen wor„den seye. Nun erflehe sie Se. Heiligkeit, sie von einer solch ärgerlichen Verbindung „zu befreyen."

Uebrigens war dieses Heurathsprojekt mit dem König, nichts als eine Lokspeise, die der Kanzler, Düc von Aiguillon und Abe Terray Madam Dü Barry gaben, damit sie sich immer bey dem Monarchen für sie verwenden, und ihnen alles was sie wollten, von ihm auswirkten möchte. Sie kannten die ganze Chimäre dieses Projekts gar wohl, und da eine Sache von solcher Wichtigkeit nicht schnell von statten gehen konte, so war die Aufzögerung alles was sie verlangten.

winnt der König auf ein mal 300 000 Livres; allein da Sie noch nicht auf Ihren Nutzen bedacht gewesen sind, so ist es billich, daß Ihre Freunde, für Sie daran denken. Ich habe mich deswegen mit Sr. Majestät unterhalten, und ihme vorgestellt, daß Ihre ohneigennüzige Anhänglichkeit an seine Persohn, Sie mit nichts anders als mit den Mitteln beschäftige, ihm zu gefallen, und ihm Ihren Dank, für seine Huld, wormit er Sie beehrt, zu bezeugen, mithin es billich seye, daß er Ihnen etwas zugutthue, und Ihnen einen Theil der Renten des Grafen von Clermont zukommen lasse. Dieses könne um so viel ehnder geschehen, da seinen Finanzen nichts benommen würde, auch sein Volk nichts dadurch litte. Der König hat mir für meinen Einfall gedankt, und Ihnen mit dem Drittheil dieser Summe ein Geschenk gemacht. Ich habe das lebhafste Vergnügen, Sie auf der Stelle davon zu benachrichtigen, und Ihnen die Versicherungen der Ehrfurcht mit deren ich bin zu wiederholen etc.

Terray.

LXIII. Brief

AN DEN ABE TERRAY

Den 5. Augstm. 1771.

Der König hat mir dasjenige, worvon Sie mir Nachricht gegeben haben, diesen Morgen bestätiget. Nehmen Sie meinen Dank und zugleich die Anzeige dafür an, daß ich von den übrigen 200 000 Livres Leibrenten des verstorbenen Grafen von Clermont, 50 000 Livres für Sie, als eine Erkenntlichkeit Ihrer Dienste, begehrt habe, die Ihnen der König mit der grösten Huld von der Welt bewilliget hat. Sehen Sie, wie ich Ihnen Ihre Handlungen zu vergelten suche. Glauben Sie nur, daß ich Zeitlebens die gleichen Gesinnungen für Sie haben werde.

Gräfin Dü Barry.

LXIV. Brief
AN HERRN VON MAUPEOU

Den 5. Augstmon. 1771.

Gestern, Herr Kanzler, war ich bey dem König. Abe Terray kam auch, und dankte Sr. Majestät für die 50 000 Livres Renten, die Er ihm in Betrachtung meiner, von denen 300 tausend Livres Leibrenten, die Er durch den Tod des Grafen von Clermont gewinnt, bewilliget, und worvon Er auch mich, auf die Vorstellung des Generalkontroleurs, mit einem Drittheil beschenkt hat. Se. Majestät fragten nun, was Sie mit den übrigen 150 000 Livres machen sollten? „Sire, antwortete ich Ihm, mein Vetter der „Kanzler verdient wohl eben so viel als der Abe, Sie kennen die „wichtigen Dienste, die er Ihnen leistet. Nun ist die Gelegen- „heit da, ihn darfür zu belohnen. Ja, Sire, versezte sogleich Abe „Terray, dieses wäre eine Entschädigung für den beträchtlichen „Verlust, den er sowohl durch Aufhebung zerschiedener Stellen, „die der seinigen grosse Benefizien abwarfen, als auch durch den „Nachlaß, den er Ihren neuen Magistratspersonen, die Stellen zu „erkaufen, erlitten hat." Der Abe, der arme Teufel, ist darum nicht so schlimm! Was halten Sie darvon, mein Vetter? Er hält es mit Ihrem Nuzen wie mit dem seinigen. Ich für mich bin ihm gut.[1]

Ich bin etc. *Gräfin Dü Barry.*

LXV. Brief
AN HERRN VON MAUPEOU

Mein Herr Kanzler! es ist mir endlich gelungen, ohnerachtet aller dummen Vorstellungen des Marquis von Monteynard, die

---

[1] Nach diesen Briefen sollte man glauben, der König hätte die noch übriggebliebenen 100 000 Livres für sich behalten. Keineswegs. Graf de la Marche kam zwischen ein, und wollte auch seinen Theil am Braten haben. Er stellte vor, daß er der einzige Prinz vom Geblüt seye, der es mit dem König halte, und die Handlungen des Kanzlers gutgeheissen hatte. Um seinen Eifer zu belohnen, gab man ihm die hundert tausend Livres.

Einwilligung des Königs für das Regiment zu erhalten, welches Sie für Ihren Sohn verlangten. Ich beeile mich, Ihnen diese Nachricht zu hinterbringen, und wünsche, daß Sie sie mit eben so vielem Vergnügen vernehmen mögen, als ich sie Ihnen melde. Ich bin etc.

Gräfin Dü Barry.

LXVI. Brief

AN HERRN VON SARTINE, OBERSTEN POLIZEYRICHTER

Ich kan mich nicht enthalten, Ihnen meine Unzufriedenheit über ein Buch zu äussern, welches seit wenig Tagen zum Vorschein gekommen ist, und wovon die Exemplarien nicht so rar sind, als sie es seyn sollten. Es ist Ihnen bekannt, wie weit die Unverschämtheit, auf Unkosten des Königs, seiner Minister, des ganzen Hofs und besonders auf die meinige, in dieser Brochüre, die den Titul, le Gazettier Cuirassé,[1] d. i. der bepanzerte Zeitungsschreiber, führt, getrieben wird. Ich zweifle keineswegs, daß es Ihnen gelingen werde, wo nicht den Verfasser zu entdeken und nach aller Härte zu bestrafen, doch wenigstens alle Exemplarien seiner schandbaren Arbeit zu unterdrüken. Ich bin etc.

Gräfin Dü Barry.

[1] Dieses ist eine, von allen Arten Deklamationen, Verleumdungen, Lügen und Anspielungen auf den König und so zu sagen auf ganz Frankreich, zusammengestoppelte Rapsodie. Das was Mad. Dü Barry am meisten geärgert, sind gewisse Stellen, die auf ihre Rechnung durchaus falsch sind, und sie auf alle Weis beschimpfen. Unter andern Ungereimtheiten, giebt man ihr den P. Angelus Picpus zum Vater; man sagt, daß sie dem Marquis von Chabrillant jenes bekannte Uebel angehängt; daß sie 15 Jahre die öffentliche H— zu Paris gemacht habe; daß sie die Jesuiten wieder einsezen, weil ihr diese Nonkonformisten gut seyen; daß sie einen neuen Orden, als den St. Niklaus-Orden (eine Anspielung auf einen Marktschreyer Namens Niklaus, der wegen Kurierung der Franzosen in Paris sehr bekannt war) errichten wolle, und daß, obschon sie niemand als diejenigen, die es wohl mit ihr konnten, darein ernennen würde, so würde dieser Orden dennoch weit zahlreicher als der St. Ludwigs-Orden werden.

LXVII. Brief

VON DEM DÜC DE LA VRILLIERE

Nehmen Sie, Madam, ich bitte Sie, meine unterthänige Entschuldigung über den Zufall, der mir gestern bey Ihnen begegnete, an.[1] Sie wissen, daß ich mich der Scene, die mich in die Situation versezte, in der Sie mich sahen, nur deswegen blosstellte, weil ich mich mit allzu grosser Standhaftigkeit widersezte, daß man ohne Ihre Theilnehmung oder Vorwissen keine Gnadenbezeugungen ertheilen sollte. Seyn Sie versichert, daß das Unangenehme, das ich dabey empfunden habe, meinen Eifer nicht schwächen soll, und daß Sie mich immer bereit finden werden, Ihnen Proben meiner ohnwandelbaren Ergebenheit zu geben.

Ich bin etc.

Düc von Vrilliere.

[1] Der König hatte Madam Dü Barry versprochen, daß sie alle Pläze von dem Haus Artois, welches man damals errichtete, zu vergeben hätte. Die Marquisin von Mesmes, hatte Madam Sophie ersucht, um einen Plaz für ihren Sohn in diesem Haus anzuhalten. Madam Sophie wandte sich ohnmittelbar an den König. Dieser sagte ihr zu; allein Düc von Vrilliere, aufgebracht, daß diese Gnade ohne sein Zuthun vergeben ward, beschwerte sich bey Madam Dü Barry, und stellte ihr vor, was für Mißbeliebigkeiten entstehen könnten, wenn der König so ohne ihr Vorwissen Stellen vergäbe; er bat sie dahero, mit dem König zu reden, und verschob die Ausfertigung des Brevets an Herrn von Mesmes. Madam Sophie, welche von diesem Pfif Wind hatte, ließ den Düc von Vrilliere zu sich kommen, und befahl ihm, das Patent auszufertigen; auch verwies sie ihm bei dieser Gelegenheit das ärgerliche Gewerbe, welches bey Madam von Langeac, seiner Maitresse, mit denen von seinem Ministerium abhangenden Stellen getrieben würde. Der arme Düc bekam diesen Auspuzer, nachdem er nach seiner Gewohnheit ziemlich wohl zu Mittag gespeißt hatte. Er begab sich hierauf zu Madam Dü Barry, allwo es ihm mitten in der Erzehlung, die er ihr von dem, was vorging, machte, übel ward, so daß er die Broken der Unverdaulichkeit von sich gab. Er war sinnlos, und man mußte ihn in dem ekelhaftesten Zustand nach Hause tragen. Um sich auszuhelfen, schrieb er obigen Brief.

LXVIII. Brief

VON DEM DÜC VON AIGUILLON

Es geht mir sehr nahe, daß ich nicht zu Ihnen hinein konnte, wo Sie ohnerachtet der Versicherungen Ihres Schweizers verschlossen waren. Ich war gekommen, um zu versuchen, ob ich Sie über den Verdruß, den Ihnen des Herrn Dauphin Königl. Hoheit verursachten, trösten könnte. Wenn Ihnen etwas Gutes wiederfahren wäre, so hätte ich sicher nicht so geschwind darum gewußt. Dieser mißbeliebige Zufall rechtfertiget dasjenige nur allzu sehr, was ich die Ehre hatte Ihnen zu sagen, als ich wußte, daß Sie sich etwelchen Scherz[1] über diesen Prinzen, dessen Karakter nicht vertragsam ist, erlaubt hätten. Neue Erinnerungen wären jezt aussert der Zeit, weil Sie selbst fühlen werden, wie zurükhaltend Sie in Ihren Reden seyn müssen. Ich glaube, daß ein förmlicher Schritt zu Gutmachung der Sache vergeblich seyn würde. Sie würden übel aufgenommen werden, und dieses könnte Ihnen leicht eine neue Erniedrigung zuwegen bringen. Halten Sie sich mehr dann jemals daran, die Oberhand über den König zu kriegen. Die Huld, womit Er Sie beehrt, wird wenigstens Ihre Feinde in den Schranken der Achtung halten. Ich bin etc.

Düc von Aiguillon.

---

[1] Madam Dü Barry hatte die Unvorsichtigkeit, sich über die vermeynte Ohnvermögenheit des Dauphins lustig zu machen. Es kam ihm wieder zu Ohren. Ganz aufgebracht, gieng er auf der Stelle zu ihr hin, und gab ihr auf eine derbe Weise zu verstehen, daß es ihr nicht zukäme, sich auf Unkosten seiner so zu belustigen, und weil damals die Rede von dem Vicomte Dü Barry war, für welchen seine Tante, Mad. Dü Barry, um die Obrist-Stallmeisterstelle anhielt, sagte ihr der Dauphin: „Wenn ihr Neffe diese Stelle bekömmt, so komme er mir nicht zu Leibe, oder „ich schlage ihm den Stiefel ins Gesicht." Mad. Dü Barry war über diesen Auftritt so betretten, daß sie sich den ganzen Tag ins Zimmer verschloß, und niemand vor sich kommen lassen wollte. Düc von Aiguillon, der sie nun nicht sehen konnte, schrieb ihr hierauf diesen Brief.

LXIX. Brief
AN DEN DÜC VON AIGUILLON

Ich fange an zu glauben, daß Sie recht hatten, mein Herr Düc, mir Mißtrauen gegen den Kanzler beyzubringen. Ich habe nun entdekt, daß er ohnerachtet aller seiner Protestationen, die Obrist-Stallmeisterstelle für seinen Sohn zu erhalten suchte, obwohlen er wußte, daß ich mich für den Vicomte Dü Barry darum bewarb. Ich glaube nicht, daß mir der König meine Bitte gewähren werde. Ich versichere Sie zwar, daß ich sie, nach dem, was zwischen dem Dauphin und mir vorgefallen ist, auch nimmer verlange; aber ich bin recht froh, daß ich Gelegenheit gehabt habe, die Treue des Herrn Kanzlers zu prüfen. Ich werde mir sicher Recht zu verschaffen wissen. Noch ein Wort: ich weiß nicht, wer diesen Marigny, der gerade recht kömmt, um unsere Anstalten, ihm seinen Plaz wegzukapern, zu vereiteln, aufgefordert hat.[1]

LXX. Brief
VON DEM ABE TERRAY

Den 2. Christm. 1771.

Frau Gräfin!

Sie haben recht, wenn Sie begehren, daß die Stelle eines Oberaufsehers über die Königl. Gebäude Ihrem Herrn Bruder ge-

---

[1] Marquis von Marigny war Oberaufseher der Königl. Gebäuden. Die Dü Barry, welche diese Stelle, als die natürliche Appanage der Familie, der erklärten Maitresse Sr. Majestät ansahen, hielten schon lange darum an, und diesem zufolg suchten sie den Marquis bey dem König anzuschwärzen, und in Ungnade zu bringen. Allein dieser erhielt von den geheimen Ränken, die wider ihn gespielt wurden, Nachricht, und begab sich nach Hof, um sich gegen das, was ihm zur Last gelegt wurde, zu rechtfertigen. Der König konnte sich nur nicht entschliessen, ihm den Abschied zu geben. Dem seye wie ihm wolle, Abe Terray fand, indem er denen Dü Barry den Hof machte, ein Mittel, diesen Plaz an sich zu ziehen. Man sieht sein Projekt im folgenden Brief.

geben werde. Allein um darzu zu gelangen, müssen Sie Klägden wider den Marquis von Marigny ausfündig machen, und hier ist nun, was ich entworfen habe.

Es ist schon lange, daß diesem Theil an Geld gebricht; die Umstände berechtigen mich, ohne daß es den Anschein hat, als wäre ich übel gesinnet, es abzuschlagen, folglichen ist selbiger sehr schlecht bestellt, welches dem König sehr mißfällt. Machen Sie sich den Augenblik, wo Seine Majestät eine Arbeit verlangt, die er noch nicht hat, zu Nuze; ich will zurükhaltender dann jemals seyn, und dem Marquis von Marigny kein Geld hergeben. Bringen Sie hernach dem König bey, daß er wohl thun würde, mir diese Stelle aufzutragen, weil, da die Gelder in meiner Disposition wären, so dürfte ich nicht gleich Auskunft wie mein Vorfahr darüber geben, und könnte alles, was Seine Majestät verlangten, bauen lassen. Wenn der Marquis auf diese Art entsezt ist, werde ich dem König etwas Zeit hernach sagen, daß es mir meine Geschäfte nicht zuliessen, neuen Verrichtungen vorzustehen, und ich will der Erste seyn, Ihme den Vorschlag zu thun, daß er sie dem Grafen Dü Barry auftrage.[1] Dieses ist ein Mittel, welches mir gut zu seyn scheint, und ich rathe Ihnen Gebrauch darvon zu machen. Ich trage es blos deswegen an, um Sie dardurch zu verbinden. Ich bin, Frau Gräfin etc.

Abe Terray.

LXXI. Brief

AN DEN HERRN VON SARTINE

den 18. Christm. 1771.

Die erste Pflicht an ihrem Platz, mein Herr, ist, dem Umlauf, der des Königs Ehre verlezenden Pasquillen, Einhalt zu thun.

---

[1] Dieses Projekt gelange sehr geschwind. Die Gelegenheit darzu ereignete sich an dem Schloß von Bellevüe, welches der König gebaut haben wollte. Marquis von Marigny ward das Opfer und Abe Terray erhielt den Posten.

Indessen ist ihre Wachtsamkeit in einem so wichtigen Punkt, immer mangelhaft. Hier ist wiederum eine ehrvergessene Ode[1], die, wie man sagt, in ganz Paris herumgetragen wird, und worvon man mir eine Abschrift zugestellt hat. Suchen Sie den Verfasser davon auf, hindern Sie, daß diese Ode nicht weiter herumgeboten werde; wo nicht, so werde ich genöthiget seyn, sie Sr. Majestät, vorzulegen, und ihn dahin zu bringen, eine ihm zugethanere, und wachsamere Persohn an ihren Plaz zu sezen.

Gräfin Dü Barry.

LXXII. Brief

AN DEN DÜC VON AIGUILLON

den 8. Jenner 1772.

Mein lieber Düc, suchen Sie meinen Mann zu Gesichte zu kriegen; er ist jezt zu Paris, um dem boßhafter Weise ausgestreuten Gerücht, daß er Tod seye, ein Ende zu machen. Ra-

---

[1] Diese Ode, hat die zur Zeit vorgegangenen Revoluzionen zum Augenmerk; allein in zwo Strophen redte man sehr schimpflich von der Leidenschaft des Königs für Mad Dü Barry. Man redete den Monarchen darinnen also an:

> Diane, Bacchus, & Cythère
> De ta vie abregent le cours:
> Renvoye, il en est temps encore,
> L'impure qui te deshonore:
> Chasse tes indignes amours.
> . . . .
> . . . .
> Tu n'est plus qu'un tyran débile,
> Qu'un vil automate imbécile,
> Esclave de la Du Barry:
> Du Gange jusqu'à la Tamise,
> On te honnit, on te méprise.

d. i. Jagd, Wein und Liebe, verkürzen dir deine Tage: Schike die Unzüchtige die dich entehrt, weil es noch Zeit ist weg: Verbanne deine nichtswürdige Liebe — — — — Du bist weiter nichts als ein entnervter Tyran, eine elende schwache Maschine, ein Sclave der Dü Barry, der vom Gangus bis zur Themse, verachtet und beschimpfet wird.

then Sie ihm, ich bitte Sie, daß er sich während seinem kurzen Aufenthalt in der Hauptstadt, anständig betrage.[1] Sagen Sie ihm noch darbey, daß, wenn die mindesten Klagen wieder ihn einkämen, man ihn sogleich auf sein Lebetag ins Exilium schiken würde. Ich umarme Sie von Herzen, mein werther Düc, und bin Ihre Freundin

Gräfin Dü Barry.

LXXIII. Brief

AN DEN VORIGEN

Ich zweifle nicht, mein lieber Düc, daß der Kanzler nicht ein arglistiger Mann seye. Er machte mir immer Hofnung, zur Gnade, die ich für Billard[2] begehrte, nicht aus Freundschaft für diesen Unglüklichen, sondern zu Gunsten seines Oheims, den die Strafe seines Nefen beschimpft. Er hat alles angewandt, um den König, gegen mein Anhalten ohnerbittlich zu machen. O! dieses ist ein Mann von dem wir uns losmachen müssen. Ich ergreife Ihr Projekt in Absicht auf dieses.

Ich grüsse Sie mein lieber Düc und bin etc.

Gräfin Dü Barry.

LXXIV. Brief

VON DEM GRAFEN WILHELM DÜ BARRY

Hochzuverehrende Frau Gemahlin!

Ich habe vorgestern die Dummheit begangen, Tausend Stük neue Louisd'or gegen den Marquis von Chabrillant, im Spiel zu

---

[1] Dieser Wilhelm Dü Barry, war ein Vollzapf, ein Schwein, welches sich Tag und Nacht, in der garstigsten Schwelgerey herumwälzte.
[2] Her. Billard du Monceau, Ihr Taufpathe.

verlieren Ich war bey meinem Bruder um ihm Geld zu fodern; allein er ist so impertinent gewesen, mich zum Henker zu schiken, und mir zu sagen, daß ich mich mit meiner Pension begnügen sollte, mit dem Beyfügen, daß er Schulden genug, ohne die meinigen zu bezahlen, hätte. Ich gestehe, daß dieses recht garstig von ihm ist. Sie wissen, daß Spielschulden, Schulden sind, wobey die Ehre verknüft ist; mithin bitte ich Sie mir diese Summe anzuschaffen, oder ich darf mich nimmer sehen lassen. Ich werde mich in meinem Anliegen, niemals mehr an meinen Bruder wenden, er hat keine Freundschaft für mich, und wirft doch so viel Geld als er will, zum Fenster hinaus. Die Probe davon ist, daß er mit seiner Dame von Mürat, ein Kind de˙ Mademoiselle Beauvoisin[1] über der Taufe hielt. Dieser einzige Bettel, welcher mich nicht zehn Louisd'ors gekostet hätte, hat ihn über tausend, die er ehender mir hätte geben können, gekostet. Ich verspreche es Ihnen, daß ich nimmer Großspiel spielen, sondern im Gegentheil zu gewinnen trachten werde, um Ihnen nicht mehr beschwerlich zu fallen. Ich habe die Ehre zu seyn

  Hochzuverehrende Frau Gemahlin

    Ihr etc.

   Graf Wilhelm Dü Barry.

---

[1] Der Uebermuth des Schwagers der Mad. Dü Barry war auf den höchsten Grad gestiegen. Er unterhielt ein Mädgen, welches den erdichteten Namen, von Mürat angenommen hatte. Er verheurathete selbiges an einen Kavalier vom St. Ludwigs-Orden, der zufälliger Weise auch diesen Namen hatte, und gab ihm ein Gehalt von zwey tausend Thaler, um seine Maitresse beyzubehalten, der er noch über das den Tittul einer Marquisin beylegte. Dieser Dü Barry gab dadurch eine abscheuliche Aergernis, und trieb hernach die Ohnverschämtheit so weit, daß er mit seiner Maitresse, das Kind einer berüchtigten H—, Namens Beauvoisin, öffentlich über der Taufe hielt. Der Taufaktus geschah mit gröster Pracht zu Montmartre, nächst Paris. Es war eine Suite von zwölf Kutschen, und da die Hauptkirche am höchsten Ort steht, so hatte der Pfarrer die Gefälligkeit, in eine kleine Kapelle herunter zu kommen, wo die Feyerlichkeit vollzogen warde. Der Pathenpfennig und andere Geschenke kosteten den Grafen Dü Barry bey 25 000 Livres, welcher noch über das dem jungen Bastard ein Gehalt von 1200 Livres festsezte.

LXXV. Brief

AN DEN GRAFEN WILHELM DÜ BARRY

Ich überschike Ihnen hier die tausend Louisd'or und eben so viel, wieder abzureisen, damit Sie mir keine Schande machen. Ich weiß, daß Ihre Aufführung in Paris die allergarstigste ist, um daß sich jedermann über Sie lustig macht. Wenn Sie länger als 8 Tage bleiben, so sehen Sie zu.

Gräfin Dü Barry.

LXXVI. Brief

VON DEM ABE TERRAY

Der Gedanke, Sie als zwote Madam von Maintenon zu sehen, ist in der That sehr hübsch; niemand als ich wünschte mehr ihn erfüllt zu sehen. Allein man muß mehr auf das Solide als aufs Glänzende sehen. Wenn sich Ihre Lage veränderte, es seye, daß Sie bey dem König in Ungnade fielen, oder daß wir ihn verlierten, wo geriethen Sie alsdann hin? Durch Ihren Heurathsvertrag ist das Vermögen zwischen Ihnen und dem Herrn Grafen gemeinschaftlich. Dieser würde als Mann Hand darüber schlagen, und Sie müßten von ihm abhangen, welches Sie in eine ziemlich harte Sclaverey versezen würde. Ich rathe Ihnen also, vor allen Dingen sich gerichtlich mit Leib und Guth von ihm scheiden zu lassen. Durch dieses ist Ihr Vermögen gesichert, und Sie können frey darmit schalten und walten. Ich habe mit dem Düc von Aiguillon in Betreff des Ihnen gegebenen Raths geredt, und er heißt ihn sehr gut. Unterschreiben Sie also die Vollmacht, und verlassen sich wegen der Sorge, dieses Geschäft zu beendigen, auf mich, es kan Ihnen in der Folge an der Verbindung mit dem König nicht hinderlich seyn.

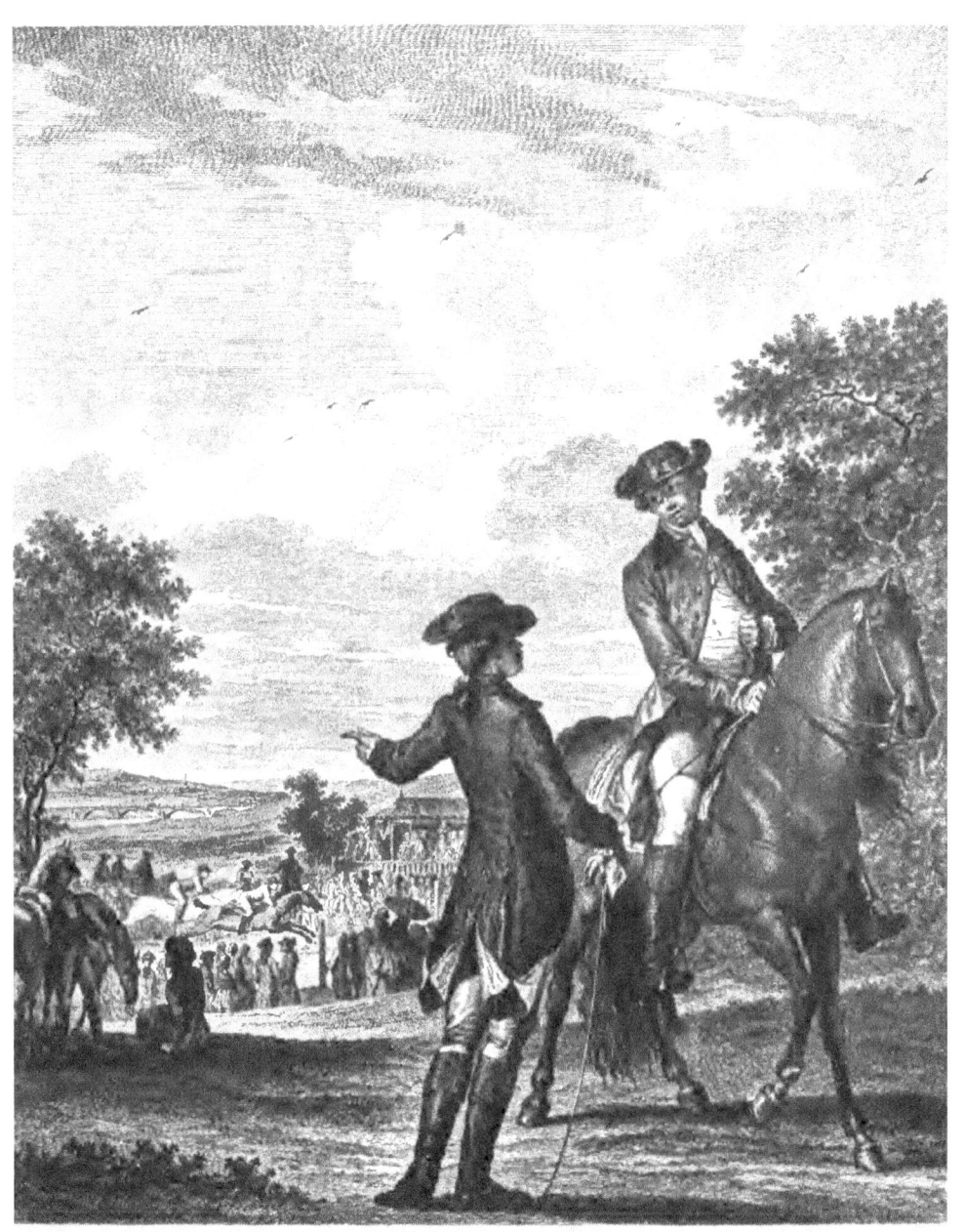

LXXVII. Brief
VON DEM ABE TERRAY

Frau Gräfin!

Nichts war mir schmeichlender, als die Ehre, die Sie mir erwiesen, gestern bey mir zu Mittag zu speisen. Aber Madam Damerval[1] war über Ihre huldreiche Aufnahm, wormit Sie sie beehrten, ganz bezaubert. Sie wünscht sehnlich, daß Sie ihr einen freundschaftlichen Plaz anweisen, und ihr erlauben möchten, Ihnen öfters ihre Aufwartung zu machen. Sie hat keinen andern Endzwek, als etwas zu Ihrem Vergnügen beyzutragen. Aber dörfte ich Ihnen unter uns sagen, daß sie Ihnen nüzlich seyn könnte. Das Alter des Königs und seine ohnmäßige Wollust, an die Er schon seit langem gewöhnt ist, machen Ihm die Abänderung nothwendig. Ihre Reize, Ihre Anmuth können einen ohnbeständigen und abgenuzten Liebhaber nicht binden. Wenn Er durch einen andern Kanal, als den Ihrigen, eine junge und liebenswürdige Person findet, so dörfte sich sein ausschweifendes Gemüth auf etwas Zeit an sie hängen, und man würde sich diesen Augenblick zu Nuze machen, um seine Blödigkeit zu mißbrauchen, und Ihn von Ihnen abwendig zu machen suchen. Sie wissen, daß Ihm jüngst die Prinzeßin von Lamballe[2] sehr in die

---

[1] Madam Damerval ist ein Bastard des Abe Terray und Madam von Clerci seiner ersten Maitresse. Er verheurathete sie im zwölften Jahr an Herrn Damerval, Bruder der Mad. la Garde seiner zwoten Maitresse. Dieser war ein betagter Mann, ohne Vermögen, ohnfähig sich das Ansehen seines Schwiegervaters zu Nuze zu machen, ein Thor, unsäuberlich, bäurisch grob, mit einem Wort, ein abscheulicher Kerl. Er mißfiel seiner Gattin so sehr, daß man glaubt, die Pflichten der Ehe seyen niemals, oder doch nicht so vollzogen worden, um dem Abe Terray einen Weg zu bahnen, den er aus Gewohnheit dem Mühsamen vorzog. Mad. Damerval verließ gar bald ihren Mann, und hieng sich an ihre Schwägerin, die sie nebst ihr bey dem Generalkontroleur versorgte, und welche, da sie überzeugt war, daß es nothwendig seye, dem physischen Ekel ihres Liebhabers vorzubeugen, lieber die Oberaufseherin seines Vergnügens machen wollte.

[2] Der König redte einige mal mit Freundschaft von der Prinzeßin von Lamballe, und erhob eines Tages in Beyseyn der Mad. Dü Barry ihre Reize, die Ihm

Augen gestochen hat. Ich rathe Ihnen also als Freund, eine junge Gesellschafterin zu sich zu nehmen, welche die Begierde des Monarchen reizen und sie befriedigen könne. Er würde Ihnen deswegen nicht weniger zugethan seyn, denn Er müßte Ihnen für das Vergnügen, das Sie Ihm verschaffen, Dank wissen. Wenn Sie sich zu diesem verstehen, so werden Sie sich immer in seinen Gunsten erhalten. Madam von Pompadour begegnete dem ohnstäten Geschmak Seiner Majestät auf gleiche Art. Die junge Damerval taugt fürtreflich zu dieser Rolle. Dieses ist ein Kind, welches weder Geist noch Talente hat, dem König lange zu gefallen, und nach diesem können Sie, wenn's nöthig ist, eine andere anführen.[1] Indessen ist dieses nur in den Wind geredt. Wenn Sie es annehmen, so kan es zu Ihrem Vortheil gereichen, einzig in dieser Absicht melde ich es Ihnen. Sie können eben so wenig daran zweiflen, als an der Hochachtungsvollen Ergebenheit, mit welcher ich bin etc. *Terray.*

LXXVIII. Brief
VON MICHAEL OULIF, EIN JUD

Frau Gräfin! Den 7. May 1772.

Man sagt mir, daß ein Stekbrief wider mich ausgegangen seye, um mich wegen denen 66 tausend Livres, die Sie zuletzt unterschrieben haben, gefänglich einzuziehen. Ich bitte Sie, Madam, mich nicht unglüklich zu machen. Sie wissen doch, daß ich Ihnen

---

deswegen Vorwürfe machte, und sich beklagte, daß Er ausgestreut hätte, Er sey willens sich mit dieser Prinzeßin zu vermählen. Der König, der sich durch diese Rede betroffen fand, sagte ihr ganz ungehalten: „Madam! ich könnte etwas „schlimmers thun." Madam Dü Barry fühlte den Hieb, und brach in Weinen aus. Der König, dem der Auftritt lange Weile machte, gieng weg.

[1] Die Absicht des Abe Terray war, Mad. Damerval zur Maitresse des Königs zu machen, und Mad. Dü Barry zu hintergehen. Da er aus feiner Politik sein Bastard dem König nicht selbsten vorstellen konnte, so wollte er, daß die Gräfin die Kupplerin seyn möchte. Allein sein Projekt scheiterte, und wenn der König je von diesem Lekerbissen gekostet hat, so war's nur im Vorbeygehen; denn Er behielt immer die gleiche Anhänglichkeit an seine Favoritin.

nicht unrecht gethan habe. Sie waren mir noch 60 000 Livres altes, welches nebst denen 6000 Livres vom lezten Kauf die 66 000 Livres des Billets ausmachen. Da ich die Ehre hatte Ihnen zu sagen, daß ich mein Geld höchst nothwendig brauche, so haben Sie mir befohlen, den Zedel aufzusezen, den Sie die Gewogenheit gehabt haben zu unterschreiben. Es ist wahr, Sie glaubten nur für 6000 Livres zu unterschreiben, und ich habe nicht recht gethan, daß ich Ihnen nicht gesagt habe, daß die 60 000 Livres mit inbegriffen seyen. Indessen bin ich doch nicht strafbar. Ich glaubte im Gegentheil, Ihnen etwas zu gute zu thun, wenn ich Sie, ohne daß Sie's merkten, von einer Schuld befreyte, die sonst immer auf Ihnen geblieben wäre; mithin hoffe ich von Ihrer Gnade, daß wenn Befehl wider mich ergangen ist, daß Sie selbigen werden zurük nehmen lassen. Ich werde den Himmel ohnaufhörlich um die Erhaltung Ihrer theuren Tage bitten. Ich bin mit der tiefsten Ehrfurcht, Frau Gräfin,

Ihr etc.
Michael Oulif.

LXXIX. Brief
AN MICHAEL OULIF

Den 7. May 1772.

Nein mein guter Oulif sey ruhig; weit entfernt, daß nur einmal die Rede gewesen sey, dich einzusperren, habe ich im Gegentheil dem König deinen mir gespielten Possen[1] erzählt, welcher sich lustig darüber gemacht hat. Mithin sey gutes Muths.

Gräfin Dü Barry.

[1] Madam Dü Barry hatte diesen Streich durch den Hofbanquier Herrn Beaujon, auf welchen das Billet der 66 000 Livres gestellt war, und das er einlöste, erfahren. Dieser sagte ihr ganz troken, daß ihre Billets häufig einliefen; allein da sie in der Beglaubigung stund, daß das lezte nur 6000 Livres seye, so hielt sie dieses für eine Kleinigkeit, einen Bettel. Doch der dumme Banquier behauptet, daß 66 000 Livres keine Kleinigkeit seye. Man giebt Auskunft darüber. Mad. Dü Barry lacht und erzählt's dem König.

LXXX. Brief

AN HERRN MONTVALLIER, IHREN SACHWALTER

Gehen Sie, mein Herr, zum Notarius Pot. Dieser ohnverschämte Kerl hat den Tag, als er zu mir kam, um ein Kontrakt von mir unterschreiben zu lassen, den Nuntius und den guten Kardinal de la Roche-Aymond gesehen, wie mir jeder beym Aufstehen aus dem Bett, einen Pantoffel darreichte. Man sagt mir, daß er in ganz Paris darüber spotte. Verdeuten Sie ihm, daß wenn ich noch etwas von ihm höre, ich ihm das Maul stopfen und nach Verdienen zu züchtigen wissen werde. Geht's mit meiner Absonderung[1] brav von statten? Gehen Sie darüber mit dem Abe Terray und mit dem Prokurator, den er mir gegeben hat, zu Rath. Beendigen Sie diese Sache so viel immer möglich. Ich bin ganz die Ihrige. *Gräfin Dü Barry.*

LXXXI. Brief

VON HERRN MONTVALLIER

Frau Gräfin!

Ihre Separation ist geschehen. Sie können jez in Ihrem Namen kaufen was Sie wollen, ohne die geringste Gefahr zu laufen. Das Marquisat von Genlis in der Picardie ist zu verkaufen. Dieses ist ein herrliches Stük Land, ich rathe Ihnen, darauf zu denken; wenn Sie wollen, so will ich einen Augenschein davon einnehmen, und Ihnen einen aufrichtigen Bericht darüber abstatten.

---

[1] Der Beweggrund, worauf man diese Absönderung stüzte, war sehr lächerlich. Man weiß, daß man in einem solchen Fall Beweisthümer haben muß, daß der Mann sein Weib mißhandelt habe: da dieser Umstand hier nicht statt finden konnte, so mußte man eine Beschwerde ausfündig machen. Man sagte dem Grafen Wilhelm Dü Barry, die Gräfin in Beyseyn einiger Personen als eine Ehrvergessene zu behandlen. Diese sagten nun die Sache als Zeugen aus, und dieses war genug zur Separation.

Jezt haben Sie kein Geld, allein es giebt ein Mittel, daß Sie sich verschaffen können. Bitten Sie den König, daß er Ihnen das Kapital der hundert tausend Livres Leibrenten, die Sie auf die Stadt haben, wieder eingehen mache, so haben Sie gleich eine Million gefunden. Wenn Ihnen hernach die Besizung nicht taugt, so werden sich andere eben so prächtige zeigen. Morgen werde ich Ihre Befehle holen. Ich bin mit tiefer Hochachtung, Frau Gräfin etc. *Montvallier.*

LXXXII. Brief

VON DEM ABE TERRAY

Nachdem mir der König seine Gesinnungen zu wissen gethan hat, so habe ich, Madam, dem Herrn Certain Ihrem Rentmeister in der Stadt, für die Rükgabe Ihrer 100 000 Livres Leibrenten, Befehl erteilt. Es war sogar ein Gerichtszwang wider ihn, und eine Anzeige auf den Einschreibbüchern nöthig, vermittelst welcher die Abschreibung derselben geschehen könnte. Nun kan heute Ihr Sachwalter Ihre Million beziehen; allein da Sie meine Begierde, Ihnen bey allen Gelegenheiten nüzlich zu seyn, kennen, so will ich die Sachen so einrichten, daß Sie ohnerachtet der Rükgabe, die hundert tausend Livres Leibrenten dennoch beybehalten sollen. Zweifeln Sie am Erfolg eben so wenig, als an der vollkommenen Ergebenheit, mit der ich bin etc.

Terray,

LXXXIII. Brief

AN HERRN VON MONTVALLIER

Wir wollen sehen, daß wir mit der Zeit einige Landsize kaufen können. Das was mir jezt am angelegensten ist, ist, daß ich jez mein Gebäude von Lucienne geendigt sehen möchte. Sehen Sie

nach Malern, Bildhauern, und allen Arbeitern, die es meublieren und auszieren sollen, um, und treiben Sie sie, daß sie es fertig machen, und berichtigen Sie die Rechnungen durch den Herrn Doux, dem Sie hundert tausend Livres, als den unter uns bedungenen Preis für seine Arbeit, zustellen. Ich wünsche Ihnen einen guten Tag.
Gräfin Dü Barry.

LXXXIV. Brief

AN DEN GRAFEN WILHELM DÜ BARRY

Sie sind mit Ihren beständigen Forderungen ganz ohnerträglich. Nichtsdestoweniger will Ihnen der König, um mich von Ihrem Überdrang zu befreyen, 60 000 Livres Renten im Herzogthum Rolaqueure anweisen, mit dem Beding, daß Sie keinen Fuß mehr nach Paris sezen, und man nichts mehr von Ihnen reden höre. Abe Terray wird Ihnen diesem zufolg den Aufsaz dieser Gratification zustellen.
Gräfin Dü Barry.

LXXXV. Brief

VON DEM ABE TERRAY

Bei Erneuerung der Pulver-Verpachtung habe ich ein Trinkgeld von 300 000 Livres begehrt. Es war für Sie bestimmt. Wenn ich Ihnen nicht sogleich Nachricht gegeben habe, so ist es nur um deswillen geschehen, weil ich mir das Vergnügen vorbehalten habe, Ihnen diese Summe an Gold selbst zu überbringen. Man versichert mich, daß die Pulver-Pächter dieses Trinkgeld als eine Erpressung ansehen, und daß der Kanzler, an den sie sich gewandt haben, ihre Klagen an den König bringen soll, wenn es nicht schon geschehen ist. Wenn Se. Majestät mit Ihnen darüber redt, so darf ich hoffen, daß Sie mich bey dem König wohl rechtfertigen werden. Er wird bey diesem Anlaß sehen, daß ich kein Mittel verabsäume, wo ich seine Huld über Sie bringen kan, ohne daß es den Staat das mindeste koste. Ich bin mit denen Hochachtungsvollen Gesinnungen, mit denen Sie mich kennen, Madam etc. *Terray.*

LXXXVI. Brief

AN DEN ABE TERRAY

Sie hatten recht mein Herr Abe, wenn Sie dachten, daß Sie der Kanzler in dem Herzen des Königs anzuschwärzen trachten würde; hat er nicht die Ohnverschämtheit gehabt, zu sagen, Sie hätten das Trinkgeld von der Pulver-Verpachtung für sich behalten wollen? Unter uns, es könnte wohl seyn, denn das was er angibt, kömmt vollkommen mit demjenigen überein, was ich von Persohnen, die um die Sache wissen, erfahren habe. Dem seye wie ihm wolle, Ihr Betragen ist allzu höflich, als daß ich die Sachen genau untersuche. Ich habe Ihnen nun als Freundin gedient, denn als mir Se. Majestät Ihre Unzufriedenheit bezeugten, habe ich angefangen zu lachen, und Ihm gesagt, daß alle wider Sie geführten Reden nichts als Verleumdungen und Boßheit seyen. Zum Beweiß dessen habe ich Ihm Ihren Brief gewiesen, und Ihn dadurch überzeugt, daß Sie ein Mann voller Hilfsmitteln wären.

LXXXVII. Brief

AN DEN GRAFEN DÜ BARRY

Ich sage Ihnen Herr Graf, daß wenn Sie im Fall gewesen sind mir Lehren zu geben, so ist es jezt an Ihnen von mir anzunehmen. Sie nehmen eine Art an, die Ihnen gar nicht zusteht. Alles in Paris murrt über Sie, und ich bin genöthiget, zu gestehen, daß man nicht unrecht hat. Erstlich machen Sie sich groß, daß Sie seitdem ich am Hof seye, schon auf Ihre fünfte Million gekommen wären. Zweytens haben Sie die Thorheit begangen, Ihre Maitresse an einen Kavalier von St. Ludwigs Orden zu verheurathen, um Ihr einen Tittul zu geben, und sie bleibt doch im Publicum, vor welchem Sie Parade mit Ihr machen, hinten und vornen die gleiche. Drittens haben Sie im Hotel der Pächter ein abscheulichen Lerm angefangen, um einen Ihrer Anhänger eine Direktor-Stelle zu verschaffen. Die General-Pächter haben sich bey mir, nicht nur über diesen Lerm, sondern auch über dasjenige, dessen Sie sich in ganz Paris[1] laut brüsten, beklagt. Ich rathe Ihnen also, um alle diese nachtheiligen Gerüchte zu erstiken, auf ein paar Monat nach dem Marquisat de l'Isle, welches ich für Sie von dem König erhalten habe, abzugehen. Lernen Sie Ihre Zunge sieben Mal im Mund umwenden, ehe Sie reden. Geben Sie zum Vorwand Ihrer Reise an, daß Sie diese Herrschaft wollen kennen lernen; sie verdient auch in der That, daß Sie sie sehen, indem sie wie man mich versichert über hunderttausend Livres werth ist. Nach etwas Zeit kommen Sie wieder zurük. Ich hoffe man werde alsdenn Ihre Ohnbesonnenheit vergessen haben. Denken Sie, daß ich Ihnen diesen Rath als Freundin gebe, und um zu verhüten, daß der

---

[1] Graf Dü Barry war bey der Pachtkammer um für seinen Freund Herrn Desanit die Direkzion von Paris, die durch die Beförderung des Herrn de la Periere, zum General-Pachter ledig war, zu begehren. Die Kammer stellte ihm vor, daß er zu späth käme, indem diese Stelle bereits an Herrn Chomel vergeben worden seye, und daß es ohnmöglich wäre, einen installirten Mann abzusezen, oder ihm einen niedrigen Platz anzuweisen. Der Graf drang darauf an, und sagte: daß wenn es nur um eine geringe Sache zu thun gewesen wäre, so hätte er die Mühe nicht genommen zu diesen Herren zu kommen. Man machte ihm neue Schwierigkeiten, und er fieng an in noch höherm Ton zu sprechen, und fragte ganz trozig, ob man nicht wüßte, daß er die Ehre gehabt habe, dem König eine Maitresse zu geben; daß er es seye, der den Düc von Aiguillon zum Minister der auswärtigen Angelegenheiten, und den Herrn von Boynes zum Minister des Seewesens gemacht habe, und den Herrn Kanzler an seinem Platz erhalte etc. etc.? Er fügte noch hinzu, man möchte sich also wohl vorsehen, und ihn nicht ungehalten machen. Diese ganz ohnerhörten Reden, brachten die General-Pachter ganz aus der Fassung, und sie thaten was er wollte.

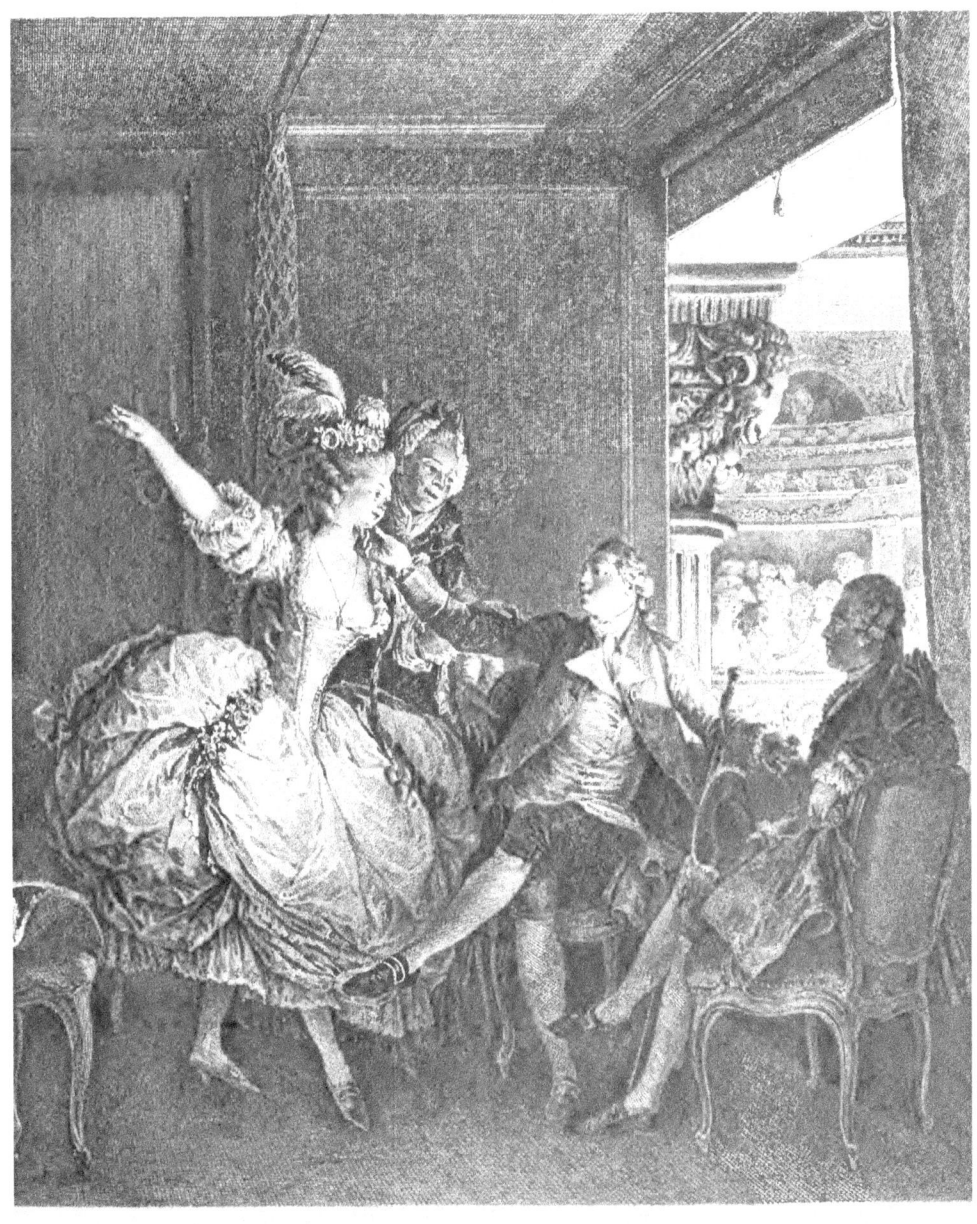

König wenn Er Ihre Aufführung erfährt, sich nicht seines Gewalts bediene um Sie zu entfehrnen.

Ich bin immer mit der gleichen Anhänglichkeit etc.

Gräfin Dü Barry.

LXXXVIII. Brief

AN DEN ABE TERRAY

Nun ist es beynahe ein Jahr, Herr Abe, daß Sie an dem Plaz eines Oberaufsehers der Gebäude sizen, und es dünkt mich, Sie denken nicht daran die Bedingnisse zu erfüllen, die wir, ehe ich den König bewog Ihnen diese Stelle zu bewilligen, mit einander machten. Die Art, mit der ich bis jezt gegen Sie gehandelt habe, scheint mir nicht, daß sie verdient habe, mich ins Nez zu loken. Ich habe einen Abscheu, Sie dessen fähig zu glauben, und Sie verpflichten mich, wenn Sie mich je ehender je lieber in meinem Begriff, den ich von Ihrer Redlichkeit haben soll, befestigen. Im übrigen gestehe ich Ihnen, mein Herr, daß, je mehr ich in meinen Sachen gerade zu Werke gehe, desto weniger bin ich geneigt zuzugeben, daß man mich hintergehe.

Gräfin Dü Barry.

LXXXIX. Brief

VON ABE TERRAY

Frau Gräfin!

Ich werde Ihnen niemals Anlaß geben, daß Sie mit Recht an meiner Redlichkeit zweifeln können. Sie wissen, daß ich immer alle Gelegenheiten mit Nachdruk ergriffen habe, Ihnen Beweise von meiner Ergebenheit ohne Ausnahm zu Tage zu legen. Ich werde mich zu keinen Zeiten Lügen strafen. Es ist Ihnen nicht unbekannt, in welchem Abgang alle Gebäude des Königs waren, als Er mir die Oberaufsicht über selbige anvertraute. Nun dachte ich demjenigen, den Sie an diesen Plaz bestimmen, ein angenehmeres und vollständigeres Geschenk zu machen, wenn ich sie ihm erst nachdem alles wieder in den Stand gestellt ist, abtrette. Seyn Sie versichert, daß diese einzige Betrachtung die Ursache meiner Verzögerung ist, die nicht lange dauren soll. Erlauben Sie, Madam, indessen auch, daß ich Sie, ich will nicht sagen an Ihr Versprechen, aber doch an die Hofnung, die Sie mir zur Stelle des Herrn von Maupeou machten, erinnere. Sie haben sich schon seit langem über ihn zu beklagen, und sein Sturz ist eben so interessant für Sie, als für mich. Wenn es Ihnen leichter ist, ihn zu beschleunigen, so ist es Ihnen eben so leicht, Seine Majestät dahin zu bringen, daß Er auf mich falle, um mich auf seinen Plaz zu sezen. Seyn Sie überzeugt, daß Sie keine Person dahin sezen können, die es aufrichtiger mit Ihrem Nuzen hält.

Ich bin etc.

Terray.

XC. Brief

AN DEN DÜC VON DÜRAS

Als ein eigennüziger Höfling machen Sie mir öfters, mein Herr Düc, schlechterweise Ihre Aufwartung; als ein schlauer Mann suchen Sie mir das Herz des Königs zu stehlen, indem Sie Ihm die Reize einer gewissen Madam Pater[1], welche, wie man sagt, vor zwölf oder fünfzehn Jahren erträglich gewesen seyen, anpreisen; ja die böse Nachrede fügt noch hinzu, daß Sie als Kammerherr, sie nicht nur dem König präsentirt, sondern noch sogar mit dem Licht voran gegangen seyen. Ich gratuliere Ihnen darzu, allein Sie haben noch nicht alle Eigenschaften eines äch-

---

[1] Diese Madam Pater ist eine Holländerin, die zehn Jahre vorher viel Aufsehens zu Paris gemacht hatte. Sie nahm 1772, man weiß nicht warum, den Titel einer Baroneßin von Neukerque an. Die Anekdote der Madam Dü Barry ist mehr als wahr, allein die Intrigue war von keiner Folge.

ten Freunds des Monarchen; Sie sind nicht fein genug, Ihr Spiel zu verbergen; die Probe darüber ist, daß ich, die zulezt von der Sache hätte wissen sollen, von allen diesen hübschen Schlichen noch vor ihrer Entwiklung Nachricht habe. Ich weiß auch, daß mein werther Düc von Choiseul, von Chanteloup aus, Ihr ganzes Betragen anordnet, und den Nuzen davon zu haben vermeynt, gleich wie Ihnen die Schande ohnvermeidlich folgen wird. Fahren Sie fort, Herr Düc, lassen Sie Ihre Talente schimmern, nur gehen Sie ein bisgen geheimer darmit um. Ich hoffe, daß ich Sie von diesem Tage an nimmer bey mir sehen werde. Übrigens bin ich mit aller Hochachtung, die Sie verdienen, mein Herr, Ihre etc.

Gräfin Dü Barry.

XCI. Brief

VON FRAU CONSTANT

Frau Gräfin!

Ich bin Madam Constant, eine Kupferschmiedin zu Paris. Ich sollte Ihnen wohl eingehen, dann zur Zeit, wo Sie mit meinem guten Gevatter Lamet lebten, sahe ich alle Morgen nur Sie bey mir, und wir haben den Salat öfters zusammen gegessen. Jezt da Sie so schön wie ein Raritätenkasten sind, haben Sie vielleicht Ihre alte Freundin vergessen; aber das macht mir gerade so viel als nichts. Wenn ich Ihnen schreibe, so ist es nicht, um eine Gnade von Ihnen zu begehren, denn ich brauche keine, sondern um Ihnen Ihre armen Verwandten zu empfehlen. Ihre Muhme, Madam Cantini, die ein wakeres Weib ist, Sie können sich dessen rühmen, ist unglüklicher als die Steine auf der Gasse. Ehe Sie eine grosse Dame waren, lebte sie aus ihrem Gewerb als Trödelweib beym Nachttische, und gewann dardurch sich und ihren

Kindern Brodt; aber seitdem Sie Wittwe geworden sind, oder was Sie sonst so seyn mögen, Sie verstehen mich schon, haben Sie ihr verbotten, sich Ihre Muhme zu nennen, und ihren Handel fortzutreiben, unter Versprechung 1200 Livres Jahrgehalt, worvon sie doch nur die Hälfte kriegt, man sagt, daß das durch die Hände Ihrer Gnaden des Herrn Abe Terray gehe. Wie wollen Sie nun, daß sie mit diesem lebe, und ihre Kinder ernähre, die nicht mehr Erziehung haben als ein Hund, und die nakend herum laufen? Sie sollten sich so wahr Gott lebt schämen! Und wissen Sie worzu das verleitet, diese Armuth da? Schauen Sie einmal, dieser arme August, der jezt siebenzehn Jahre hat, gut; dieser hat nebst einem andern kleinen Pürschgen, das eben so flink ist wie er, eine junge Henne ab dem Laden eines Kochs mitlaufen lassen. Er ist zum Kommissarius geführt worden, und wenn er nicht gesagt, daß er Geschwister-Kind mit Ihnen wäre, so hätte man ihn eingestekt, und dieser gute arme Mensch[1] wäre gepeitscht und gebrandmarkt worden. Das ist mir ein hübscher Vorsprung, mittlerweile Sie reich sind wie eine Jüdin, würdigen Sie nicht einmal Ihre nächsten Anverwandten mit einem mitleidigen Auge anzusehen. Pfui! das ist schlecht! Nehmen Sie sich in Acht, der Zorn Gottes wird über Sie kommen, und Sie werden ganz ohnvermutet herunter kommen. Im übrigen, sehen Sie, ich meyne es gut mit Ihnen; wenn Sie das, was ich Ihnen sage, thun, so ist es gut für Sie, wenn Sie es nicht thun, desto schlimmer für Sie. Ich für mich habe ein wehmüthiges Herz, und sage Ihnen das mit nassen Augen, und bin mit Hochachtung, Frau Gräfin, Ihre gehorsame Dienerin *Constant.*

[1] Madam Dü Barry, aus Forcht, daß dieser Vetter nicht neue Unfugen anstelle, gab Befehl, ihn einige Tage hernach von der Gasse wegzunehmen, und nach St. Lazare zu sezen, von dannen er nun, weil er das Kostgeld nicht bezahlte, und weil sich sein Taufpathe, der etwelches Ansehen hat, seiner annahm, wieder heraus kam. Dieser hat die Dü Barry so sehr durch diesen Auftritt beschämt, daß man dem jungen Menschen eine Bedienstung in Indien verschafte, wohin man ihn schikte.

XCII. Brief
VON DEM DÜC VON AIGUILLON

Nun sehen Sie, meine liebe Gräfin, den Monarchen, die Prinzen von Geblüt, die Ministers, mit einem Wort den ganzen Hof zu Ihren Füssen. Damit Sie sich in einer so glänzenden Lage erhalten, so müssen Sie im Ernst auf die Entsezung des Kanzlers denken. Stolz auf die Macht, die er über den Grafen de la Marche hat, und die er ebenfalls auch auf den Prinzen Conde[1]

---

[1] Prinz Conde kam wieder nach Hof, und machte dem König durch die Vermittlung des Grafen de la Marche seine Entschuldigung. Dieser Vorgang ist in einem Neujahrsgedicht, welches damals herumgebotten wurde, also enthalten:

> La Marche a le cœur loyal,
> Conde fut le reconnaitre,
> Et servi par son égal
> Il va droit à son maitre.
> Ce moyen est en général
> Le plus digne peut-être.

d. i. La Marche hat ein rechtschaffenes Herz, Conde kannte es, bediente sich dessen, und gieng durch ihn, als einen seines gleichen gerade zum König. Dieses ist auch durchgehends wohl das beste Mittel.

Da Graf de la Marche die Anhänger des Herrn von Maupeou immer begünstigte, so glaubte er, Prinz von Conde würde auch beytretten. Düc von Orleans kam durch die Vermittlung des Düc von Aiguillon wieder in die Gnade des Königs. Auch heißt es in dem gleichen Neujahrsgedicht, wo man sich an den Prinzen wendt:

> Vous avez fort noblement
> Combiné la démarche,
> En refusant constamment
> Le Comte de la Marche:
> D'Aiguillon vous a bien infiniment
> Fourni cette autre marche.
> Mais au fond l'honneur n'est rien,
> Il n'en faut tenir compte;
> Hé! que vous fait le moyen,
> Si vous n'en avez la honte
> Alle, d'Aiguillon vous dira bien,
> Comment on la surmonte.

d. i. Sie haben den Schritt sehr artig ausgedacht, indem sie dem Grafen de la Marche beständig ausschlugen. Düc von Aiguillon hat ihnen jenen andern Weg schon gebahnet. Denn im Grund ist die Ehre nichts, man muß nicht drauf achten. Ey! was hilft ein Mittel, wenn man Schande davon hat. — Wohlan, Düc von Aiguillon wird ihnen schon sagen, wie man drüber hinaus seyn kan.

hatte, hoft er erster Minister zu werden, und glaubt, daß sich ihm alles unterziehen würde. Es ist höchst nothwendig, seinen Projekten zuvorzukommen, und ihn gleich dem Düc von Choiseul zu stürzen. Wenn dieses durch Ihren Beystand könnte erzielt werden, so würden Sie, meine werthe Gräfin, von allen Prinzen vom Geblüt und von ganz Frankreich geliebt werden. Das Parlement, welches hernach wiederum zurükberufen werden würde, würde Sie verehren, und Sie würden mit Ruhm und Ehre überhäuft werden.[1] Dieses war der Gegenstand einer Konferenz, die ich diesen Morgen mit dem Düc d'Orleans, Düc de Chartres und Prinz Conti gehabt habe. Wenn Sie nun so bey Gelegenheit die Unterschrift des Königs zum Exilium des Kanzlers erhalten könnten, so würden Sie den folgenden Morgen die Prinzen vom Geblüt kommen sehen, um Ihnen ihren Dank darfür abzustatten. Ich bin mit denen Gesinnungen, die Sie an mir kennen, und die ich Ihnen Taglebens gewidmet habe, meine werthe Gräfin,

Ihr etc.
Düc von Aiguillon.

XCIII. Brief

AN DEN DÜC VON AIGUILLON

Ich liebe den Kanzler, mein lieber Düc, nicht mehr als Sie ihn lieben. Aber alle diese Staatsabsichten und alle diese Ver-

---

[1] Es scheint wunderbar, wenn man den Düc von Aiguillon ein Verlangen nach der Wiedereinsetzung des Parlements tragen, und ihn darum anhalten sieht; er der doch wohl wußte, wie geneigt es war, mit selbigem, bevor die Schriften seines Rechtshandels zu Königl. Handen gezogen waren, nach der äussersten Strenge zu verfahren. Allein die Verwunderung wird ganz wegfallen, wenn man weiß, daß Herr von Ormesson, Oberrichter im Parlement, diesem Düc im Namen seiner Gesellschaft, durch den Düc von Orleans das Versprechen thun lassen, daß wenn das Parlement auf sein Vorwort würde eingesezt werden, man zur Entscheidung seines Rechtshandels schreiten, und ihn durch Freysprechung der beschuldigten Untreue schneeweiß machen würde. Nach diesem Versprechen hatte er bey Wiedereinsetzung des Parlements am meisten zu gewinnen.

wendungen, gefallen mir nicht. Ich möchte, daß Herr von Maupeou wegkäme, ohne daß ich mich darin mischte. Die Ursache davon ist ganz einfach. Der König hat nicht gern, wenn ich Ihm darvon rede. Wenn ich je von ihm rede, so wird Er gleich düstern und ernsthaft; nun fodert mein Interesse, Ihm nicht lästig zu werden, sondern Ihn im Gegentheil in seiner Verlegenheit aufzumuntern. Indessen sage ich nicht, daß ich müßig bleiben werde: ich möchte, daß sich die Gelegenheit ereignete ohne sie zu suchen, ich würde sie alsdann benuzen. Sie können meine Gesinnungen dem Düc von Orleans wissen lassen. Ich bin, mein lieber Düc, ganz die Ihrige.

Gräfin Dü Barry.

XCIV. Brief

AN MADEMOISELLE RAUCOUX, SCHAUSPIELERIN VON DER FRANZÖSIS. KOMÖDIE

Sie wissen, meine schöne Raucoux, was gestern zwischen dem König, Ihnen und mir vorgieng. Beobachten Sie die gröste Verschwiegenheit, und mißbrauchen die Gunst nicht, die ich Ihnen verschaft habe.[1] Wir haben uns beyde bezahlt gemacht, und es wird, wie ich denke, nicht das letzte mal seyn. Ich werde noch eine Zusammenkunft, die Ihnen nicht mißfallen soll, für Sie anstellen. Leben Sie wohl, meine schöne Raucoux, seyn Sie ferners bescheiden. Dieses ist das einzige Mittel, daß man Sie schäzt und daß es Ihnen gelingt.

Zählen Sie auf meine Freundschaft.

Gräfin Dü Barry.

[1] Mademoiselle Raucoux gieng, nachdem sie vor Sr. Majestät die Rolle der Dido gespielt hatte, in das Puzzimmer, welches an die Loge des Königs stoßt, und in welchem er mit seiner Maitresse einzig war. Seine Majestät überliessen sich mit diesem neuen Gegenstand, dem fleischlichen Vergnügen, und Mademoiselle Raucoux gieng, mit Wohlthaten von dem Herrn und seiner Favoritin ganz überhäuft, aus der königlichen Loge weg.

XCV. Brief

AN DIE MARQUISIN VON ROZEN

Verzeihen Sie meine schöne kleine Marquisin den Scherz[1] der sich die vorige Woche bey mir zugetragen hat. Ich soll Ihnen sagen, daß der König der Erfinder, und ich nur die Vollzieherin desselben war. Ich wünsche daß Sie darüber nicht ungehalten gegen mich seyen, und daß wir in der gleichen Vertraulichkeit mit einander leben mögen. Glauben Sie nur, daß ich Sie immer ganz aufrichtig liebe, und daß ich mit diesen Gesinnungen bin

Gräfin Dü Barry.

XCVI. Brief

AN MADAM LA DAUPHINE

Madam!

Ich habe mit Verdruß vernommen, daß man mich bey Ihnen zu verkleinern suchte, indem man mir in Betreff des diamantnen Haarsträußgens, das ich machen lassen, und das Ihnen zu gefallen schien, weil Sie es für Sich behielten, mürrische Reden zur Last legte.[2] Weit entfernt, das geringste Mißvergnügen über die

---

[1] Madam von Rozen, jung und sehr hübsch, war genau mit der Madam Dü Barry bekannt, die sie in ihre Freundschaft aufnahm. Allein nachdem ihr die Frau Gräfin von Artois, deren Hofdame sie war, Vorwürfe machte, daß sie so öfters um die Favoritin seye, brach sie plözlich mit ihr ab, oder schien wenigstens kälter gegen ihr zu seyn. Die andere war über diese Veränderung betretten, und bezeugte ihren Verdruß dem König, welcher im Scherz sagte, daß Madam von Rozen ein Kind wäre, der man die Ruthe geben sollte; allein Madam Dü Barry nahm es für baar an, lud sie den folgenden Morgen aufs Frühstück ein, machte Mad. von Rozen in ihr Puzzimmer tretten, allwo vier Kammerjungfern sich ihrer bemächtigten, und sie nicht übel die Ruthe empfinden liessen. Der König, bey dem sich Madam von Rozen beklagte, konnte Madam Dü Barry nichts darüber sagen, weil sie Ihn erinnerte, daß es auf seinen Befehl geschehen seye.

[2] Madam la Dauphine sollte gegen Madam Dü Barry, wegen den ehrvergeßnen Reden, die sie die Ohnverschämtheit hatte, gegen diese Prinzeßin auszustossen,

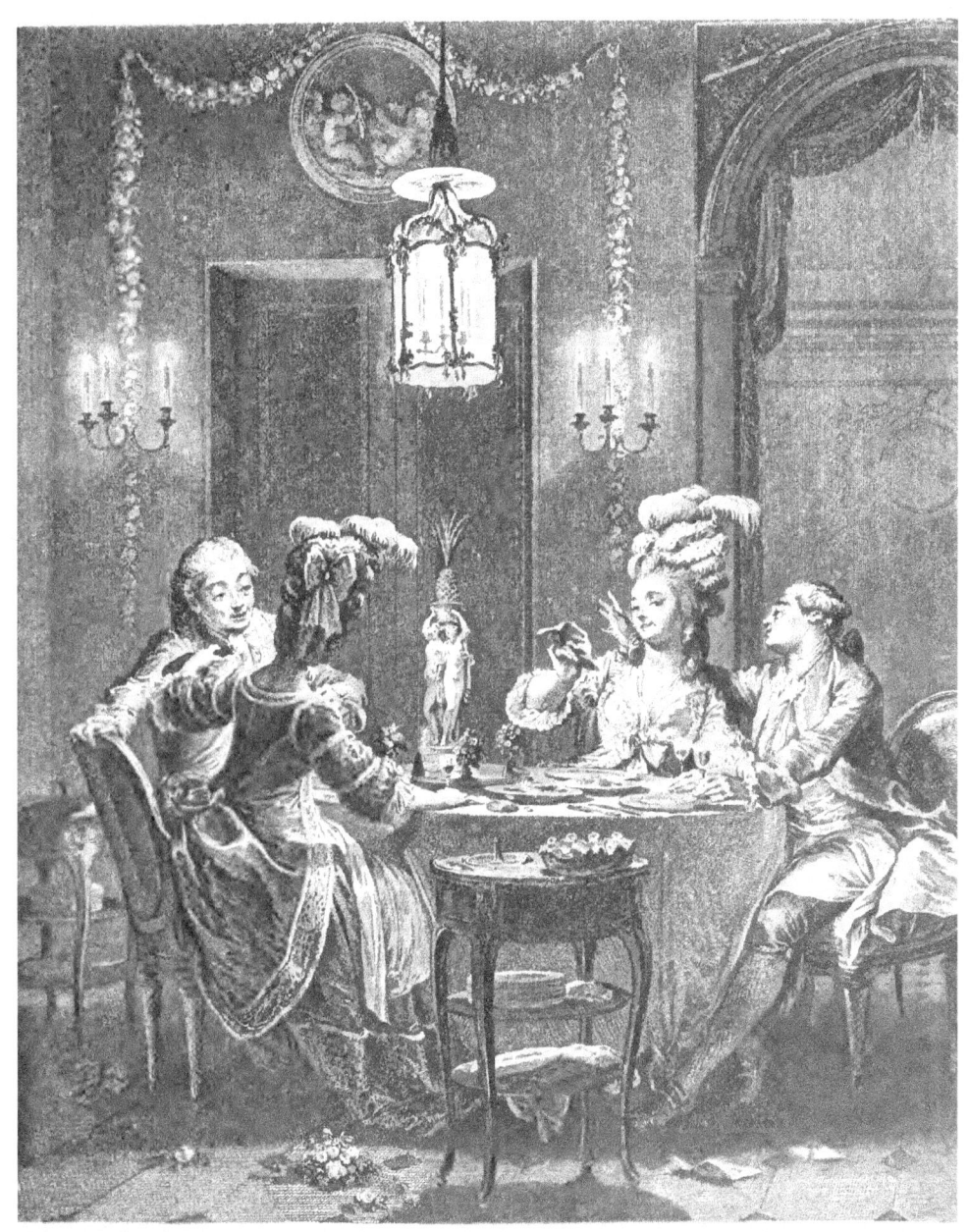

Entziehung dieses Kleinods zu äussern, war es mir leid, daß ich nicht vorsehen konnte, daß selbiges nach Ihrem Geschmak seyn könnte. Ich würde eben so viel Vergnügen gehabt haben, Ihrem Verlangen bey diesem Anlas zuvorzukommen, als ich zu allen Zeiten haben werde, um Ihnen zu zeigen, wie sehr ich wünsche, die Ehre Ihrer Gewogenheit zu verdienen.

Ich bin mit tiefster Ehrfurcht etc. *Gräfin Dü Barry.*

XCVII. Brief

VON DEM DÜC VON AIGUILLON

Man hat, meine werthe Gräfin! neue Verse[1] über den König gemacht, in welchen man zu verstehen giebt, daß ich das Glük habe, Ihre Gunst zu geniessen, Ich weiß nicht, wie man sich unsere Vertraulichkeit hat mögen einfallen lassen. Seyn Sie etwann nicht vorsichtig genug gewesen, oder ist es mit unsern Vertrauten nicht ganz richtig? Sie wissen, daß der geringste Blik vor den Hofschranzen, eine Art von Beweis ist. Es ist Ihnen über-

ganz aufgebracht seyn; allein sie suchte sich durch einen ihrem Alter und ihrer Lebhaftigkeit angemessenen Streich zu rächen.

Sie wußte, daß Mad. Dü Barry bei einem Juwelierer ein sehr prächtiges diamantnes Haarsträußgen bestellt hatte. Von dem Tag, den ihn der Künstler bringen sollte, benachrichtiget, befihlt sie, daß man auf ihn passen und ihn, bevor er zur Favoritin gehe, zu ihr führen soll. Ihr Befehl ward genau befolgt. Er kam, und sie bestellte ihm ein sehr kostbares und elegantes Haarsträußgen. Der Juwelierer fragte, ob sie es haben wollte wie das, so er bey sich hätte? Dieses war nun, was Madam la Dauphine erwartete. Sie besieht dieses Kleinod, läßt es sich ihr durch ihre Damen aufsezen, findt, daß es ihr sehr gut läßt, und giebt ihm zu verstehen, daß sie es behalten wolle. Dem Juwelierer wird nicht wohl bey der Sache, die Prinzeßin nimmt es wahr, und will die Ursache davon wissen. Er gesteht sie. Madam la Dauphine muntert ihn auf, und sagt ihm, daß sie es auf sich nehmen wolle. Sie geht hernach mit ihrem diamantnen Kleinod zum König, und fragt Ihn, wie er's finde? Er rühmt den Geschmak und die Kostbarkeit desselben, worauf sie Ihm den Possen, den sie Mad. Dü Barry spielte, erzehlt. Der Monarch giebt ihr Beyfall, lacht, und geht selbst zu seiner Maitresse, um sie darüber zu neken.

[1] Der Uebersetzer läßt diese, im Original befindlichen Verse mit Vorsaz weg, weil gesittete Leser nichts darbey verlieren, und der schlüpfrigen Stellen ohnehin schon hier und da vorkommen.

das bekannt, daß unser Interesse das gröste Geheimniß erfordert; ich will daher lieber glauben, daß es ein von der Bosheit erdichteter Argwohn seye: allein es ist äusserst notwendig, daß wir verhüten, daß diese Verse nicht vor den König kommen. Herr de la Vrilliere hat zwo Personen, bey denen man Abschriften darvon gefunden hat, gefänglich einziehen lassen, und dem Herrn von Sartine die strengsten Befehle gegeben, damit keine mehr in Paris herumgeboten werden. Leben Sie wohl, meine theure Gräfin. Ich bin Zeitlebens Ihr etc.

Düc von Aiguillon.

XCVIII. Brief
AN DEN DÜC VON CHARTRES

Gestern habe ich mit dem König wegen der Großadmiral-Stelle, die Sie gerne haben möchten, gesprochen. Ich habe Ihm die schönsten Dinge von der Welt vorgesagt, um Ihn, Ihnen gewogen zu machen. Seine Majestät haben mich gefragt, ob Sie die Genehmigung des Dücs von Penthievre hätten? Ich erwiederte, daß ich es glaubte. Gestern hat Er diesen Prinzen, zu dem Sie kein Wort gesagt hatten, und welcher über den Schritt, den Sie mich thun lassen, ganz bestürzt schien, gefragt. Der König hat mir nachher Verweise gemacht; meine Entschuldigung war, daß ich nichts darvon gewußt, und nur geradehin meine Kommißion ausgericht hätte. Stellen Sie künftig Ihre Anschläge besser an Meine Empfehlung an den diken Papa.[1]

Ich bin etc. *Gräfin Dü Barry.*

XCIX. Brief
AN DEN DÜC VON AIGUILLON

Gestern, mein lieber Düc, gieng ich sehr vergnügt zu Bette, in der Hofnung, daß ich Ihnen diesen Morgen die Ungnade des

---
[1] So nannte sie den Düc von Orleans.

Marquis von Monteynard würde melden können. Der König hatte endlich meinem Anhalten nachgegeben, und den Befehlsbrief, den ich Ihm vorlegte, unterschrieben, nachdem ich Ihn auf den Punkt führte, wo ich Ihn gern haben wollte. Seine Ueberlegungen, die Er die Nacht durch machte, haben meine Absicht vereitelt, und sein Erstes beym Aufstehen war, daß Er seine Unterschrift zurük nahm. Dieser Fall soll mir zur Warnung dienen; wenn ich so glüklich bin, wieder einen solchen Anlaß zu erleben, so wird es mir obliegen, die Befehlsbriefe auf der Stelle abgeben zu lassen, um es dem König ohnmöglich zu machen, selbige zurük zu nehmen. Ich bin aussert mir, daß mir mein Streich gegen diesen Mann, den ich seit seinen gegen Abe Terray[1] ausgestossenen Reden und abschlägigen Antwort, die er mir gab[2], und wegen einer Vertraulichkeit[3] mit dem Kanzler, nicht ausstehen kan, mißlungen ist. Ich bin etc.

Gräfin Dü Barry.

C. Brief

AN DEN DÜC VON AIGUILLON

Wenn ich, mein werther Düc, schon nicht das Vergnügen gehabt habe, den Marquis von Monteynard ganz zu vertreiben, so hat mir doch der König, damit ich Ihm seine Schwachheit

---

[1] Marquis von Monteynard gieng eines Tages zu Abe Terray, um ihm Geld in sein Departement zu fordern; dieser sagte ihm ganz troken, daß er keines hätte. Der Marquis antwortete ihm in harten Ausdrüken, daß er sich wundere, daß kein Geld zum Dienst des Königs da wäre, mittlerweile man so viel für H— und Kuppler verschwende.

[2] Sie hatte das Dragoner-Regiment Baufremont für den Herrn Dangets von Orcay, ein Neffe des Generalpachters gleichen Namens von ihm begehrt. Der Minister schlug es ab, und gab es dem Prinzen von Lambesc.

[3] Man wird sich vielleicht verwundern, daß Herr von Monteynard, der wakerste Mann im Ministerium, sich so genau mit dem Kanzler eingelassen habe; allein als man ihn nach der Ursache fragte, sagte er, daß er sich in Sachen, die er nicht verstünde, immer nach dem Minister richte, an dessen Departement selbige im weitern giengen. Er befolgte in diesem das System des Kardinal Fleuri.

bey diesem Anlaß nicht übel nehmen möchte, jene Gnade bewilliget, die Sie mir von Ihm zu begehren anriethen. Ich habe mit Ihm über die abscheulichen Kontributionen geredt, die Madam von Langeac[1] von denjenigen Personen, die durch sie Gnadenbezeugungen erhalten haben, fodert. Seine Majestät waren sehr ungehalten darüber, und haben mir den Vorschlag der Personen zu Errichtung des Hauses von Artois erfodert werden, aufgetragen. Es soll diejenigen, die dahin kommen, nichts kosten; allein wir werden den Vorteil haben, lauter uns zugethane Leute dorten zu sehen. Ritter Dü Barry soll Kapitain der Hundert Schweizer werden. In Ansehung der übrigen Stellen, sehen Sie, mein werther Düc, wen Sie darzu haben möchten. Ich werde dem König nur diejenigen vorschlagen, über die wir uns verstanden haben. Heute werde ich Sie nicht sehen, der König geht auf die Jagd, und ich werde ein Theil des Tages in dem Kloster St. Elisabeth[2] zubringen. Leben Sie wohl mein Lieber, Sie wissen, wie sehr ich Sie liebe.

Gräfin Dü Barry.

---

[1] Jedermann hat von Madam von Langeac reden gehört, welche Anfangs in Marseille einen Schuhfliker, Namens Sabathin, geheurathet hatte, und als sie nachher nach Paris kam, um zu jedermanns Bedienung zu leben, ward sie die förmliche Maitresse des Dücs von Vrilliere. Dieser Minister, der einige Kinder von ihr hatte, und sie adeln wollte, sezte Sabathin, ihr Mann, ins Zuchthaus, unter dem Vorwand, daß er einen falschen Todtenschein gemacht habe, und verheurathete seine vermeynte Wittwe an den Marquis von Langeac, welcher sich als Vater von denen Kindern angab.

[2] Madam Dü Barry besuchte ihre Mutter, welche unter dem Namen Madam von Montrable, deren man anfieng den Titul Marquisin vorzusezen, in diesem Kloster war. Die Aufführung der Madam Dü Barry gegen ihre Mutter, macht ihrem Herzen Ehre, weil sie ohnerachtet dem Taumel der königlichen Huld, und der grossen Zerstreuung, in der sie lebte, selten vierzehn Tage vorbeygehen ließ, daß sie nicht ihre Mutter besuchte, mit ihr zu Mittag speißte, und den grösten Theil des Tages bey ihr zubrachte. Es ist anzumerken, daß die Superiorin dieses Klosters, die Niederträchtigkeit so weit triebe, daß sie ihre Nichte, die trefflich sang, kommen ließ, um Madam Dü Barry während dem Mittagessen zu amüsieren.

CI. Brief

VON DEM ABE TERRAY

Paris, den 10. April 1773.

Frau Gräfin!

Ihr Sachwalter hat mir sechsmal hundert tausend Livres für Sie begehrt, ohne mir zu sagen, wohin Sie dieses Geld verwenden wollen. Ich habe ihm gesagt, daß ich es ihm nicht auf der Stelle geben könnte, sondern die Ehre haben würde, mit Ihnen darüber zu reden. Ich bin weit entfernt, Madam, Ihnen etwas abzuschlagen, denn Sie wissen, wie sehr ich der Ihrige bin. Erlauben Sie mir jedoch, daß ich Ihnen einige Vorstellungen mache, ich werde hernach thun, was Sie wollen· der königliche Schaz ist nicht so ohnerschöpflich, wie Sie etwann glauben möchten. Ohnerachtet aller Mittlen, deren ich mich bediene, um Zufluß zu finden, so gestehe ich Ihnen, daß ich öfters und besonders jezt, sehr verlegen bin. Seitdem ich Ihre Gewogenheit geniesse, haben Sie achtzehn Millionen reinaus bezogen, ohne einer Menge geringfügiger Sachen zu erwehnen. Auf der andern Seite macht der Kanzler zu Ergänzung des Parlements und Besoldung seiner Spionen, einen abscheulichen Aufwand. Endlich richtet mich Düc von Aiguillon zu Grunde, der sich an auswärtigen Höfen, wo er, wie Sie wissen, übel angeschrieben steht, Freunde und Anhänger machen will. Urteilen Sie selbst, Frau Gräfin, ob meine Vorstellungen übel gegründet seyen, wenigstens muß ich in einer grossen Verlegenheit seyn, weil ich mir selbige erlaubt habe, da mir nichts so sehr am Herzen liegt, als alle Ihre Wünsche zu erfüllen, und ihnen sogar zuvorzukommen. Indessen wenn Sie sich jezt mit dreymal hunderttausend Livres begnügen können, so will ich sie Ihrem Sachwalter zustellen, sobald er sich sehen läßt.

Ich bin mit Ehrfurcht etc.

Terray.

CII. Brief

VON MADEMOISELLE DÜBOIS, SCHAUSPIELERIN DER FRANZÖSIS. KOMÖDIE[1]

Paris, den 25. April 1773.

Madam![2]

Aus Gehorsam gegen Ihre Befehle, hatte ich mich entschlossen, wiederum die Bühne zu besteigen, und meine schwachen Talente zu Ihrer Belustigung zu vervollkommnen; aber ich habe fataler Weise zu spät darzu gethan. Meine Rolle ist vergeben, und meine Gespielinnen haben mir die Unordnung, die ich unter ihnen anstellen würde, begreiflich gemacht. Sie haben mich versichert, daß Ihnen die Kammerjunker ein Memorial vorlegen, in welchem Sie Ihnen die Ohnmöglichkeit meiner gegenwärtigen Eintrettung, ganz klar zeigen würden. Möchten Sie, Madam, hierdurch von dem Eifer meines Andringens, und von der Begierde, die ich würde gehabt haben, überzeugt seyn, in jenen kostbaren Augenbliken, wo Ihr Geist von denen wichtigen Beschäftigungen, die ihn anstrengen, ausruht, etwas zu Ihrem Vergnügen beyzutragen.

Aber Madam, Ihre Gewogenheit macht mich so kühn, Sie um eine andere zu bitten. Erlauben Sie, daß ich mein Herz vor Ihnen ausschütte, das Ihrige ist allzu empfindsam, als daß es für die Schwachheiten der Liebe nicht Nachsicht hätte. Ich liebe

---

[1] Die Originale von diesem und folgenden Brief, (sagt der Verfasser) haben wir nicht geschen. Wir rüken sie hier ein, weil Abschriften davon in Paris und bey Hof herum giengen, können aber für deren Aechtheit nicht Bürge seyn.

[2] Um einen rechten Begriff von diesem Brief zu kriegen, ist zu bemerken, daß Madam Dü Barry viel auf Mademoiselle Dübois hielt, sie mit Gutthaten überhäufte, und alles anwandte, um sie wieder auf die Bühne zu bringen. Diese ließ sich bereden, allein da Umstände darzwischen kamen, die es ihr nicht gestatteten, machte sie sich den Zutritt, den ihr diese Verwendung bey der Gräfin Dü Barry verschafte, zu Nuze, um sie zu bitten, es dahin zu bringen, daß sie Dauberval Operntanzer, ihr erster Liebhaber, heurathe.

schon seit mehr als zwölf Jahren, Dauberval: Glüklich, wenn seine Zärtlichkeit gegen mich eben so ohnunterbrochen wie die meinige gewesen ist! Gegen wie viele hat der Treulose seitdem die gleichen Schwüre wie gegen mich gethan! Indessen habe ich ein theures Pfand unserer Vereinigung, ein Kind, der Gegenstand meiner mütterlichen Liebe. Ich kan ohne Schauer nicht an seine uneheliche Geburt denken; ich möchte es durch die Heurath gutmachen. Jezt bin ich reich, ich kan die Schulden des Treulosen bezahlen, und will nichts, als daß er herumkomme, und mir seine Hand gebe. Diese edle Handlung, Madam, ist Ihrer würdig; denn obschon ich etwas ausschweifend gewesen bin, so hat mein Herz doch immer ehrbare Gesinnungen gehabt. Sie wissen, was die Jugendjahre eines Mädgens sind, welches Reize hat, und welches seine Lage den Verführungen der Liebenswürdigsten am Hof aussezt. Je mehr sie sich widersezt, je mehr hat sie Verführer. Indessen bin ich im Getümmel des Theaters niemals glüklich gewesen; ein Begriff der Religion ist mir geblieben; ich habe ein zartes Gewisses, welches sich leicht empört. Die Furcht der Zukunft hat mich ohnaufhörlich im Schoosse der Wollust geängstiget. Der Verlust meines lezten Liebhabers hat mich in eine tiefe Traurigkeit versezt, und sein unglükliches Ende, in der Blüthe seines Alters, für ihn zittern gemacht. Sehen Sie, Madam, die Hauptursache, die mich bewogen hat, die Bühne zu verlassen. Sie trugen ein Verlangen, daß ich wieder auftretten möchte, und ich überwand mein Gewissensscrupel, und meinen Widerwillen; aber die Umstände widersezten sich Ihrem Willen. Geruhen Sie nun Madam, mein Glük zu vervollkommnen, das ich habe, Sie einen Augenblick mit mir beschäftiget zu sehen, indem Sie mir eine Protektion, oder besser zu sagen, eine Autorität bewilligen, die niemals besser verwandt werden kan. Ich bin mehr als versichert, Dauberval wird sich einer von Ihnen auferlegten Pflicht nicht entziehen können, und ich werde eine Zufriedenheit mehr bey dieser Trauung empfinden, nemlich diejenige, daß weil ich Sie im Theater Ihre ganze edle Mussezeit durch, nicht ergözen kan, noch durch meine zwote Hälfte, durch einen Mann, der sich der Bühne so lange widmen wird, als er das Glük hat Ihnen zu gefallen, zu Ihrem Vergnügen werde beytragen können.

Ich bin mit der tiefsten Ehrfurcht etc. *Dübois.*

CIII. Brief
VON DAUBERVAL OPERNTÄNZER[1]

Madam!

Ich kenne die Liebe nicht so gut als Mademoiselle Dübois; allein wenn sie darin besteht, einen Mann im Beth aufzunehmen, so ist es richtig, daß Sie viel für mich hatte. Indessen da ich nicht täglich mitmachen konte, und sie sonder Zweifel durchaus Liebe nöthig hatte, vergab sie den Platz gar öfters an andre, und wir wechselten so der Reihe nach, vier, fünf und mehrere mal ab. Aus dieser Mischung entstund ein kleiner Bube. Sie hatte die Gewogenheit mich zum Vater darzu zu ernennen; ich nahm es mit so viel grösserer Erkenntlichkeit an, da sie ihm einen vornehmern es seye unter einigen Herren am Hof, oder unter Magistratspersonen, der Geistlichkeit, oder unter den Matadors der Finanzen hätte wählen können. Dem seye nun wie ihm wolle, ich habe diese Ehre angenommen, und zugleich versprochen, für das Kind zu sorgen; allein seine Mutter die es, als ein von der Vorsehung mit Fleis zu ihrem Zeitvertreib erschaffenes Spielwerk ansahe, wollte es bey sich haben. Ich habe ihr damals gesagt, daß ich es nicht so verstünde, und der Vaterstelle

---

[1] Nach Empfang des Briefs von Madem. Dübois, lies Madam Dü Barry Dauberval ruffen, und eröfnete ihm den Antrag der Schauspielerin, welcher darinnen bestund, ihm vierzigtausend Livres baares Geld zu Bezahlung seiner Schulden zu geben, ihre fahrende Haabe die zweymal hunderttausend Livres werth seyn mochte, zu Geld zu machen, und ihm für seinen Antheil 15 000 Livres Leibrenten, die sie hatte, anzuweisen. Auf dieses ganze Anerbieten machte Dauberval, nachdem ers einige Tage ins Bedenken genommen, obige Antwort.

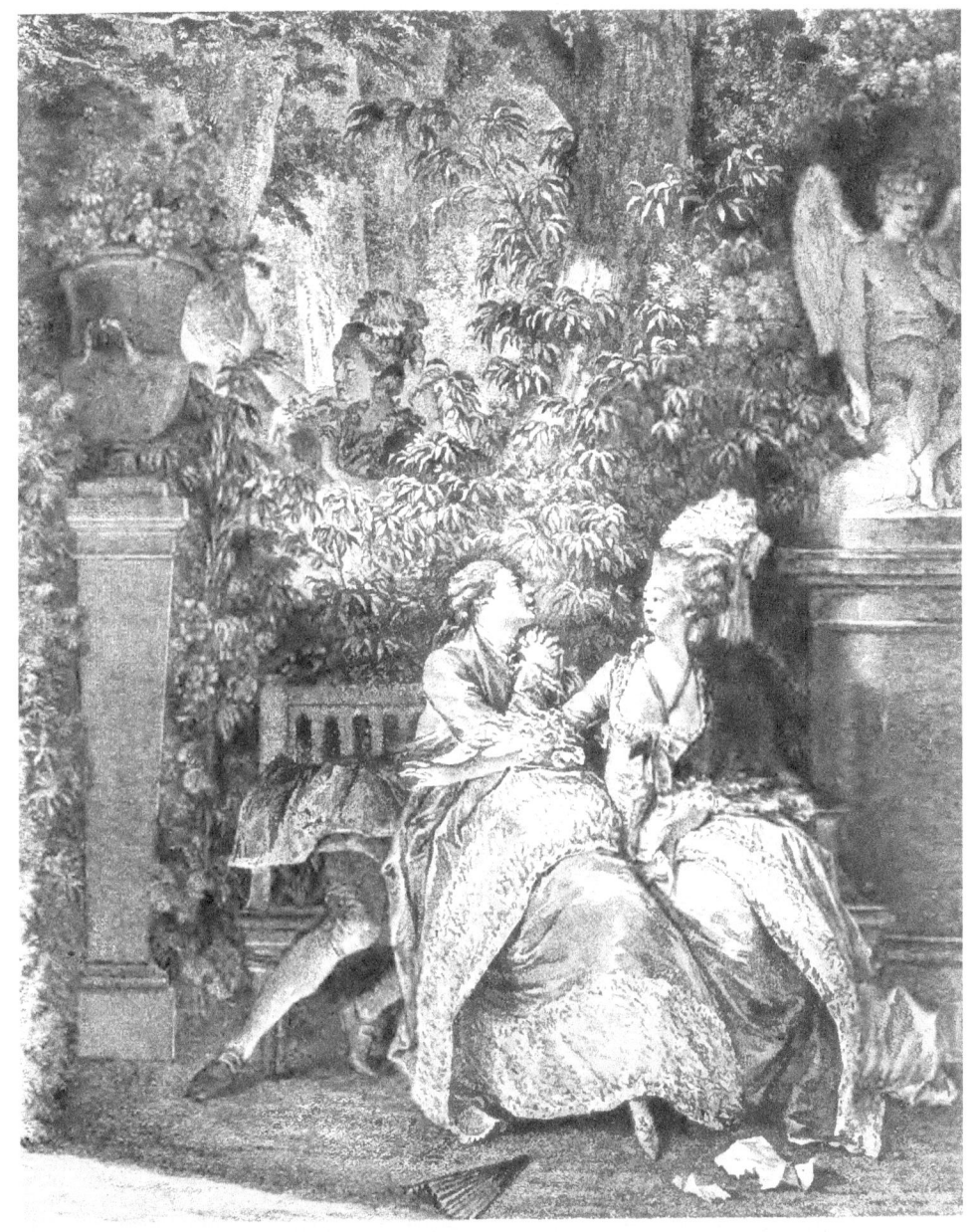

entsagen wollte. Jezt da die Puppe nimmer so lustig, noch so folgsam ist, da sie ihr Mühe macht, und ihr den Arm herunterzieht, möchte sie sich davon losmachen, und mir den Buben zurükschiken. Allein sie hat den Nuzen gehabt, nun habe sie auch den Unmus; um so mehr, da sie mit dem bürgerlichen Leben daß sie führen will, mit den mütterlichen Gesinnungen, worvon ihr Eingeweide hüpft, und mit denjenigen der Religion die sie zu Markt trägt, vollkommen übereinkömmt. Auch weiß ich, daß sie einen sehr schwachen Kopf hat, und ich förchte das Übel möchte mich auch ansteken und mir den meinigen verderben. Sie förchtet den Teufel und ich auch. Das was mich zurükhält sie zu heurathen, ist ein eingefleischter Teufel, welcher Vater, Mutter, Bruder, Schwester, Liebhaber und alles zum Zorn reizt; denken Sie also was aus dem guten Mann werden würde!

Sie haben mir erlaubt Madam, mich über diesen Gegenstand ganz frey heraus lassen zu dörfen, und ich befolge Ihre Absicht. Möchte Sie meine Offenherzigkeit auf einen Augenblick belustigen. Ich vermuthe, daß dieses alles ist, was Sie bey dieser Unterhandlung im Aug hatten, die wegen denjenigen die sie angeht, so weit unter Ihnen; allein wegen der Güte des Herzens, die alle Ihre Handlungen bezeichnet, bewundrungswürdig ist. Das gröste Uebel der Mademoisell Dübois, ist ohne Zweifel dieses, daß sie nichts mehr zu Ihrem Vergnügen beytragen kan. Was mich betrift, so habe ich nicht nöthig sie zu heurathen, um Ihnen zugethan zu seyn. Ich will alle das Verdienst einer ganz ohngezwungenen Ehrfurcht einzig für mich haben.

In Ansehung der Mademoiselle von Raucoux, deren Heurath Sie mir, mangel Mademoiselle Dübois vorzuschlagen beliebten so ist es noch eine frisch ausgepakte Waare die erst feilgebotten werden mus, es liegt mir aber wenig daran, ob ich der erste seye der sie kauft, oder darvon hat. Wenn sie ein wenig herumgekommen ist, so wollen wir sehen, wie es mit ihr aussieht.

Ich bin mit der grösten Hochachtung etc. *Dauberval.*

CIV. Brief

VON DEM DÜC VON AIGUILLON

Sie wissen meine schöne Gräfin, daß wir vieles über Ihren Schwager zu klagen haben. Er hat schon wieder einen Streich gemacht, worüber ich ganz aufgebracht bin. Sie können selbst darüber urtheilen; ich hoffe, daß Sie mir helfen werden, ihm Schranken zu sezen. Seit seiner Rükkunft de l'Isle, hat er sich auf einige Tage ins Schloß von Triel verschlossen, um sich daselbst desto freyer, der vollen Raserey des Spiels zu überlassen. Ueber das Geld, daß er bey sich hatte, hat er sieben tausend Louisd'ors verlohren, und darfür nach seiner Gewohnheit ein Billet auf den Abe Terray abgegeben. Der Abe hat es nach unserer Verständnis nicht einlösen wollen. Ihr Schwager hat hierauf mit Feuer und Schwerdt um sich geschlagen; er hat Lästerungen wider uns alle ausgestossen, und hat sich groß gemacht, daß er die Minister gesezt habe, und sie wieder wegthun könne. Zulezt glaubte er eine grosse Ide von seiner Mäsigkeit und Wirthschaft zu geben, wenn er sagte, daß er erst fünf Millionen aus dem Königl. Schatz[1] bezogen habe. Was mich am meisten ärgert, ist, daß diejenige Persohn, die mir diese Reden hinterbrachte, versicherte, daß sie bey einem Nachtessen geflossen seyen, welches aus Leuten bestanden habe, die sich eine Freude daraus machten, selbige zu verbreiten. Sie begreifen meine theure Gräfin! wie schädlich sie uns seyn können, besonders in betref der Leichtigkeit, aus dem Königl. Schatz Gelder zu heben, welche man, um uns mehrere Feinde zu erweken, noch vergrössern wird. Ich rede über alle diese Gegenstände, wie mir's ums Herz ist, weil ich weiß, daß Sie schon lange der Ueberlästig-

[1] Er führte noch eine weit ohnverschämtere Rede. Wenn er viel im Spiel verlohr, und man ihn zu bedauren anfieng. „Ey, meine Freunde, sagte er, seyd nur ruhig, das Brüdergen wird mir schon geben." So nannte er Ludwig den Fünfzehnden.

keit dieses Mannes, der sehr gefährlich ist, müde sind, und ich hoffe, Sie werden mit mir trachten, daß er's unterlasse. Sein Karakter den er hat, wird ihn sicher zu einer Thorheit verleiten, die uns einen Vorwand giebt, ihn zu entfernen, und ihn wenn er sich weigern wollte, zu nöthigen, diese Parthey zu ergreifen. Leben Sie wohl meine schöne Gräfin, Sie wissen wie schäzbar Sie mir sind.

Düc von Aiguillon.

CV. Brief

AN DEN DÜC VON AIGUILLON

Fontainebleau, den 21. Weinm. 1773.

Ich bin mein lieber Düc in Todesangst; Sie wissen, daß der König vorgestern unpäßlich war. La Martiniere muß bey ihm im Zimmer schlafen. Ich weiß nicht was zwischen Ihnen vorgegangen ist, aber von diesem Augenblick an, ist Se. Majestät merklich kaltsinniger worden. Ich förchte die Vorstellungen dieses Esculaps[1] entsezlich, und die Folgen, die sein Rath haben kan, machen mir die Haut schauern. Kommen Sie, sobald Sie Zeit haben, zu mir; ich werde den ganzen Abend allein seyn. Es ist von der äussersten Konsequenz, daß wir uns mit einander berathen, wie ich mich zu verhalten habe. Ich bin ganz die Ihrige.

Gräfin Dü Barry.

[1] Der König, als er la Martiniere, seinem ersten Wundarzt, seine Verlegenheit über seine zerrüttete Gesundheit äusserte, sagte ihm: „Ich sehe wohl, daß ich „nimmer jung bin, ich werde mit dem Wagen zurükhalten müssen. — Sire, ver„sezte la Martiniere, Sie thäten noch besser, wenn Sie ausspannten." Der König war eine Zeitlang sehr frostig mit seiner Maitresse, so daß er beym Anfall einer üblen Laune, eine prächtige Kutsche, die sie auf die Revüe bestellt hatte, deren sie nicht beywohnte, absagen ließ. Allein nach und nach gieng's mit seiner Gesundheit wieder besser, und sein Kaltsinn gegen seine Favoritin verschwand gänzlich.

CVI. Brief

VON DEM DÜC VON ORLEANS

Paris, den 24. Weinm. 1773.

Ich erwarte mit Ungedult den Erfolg Ihrer Bitte, die Sie, meine reizende Gräfin, bey dem König für mich einzulegen mir versprochen haben, um Ihn dahin zu bringen, daß Er seine Einwilligung zu meiner Vermählung mit Madam von Montesson gebe. Der lebhafte Antheil, den Sie an dieser Sache zu nehmen schienen, und die Macht, die Sie auf das Herz des Königs haben, liessen mich hoffen, daß ich auf eine baldige Genehmigung zählen könnte. Sie wissen, daß Sie mich blos unter diesen Vorstellungen dahin gebracht hatten, nach Hof zurük zu kehren. Seitdem ich diesen Schritt gethan habe, sind die Sachen immer in der gleichen Lage, und es ist zuverläßig, daß Sie, meine schöne Dame, nicht gethan haben, was Sie hätten thun können. Indessen kan ich nicht glauben, daß ein so holder Mund, wie der Ihrige, mir Versprechungen gethan habe, mit dem Entschluß, sie nicht zu erfüllen. Dieses Betragen würde der liebenswürdigen Offenherzigkeit, die Sie mir bey allen Gelegenheiten zeigten, widersprechen, und ich sehe nicht ein, warum ich der Einzige seyn sollte, mit dem Sie es nicht redlich meynten. Ich bin etc.

Ludwig P. Düc von Orleans.

CVII. Brief

AN DEN DÜC VON ORLEANS

Den 25. Weinm. 1773.

Monseigneur!

Ohnerachtet aller der Macht, die Sie glauben, daß ich auf das Herz des Königs habe, ist es doch nicht so leicht als Sie denken,

Ihn zu einer Sache zu bringen, die Ihm ganz zuwider ist, und ich sage Ihnen frey heraus, daß jene Vermählung eben eine solche Sache ist. Ich bedaure Sie. Bis diese Stunde ist mein Anhalten fruchtlos gewesen; allein es braucht nur einen guten Augenblik, um Sie zu befriedigen. Wenn ist er da? Das kan ich Ihnen nicht sagen. Hier, diker Papa[1], wollen Sie, daß ich Ihnen einen guten Rath mittheile? Heurathen Sie erst, wir wollen hernach sehen, daß es für Sie besser geht; ich bin selbst sehr darfür eingenommen. Wenn der König nicht seine Einwilligung zu Ihrer Trauung gibt, so kan Er sie in der Folge für gültig erklären; es kömmt auf das gleiche heraus. Seyn Sie versichert, daß ich Ihr Anliegen nicht aus der Acht lassen, auch keine Gelegenheit versäumen werde, Ihnen Gefälligkeiten zu erweisen. Ich bin etc.

Gräfin Dü Barry.

CVIII. Brief

AN DEN DÜC VON AIGUILLON

Ich schreibe Ihnen, mein lieber Düc, ganz mit Klagen von dem Düc de la Vrilliere und der Madam von Langeac überstimmt. Aber nun ist es geschehen. Der Ritter d'Arcq wird nie keine Stellen mehr verkaufen. Der Befehlsbrief, der ihn nach Tülle verweißt, ist unterschrieben; dorten wird er nicht so leicht Gelegenheit finden, seine Talente zu verwenden, wie hier. Ich verlasse mich immer auf das Versprechen, das Sie mir gethan haben, morgen mit mir nach Paris zu kommen. Leben Sie wohl, ich bin Ihre Freundin *Gräfin Dü Barry.*

[1] Dieses ist eine freye Art zu reden, besonders mit dem ersten Prinzen vom Geblüt. Allein man wird sich nicht wundern, wenn man hört, daß Madam Dü Barry mit dem König selbst noch viel freyer redte. Eines Tags, als Se. Majestät, zum Zeitvertreib, in dem Zimmer seiner Maitresse den Kaffe machte, sahe sie den Kaffe überlaufen, worauf sie sagt: „Ey, Frankreich, nimm dich in Acht, dein Kaffe will zum „H—k—r."

CIX. Brief

AN DEN DÜC VON AIGUILLON

Sie hatten es wohl voraus gesehen, mein werther Düc. Die Heurath des Vicomte Dü Barry hat fehlgeschlagen. Mein Anhalten und meine Thränen sind fruchtlos gewesen. Der König war standhafter als ich dachte. Marquis de la Tour-Dü-Pin-la-Chorce, nimmt uns Mademoiselle von St. Andre[1] weg. Man muß im Ernst auf Mademoiselle von Tournon[2] bedacht seyn. Man sagt, sie seye sehr schön, und will mich sogar schreken, daß sie meine Mitbuhlerin werde, allein es hat nichts zu sagen; wenn dieses geschieht, so werde ich wenigstens das Vergnügen haben, daß der Plaz nicht aus der Familie kömmt. Ich bin immer ganz die Ihrige. *Gräfin Dü Barry.*

CX. Brief

VON DEM PRINZ VON SOUBISE

Gestern, meine liebenswürdige Gräfin, war die Zusammenkunft bey mir. Vicomte Dü Barry ist von meiner schönen Baase,

---

[1] Mademoiselle von St. Andre war eine natürliche Tochter Ludwigs des Fünfzehenden. Sie war in dem Kloster der Präsentation zu Paris. Der König war gesonnen, sie an den Vicomte Dü Barry zu verheurathen. Er ließ Herr Yon, einen vertrauten Mann, welcher bestellt war für die Erziehung und das Vermögen dieser jungen Person zu wachen, vor sich kommen. Dieser hatte Muths genug, dem König die bündigsten Vorstellungen zu machen, um ihn von seinem Vorhaben abzubringen. Der Monarch gab seinen Gründen Gehör, und verheurathete seine Tochter an den Marquis de la Tour-Dü-Pinla-Chorce.

[2] Mademoiselle von Tournon war eine Tochter von vornehmer Herkunft in der Normandie, siebenzehn Jahr alt, sehr schön, und mit den Grösten am Hof befreundt, allein nicht reich. Sie war eine Verwandtin des Prinzen von Soubise, der die Niederträchtigkeit hatte, diese Verbindung vorzuschlagen. Prinz Conde, Tochtermann des Prinzen von Soubise, war auch mit in dieses Geschäft gezogen. Er machte bey diesem Anlaß gewaltige Forderungen, die man ihm zum Theil bewilligte, und die Trauung ward vollzogen.

die ihrer Seits in alles, was ich zu ihrem Besten vornehmen werde, ihre Einwilligung giebt, ganz bezaubert. Prinz Conde wirft diese Verbindung nicht weit weg; allein ehe er seine förmliche Genehmigung darzu giebt, möchte er, daß ihm der König den Zutritt in sein Conseil gestattete sein Hotel kaufte, und ihm fünfzehnmal hundert tausend Livres zu Bezahlung seiner Schulden hergäbe. Er meynt, es seye Ihnen ein Leichtes, die Gnade von Sr. Majestät zu erhalten. Ich für mich wünsche es sehr, in Rüksicht auf die Begierde die ich habe, eine Verbindung berichtiget zu sehen, die unendlich schmeichlend für mich ist. Ich weiß, daß wir gewisser massen die Einwilligung dieses Prinzen entbehren könnten; allein es dörfte doch ein gewaltiger Unterschied in der allgemeinen Zufriedenheit machen, wo Sie im Gegentheil, wenn Prinz Conde das was er verlangt, durch Sie erhielte, Sie einen grossen Anspruch auf seine Erkenntlichkeit erwerben könnten, die Ihnen nicht undienlich seyn würde. Ich bin, meine liebenswürdige Gräfin,

Prinz von Soubise.

CXI. Brief

VON DEM DÜC VON AIGUILLON

Ich habe Ihnen, meine werthe Gräfin, über das, was Sie mir gestern sagten, viele Anmerkungen zu machen. Obschon Sie die kluge Besorgnis, die man Ihnen über die Folgen der bewußten Heurath einflössen wollte, im Scherz aufnahmen, so glaube ich dennoch, daß sie Ihre Ueberlegung verdiene. Ich förchte, daß wenn ich Ihnen Luft mache, selbige zu Stande zu bringen, Sie zu gleicher Zeit an Ihrem eigenen Untergang arbeiten möchten. Könnte man nicht so etwas im Sinn haben, weil man Sie bittet, sich dieser Sache so äusserst anzunehmen? Ihr Schwager[1] wäre dessen wohl fähig, und vielleicht ist er nicht einzig. Überlegen Sie es wohl, meine theure Gräfin. Mademoiselle v. Tournon kan mit ihrer Schönheit dem König gefallen. Prinz Conde könnte durch seine Geburt und seine Verwandtschaft, die gröste Macht auf ihr Herz haben, und Sie kennen den Grafen Dü Barry allzu gut, um nicht zu beförchten, daß er sich die Herrschaft über seine Sohnsfrau anmassen, und sie ohnfehlbar zu Ihrem Untergang mißbrauchen werde, oder Sie wenigstens mehr denn jemals unterm Daumen zu halten. Wenn Sie ohnerachtet aller dieser Vorstellungen, dennoch die Gefahr laufen, und es drauf ankommen lassen wollen, so ist es wenigstens höchst nöthig, dem Prinz Conde den Eintritt ins Conseil zu verwehren. Ueberdas, daß er dardurch die Vortheile, die er von dieser Heurath zieht, vermehrt, sind wir nicht mehr über die Deliberationen Meister; er würde allzu mächtig werden, und an die Spize der Verwaltung des Königreichs gelangen. Um ihn nicht abzuweisen, so bereden Sie Seine Majestät, daß Er ihm Hofnung mache, ihm diese Gnade nach der Vermählung zu bewilligen, ohne jedoch die Zeit zu bestimmen, oder sich durch ein ausdrükliches Versprechen zu binden. Was die Bezahlung seiner Schulden und den Kauf seines Hotels betrift, so können Sie ihm diese Gnade leicht bewirken. Sie kan ihn befriedigen, ohne irgend eine Folge für Sie nach sich zu ziehen. Leben Sie wohl, meine schöne Gräfin, überlegen Sie, daß ich Ihnen hier nichts anders als die Folgen von den beyden Partheyen, die Sie ergreifen sollen, vorstelle, ohne Ihnen zu rathen; mithin gehe es wie es wolle, so haben Sie mir keine Vorwürfe zu machen. Ich bin immer mit der gleichen Freundschaft,

Ihr etc.
Düc von Aiguillon.

[1] Der Vicomte Dü Barry, von dem hier die Rede ist, ihn zu verheurathen, ist der Sohn des Grafen Johannes, der mit Mad. Dü Barry gelebt hatte.

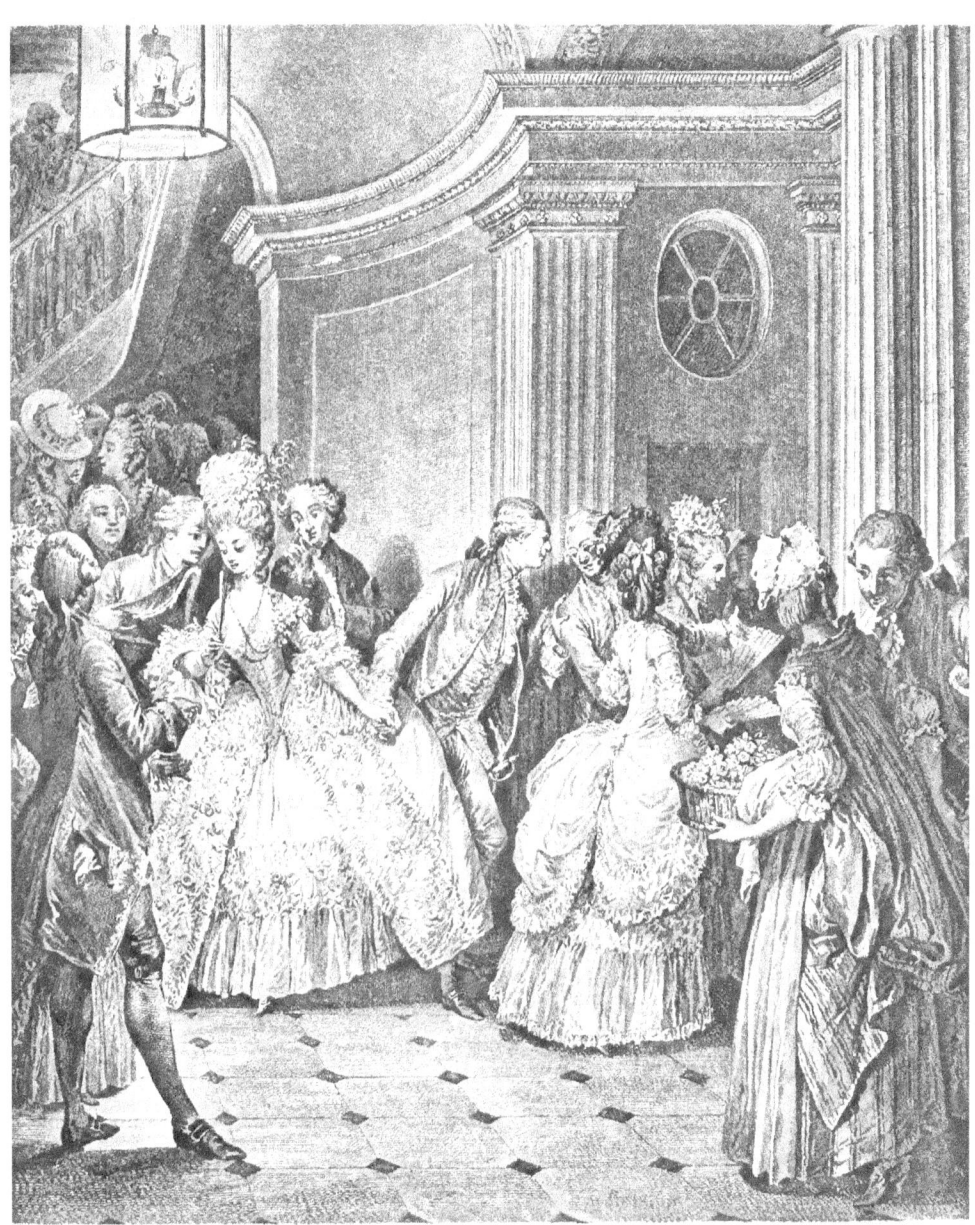

CXII. Brief

AN PRINZ VON SOUBISE

Herr Prinz!

Ich bin so glüklich gewesen, den König dahin zu bringen, daß er das Hotel des Prinzen von Conde gekauft, und ihm die 1 500 000 Livres zu Bezahlung seiner Schulden bewilliget hat. Ich hätte gewünscht, daß es mir eben so gelungen wäre, ihm den Zutritt in den Conseil zu verschaffen; allein Se. Majestät haben mir gesagt, daß Sie sehen würden, was Sie nach der Trauung zu thun hätten, daß Sie ihm diese Gunst weder ab- noch zusagten. Sehen Sie mein Herr alles was ich mit meiner dringenden Bitte ausgerichtet habe. Wenn Prinz von Conde darauf beharrt, die Heurath der Mademoiselle von Tournon mit dem Vicomte Dü Barry nicht ehnder zu genehmigen, als bis er seinen Zutritt ins Conseil hat, so soll es auch nimmer die Rede, weder von Verbindung noch von irgend einer Gunst mehr seyn. Wir wollen sehen, daß wir dem Vicomte eine Parthey finden, die uns keine solche Unmus macht. Alles was ich bedaure, ist: daß ich Ihre Absicht nicht habe erreichen können. Im übrigen habe ich gethan, was ich vermochte, und Sie können mir keine Vorwürfe machen. Ich bin etc. *Gräfin Dü Barry.*

CXIII. Brief

VON PRINZ VON CONDE

Es ist mir niemals eingefallen, Frau Gräfin, der Heurath des Herrn Vicomte Dü Barry, Bedingnisse vorzuschreiben; allein ich dachte, daß weil er eine Befreundte von mir heurathen sollte, ich mir bey diesem Anlas, durch Ihr Vorwort Gunstbezeugen ausbitten könnte, die mir so viel schmeichelhafter gewesen wären, weil ich sie Ihnen einzig zu verdanken gehabt hätte. Nehmen Sie Madam meinen lebhaften Dank für die zwo Gnadenbezeugungen, die mir der König auf ihre Bitte bewilliget hat, an.[1] In Ansehung der dritten, hoffe ich, daß Sie solche nicht aus der Acht lassen, sondern ferner Ihr Bestes beyzutragen, belieben werden. Ich wünschte Sie über diesen Gegenstand zu sprechen; lassen Sie mich, ich bitte Sie, den Tag und die Stunde wissen, wo ich die Ehre haben kan, Sie zu sehen.[2]

Ich bin etc.

L. de B. Prinz von Conde.

CXIV. Brief

AN DEN DÜC VON AIGUILLON

Mit Bedauren, muß ich Ihnen, mein lieber Düc melden, daß eine Aussöhnung mit der Königl. Familie nicht so, wie ich mir schmeichelte statt haben wird.[3] Ich kan mich auf Madam von Narbonne beruffen, welche die Unterhandlung die sie übernommen, sehr gut geführt hat. Sie hatte Madam Adelheid beredt. Da diese ein mal auf der Seite war, zog sie auch ihre Schwester an sich, und war so glüklich nicht nur die Frau Gräfin von Pro-

---

[1] Prinz Conde, der sehr ehrgeizig ist, hatte in der That diejenigen Absichten, die Düc von Aiguillon vermuthet hatte, und die er der Gräfin Dü Barry offenbahrte; allein ersterer war nachgebend, aus Forcht daß alles fehlschlagen möchte.
[2] Man wird sich nimmer wundern, daß Prinz Conde, von der Gräfin eine gelegene Stunde verlangt hat, wenn man hört, daß er diese Ceremonie beym ersten Besuch beobachtet hat, und daß, als er es beym zweyten unterlies, ihn die Gräfin, damit er künftig wieder seine Schuldigkeit beobachten möchte, sehr lange warten machte, ehe sie ihn vor sich kommen lies. Indessen hatte sie einen Groll gegen ihm, weil er seine Aussöhnung durch den Grafen de la Marche, den der Kanzler regierte, berichtigte, und seine beständige Herablassung, schien Madam Dü Barry zu Verdopplung ihrer Ohnverschämtheit gegen ihn aufzufodern.
[3] Madam Dü Barry, war wie man weiß, von dem Herrn Dauphin, seiner Gemahlin und den Prinzessinnen sehr ungern gesehen. Um nun Madam von Narbonne dahin zu bringen, daß sie eine Aussöhnung veranstalte, machte man ihr Hofnung, ihr Mann zum Düc zu ernennen, und ihm sehr grosse Geldbelohnungen zu bewilligen.

vence, sondern auch sogar, noch Madam la Dauphine zu gewinnen. Aber Herr Dauphin stoßte dieses schöne Projekt über den Hauffen, und zeigte sich so hartnäkig, daß man alle Hofnung verlohren hat, ihn zu gewinnen. Sie wissen, daß ich die junge Vicomtesse aufführen soll, ich muß sie zu Ihm bringen; ich förchte diesen Augenblick, und möchte mich dieser Aufführung auf eine anständige Weise entheben. Noch eins, wie geht's mit der Gräfin? Hat man ihr diesen Morgen zu Ader gelassen? Sie können mir dies alles Morgen sagen. Ich erwarte Sie zum Mittagessen wie Sie mir's versprochen haben. Ich umarme Sie von Herzen. *Gräfin Dü Barry.*

CXV. Brief

AN DEN OBIGEN

Wohlan! mein werther Düc, habe ich es Ihnen nicht gesagt, daß ich Ursach hätte diese Aufführung zu förchten. Sie können sich nicht vorstellen, wie weit dieser grosse ohngezogene Bub[1] seine Ohnhöflichkeit getrieben hat. Als wir bey ihm waren, stund er am Fenster, und that dergleichen, als wenn er mit Hinaussehen beschäftiget wäre, und obschon man uns angemeldet hatte, blieb er dennoch in dieser Positur stehen. Meine Nichte ist über dieses Betragen sehr betretten gewesen; allein sie ist durch die besondere Achtung, die der König für sie hat, hinlänglich schadlos gehalten. Sie gefällt Ihm so sehr, daß es mir Unruhe macht. Indessen lasse ich mich's nicht merken, aus Forcht Sr. Majestät zu mißfallen. Ueberdas weiß ich, daß wenn ich üble Laune zeigte, ich bey ihm einen Hang vermehren würde, der allem Anschein nach vorübergehend seyn wird. Ich bin noch nicht gewiß, ob nichts Ernsthaftes unter ihnen vorgegangen ist. Ich werde thun, als wenn ich über alles durch die Finger sähe; ich hoffe aber, mein lieber Düc, Sie werden mir helfen die Sachen geheim zu

[1] Der Herr Dauphin.

halten. Sie wissen, wie nothwendig dieses zu Beybehaltung meines Ansehens ist. Ich bin froh, daß die Düchesse wieder hergestellt ist; sagen Sie ihr, daß ich sie so sehr als Sie liebe.

Gräfin Dü Barry.

CXVI. Brief
AN DEN DÜC VON AIGUILLON

So eben vernehme ich, mein werther Düc, daß sich mein Mann mit dem Parlement von Toulouse, bey Anlaß eines Aufstands, in welchem er eine Rolle spielen wollen,[1] abgeworfen habe. Ich bin noch nicht recht von dem Hergang berichtet. Erkundigen Sie sich, was daran ist, und machen Sie bey diesem Anlaß die nöthigen Vorkehrungen. Wir haben ihn von hier entfernt, nur damit seine garstige Aufführung nicht so auffalle. Er kan nicht anderst, als uns allenthalben wo er ist, in Verlegenheit sezen. Ich wünsche Ihnen einen guten Abend.

Gräfin Dü Barry.

CXVII. Brief
VON HERRN VON BOYNES, MINISTER DES SEEWESENS

Frau Gräfin!

Die Unzufriedenheit, die mir der König gestern zeigte, macht mich über alle Massen ohnruhig. Es war so zu sagen blos auf Befehl des Herrn Dücs von Orleans, daß ich mich zu dem Schritt

---

[1] Graf Wilhelm, der damals in Toulouse war, ließ sich's einfallen, bey dem Aufstand, der daselbst über die Theure des Brods entstund, eine Rolle zu spielen. Eines Tags, als die Gährung unter dem Volk sehr groß war, hielt er eine Rede an selbiges, unterstund sich ohngeheissen, im Namen des Königs Versprechungen auszutheilen, und mit den Meutmachern zu kapitulieren. Das Parlement nahm dieses übel auf. Es giengen Stimmen, ihn in Verhaft zu nehmen; allein die Gunst hatte die Oberhand. Man begnügte sich, ein Memorial über das was sich zugetragen hatte, nach Hof zu schiken. Die Sachen waren von keinen Folgen.

gebrauchen liesse, welcher zu dem Auftritt,[1] worvon Sie Zeuge waren, Anlaß gab. Kan ich hoffen, Madam daß Sie Se. Majestät dahin zu bringen geruhen, daß Er mir seine Huld, womit Er mich beehrte, wieder schenkt? Ich hoffe selbige wegen dem Eifer, den ich immer für seinen Dienst hatte, zu verdienen. Mein Dank soll eben so groß als meine Ehrfurcht seyn, mit welcher ich bin etc. *Bourgeois von Boynes.*

CXVIII. Brief

VON DEM DÜC VON ORLEANS

Ich bin ganz sicher, Madam, wenn unsere lezte Zusammenkunft nicht gestört worden wäre, weit entfernt, zu sagen, daß Sie sich nicht in das Parlementsgeschäft mischen wollen, wären Sie vielmehr die Erste, selbiges zu schüzen, und seine Rechtfertigung, nebst den Wünschen von ganz Frankreich, für seine

[1] Düc von Orleans, hatte Herrn von Boynes den Auftrag gegeben, ein Memorial über die Wiedereinsezung des Parlements aufzusezen, welches nothwendiger Weise die Entfernung des Herrn von Maupeou, an dessen Stelle Herr von Boynes trachtete, nach sich ziehen sollte. Er war geschikter als alle andere, zu diesem Geschäft, weil er mit Herrn Kanzler an dem Sturz dieser Magistratur arbeitete. Als das Memorial fertig war, begaben sich beyde verstohlner Weise zu Madam Dü Barry, und trugen ihr an, den König um die Vollziehung eines Projekts zu bitten, welches, wie sie sagten, jedermann angenehm seyn würde. Die Favoritin sagte, indem sie Sr. Hoheit an den Bauch klopfte, in dem gewöhnlichen vertrauten Ausdruk: „Diker Papa. Sie wissen, daß ich mich nicht in Staatssachen mische." Düc von Orleans sezte in sie und fiel der Gräfin fast zu Fusse, welche endlich die Vorlesung des Memorials gestattete. Nun kam der König darzu, und Düc von Orleans riß dem Minister das Memorial sogleich aus den Händen, um es in die Tasche zu schieben. Seine Majestät, da Er eine Veränderung auf dem Gesicht seiner Maitresse wahrnahm, wollte die Ursache davon wissen, und sie gestund Ihm alles, was vorgegangen war. Auf dieses hin sagte der Monarch zum Düc von Orleans: „Mein Vetter! wenn sie wollen, daß wir gute Freunde bleiben, so mischen sie „sich nicht in diese Händel." Hernach wandte er sich an den Minister: „Und sie, „Herr von Boynes, mich wundert es, sie hier anzutreffen, das ist nicht ihr Ort, „gehen sie hinaus. Was sie betrift, meine liebe Freundin, sagte er zu Madam Dü „Barry, so bin ich ihnen für ihren Widerstand verbunden: ich sehe wohl, daß sie „das Komplot mit keinem Finger berühren." Nach diesem Auftritt schrieb nun Herr von Boynes an Mad. Dü Barry, um die Ungnade, die ihm drohte, abzuwenden.

Rükkehr vor den Thron zu bringen. Der Plan, den ich Ihnen vorzulegen gedenke, soll alle Menschen befriedigen, ohne einen einzigen ungehalten zu machen. Ein einziger Mann hätte bey dieser Vermittlung zu verlieren, und dieser ist ein eben so grosser Feind von Ihnen, als er ein Feind des Staats ist.[1] Da es zu viel Zeit wegnähme, Ihnen in diesem Brief Auskunft zu geben, so würden Sie mich verpflichten, wenn Sie mir einen Tag bestimmten, wo ich mit Herrn von Boynes zu Ihnen kommen, und einige Augenblike über diesen Gegenstand raisonniren könnte. Ich bin überzeugt, daß Sie nach dieser Zusammenkunft, nicht nur meine Ideen annehmen, sondern mir noch sogar helffen werden, dem König seinen Wahn zu benehmen. Es kann eine Zeit kommen, Madam, wo Sie mir Dank wissen werden, daß ich Ihnen Gelegenheit verschafte, etwas zu einer Revolution beyzutragen, wornach sich alle rechtschaffenen Einwohner sehnen, und deren Erkenntlichkeit Ihnen schmeicheln, und Ihnen eben so wie die Stüze der Tribunalien, die Ihnen Ihre Wiedereinsezung zu verdanken haben, nüzlich seyn wird. Ich bin etc.

Ludwig P. Düc von Orleans.

CXIX. Brief

AN DEN DÜC VON ORLEANS

Sie wissen, welche Abgeneigtheit ich habe, mich in solche Sachen zu mischen, wie diejenigen sind, die Sie mir antragen. Ich zweifle, ob Sie mich für die Sache so einnehmen werden, wie Sie zu vermuthen scheinen. Allein da ich Sie nicht wider den Kopf stossen will, so will ich Sie morgen um sechs Uhr erwarten. Sie sehen, daß ich Euer Hoheit nichts abschlagen kan. Ich hoffe, daß Sie meiner Gefälligkeit eingedenk seyn werden, und bin etc.

Gräfin Dü Barry.

---

[1] Herr Kanzler.

CXX. Brief

AN DEN DÜC VON ORLEANS

Monseigneur!

Das was sich zugetragen hat, hat Ihnen sicher einen üblen Begriff von meiner Aufrichtigkeit gemacht, und Sie denken vielleicht, daß mein Betragen bey diesem Anlaß, mit dem König verabredet gewesen seye. Wenn meine Begierde, Sie mit Sr. Majestät auszusöhnen, nicht hinlänglich war, Ihren Zweifel zu heben, so wird Ihnen die blosse Vorstellung von dem, was vorgegangen ist, keinen zurüklassen. Aus Flatterhaftigkeit einer meiner Kammerfrauen, hat man die Ohngeschiklichkeit begangen, mir Ihren Brief vor dem König zu übergeben. Da ich sahe, daß er von Ihnen war, wollte ich ihn zu lesen verschieben; allein Se. Majestät begehrte, Ihm selbigen zu zeigen. Er war sehr ungehalten, als Er ihn gelesen hatte. Er befahl mir gleich, Ihnen die begehrte Zusammenkunft abzuschlagen; allein nach einem langen Stillschweigen sagte Er mir: „Nach genauer Überlegung — „gestatten Sie dem Düc von Orleans auf morgen den Besuch; „ich werde darbey seyn ohne gesehen zu werden, und mich so „placiren, daß ich das was er Ihnen zu sagen hat, verstehen kan. „Antworten Sie ihm auf der Stelle, und melden ihm beyleibe „nichts darvon." Ich konnte nicht anderst als gehorchen. Der König hat mir selbst den Brief diktirt,[1] und folglichen hat er Ihnen einzig die Falle gelegt. Vergebens habe ich alles Mögliche angewandt, um Sie heraus zu ziehen. Ich hoffe dahero, daß wir nicht weniger gute Freunde seyn, und mir der dike Papa deßwegen nicht übel an seyn werde. Ich bin etc.

Gräfin Dü Barry.

[1] Der König kam, nachdem er den Diskurs des Dücs von Orleans mit angehört hatte, zum Vorschein, bezeugte ihm seinen Unwillen, und bedrohte ihn sogar mit der Ungnade, wenn er drauf bleiben würde, dergleichen Zeug in Bewegung zu bringen. Der Düc antwortete dem Monarchen, daß diese Ungnade gewiß ein

CXXI. Brief

VOM GRAFEN DÜ BARRY

Ich hofte, meine liebe Schwägerin, daß Sie mir nach der Trauung meines Sohns mit Mademoiselle von Tournon, die zehntausend Louisd'ors, die ich von Ihnen begehrte, würden sehen lassen; denn Sie wissen, daß die zwanzigtausend, die mir bewilliget wurden, nur zu Bezahlung der Spielschulden waren, und daß mir nichts darvon übrig geblieben ist. Allein jezt muß man mir eben so viel zum Hochzeitsgeschenk wegen der Heurath des Kavaliers[1] mit Mademoiselle von Fümel geben, wenn sie wirklich statt hat, denn ich förchte, es dörfte nichts daraus werden. Es scheint, dieses Frauenzimmer wolle sich ohnerachtet aller Huld, wormit sie der König überhäuft, sehr ungern darzu verstehen. Die Verwandtschaft widersezt sich, daß der Kavalier den Namen und das Wapen der Fümel führe, und dieses war doch schon unter ihnen ausgemacht; mit einem Wort, es dünkt mich, diese Leute kommen nur deßwegen mit Schwierigkeiten hervor, um Zeit zu gewinnen und um die Sache scheitern zu machen. Da uns nun daran gelegen ist, daß sie zu Stand komme, so machen Sie, daß der König, der sich schon in selbige gemischt hat, die Beendigung derselben betreibe. Ein Wort von dem Monarchen wird alle Hindernisse heben.[2] Ich bin, meine liebe Schwägerin, ganz der Ihrige. *Graf Dü Barry.*

grosses Unglük wäre, allein daß er sie mit Standhaftigkeit ertragen würde, zu Verfechtung des Publikums, das er nicht verlassen könnte. Es war ein Glük, daß Mad. Dü Barry so viel vermochte, daß sie zwischen Sr. Majestät und dem Prinzen gleich wieder Frieden machen konnte.

[1] Dieser Kavalier war der Bruder des Grafen Dü Barry.
[2] Der König hatte sich wirklich darein gemischt. Er hat dem Kavalier Dü Barry fünfmal hunderttausend Livres Aussteuer gegeben, um damit die liegenden Güter von sechzigtausend Livres Einkünfte, die der Vater der Madem. von Fümel seiner Tochter zum Brautschaz gab, von Schulden zu befreyen. Man gab noch dem Bräutigam die Anwartschaft auf le Chateau-Trompette, welches Herr von Fümel immer hatte. Der Kavalier ließ sich hernach Marquis Dü Barry nennen.

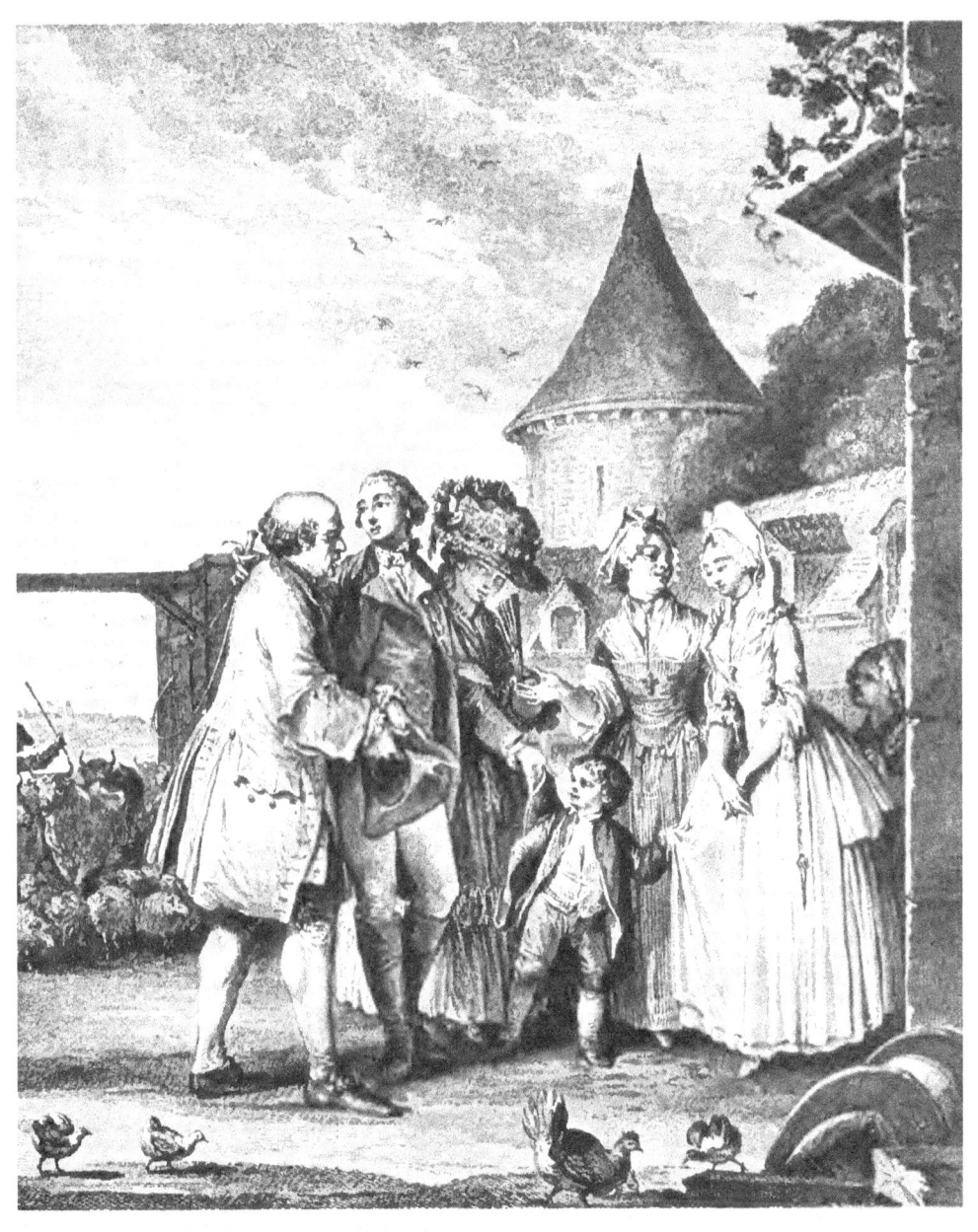

CXXII. Brief

AN DEN GRAFEN WILHELM DÜ BARRY

Die ganze schöne Erzehlung, die Sie uns machen, gleicht fürwahr einer Fabel, die Sie selbst erfunden haben, um Ihre Rükkehr nach Paris ohnerachtet Ihrer Versprechungen und den erhaltenen Befehlen, zu entschuldigen.[1] Wenn ich nun über diesen Schritt durch die Finger sehe, so sollen Sie wissen, daß es nur unter der Bedingniß ist, daß man nichts von Ihnen reden höre, sonst würden Sie mich nöthigen, keine Rüksicht mehr zu haben.

Gräfin Dü Barry.

CXXIII. Brief

VON HERRN VON VOLTAIRE

Ferney, den 3. Jenner 1774.

Madam!

Herr de la Borde sagte mir, Sie hätten ihm befohlen, mich in Ihrem Namen auf beyde Wangen zu küssen.

> Quoi! deux baisers sur la fin de ma vie!
> Quel passeport vous daignez m'envoyer.
> Deux, c'en est trop! Adorable Egérie;
> Je serais mort de plaisir au premier.

(d. i. Wie! zween Küsse auf das Ende meines Lebens! Was für einen Geleitsbrief geruhen Sie mir nicht zu überschiken! Zween das ist zu viel, liebenswürdige Egeria,[2] ich wäre am ersten aus Wollust gestorben.)

---

[1] Er hatte eine Geschichte, die er in der That selbst geschmiedet hatte, zum Grund seiner Rükkehr angegeben. Er sagte, daß er einen Brandzettel erhalten, in welchem man ihm verdeutet hätte, 500 000 Livres an einen gewissen bestimmten Ort zu legen; daß da er auf diese Drohung gar nicht geachtet habe, wäre man ihm noch nachdrüklicher und umständlich darauf andringend gekommen, worauf er nimmer länger zu Toulouse hätte bleiben können.

[2] Die Nymphe Egeria inspirirte Numa, den weisen Gesezgeber der Römer, und Herr von Voltaire giebt aus Fuchsschwänzerey, die man nicht zu benennen weiß, zu verstehen, daß Mad. Dü Barry auch den König in allem, was er über die Gesezgebung verfügte, inspirirt habe.

Er hat mir Ihr Portrait gewiesen. Zörnen Sie nicht, daß ich die Freyheit genommen, und ihm die zween Küsse zurükgegeben habe.

> Vous ne pouvez empêcher cet hommage,
> Faible tribut de quiconque a des yeux.
> C'est aux mortels d'adorer votre image,
> L'original était fait pour les Dieux.

(d. i. Sie können diese Huldigung, die ein schwacher Tribut eines jeglichen, der sehen kan, ist, nicht hindern. Denen Sterblichen kömmt es zu, Ihr Bildniß zu verehren, das Original war für die Götter geschaffen.)

Ich habe von Herrn de la Borde einige Stellen aus der Pandore gehört. Sie scheinen mir Ihrer Protektion würdig zu seyn.[1] Die Talente huldreich aufzunehmen, ist das einzige, welches Ihr Glanz, in dem Sie schimmern, erhöhen kan.

Geruhen Sie, Madam, die tiefe Ehrfurcht eines einsamen Greisen anzunehmen, dessen Herz fast kein anderes Gefühl mehr als dasjenige der Erkenntlichkeit hat etc.

von Voltaire.

CXXIV. Brief

AN HERRN VON VOLTAIRE

Nichts ist hübscher und angenehmer, mein Herr, als der Brief den ich von Ihnen erhalte. Ich dachte wohl, daß mir die Komission, die ich Herrn de la Borde auftrug, diese schmeichelnde Erhebung von Ihnen verschaffen würde. Ich will sie der Vergötterung du Roi Petaud[2] (wird von dem gesagt, unter dem

---

[1] Herr de la Borde, Kammerdiener des Königs, von welchem in diesem Brief die Rede ist, hatte zum Text der Pandore, die Herrn von Voltaire zum Verfasser hat, die Musik gemacht. Herr von Voltaire, der immer im Spiel seyn will, wollte sie unter dem Schuz der Mad. Dü Barry aufführen lassen.

[2] Es ist zu wissen, daß Herr von Voltaire im Anfang der Erhöhung der Mad. Dü Barry eine Piece Vers machte, in welchem er in sehr höhnischen und unzüchtigen Ausdrüken von dem König und seiner Favoritin redte. Er mußte hernach über den Brief an Mad. Dü Barry, den ihm die allerniederträchtigste Schmeicheley eingab, und über ihre Antwort nicht wenig gedemüthiget werden. — Dergleichen war der Alte von Jugend auf schon gewohnt, und hätte dahero ehender den Namen der Ohnverschämte, statt der Philosoph von Ferney verdient.

alles unordentlich zugeht, und man nicht weiß, wer Koch oder Keller ist) beysezen. Diese beyden Stüke, miteinander vereint, werden Ihnen in den Augen des Publikums und der Nachkommenschaft, zur Rechtfertigung der Vorwürfe dienen, die man Ihnen durchgehends macht: daß Sie partheyisch seyen, und sich widersprechen.

Ich bin etc. *Gräfin Dü Barry.*

CXXV. Brief

AN HERRN VON MAUPEOU

Ich befremde mich sehr, daß das Patent für Zamore[1] welches schon seit gestern in Ihrem Büreaux liegt, noch nicht gesiegelt ist. Ist diese Nachläsigkeit eine Wirkung des Eifers, womit Sie für den Dienst des Königs prahlen? Ich dachte Sie wären weit eilfertiger, Ihren Herrn zu bedienen. Mein Herr, ich zähle darauf, daß die Sachen heute beendiget werden, sonst würden Sie mich nöthigen, Sie bey dem König zu verklagen.

Ich bin etc.

Gräfin Dü Barry.

[1] Dieser Zamore, war ein kleiner Neger, den Madam Dü Barry sehr liebte. Die Vertraulichkeit, die er sich durch die übertriebenen Liebkosungen seiner Gebieterin, bey ihr herausnahm, machte, daß einige Bösgesinnten sagten, sie hätte ihn mehr als zu einem Gebrauch. Dem seye wie ihm wolle, dieser Neger belustigte öfters den König, welcher seiner Maitresse zu gefallen herablassend genug war, um sich mit ihm abzugeben. Die Favoritin machte sich einsten die gute Laune des Monarchen zu Nuze, um Ihm zu verdeuten, daß er diesem Bürschgen, in Rüksicht auf das Vergnügen, das er Ihm mache, eine Gnade wiederfahren lassen sollte. „Es bleibt dabey, versezte er, ich mache ihn zum Hofmeister vom Schloß und Pallast zu Lucienne, nebst 600 Livres Gehalt." Se. Majestät liessen das Patent sogleich ausfertigen, und das was Mad. Dü Barry am meisten darbey belustigte, war die Nothwendigkeit, in der sich der Kanzler befand, das Siegel darauf zu druken. Sie nahm überdas durch seine Verzögerung Anlaß, ihm ihren ganzen Groll, den sie gegen ihn hatte, empfinden zu lassen.

CXXVI. Brief

AN DEN DÜC VON AIGUILLON

Jezt, mein lieber Düc, ist der Marquis von Monteynard einmal im Ernst weggeschikt worden.[1] Der Befenlsbrief ist unterzeichnet, und er wird ihn in diesem Augenblik empfangen; mithin haben wir keine Rükkehr zu beförchten. Sie werden sehr vergnügt seyn, und ich bin es auch selbst, daß es mir in einer Sache gelungen ist, die Ihnen so angelegen war. Nur der Kanzler bleibt uns noch zu vertreiben übrig; aber dieses wird weit schwerer halten. Der König ist so vergnügt, daß Er nicht mehr von denen Schwarzröken angegangen ist, daß Er sich mehr als ich es gern sahe, an denjenigen attaschierte, der Ihn von ihren Vorstellungen befreyt hat. Zeichnen Sie mir, mein lieber Düc, den Plan vor, den ich befolgen muß, um den König von seinem Wahn herum zu holen, und ich werde Ihren Rath blindlings befolgen. Aber allererst müssen wir uns mit etwas dringenderm und wichtigerm abgeben, nemlich mit der Kriegsministerstelle. Ich will durchaus, daß Sie selbige haben sollen, und werde dahero auch alle Mittel anwenden. Indessen umarme ich Sie, und bin etc.
Gräfin Dü Barry.

CXXVII. Brief

VON DEM DÜC VON AIGUILLON[2]

Ich sehe, meine werthe Gräfin, daß es ohnnöthig ist uns in den Kopf zu sezen, den König von dem Mangelhaften in der Amts-

---

[1] Man verwunderte sich, daß dieser Minister so lange aushielt. „Er muß wohl „unterliegen, sagte einst der König, ich bin der einzige, der ihn hält." Düc von Aiguillon war gleich hernach zum Kriegsminister ernannt.
[2] Abe Terray arbeitete gemeinschaftlich, den Kanzler springen zu machen. In Erwartung der Gelegenheit, ihn zu Boden zu drüken, entzog er ihm ohnvermerkt seine Kreaturen, und drükte auf alles, was ihn umgab. Er hatte bereits eine Be-

verrichtung des Kanzlers zu bereden; wir werden nicht auslangen. Es braucht eine andere Wendung, durch welche wir ebenfalls zu unserm Zwek gelangen. Thun Sie dergleichen, als wenn Sie sich für die Meynung Sr. Majestät begriffen hätten; allein trachten Sie Ihm nach und nach beyzubringen, daß Er, so lange Herr von Maupeou am Posten bleiben würde, niemals aller Vortheile geniessen würde, die Er sonsten von seinen Verrichtungen ziehen könnte. Sie können einen Grund anführen, dessen Beweis evident ist, nemlich der offenbare Haß, den alle Prinzen, die Pairs und das Publikum gegen diesen Mann haben. Ich meines Orts werde alle Gelegenheiten ergreifen, Sie zu unterstüzen, sein Betragen auszuspähn, und ihm so viele Fallstrike zu legen, daß ich nicht zweifle, er werde uns bald neue Waffen wider ihn in die Hände liefern.

Ich bin etc. *Düc von Aiguillon.*

---

stallung als Kammergüter-Inspektor, die der Kanzler für den le Brun, seinen Sekretair und Vertrauten, erhalten hatte, durch einen Spruch des Conseils unterdrükt. Der Haß des Herrn von Maupeou, gegen diese beyden Minister brach so heftig aus, daß niemand an der Mißhelligkeit, die sie uneins machte, zweifeln konnte. Er suchte ihnen alles Verdrießliche, der durch ihn bewirkten Revolution über den Hals zu richten. Wenn man ihn um die Entlassung oder Zurückberufung eines Exilirten bat, schien er allen Antheil an ihrem Schiksal zu nehmen, und versicherte, daß sein Rath gewesen seye, die Befehlsbriefe aufzuheben; zulezt sagte er, daß man diesen Unstern, worüber man sich beklage, dem Abe Terray zuschreiben soll. „Diesem Mandrin, der gerne die Pistole auf die Brust sezte, um die Finanzen zu „vermehren." Und dem Düc von Aiguillon, diesem Despoten, der alles umbringen „und alles fressen möchte." Da er sahe, daß es ohnmöglich war, diese beyden nebst der Favoritin an sich zu ziehen, suchte er sich die Königl. Familie gewogen zu machen. Zu diesem mußte er sich äusserlich als ein ehrlicher Mann stellen, und bisweilen darnach handlen. Er spielte diese Rolle, obschon sie ihm fremd war, sehr gut, und trieb die Verstellung so weit, daß er um einen Zutritt bey Madam Louise zu haben, der Fromme machte. Endlich zog er wider die Verdorbenheit aller derer los, welche niederträchtiger Weise unter einem Weibsbild ohne Scham und Sitten, die Kriechenden machten, durch diese beständigen Nekereyen gelang es ihm, die Königl. Kinder mehr dann jemals wider die Favoritin und ihre Anhänger zu erbittern. Die Sachen wurden so weit getrieben, daß der König, dem ihre Verachtung zu Herzen gieng, vor Gram ausrief: „Ich sehe es wohl, meine Kinder lieben mich nicht mehr!"

CXXVIII. Brief

AN HERRN VON BOYNES

Sie werden mich verpflichten, wenn Sie das Begehren des Herrn von Abbadie,[1] Überbringer dieses Billets, geneigt anhören. Sie haben zween seiner Mitbrüder das St. Ludwigs-Kreuz gegeben; nun möchte er die gleiche Gunst geniessen, und ich werde Ihnen Dank wissen, wenn Sie es ihm auf meine Empfehlung hin bewilligen.
Ich bin etc. *Gräfin Dü Barry.*

CXXIX. Brief

VON DEM DÜC VON AIGUILLON

Ich weiß nicht, meine theure Gräfin, was Sie für einen Grund haben, sich jezt mit solcher Wärme des Prinzen von Conde anzunehmen. Ich werde jedoch, weil Sie es verlangen, mich nicht widersezen, daß der König ihm zu Gunsten die General-Feldzeugmeisterstelle der Artillerie wieder einführe, ja ich werde Sie sogar bey Sr. Majestät, wenn Sie es nöthig finden, unterstüzen. Nichtsdestoweniger zweifle ich sehr, ob Sie mit diesem Geschäft aufkommen werden, denn ich weiß, daß der Herr Graf von Provence um diese gleiche Gnade angehalten hat.[2] Ich bin etc.
Düc von Aiguillon.

---

[1] Herr von Abbadie, Kommissarius des Seewesens, der niemals zur See gedient hatte, ließ sich's einfallen, sich gleich vielen andern der Macht der Favoritin zu bedienen, um Gunstbezeugungen zu erlangen. Er kam mit einem Papageyen, den er Mad. Dü Barry überreichte, nach Paris. Sie fand den Vogel schön, und daß er wohl ein St. Ludwig-Ordenskreuz verdiene. Die Leichtigkeit des Ministers, diese Gunst zu bewilligen, ist ein Beweis, wie sehr er von der Favoritin abhieng.
[2] Düc von Aiguillon hatte eben so wenig Lust, als der Marquis von Monteynard, die Artillerie aus seinem Departement entwischen zu lassen. Allein da er weit feiner als sein Vorfahr war, so vermochte er, um weder den König noch die Favoritin wider ihn aufzubringen, den Grafen von Provence, diese Stelle für sich auszubitten. Er kannte den ohnschlüßigen Karakter des Königs so gut, daß er

CXXX. Brief

VON HERRN DORAT

Madam!

Ich vernehme mit vielem Gram, daß man mir Verse zur Last legt, über die ich nicht genug mein Mißfallen äussern kan. Man versichert mich, daß Ihnen eine Piece zugekommen seye, die den Titul führt: Epitre à Margot, und daß man schwarz genug gewesen sey, mich bey Ihnen als Verfasser darvon zu beschuldigen.[1] Es seye wie ihm wolle, Madam, diese Schrift verdient Ihren ganzen Unwillen. Wenn ich als ein Gelehrter einige Ansprache auf Ihre Gewogenheit hätte, so würde ich Sie bitten, allem aufzubieten, um den Strafbaren zu entdeken; Sie würden bald gerochen, und meine Rechtfertigung vollkommen seyn. Ich bin etc.

Dorat.

CXXXI. Brief

VON DEM CHEVALIER VON MORANDE

Madam!

Da ich nun in einem Land lebe, wo die Menschen keine Verzicht auf das Denken gethan haben, und wo sie sich ohne die geringste Gefahr nach ihrem Gutdünken darinnen üben können, so darf ich Ihnen frey heraus sagen, daß ich der Verfasser einer kleinen Brochüre bin, die den Titul führt: Le Gazettier Cui-

---

sicher war, daß Se. Majestät in der Verlegenheit, in welche Ihn diese beyden Mitwerber sezten, Er diese Stelle niemand geben würde. Die Sache gieng auch wie sie der Düc vorsah, ohne daß ihm weder der König noch die Maitresse deßwegen übel an seyn konnten.

[1] Herr Dorat ist in der That Verfasser dieses Schreibens, an Margot, welcher sich aber im französischen Original nicht befindet. Herr Dorat machte aus Forcht vor der Bastille eine Widerrufung, die aber das Original nicht werth war.

rassé. Wenn dieses Heft, welches Ihnen sicher zugekommen ist, Sie auf einen Augenblick hat belustigen können, so kan ich mir etwas darauf zu gut thun, selbiges herausgegeben zu haben. Ihr Beyfall ist einer von denjenigen, die mich am meisten schmeichlen sollen. Ich bin auf dem Sprung, eine andere Arbeit druken zu lassen, welche zum Titul hat: Memoires secrets d'une Femme publique, ou Essais sur les Avantures de Madame la Comtesse Du Barry, depuis son berceau jusqu'au lit d'honneur, d. i. Geheime Nachrichten eines öffentlichen Weibsbilds, oder Versuche über die Begebenheiten der Frau Gräfin Dü Barry, von der Wiege an, bis ins Bett der Ehren. Ich denke, Madam, daß wenn ich schon nicht den zweyten Abschnitt dieses Tituls beyseze, es Ihnen ein Leichtes seyn werde, sich gleich am ersten zu erkennen. Diesem seye wie ihm wolle, so dachte ich Ihnen Nachricht von meinem Vorhaben zu geben, ehe ich es ausführte; denn Sie haben bey einigen Gelegenheiten einen entscheidenden Geschmak für die Künste und Wissenschaften gezeigt, und da könnte es wohl seyn, daß Sie einzig ein Manuscript besizen möchten, welches ich interessant zu machen getrachtet habe, und welches Ihnen von grossem Werth scheinen könnte. Dieser Einfall würde Sie nicht mehr als fünfzig tausend Livres kosten. Es dürfte Ihnen etwas theuer vorkommen, indessen ist dieses kein übertriebener Preis; denn Sie können nicht glauben, Madam, was für Unkosten ich mit Anschaffung aller nöthigen Subsidien gehabt habe. Die lezten Anekdoten Ihres Lebens haben mich hauptsächlich viel gekostet. Ich war genöthiget, die Auskunft über Ihren geheimsten Zeitvertreib mit Sr. Allerchristl. Majestät; über die List, mit der Sie Ihre Aufseher zu hintergehen wissen, um sich der Entnervung des Königs mittelst Ihres guten Freunds Düc's von Aiguillon, zu entschädigen, oder Mangel seiner, durch den kleinen Zamore, der Ihnen diente, die Abhandlungen Aretin's ins Werk zu sezen, und den erfinderischen Geist dieses Italiäners zu übertreffen. Ich war genöthiget, sage

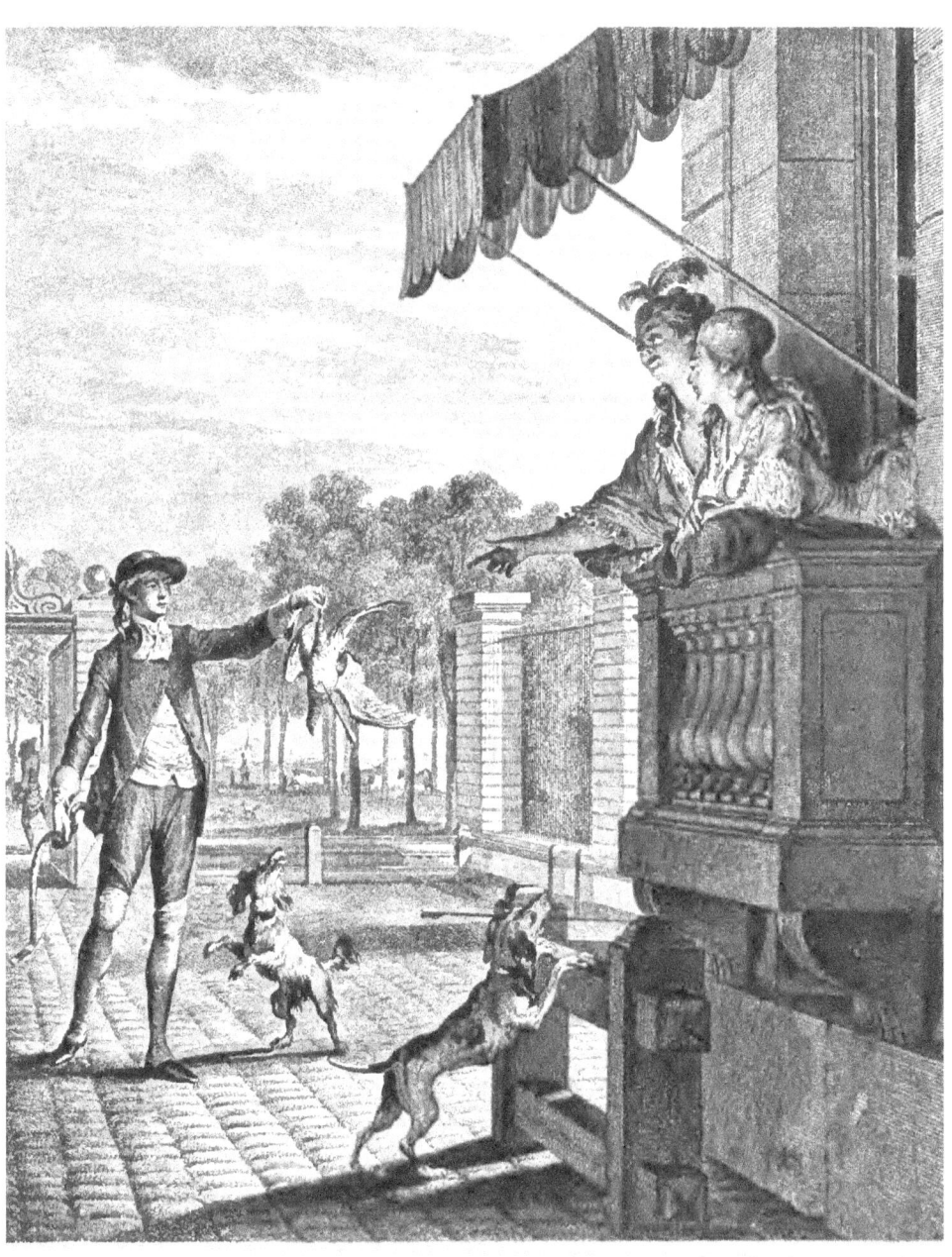

ich, die Auskunft oder das Detail über alles dieses mit schwerem Geld zu bezahlen. Mit einem Wort, Madam, sind Sie versichert, daß dieses Werk sehr vollständig ist, und daß es alle erforderlichen Eigenschaften hat, um des Abgangs sicher zu seyn. Wenn Sie es an sich bringen wollen, so werde ich das Manuscript demjenigen zustellen, der mir obige Summ von Ihnen einhändigen wird; wenn Sie aber nicht gesonnen sind, diesen Einkauf zu machen, so erlauben Sie mir wenigstens, Madam, daß ich es unter Ihrem Schuz erscheinen lasse; ich würde alsdann von der günstigen Aufnahm des Publikums, dem Sie angehörten, vergewissert seyn. Ich dachte diese lezte Gnade in Rüksicht auf die Begierde, die ich habe, Sie zu verewigen, und wegen der Sorgfalt, mit der ich mich an die allergenaueste Wahrheit gewandt habe, zu verdienen.

Ich bin mit tiefer Ehrforcht etc.

Der Chevalier von Morande.

CXXXII. Brief

AN DEN DÜC VON AIGUILLON

Ich habe aus London, mein Herr Düc, einen Höllenbrief erhalten. Sie können darvon urtheilen, ich füge ihn bey. Verlieren Sie keinen Augenblik, allem aufzubieten, um den Druk dieser verdammten Libell, der uns droht, abzuwenden. Sie sind eben so wohl darinnen mitgenommen, als ich. Über das, was mir der Verfasser in seinem Brief verdeutet, bin ich überzeugt, daß wenn er nur den mindesten Verdacht von Ihrer Gemeinschaft mit der Vicomtesse Dü Barry hat, er dessen sicher, als eines Umstands, der nicht der ohninteressanteste Ihres Lebens ist, erwehnen wird.

Ich bin, mein Herr Düc, Ihre etc.

Gräfin Dü Barry.

CXXXIII. Brief

VON DEM DÜC VON AIGUILLON

Ich habe, meine werthe Gräfin, den Englischen Gesandten bereden wollen, in Ansehung des Morande an seinen Hof zu schreiben; allein er hat mir verdeutet, daß es ohnnüz wäre, weil der König gewiß nichts wider die Freyheiten der Englischen Nation verfügen würde; überdas hat er mir sehr gut vorgestellt, daß dieser Mann einem hungrigen Hund gleiche, dem man ein Bein hinwerffen müsse, um ihn zu besänftigen. Indessen habe ich mich zu etwas anderm entschlossen, und nebst einigen Gerichtsbedienten einen Mann[1] abgeschikt, den ich zu Erreichung meiner Absichten, tauglich erachte. Ich wünsche daß es ihm gelinge. Ich glaube daß Sie mir, meine schäzbare Gräfin, seit unserer letsten Auskunft, keine Vorwürffe machen können. Seyn Sie versichert, daß das was Sie mein emsiges Bemühn, um die junge Vicomtesse heissen, sich immer auf die Wohlanständigkeit, und

---

[1] Düc von Aiguillon, hatte den Herrn Bellanger, nach London abgesandt, einer dieser Avantüriers, die, weil sie nichts zu verlieren haben, alles wagen, und der in allen Spielgelaagen sehr wohl bekannt war. Seine Spiesgesellen waren Gerichtsschergen, als Receveur, Cambert und Finet etc. Diese Hinderlistigen, suchten mit Morande Vertraulichkeit, um sich seiner zu bemächtigen, und ihn mit List nach Frankreich zu liefern. Dieser aber der feiner als sie war, und sie kante, stellte sich an, als ob er nichts von ihrer Absicht merkte. Er erwies ihnen Freundschaft und entlehnte von einem jeden 30 Neue Louisd'ores. Hernach zog er die Sturmgloke wider sie an, und diese Spionen, die unter dem Englischen Pöbel grossen Verdacht erwekten, waren genöthiget sich sorgfältig zu verbergen, und die erste beste Gelegenheit zu ergreifen, um wieder das Meer zu passiren.

Düc von Aiguillon, sandte nachher Herr Predau von Chemilli Schazmeister der Marechaussees, unter dem Vorwand Pferde aufzukaufen, nach England ab. Er hatte den Auftrag 40 000 Livres für das Manuscript, anzubieten; allein es ward nichts aus dem Handel. Endlich nahm es Caron von Beaumarchais auf sich, und berichtigte es vermittelst grossen Aufwands. Er gab Morande 50 000 Livres baar, und sezte ihm im Namen der Franz. Regierung unter Gewährleistung, des Chevalier von Vandek Banquier in London ein Jahrgehalt von 200 Pfund Sterlings vest; wovon die Hälfte nach seinem Tod, auf sein Weib kommen sollte.

Durch dieses Mittel kam das Werk nicht zum Vorschein, und man versichert sogar, daß es niemals ganz gedrukt worden seye.

Hochachtung beziehn wird, die ich ihrem Rang den sie hier bekleidet, der Verbindung die sie geschlossen hat, und der Huld, womit sie der König beehrt, schuldig bin.
Ich bin stets etc.

Düc von Aiguillon.

CXXXIV. Brief
VON HERRN VON BEAUMONT, ERZBISCHOF VON PARIS

Den 15. Jenner 1774.

Madam!

Es ist meine Amtspflicht, die meiner Sorge anvertrauten Personen zu erleuchten, und alle Mittel zu versuchen, welche eine von der Klugheit geführte Liebe einflössen kan, um die von dem Weg der Wahrheit Abgewichenen, wiederum in selbigen zu leiten. Sie können nicht denken, Madam, daß ich der Einzige seye, dem das Aergerniß, welches leider nur allzu offenbar ist, ohnbekannt seye. Wenn mich die Abweichungen eines privat Menschen kränken, urtheilen Sie, wie groß mein Schmerz seyn müsse, wenn ich an diejenigen denke, zu welchen sie einen Fürsten verleiten, der wegen seinen in allen Absichten grossen Eigenschaften preißwürdig ist. Ihr Triumph ist in den Augen der Welt ohnstreitig sehr schmeichelnd, ja ich gestehe sogar, daß es wenige Personen giebt, deren Tugend standhaft genug ist, nicht dardurch geblendet zu werden, und die heldenmüthig genug sind, ihm freywillig zu entsagen. Aber soll ich glauben, daß dieser erhabene Muth über Ihr Vermögen gehe? Wenn Ihre Liebe zum König aufrichtig wäre, würden Sie Ihm nicht einen auffallenden Beweis darvon, dardurch geben, wenn Sie Ihre auf Ihn habende Macht dahin verwenden würden, Ihn auf den Weg des Heils zu leiten, und Ihn darinnen durch Ihr Beyspiel aufzumuntern? Könnten Sie eine ohngezwungene Absönderung von der Welt,

welche da Sie sie mit dem Himmel aussöhnte, Sie die reinsten
Freuden, die man hieniden schmeken kan, des Friedens mit sich
selbst, und der Achtung aller Rechtschaffenen, geniessen liesse,
könnten Sie wohl diese als eine schimpfliche Entfernung ansehen? Sie hätten diese mit allem Recht verdient, weil Sie dem
Staat seinen König, der Religion ein Christ und einen Beschüzer
wieder geschenkt haben würden. Das Verderben des Getümmels,
das Sie umgiebt, Madam, mag seyn wie es will, so kan ich mir
nicht vorstellen, daß es alles Gefühl der Religion in Ihrem Herzen gänzlich habe erstiken können. Gehen Sie einen Augenblik
in selbiges zurük, und wenn Sie bey der Stimme, die sich in selbigem muß hören lassen, nicht taub sind, so zweifle ich nicht, das
meine Wünsche bald erfüllt seyn werden, und daß ich zum Muster einen König seinem Volk vorstellen könne, der an meiner
Ehrfurcht und an meiner Ergebenheit an seiner Person nicht
zweiflen kan. Ich bin etc. † *Ch. von Beaumont.*

CXXXV. Brief

AN HERRN ERZBISCHOF VON PARIS

Den 16. Jenner 1774.

Monseigneur!

Mit Vergnügen sehe ich Ihre Liebe zum König; allein ich
halte die meinige ohnerachtet dessen, das Sie mir sagen, für eben
so ächt. Es ist wahr, daß ich sie ihm auf eine ganz andere Art
zeige, die vielleicht tauglicher ist, Ihn zu bereden. Ich hätte niemals denken können, daß Sie sich an mich wenden würden, um
die Revolution, die Sie gern sähen, zu erzielen. Ihr Eifer würde
ohnstreitig das gröste Lob verdienen, wenn er frey von Menschen-
tand wäre. Allein ich kan um so viel begründeter ihn für nicht
ganz ohneigennüzig halten, als ich die Absicht weiß, die Sie haben, den König mit einer Erzherzogin zu verheurathen; und

wenn diese Verbindung durch Ihre Vermittlung zu Stand käme, so ist mir bekannt, daß Sie Ihnen sicher grosse Vortheile verschaffen würde. Wenn ich schon noch nicht den nöthigen Muth besize, um Ihre frommen Absichten zu unterstüzen, so will ich Ihnen, Monseigneur, wenigstens gestehen, daß Ihr Brief einen tiefen Eindruck auf mich gemacht hat, diejenigen, denen ich ihn zeigte, mochten mir sagen, was sie wollten. Um mein geängstigtes Gewissen zu beruhigen, und um mich zu versichern, daß ich nicht so lasterhaft seye, als ich's vermeyne, will man mich glauben machen, daß meine grösten Uebertrettungen nur geringe Fehlergen gewesen wären, wenn ich das Glük gehabt hätte, wie Sie Monseigneur, durch Einen jener erleuchteten Gottesgelahrten[1] geleitet zu werden, welcher vermittelst einer gewissen Direktion des Vorsazes Sie auf die artigste Weise von der Welt mit Madam von Moiran sündigen zu machen gewußt, ohne daß deßwegen Ihre Apostolische Seele, an der Beflekung des Körpers den mindesten Antheil nahm. Mit einem Wort, Monseigneur, obschon ich bey weitem nicht alles verstanden habe, was man mir in Ansehung dieses gesagt hat, so dünkt es mich jedoch, dardurch wahrgenommen zu haben, daß es ein leichteres und meiner Schwachheit angemesseneres Mittel giebt, um den Weg des Heils anzutretten, als das so Sie mir vorgeschlagen haben. Wenn dem so ist, so werden Sie mich verbinden, wenn Sie mir's anzuzeigen belieben, und Sie sollen sehen, daß ich mich alsdann im Ernst mit meiner Bekehrung beschäftigen werde.

Ich bin mit Ehrfurcht, Monseigneur etc.[2]

Gräfin Dü Barry.

---

[1] Die Jesuiten.
[2] Diejenigen Personen, welchen Madam Dü Barry, wie sie hier sagt, den Brief des Herrn Erzbischof von Paris gewiesen hat, sind vermuthlich eben die, die ihr den Stoff zu ihrer Antwort geliefert haben. Wir sind ganz überzeugt, daß sich bey dem vertrauten Umgang, welcher in der That zwischen Herrn von Beaumont und Mad. von Moiran, Vorsteherin des Spitals der Salpetersiederey, statt hatte, nichts ohnehrbares zugetragen hat. Es ist wahr, daß die Welt sehr arg ist, und anderst darüber geurtheilt hat. Allein wenn's auch Grund hätte, so ist es schon so lange,

CXXXVI. Brief
VON HERRN VON MAUPEOU

Paris den 1. Hornung 1774.

Frau Gräfin!

Obschon ich zu allen Zeiten alle mögliche Ehrforcht, die gröste Achtung, und die aufrichtigste Ergebenheit, für Sie gehabt habe; weit entfernt, jemals etwas wider Ihren Nuzen unternommen zu haben, hatte ich mir's im Gegentheil zur Pflicht gemacht, bey allen Gelegenheiten Ihrem Verlangen zuvorzukommen; nichts destoweniger ist man so weit geschritten, mich solchergestalten in Ihrem Herzen anzuschwärzen, um Sie zu vermögen, mich als einen gefährlichen Feind anzusehen, und es zu versuchen, den König dahin zu bringen, daß Er mir das Zutrauen, wormit Er mich beehrt, entziehe. Ich weiß es, Madam, und habe deßwegen keinen Haß auf Sie, denn Sie sind hintergangen worden; allein das was mich über alle massen kränkt, ist, daß ich sehen muß, wie Sie blinder Weise Ihr Vertrauen und Ihre Achtung, Personen geschenkt haben, die dessen unwürdig sind. Düc von Aiguillon, der Ihnen alles zu danken hat, verräth Sie; er will Sie stürzen, und die Freyherrin von Neukerque[1] an Ihre Stelle bringen. Um dieser Dame den Plaz, den er ihr bestimmt, zu versichern, hat er das Projekt gefaßt, sie durch eine geheime Trauung mit dem König zu verbinden. Da ich von dieser Arglistigkeit Nachricht hatte, und mir wohl vorstellen konnte, daß Sie einer so schwarzen Verrätherey keinen Glauben zustellen würden, wenn ich meiner Anzeige nicht einen ohn-

---

daß man es hätte vergessen sollen. Das Schreiben Sr. Hochwürden verdiente sicher keine so beissende Antwort, und wir haben erfahren, daß sie diesen frommen Mann ungemein gekränkt hat.

[1] Diese Freyherrin von Neukerque, ist die gleiche Madam Pater, von welcher schon im XC. Brief die Rede war. Damit sie der König neurathen könnte, hatte Düc von Düras nebst dem Düc von Aiguillon ihre Ehescheidung nach protestantischem Gebrauch, mit vereinten Kräften bewirkt.

verwerflichen Beweis beyfügte, so habe ich allem aufgebotten, um einen solchen zur Hand zu bringen, und ich war so glüklich, daß es mir gelang. Der Brief von dem Düc von Aiguillon, den Sie angeschlossen finden, wird Ihnen mehr sagen, als Sie werden wissen wollen. Ich wünsche, Madam, daß Sie treuere Freunde finden möchten. Ich bin etc. *von Maupeou.*

Beylag zu obigem Brief

VON DEM DÜC VON AIGUILLON AN DIE FREYHERRIN VON NEUKERQUE

Sie erlauben mir, ja Sie fordern mich sogar auf, Madam, Ihnen Rath mitzutheilen. Durch das Zutrauen, daß Sie mir bescheinen, gekizelt, werde ich Ihnen mit aller möglichen Aufrichtigkeit antworten.

Das Schiksal einer Maitresse des Königs ist ohnstreitig sehr glänzend; allein glauben Sie mir, Madam, daß so groß auch die Annehmlichkeiten seyn mögen, so sind sie doch nicht harmlos, und immer mehr oder weniger dem traurigsten Ungemach ausgesezt. Ich bin überzeugt, daß mit der Huld, womit Sie der König beehrt, die Hindernisse, die Sie zu überwinden haben werden, um es dahin zu bringen, daß er sich durch eine geheime Trauung mit Ihnen verbinde, vielleicht nicht so stark seyn werden, als diejenigen, die sich in den Weg legen werden, um die jezige Favoritin schlechterdings zu verdrängen. Gesezt aber, Sie fänden sehr häufige Schwierigkeiten, der Unterschied dieser beyden Situationen soll Sie nicht zaudern lassen. Errichten Sie sich also einen Verhaltungsplan, der auf dieses abziele, und gehen Sie nimmer davon ab. Ich sehe es nicht gerne, daß Sie gestern bey der geheimen Zusammenkunft, allzu gefällig gegen den König gewesen sind. Ein allzu leicht erhaltener Genuß, kan bey diesem durch die Wollust erschöpften Fürsten, selbst den feurigsten

Hang schwächen. Um seine anerbohrne Wankelmuth zu fesseln, so ist es nothwendig, seine Begierden durch eine Widersezung rege zu machen, welche mit genugsamer Kunst begleitet ist, um Ihm nicht die Lust zu benehmen. Ich glaube sogar, daß Er im Fall jener alten Schwelger ist, die in ihren alten Tag noch fromm werden, sich leicht entrüsten, und bisweilen Unruhe und Gewissensscrupel empfinden, über welche man sie alsdann trösten muß. Sie können, Madam, von dieser lezten Blösse mit nicht geringem Erfolg Gebrauch machen, damit Ihre Seele an die seinige gleichsam wie geleimt seye, so stellen Sie sich, als hätten Sie die gleiche Forcht, und die Gewissensbisse, die Er sicher hat; dieses ist ein fast ohntriegliches Mittel, Ihre Absicht zu erreichen. Morgen um 5 Uhr werde ich Sie sehen. Ich gehe zuvor zum König, vielleicht sind Sie der Gegenstand des Gesprächs. Wenn es sich zuträgt, so werde ich Ihnen gewiß nichts verderben. Ich bin etc.

Düc von Aiguillon.

CXXXVII. Brief

AN DEN DÜC VON AIGUILLON

Den 2. Hornung 1774.

Wie! Herr Düc, Ihnen muß ich die bittersten Vorwürffe machen! Ihnen, die ich Sie vom Galgen errettet habe. Ihnen, die ich die Schwachheit gehabt habe, Ihrer Leidenschaft Gehör zu geben! Ihnen, die ich Sie mit Wohlthaten, mit Ehre und Ansehen überhäuft habe! Sie die meine Fußtritte küssen sollten, Sie haben die Abscheulichkeit gehabt, mich zu hintergehen, Sie führen dem König ein Weibsbild zu, um Ihre Gutthäterin zu verdrängen! Ich weiß es, ich habe den von Ihrer Hand geschriebenen Beweiß, und kan es doch kaum glauben, so unerhört kömt mir diser Streich vor! Das Ungeheuer, welches mir aus dem innersten seiner Höle in London die Ehre abschneidt, mich ver-

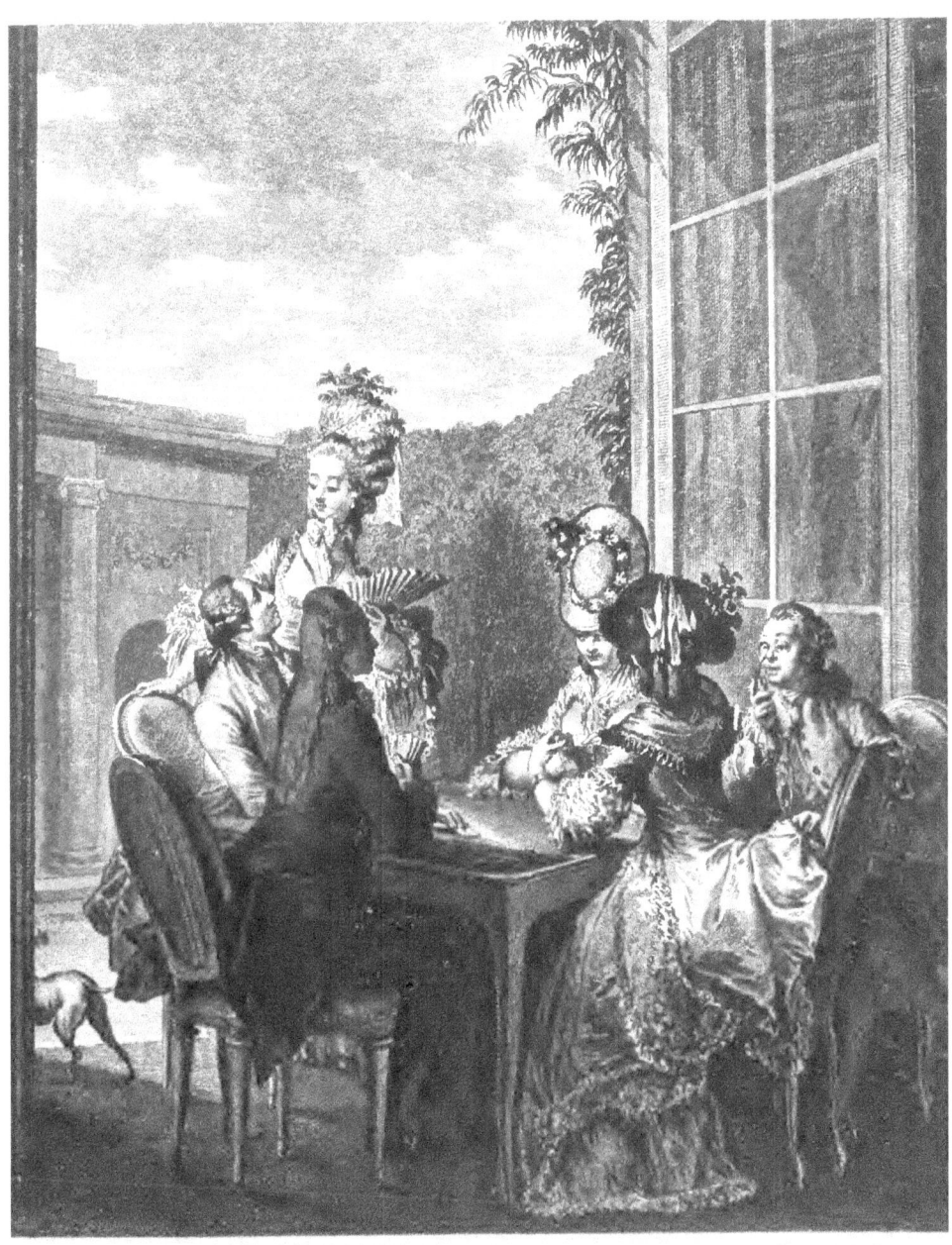

leumdet, ist in Vergleich mit Ihnen ein Gott. Die Verzweiflung, die Wuth bemächtigen sich meiner Seele! — — ich brenne vor Rache — — ich bin in diesem Augenblik so verwirrt, daß ich noch nicht weiß, welche Wafen ergreifen. — — Ich will in meinem vollen Zorn zum König lauffen, Ihm Ihr Verbrechen und das meinige gestehen, Ihme Ihren Brief an die Freyherrin von Neukerque zeigen, Ihn bitten uns beyde zu straffen. Bis in die Hölle will ich Sie verfolgen, und wenn es Furien für Ungeheuer gibt, Sie ihnen überliefern. Mit einem Wort stellen Sie sich vor, daß ich allem aufbieten werde, dessen ein beschimpftes Frauenzimmer fähig ist.[1]

Gräfin Dü Barry.

CXXXVIII. Brief

AN HERRN ABE VON BEAUVAIS, DAMALS CHORHERR VON NOYON, PREDIGER DES KÖNIGS, WIRKLICHER BISCHOF VON SENEZ[2]

Am Hohen Donnerstag Abends 1774.

Sie haben, Herr Abe, heute mit einer ausserordentlichen Ohnverschämtheit gepredigt. Statt sich in Ihrer Rede, der Sanftmuth, der Liebe und der Mäßigung zu bedienen, haben Sie die

---

[1] Düc von Aiguillon, welcher die fürchterlichen Folgen vorsahe, die die Wuth der Madame Dü Barry haben könte, lief zu ihr hin, warf sich zu ihren Füssen, gestund seinen Fehler, den er nicht in Abred seyn konte, entschuldigte sich so gut er konte, und war noch so glüklich diejenige zu besänftigen, die er so greulich beleidigt hatte. Genug er erlangte Vergebung, unter dem Versprechen, Mad. von Neukerque zu verlassen, und sich nimmer in diese Sachen zu mischen. Er hielt auch wirklich Wort.

[2] Abe von Beauvais, der von einer dunklen Herkunft war, hatte beschlossen, auf seiner Station Fortun zu machen, ein Bischofthum zu erlangen, oder in die Bastille zu gerathen. Er nahm zu dem End einen ganz ausserordentlichen Weg; er unterstund sich, wider das ärgerliche Leben Ludwig des Fünfzehnden zu predigen. Er schilderte hauptsächlich seine Leidenschaft für Mad. Dü Barry, in einem Kraft-

Frechheit gehabt, das Leben unsers Monarchen in den Augen seines Volks anzuschwärzen. Nur Ihn haben Sie angegriffen, obschon Er der einzige war, dessen Sie hätten schonen, und einiger massen seine Fehler vor seinen Unterthanen entschuldigen sollen. Sie waren, glauben Sie mir's, nicht von der christlichen Liebe beseelt. Der Ehrgeiz, und die Begierde empor zu kommen, waren die einzigen Triebfedern Ihres Betragens. An der Stelle Sr. Majestät, würde ich Sie auf ein entferntes Dorf verweisen, damit Sie daselbst lernen möchten, vorsichtiger zu handeln, und das Volk nimmer gegen seine Fürsten, die von Gott es zu regieren gesezt sind, aufzuwiegeln suchen möchten. Ich weiß nicht, was der König thun wird, aber Sie haben seiner Güte zu viel zugegeben. Sie hätten nicht erwartet, Vorschriften, wie Sie sich betragen sollen, die aus dem Christenthum und der Moral genommen sind, von mir zu erhalten: nun trachten Sie sie zu Ihren. Heil zu benuzen. Hier haben Sie meine Predigt, ich wünsche, daß Sie Ihnen wohl bekomme, und bin etc.

Gräfin Dü Barry.

vollen Gemälde von den Sitten Salomons, worvon das Gleichniß sehr empfindlich war. „Dieser Monarch, sagte er, der Wollust satt, und müde alle Arten des „Vergnügens, die den Thron umgeben, erschöpft zu haben, um seine welke Sinn„lichkeit wieder zu erfrischen, endigte damit, daß er sich eine neue Art unter dem „garstigen Überbleibsel der öffentlichen Verdorbenheit aussuchte." — Madam Dü Barry kannte sich allzu wohl in dieser Schilderung, als daß sie nicht drüber betretten war. Sie schrieb noch selbigen Abend diesen Brief an den Prediger. Sie wollte hernach den König wider ihn aufbringen. Allein Ludwig der Fünfzehende war gut, Er erzörnte sich nicht, Er entschuldigte ihn sogar, sagende, er hätte sein Amt verrichtet.

Man erzehlt, daß eines Tages, wo der Abe mit Heftigkeit wider die alten Sünder, die mitten in ihren eißkalten Tagen noch unreine Flammen der fleischlichen Lüste beybehielten, geredt habe, Se. Majestät sich nach der Predig an den Marschall von Richelieu gewandt, und ihm gesagt hätte: „Wohlan! Richelieu, mich „dünkt, der Prediger habe brav Steine in Euern Garten geworfen." — — „Ja „Sire, erwiederte der Marschall, es sind darvon widerprellt, und bis in den Parc „zu Versailles geflogen."

Dieser Abe erhielt was er verlangte, das Bischofthum von Senez war ledig, und er ward dahin ernannt.

CXXXIX. Brief

VON DAUBERVAL OPERNTÄNZER

Paris den 10. April 1774.

Madam![1]

Wie viel bin ich Ihnen nicht schuldig, und wie es vergelten! Von Ihren Gutthaten über und überhäuft, erhalte ich noch von Ihnen eine Gunst, die einzig ist, und worvon Frankreich gegen einen gemeinen von seiner Kunst lebenden Mann kein Beyspiel aufzuweisen hat. Ich stekte in Schulden bis über die Ohren: die Ohnenthaltsamkeit, die unserm Stand so gewöhnlich ist, die Zerstreuung, in der wir leben, der Luxus, zu dem uns die glänzende Gesellschaft, die uns sucht, verleitet, das zur Nothwendigkeit gewordene grosse Spiel, waren die natürlichen Folgen meines Verfalls. Dieses gab mir wenig Anspruch auf die öffentliche Nachsicht. Von meinen Gläubigern geplagt, und nicht wissend, wie sie befriedigen, hatte ich den Entschluß gefaßt, mich aussert Lands zu begeben, und nach Rußland zu gehen, wohin ich gerufen war, und wo der Himmelsstrich, so rauh er auch ist, weniger ohnbarmherzig gegen mich würde gewesen seyn. Sie haben nicht wollen, Madam, daß sich ein fremdes Land durch einen Verlust bereichere, der freylich sehr gering ist, den Sie aber zu vergrössern geruht haben. Sie haben behauptet, daß es schimpflich seyn würde, einen so treflichen Tänzer um fünfzigtausend Livres willen, wegzulassen. (Dieses sind Ihre Ausdrüke, und ich

---

[1] Dauberval, der zu Grunde gerichtet war, drohete seinen Gläubigern und dem Publikum, nach Rußland zu gehen. Madam Dü Barry ließ sich's einfallen, ein so nüzliches Süjet nicht wegzulassen. Sie fragte ihn, wie viel erfodert würde, um seine Sachen zu berichtigen? Er sagte, daß er 50 000 Livres darzu vonnöthen hätte. Diesem zufolg errichtete sie eine Art Kollekte bey Hof, und sie selbsten sammelte die Steuer nach eines jeden Vermögen ein. Man durfte nicht weniger als fünf Louisd'ors einlegen, allein sie forderte bisweilen 10, 15, 20 bis 25. Vermittelst dieser Wendung war die Summe gar bald vollzählig, und das Bedauren der Liebhaber legte sich.

würde erröthen selbige zu wiederholen, wenn man bey der Ehre eines Beyfalls, wie der Ihrige, bescheiden seyn könnte.) Aber das, was einem stärkern Kopf den Schwindel machen könnte, ist Ihr Eifer, den ganzen Hof zur Wiederherstellung meiner Glüksumständen in Kontribution zu sezen. Sie hätten mich sicher einzig vom Schiffbruch retten können. Es wäre ein Tropfen Wasser aus einem grossen Fluß, hingegen aber meinem Herzen weit sanfter gewesen, nur eine einzige Beschüzerin zu haben. Wie? was sage ich! Ich habe auch in der That nur Eine, und Ihnen muß ich die Gutthaten so vieler erlauchten Personen verdanken. Sie haben wollen, daß weil alle meine Bewunderer seyn, auch alle zu meiner Beybehaltung beytragen sollen. Sie haben eine Kollekte errichtet, und Sie schienen Ihre Thüre nur nach Verhältniß des Beytrags zu öfnen. Das war eine wirkliche Auflage, mit der Sie alle, die Ihnen ihre Aufwartung machten, beschwerten. Ehedem ließ Madam la Marquise von Pompadour, dieses reizende Frauenzimmer, die Ihnen auf der glänzenden Laufbahn, die Sie betretten, vorgieng, welche die Künste verewigt haben, weil sie sie begünstigte und unterstüzte, eine Lotterie für Gelliotte errichten.[1] Man gab Bälle für Granval,[2] eine Repräsentation für Mole[3]. Alles grosse Männer, unendlich weit über mir, sowohl wegen ihren Talenten, als wegen der Vollkommenheit zu der sie selbige gebracht haben. Sie waren bestimmt Madam, mein Verlust als ein allgemeiner Jammer anzusehen, und um mich zurükzuhalten, Ihre Zuflucht zu jener ausserordentlichen Schazung zu nehmen; die der erhizte Patriotismus sich ereifert um die Wette zu bezahlen. Mich mehr denn jemals ohne alle Ausnahm, Ihren Ergözlichkeiten widmen, ist die einzige Art, wormit ich Ihnen mein Dank bezeugen kan. Ich überlasse es denen Gelehrten und Künstlern Sie würdiger zu

---

[1] Ehemaliger Opernsänger.
[2] Ehemaliger Schauspieler in der franz. Komödie.
[3] Wirklicher Schauspieler in der franz. Komödie.

erheben. Was hat das Genie nicht von einer solchen Schuzgöttin zu erwarten, wenn sie so vieles für einen Mann nur von bloßen Naturgaben thun, der sich einzig deswegen empfihlt, weil er das Glük hat, etwas zu Ihrem Vergnügen beyzutragen. Die Maler, Bildhauer- und Kupferstecherkunst haben sich bereits um den Ruhm gezankt, dem erstaunten Europa, die verführerischen Reize Ihres Urbilds zu überreichen. Schon haben die Musen Ihre Schläfe mit ihren Kränzen umwunden. Schon ist der Patriarch der Litteratur, der König unserer Dichter und Philosophen, der Alte von Ferney zu Ihren Füssen gekrochen; und hat Ihnen für seine Persohn, sowohl die Verehrungen des Parnaß als des Porticus gebracht. Möchte sein Beyspiel diejenigen ermuntern, die aus lauter Hochachtung stum waren! Es müsse sich ein allgemeines Concert zu Ihrem Ruhm anheben, und der den Händen der liebenswürdigen Marquisin entfallene Zepter der Künsten und der Philosophie, die sie noch beweinen, in die Ihrigen übergehen, und selbige in Ihnen eine zwote Minerva schenken. Ich bin mit der allertiefsten Ehrforcht.

Dauberval.

CXL. Brief

VON DEM DÜC VON NIVERNOIS[1]

Paris, den 12. April 1774.

Ich habe Frau Gräfin auf Ihr Anhalten die Fünf und zwanzig Neue Louisd'ors, die Sie mir für meinen Antheil an der Steuer begehrten, die Sie für Dauberval sammeln, nicht abschlagen können. Indessen kan ich Ihnen nicht bergen, daß diese kleine

[1] Madam Dü Barry, die das Gewicht eines Begehrens von dieser Art bey einem solchen Anlas fühlte, nahm das Memorial mit bestem Willen auf sich. Dieser Edelmann, der ohne die feine Wendung seines Wohlthäters vergebens geflehet hätte, kehrt nun wieder in den Schoos seiner Familie zurük, der er Freude und mehrere Gemächlichkeit mitbrachte.

Summe einem armen Edelmann, der ein abgedankter mit Kindern gesegneter Officier ist, und seit vielen Jahren um ein geringes Gehalt gebätten hat, gewiedmet war. Da sie ihm die kleine Beyhülfe, die ich für ihn beyseits legte, entziehn, so liegt es Ihnen ob, ihn zu entschädigen. Ich lege sein Memorial meinem Brief bey, und zweifle keineswegs Sie werden darvon gerührt werden, und Ihre bey so vielen Anlässen gezeigte Menschenliebe, werde Sie dahin bringen, ihn zu unterstüzen und ihm einen erwünschten Erfolg zu verschaffen.

Ich bin etc. *Düc von Nivernois.*

CXLI. Brief
AN DIE MARQUISIN VON MONTRABLE

Morgen kan ich meine liebe Mamma nicht zu Ihnen kommen, wie ich es Ihnen versprochen hatte. Die Situation des Königs erlaubt es mir nicht ihn zu verlassen. Seit dem Tod des Marquis von Chauvelin, und des Marschall von Armentieres, ist Er so schwermüthig, daß es mir viel zu schaffen macht, und durch die verwünschte Predig des Abe von Beauvais ist sie noch vermehrt worden. Wenn es von mir abgehangen hätte, so hätten Se. Majestät diese Ohnverschämtheit bestraft. Ich habe eine Reise nach Trianon[1] vorgeschlagen. Wir werden uns alle Mühe geben, das

---

[1] Eben diese unglükliche Reise nach Trianon brachte dem König den Tod. Mit Bewunderung und heisser Begierde hatte Er die Tochter eines Tischlers gesehen. Mad. Dü Barry glaubte, daß wenn sie Ihm Gelegenheit machte, seine Begierde zu befriedigen, man Ihm vielleicht sein finsteres Wesen benehmen könte. Diesem zufolg lies man dieses junge Mädgen kommen, das man aber nicht anderst als durch Drohungen und Versprechungen eines grossen Vermögens zum Beyschlaf mit dem König bringen konte. Se Majestät hätten des zubereiteten Vergnügens nicht vollkommen geniessen können, wenn man Ihm nicht mit ausserordentlich stärkenden Mitteln aufgeholffen hätte. Dieser Genuß, war für beyde traurig. Das Mädgen war schon von den Pokken angestekt, ohne daß sie es wußte, und die Symptomata dieser Krankheit, zeigten sich am folgenden Morgen mit vieler Heftigkeit bey ihr, so daß sie am dritten Tag daran starb. Da das Gift auch den König anstekte, so ward Er krank, ohne daß man noch wissen konnte, was für eine Art Krankheit Er hatte.

Gemüth des Königs zu beruhigen, und Ihn wieder fröhlicher zu machen. Ich werde Sie meine liebe Mamma, besuchen, so bald ich kan. Sie kennen alle das Vergnügen, daß ich habe, Ihnen die Versicherungen meiner wahren Ergebenheit zu erneuern.

Gräfin Dü Barry.

CXLII. Brief

AN DIE MARQUISIN VON MONTRABLE

Der König, meine liebe Mamma, hat nun ganz zuverläßig die Pokken. Ich hatte alles angewandt, um Ihn zu vermögen, daß Er in Trianon bleibe; allein la Martiniere, der sich die Macht, die Ihm die Schwachheit des Monarchen gab, zu Nuze machen wollte, hat Ihn dahin gebracht, daß Er nach Versailles zurükkehrt. Ich weiche Ihm nicht vom Bett weg. Sein Zustand dünkt mich noch nicht gefährlich, weil Er selbst nicht angegriffen ist. Allein in seinem Alter können sich die Sachen alle Augenblik ändern, besonders in einer Krankheit von solcher Beschaffenheit. Ich bin so glüklich gewesen, Ihm Zutrauen für meinen Arzt Bordeu beyzubringen. Dieser besorgt Ihn hauptsächlich nebst le Monnier. Man wollte Ihm gleich die heil. Sakramente reichen; es war mir aber alles daran gelegen, daß es nicht geschehe. Bordeu hat sich sehr widersezt, und es ist ihm gelungen, es abzuwenden, indem er sagte, daß dieser Apparatus für die Kranken öfters von traurigen Folgen wäre. Leben Sie wohl meine liebe Mamma; ich verlasse Sie, um wieder zum König zu gehen. Ich bin etc.

Gräfin Dü Barry.

CXLIII. Brief

AN DIE MARQUISIN VON MONTRABLE

Der Streich ist versezt meine liebe, Mamma, der König, der sich sehr übel befindet, hat der Düchesse von Aiguillon sagen lassen, daß es Ihm lieb seyn würde, wenn sie mich zu Ihm hinführte. Diesem zufolg sind wir nach Ruelle abgegangen, von wo aus ich Ihnen schreibe. Se. Majestät hat, bevor Er das Viaticum empfieng, sich durch den Mund seines Geistlichen erklärt, daß es Ihm leid seye, seinen Unterthanen Aergerniß gegeben zu haben; daß Er hinfüro nur zur Stüze des Glaubens, der Religion und zum Glük seines Volks leben wolle. Um die Versprechungen eines Sterbenden soll man sich nicht bekümmern. Sie sind alle gleich, bis sie wieder gesund sind. Wenn der König so glüklich ist, so bin ich versichert, daß sich meine Lage nicht verändert. Leben Sie wohl, liebe Mamma. Ich bin etc.

Gräfin Dü Barry.

N. S. Als ich diesen Brief an Sie abschiken will, vernehme ich, daß es um den Kranken nicht mehr so gefährlich steht.

CXLIV. Brief

AN DIE VORIGE

Ich fange an, meine liebe Mamma, von der Situation des Königs übel zu urtheilen. Gestern waren die Besuche den ganzen Tag ohne Unterlaß, heute habe ich blos zween empfangen. Überdas hat Abe Terray, von dem ich dreymal hundert tausend Livres begehrte, mir selbige trozig abgeschlagen. Wenn der König wieder aufkömmt, so werde ich für diese Ohnverschämtheit Genugthuung verlangen. — Ich höre eine Kutsche, ich will sehen, was es ist.

Es ist geschehen, meine theure Mamma. Der König ist nicht mehr. Dieser garstige Düc de la Vrilliere ist gekommen, mir's anzusagen, und mir einen Befehlsbrief einzuhändigen, der mich

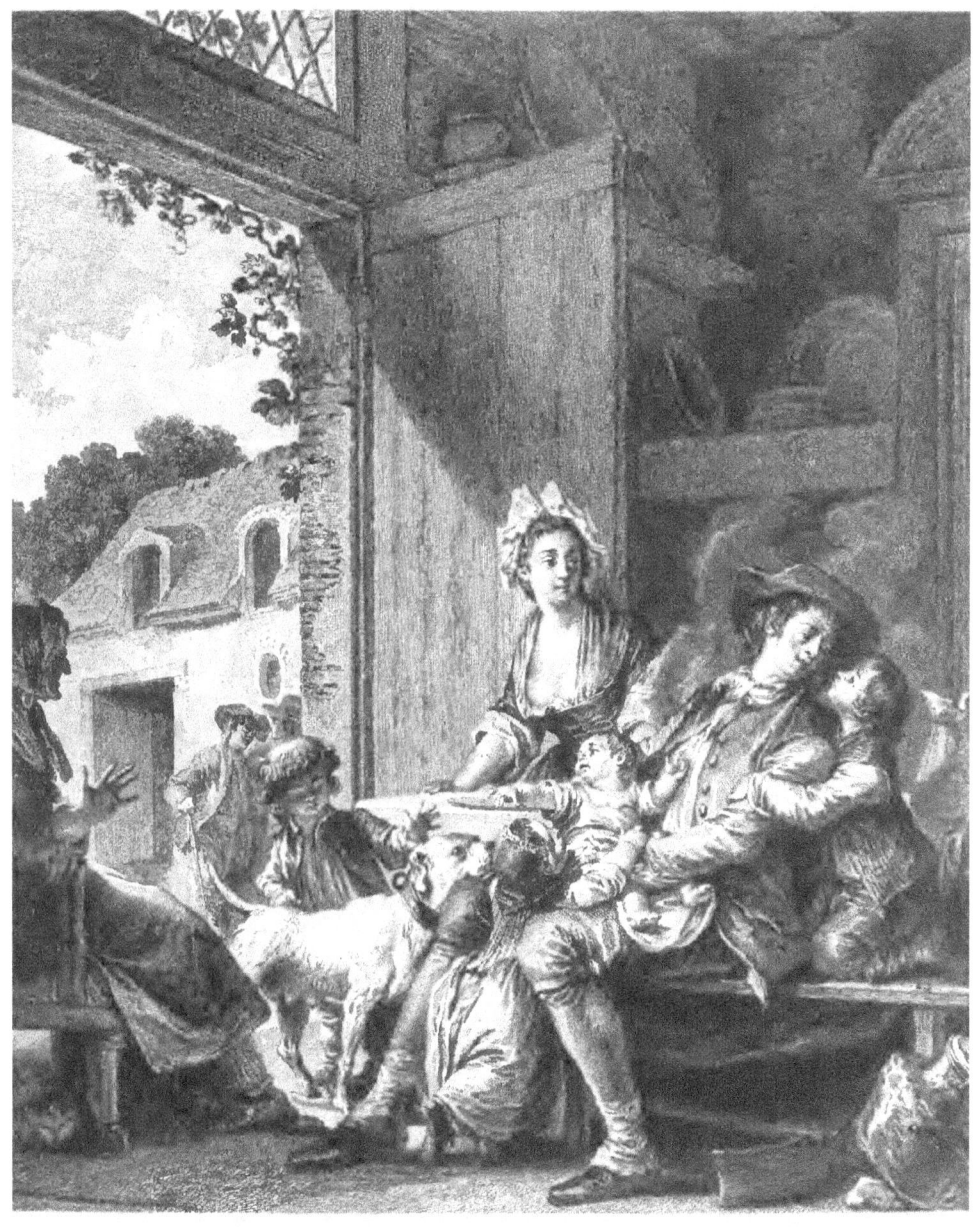

in das Kloster von Pontaux-Dames bey Meaux[1] verweißt. Ich bin ihm mit dem grösten Stolz begegnet. Dieser Ohnverschämte, der gestern noch kriechend vor mich kam, scheint heute über meine Ungnade zu triumphieren. Ich bin über den Aufenthalt, zu dem ich verurtheilt bin, ausser mir, noch mehr aber über die Art, wie ich darinnen leben soll. Man erlaubt mir nicht mehr als eine einzige Kammerfrau; ich darf niemand sehen, und von niemand keine Briefe annehmen oder abschiken, die Superiorin habe sie dann gesehen. Ich habe nach meinem Sachwalter geschikt, um ihm Befehle zu geben, über die er Ihnen Bericht geben muß. Wachen Sie, ich bitte Sie, über das was er thut, und daß man mich so wenig als möglich plündere. Ich werde Ihnen schreiben, wenn ich kan, sobald ich in jenem Kerker bin. Gott erhalte Sie, meine liebe Mamma; ich habe so viele Vorkehrungen zu treffen, und bin so voller Zorn, daß ich förchte, ich werde abreisen, ohne an etwas denken zu können.

Gräfin Dü Barry.

Bis hieher geht im französischen Original die Sammlung der Briefen der Madam Dü Barry. Es heißt in selbigem, daß dem Verfasser noch eint und andere Briefe seit ihrer Verweisung zu Handen gekommen seyen; allein da sie nur häusliche Angelegenheiten enthielten, wären sie des Druks ohnwürdig erachtet worden.

[1] Madam Dü Barry war über den Verweisungsbefehl wie vom Bliz getroffen. Sie rief mit ihrer anerbohrnen Energie aus: „Die hübsche Scheiß-Regierung, die mit einem Verweisungsbrief anfängt." Sie machte dem Düc de la Vrilliere die derbsten Verweise, daß er diese Kommißion übernommen habe, und behandelte ihn mit der äussersten Verachtung. Der Verweisungsbrief war indessen nicht hart. Madam Dü Barry wußte das Staatsgeheimniß, und es war klug gehandelt, zu verhüten, daß ein so leichtsinniges Frauenzimmer selbiges nicht ausbriefe. Der König sagte in diesem Brief, daß Ihn Staatsgründe nöthigten, ihr zu befehlen, sich ins Kloster zu verfügen; daß Ihm die Gewogenheit, womit sie von seinem Großvater beehrt worden seye, wohl bekannt wäre, und daß man bey nächstem darauf bedacht seyn werde, ihre Entfernung zu lindern, und ihr ein anständiges Gehalt zu geben, wenn ihre Situation es erfodere.

ANMERKUNGEN

Die Compilation der Chronique Scandaleuse, deren erster Band im Jahre 1783 erschien, hat einen davongelaufenen Benediktiner zum Verfasser, Guillaume Imbert aus Bordeaux. Er lebte in Paris, wo er hörte, was man erzählte: allwöchentlich schickte er, was er zusammengebracht hatte, nach Neuwied, wo man es unter dem Titel Correspondance secrète, politique et littéraire druckte; es gab 52 Hefte im Jahr. Diese Correspondance sollten die Nouvelles à la main Bachaumonts ersetzen, die sehr schwer nach Frankreich zu bringen waren. Immerhin saß auch Imbert des öfteren in der Bastille. Er hat seine Heftchen gesammelt, die in achtzehn Bänden bis zum Jahre 1784 reichten; die Heftchen setzte er fort bis zum Jahre 1793. Aus der Masse dieser Bände wählte er selbst eine Zusammenstellung in einem Bande aus, der 1783 erschien, und der sich in den folgenden Jahren mehrte bis auf fünf Bände im Jahre 1791. Aus diesen fünf Bänden ist im vorliegenden Texte eine Auswahl getroffen worden. Die Übersetzung besorgte F. Neufeld.

Die Chronique Arétine, ou recherches pour servir à l'histoire de la génération présente, erschien unter dem fingierten Druckort Caprée in Paris 1789. Es blieb bei dem einen Hefte; die an dessen Schluß angekündigte Fortsetzung ist nie erschienen. Der Verfasser blieb unbekannt.

Der Gazetier cuirassé, ou anecdotes scandaleuses de la cour de France imprimé à cent lieus de la Bastille à l'enseigne de la liberté, erschien 1771. Verfasser ist Charles Thevenot, der sich Chevalier de Morande nannte; er saß wegen Diebstahls einer goldenen Tabatière — er stahl sie in einem Freudenhaus — im Gefängnis. Er stahl auch nachher noch öfter und floh nach England. Hier veröffentlichte er den Gepanzerten Gazetier, ein Pamphlet gegen die Dubarry, den Kanzler Maupeou und den Grafen Saint-Florentin, geherzogten Vrillière. Louis XV. kapitulierte vor dem Revolvermann. Thevenot ist der erste französische Journalist, der mit seinem Gewerbe Erpressung trieb. Holländische und englische Journalisten waren die ersten, die mit dem Opfer ihrer Angriffe vor der Veröffentlichung verhandelten. Von den 180 Seiten des Thevenotschen Pamphletes gehen 100 auf die Dubarry, worin Wahres mit Legendärem und frei Erfundenem abwechseln. Als etwas später Thevenot der Komtesse ein neues Libell gleicher Gattung zu schreiben ankündigte, beeilte sich die Dubarry, es um jeden Preis anzukaufen. Mme Roland sah den Journalisten in England und schreibt über ihn: „Morande a été l'auteur du Gazetier cuirassé et d'un autre ouvrage contre madame du Barry. Il connaît beaucoup les grands et les filles et dit que tous ces gens-là sont faits pour aller ensemble, et lui-même a grosse figure et gros cou, donnant des coups de patte très serrés, se moquant de tout, paraît aussi assez propre à faire bande avec eux." Für das zweite angekündigte Libell, das schon gedruckt war, zahlte die Dubarry dem Verfasser 32 000 Livres und eine Pension von 4800 Livres. Die Exemplare wurden bis auf eines vernichtet, das durchschnitten und zu einem Teil der Dubarry ausgeliefert wurde, zum andern der Verfasser behielt. Pidansat de Mairobert, ein Konkurrent des Gazetier cuirassé, war so sehr erbost über das gelungene Geschäft Thevenots, daß er ihn heftigst angriff und sehr genau alle Stellen des Buches kopierte und in seinem Espion abdruckte, also eine billige Ausgabe davon machte. Er gibt im ‚Diable dans un bénitier' dieses Porträt von Thevenot: „Imaginez, lecteur, une face large et plate, dont les traits sont formés avec une graisse livide et flottante, des yeux couverts et hagards exprimant la frayeur et la perfidie, un nez aplati, des nazeaux larges et soyeux, qui semblent respirer la luxure la plus effrontée. On sait, qu'il écrivait sans esprit et sans ordre le G. C. ouvrage, dont une dame de Courcelles, avec laquelle il est encore en correspondance, lui fournit les anecdotes. Cette rapsodie était si dégoutante qu'elle ne rapporta presque rien à son auteur. Mais la comtesse ayant par un de ces jeux de la fortune, qui ne sont par rares en France, partage la couche de l'imbecile Louis, le gazetier recueillit quelques anecdotes dont il composa un volume qu'il vendit plus d'argent que Rousseau n'en a jamais retiré de tous ses ouvrages." Es war am Todestage des Königs, daß Beaumarchais nach London mit dem Gelde für Thevenot kam. Dieser diente dann irgendwie in der französischen Polizei und wurde 1792 guillotiniert.

Die unter dem Titel „Aus den kleinen Memoiren" zusammengestellten Artikel sind den Memoirenwerken von Bachaumont, Pidansat de Mairobert, Moufle d'Angerville, d'Argenson, Chamfort und anderen entnommen.

Anm. 1. Die Familie Vestris stammte aus Italien; sie bestand, als sie sich um 1749 in Paris niederließen, aus den Eltern, den Söhnen Angiolo, Francesco, Jean Baptiste, Gaetano, den Töchtern Teresina und Violante. „Die Familie Vestris lebt in der allerzärtlichsten Einheit. Während die schöne Teresina Vestris mit ihrem Liebhaber für Geld schläft, betet die Mutter fromm wie eine Heilige im Nebenzimmer ihren Rosenkranz; ihr Bruder Jean Baptiste, den man den Koch nennt, bereitet das Essen, das Gaetano, Angiolo, Francesco, Teresina mit ihrem Liebhaber, Violante mit dem ihren in größter Eintracht verzehren." (Grimm, Corr. Lit., Tome VIII, S. 262.) Wenn Gaetano und Teresina in der Oper tanzten, war immer die ganze Familie Vestris im Parkett, um den Beifall anzufeuern. Hier rief einmal der Bruder Koch: „Gaetano est le dieu de la danse", und das Wort blieb dem vergötterten, insolenten Tänzer, von dem man als dem „homme à la belle jambe" sprach, welches Bein er einmal königlich auf offener Szene einem begeisterten jungen Balletteleven zum Küssen hinstreckte. Gaetano sagte: „Es gibt nur drei große Männer in Europa, den König von Preußen, Herrn von Voltaire und mich." Ein anderes Mal: „Glauben Sie mir, es ist nicht alles rosig in meinem Beruf. Manchmal möchte ich wirklich mit einem einfachen Kavalleriekapitän tauschen." Außer Gaetano, der mit seiner Schwester in der Oper tanzte, war sein Bruder Angiolo nach einem längeren Engagement bei Karl

Eugen von Württemberg in der Comédie Italienne als Tänzer berühmt; dessen Frau spielte Tragödie in der Comédie Française. Ein Sohn, den Gaetano mit Mlle Allard hatte, debütierte 12jährig im Jahre 1772 in der Académie Royale de musique als Tänzer, wo ihn sein Vater mit großartigen Worten dem Publikum vorstellte und zu seinem Sohne sagte: „Allons, mon fils, montrez votre talent au public, votre père vous regarde." (Grimm, Tome XII, S. 234 Anm.) Der „Diou de la danse" wußte sich beim Ballettkorps und besonders bei den Damen durch seine große Grobheit in Respekt zu halten. — Mlle Heinel war aus Bayreuth (geb. 1753) und debütierte in Paris 1768 mit großem Erfolg, der ihr auch in der Libertinage treu blieb. Trotz ihrer Dummheit. Als sie ein Verhältnis mit dem Prinzen Conti hatte, fragte sie einmal die wegen ihres Witzes berühmte Arnould, weshalb sie so traurig und ob sie mit dem Prinzen nicht zufrieden sei. „Non, mon amie," sagte die Heinel, „je ne veux plus de commerce avec lui, il m'a joué un tour perfide. Imaginez vous, qu'il a voulu en user avec moi d'une manière forte extraordinaire; enfin comme on se sert à Rome des petits ... vous jugez bien que j'ai du souffrir des douleurs affreuses. — Ah! ma pauvre enfant, reprit Mlle Arnould, j'entre dans ta peine, et je ne doute pas que cela n'ait été très difficile, car on est jamais si petit qu'auprès des grands." (Metra, Corr. Secr., Tome I, S. 35.) Aber sie muß sich daran gewöhnt haben, denn das Verhältnis mit Conti dauerte bis 1771. Man nannte die Heinel die ‚reine de la danse', und der ‚diou' wurde eifersüchtig. Er beschimpfte sie vor allen Leuten, wenn sie Erfolg hatte. Nannte sie eine Hure. Als sich die Heinel bei ihrer Freundin Arnould darüber beschwerte, tröstete die sie: „Was willst du, meine Liebe, die Leute sind heute so grob, daß sie die Dinge bei ihrem Namen nennen." Vestris wollte nicht mehr zusammen mit der Heinel auftreten, es gab Parteien im Publikum, die Oper war in Aufruhr: da reiste Mlle Heinel nach London tanzen, um im nächsten Jahr zurückzukommen. Vestris hat sie übrigens nicht jetzt geheiratet; die beiden lebten zusammen und heirateten erst 1792, um einen Sohn zu legitimieren, der ein Jahr vorher auf die Welt gekommen war. Gaetano starb 79jährig 1808, einige Monate vorher war Mlle Heinel gestorben. Über die Familie: Gaston Capon, Les Vestris, 1730—1808. Paris, Mercure de France 1908.

Anm. 2. Bachaumont spricht in den Mémoires Secr. von Fierville als einem Schauspieler, der mit einer Truppe und als deren Direktor 1768 aus Berlin gekommen sei. Er rühmt sein großes Talent und stellte es über das des Lekain.

Anm. 3. In einem seiner Romane läßt Andréa de Nerciat eine Mme de Conbanal auf einem elektrischen Bett sterben, und sagt von dem Bett: es sei eine Nachahmung jenes berühmten Bettes des Doktor Graham. Les Aphrodites, 1793, T. III, p. 115, Anm.

Anm. 4. Poinsinet de Sivry schrieb kleine Theaterstücke und war das immer hereinfallende Opfer vieler Streiche seiner Freunde. Casanova erzählt von ihm und der Komtesse Limore ein Abenteuer, das in Neapel passierte (Band 5, Kap. 11).

Anm. 5. Der Chevalier de Mouhy war ein sehr fruchtbarer Schriftsteller in der Art seines Freundes, des Chevalier de la Morlière. Seine lesbarste Erzählung ‚La Mouche' (1736) hat man damals unter dem Titel ‚Der Spion' auch ins Deutsche übersetzt. Rivarol macht sich in seinem Almanach des grands hommes über Mouhy lustig, und der Kritiker Palissot nennt ihn den „fruchtbarsten und langweiligsten Schriftsteller" Er war ein armer Teufel, hinkte und hatte einen Buckel. Er pumpte mit Erfolg Voltaire an und starb 1784 im Alter von 83 Jahren. Er trug immer Bücher von sich für gelegentliche Käufer in der Tasche und ließ sein Porträt stechen, auf dem er sich als Kavallerieleutnant darstellte.

Anm. 6. Der Polizeiinspektor Receveur wurde 1774 nach London geschickt, um von dort den Verfasser des Gazetier cuirassé, Thevenot de Morande, nach Frankreich zurückzubringen, was aber nicht gelang.

Anm. 7. Les petits soupers et les nuits de l'hôtel Bouillon, Lettre de Milord *** à Milord ***, 1783, ist eine Satire auf die Prinzessin von Bouillon und den Marquis de Castries. Der Verfasser ist der Marquis de Pellepore.

Anm. 8. Der Schauspieler Dugazon von der Comédie war ein Bruder der Mme Vestris, der Gattin Angiolos, die sich 1775 trennten. Dieser seiner Schwester dankt er sein Engagement. Von ihm ist auch in der Chronique Arétine die Rede. Seine Frau kreierte die Soubretten im Théâtre italien. Die Mémoires secrets berichten unterm 2. April 1784 von einem unangenehmen Abenteuer, das Mme Dugazon mit dem älteren Herrn Astley bestand und das in zwei Nächten erfolgte, die sich Herr Asteley bei Madame kaufte. „Il lui a fait courir vingt-deux postes: 'aurait été surcroit de plaisir, si le cavalier, monstrueusement conformé, ne lui eut fait prendre un écart terrible et rénouvelé une descente de matrice qu'elle avait autrefois eue: en sorte qu'elle dans le cas ou elle guérirait, ne pouvait faire le moindre effort, sans craindre un pareil accident. Le sieur Dugazon, son mari, est le premier à conter l'aventure dans les foyers et dans les cercles; il en plaisante, il dit que sa femme est une gourmande qui avale les morceaux trop gros."

Anm. 9. Die Marchande de modes, Mlle Marguerite Stock, heiratete einen Capitaine général des Fermes, M. Gourdan, und errichtete bald nach dessen Tod 1759 ein sehr besuchtes öffentliches Haus. Sie schickte eine Mlle Martin dem Grafen Dubarry auf Rechnung des Herzogs von Richelieu und legte damit den Grundstein zu Ruhm und Vermögen. Sie vermittelte sowohl für Männer wie für Frauen. Sie war einige Male eingesperrt. Ein Journalist, Pidansat de Mairobert, hat ihr luxuriöses Establissement besucht und beschrieben (L'Espion anglais, 1776, T. II, p. 402—418). Sie starb 1783. Die Dubuisson, wie sich Mme Francoise Ballot nannte, hatte besonders eine klerikale Klientel; die Aufmerksamkeit der Polizei genoß sie aber weniger deshalb, als der hohen Spiele wegen, die bei ihr gehalten wurden.

Anm. 10. Cathérine-Rosalie Gérard, genannt Duthé, war Surnuméraire im Ballettchor der Oper, die eine Art Asyl war, ein „brevet d'émancipation accordé à toute fille innocente, voulant vivre dans l'indépendance et sans être chargée à ses parents". Die Duthé hatte gewissermaßen offizielle Missionen. Als der junge König Christian VIII. nach Paris kam, war Rosalie ein Programmpunkt. In ihren Memoiren sagt sie darüber: „Je fus discrète touchant l'honneur qui m'était fait." Der Herzog von Orléans suchte für seinen sechzehnjährigen Sohn, den Herzog von Chartres, in erster väterlicher Sorge, eine Mätresse (Mme de Genlis, Souven.) und gab ihm die Duthé. Viel später ließ sich die Duthé diese ihre Talente, junge Herren von Rang in die Liebe einzuführen, vom Herzog von Orléans bestätigen. Sie konnte ihre Zertifikate zeigen. Als der Prinz Condé seinen fünfzehnjährigen Sohn, den Herzog Bourbon, verheiraten wollte und ihm wichtig war, „qu'il ne fut étranger à rien," wandte er sich an die Duthé, die bemerkte: „Monseigneur, Sie lassen ihn sehr jung debütieren," worauf der künftige General der Emigranten sagte: „Oui, sans doute, si on abandonnait à lui-meme; mais sous ma surveillance et avec de bons procédés ...", worauf die Duthé in ihren Memoiren fortfährt: „Je souris, et ma réponse prouva au prince mon profond devouement et ma soumission extrème à tout ce qui viendrait de sa part. J'ai toujours été royaliste, j'ai toujours aimé les Bourbons d'abord à cause de leur qualités, puis par reconnaisance, enfin parce que je ne leur suis pas étrangère." In den Polizeiberichten ist von Mlle Duthé sehr häufig die Rede.

Anm. 11. Über die Gourdan siehe Anm. 9.

Anm. 12. Palissot de Montenoy (1730—1814) machte sich in einem satirischen Lustspiel mit wenig Witz über Rousseau lustig und glaubte die Angriffe der Enzyklopädisten, die ihm das eintrug, mit einem anderen Lustspiel „Les Philosophes" auf die Mühle seines Ruhmes leiten zu können. — Der Abbé de Voisenon (1708 bis 1775) schickte als elfjähriger Junge an Voltaire eine gereimte Epistel und bekam zur Antwort: „Vous aimez les vers; je vous le prédis, vous en ferez de charmants. Soyez mon élève et venez me voir." Ein witziger Herr, der bald sein Glück in den Salons machte. Der Prinz von Polignac nannte ihn „petite poignée de puces". Ein Duell, das für seinen Gegner schlimm ausging, machte ihn nachdenklich und führte ihn ins Seminar. Er wurde Vikar beim Bischof von Pologne und hätte, so beliebt war er bei der Gemeinde, dessen Nachfolger werden können, aber er kam beim Kardinal Fleury doch nicht um den Bischofsstab ein, denn „wie wollt ihr," sagte er zu seiner Gemeinde, „daß ich euch leite, wo ich mich mit Mühe selber leiten kann". Er blieb Abbé und zog nach Paris, wo er ebenso im Salon der Mme Châtelet verkehrte wie bei der Mlle Quinault, bei der es etwas freier herging. Und schrieb seine leichten Geschichten und kleinen Komödien. Casanova stellte seinem Geiste und seiner Liebenswürdigkeit das beste Zeugnis aus. Seine Schriften erschienen 1781 in fünf Bänden gesammelt und wurden viel nach- und neugedruckt. Am bekanntesten ist die Geschichte „Tant mieux pour elle"; am lesenswertesten seine „Anecdotes littéraires", die den 5. Band seiner Oeuvres complets bilden.

Anm. 13. Marmontel (1723—1800) war ein vielfach und mit Erfolg tätiger Literat, dessen Memoiren allein heute noch lesbar sind, da sie angenehm erzählen und von vielem aus der Zeit berichten.

Anm. 14. Der Herzog von Bouillon gab für die Tänzerin La Guerre 800 000 Livres aus und sagte, als man ihm das vorhielt, daß er lieber bei seiner Freundin schlafe als bei der Königin selber. Er mußte ins Exil, als er das in Versailles wiederholte.

Anm. 15. Die Mémoires Secrets berichten unterm 19. Dezember 1781 vom Debut der Mlle Longeau als Klytämnestra in Glucks Iphigenie in Aulis. L'habitude de jouer les rôles d'amoureuses, sagt Bachaumont, a pu lui nuire dans celui de Clytemnestre.

Anm. 16. Siehe die Mémoires de la Comtesse de la Motte-Valois.

Anm. 17. Mlle Fanier von der Comédie Française hatte „le nez retroussé d'une suivante fine, exercée, et faite pour tromper à la fois trois ou quatre amants" Bachaumont, Mém. Secr. 7. Okt. 1767. „On assure, que la petite Fanier est en partie cause des nouvelles douleurs de goutte dont le duc de Duras est attaqué depuis peu" Rapports de Police, 4. Januar 1765.

Anm. 18 La Rive war der Lieblingsschüler der Clairon. Der Schauspieler Florence war als Komödiant weniger berühmt als als Liebhaber der Mlle Arnould. Siehe Mém. Secr., 26. August 1781.

Anm. 19. Der „berühmte" Abbé Beaudeau gehörte zur Partei der von Quesnay und dem älteren Mirabeau ausgehenden Partei der Ökonomisten; er verfaßte, wie noch einige andere, eine Gegenschrift gegen Galianis Dialogues sur le commerce des bleds. Vgl. Galiani, Correspondance, passim.

Anm. 20. Von Maurepas verdient seine Definition des Autors auf die Heutigen zu kommen: „Der Autor ist ein Mensch, der aus den Büchern alles nimmt, was ihm durch den Kopf geht." Maurepas war der typische Politiker des ancien régime: geschickt, geistreich, frivol, mokant, ohne jeden Glauben an Dinge oder Personen.

Anm. 21. Bei der schmutzigen Geschichte der Präsidentin D*** handelt es sich wahrscheinlich um jene Madame d'Oppy, die Frau eines hohen Magistrates von Douai, welche in den Bordellen der Gourdan und anderer Befriedigung ihrer starken Appetite suchte. Der Gatte überraschte sie einmal hier und ließ sie wegen Ehebruchs einsperren. Auch die Kupplerinnen wurden verklagt und bis auf die Gourdan, die sich hoher Protektion erfreute, verurteilt zur Eselpromenade: die Verurteilte mußte verkehrt auf einem Esel sitzend und mit dem Plakat „Maquarelle" auf der Brust durch die Stadt reiten. Die Kupplerin Montigny kaufte sich von dieser Strafe mit 300 000 Livres los, was ihren Ruin bedeutete.

Anm. 22. Im Jahre 1730 verführte der Jesuitenpater Girard ein Fräulein von Cadière unter Mißbrauch ihrer religiösen Schwärmerei. Aus diesem Anlaß schrieb der Marquis d'Argens, der Freund Friedrich des Großen, die „Thérèse Philosophe ou Mémoires pour servir à l'histoire de Docteur Dirrag et de Mlle Éradice (2 parts, avec 14 estampes obscens. A la Haye 1748), ein oft gedrucktes pornographisches Machwerk, um das es eine ganze Literatur gibt.

Anm. 23. Mém. Secr., 11. Juli 1774: „La vice des Tribades devient fort à la mode parmi nos demoiselles d'opéra: elles n'en font point mystère et traitent de gentillesse cette péccadille. La Dem. Arnould, quoique ayant fait ses preuves dans un autre genre, puis qu'elle a plusieurs enfants, sur le retour, donne dans ce plaisir; elle avait une autre fille nommée Virginie, dont elle se servait à cet usage. Celle-ci a changé de condition, et est passée à Mlle Raucourt de la Comédie Française, qui raffole de son sexe et a renoncé au Marquis de Bièvre pour s'y livrer plus à son aise." — „Mlle Raucourt, amant de Mlle Arnould, lui écrit la lettre la plus pressante pour engager à venir passer une nuit avec elle. Je ne le puis, répond Mlle Arnould, j'ai des affaires cette semaine, et vous savez qu'une nuit de bonheur me condamne à huit jours de repos" (Almanach des honnêtes femmes pour l'année 1790). In einem Pamphlet Suite de la vision du Prophète Daniel (1780) ist die Raucourt die „Große Babylonische". Über einen wohl von Pamphletisten erfundenen Klub der „Anandrynes" berichtet ausführlich Pidansat de Mairobert in seinem Espion anglais (1784, T. X).

Anm. 24. Nach den Mém. Secr. (5. März 1785) sagte die Rosalie: „Ja, so angenehm wie ein Kamm ist es nicht." Über diese Rosalie: Journal des Inspecteurs, p. 155. Eine andere Mlle Rosalie war Sängerin an der Oper; von ihr berichtet 1772 die Polizei, daß der Graf Georg Adam von Starhemberg, Gesandter des Kaisers, ihr monatlich 1000 Taler gebe, sich ein baignoire in der Oper habe machen lassen, um sie immer bequem sehen zu können, daß sie aber immer noch den Herrn Baroy zum Greluchon habe. Diese Rosalie heiratete später den Grafen Mercy-Argenteau. — Clairval war ein von Frauen viel begehrter und dadurch berühmter Schauspieler (1735—1795). Siehe Rapports de Police, November 1772.

Anm. 25. Mlle Arnould, die berühmte Sophie Arnould, war Primadonna der Oper, la plus pathétique qui ait peutêtre jamais paru (Mém. Secr. 1762). Sie ist 1740 in Paris geboren und starb 1802. Aus ihrem Verhältnis mit dem in den Polizeiberichten oft erwähnten, wegen seiner Liebesgeschichten und seines extravaganten Witzes berühmten Grafen Lauraguais, späterem Herzog von Brancas, hatte sie drei Kinder. Ed. et J. de Goncourt, Sophie Arnould, Paris 1877.

Anm. 26. Seit der Zeit des Regenten war das Palais Royal die beliebteste Promenade der Prostituierten. „Comme ces entours sont occupés par des filles d'opéra, par d'autres entretenues, par les courtisanes les plus célèbres et par des femmes galantes qui profitent volontiers de la faveur de l'incognito pour se livrer impunément aux aimables folies qu'il permet, il résulte beaucoup d'aventures, dont les unes restent ensévelies dans l'ombre du mystère, dont les autres percent et font l'entretien de lendemain." (L'Espion anglais, T. I, p. 140.)

Anm. 27. Morlière starb 1785. Über ihn: Literatur des Rokoko.

Anm. 28. Parapilla, poème érotique en cinq chants, traduit ou plutôt imité par de Bordes. 1776.

Anm. 29. Les Joueurs et M. d'Ussaulx, Paris 1781. Siehe Corr. Secr. 18. Mai 1781 und Manuel, La Police de Paris devoilée, T. II, p. 78.

Anm. 30. „La Dem. Dufresne, Lyonnaise, vient de perdre M. le duc de Berwick qui lui faisait beaucoup de bien. Il s'est aperçu que malgré ses defences elle continuait toujours de voir le sieur Augé. Elle paraît inconsolable de cette perte que difficilement elle reparéra. Elle est assez bien de figure, mais elle est courte et grasse, ce qui lui donne un air fort commun. — La dem. Dufresne a fait lundi dernier une passade avec M. le comte Affiglio moyennant 20 Louis. Cet étranger perd à jeu, depuis son arrivée à Paris, 85000 livres, c'est-à-dire depuis environ trois mois, et cela sans avoir gagné une seule fois. Le Marquis de Prie, son ami, offre à la susdite Dufresne, pour vivre avec elle, 25 louis par mois, mais à condition qu'elle viendra tous les jours coucher chez lui. Elle l'a refusé parce qu'elle espère que M. le comte Affiglio l'entretiendra, mais elle se trompe, son intention n'étant pas de se charger d'une femme." Rapports de Police, 1. und 8. Februar 1765. „La dem. Dufresne s'amuse à ruiner le sieur de Linière, officier de marine, et guerluchonne avec le sieur d'Estat, qui est, en tout, malgré sa croix de Saint-Louis et son embonpoint, un fort mince subject et mauvais bavard, n'ayant autre mérite que d'être très complaisant pour sa femme, mais aussi il faut convenir que dans un repas quatre bons estomacs auraient de la peine à digerer ce qu'il mange, et que personne ne découpe les viandes plus vite, ni plus proprement." Rapport, 15. Februar 1765. „La petite Dufresne a remis dans ses chaines le duc de Berwick. Il lui donne 50 louis par mois usw." Rapport, 14. Juni 1765.

Anm. 31. Mém. Secr., 24. Januar 1784: „Mlle Zacharie, danseuse d'Opéra cousine et élève de Mlle Guimard."

Anm. 32. Zwei Schwestern Contat waren an der Comédie Française. Die Mém. Secr. vom 31. Dezember 1779 geben in Form einer angeblichen Auktion von Bildern, Möbeln und Gegenständen von der berühmteren Louise Francoise Contat dieses Bild: „Mme Venus, aux belles fesses en marbre blanc, représentant Mlle Contat, d'un beau genre, et pouvant servir de modèle si les pieds et les mains étaint du même auteur." Mlle Contat hatte nämlich häßliche Hände und Füße. Außer diesen beiden Contats, der Louise Francoise (1760—1803) und der weniger berühmten Emilie (1769—1846) gab es noch die Tochter Amalie der letzteren. Vielleicht ist die im Text genannte Contat die Mutter der beiden Schwestern. Die Rapports de Police erwähnen unterm 22. Oktober 1759 eine Mlle Contat, bei der hoch gespielt wird.

Anm. 33. Henri-Louis le Kain (1728—1778) debütierte am 14. September 1750. Sein Talent war sehr diskutiert und wurde bestritten von Collé (Journal, éd. de 1868, T. I, S. 232 und 233). Er hat Memoiren hinterlassen, die 1801 veröffentlicht wurden. An die Comédie wurde Le Kain von Voltaire gebracht, dessen Helden zu spielen seine Spezialität war.

Anm. 34. Marie Madelaine Guimard, die Tänzerin (1743—1816). Sie debütierte mit sechzehn Jahren im Corps de ballet der Comédie und kam 1761 an die Académie royale de Musique et de Danse; hier wurde sie bald die Favoritin dieses

Harems, das damals die Oper war, ein Gyneceum für die Fürsten, ein Bordell für die Adeligen und Reichen. (Vgl. Capon, Les Théâtres clandestins, Paris 1905, S. 206.) Die Erfolge der Guimard waren im Tanze und in der Liebe gleich bedeutend. Ihr Verhältnis mit dem reichen Generalpächter de la Borde trug ihr monatlich 2000 Taler ein, und dabei war de la Borde nur der Greluchon. Der Monsieur war der Prinz von Soubise, der der Guimard das Haus in Pantin gab, dessen einer Flügel als Miniaturtheater eingerichtet wurde. Über die Guimard: Edmond de Goncourt, La Guimard, Paris 1893.

Anm. 35. Charles Collé (1709—1783). Seine Possen und Paraden u. d. T. Théâtre de société 1777. Seine Chansons in zwei Bänden 1807. Sein Journal Historique 1805—1807 in drei Bänden. Lettres inédites, 1864. Es verdient hervorgehoben zu werden, daß er seiner Frau durchaus treu war. — Louis Carrogis, genannt de Carmontel (1707—1806) war Vorleser beim Herzog von Chatres. Seine witzigen ‚Proverbes Dramatiques' erschienen in acht Bänden 1768—1781. Seine Bleistiftzeichnungen, 561 Porträts von Zeitgenossen, bewahrt das Musée Condé in Chantilly. Anatole Gruyer hat sie herausgegeben — Zu der Épitre de M. Marmontel à Mlle Guimard: Die Guimard hatte in einem Vorort ein Rendezvous und wurde hier so sehr vom Elend des Volkes ergriffen, daß sie das Ertragnis des Rendezvous, 2000 Taler, dem Pfarrer von Saint-Roch zur Verteilung an die Armen gab. Grimm erzählt eine andere Version dieser Generosität der Tänzerin. Die Geschichte wurde so bekannt, daß bald ein anonymer Stich erschien: Terpsychore charitable ou Mlle Guimard visitant les Pauvres. Die pedantisch-galante gereimte Epistel Marmontels, die in Goncourts Guimard-Buch abgedruckt ist, beginnt mit den Versen:

> Est-il bien vrai, jeune et belle damnée,
> Que du théâtre embelli par tes pas,
> Tu vas chercher dans de froids galetas
> L'humanité plaintive abandonnée...

Anm. 36. Louis-Léon Félicité, Comte de Lauraguais, nachher Herzog von Brancas (1733—1824), war ein vielseitig tätiges Mitglied der Académie des sciences. Außer Abhandlungen über das Impfen, über das französische Recht gab er 1802 sehr wertvolle und ungenierte Memoiren heraus unter dem Titel: Lettres de L.-L. de Lauraguais à Mme ***.

Anm. 37. Jean-Philippe Franquetot, Chevalier de Coigny (1743—1806), der jüngste Sohn des Grafen Coigny. Er wurde „Mimi" genannt und hat niemals, wie er sagt, gewußt, warum. (Siehe Mme de Genlis, Mémoires, T. I, S. 403.) — Die Herzogin von Berry war eine Tochter des Regenten und hatte mit ihm ein Verhältnis.

Anm. 38. L'Honnête criminel ist ein äußerst langweiliges Stück von Fenouillot de Falbaire, das auf Gesellschaftstheatern gespielt wurde. Über die sentimentale Anekdote, die dem Stück zugrunde liegt, viel bei Grimm, Corr. Lit., Januar 1768.

Anm. 39. Mlle Cléophile war eine Kurtisane. In den Polizeiberichten: „Herr Dutrey hat die Mlle Clérofille genommen, die bei Audinot war und wieder in die Oper eintritt. Er hat ihr in bar und in Geschenken ungefähr 200 Louis gegeben."

Anm. 40. Ques-à-co? heißt im Provenzalischen „Was ist das?" Die Dauphine las das Wort in einem Mémoire von Beaumarchais März 1774, und es gefiel ihr so gut, daß sie es immer gebrauchte. Davon profitierte eine Modistin, indem sie eine Coiffüre Quesaco nannte. Es war ein Federnpanache, der hinten am Kopf getragen wurde. Die Dubarry und die Prinzessinnen goutierten diesen Quesaco sehr. (Siehe Vatel, Histoire de Madame Du Barry, T. II, S. 303 ff.)

Anm. 41. Jean du Barry, ‚der Roué', wie man ihn nannte, schrieb im Auftrag des Königs an seinen Bruder Guillaume, einen armen Marineoffizier, der mit seiner Mutter in Toulouse lebte, nach Paris zu kommen, um hier Jeanne Bequs des Jean D. Mätresse und nunmehrige Favoritin des Königs, zu heiraten. Aus der Bequs (oder Becu) wurde, um die Heirat standesgemäßer zu machen, eine Mlle de Vaubernier, die man auch, statt wie richtig 1743, im Jahre 1746 geboren sein ließ. Die Heirat fand am 23. Juli 1768 statt, und wurde die Ehe am 2. April 1772 geschieden. Über Mme Dubarry: Das Rokoko, Dritter Teil: Die Frauen. Über Jean Comte Du Barry die Polizeirapporte, 18. März 1765: „M. Le Gue, l'un des premiers commis de la marine, fait une cour tres assidue à la demoiselle Vaubernier, maitresse du sieur Dubary, qui lui abandonne volontiers ses coudes franches parce que cela achalande sa maison." 12. April 1765: „La demoiselle Vaubernier et le sieur Dubary vivent toujours ensemble en bonne intelligence, ou pour mieux dire Du Bary ne se sert de cette demoiselle que comme une terre qu'il afferme au premier venu en état de bien payer, se reservant cependant le droit d'aubaine, car il couche tous les jours avec elle. Pour les journées, il les lui abandonne tout entière pourvu toutefois qu'elle se conduise par ses conseils et que le produit s'en rapporté à la masse. Aujourd'hui, c'est à M. le duc de Richelieu et à M. le marquis de Villeroy qu'il a sous-fermé les charmes de cette demoiselle, pour le jour seulement. Le premier la fait venir chez lui et trouve que cette jeune poulette conserve en lui un reste de chaleur naturelle etc." 27. September 1765: „La vie que mène le comte du Barry avec la demoiselle Vaubernier est infame. C'est exactement sa vache à lait etc." 6. Dezember 1765: „La demoiselle Vaubernier a enfin quitté le sieur du Barry, elle s'est trouvée fatiguée de servir de pierre d'aimant à ses parties de jeu clandestines etc." 7. Februar 1766: „La demoiselle Vaubernier s'est raccommodée avec le sieur Dubary à la charge qu'il supportera non seulement toutes les affaires qui se présenteront pour son intérêt, mais encore tous ses caprices et qu'il se contentera qu'elle ne decouche pas, à moins qu'il ne fut question de sommes considérables, qu'elle serait alors obligée de rapporter à la communauté etc." — Mlle de Fumel war die Gattin des Elie du Barry, des dritten Bruders, der für die Kupplerdienste, die er Richelieu und Duras erwiesen hat, Oberst beim Regimente der Königin wurde.

Anm. 42. Über Grimod de la Reynière: Die Literatur des Rokoko.

Anm. 43. „Bald wird man in Frankreich nur mehr drei Stände kennen: den König, die Finanzleute und die Sklaven." Über die Finanzleute: Thirion, La Vie privée des financiers de XVIIIe siècle. Um 1770 sprach man vom „Bataillon sacré des fermes générales', deren bekannteste Führer Bourté, Puissant, Douet, Gigault de Crisenoy und Saint-Amant waren. Von einem von ihnen sagte Diderot, daß er zwei Millionen ausgegeben habe sans faire un bon mot ni une bonne action. Mit Fermes Générales bezeichnete man eine Finanzgesellschaft, chargée à forfait du récouvrement de la plupart des contributions indirectes. (Delahante, Une Famille de finance au XVIIIe siècle.) Das System war für den König das einzige Mittel, sicher und prompt zu seinen Einnahmen zu kommen; und er wurde außerdem die Inpopularität, welche die Steuereintreiber genießen, auf die Fermier los, die ihrerseits für den äußeren Dienst ihre Strohmänner hatten.

Anm. 44. Bernard le Bouvier de Fontenelle (1657—1757). Mit Bayle der Erzieher der Enzyklopädisten. „C'est de cervelle que vous avez à place du cœur" sagte Madame de Tencin zu ihm. Die Wahrheit ist vielleicht zu erreichen, aber sie ist von aristokratischer Art und der Menge nicht mitteilbar und außerdem ist sie unnütz: dies ist etwa der mondäne schöngeistige Skeptizismus des 100 Jahre alt gewordenen Fontenelle, der ohne besondere Talente alles machte, Philosophien, Dramen, Gedichte, Historie und vor allem Bonmots.

Anm. 45. Senac de Meilhan zitiert in seinen Considérations sur l'Esprit et les Mœurs einen Gatten, der zu seiner Frau sagt: „Ich erlaube dir alles, nur nicht Prinzen und Lakaien. Die beiden Extreme entehren durch den Skandal." De Meilhan zitiert hier, ohne ihn zu nennen, seinen Bruder, den Generalpächter Meilhan, dessen Frau sich aber nicht daran hielt, sondern den Grafen de la Marche, nachherigen Prinzen Conti, zum Liebhaber nahm. Der Prinz Conti war es, der Beaumarchais veranlaßte, nach dem Barbier de Seville den Barbier nochmals vorzunehmen, worauf Beaumarchais Le Mariage de Figaro schrieb. Der Prinz Conti hatte wie der Prinz Soubise „einen Serail" (Polizeirapporte) und starb 46jährig 1776.

Anm. 46. Paul Heinrich Dietrich Freiherr von Holbach (1723—1789). Die beiden Bände seines Hauptwerkes, des Système de la nature erschienen in Amsterdam 1770.

Anm. 47. Guillaume Thomas François Raynal (1713—1796). Verfasser der Histoire philosophique et politique des établissements et du commerce des Européens dans les deux Indes, 7 Bände, Amsterdam 1771, an dem auch Diderot mitarbeitete. Wegen Angriffe auf die Religion in der zehnbändigen Ausgabe von 1781 wurde das Werk vom Henker verbrannt und Raynal aus Frankreich auf ein Jahr verbannt.

Anm. 48. Charles Pinot Duclos (1704—1772), ein mäßig talentierter Schriftsteller mit einer gemachten zynischen Allüre. Schrieb, wie Brunetière sagt, Geschichten, ebenso indezent, langweilig und wahrscheinlich falsch wie der jüngere

Crébillon. Wertvolle Beobachtungen sind in seinen Considérations sur les mœurs de ce siècle. 1750.

Anm. 49. Madame de Rochefort, eine geborene Brancas, war 40 Jahre lang die intime Freundin der Herzogin von Nivernais und die Geliebte des Herzogs von Nivernais gewesen, der sie nach dem Tode seiner Gattin heiratete. Horace Walpole schreibt über sie: „Ihre Intelligenz ist echt und fein, ja mit einer gewissen Finesse des Geistes, einem Resultat der Reflexion. Ihre Manieren sind süß und weiblich, und trotzdem sie eine femme savante ist, affichiert sie nicht die geringsten Pretensionen. Sie ist die ‚dezente' Freundin des Herrn von Nivernais, denn in diesem Lande ist die Intimität nicht anders als unter dem Schleier der Freundschaft erlaubt."

Anm. 50. Rulhière (1735—1791). Sainte-Beuve stellt diesen mokanten Geist neben Chamfort und Rivarol. Er besaß etwas in diesem Zeitalter allgemein Fehlendes: historischen Sinn. Madame Necker sagt von ihm: „Il laissait percer dans sa conversation une nuance de son état d'historien, qui visait à la pédanterie; il mettait une trop grande importance à l'examen d'un petit fait et à toutes ses circonstances; il ne voulait jamais voir l'opéra que derrière les coulisses." Rulhière war diplomatisch in Petersburg tätig, dann Sekretär beim Bruder Ludwigs XVI., dem späteren Ludwig XVIII. Er schrieb eine Geschichte des Edikts von Nantes und wurde 1787 Mitglied der Akademie. Seine eigenen Verse sind besser als jene, die der Kritiker La Harpe auf ihn gemacht hat:

Connaissez-vous Chamfort, ce maigre bel-esprit?
Connaissez-vous Rulhière, à mine rebondie?
Tous deux se nourrissent d'envie:
Mais l'un en meurt, et l'autre en vit.

Anm. 51. Über Antoine-Francois Prévost d'Exiles (1697—1763) siehe: Die Literatur des Rokoko. Sein Roman Cléveland erschien 1731, im gleichen Jahre wie Manon Lescaut.

Anm. 52. Madame de la Popelinière war eine geborene Thérèse Desnayes. Der Skandal, den ihr Verhältnis mit dem Herzog von Richelieu hervorrief, führte zur Trennung der Ehe. Die Details darüber in den Memoiren von Marmontel, T. I, S. 304 ff. und in dem Journal de Barbier, T. IV, S. 326. In den Polizeirapporten unter dem 19. April 1765: „Der Herzog von Duras tut sein Bestes, Madame de la Popelinière zu zerstreuen. Er besucht sie täglich, wie auch der Herr Du Bary und der dicke Favier, ihre Complaisants, nicht verfehlen, sich einzustellen. Aber es scheint entschieden, daß der Herr Herzog die guten Reize dieser schönen Witwe genießt." (Herr von Popelinière war 1762 gestorben.)

Anm. 53. Der Marschall Herzog von Richelieu wurde mit fünfzehn Jahren in die Bastille gesteckt, weil er seine Hand unter das Kleid der jungen Herzogin von Bourgogne gleiten ließ, während sie sich über den Balkon beugte. Er rühmte sich, niemals mit seiner Frau, die ihm aufgezwungen wurde und die ihn liebte, die Ehe vollzogen zu haben. Um ihn duellierten sich im Bois de Boulogne die Marquise von Nesles und Madame de Polignac, und die verwundete Marquise erklärt, ihr Blut bis zum letzten Tropfen für ihn zu geben, denn er sei der Erstgeborene von Mars und Venus. „Er ist ein großer Poltron, faul, ohne Herz und ohne Seele" (Duchesse d'Orléans, Corr. 1. Oktober 1719). Er bekommt jeden Tag ein Paket Liebesbriefe, wirft einen großen Teil ungelesen fort, nachdem er auf den Umschlag geschrieben: Briefe, die zu lesen ich keine Zeit fand. Die Madame de la Popelinière schreibt an ihn: „Mon cher amant, mon cher cœur, pourquoi m'écris-tu si froidement, moi qui ne respire que pour toi, qui t'adore, mon coeur, je suis injuste, je le sens bien, tu as trop d'affaires et qui ne te laissant pas la liberté de m'écrire ... mais je n'ai trouvé dans ta lettre ces expressions et ces sentiments qui partent de l'âme et qui font autant de plaisir à écrire qu'à lire. Je sens une émotion en t'écrivant, mon cher amant, qui me donne presque la fièvre, qui m'agite de même..." etc. (Lettres autogr. de Mme de la Popelinière à Richelieu, Biblioth. de Rouen.) Er heiratete mit 84 Jahren eine Madame Rooth, eine junge Frau von 35, macht ihr ein Kind, wie allerdings nur er erzählt, und ist ihr untreu. Er starb 1788 und war 1696 geboren. Über ihn: Noel Williams, The Fascinating Duc de Richelieu. London 1910.

Die Mémoires du Duc de Richelieu, ouvrage composé dans la bibliothèque et sous les yeux du maréchal, Paris 1790—1793, sina von Soulavie, der in des Herzogs letzten Jahren sein Sekretär war, geschrieben und wohl mit Benutzung authentischer Aktenstücke und Mitteilungen. Aber die Absicht einer Art Satire auf das ancien régime ist bei dem Verfasser zu deutlich, und so steht neben Wahrem sehr viel Erfundenes. Die Vie privée du Maréchal de Richelieu, contenant ses amours et intrigues, Paris 1791, 3 volumes, ist zumeist Erfindung.

Anm. 54. Charles James Fox (1749—1806), der oppositionelle englische Staatsmann und begeisterter Bewunderer der französischen Revolution.

Anm. 55. Madame de Tencin wollte ihren Bruder Kardinal ins Ministerium bringen und vermochte nichts über die Apathie Ludwigs XV. Sie wandte sich deshalb an Richelieu, daß dieser an Mme de la Tournelle schreibe, die als Mätresse Ludwigs XV. Herzogin von Chateauroux hieß, damit sie den König aus seiner Gleichgültigkeit politischen Dingen gegenüber bringe. Der Salon der Mme de Tencin diente Marivaux als Modell in „Vie de Marianne" (1731—1741).

Anm. 56. Duchesse de Montpensier, La Grande Mademoiselle, Nichte Ludwigs XIII., Cousine-germaine Ludwigs XIV. Eine der originellsten, bizarrsten Gestalten des großen Jahrhunderts. Es gibt interessante Memoiren von ihr.

Anm. 57. Der Kardinal Fleury war Minister Ludwigs XV., dessen Erzieher er auch war. Une lente et coriace tenacité, un doux et câlin acharnement au pouvoir caractérise le Cardinal. (Sainte Beuve, Causeries du Lundi, T. XIV, S. 380.) Vgl. Mémoires du Duc de Luynes sur la cour de Louis XV. 6 Vols., Paris 1860 bis 1862.

Anm. 58. Biron war Marschall unter Heinrich III.

Anm. 59. Jean-Baptiste Massillon (1663—1724), Hofprediger Ludwigs XIV., auf den er die Trauerrede, seine berühmteste Leistung, hielt.

Anmerkungen 447

Anm. 60. Zu Lebzeiten Fleurys, der den fünfzehnten Ludwig in Schülerabhängigkeit hielt, in der Politik wie in der Liebe, hatte der König irgend Liebschaften, aber keine Mätresse. Die Gegner Fleurys setzten auf eine wirkliche Mätresse die größten Hoffnungen, und als Fleury gestorben war, brauchte der König, wie auf einem königlichen Anstand, nur abzudrücken, um das aufgestellte Wild zur Strecke zu bringen. Es waren nacheinander die drei Schwestern, Töchter der Mme de Nesles, die zu Geliebten des Königs wurden. Die bedeutendste von ihnen war Mme de Chateauroux, die den König auch veranlaßte, sich ins Feld zu seinen Truppen zu begeben, was dem König gar nicht einleuchtete. Als er es tat, war er für eine Weile wirklich das Idol der Nation. Wenn Mme de Chateauroux ihm von Politik sprach, klagte er: „Vous me tuez!", worauf die Geliebte sagte: „Tant mieux! Il faut qu'un roi ressuscite." Sie starb plötzlich und in jungen Jahren. Mme d'Étioles, die Madame de Pompadour wurde, nahm ihren Platz ein.

Anm. 61. Der kranke Bernis schlug Ludwig XV. — und der Pompadour — den Marschall von Belle-Isle als seinen Nachfolger vor, der aber Choiseul wurde. Der Herzog von Belle-Isle (1684—1761) führte im österreichischen Erbfolgekrieg ein französisches Heer nach Deutschland und erstürmte 1741 Prag. Von 1757 bis zu seinem Tode war er Kriegsminister.

Anm. 62. Die Hoffnung der Pompadour, daß die Tochter, die sie vom König hatte, sie bei ihm ersetzen würde, erfüllte sich nicht, da das Mädchen, noch nicht zehn Jahre alt, starb. Ihre eigene nachlassende Gesundheit und die schwindende Macht über den König ließen sie sich zur „Surintendante des plaisirs du roi" ernennen, in welcher Eigenschaft sie ihrem Herrn eine Art Serail einrichtete, und dies war der Ursprung des Hirschparkes, der 1755 seine Pforten auftat. So wenigstens wird die Geschichte in einem Pamphlet erzählt, das 1790 erschienen ist (Le Parc-aux-Cerfs, ou l'origine de l'affreux déficit). In Wirklichkeit war der Hirschpark keineswegs ein besonders luxuriös eingerichtetes Etablissement, sondern ein abgelegenes Viertel in Versailles mit einigen kleinen unbedeutenden Häuschen, von Ludwig XIII. für seine Jäger errichtet und unter Ludwig XIV. zu einem bewohnten Quartier erweitert. Eines dieser Häuschen kaufte Ludwig XV. von einem gewissen Cremer für einen gewissen Valet, das heißt für sich unter dem Namen dieses Beamten im Kriegsministerium, im Jahre 1755, freute sich seiner bis zum Jahre 1771, wo er es für 16 000 Livres an einen Herrn Sevin verkaufte. In dem Hause ließ der König in diesen Jahren angeblich, d. h. nach den Gerüchten, eine nicht geringe Zahl neun- und zehnjähriger Mädchen erziehen, was nach den neuesten Forschungen monatliche Ausgaben von 170 000 Franks nötig machte. Über das Personal des Hauses schreibt ausführlich Madame Du Hausset in ihren Memoiren (Ed. Barrière, 1855, S. 77 ff.). Die Rekrutierung erfolgte entweder durch den Kammerdiener Le Bel selber oder freiwillig von seiten der Eltern. (Peuchet, Mémoires tirés des Archives de la Police de Paris. Paris 1838, T. II, S. 197.) D'Argenson, der fünfzehn Tagereisen vom Hirschpark entfernt wohnte, schreibt in seinen Memoiren: „L'on m'a conté ces amours de notre monarque, où l'on verra qu'il tombe de plus en plus de la houlette à la chaumine. Madame d'Étioles, devenue marquise de Pompadour, était une grande dame au prix des deux dernières amourettes. Cet hiver, il a joui 15 jours d'une petite fille qui servait de modèle à des peintres. A présent il a une maitresse en règle d'un ordre encore inférieur à celle-là s'il se peut: elle est de l'ordre de putains par famille et par état. La nommée Morfi était revendeuse et tenait une petite boutique au Palais-Royal, il a dix ans; mère de 4 filles, elle a vendu leurs pucelages l'un après l'autre, quand ils sont venus en maturité. La cadette, qui est aujourd'hui sultane favorite, a travaillé chez une couturière nommé Fleuret qui procure des amants à ses ouvriers. Elle les élève en regle, et, celle-ci venant de faire sa première communion dans un couvent, cela a fait croire qu'elle était plus sure qu'une autre. Or le roi craint la vérole avec grande raison; lasse de la marquise, il a resolu de se servir de petites filles, les plus neuves qu'on pourra trouver, et il a envoyer son premier valet de chambre Le Bel à Paris, pour y marchander un nouveau pucelage. Celui-ci a été à la dame Fleuret, qui l'a abouché avec la dame Morfi; il a vu la petite Morfi qui a 14 ans et qu'il a trouvée bien. Il a dit que c'était pour un seigneur de Versailles; il l'a envoyer. Il a donné 1000 Ecus à la mère et 100 Louis à la couturière. La petite fille a de l'esprit et a plus beaucoup au monarque; elle a actuellement une jolie maison au Parc-aux-Cerfs, une gouvernante, une femme de chambre, une cuisinière et deux laquais." (Journal et Mémoires du Marquis d'Argenson, 1. April 1753.) Jenes Pamphlet zählt eine große Reihe Pensionärinnen des Hirschparkes auf, unter ihnen eine Miss Witier, eine Engländerin, welche die Herzogin von Devonshire aus London mitgebracht und dem König gegen eine diamantenverzierte Büchse und 30 000 Livres abgetreten hat. Eine Baronin Salis, Frau eines jungen Schweizer Offiziers, wurde mit Gewalt genommen und tötete sich. Eine Marquise d'Eslignac war sechs Monate im Park. Die Römerin Grandi kostete eine sechsspännige Karosse, die mit 130 000 Franks in Gold gefüllt war. Die Komtesse Egmont, Richelieus Tochter, die mit 23 Jahren starb, ist auch unter den Damen, die jenes Pamphlet aufzählt, doch vergißt es, was die „Anecdotes de la cour de France pendant la faveur de madame de Pompadour" (Paris 1802, S. 238) berichten: daß der König, den neun- und zehnjährigen Mädchen selber Unterricht im Schreiben und Lesen gab, mit ihnen betete, sie väterlich züchtigte und ermahnte, bevor er sich mit ihnen zum letzten Zwecke zurückzog.

Anm. 63. Die Mémoires authentiques de Comte Cagliostro sind apokryph. Das am besten dokumentierte Buch über C. ist: Cagliostro, by W. R. H. Trowbridge, London 1910.

Anm. 64. Claire-Joseph Lerys de Tude-Clairon (1723—1803), Heroine an der Comédie Française. Über sie: Edm. de Goncourt, Mlle Clairon, Paris 1888. Sie war nicht sonderlich gesund und trat deshalb selten auf. Als ihr das einmal ihre Kameraden sagten, gab sie die Antwort: „Es ist wahr, daß ich nur selten spiele, aber wenn ich einmal spiele, läßt euch das einen Monat lang leben."

Anmerkungen

Die Dubarry. — Den Geburtsschein der Dubarry haben E. und J. de Goncourt erstmalig 1859 veröffentlicht: „Jeanne, fille naturelle d'Anne Bequs dite Quantiny, est née le 19. août de l'an 1734, et a été babtisé le même jour; elle a eu pour parain Joseph Desmange et pour maraine Jeanne Birabin, qui ont signé avec moi. L. Galon, Vicaire de Vaucouleurs. Jenanne Birabin. Joseph Demange. (E. et J. de Goncourt, La Du Barry, p. 6.) Die zahlreiche Literatur des 18. Jahrhunderts über die Dubarry kopiert und paraphrasiert die im Jahre 1775 à Londres (Paris) erschienenen ‚Anecdotes sur Mme la comtesse Du Barri‘, welche ihrerseits wieder einen reichlichen Gebrauch von den Memoires sécrets machen. Die Memoires authentiques ..., par le chevalier Fr. N. Londres 1772 sind ein kleiner Roman ohne geringste Beziehung zur D. Das gleiche ist von den Plaisirs de la ville et de la cour, ou Refutation etc Londres 1778 zu sagen. Die historisch wertvolle Literatur über Mme beginnt erst 1858 mit J. R. Le Roy's Broschüre ‚Madame du Barry 1768 bis 1793‘. Die umfangreichste historische Darstellung nach den Archiven gab 1865 Vatel in seiner dreibändigen Biographie. Die in unserm Text gegebenen Briefe sind wortgetreuer Abdruck einer gleichzeitigen deutschen Übersetzung der Lettres de madame la comtesse du Barry avec celles des princes, seigneurs, ministres et autres qui lui ont écrit et qu'on a pu recueillir, Londres 1779. Die natürlich apokryphen Briefe sind kein historisch brauchbares, aber ein sittengeschichtliches Dokument wie die andern hier mitgeteilten Pamphlete.

* * *

Die sechsunddreißig Tafeln dieses Buches sind Reproduktionen nach dem großen Werke, Le Tableau de la vie ou les Mœurs du dix-huitième siècle, auf das Prault 1773 eine Subskription auflegte und das von ihm gedruckt und von Eberts herausgegeben wurde. Das erste Heft enthält nur Stiche nach dem in Paris lebenden Schweizer Sigmund Freudeberg (1745—1801), einem Schüler von Wille und Boucher. Der Herausgeber, mit Freudebergs Arbeiten nicht zufrieden, kündigte eine neue Serie für 1775 an, mit welcher er seinen Schwiegersohn, den jungen Moreau, beauftragte. Dieses zweite Heft erschien aber erst 1777. Es nimmt die Folge der Blätter aus dem Leben einer jungen, dem Vergnügen lebenden Frau, womit der Schweizer begonnen, dort auf, wo die junge Dame Mutter wird, und führt sie bis zur Geburt des Sprößlings in zwölf Blättern. Die dritte, ebenfalls von Moreau gezeichnete Serie von zwölf Blättern, führt das Leben eines Elegant vor. Ihr schließt sich die Serie des ländlichen Lebens auf dem Schlosse an. Die erste Subskriptionsausgabe, Neuwied, bekam auch einen die Blätter beschreibenden, sehr selten gewordenen Text, der nicht identisch ist mit dem, den Rétif de la Bretonne für die Neuausgabe des Werkes mit dem Titel Monument du costume 1789 geschrieben hat. Trotz Moreaus Neigung zu bourgeoisem Sentimentalismus und trotzdem er schon eine große Vorliebe für die Linie Louis XVI.

zeigt — er geriet gegen Ende seiner Laufbahn ganz in Davids Klassizismus — konnte doch die Wahl des illustrativen Teiles dieses Buches nur auf ihn und sein Hauptwerk fallen, denn er hat, wie er immer unter seine Arbeiten schreibt, alles „nach dem Leben" gezeichnet, bis auf den letzten Knopf eines Rockes: diese Treue kam hier vor allem in Betracht, wo nicht von der Kunst, sondern von den Moden und Sitten des Rokoko gehandelt wird. Im Folgenden sind die Unterschriften der Stiche wiedergegeben, die sie im Originale tragen.

Die zwölf ersten Blätter sind von Freudeberg.

La Soirée d'hiver . . .	vor S. 17	La Toilette	vor S. 81
La Promenade du soir .	„ „ 33	La Visite inattendue . .	„ „ 89
Les Confidences . . .	„ „ 41	Le Coucher	„ „ 97
L'Evénement du bal . .	„ „ 49	Le Lever	„ „ 113
Le Boudoir	„ „ 57	Le Bain	„ „ 129
L'Occupation	„ „ 65	La Promenade du Matin .	„ „ 137

Die vierundzwanzig folgenden Blätter sind von Moreau.

Les Adieux	vor S. 145	Le Lever du petit maître	vor S. 337
L'Accord parfait . . .	„ „ 161	La petite toilette . . .	„ „ 345
La Rencontre au bois de Boulogne	177	La grande toilette . .	„ „ 353
La Dame du Palais de la Reine .	193	La course des chevaux .	„ „ 369
Le Rendezvous pour Marly . .	209	La petite loge . . .	„ „ 377
Le déclaration de la grossesse .	225	Le souper fin	„ „ 385
N'ayez pas peur, ma bonne amie	241	Oui ou Non	„ „ 393
J'en accepte l'heureuse présage .	257	La sortie de l'Opéra . .	„ „ 401
Les Précautions	273	Le Seigneur chez son fermier	„ „ 409
C'est un fils, Monsieur . . .	289	Le pari gagné	„ „ 417
Les petits parrains	305	La partie de whist . .	„ „ 425
Les délices de la maternité . .	321	Le vrai Bonheur . . .	„ „ 433

REGISTER

d'Aiguillon, Herzog von 199, 213, 268, 336, 341 f., 347, 356, 362 f., 365, 381, 385, 387, 394, 397, 399, 402, 412, 417, 424.
d'Aguesseau 266.
d'Alembert 195, 217, 257, 260, 263, 269, 278.
Arnoud, Abbé 6.
Arnould, Mlle 63, 78, 80, 90, 214.

Bassompierre, Mme de 287.
Bearn, Gräfin 330.
Beauchamps, Lord 298.
Beaudeau, Abbé 82.
Beaujolais, Graf 82.
Beaujour 245.
Beaumont, Erzbischof 419 ff.
Beauvoisin, Mlle 243.
Belle Isle, Marschall 278.
Bernis, Kardinal 235.
Berwick, Herzog 159.
Bièvre, Marquis 81.
Biron, Marschall 267.
Bonnac, Abbé 304 f.
Boufflers XV.
Boullainvilliers, Mme 65.
Bourdaloue 256.
Breteuil 118, 351.
Broglie, Marschall 264, 283, 290.
Brühl, Graf 255.

Cagliostro 48, 281, 288.
Calonne 121, 137, 146.
Champcenets 124.
Charolais 215, 276, 280.
Chartres, Herzog 247, 295, 386, 396 f., 405.
Chateauroux, Mme de 278.

Chimay, Prinzessin 298.
Choiseul, Herzog 151, 193, 197, 216, 261, 278, 280, 283.
Choiseul-Gouffier 79, 223, 287, 291.
Choucnou-Leblanc, Mlle 155.
Christine von Schweden 280.
Clairon, Mlle 235, 284.
Cléophile, Mlle 246.
Clermont, Prinz 208.
Coigny, Herzog 244, 325.
Colardeau 218.
Collé XV.
Condé, Prinz 401.
Condorcet 136.
Constant, Comtesse 379.
Constant, Mlle 175, 227.
Conti, Prinz 238, 253, 279, 295, 354.
Coudray 7.
Coulon, Mlle 173.
Crafford 301.
Craffton, Gräfin 159.
Crébillon XIV.

Damiens 285.
Dauberval 255, 392, 427.
Dechamps, Mlle 217, 295, 299.
Delille 79.
Desfarges, Mlle 300.
Diderot VII, XI, XII, 98, 255, 256, 259, 284.
Dorat 218 415.
Dubarry, Mme 78, 196, 200, 202, 207, 249, 261, 303 ff.
Dubarry, Graf 204, 316, 321 ff., 327, 333, 353, 366, 408.
Dubois, Mlle 261, 390.

Duclos 42, 259, 262, 263.
Dudeffand, Mme 268, 269.
Dufresne, Mlle 158.
Dugazon, Mlle 11, 137.
Duras, Herzog 379.
Duthé, Mlle 36, 229, 246, 284, 295, 298.

d'Estères, Marschall 299.

Fanies, Mlle 70.
Favier, Mlle 302.
Ferrari, Gräfin 172.
Fitz-James, Herzog 98, 297.
Fleury XI, 267.
Fontenelle 253, 257, 269, 279, 282, 286.
Forges, de 134.
Fox 264.
Fragonard VII.
Fréron 256.
Friedrich II. 255, 260, 261, 263, 281.
Fronsac, Herzogin 267.
Furcy, Mme 179.

Gabrielli, Mlle 259.
Ganganelli, Papst 196, 270.
Geoffrin, Mme 215.
Georg III. 196.
Girard, Abbé 87.
Goethe VII.
Goncin, Abbé 306.
Gourdan, Mme 53 f., 80, 86, 209.
Graham, Dr. 3.
Granville, Mlle 63.
Grimod 252.
Guimard, Mlle 161, 225, 240.

Hamilton 275, 281.
d'Harcourt, Herzog 198

Heinel, Mlle 223.
Heinrich von Preußen 83, 289.
Henault 269.
d'Hervieux, Mlle 168.
Houdon 83.
Huss, Mlle 219.

Katharina II. 259.

Laborde, Mlle 163.
Laclos XIV.
Laguerre, Mlle 60.
Larive 70.
Lauraguais 240.
Lauzun 275.
Laval 268, 280.
Lebel 279.
Légier, de 288.
Lekain 239, 285.
Le Mierre 81.
Lessing VII.
Liechtenstein, Graf 301, 302.
Linières, Vicomtesse 181.
Longeau, Mlle 65.
Luxembourg, Mme de 278.

Maillard, Mlle 162.
Maine, Herzogin 274.
Mangiron, de 273.
Marat IX.
Marlborough, Lord 291.
Marmontel 58, 239, 290.
Martin, Mlle 155.
Maurepas 83.
Mayan, Gräfin 334.
Mazarin, Kardinal 97.
Meaupou 122, 212, 331, 344, 349, 352, 355, 359, 411, 422.
Mesmer 93.
Mirabeau, Mme 63.
Montaynard 283.
Montensier, Mlle 58.

Montgantier 296.
Montmorency, Gräfin 335.
Montpensier, Mme 265.
Montrable, Marquise 430.
Montvailier 372.
Morande 415.
Morlière 95.
Mouhy 7.

Naude 280.
Nesles, Mme de 271.
Nivernois, Herzog 429.
Noailles 274, 343.

Orléans 279.
Ormont, Herzog 253.
d'Orsay, Graf 291.
Oulif, Michael 370.

Palissot 55.
Penthièvre, Herzog 247.
Philidor 9.
Poinsinet 6.
Pompignan 91.
Pont de Veyle 269.
Potozky, Graf 229.
Pousse, Dr. 129.
Praslin, Herzog 199.
Prévost, Abbé 71, 260.
Prie, Mme de 243.

Raucourt, Mlle 89, 152, 383.
Raynal, Abbé 257.
Riccoboni, Mme 217.
Richelieu, Marschall 10, 12, 133, 140, 198, 256, 263, 264, 267, 340.
Robespierre IV
La Roche-Aymon, Kardinal 273.
Rochefort, Mme 170.
Rohan, Herzogin 262.
Rosalie, Mlle 90.
Rousseau V, VII, IX, XVI, 121, 216, 284, 292.

Rozen, Marquise 384.
Rulhière 259.

Sabran, Graf 227.
Sade 81.
Saint-Lambert 136.
Saint-Simon, Mme de 299.
Sainte Amaranthe, Mme de 156.
Salm, Fürst 79.
Sartine 200, 360, 364.
Schuwaloff 261.
Simon, Mlles 184.
Soubise, Prinz 229, 271, 398, 401.
Stanislaus, König 272, 287.
Sully, Mme de 290.

Talleyrand 298.
Taylor 6.
Tencin, Abbé 282.
Tencin, Mme 264, 266.
Terray, Abbé 195, 196, 339, 348, 350, 363, 368, 373, 377, 339.
Tessier 296.
Tombeuf 297. [215.
Tremouille, Herzog 194,
Tronchin, Dr. 269.
Turenne 286.
Turner 297.

Vatri, Abbé 277.
Vergennes 283.
Vestris 1, 140.
Villars, Marschall 264.
Villerois, Herzog 211, 338.
Voisenon 136.
Voltaire XI, XII, 92, 236, 254, 280, 281, 296, 409.
Villière, Herzog 200, 211, 345, 361.

Watteau VII.

Zacharie, Mlle 161.

INHALTSVERZEICHNIS

Einleitung V–XVI.
Die Chronique Scandaleuse 1–146.
Die Chronique arétine 147 190.
Der Gazettier Cuirassé 191 bis 237.
Aus den Memoiren 238–292.
Die Polizeiberichte für den König 293–302.
Originalbriefe der Fr. Gräfin Du Barry 303–433.
Anmerkungen 434–450.
Personenregister 451–452.

Reprint Publishing

Für Menschen, Die Auf Originale Stehen.

Bei diesem Buch handelt es sich um einen Faksimile-Nachdruck der Originalausgabe. Unter einem Faksimile versteht man die mit einem Original in Größe und Ausführung genau übereinstimmende Nachbildung als fotografische oder gescannte Reproduktion.

Faksimile-Ausgaben eröffnen uns die Möglichkeit, in die Bibliothek der geschichtlichen, kulturellen und wissenschaftlichen Vergangenheit der Menschheit einzutreten und neu zu entdecken.

Die Bücher der Faksimile-Edition können Gebrauchsspuren, Anmerkungen, Marginalien und andere Randbemerkungen aufweisen sowie fehlerhafte Seiten, die im Originalband enthalten sind. Diese Spuren der Vergangenheit verweisen auf die historische Reise, die das Buch zurückgelegt hat.

ISBN 978-3-95940-187-6

Faksimile-Nachdruck der Originalausgabe
Copyright © 2016 Reprint Publishing
Alle Rechte vorbehalten.

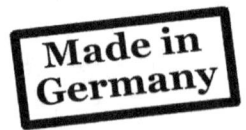

www.reprintpublishing.com